K24707 48,-

PO - O - ME - 1957

FRIEDRICH MEINECKE
WERKE · BAND I

FRIEDRICH MEINECKE

WERKE

Herausgegeben

im Auftrage des Friedrich-Meinecke-Institutes

der Freien Universität Berlin

von

HANS HERZFELD, CARL HINRICHS †,

WALTHER HOFER

In Zusammenarbeit von

K. F. KOEHLER VERLAG, STUTTGART

R. OLDENBOURG VERLAG, MÜNCHEN

SIEGFRIED TOECHE-MITTLER VERLAG, DARMSTADT

FRIEDRICH MEINECKE

Die Idee der Staatsräson
in der neueren Geschichte

Herausgegeben und eingeleitet von

WALTHER HOFER

> *Sprich, wie geschieht's, daß rastlos*
> *erneut die Bildungen schwanken,*
> *und die Ruhe besteht in der bewegten*
> *Gestalt?*
> *Schiller*

4. Auflage

R. OLDENBOURG MÜNCHEN WIEN 1976

CIP-Kurztitelaufnahme der Deutschen Bibliothek

Meinecke, Friedrich
(Sammlung)

Werke/hrsg. im Auftr. d. Friedrich-Meinecke-Inst.
d. Freien Univ. Berlin von Hans Herzfeld ... —
Stuttgart: Koehler; München, Wien: Oldenbourg; Darmstadt: Toeche-Mittler.

Bd. 1. Die Idee der Staatsräson in der neueren
Geschichte/hrsg. u. eingel. von Walther Hofer.—
4. Aufl.—1976.
ISBN 3-486-45094-8

© 1957 R. Oldenbourg Verlag GmbH, München

Das Werk ist urheberrechtlich geschützt. Die dadurch begründeten Rechte, insbesondere die der Übersetzung, des Nachdrucks, der Funksendung, der Wiedergabe auf photomechanischem oder ähnlichem Wege sowie der Speicherung und Auswertung in Datenverarbeitungsanlagen, bleiben, auch bei nur auszugsweiser Verwertung, vorbehalten. Werden mit schriftlicher Einwilligung des Verlages einzelne Vervielfältigungsstücke für gewerbliche Zwecke hergestellt, ist an den Verlag die nach § 54 Abs. 2 Urh. G. zu zahlende Vergütung zu entrichten, über deren Höhe der Verlag Auskunft gibt.

Druck: Hofmann-Druck KG, Augsburg
Bindearbeiten: R. Oldenbourg, Graph. Betriebe GmbH, München

ISBN 3-486-45094-8

DEM ANDENKEN VON ERNST TROELTSCH

GEWIDMET

INHALT

Einleitung 1

Erstes Buch

DAS ZEITALTER DES WERDENDEN ABSOLUTISMUS

Erstes Kapitel	Machiavelli	29
Zweites Kapitel	Die ersten Gegner des Machiavellismus in Frankreich: Gentillet und Bodin	57
Drittes Kapitel	Botero und Boccalini	76
Viertes Kapitel	Campanella	106
Fünftes Kapitel	Die Verbreitung der Lehre von der Staatsräson in Italien und Deutschland	139
Sechstes Kapitel	Die Lehre von den Interessen der Staaten im Frankreich Richelieus.	
	1. Die Anfänge und der Discours von 1624 . .	173
	2. Herzog Heinrich von Rohan	192
Siebentes Kapitel	Gabriel Naudé	232

Zweites Buch

DAS ZEITALTER DES REIFEN ABSOLUTISMUS

Erstes Kapitel	Blick auf Grotius, Hobbes und Spinoza . . .	245
Zweites Kapitel	Pufendorf	264
Drittes Kapitel	Courtilz de Sandras	287
Viertes Kapitel	Rousset	302
Fünftes Kapitel	Friedrich der Große	321

Drittes Buch

MACHIAVELLISMUS, IDEALISMUS UND HISTORISMUS
IM NEUEREN DEUTSCHLAND

Erstes Kapitel	Hegel	403
Zweites Kapitel	Fichte	434
Drittes Kapitel	Ranke	442
Viertes Kapitel	Treitschke	460
Fünftes Kapitel	Rückblick und Gegenwart	481

Personen- und Sachregister 511

EINLEITUNG DES HERAUSGEBERS

Als Friedrich Meinecke kurz nach seiner Aufnahme in die Berliner Akademie der Wissenschaften, einem hergebrachten Brauche folgend, über seine Forschungspläne Auskunft zu geben hatte, — es war im Jahre 1915 —, da sprach er vor dem illustren Kollegium von zwei Grundthemen: »die Wandlungen in Wesen und Geist der Machtpolitik seit den Tagen der Renaissance zu verstehen und der Entstehung unserer modernen Geschichtsauffassung nachzugehen[1]«. Er beabsichtigte damals noch, die beiden Problemkreise in einem Buche »Staatskunst und Geschichtsauffassung« zu einer höheren Einheit zu verschmelzen, wobei er »das vereinigende Band« in dem von Machiavelli ausstrahlenden Sinn für das Individuelle im historisch-politischen Leben sah. Er kam indessen selbst bald zur Überzeugung, daß er sich »den Hergang, der von der modernen Staatskunst zum modernen geschichtlichen Sinn führte, viel zu einfach dachte[2]«. Er stellte sich zunächst einen Stammbaum vor von Machiavelli über Rohan zu Ranke. Im Verlaufe der Jahre erkannte Meinecke, daß er damit nur einen Seitenzweig der Entstehung des modernen historischen Sinnes in den Griff bekommen hatte und daß dieser Sinn viel stärker als in der politischen Lehre von den Interessen der Staaten in dem unpolitischen Bereiche seelischer und weltanschaulicher Wandlungen wurzelte. Die beiden Themen trennten sich wieder: aus dem einen entstand die »Idee der Staatsräson«, aus dem anderen »Die Entstehung des Historismus«.

Historischer und philosophischer Ansatzpunkt des in den Jahren nach dem Kriege deutlicher Gestalt annehmenden Buches blieben indessen, naturgemäß möchte man sagen, Persönlichkeit und Gedankenwelt Machiavellis. »Die schwere Problematik der Machtpolitik inmitten einer Welt von Schönheit« hatte Meinecke schon

---

[1] Sitzungsbericht der Königlich Preußischen Akademie der Wissenschaften, Jahrgang 1915, 2. Halbband, Berlin 1915, S. 496.

[2] Straßburg—Freiburg—Berlin 1901—1919, Erinnerungen von Friedrich Meinecke, Stuttgart 1949, S. 191.

auf seiner ersten Italienreise im Jahre 1905 ergriffen, als er das Denkmal des großen und umstrittenen Italieners in Santa Croce zu Florenz sah[1]. Von da an ließ der nachwirkende Geist Machiavellis Meinecke nicht mehr los. In Seminaren und Schriften hat er sich eingehender mit der politischen Theorie und Philosophie des Florentiners befaßt. Dabei trat bald einmal das Verhältnis von Ethik und Politik in den Vordergrund des Interesses. Die »Dämonie der Macht« ist Meinecke indessen erst im Verlaufe des ersten Weltkrieges bewußt geworden. »Die Idee der Staatsräson« ist ohne das Kriegserlebnis undenkbar. Der entwicklungsgeschichtliche Kerngedanke des Buches aber stammt aus der Zeit vor dem Kriege: es ist die Idee der Individualität, die Meinecke schon in seinem ersten großen ideengeschichtlichen Werk über »Weltbürgertum und Nationalstaat« als Herzwurzel des modernen geschichtlichen Bewußtseins erkannt hat. So läßt sich die Trilogie der großen ideengeschichtlichen Werke Meineckes zwanglos auf ein Grundthema zurückführen, und sie erscheinen uns wie die einzelnen Sätze einer klassischen Symphonie, einer Symphonie historischen, politischen und philosophischen Denkens und Forschens, wie sie in der neuesten deutschen Geschichtschreibung einzig dasteht.

So einheitlich nun aber die thematische Wurzel auch erscheint, so verschieden ist die Stimmung, die die einzelnen Werke beherrscht. Strahlend, fast festlich, getragen von optimistischer Lebenserwartung das erste: »Weltbürgertum und Nationalstaat«; tragisch, aber auch heroisch, voll Dissonanzen, aber auch voll Selbstbehauptungswillen das zweite: »Die Idee der Staatsräson«; geklärtes, fast verklärtes Werk der Altersweisheit mit Zügen des Agnostizismus und der Resignation das dritte: »Die Entstehung des Historismus«. Alle aber sind nicht nur vollendete wissenschaftliche und sprachlich-künstlerische Leistungen der deutschen Geschichtschreibung, sondern Ausdruck zähen geistigen Ringens um das Verständnis geschichtlichen Lebens, individueller Ausdruck auch drei verschiedener Entwicklungsstufen der jüngsten deutschen Geschichte in einem überragenden Geist. Keines der Werke indessen ist mehr Zeugnis weltanschaulichen Kampfes als »Die Idee der Staatsräson«. Man merkt es dem Buche an, daß es durch viele Jahre eines bewegten Forscherlebens gewachsen oder viel-

---

[1] A. a. O., S. 43.

mehr erkämpft ist, unter tiefen Wandlungen, die nicht nur die Disposition, sondern auch die Konzeption des Werkes berührten.

Der geistesgeschichtliche und philosophische Ansatz ist nicht das einzige Moment, das Meineckes ideengeschichtliche Trilogie zur höheren Einheit verbindet. Auch die Methode, seine spezifisch ideengeschichtliche Methode, wird zum vereinigenden geistigen Bande. Worin besteht diese Methode, die beim Erscheinen von »Weltbürgertum und Nationalstaat« bereits so großes Aufsehen erregt und wesentlich zum durchschlagenden Erfolg dieses ersten Werkes der großen Dreiheit beigetragen hatte? Was ist das Neue an Meineckes Ideengeschichte, die — nach einer maßgeblichen Kritik der »Idee der Staatsräson« — eine »wertvolle Verfeinerung der historischen Methode und eine unvergleichliche Vertiefung der geschichtlichen Erkenntnis« mit sich gebracht hat[1]?

Wir gehen am besten aus von zwei Worten, die Meinecke selbst über seine neue Methode geprägt hat. Das eine steht im Vorwort zu »Weltbürgertum und Nationalstaat«, das andere in der Einleitung zur »Idee der Staatsräson«. Sie enthalten eigentlich alles, was zu diesem Punkt zu sagen ist.

»Mein Buch beruht auf der Meinung, daß die deutsche Geschichtsforschung, ohne auf die wertvollen Überlieferungen ihres methodischen Betriebes zu verzichten, doch wiederum zu freier Regung und Fühlung mit den großen Mächten des Staats- und Kulturlebens sich erheben müsse, daß sie sich, ohne Schaden zu nehmen an ihrem eigensten Wesen und Zwecke, mutiger baden dürfe in Philosophie wie in Politik, ja daß sie selbst dadurch ihr eigenstes Wesen entwickeln könne, universal und national zugleich zu sein.« Und über das Wesen der in seinen Werken erforschten Ideen selbst: »Deshalb sind es aber auch keine großen Schattenbilder und graue Theorien, sondern Lebensblut der Dinge, aufgenommen in das Lebensblut von Menschen, die berufen sind, das Wesentliche ihrer Zeit auszusprechen.« Zu dem ersten Satz stellte kein geringerer als Benedetto Croce in seiner »Theorie und Geschichte der Historiographie« apodiktisch fest: »Das ist die Philosophie unserer Zeit, die eine neue philosophische und historiographische Periode eröffnet[2].«

---

[1] Rezension der »Idee der Staatsräson« von Franz Schnabel, Zeitschrift für Politik, XIV (1924), S. 461 ff.

[2] Benedetto Croce, Theorie und Geschichte der Historiographie und

In der Tat geht es Meinecke mit seiner neuen Methode um zweierlei: Ideengeschichte als integrierenden Bestandteil der allgemeinen Geschichte zu erweisen und zu betreiben und gleichzeitig die Geschichtschreibung durch diese Berührung mit der Philosophie und auch der Politik neu zu befruchten und aus ihrer zunftmäßigen Starre, in die sie durch Spezialistentum und Positivismus geraten war, zu erlösen. Im Grunde genommen geht es dabei um nichts Geringeres als was Meinecke einmal selbst als »das Urproblem der abendländischen Geistesgeschichte« bezeichnet hat: nämlich Idee und Realität miteinander zu vermählen[1]. Rankes Werk erscheint Meinecke als einer der ganz großen Lösungsversuche für jenes Urproblem. Seine eigene Natur trieb ihn dazu. stärker als dies Ranke getan hatte, »von den Ideen, das heißt nicht von abstrakten Formeln, sondern von seelisch bewegenden Mächten her, zu den Realitäten zu gehen und die Ideen, getragen und fortgebildet von individuellen Persönlichkeiten, als Kanevas des geschichtlichen Lebens anzusehen«. Sein Aufsatz über Gerlach, der 1893 in der Historischen Zeitschrift erschien, war für Meinecke »der erste aus den Kreisen der Zunft, der politische Realitäten prinzipiell ideengeschichtlich zu deuten versuchte[2]«.

In der erwähnten Akademierede bekannte er, auf seine bisherigen Arbeiten über Boyen, die preußische Erhebung und die Entstehung des deutschen Nationalstaatsgedankens blickend: »Persönlichkeiten und Ideen traten mir immer deutlicher als die wertvollsten Träger des geschichtlichen Lebens entgegen...« Die Entwicklung seiner Forscherinteressen führte Meinecke dabei »immer mehr von den Persönlichkeiten zu den Ideen hinüber« — womit er selbst seine Distanzierung von der politischen Historie herkömmlicher Art auf eine Formel gebracht hat. In seinen letzten Lebensjahren hat Meinecke rückblickend diese Wandlung einmal als »Umschwung von der erzählenden zur problemgeschichtlichen Geschichtswissenschaft« bezeichnet[3].

Betrachtungen zur Philosophie der Politik, in: Gesammelte Philosophische Schriften, 1. Reihe, 4. Bd., Tübingen 1930, S. 260.

[1] Vgl. dazu vor allem auch die Rede über Leopold v. Ranke vom Jahre 1936, abgedruckt als Beigabe in: Die Entstehung des Historismus, München und Berlin 1936, S. 632 ff.

[2] Friedrich Meinecke, Erlebtes 1862—1901, Leipzig 1941, S. 176.

[3] Ansprache anläßlich seines fünfzigjährigen Ordinariatsjubiläums in:

Meinecke war sich der Gefahren spezifisch ideengeschichtlicher
Methode und Erkenntnis durchaus bewußt, und er sprach selbst
von dem »nicht ungefährlichen Weg«. Er betonte gelegentlich, daß
seine Betrachtungsweise der Ergänzung bedürfe »durch eine realistischere,
die die harten sachlichen Notwendigkeiten und Zwangsgewalten
des politischen, gesellschaftlichen und wirtschaftlichen
Lebens in den Vordergrund rückt«. Doch ging sein eigenes Bestreben
immer dahin, die Ideen nicht nur in immer weiterem
und universalerem Rahmen, sondern »in immer engerer Verknüpfung
auch mit den gröberen Realitäten der Geschichte zu
erforschen«[1]. Gerade dies ist ihm in der »Idee der Staatsräson«
vollauf gelungen: die Ideen nicht in einer geschichtlich verdünnten
Atmosphäre reiner Geistigkeit zu sehen, sondern in engstem Zusammenhang
mit den realen Gewalten und in engstem Zusammenwirken
mit den großen Persönlichkeiten des geschichtlichen Lebens.

Der »Gefahr der Einseitigkeit und der Entblutung des realen
geschichtlichen Lebens« ist Meinecke deshalb keineswegs und hier
am allerwenigsten erlegen, sooft dies auch behauptet worden ist.
Heinrich von Srbik folgt in seinem sonst glänzenden Essay über
Meinecke einem leider weit verbreiteten Urteil, wenn er behauptet,
der »nachdenkliche Beobachter und Analytiker der geschichtlichen
Welt der Geistigkeit und der Sittlichkeit« sei der
»brutalen Wirklichkeit« nicht ganz gewachsen gewesen[2]. Kein Vorwurf
erscheint unberechtigter. Vielmehr ist das Gegenteil richtig:
kaum ein anderer deutscher Historiker seiner Zeit ist der »brutalen
Wirklichkeit« geistig in dem Maße gewachsen gewesen, oder
vielleicht besser: an ihr, an ihrer Erfahrung geistig dermaßen
gewachsen wie gerade der Meister der Ideenhistorie. Oder wo
wäre der deutsche Historiker, der sein Geschichtsbild nach 1918
in solch radikaler Weise den neuaufgebrochenen geschichtlichen
Kräften, die als geschichtliche Notwendigkeiten sofort erkannt
wurden, angeglichen hätte? Ist es nicht gerade die Tragik oder

---

Colloquium, Zeitschrift der freien Studenten Berlins, 5. Jg., Heft 11
(1951), S. 2.

[1] Rede vor der Preußischen Akademie der Wissenschaften, a. a. O.,
S. 496 ff.

[2] Heinrich Ritter v. Srbik, Geist und Geschichte vom deutschen Humanismus
bis zur Gegenwart, Bd. II, München 1951, S. 291. Vgl. dazu
auch meine Kritik in: Historische Zeitschrift, Bd. 175, S. 55 ff.

— weniger anspruchsvoll ausgedrückt — das Versäumnis des deutschen historischen Denkens der Zwischenkriegszeit gewesen, daß eines der wenigen großen Werke, die die geschichtlichen Ereignisse wirklich geistig verarbeiteten, nämlich »die Idee der Staatsräson«, praktisch fast ohne Wirkung auf den allgemeinen Betrieb der damaligen deutschen Geschichtschreibung geblieben ist? Und wie so ganz anders steht schließlich der »feingeistige« Meinecke der »brutalen Wirklichkeit« etwa des Nationalsozialismus und des totalen Staates gegenüber als so mancher andere angeblich »realistischere« Historiker? Es ist eine nicht wegzuleugnende Tatsache, daß kein deutscher Historiker aus der nationalen Tradition mehr politischen Verstand und mehr politischen Weitblick gegenüber der Welt der brutalen Wirklichkeit bewiesen hat als der Erforscher der Welt der sublimsten Ideen[1].

II

Wie erklärt sich diese einzigartige Rolle Meineckes und die einzigartige Stellung seiner »Idee der Staatsräson« innerhalb der deutschen Geschichtschreibung zwischen den beiden Weltkriegen? Die Erklärung liegt in der durch das Erlebnis des Weltkrieges nicht eigentlich ausgelösten, aber beschleunigten und vertieften geschichtsphilosophischen und weltanschaulichen Wandlung Meineckes, die mit innerer Notwendigkeit auch eine Wandlung der politischen Theorie und Philosophie gewesen ist. Wenn wir es in weltanschaulichen Kategorien ausdrücken wollen: es ist eine Wandlung von dem mehr objektiven Idealismus und geschichtsphilosophischen Optimismus der Vorkriegszeit hinüber zu einem bewußt dualistischen Idealismus verbunden mit einer tragischen Geschichtsauffassung. Meineckes Weg war von Ranke ausgegangen und führte nun zu Burckhardt hin. Dieser geistige Lebensweg eines deutschen Historikers mag uns wie ein Symbol für den Weg der deutschen Geschichte in der ersten Hälfte unseres Jahrhunderts erscheinen.

---

[1] Vgl. dazu meine Studie über »Friedrich Meinecke als politischer Denker« in: Geschichte zwischen Philosophie und Politik, Studien zur Problematik des modernen Geschichtsdenkens, Basel und Stuttgart 1956, S. 71 ff.

In der Tat kann man Friedrich Meinecke als den Geschichtsdenker zwischen Ranke und Burckhardt bezeichnen, ohne seiner Originalität damit Abbruch zu tun. Es war bei der Erörterung der Frage nach dem Wesen der Macht — der zentralen Frage der »Idee der Staatsräson« —, wo Burckhardts Geist über Meinecke mächtig wurde. Die identitätsphilosophisch genährte Geschichts- und Staatsauffassung der Vorkriegszeit, die Ranke und Hegel gleichermaßen verpflichtet gewesen war und nach Meineckes eigenen Worten über die wirklichen Abgründe des geschichtlichen Lebens hinwegtäuschte, wurde krachend unter den Trümmern deutscher Macht und preußischer Monarchie begraben. Militärische Katastrophe, politische Revolution und geistige Diskriminierung Deutschlands waren ein Kriegsergebnis von solcher Wucht, daß Meineckes geschichtliche Welt in sich zusammenbrach. Es wurde nun aber entscheidend für die weitere Entwicklung seines politischen und historischen Denkens, daß er nicht wie hypnotisiert vor den Trümmern seiner eigenen Geschichts- und Weltanschauung stehenblieb. Er versuchte auch nicht, diese Trümmer wieder zusammenfügen, sondern erkannte, daß es ein müßiges Zusammensetzspiel sein würde. Mit einem für sein fortgeschrittenes Alter und seine trotz allem im Grunde konservative Haltung geradezu erstaunlichen Radikalismus rechnete er mit der Vergangenheit ab. »Gewiß wird auch jeder lebendige Historiker sein eigenes politisches Ideal im Herzen hegen«, schrieb er später im Hinblick auf Rankes konservative Grundhaltung, »und seine Schau der Geschichte wird auch immer etwas von der Farbe dieses Ideals an sich tragen. Aber er muß sich auch bereithalten, den Untergang seines Ideals zu überstehen...[1]«

Doch noch ein Punkt muß näher betrachtet werden, bevor wir auf die Konsequenzen dieser weltanschaulichen und geschichtsphilosophischen Wandlung für die politische Theorie und Philosophie selbst eingehen können. Es ist das Problem eines geistig-kultu-

---

[1] Aphorismen und Skizzen zur Geschichte, 2. Aufl., Leipzig 1942, S. 147. Eine ausführliche Darstellung der Wandlung Meineckes gibt mein Buch: Geschichtschreibung und Weltanschauung, Gedanken zum Werk Friedrich Meineckes, München 1950. Die geschichtstheoretische Ergänzung zur »Idee der Staatsräson« bildet vor allem der Aufsatz: Kausalitäten und Werte in der Geschichte, den Meinecke selbst als seine »Historik« bezeichnet hat. Zuletzt abgedruckt in: Schaffender Spiegel, Studien zur deutschen Geschichtschreibung und Geschichtsauffassung, Stuttgart 1948.

rellen Gegensatzes zwischen Deutschland und Westeuropa. Dieser Gegensatz ist nicht leicht in wenigen Worten zu charakterisieren. Man könnte ihn vielleicht dahingehend kennzeichnen, daß in der westeuropäischen Entwicklung die Aufklärung, im deutschen Denken die Romantik zum dominierenden, nachwirkenden geistigen Ferment wurde. Durch die während des ersten Weltkrieges im Gefüge des europäischen Geisteslebens sichtbar werdenden Risse erschreckt, erkannte Meinecke schließlich die Wende vom 18. zum 19. Jahrhundert als neuralgische Stelle in der europäischen Geistesgeschichte. Sowohl seine »Idee der Staatsräson« wie seine »Entstehung des Historismus« kreisen letztlich auch um dieses Problem eines säkularen geistigen Gegensatzes zwischen Deutschland und Westeuropa, wobei er allerdings geneigt war, in seinem Alterswerk, dem Historismus, das gemeinsame Europäische und Abendländische wiederum stärker zu sehen. Meinecke stellte die romantisch-historische Denkweise der Deutschen und die naturrechtlich-rationalistische Gedankenwelt der Westeuropäer einander gegenüber. Historismus und Idealismus sah er auf der einen, Positivismus und Rationalismus auf der anderen Seite — natürlich immer nur verstanden als Dominanten in viel differenzierteren Gedankenwelten.

Auch andere historische Denker erkannten die Zeit um 1800 als »kopernikanische Wende«. Vor allem auch Ernst Troeltsch, der in seinen letzten Lebensjahren aufs engste geistig mit Meinecke zusammenwirkte, machte dieses Problem immer mehr zu einer Kernfrage seiner historischen und philosophischen Reflexionen. Das Thema »Deutscher Geist und Westeuropa« stand schließlich im Zentrum seiner gesamten Kulturphilosophie. Diese Erkenntnis wurde zu einem wichtigen Angelpunkt für die angebahnte grundlegende Revision des deutschen Geschichts- und Staatsbildes. Auch von dieser Perspektive her kam man zu dem Ergebnis, daß die romantisch-idealistische Gedankenwelt als weltanschaulicher Nährboden des deutschen historischen und politischen Denkens Zentralproblem einer Revision sein müsse. Daß diese Erkenntnisse der beiden Denker nicht verwertet wurden, muß wohl als Verhängnis bezeichnet werden. Statt ihre Selbstkritik und Selbsterkenntnis des deutschen Geistes so zu verwerten, wie es in der Absicht der beiden Forscher lag, nämlich die mehr rationale Geschichts- und Staatsauffassung des Westens wie ein Scheidemittel zu einer Klärung der eigenen deutschen historischen Traditionen nach Wert und Unwert zu verwenden, gelangte man schließlich zu einer noch einseitigeren Herausstellung spezifisch deutschen Wesens, zu einer noch verkrampfteren Einstellung auf nationale Eigenart im geschichtlichen und politischen Denken.

Welcher Art sind nun die Folgen, so müssen wir weiter fragen, die sich für die politische Philosophie aus der skizzierten weltanschaulichen Wandlung ableiten lassen? Denn wenn die historische Wirklichkeit im Geschichtsverständnis Meineckes jetzt ihres idealen Gehaltes in hohem Maße verlustig geht, die Diskrepanz zwischen Geist und Natur, Werten und Kausalitäten, Sollen und Sein, Macht und Kultur erschreckender aufbricht, wenn nun dem Naturalismus weite Vorstöße bis tief in das idealistische Geschichtsbild hinein gelingen, so muß das auch die politischen Begriffe im tiefsten umwandeln. Vor solchem Hintergrund muß deshalb die Entstehung einer neuen politischen Theorie betrachtet werden. Es ist dabei naheliegend, daß sich ein solcher geistiger Prozeß für den Historiker in der Form einer kritischen Auseinandersetzung mit den nachwirkenden geschichtlichen Theorien einerseits und mit der konkreten politischen Lage — die ja immer eine geschichtlich gewordene Lage ist — andererseits vollzieht. Die neue politische Philosophie, wie sie in der »Idee der Staatsräson« vornehmlich zum Ausdruck kommt, ist nun aber nicht bestimmt durch Dogmatisierung oder gar Verherrlichung eines bestehenden Staates — wie dies für Hegel, Ranke und Treitschke, ja selbst für den früheren Meinecke, wenn auch in recht unterschiedlichem Maße, gegenüber der preußischen Militärmonarchie der Fall gewesen war —, sondern sie ist vielmehr gekennzeichnet durch den Versuch einer grundsätzlichen Neubesinnung auf das Wesen der Macht. Diese Neubesinnung vollzieht sich für Meinecke nun vor allem in der Form einer kritischen Auseinandersetzung mit den drei genannten Philosophen und Historikern. Kritik und Gewinnung einer eigenen Position erscheinen innerlich aufs engste verbunden. So kann denn in Meineckes politische Philosophie und ihre Wandlungen nicht besser Einblick gewonnen werden als durch die Darstellung dieser Kritik.

Meinecke hatte sich allerdings stets weniger an Hegels Identität des Wirklichen und Vernünftigen geklammert denn an Rankes Wort vom »Real-Geistigen« — ein Begriff, von dem schwer zu sagen ist, inwiefern er Ranke gegen Hegel zum Ausdruck bringt und inwiefern er doch wiederum Hegel in Ranke offenbart. Dieser für Rankes Geschichts- und Staatsauffassung typische Begriff zerrann Meinecke nun unter den Händen, und das geschichtliche Leben spaltete sich in Licht und Finsternis, in Macht und Idee, in Geistiges und Elementares. In einer also gewandelten Sicht der geschichtlichen Welt hatte auch Rankes Wort von der Macht an sich, in der ein geistiges Wesen erscheint, keinen unbedingten Platz mehr. Demgegenüber betont Meinecke jetzt das natürliche, biologische, ja animalische Element im Wesen des Staates und seiner Macht. »Die Tatsachen der Natur- und Nachtseiten des menschlichen Lebens, der mechanischen und biologischen Kausalzusammenhänge« fordern jetzt ihr Recht, ihre Berücksichtigung im historischen und politischen Denken und Forschen. Die Staaten sind nicht mehr »Gedanken Gottes«, wie bei Ranke, sondern zwiespältige Wesen, »Amphibien«, die zwischen Natur und Geist sich bewegen, bald mehr in der einen, bald mehr in der anderen Sphäre. Nicht nur »moralische Energien« und »geistige Kräfte« offenbaren sich dem geschichtlichen Betrachter in der Entwicklung der Staaten und Völker, sondern ebenso naturhafte Notwendigkeiten und biologische Gesetze. Wenn Ranke durch den Anblick des Ringens der großen Mächte immer wieder so mitgerissen wird, daß dieses Ringen letztlich in verklärendem Licht erscheint, so scheut Meinecke nicht davor zurück, die Machtpolitik der großen Staaten in ihrer ganzen Nacktheit und Brutalität uns vor Augen zu führen. Trotz solchen Wandels hält Meinecke an der großen Erkenntnis Rankes von der geschichtlichen Individualität der Staaten fest. Auch er versteht die Staaten als überindividuelle Einheiten des geschichtlichen Lebens, ein Gedanke, den der Erforscher des Historismus unbeirrt als eine der großen Errungenschaften des modernen Geistes bezeichnet hat.

Gegenüber Hegels Lehre von der List der Vernunft macht Meinecke geltend, daß wohl alle Lebens- und Geschichtserfahrung einen unheimlichen inneren Zusammenhang zwischen Gut und Böse bestätige — hier ist der logische Ort, wo der Begriff der »Dämonie« entstehen wird —, daß darin aber viel weniger eine List denn eine Ohnmacht der Vernunft zu sehen sei. Wohl hätten Machtpolitik und Krieg auch schöpferisch wirken können in der Geschichte, und wohl sei zuweilen aus Bösem Gutes, aus Elementarem Geistiges entstanden. Aber jede Idealisierung dieser Tatsache sei zu vermeiden. Der geschichtsphilosophische Optimismus, mit dem Hegel die geschichtliche Wirklichkeit anzusehen lehrte, hat nach Meinecke verhängnisvolle Wirkungen auf das politische Denken in Deutschland gehabt. Man lernte die Exzesse der Machtpolitik auf die leichte Schulter zu nehmen, und durch falsche Idealisierung und voreilige Versittlichung von Tatsachen, die völlig außerhalb der Sphäre des Sittlichen liegen, stumpfte das moralische Empfinden sich immer mehr ab. Hegels politische Philosophie verdeckte allzulange die tiefe und ernste Problematik der politischen Ethik.

Historische Erkenntnis und ethisches Postulat stehen sich nun schärfer gegenüber denn je. Bei Hegel waren sie identisch durch den Satz, daß der wirkliche Staat auch der vernünftige und damit sittliche Staat sei, bei Ranke war der Dualismus der Maßstäbe noch überdeckt durch seinen geschichtsphilosophischen Optimismus. Erst dem geschichtsphilosophischen Pessimismus Meineckes kommt die tragische Antinomie des geschichtlichen Lebens und politischen Handelns voll zum Bewußtsein. Die historische Erkenntnis ist unwiderleglich: »Der Staat muß, so scheint es, sündigen.« Das ethische Postulat aber ist nicht minder unumstößlich: »Der Staat soll sittlich werden und nach der Harmonie mit dem allgemeinen Sittengesetz streben.« Unvereinbar stehen geschichtliche Erfahrung und sittliche Forderung sich gegenüber. Hier liegt der Quellpunkt für die schwere Grundeinsicht, die in Meineckes politischem und historischem Denken sich allmählich emporgerungen hat: daß alle Geschichte zugleich Tragödie ist[1].

Gegenüber Treitschkes Ansicht, daß das Wesen des Staates Macht schlechthin sei — »daß das Wesen des Staates zum ersten Macht, zum zweiten Macht und zum dritten nochmals Macht ist«—, gibt Meinecke zu bedenken, daß Macht wohl der ursprünglichste, unentbehrlichste und dauerhafteste Wesensfaktor des Staates sei, aber er könne nicht der einzige sein und bleiben. Macht müsse

---

[1] Über die Bedeutung des Tragischen für Meineckes Geschichtsauffassung vgl. vor allem auch seine späten geschichtsphilosophischen Aufsätze in: Vom geschichtlichen Sinn und vom Sinn der Geschichte, und in: Aphorismen und Skizzen zur Geschichte. — Hier wie auch an einigen weiteren Stellen übernehme ich Gedanken und Formulierungen aus früheren Aufsätzen über Meineckes Werk.

tiefer begründet werden als durch bloße Gewalt. Treitschke führte durch seine Verherrlichung und Überschätzung des Machtmomentes im Staate und durch seine voreilige Vergeistigung und Versittlichung rein machtmäßiger Elemente zu einer Vergröberung der staatlichen Grundprobleme.

Die Kritik an Treitschke, die hier, einige Jahre nach dem Ende des ersten Weltkrieges, noch stark im Zeichen der Abwehr gegen englische Angriffe vor sich ging, ist nach dem Erlebnis des Nationalsozialismus noch wesentlich schärfer geworden, wenn Meinecke zunächst dieser Auffassung auch nicht öffentlich Ausdruck verleihen durfte. Er hat gleichzeitig aber klar herausgestellt, worin die wesentlichen Unterschiede zwischen der politischen Theorie Hitlers und Treitschkes liegen. Wenn also ohne Zweifel ein tiefer Graben Treitschke von der nationalsozialistischen Staatsanschauung trennt, so ist er doch andererseits durch seine falsche Idealisierung der Macht, dank seiner Breitenwirkung, gerade in bürgerlich-akademischen Kreisen, zu einem geistigen Wegbereiter für jene Irrlehre geworden. Auf dem Höhepunkt des zweiten Weltkrieges notierte Meinecke für seine Erinnerungen den Satz: »Treitschke gilt, und zwar mit Recht, als eines der stärksten Fermente in dem Prozeß, der das machtpolitische Denken des deutschen Bürgertums gesteigert und zuletzt übersteigert hat«[1]. Und nach dem Zusammenbruch des »Dritten Reiches«, das wie kein anderer Staat bisher in der Geschichte die Macht zum Selbstzweck erhoben hatte, schrieb er mit dem Blick auf Treitschke: »Macht rechtfertigt sich aber außer dem Dienste, den sie dem physischen Lebensbedürfnis eines Volkes leistet, allein durch den Dienst, den sie den höchsten geistig-seelischen Werten der Menschheit, der Kultur und der Religion, erweisen kann«[2].

In der Auseinandersetzung mit Hegel und Ranke ist der rastlos tätige Geist Meineckes ebenfalls nicht auf den Positionen der »Idee der Staatsräson« stehengeblieben. In den ihm noch verbleibenden drei Jahrzehnten nach dem Erscheinen der »Staatsräson« ist Meinecke noch oft auf sein Verhältnis und das Verhältnis seiner Zeit zu den beiden Großen zu sprechen gekommen. Auch hier hat das Erlebnis des totalen Staates und Krieges sein kritisches Auge weiter geschärft. Wenn Ranke stets ein Leitstern seines Geschichts-

---

[1] Straßburg—Freiburg—Berlin, S. 201.
[2] Die deutsche Katastrophe, Wiesbaden und Zürich 1946, S. 161.

verständnisses blieb, so hat er doch 1947 mit dem Blick auf die
»letzten vierzehn Jahre« die Frage erhoben: »Wird uns und den
nach uns historisch Forschenden nicht Burckhardt am Ende wichtiger werden als Ranke?«[1]. Und noch einmal unterzieht er, im
Lichte der inzwischen getätigten reichen Erfahrungen, Rankes
politische Philosophie einer grundsätzlichen Kritik. Es ist hier nicht
der Ort, darauf näher einzugehen. Doch schien es uns nicht unwichtig, den Leser der »Idee der Staatsräson« mindestens darauf
hinzuweisen, daß die in diesem Buche enthaltene kritische Auseinandersetzung auch später weitergeführt worden ist. Dasselbe
gilt für Hegel, wovon gleich ausführlicher zu sprechen sein wird.

III.

Meineckes »Idee der Staatsräson« ist gleichzeitig eine Geschichte
des Machiavellismus und eine Geschichte der Versuche, ihn geistig
zu überwinden — dargestellt an den hervorragendsten Geistern
aus einer langen abendländischen Auseinandersetzung oder, wie
der Alpinist Meinecke sich gerne ausdrückte, in Form einer »Grat-
und Höhenwanderung«. Also ist Meineckes Werk ein neuer Antimachiavell? Sicher ist es dies nicht im Sinne eines der früheren
politisch-moralischen Traktate, vielleicht aber doch im Sinne einer
nüchternen und sachlichen historischen Bestandsaufnahme, die
wohl auf mancher Seite die historische Schuld machiavellistischen
Strebens deutlich werden läßt, aber eben doch auch in die historische Notwendigkeit Einblick gibt. So vollzieht sich Meineckes Auseinandersetzung mit Machiavelli und seinem nachwirkenden Geiste
im Zeichen des Begriffs von der »tragischen Schuld«.

In einem noch tieferen Sinne scheint uns Meineckes Buch indessen ein »Anti-Hegel« zu sein, insofern nämlich, als man doch
wohl im dritten Teil das Herzstück des ganzen Werkes zu sehen
hat. Hier wird es ganz deutlich: *Tua res agitur!* Wir sahen bereits,
wo Meinecke den Hebel seiner Kritik ansetzt: am Hegelschen
Monismus, der die eigentliche Problematik des Verhältnisses von
Politik und Ethik verdeckt. Den Kern seiner Hegel-Kritik schält

---

[1] Aphorismen und Skizzen zur Geschichte, S. 144.

Meinecke noch deutlicher heraus in einer 1929 erschienenen Erwiderung auf die Kritik eines Hegelianers — es ist der Rechtsphilosoph Julius Binder — an seiner »Idee der Staatsräson«[1]. Diesem Hegelianer, der die Auffassung vertrat, als sittliches Wesen könne der Staat durch seine Handlungen Recht und Moral gar nicht verletzen, antwortete Meinecke in voller Schärfe: »Der Staat ist und war nie schlechthin ein sittliches Wesen, sondern hat, wie doch auch Treitschke erkannte, eine ganz naturhafte und elementare Grundlage, die durch alle Veredelungsbestrebungen immer wieder durchschlägt. Vor dieser nüchternen Erkenntnis verblaßt mir alle hochfliegende Identitätsphilosophie«[2]. Ein Konflikt der Pflichten liege auch in den Fällen vor, in denen der Staatsmann sich sittlich gerechtfertigt fühlen dürfe, wenn er zur Lösung der geschichtlichen Aufgabe seines Staates die Grenze der Moral überschreite. »Die Hegelsche Lehre mag kleinere Kreise in dem Glauben wiegen, daß ein solcher Konflikt nicht bestehe. Aber die natürliche sittliche Empfindung der meisten Menschen wird sich bei ihrer Dialektik nicht beruhigen und wird, wenn sie feiner urteilt, die Überschreitung des allgemeinen Sittengesetzes durch den von der Staatsnotwendigkeit geleiteten Staatsmann als eine Entscheidung zwischen zwei kollidierenden ethischen Pflichten, als ein tragisches und mit tragischer Schuld behaftetes Wagnis ansehen.«

Meinecke wandte sich auch gegen den weiteren Gedanken desselben Hegelianers, der Staat »als die geschichtliche und rechtliche Wirklichkeit eines Volkes« sei immer sittlich gerechtfertigt, sofern es der Nation gelinge, ihr Recht auf Dasein und Wirksamkeit vor dem Richterstuhl der Geschichte und der Vernunft darzutun. Meinecke nennt diesen »Richterstuhl der Geschichte und der Vernunft« eine sehr unsichere und prekäre Instanz, die zu verschiedenen Zeiten und Orten doch recht verschieden urteile. Zudem sei er ein zu leichtes und bequemes Aushilfsmittel, um alles zuzudecken. »Das Kriterium der Allgemeingültigkeit, ohne das er nicht brauchbar wäre, besitzt er nur in den Augen des hegelianisch spekulierenden und postulierenden Philosophen. Die Identitätsphilosophie kann eben die tatsächlich vorhandenen Risse und Antinomien, in

---

[1] Julius Binder, Staatsraison und Sittlichkeit, Sonderhefte der Deutschen Philosophischen Gesellschaft Nr. 3, Berlin 1929.
[2] Meineckes Erwiderung steht in der Historischen Zeitschrift, Bd. 140 (1929), S. 565 ff.

denen sich das geschichtliche Leben bewegt, nur durch Postulate überbrücken, die keine Denknotwendigkeit haben. Darum halte ich sie für unbrauchbar für die Zwecke der Geschichtschreibung.« Meinecke steht denn auch der »Hegel-Renaissance« skeptisch gegenüber und verspricht sich nicht viel Gutes davon für die historisch-politischen Wissenschaften. Und mit seherischem Blick für die kommenden Dinge (1929!) warnt er davor, durch das schöne Wunschbild des Hegelschen Staatsbegriffs von der nüchternen Erkenntnis der staatlichen Wirklichkeit abzulenken und wieder blauen Dunst über Dinge zu verbreiten, »die nackt angesehen werden wollen, um verstanden zu werden«.

Mit scharfem Auge erfaßt Meinecke hier den Zusammenhang zwischen den »Nachwirkungen des Hegelschen Monismus« und den zur Macht drängenden autoritären, sowohl antidemokratischen wie antiliberalen Staatsideologien. »Der deutsche Machtstaatsgedanke, dessen Geschichte mit Hegel begann, sollte in Hitler eine ärgste und verhängnisvollste Steigerung und Ausbeutung erfahren«, schrieb er, nachdem die von ihm seit je erwartete Katastrophe eingetreten war[1]. In der Tat gab der erwähnte hegelianische Rechtsphilosoph fünf Jahre nach seiner Meinecke-Kritik eine staatsphilosophische Rechtfertigung des neuen Führerstaates![2]. Nicht anders steht es mit dem Historiker Otto Westphal oder dem Juristen Carl Schmitt, die ebenso Meineckes »moralischen Dualismus« ablehnten und dagegen die konkrete und absolute Sittlichkeit des Staates setzten oder die Frage nach der Normität oder Abnormität der konkreten Situation. Auch diese beiden sind zu geistigen Wegbereitern des antiliberalen Führerstaates geworden[3].

Schmitt, Westphal, später nationalsozialistische Ideologen wie Walter Frank und Christoph Steding, sahen in Meineckes »Idee der Staatsräson« den staatsphilosophischen Ausdruck für eine politische Haltung, die ihnen durch Begriffe wie Weimar, Genf, Ver-

---

[1] Die deutsche Katastrophe, S. 28.
[2] Julius Binder, Der deutsche Volksstaat, Recht und Staat in Geschichte und Gegenwart 110, Tübingen 1934.
[3] Otto Westphal, Feinde Bismarcks, Geistige Grundlagen der deutschen Opposition 1848—1918, München und Berlin 1930, vor allem S. 240 ff. Carl Schmitt, Rezension der »Idee der Staatsräson« in: Archiv für Sozialwissenschaft und Sozialpolitik, Bd. 56, S. 226 ff.

sailles und Locarno gekennzeichnet schien[1]. Damit ist die Frage nach Meineckes Einstellung zu den entscheidenden politischen Problemen seiner Zeit aufgeworfen. Sie hat uns hier nur soweit zu interessieren, als dies für ein tieferes Verständnis des Werkes erforderlich ist. Besonders das Einleitungs- und das Schlußkapitel stehen ja stark unter dem Eindruck der die Zeit und Meinecke selbst bewegenden aktuellen politischen Fragen.

Was den durch den Begriff Versailles bezeichneten Sachverhalt anbetrifft, so hat Meinecke eine äußerst differenzierte und mit der Zeit auch sich wandelnde Haltung eingenommen, die hier nicht in allen Einzelheiten erläutert werden kann. Wir können nur gerade versuchen, mit einigen Strichen eine Skizze zu entwerfen. Selbstverständlich lehnte er sich gegen die Schärfen des Friedensschlusses von 1919 auf, so sehr er auch hier Einsicht in die historische Notwendigkeit zu gewinnen suchte. Eine friedliche Revision der härtesten Bestimmungen war ein Hauptpunkt seiner außenpolitischen Konzeption. Niemals allerdings ist Meinecke geistig und politisch in der Diskussion um die Kriegsschuldfrage steckengeblieben wie so viele andere Historiker der Weimarer Zeit. Das Bild, das der Verfasser der »Staatsräson« bei der Niederschrift seines Buches von der zukünftigen politischen Entwicklung Europas und der Welt malt, ist in sehr düsteren Farben gehalten. Hegemonie der angelsächsischen Mächte, die Pax Anglosaxonica oder die »Geißel der französischen Kontinentalhegemonie« — das ist die Alternative, vor der Meinecke Europa stehen sieht. Obschon er ein waches Bewußtsein hatte für die kommunistische Gefahr und für die Möglichkeit einer Bedrohung Europas durch ein erstarktes bolschewistisches Rußland, steht die »Idee der Staatsräson« politisch und geistig doch ganz im Zeichen einer Auseinandersetzung mit dem Westen — allerdings nun eben nicht im Sinne einer deutschen Apologie, sondern mit dem höheren Ziel einer geistigen Synthese.

Der Idee des Völkerbundes stand Meinecke mit einem Gefühl gegenüber, das aus Hoffnung und Skepsis gemischt erscheint. An

[1] Carl Schmitt übernahm seine Kritik an Meinecke später in die Aufsatzsammlung: Positionen und Begriffe im Kampf mit Weimar—Genf—Versailles 1923—1939, Hamburg 1939, S. 45 ff. Westphal identifiziert Meineckes politische Philosophie und Historik mit der »Linie von Locarno — Locarno nicht nur als diplomatisch-politischen, sondern als einen allgemein-geistesgeschichtlichen Ort verstanden...«, a. a. O., S. 240.

sich ging die Idee eines Völkerbundes als überstaatliche Instanz aus seinen Forschungen über die Hypertrophie des nationalen Machtstaatsgedankens mit innerer Notwendigkeit hervor. Meinecke war indessen viel zu sehr politischer Realist, um die Schwierigkeiten auf diesem Wege nicht zu sehen und die Genfer Institution nicht allzusehr als Forum der Interessen der Siegermächte zu empfinden. Aber andererseits war er wiederum viel zu wenig politischer Ideologe, um von einem solchen ersten tastenden Versuch gleich das endgültige Heil zu erwarten, und ihn, falls diese Hoffnung enttäuscht wurde, gleich in Bausch und Bogen zu verdammen.

Voll und ganz hingegen stellte sich Meinecke hinter Weimar, hinter den für ihn geschichtlich unumgänglich gewordenen Versuch einer demokratischen und liberalen deutschen Republik. Sein ganzes politisches Streben ging dahin, den neuen Staat den so zahlreichen Widerstrebenden nicht nur vernunftmäßig näher zu bringen, sondern ihn auch gefühlsmäßig zu verankern. Inwiefern verfolgt nun die politische Philosophie Meineckes »die Linie von Locarno«? Wenn man das in solcher Ausdrucksweise vorhandene simplifizierende Moment erkannt hat, so kann man dem weltanschaulichen Gegner hier insofern recht geben, als es Meinecke in der Tat vordringlich um die Revision des deutschen historischen und politischen Denkens im Sinne einer Synthese mit westeuropäischen Ideen gegangen ist. Für Meinecke bedeutet ein solches Abbiegen einer spezifisch deutschen Entwicklungslinie indessen keineswegs vornehmlich oder gar ausschließlich Ausrichtung auf westeuropäisches Denken, sondern Rückkehr in den Schoß der allgemein-europäischen Geistesentwicklung, die allerdings ohne Verzicht auf gewisse deutsche Traditionen und Eigenarten nicht möglich erscheint. Doch die Wünschbarkeit einer solchen Synthese deutschen und westeuropäischen Geschichts- und Staatsdenkens wurde von den antiliberalen und nationalistischen Elementen Deutschlands verneint, die Möglichkeit einer solchen Synthese auch von Nationalkonservativen, die mit jener Richtung keineswegs identisch sind[1].

---

[1] Vgl. dazu für die zweite Richtung etwa die Rezensionen der »Idee der Staatsräson« von Heinrich Ritter v. Srbik, Mitteilungen des österreichischen Instituts für Geschichtsforschung, Bd. 40 (1925), S. 356 ff.; Gerhard Ritter, Neue Jahrbücher für Wissenschaft und Jugendbildung, Bd. I

Daß Meineckes Kritik an Hegel die Anhänger der Hegelschen Staatsphilosophie herausforderte, war nur natürlich. Der Gegenangriff der Hegelianer hatte indessen nicht nur die Widerlegung von Meineckes Theorie über die Staatsräson zum Ziele, sondern, insofern sie politisch antiliberal waren, ebenso die Ablehnung der Weimarer Demokratie. Denn Meinecke war für diese Gegner »der unbestritten repräsentativste Historiker des republikanischen Systems«, wie es später einmal formuliert wurde. Dadurch ist der geistige Ort der »Idee der Staatsräson« im Kampf der politischen Weltanschauungen und auch ihr Platz in der Geschichte der Weimarer Republik eindeutig bestimmt. Für die deutsche Theorie der Politik ist der Umstand entscheidend geworden, daß Meineckes Erkenntnis von der »Dämonie« der Macht im allgemeinen nicht akzeptiert wurde. Die Anhänger des unbedingten Machtstaatsgedankens und der Hegelschen These einer Identität von Macht und Sittlichkeit sahen in Meinecke nur den spätidealistischen und liberalen Professor, »der einfach Angst hat vor der Macht«[1]. Die Affinität zwischen Hegelianismus und autoritär-antiliberaler Ideologie ist für die Zeit der Zwanziger Jahre augenfällig (wenn wir von dem Zusammenhang zwischen Hegelianismus und Marxismus hier einmal absehen). Meinecke hat dies früh erkannt, und das spätere Verhalten seiner hegelianischen Kritiker hat es bewiesen.

Ganz anders liegt indessen der Fall Benedetto Croce. Mit Fug und Recht gilt der große italienische Philosoph als ein Hegelianer reinsten Wassers. Meinecke empfand ihn durchaus auch so. Croce konnte aber politisch Liberaler sein, weil sein Hegelianismus unter dem Primat der Freiheit des Geistes stand, während der deutsche Hegelianismus meistens politisch autoritär und antiliberal war, weil er unter dem Primat der Sittlichkeit des Staates stand. Auch Croce lehnte Meineckes Dualismus von Politik und Ethik und damit seine ganze Auffassung von der Problematik der Staatsräson folgerichtig ab[2]. In einer jahrzehntelangen, allerdings nicht

---

(1925), S. 101 ff.; Hermann Oncken, Deutsche Literatur-Zeitung, Neue Folge III (1926), Sp. 1304 ff.

[1] So Ernst Krieck in: Volk im Werden, 3. Jg. (1935), S. 323 ff. Weiter heißt es über den Autor der »Idee der Staatsräson«: »Er schwankt unsicher zwischen Macht und bürgerlicher Moral und landet infolgedessen in allen spätbürgerlichen, spätidealistischen, das heißt epigonenhaften, aber gründlich unschöpferischen Halbheiten.«

[2] Vgl. vor allem Croces Besprechung der »Idee der Staatsräson« in:

immer gleich intensiven geistigen Auseinandersetzung erkannten die beiden Forscher immer wieder die »Unvereinbarkeit ihrer Weltbilder« (wie Meinecke einmal einem befreundeten deutschen Historiker schreibt). »Mit dieser Erneuerung des Hegelianismus«, fährt er dann in diesem Briefe weiter, »täuscht man sich über die Abgründe des Weltbildes hinweg.«

»Die Idee der Staatsräson« sei, so sagten wir, ein Anti-Machiavell, vor allem aber ein Anti-Hegel. Man könnte sie auch ein Buch über »Die Dämonie der Macht« nennen. »Dämonie« ist der eigentliche Gegenbegriff zur »List der Vernunft«. Was heißt nun aber »Dämonie« im politischen und historischen Denken Meineckes?

In seinen Bemühungen um eine tiefere Erkenntnis des wahren Wesens der Macht stieß Meinecke zuerst auf den Begriff der Dämonie. In seinem durch die Kriegserlebnisse gewandelten Welt- und Geschichtsbild steht er schließlich durchaus zentral. Mit dem Begriff der Dämonie bringt Meinecke die Erkenntnis zum Ausdruck, daß im geschichtlichen Leben, wie er eben zuerst am Wesen der Staatsräson nachwies, ein unheimlicher Zusammenhang bestehe zwischen Geist und Natur, daß es viele Dinge gebe, »in denen Gott und Teufel zusammengewachsen sind«.

Wenn die »List der Vernunft« aus Bösem ungewollt Gutes entstehen läßt, so läßt die »Dämonie« aus Gutem unversehens Böses entstehen. »Eine dämonische Tatsache ist es«, schrieb er später, »daß Gutes und Böses oft ineinandergewachsen sind. Mephisto spielt in der Geschichte nicht nur die Rolle, das Böse zu wollen und das Gute zu schaffen, — womit man sich vielleicht, der Theodizee gemäß, abfinden könnte. Sondern er verdirbt auch oft genug dem, der ursprünglich das Gute will, das Konzept und lenkt ihm Herz und Hand so, daß etwas ganz Böses daraus wird ... Deswegen hat die Weltgeschichte einen überaus tragischen, ja fast dämonischen Charakter«[1]. Dämonisch nennt er einmal den Zu-

---

La Critica, Rivista di letteratura, storia e filosofia, Anno XXIII, S. 118 ff. »... è necessario abbandonare il «dualismo», nel quale il Meinecke confessa di essere entrato, di «spirito» e «natura»; concepire la pura politica o la pura utilità come attiva forma spirituale; negare (contro la teoria francese o latina) che questa sia immorale; ma negare altresì (contro la teoria germanica) che sia morale o sopramorale...« Über die philosophischen Gegensätze der beiden Denker vgl. auch mein Buch: Geschichtschreibung und Weltanschauung, S. 389 ff.

[1] Aphorismen und Skizzen zur Geschichte, S. 123/124.

sammenhang zwischen der kulturellen Blüte der Renaissance und ihren furchtbaren politischen und sozialen Voraussetzungen und Begleitumständen. Wenn das deutsche historische Denken unter dem Einfluß des Hegelschen Monismus die schöpferischen Wirkungen der Macht, insbesondere gerade in bezug auf die Kultur, betont hatte, so bemüht sich Meinecke, die zerstörerischen Folgen der Exzesse moderner Machtpolitik ans Licht zu stellen. Dämonie der Macht heißt, daß die Macht aus ihrem innersten Wesen heraus das selbst zerstören kann, was sie aufgebaut hat, daß sie von der Gestalterin und Ordnerin zur Zerstörerin werden kann.

Trotz dieser Einsicht kommt Meinecke nicht zum Schluß, daß Macht an sich böse sei. »Sie ist nur eine Versucherin zum Bösen«[1]. Wenn Ranke geglaubt hatte, in der Macht an sich erscheine ein geistiges Wesen, und Jacob Burckhardt dem entgegengehalten hatte, Macht an sich sei böse, so geht jetzt Meinecke über beide hinaus oder hinter beide zurück, indem er das Wesen der Macht als weder gut noch böse, sondern als jenseits oder besser vielleicht noch diesseits von gut und böse, als ethisch indifferent und naturhaft bestimmt. Das Streben nach Macht erkennt er als »urmenschlichen, ja vielleicht animalischen Trieb, der blind um sich greift, bis er äußere Schranken findet«. Der Machttrieb ist neben Hunger und Liebe die mächtigste, elementarste Triebkraft des Menschen. Mit Lust genießt der Mensch schließlich die Macht an sich und in ihr sich selbst und seine gesteigerte Persönlichkeit. Wer die Macht in Händen hat, steht andauernd in der Versuchung, sie zu mißbrauchen und über die Grenzen, die Recht und Moral ziehen, auszudehnen. »Man kann es einen Fluch nennen, der auf der Macht liegt — er ist unabwendbar.«

IV.

Die »Idee der Staatsräson«, 1924 erschienen, hätte einen Meilenstein in der Entwicklung der historischen und politischen Wissenschaften in Deutschland bedeuten können. Aber der geistige Boden war zu einer solchen Wirkung nicht bereitet. Man überhörte damals weithin den aufrüttelnden Ruf des unbequemen, aber — wie

---

[1] Straßburg—Freiburg—Berlin, S. 194.

sich bald zeigen sollte — prophetischen Warners. Fast wie ein Rufer in der Wüste erscheint uns Meinecke rückblickend. Sein radikales Umdenken fand kaum Nachfolge. Als vornehmliche nationale Aufgabe sahen die deutschen Historiker die Widerlegung der »Kriegsschuldlüge« an und übersahen dabei, welche neuaufgebrochenen politischen und sozialen Kräfte die Zukunft gestalten würden. Sie haben »ganz überwiegend an den überlieferten Wertungen festgehalten und sich unleugbar damit der Problematik einer neuen Zeit weitgehend verschlossen«[1].

Daß Meineckes »Idee der Staatsräson« in einer solchen geistigen Atmosphäre eines der wenigen wahrhaft zukunftweisenden Werke gewesen ist, wenn nicht überhaupt das einzige innerhalb der zünftigen Geschichtschreibung, wird heute allgemein anerkannt. Die furchtbaren Erfahrungen mit der Übersteigerung des Machtstaatsgedankens im nationalsozialistischen Deutschland und in dem von ihm entfesselten zweiten Weltkrieg haben auch weiteren Kreisen endlich die Augen für das geöffnet, was Meinecke »die dunklen dämonischen Tiefen des geschichtlichen Lebens« nannte. Und so kann sein Werk jetzt den Platz einnehmen, der ihm in der Geschichte der historischen und politischen Wissenschaften in Deutschland wahrhaft zukommt: als das Buch, das zum ersten Mal schonungslos die Dämonie der Macht nicht im Sinne eines moralisierenden Traktates, sondern auf Grund nüchterner Geschichtsanalyse ins Licht gestellt hat[2].

Es ist kein Zufall, daß die letzte der insgesamt drei Auflagen des Buches bereits 1929 erschien. Die Stimme des Warners ging

---

[1] Vgl. Hans Herzfeld, Staat und Nation in der deutschen Geschichtsschreibung der Weimarer Zeit, Sonderdruck aus: Veritas, Iustitia, Libertas, Festschrift zur 200-Jahrfeier der Columbia University New York, überreicht von der Freien Universität und der Deutschen Hochschule für Politik, Berlin, Colloquium-Verlag Berlin, S. 134.

[2] Vgl. dazu u. a.: Ludwig Dehio, Friedrich Meinecke, Der Historiker in der Krise, Veröffentlichung der Freien Universität, Colloquium-Verlag Berlin 1953; Hans Rothfels, Friedrich Meinecke, Ein Rückblick auf sein wissenschaftliches Lebenswerk, ebenda 1954; Franz Schnabel, Nachruf auf Friedrich Meinecke, in: Jahrbuch der Bayerischen Akademie der Wissenschaften 1954; Gerhard Ritter, Gegenwärtige Lage und Zukunftsaufgaben deutscher Geschichtswissenschaft, in: Historische Zeitschrift, Bd. 170 (1950), S. 17; derselbe, Deutsche Geschichtswissenschaft im 20. Jahrhundert, in: Geschichte in Wissenschaft und Unterricht, 1. Jg. (1950), S. 94.

bald unter im Massenrausch des sich selbst überschlagenden Nationalismus der heraufziehenden dreißiger Jahre. Die nationalsozialistischen Machthaber selbst legten schon gar keinen Wert auf die unbequeme politische Philosophie des »geheimrätlichen Politikers«. Schritt für Schritt wurde Meinecke denn auch nach 1933 seines publizistischen und pädagogischen Einflusses beraubt[1].

Ebenso rasch rückte indessen sein Name nach 1945 wieder in den Mittelpunkt der Bemühungen um eine geistige Neuorientierung des deutschen Geschichtsdenkens. Seine »Deutsche Katastrophe« wurde zum Ansatzpunkt einer längst fälligen Revision des herkömmlichen deutschen Geschichtsbildes. Der greise Historiker wurde für viele ratlos gewordene junge Menschen zum geistigen Führer, insofern sie nach neuen historisch-politischen Werten und Idealen Ausschau hielten. Seine Werke indessen waren zumeist vergriffen. Während seine »Deutsche Katastrophe« und seine geschichtsphilosophischen Aufsätze wie auch andere kleinere Schriften immer wieder aufgelegt wurden, sind seine großen Werke, mit Ausnahme einer rasch verkauften Nachkriegsausgabe seiner »Entstehung des Historismus«, nicht mehr neu erschienen. Die »Idee der Staatsräson« zumal ist praktisch seit mehr als zwei Jahrzehnten völlig vom Büchermarkt verschwunden. Wir glaubten daher, eine Neuausgabe der Werke Meineckes nicht fruchtbarer und sinngemäßer beginnen zu können als durch einen Neudruck gerade dieses Buches.

Die editorischen Grundsätze, von denen der Herausgeber sich leiten ließ, ergaben sich aus der Sachlage ganz von selbst. Eine philologisch-kritische Bearbeitung erübrigte sich, da ein völlig eindeutiger Text vorliegt. Trotz gewisser zeitgeschichtlicher Beschränktheiten wie der Animositäten gegen England und Frankreich, die sich aus den Nachwirkungen der Kriegspropaganda. des Versailler Friedens und des Ruhrkampfes ergaben, entschlossen

---

[1] Für die Auseinandersetzung zwischen Meinecke und der nationalsozialistischen Geschichtsideologie vgl. u. a.: Christoph Steding, Das Reich und die Krankheit der europäischen Kultur, Berlin 1935; Gerhard Schröder, Geschichtsschreibung als politische Erziehungsmacht, Berlin 1939; Walter Frank, Kämpfende Wissenschaft, Hamburg 1934; derselbe, Zunft und Nation, in: Historische Zeitschrift, Bd. 153 (1936); derselbe, Die deutschen Geisteswissenschaften im Kriege, ebenda, Bd. 163 (1941). Kritik Meineckes an Frank vgl. ebenda, Bd. 152 (1935), S. 101 ff. und Kritik von Srbiks an Schröder, ebenda, Band 162 (1940), S. 353 ff.

wir uns zu einem im wesentlichen unveränderten Neudruck der letzten Auflage von 1929. Die wenigen Veränderungen und Ergänzungen, die vorgenommen wurden, gehen sämtliche auf Eintragungen zurück, die Meinecke in seinem Handexemplar, offensichtlich für den Fall einer Neuauflage, angebracht hatte. Der an sich recht umfangreiche Nachlaß Meineckes, der den Herausgebern uneingeschränkt zur Verfügung steht, enthält darüber hinaus keine Angaben oder Anregungen, die für eine neue Edition der »Idee der Staatsräson« unmittelbar hätten verwendet werden können. Neu hinzugekommen ist hingegen ein ausführliches Personen- und Sachregister, das die Benutzung des Bandes wesentlich erleichtern dürfte.

Die auch in den großen ideengeschichtlichen Werken im Grunde essayistische Arbeitsweise Meineckes ließ auch für ihn selbst oft bis zuletzt die Frage offen, welche endgültige Gestalt ein Werk annehmen sollte. Bei der »Idee der Staatsräson« kam für die Formwerdung erschwerend dazu, daß das Buch während der Arbeit eine »Achsendrehung« erhielt (wie sich der Autor selbst ausdrückte), und zwar von der »Lehre der Interessen der Staaten« hinüber zur »allgemeinen Problematik der Staatsräson«. So erhob sich für Meinecke die Frage, die er ja auch in seiner Einleitung berührt, wieviel von der ursprünglichen Konzeption des Buches übernommen werden sollte. Zeitweise hat er die Absicht gehabt, neben den Kapiteln über Valckenier und Bielfeld, die ursprünglich dazu gehörten, auch die schließlich dann doch aufgenommenen über Courtilz und Rousset herauszunehmen. Wie er in einer Notiz vom 30. 1. 1924 schrieb, »machen sich diese Kapitel über die kleinen Propheten nicht ganz glücklich neben den größeren Vertretern des Staatsräsongedankens«. Es schwebte ihm vor, diese vier kleinen Kapitel unter dem Titel »Zur Lehre von den Interessen der Staaten im 17. und 18. Jahrhundert« gesondert zu publizieren. Ohne daß eine Begründung für seine Sinnesänderung sichtbar würde, hat er schließlich dann doch nur die Kapitel über Valckenier und Bielfeld gesondert erscheinen lassen[1]. Da Meinecke diese

---

[1] Das Kapitel über Bielfeld erschien unter dem Titel »Bielfeld als Lehrer der Staatskunst« in der Zeitschrift für öffentliches Recht 7, Wien 1927, S. 473 und das Kapitel über Valckenier unter dem Titel »Petrus Valckeniers Lehre von den Interessen der Staaten« in der Festschrift für Georg v. Below »Aus Politik und Geschichte«, Berlin 1928, S. 146 ff.

Regelung unverändert durch alle drei Auflagen des Buches beibehielt, hatten wir auch hier keine Veranlassung, die Gestalt des Buches zu verändern.

Trotz der auch von Meinecke selbst empfundenen formalen Mängel ist die »Idee der Staatsräson« zweifellos ein klassisches Werk deutscher Geschichtschreibung. Wer von den Nachfahren wollte es wagen, Hand anzulegen, und sei es in noch so guter Absicht? Auch Meinecke selbst hat immer wieder Wert darauf gelegt, daß seine Werke die Farbe des Augenblicks, die geschichtliche Atmosphäre, in der sie geschaffen wurden, beibehielten. Dies war ihm wichtiger als das an sich natürliche Bestreben des Wissenschaftlers, seine Forschungen jeweils »auf den neuesten Stand« zu bringen. Damit bewies Meinecke ein feines historisches Taktgefühl auch gegenüber seinen eigenen Werken: da sie nicht nur wissenschaftliche Leistungen ersten Ranges sind, sondern ebenso geistesgeschichtlich bedeutsame Auseinandersetzungen mit seiner Zeit, würden sie bei allen tieferen Eingriffen nur an Gehalt verlieren.

So entschlossen wir uns selbst zur Beigabe einführender Worte nur nach schwerwiegenden Bedenken. Wir glaubten es schließlich doch tun zu müssen aus der Einsicht heraus, daß der Zugang zu Meineckes Werk besonders einer jüngeren Generation erleichtert werden könnte, wenn etwas gesagt würde über die biographischen Umstände und die geistigen Hintergründe des Buches, über seinen Standort innerhalb des Gesamtschaffens und über seine Bedeutung für die deutsche Geschichtschreibung. —

Am Schluß haben wir noch all denen unsern Dank abzustatten, die durch ihre Mitarbeit und Hilfe diesen ersten Band einer Neuausgabe von Friedrich Meineckes Werken ermöglichen halfen: Dank den Assistenten und wissenschaftlichen Hilfskräften der Herausgeber; Dank inbesondere der »Ernst-Reuter-Gesellschaft der Freunde und Förderer der Freien Universität Berlin«, die durch großzügige Unterstützung die Drucklegung dieses Bandes finanziert hat.

EINLEITUNG

Das Wesen der Staatsräson

Staatsräson ist die Maxime staatlichen Handelns, das Bewegungsgesetz des Staates. Sie sagt dem Staatsmanne, was er tun muß, um den Staat in Gesundheit und Kraft zu erhalten. Und da der Staat ein organisches Gebilde ist, dessen volle Kraft sich nur erhält, wenn sie irgendwie noch zu wachsen vermag, so gibt die Staatsräson auch die Wege und Ziele dieses Wachstums an. Sie kann diese nicht willkürlich wählen, sie kann sie auch nicht allgemeingültig und gleichförmig für alle Staaten angeben, denn der Staat ist auch ein individuelles Gebilde mit eigentümlicher Lebensidee, in dem die allgemeinen Gesetze der Art modifiziert werden durch eine singuläre Struktur und durch eine singuläre Umwelt. Die »Vernunft« des Staates besteht also darin, sich selbst und seine Umwelt zu erkennen und aus dieser Erkenntnis die Maximen des Handelns zu schöpfen. Sie werden immer zugleich einen individuellen und einen generellen, einen beharrlichen und einen veränderlichen Charakter an sich tragen. Sie werden sich fließend verändern mit den Wandlungen im Staate selbst und in seiner Umwelt, sie werden aber auch der dauernden Struktur des individuellen Staates ebenso wie den dauernden Lebensgesetzen aller Staaten entsprechen müssen. Aus dem Sein und Werden erwächst so immer ein durch Erkenntnis vermitteltes Sollen und Müssen. Der Staatsmann m u ß , wenn er von der Richtigkeit seiner Erkenntnis überzeugt ist, ihr gemäß handeln, um sein Ziel zu erreichen. Die Wahl der Wege zum Ziele ist bei der singulären Beschaffenheit von Staat und Umwelt beschränkt. Streng genommen dürfte nur e i n Weg zum Ziele, nämlich der beste im Augenblick mögliche, jedesmal in Frage kommen. Es gibt für jeden Staat in jedem Augenblicke eine ideale Linie des Handelns, eine ideale Staatsräson. Sie zu erkennen ist das heiße Bemühen des handelnden Staatsmannes wie des rückschauenden Historikers. Alle historischen Werturteile über staatliches Handeln sind nichts anderes als Versuche, das Geheimnis der wahren Staatsräson des betreffenden Staates zu entdecken.

Nur solange der Staatsmann schwanken kann, welches sie sei, kann er wählen. Nur zu oft ist diese Wahl ausgeschlossen, und ein einziger schmaler Weg zum Heile zwingt den Handelnden in seine Bahn. Die Staatsräson wird so zum tiefen und schweren Begriffe der Staatsnotwendigkeit. Die eigentümliche Lebensidee des individuellen Staates muß sich also entfalten innerhalb eines ehernen Zusammenhanges von Ursachen und Wirkungen. Frei und selbständig zu leben heißt für den Staat nichts anderes, als den Gesetzen zu folgen, die seine Staatsräson ihm diktiert.

Sein und Sollen, Kausalität und Idee, Freiheit und Notwendigkeit, Generelles und Individuelles — wir sind mitten in den Problemen, welche die moderne Philosophie so leidenschaftlich bewegen. Der Historiker, dem es auf ein anschauliches Verstehen ankommt und der die erschöpfende Untersuchung der hinter seinen Problemen sich erhebenden logischen und metaphysischen Fragen dem Philosophen überlassen muß, kann darüber nur folgendes sagen.

Voran tritt in allem Handeln nach Staatsräson allerdings ein strenger und lückenloser Kausalzusammenhang zutage, so deutlich und anschaulich wie nur irgend sonst im historischen Leben. Zwingende Motive der Selbsterhaltung und des Wachstums des Staates treiben den Staatsmann zu Handlungen, die einen individuellen und einen generellen Charakter zugleich tragen. Einen individuellen insofern, als sie einen ganz einzigartigen, der momentanen Lage sich anpassenden, so nie wieder zu begehenden Weg zum Ziele suchen und dabei gerade die geltenden allgemeinen sittlichen Gesetze und positiven Rechtssatzungen zuweilen überschreiten. Einen generellen Charakter aber insofern, als ein dauernder, allen Staaten gemeinsamer Grundtrieb sie hervorbringt. Das Individuelle im Handeln nach Staatsräson erscheint so als notwendiger Ausfluß eines generellen Prinzips, notwendig, weil die fließende Mannigfaltigkeit des geschichtlichen Lebens, weil insbesondere die labile Situation eines um seine Existenz kämpfenden Staates inmitten ebenso labiler Staaten zur feinsten Modifizierung und Individualisierung des generellen Triebes zwingt. So fügt sich denn sowohl das Individuelle wie das Generelle im Handeln nach Staatsräson, zunächst wenigstens, reibungslos in den allgemeinen Kausalzusammenhang des Geschehens ein.

Aber der besondere Kausalzusammenhang, den es in sich bildet, ist zugleich ein Zweck- und Wertzusammenhang, ein teleologischer Zusammenhang. Der Staatsmann will bestimmte Ziele und Werte realisieren. Welcher Art sind sie? Woher stammen sie? Indem man sie zu analysieren und abzuleiten versucht, treten nun erst die Schwierigkeiten hervor. Das Wohl des Staates und der in ihm beschlossenen Volksgemeinschaft ist, so heißt es, Wert und Ziel, und Macht, Machtbehauptung, Machterweiterung das unentbehrliche, unbedingt zu beschaffende Mittel dafür. Unbedingt insofern auch, als es erforderlichenfalls, nach vieler Meinung wenigstens und nach einer häufigen, immer wieder geübten Praxis, auch ohne Rücksicht auf Moral und positives Recht zu beschaffen ist. Aber dadurch erheben sich sofort die Zweifel, wie weit man gehen darf in dieser Rücksichtslosigkeit, und die Lehren und Anschauungen darüber gingen und gehen weit auseinander. Der Satz, daß die dem Staate notwendige Macht unbedingt, das heißt mit allen Mitteln zu beschaffen sei, wird von den einen behauptet, von den andern bestritten. Sittliche Werturteile komplizieren hier also das einfache, kausal lückenlose Bild vom Handeln nach Staatsräson, das wir zuerst gewonnen.

Es gibt neben dem Werte des Staatswohls eben noch andere hohe Werte, die ebenfalls Unbedingtheit beanspruchen. Von ihnen kommen hier in Betracht das Moralgesetz und die Rechtsidee. Ja, das Staatswohl selber wird nicht nur durch Macht, sondern auch durch ethische und rechtliche Werte gesichert, und letzten Endes kann auch die Macht durch Erschütterung der moralischen und rechtlichen Werte bedroht werden. Demnach kann sowohl die Achtung vor Moral und Recht an sich, also ein rein ideales Motiv, als auch die wohlverstandene Rücksicht auf das Wohlsein des Staates, in der sich dann ideale mit praktisch-utilitarischen Erwägungen mischen können, den Staatsmann dazu veranlassen, das Streben nach Macht und die Wahl der Mittel dafür einzuschränken. Tut er es aus Rücksicht auf das Wohl des Staates, also aus Staatsräson, so erhebt sich sofort die sehr dunkle Frage, wie weit er utilitarischen, wie weit er idealen Gesichtspunkten dabei folgt. Wo ist hier die Grenze zwischen beiden? Man kann rein logisch es vielleicht für möglich halten, sie zu ziehen. In der anschaulichen historischen Wirklichkeit ist sie nicht scharf zu ziehen. Die letzten Tiefen des persönlichen Handelns sind in diesem Falle nicht zu erkennen. Dem Historiker bleibt dann nichts anderes übrig, als eine Vermutung über das Dominieren dieses oder jenes Motivs zu äußern, die je nach Lage der Quellen und nach unserem sonstigen Wissen um das Wesen der handelnden Persönlichkeit größere oder geringere Wahrscheinlichkeit für sich hat. Und wer sich selber nach Fällen ähnlichen Handelns, wo utilitarische und ideale Motive nebeneinander ins Spiel kommen können, auf Herz und Nieren befragen würde, ob und in welchem Grade das eine oder das andere Motiv ihn bestimmt habe, würde wohl in den meisten Fällen sich gestehen müssen, daß er die beiden Arten der Motive nicht mehr genau scheiden könne, daß sie unmerklich ineinander übergingen. Ethische Regungen stellen oft erst dann sich ein, nachdem die nüchterne Prüfung des Falles die Nützlichkeit und Zweckmäßigkeit ethischen Handelns erkannt hat. Das ideale Motiv wächst dann aus dem Schoße des utilitarischen Motivs heraus. Wiederum ist das ein Hergang, den man wohl in sich selber erleben und bei andern nachfühlen und anschauend verstehen, aber nicht genau sezieren kann. Zwischen sittlichen und sittlich indifferenten Empfindungen und Motiven liegen nur zu oft dunkle Zonen des Übergangs und des Hinüberwachsens, und es kann wohl selbst der ganze Raum von dieser dunklen Zone eingenommen werden.

Wir haben bisher den Fall behandelt, daß der Staatsmann unter einem übereinstimmenden Drucke idealer und utilitarischer Motive die Grenzen von Recht und Sitte einhält und das Streben nach Machtgewinn einschränkt. Wie steht es aber, wenn er umgekehrt in seinen Entschlüssen und Taten den Machtzweck über Recht und Sitte stellt und so nun ganz spezifisch und unzweideutig im Sinne der Staatsräson handelt? Genau dieselben dunklen Probleme stellen sich wieder ein, dieselben undurchsichtigen Übergangszonen im Empfinden, Wollen, Denken und Handeln tauchen wieder auf. Denn treibt ihn wirklich nur das als sittlicher Wert empfundene Staatswohl, die bange Sorge um Existenz, Zukunft und Lebensbedingungen des ihm anvertrauten Staates? Liegt hier nur ein Konflikt divergierender sittlicher Pflichten, nicht auch ein Einbruch außersittlicher Motive vor? Das Streben nach Macht ist ein urmenschlicher, ja vielleicht animalischer Trieb, der blind um sich greift, bis er äußere Schranken findet. Und wenigstens beim Menschen beschränkt er sich nicht auf das, was zum Leben und Gedeihen unmittelbar notwendig ist, sondern man genießt mit Lust die Macht an sich und in ihr sich selbst und seine gesteigerte Persönlichkeit[1]. Die Pleonexie ist neben dem Hunger und der Liebe der gewaltigste, elementarste und wirksamste Trieb des Menschen, und derjenige ferner, der über die Befriedigung bloßer körperlicher Bedürfnisse hinausführend, die Gattung Mensch zu geschichtlichem Leben erweckt hat. Denn ohne die rohen, mit Schrecken und Grauen durchwirkten Machtzusammenballungen vorzeitlicher Despoten und Herrscherkasten wäre es nicht zur Gründung von Staaten und zur Erziehung der Menschen für große überindividuelle Aufgaben gekommen. Allerdings auch nicht durch sie allein wäre es dazu gekommen, denn auch irgendwelche, wenn auch noch so rohe und primitive Wertideen geistiger und sittlicher Art mußten dazu mitwirken[2]. Kratos und Ethos zusammen bauen den Staat und machen Geschichte. Aber wie dunkel und problematisch ist nun das Verhältnis der beiden zueinander auf jeder Stufe der Entwicklung und insbesondere im Handeln des Staatsmanns. Wir fragen nochmals: Wie weit erstreckt sich in dieses hinein der bloße Machttrieb, die Lust zu herrschen, der Ehrgeiz, — wie weit wird der Machttrieb gezügelt durch die ethische Sorge um das Wohl des ihm anvertrauten Ganzen? Nur summarische Antworten, auf Takt und Lebensgefühl gestützt, sind darauf jeweilig möglich.

Zwischen Kratos und Ethos, zwischen dem Handeln nach Machttrieb und dem Handeln nach sittlicher Verantwortung, gibt es auf den Höhen des staatlichen Lebens eine Brücke, eben die Staatsräson, die Erwägung dessen, was zweckmäßig, nützlich und heilvoll ist, was der Staat tun muß, um das Optimum seiner Existenz jeweils zu erreichen. Darin liegt die gewaltige, nicht nur geschichtliche, sondern auch philosophische Bedeutung des Problems der Staatsräson, die noch lange nicht genügend gewürdigt worden ist.

---

[1] Vgl. Vierkandt, Gesellschaftslehre, S. 290.
[2] Die bisherige positivistisch gerichtete Forschung hat dafür allerdings kein volles Verständnis bewiesen. Vgl. Vierkandt, Das Heilige in den primitiven Religionen, Dioskuren Bd. I, der für das Gebiet der Religion hier neue Wege geht und die Existenz eines wirklichen religiösen Sinnes bei den Naturvölkern nachweist.

Denn eben an dieser Brücke sieht man besonders deutlich die furchtbaren und tief erregenden Schwierigkeiten, die das Nebeneinander von Sein und Sollen, von Kausalität und Ideal, von Natur und Geist im menschlichen Leben birgt. Die Staatsräson ist eine Maxime des Handelns von höchster Duplizität und Gespaltenheit, sie hat eine der Natur und eine dem Geiste zugekehrte Seite und hat, wenn man so sagen darf, ein Mittelstück, in dem Naturhaftes und Geistiges ineinander übergehen.

Der Natur zugekehrt ist diejenige Seite des Handelns nach Staatsräson, die dem Machttriebe willig folgt. Man tut es, muß es tun, weil eine elementare Kraft hier wirkt, die niemals ganz zu ertöten ist und ohne die auch, wie wir bemerkten, Staaten nie entstanden wären. Und der Staatsmann, der die Notwendigkeit der Macht für den Staat instinktiv fühlen muß, ist auch zugleich ein Mensch von Fleisch und Blut, in dem ebenfalls ein ganz persönlicher Trieb zur Macht lebt und leben muß, denn ohne solchen Zuschuß persönlicher Pleonexie starknerviger Willensmenschen ist die dem Staate unentbehrliche Macht nie zu gewinnen. Alles das liegt noch in der Sphäre kausaler und biologischer Zusammenhänge. Erst recht liegen in dieser Sphäre die unmittelbaren Antriebe zum Handeln, die aus der Umwelt des Staates stammen und die recht eigentlich das hervorrufen, was man die »Staatsnotwendigkeit« nennt, die Zwangslage, in der sich der Staat sowohl gegenüber inneren wie äußeren Bedrohungen seiner Macht befindet und die ihn zu Abwehr- und Kampfesmitteln ganz spezifischer Art zwingt. Man pflegt in solchen Fällen heute zu sagen, daß sein Handeln »zwangsläufig« bestimmt sei. Ein hoher Grad von kausaler Notwendigkeit, den der Handelnde selber sogar als absolute, unentrinnbare, eherne Notwendigkeit aufzufassen und aufs tiefste zu empfinden pflegt, gehört also zum innersten Wesen des Handelns nach Staatsräson.

Aber dieser kausale Hergang ist, wie wir sagten, auch immer zugleich ein durch Zwecke bestimmter, ein teleologischer Hergang. Die Welt der Werte leuchtet auf, die der elementaren Gewalten tritt zurück, wenn wir uns dieser Seite der Staatsräson zuwenden. Wo sie sich steigert zur höchsten ihr möglichen Form, da wird Macht nicht mehr erstrebt um ihrer selbst willen, sondern lediglich als unentbehrliches Mittel zum Zwecke des Gemeinwohls, der physischen, sittlichen und geistigen Gesundheit der

Volksgemeinschaft. Ein hochsittliches Ziel, — aber das Mittel, es zu erreichen, ist und bleibt dabei grob und elementar. Es ist, christlich gesprochen, der Sünde unterworfen und dem Mißbrauche nur zu leicht ausgesetzt. Aber immerhin kann doch derjenige Staatsmann, der aus »Staatsnotwendigkeit« glaubt Recht und Sitte verletzen zu müssen, vor dem Forum des eigenen Gewissens sich sittlich gerechtfertigt fühlen, wenn er nach seiner subjektiven Überzeugung dabei in erster Linie an das Wohl des ihm anvertrauten Staates gedacht hat. So weit hinein vermag bis in die innersten Falten eines problematischen Handelns die Welt der Werte adelnd zu leuchten. Aber problematisch und zwiespältig bleibt dieses Handeln dennoch, weil die bewußte Verletzung von Sitte und Recht unter allen Umständen, aus welchen Motiven sie auch erfolgen mag, ein sittlicher Schmutzfleck bleibt, eine Niederlage von Ethos in seinem Zusammenhausen mit Kratos. So fließt das Handeln nach Staatsräson zwischen Licht und Finsternis andauernd hin und her.

Und das Mittelstück dieses Weges ist erst recht von Licht und Finsternis zugleich beherrscht. Denn Staatsräson fordert zunächst und vor allem eine hohe Rationalität und Zweckmäßigkeit im politischen Handeln. Sie fordert vom Staatsmanne, daß er sich dazu erziehe und menschlich umbilde, daß er sich selbst beherrsche, daß er seine Affekte und persönlichen Zu- und Abneigungen unterdrücke und ganz in der sachlichen Aufgabe des Staatswohls aufgehe. Er soll auch die sachlichen Interessen des Staates ganz kühl und rational zu ermitteln und von allen emotionalen Zutaten zu befreien suchen, — denn Haß und Rache, sagt Bismarck, sind schlechte Ratgeber in der Politik. Insofern fordert die Staatsräson einen entschlossenen Aufstieg vom Naturhaften zum Geistigen und die spezifisch sittliche Leistung altruistischer Selbsthingabe an eine höhere Aufgabe. Aber die Ausschaltung emotionaler Motive kann und darf ja deswegen nie ganz gelingen, weil, wie wir bemerkten, ein elementarer Machttrieb dem Staatsmanne schon im Geblüt sitzen muß, weil er ohne ihn seine Sache schlecht machen würde. Es ist leicht von ihm zu fordern, daß er ihn nur so weit in sich wirken lasse, als das sachliche Bedürfnis des Staates es erheischt. Aber wie will man wieder im konkreten Einzelfalle logisch und sachlich unzweideutig abgrenzen, was entbehrliche und was unentbehrliche Macht für den Staat und den Staatsmann sei. Wie schwer, ja unmöglich ist es oft, bei territorialen Annexionen eines Siegers die pressende realpolitische Notwendigkeit von der Freude am Machtgewinne zu scheiden. Läßt sich etwa in der grausamen Härte, die Richelieu gegen seine inneren Gegner, Bismarck gegen Harry von Arnim übte, die bittere Staatsnotwendigkeit genau scheiden von persönlichen Motiven der Rache und Rivalität? Wieder erscheint hier jene trübe Zwischenzone zwischen Trieb und Vernunft, zwischen Naturhaftem und Geistigem im Handeln nach Staatsräson, die aus dem Zwielicht nicht herausgehoben werden kann, weder in der theoretischen Zergliederung noch in der praktischen Anwendung. Und was wir hier »Vernunft« des Staates nennen, ist auch nicht ohne weiteres identisch mit dem hohen, ins Ethische hineinwachsenden Begriffe der Vernunft, den die Philosophie in der Regel vor Augen hat, wenn sie die Mächte des Innenlebens voneinander sondert. Wohl kann sie sich zu ihm erheben und auch ethischen Inhalt gewinnen, wenn sie das geistig-sittliche Gesamtwohl des Staatsvolkes mit umschließt. Das ist aber wieder nicht möglich ohne Hinzutritt neuer Motive, wärmerer und tieferer Regungen des Gemüts, inneren Schwunges. Wärme und Kälte müssen dann in der Seele des Handelnden in höchst eigentümlicher Weise durcheinander strömen, denn Staatsräson braucht, wie wir sahen, die Temperatur der Meereskühle. Auf der Höhe ihrer Entfaltung in den großen Staatsmännern der Weltgeschichte kann sie es so zur mächtigsten Spannung und Vereinigung geistiger und gemütlicher Kräfte bringen. Aber sie hat eine natürliche Tendenz, in das ihr eigenste Element der Meereskühle zurückzutauchen, sich auf den bloßen greifbaren egoistischen Nutzen des Staates zu beschränken und ihn herauszurechnen. Und der Nutzen des Staates ist auch immer zugleich irgendwie mit dem Nutzen der Herrschenden verschmolzen. So ist die Staatsräson dauernd in Gefahr, ein bloß utilitarisches Instrument ohne ethische Anwendung zu werden[1], von der Weisheit wieder zur bloßen Klugheit zurückzusinken und die an der Oberfläche liegenden Leidenschaften nur deswegen zu bändigen, um versteckte und tiefer liegende Leidenschaften und Egoismen zu befriedigen. Sie kann zur bloßen Technik des Staates werden und

---

[1] »Für die Politik ist der Mensch ein Mittel, günstigstenfalls ein Mittel zu seinem eigenen Heile.« Spranger, Lebensformen, 2. Aufl., S. 192.

ist es, historisch gesehen, von Hause aus auch gewesen. Bloße Technik aber ist aus dem Gebiete des Naturhaften noch nicht auszuscheiden. Auch die Ameisen, Bienen und nesterbauenden Vögel haben Technik.

Unsere Untersuchung gleicht der Wanderung in dem verschlungenen Wegenetz eines Gartens, die immer wieder auf dieselben Punkte zurückführt. Das wird uns auch widerfahren, wenn wir noch einmal in neuem Anlaufe, den Blick auf die Eingangspforte zurückgerichtet, das Problem zu erfassen versuchen.

Bricht der Geist aus der Natur mit einem Male hervor als eine wesensverschiedene Gewalt oder entwickelt sich die Natur selber in unmerklichen Übergängen und innerlicher Kontinuität zu dem, was wir Geist nennen? Haben wir das Weltbild dualistisch oder monistisch aufzufassen? An diesem Problem reibt sich das moderne philosophische Denken, das viel stärker mit Lebens- und Geschichtserfahrung gesättigt ist als die ältere, mehr im Äther des Gedankens konstruierende und postulierende Philosophie, immer wieder wund. Denn die beiden Hauptwaffen, die es hat, das logisch-begriffliche und das empirisch-induktive Verfahren, kehren sich letzten Endes gegeneinander, weil die Ergebnisse des reinen Logizismus durch die Erfahrung und die des bloßen Empirismus durch die logische und erkenntnistheoretische Besinnung in Zweifel gezogen werden können. Der Historiker aber, wenigstens derjenige, der mit der bloßen Beschreibung und kausalen Verknüpfung von Begebenheiten seine Aufgaben noch nicht für gelöst hält, wird dauernd in den Strudel dieser Probleme hineingezogen. Er kann sich auch mit den Antworten, die ihm die Philosophen geben, nicht begnügen, denn er sieht in jeder von ihnen, auch derjenigen, die ihm am besten einleuchtet, irgendeinen schwachen Punkt, ein ungelöstes oder nur scheinbar aufgelöstes X. Mit seinen eigenen Erkenntnismitteln vermag er ebenfalls nicht allzuweit zu kommen. Die Bohrer, mit denen Philosophie und Historie arbeiten, dringen durch die weicheren Schichten wohl hindurch, zerbrechen aber am Urgestein der Dinge. Das Höchste, was der Historiker zu leisten vermag, ist, die besonderen Lebensvorgänge der geschichtlichen Welt, deren anschauliche Wiedergabe von ihm erwartet wird, im Lichte höherer und allgemeinerer Mächte, die hinter ihnen wirken und in ihnen sich auswirken, erscheinen zu lassen, das Konkrete *sub specie aeterni* zu zeigen, — aber dieses

Höhere und Ewige selbst in seinem Wesen und in seinem Verhältnis zur konkreten Wirklichkeit endgültig zu bestimmen, ist er nicht imstande. So kann er denn nur sagen, daß er in dem geschichtlichen Leben eine zwar einheitliche, aber zugleich doppelpolige Welt vor Augen hat, eine Welt, die beider Pole bedarf, um so zu sein, wie sie uns erscheint. Natur und Geist, gesetzliche Kausalität und schöpferische Spontaneität sind diese Pole, die sich als solche scharf und anscheinend unvereinbar gegenüberstehen, aber das geschichtliche Leben, das zwischen ihnen liegt, wird immer gleichzeitig von beiden her, wenn auch durchaus nicht von beiden immer in gleicher Stärke bestimmt. Die Aufgabe des Historikers wäre leicht, wenn er sich mit jener schlichten dualistischen Auffassung des Verhältnisses von Natur und Geist begnügen könnte, wie sie der christlichen und moralischen Tradition früherer Jahrhunderte entspricht. Dann hätte er nichts weiter zu tun, als den Kampf zwischen Licht und Finsternis, Sünde und Gnade, Vernunft und Sinnenwelt als ein Kriegsberichterstatter, der seinen Standort selbstverständlich im Lager der Vernunft nimmt und Freund und Feind genau voneinander unterscheiden kann, darzustellen. Gemeinhin wurde und weithin wird noch heutigentags Geschichte in diesem Sinne geschrieben. Alle moralisierende und alle Tendenzhistorie gehört hierher, nur daß die Tendenzen und die Meinungen über das, was Vernunft und Licht sei, dabei wechseln. Aber die wissenschaftliche Historie ist über den groben Dualismus hinausgewachsen, — nicht etwa über den Dualismus überhaupt, denn die Polarität von Natur und Geist drängt sich unabweisbar immer wieder auf. Gleichzeitig drängt sich ihr aber auch die unheimliche, tief erregende und oft erschütternde Erfahrung auf, daß Natur und Geist eben nicht so leicht voneinander zu unterscheiden sind, wie Freund und Feind im Kriege, sondern oft ineinander gewachsen sind. Eben jene im Zwielicht liegenden Zwischenzonen zwischen Elementarem und Ideellem sind es, die das tiefe Nachdenken des Historikers erregen und ihn andauernd vor die Frage stellen müssen, ob er sein Weltbild dualistisch oder monistisch zu gestalten hat[1]. Jedenfalls aber ist es seine Aufgabe,

---

[1] Von den verschiedensten Seiten her stößt man heute auf dieses Problem. Vgl. über Simmel z. B. Troeltsch, Der Historismus und seine Probleme 1, 590, und im allgemeinen Vierkandt, Der Dualismus im modernen Weltbild, 1923.

alle sichtbaren Fäden und Übergänge zwischen Elementarem und Ideellem zu erfassen.

Das Wunder und Rätsel der Doppelpoligkeit beginnt ja da, wo aus dem gewöhnlichen mechanischen Zusammenhange von Ursache und Wirkung eine geschlossene Lebenseinheit, eine Entelechie oder wie es der Historiker für sein Gebiet bezeichnet, eine geschichtliche Individualität hervorbricht, innerhalb deren eine spontan hervortretende leitende Idee die Teile zu einem Ganzen zusammenfügt und, den Kausalzusammenhang benutzend, aber auch mehr und mehr beherrschend, sich selber zu verwirklichen strebt. Aber der Kausalzusammenhang läßt sich dabei nie ganz beherrschen von der Idee, löckt wider den Stachel, erfüllt alle Fasern und Gänge des organischen Gebildes, das ohne ihn auch gar nicht möglich wäre, durch ihn allein aber auch nicht möglich, wenigstens für uns nicht verständlich ist. Wir lassen die schwierige und dunkle Frage nach dem Verhältnis der organischen Gebilde und Entelechien der Natur zu denen der Geschichte beiseite, weil uns hier nur das wichtigste und lebenskräftigste dieser geschichtlichen Gebilde, nämlich der Staat, beschäftigt. Die Staatsräson ist seine Lebensidee, seine Entelechie. Fassen wir noch einmal ihren Entwicklungsgang, der vom Dunkel zum Lichte emporsteigt, ins Auge.

Auf zwei Quellen läßt sich ihr Ursprung zurückführen, auf den persönlichen Machttrieb der Herrschenden und auf das Bedürfnis des beherrschten Volkes, das sich beherrschen läßt, weil es Gegenleistungen dafür empfängt, und das durch seine eigenen latenten Macht- und Lebenstriebe auch die der Herrschenden miternährt. Herrschende und Beherrschte werden dabei umschlungen durch ein gemeinsames Band, durch das menschliche Urbedürfnis nach Gemeinschaft. Es liegt nun im Wesen der einmal gewonnenen Macht über ein Volk, daß sie gepflegt werden muß, um erhalten zu werden. So wie sie da ist, muß sie organisiert werden. So wie sie organisiert ist, wird sie eine selbständige Größe, ein überindividuelles Etwas, für das man sorgen, dem man dienen muß, dem voran derjenige dienen muß, der sie gesucht und erstrebt hat. Der Herrscher verwandelt sich in den Diener seiner eigenen Macht. Die Zwecke der Macht beginnen die persönliche Willkür zu beschränken, die Geburtsstunde der Staatsräson hat geschlagen.

Man hat mit Recht darauf hingewiesen[1], daß, obwohl es eigentlich im Wesen der Macht liegt, blind zu walten, ein blindes und regelloses Walten der Macht im Leben dennoch eine seltene Ausnahme bildet. Blind sich ergießende Macht zerstört sich selber, sie muß irgendwelchen zweckmäßigen Regeln und Normen folgen, um sich zu erhalten und zu wachsen. Klugheit und Gewalt müssen sich also im Gebrauche der Macht vereinigen. So bildet sich jenes utilitarische Mittelstück im Wesen der Staatsräson, das wir charakterisierten, immer wieder bedroht und gelockert durch die natürliche Blindheit und Grenzenlosigkeit des elementaren Machttriebes, immer wieder zusammengefügt durch eine zwingende Einsicht in das, was der Moment als zweckmäßigsten Weg des Handelns empfiehlt, durch die Überzeugung von der »Staatsnotwendigkeit«, die dem Herrschenden zuruft: Du mußt so handeln, um die in deinen Händen liegende Macht des Staates zu erhalten, und du darfst so handeln, weil es keinen anderen Weg zum Ziele gibt. Es bildet sich also eine überpersönliche Entelechie, die den Handelnden über sich selbst hinausführt, die aber auch immer genährt und mitbestimmt wird durch persönliche Triebe und Interessen des Handelnden.

Das zeigt sich schon in dem Verhältnis des Herrschenden zu den Beherrschten. Es bildet sich sofort eine gewisse Interessengemeinschaft mit ihnen, die zunächst auch dazu beiträgt, den Machttrieb des Herrschenden zu zügeln, denn er muß auch den Interessen der Beherrschten irgendwie dienen, weil die Existenz des ganzen Machtgebildes darauf mitberuht, weil ein zufriedenes, leistungswilliges und leistungsfähiges Volk Quelle von Macht ist. Aber er kann ihnen und wird ihnen in der Regel nur so weit dienen, als das Herrschaftssystem und damit auch seine eigene herrschende Stellung, sein eigenes persönliches Machtinteresse es zuläßt. Die Staatsräson zwingt den Machttrieb zur Befriedigung allgemeiner Bedürfnisse, aber der Machttrieb zwingt diese Befriedigung wieder in bestimmte Grenzen zurück.

Aber die einmal geschaffene überpersönliche Entelechie ist von ungeheurer Bedeutung, führt weiter und weiter höheren Werten entgegen. Man dient einer höheren Sache, die über das Einzelleben weit hinausragt, man dient nicht mehr allein sich selbst, —

---

[1] Vierkandt, Machtverhältnis und Machtmoral, 1916, S. 8.

das ist der entscheidende Punkt, wo die Kristallisierung zu edleren Formen beginnt, wo das, was zuerst nur als notwendig und nützlich galt, auch als schön und gut empfunden zu werden beginnt, bis schließlich der Staat als sittliche Anstalt zur Förderung der höchsten Lebensgüter erscheint, bis schließlich der triebhafte Lebens- und Machtwille einer Nation übergeht in den sittlich verstandenen Nationalgedanken, der in der Nation das Symbol eines ewigen Wertes sieht. In unmerklichen Übergängen veredelt sich so die Staatsräson der Herrschenden und wird zum Bindeglied zwischen Kratos und Ethos. Der Historiker, der diese Übergänge, dies Hinüberwachsen der naturhaften Triebe zu Ideen mit voller Empfindung verfolgt — wie wenige unter uns tun das freilich immer —, wird immer wieder von den dunklen Rätseln des Lebens gepackt und in merkwürdige, problematische Stimmungen gestürzt. Er fühlt sich oft dabei wie im Schwindel und sucht nach einem Geländer seines Weges. Hier wenn irgendwo braucht er eine eigene Weltanschauung. Soll er sich mit der raschen Antwort des Positivismus begnügen, der diese Übergänge aus einer immer besseren und geschickteren Anpassung an die Zwecke der Selbsterhaltung erklärt und in den geistigen und sittlichen Ideologien lediglich einen Überbau von Nutzeinrichtungen sieht? Das bloß Nützliche und Notwendige würde niemals über die stabile Technik der Tiere und Tierstaaten hinausführen können. Das Schöne und Gute kann nicht aus dem bloß Nützlichen abgeleitet werden. sondern entspringt aus selbständigen Anlagen des Menschen, aus dem spontanen Drange nach Vergeistigung des bloß Natürlichen, nach Versittlichung des bloß Nützlichen. Es mag in seiner Entfaltung kausal noch so eng, ja untrennbar eng verknüpft sein mit den niederen Trieben und Anlagen des Menschen, — für die innere Lebenserfahrung, die hier tiefer schaut als der die bloßen Kausalitäten beachtende Positivismus, hebt es sich doch als etwas Eigenes und Ursprüngliches von ihnen ab. Wie nun doch kausale Verknüpfung und wesenshafte Verschiedenheit von niederen und höheren Anlagen, von Natur und Geist im Menschen zugleich bestehen können, ist eben das dunkle Geheimnis des Lebens.

Immer aber ist es der Glaube an eine höhere, Dienst und Hingabe des Menschen heischende Macht, an dem das Geistige und Sittliche sich emporrankt. Die Geschichte der Idee der Staatsräson wird es veranschaulichen, — aber wird zugleich auch die ewige

Naturgebundenheit des Menschen, den immer sich wiederholenden Rückfall in die elementaren Grundkräfte der Staatsräson zu zeigen haben.

Wohl zeigen sämtliche Gebilde menschlichen Schaffens die Doppelpoligkeit von Natur und Geist, und das, was in ihnen als »Kultur« bezeichnet wird, steht eigentlich in jedem Augenblicke in Gefahr zurückzusinken in das Naturhafte, das zum »Reich der Sünde« wird, wo es den Forderungen der Sittlichkeit widerspricht. Aber der Staat unterscheidet sich von allen übrigen Organisationen der Kultur zu seinen Ungunsten dadurch, daß diese Rückfälle ins Naturhafte nicht bloß aus der persönlichen Schwäche der Menschen, die Träger einer solchen Organisation sind, fließen, sondern daß sie zugleich auch durch die Struktur und das Lebensbedürfnis der Organisation selbst mitverursacht werden. Jede andere legale Gemeinschaft und Genossenschaft, von der Kirche an bis zum gewöhnlichen Vereine, beruht in ihrer Verfassung auf der Forderung ausnahmsloser Geltung idealer Normen. Werden sie verletzt, so sündigen die einzelnen gegen den Geist des Institutes, aber dieser Geist selbst bleibt davon unberührt und fleckenlos rein. Zum Wesen und Geiste der Staatsräson aber gehört es gerade, daß sie sich immer wieder beschmutzen muß durch Verletzungen von Sitte und Recht, ja allein schon durch das ihr unentbehrlich erscheinende Mittel des Krieges, der trotz aller rechtlichen Formen, in die man ihn kleiden mag, den Durchbruch des Naturzustandes durch die Normen der Kultur bedeutet. Der Staat muß, so scheint es, sündigen. Wohl lehnt sich die sittliche Empfindung gegen diese Anomalie wieder und wieder auf, — aber ohne geschichtlichen Erfolg. Das ist die furchtbarste und erschütterndste Tatsache der Weltgeschichte, daß es nicht gelingen will, gerade diejenige menschliche Gemeinschaft radikal zu versittlichen, die alle übrigen Gemeinschaften schützend und fördernd umschließt, die damit auch den reichsten und mannigfaltigsten Kulturgehalt umfaßt und die deshalb allen übrigen Gemeinschaften eigentlich voranleuchten müßte durch die Reinheit ihres Wesens.

Die abstumpfende Gewohnheit und das mehr oder minder klare Gefühl, hier vor unübersteigbaren Schranken der Menschheit vielleicht zu stehen, machen diese Lage für die Mehrzahl der Menschen erträglich. Die historische Besinnung aber darf sich ebensowenig wie die philosophische und religiöse mit der achselzuckenden Hinnahme dieser Lage begnügen. Die Historie kann zwar der Kultur nicht dadurch dienen, daß sie selber positive Normen und Ideale des Handelns aufstellt. Sie folgt vielmehr ausschließlich dem Ideale der reinen Kontemplation, dem Werte der Wahrheit. Sie würde ihn gefährden und zur Tendenzhistorie herabsinken, wenn sie sich unmittelbar auch zum Diener des Guten und Schönen machen wollte. Mittelbar bleibt sie es doch, weil mittelbar überhaupt alle geistigen Werte des Lebens füreinander wirken. Und sie wirken eben dadurch am tiefsten und fruchtbarsten füreinander, daß sie zunächst und entschlossen nur sich selber zu realisieren streben. Die historische Betrachtung des Problems der Staatsräson, die wir versuchen wollen, hat sich also von aller moralisierenden Absicht freizuhalten. An der moralischen Wirkung wird es dann hinterdrein schon nicht fehlen.

So gilt es noch einmal, aber bestimmter als bisher, sich darüber klar zu werden, warum gerade der Staat, der Wächter des Rechtes, obgleich er ebenso wie jede andere Gemeinschaft auf unbedingte Geltung von Recht und Sitte angewiesen ist, sie in seiner Lebensführung nicht durchführen kann. Zum Wesen des Staates gehört die Macht, er kann ohne sie seine Aufgabe, das Recht zu wahren und die Volksgemeinschaft zu schützen und zu fördern, nicht erfüllen. Alle anderen Gemeinschaften bedürfen seiner Macht, um sich ungestört zu entfalten und die Bestie im Menschen niederzuhalten. Er allein besitzt diese Macht im vollen, physische und geistige Mittel umfassenden Umfange. Eben deswegen nun, weil alle anderen Gemeinschaften, zwar angewiesen auf den Gebrauch von Macht, doch ihrem Wesen nach nicht berufen und geeignet sind, eigene physische Macht zu haben, bleiben sie auch freier von den Versuchungen der Macht. Die Macht ist zwar nicht »an sich böse«, wie Schlosser und Burckhardt gemeint haben, sondern naturhaft und indifferent gegen gut und böse. Wer sie aber in Händen hat, steht in andauernder sittlicher Versuchung, sie zu mißbrauchen und über die Grenzen, die Recht und Sitte ziehen, auszudehnen. Das haben wir, als wir das Handeln nach Staatsräson untersuchten, genügend gesehen. Man kann es einen Fluch nennen, der auf der Macht liegt, — er ist unabwendbar. Eben deswegen also, weil der Staat elementarer, naturhafterer Mittel bedarf als jede andere Gemeinschaft, hat er es von Hause aus schwerer als sie, sich radikal zu versittlichen.

Aber diese radikale Versittlichung der übrigen Gemeinschaften bedeutet ja keineswegs, daß ihre Praxis fleckenlos rein wird, sondern lediglich, daß ihre Normen und Prinzipien des Handelns es sind. Warum kann es nicht auch der Staat wenigstens zu dieser Reinheit seiner Normen und Bewegungsgesetze bringen? Warum gibt es nicht wenigstens eine saubere Theorie des staatlichen Lebens, wenn auch die Praxis unsauber bleiben mag? Man hat wohl eine solche saubere Theorie, die den Staat konsequent unter das Sittengesetz und Rechtsgebot stellt, wieder und wieder aufzustellen versucht, aber wie schon gesagt, ohne geschichtlichen Erfolg. Wer die Theorie des staatlichen Handelns aus dem eigenen geschichtlichen Wesen des Staates zu gewinnen versucht, was doch wohl geschehen muß, stößt immer wieder auf jene Bruchstelle im Handeln nach Staatsräson, wo anscheinend eine Zwangsgewalt den Staat über Recht und Sitte hinausführt. Sie liegt im Handeln des Staates nach außen, nicht nach innen. Im Innern des Staates kann die Staatsräson mit Recht und Sitte im Einklang bleiben, weil es möglich und durchführbar ist, weil keine andere Macht die des Staates daran hindert. Das war nicht immer so, das ist erst ein Ergebnis geschichtlicher Entwicklung. Solange die Staatsgewalt nicht alle physische Macht im Innern in ihrer Hand konzentriert hatte, solange sie mit rivalisierender oder opponierender Macht im Innern zu ringen hatte, war sie auch in der Versuchung, ja sogar nach ihrer Meinung oft in der Zwangslage, sie mit unrechtlichen und unsittlichen Mitteln zu bekämpfen. Und jede Revolution, die sie niederzukämpfen hat, erneuert noch heutigentags diese Versuchung, nur mit dem Unterschiede, daß eine feinere sittliche Empfindung ihr entgegenwirkt und die Form der Ausnahmegesetzgebung es ermöglicht, die ungewöhnlichen Machtmittel, deren der Staat in solchen Lagen bedarf, zu legalisieren. Jedenfalls aber liegt es auch im eigensten Interesse des Staates, dem Rechte, das er gibt, selber zu gehorchen und die bürgerliche Moralität im Innern durch sein eigenes Beispiel zu pflegen. Sitte, Recht und Macht können so im Innern des Staates harmonisch füreinander arbeiten.

Nicht aber können sie das in seinem Verhältnis zu anderen Staaten. Recht kann nur gewahrt werden, wenn eine Macht existiert, die dazu imstande und bereit ist, es zu wahren. Andernfalls tritt der naturhafte Zustand ein, in dem jeder sein eigenes vermeintes Recht mit den Machtmitteln, über die er verfügt, zu erstreiten versucht. Über Staaten, sagt Hegel, gibt es keinen Prätor, der Recht sprechen und durch Macht durchsetzen könnte. Er würde auch nicht wissen, nach welchem Gesetzbuche er Recht sprechen sollte, denn die miteinander streitenden Lebensinteressen der Staaten spotten in der Regel der Unterordnung unter allgemein anerkannte Rechtssätze. Damit ist der elementaren Machtergießung der Staaten gegeneinander das Tor geöffnet, und alle sittlichen Versuchungen des Machttriebs erhalten freieren Spielraum. Die Staatsräson aber erweist nun in dieser Lage wieder ihre innere Duplizität und Zwiespältigkeit, denn sie muß eben die elementaren Gewalten, denen sie die Zügel lockert, auch fürchten. Die freier entbundene Macht soll, wo die Staatsräson genau geübt wird, eigentlich nur das Mittel sein, um die Lebensnotwendigkeiten des Staates, die auf rechtlichem Wege nicht zu sichern sind, mit Gewalt durchzusetzen. Aber dieses Mittel, einmal befreit von den rechtlichen Fesseln, droht sich zum Selbstzweck aufzuwerfen und den Staat über die Grenze dessen, was er notwendig bedarf, hinüberzureißen. Die Exzesse der Machtpolitik setzen dann ein, das Irrationale überwuchert das Rationale. Jene bloße technische Nützlichkeit, die, wie wir erörterten, gleichsam das kernhafte Mittelstück der Staatsräson bildet, hat eben nicht Kraft genug, um die elementaren Triebe der Macht immer wirksam zu hemmen. Aber vielleicht hat sie immer noch mehr Kraft dazu als die ethischen Ideen, die der Staatsräson, wenn sie zu ihrer höchsten Gestalt kommt, hinzuwachsen. Nützlichkeits- und Sittlichkeitsmotive zusammenwirkend konnten im Leben der Staaten untereinander bisher jedenfalls nicht mehr erzeugen als das prekäre Gebilde des Völkerrechtes und das mindestens ebenso prekäre Gebilde des modernen Völkerbundes. Und trotz Völkerrecht und Völkerbund gehen die Exzesse der Machtpolitik derjenigen Staaten, die kein Forum und keinen Mächtigeren über sich zu fürchten haben, bis zur heutigen Stunde weiter.

Gewiß sind im Laufe der Jahrhunderte auch noch weitere Wandlungen im Wesen und Geist der Machtpolitik eingetreten, die man, wenn auch nicht ausschließlich, auf die Wirkung sittlicher Ideen zurückführen kann. Aber es kann die Frage aufgeworfen werden, ob nicht alles, was an Veredlung und Humanisierung der Machtpolitik und ihres wichtigsten Mittels, des Krieges, erreicht ist, wieder aufgewogen wird durch andere verhängnisvolle Wirkungen der Zivilisation, das heißt der fortschreitenden Rationalisierung und Technisierung des Lebens. Die Beantwortung dieser Frage gehört wie alles, was erst nach Aufhellung des Entwicklungsganges der Idee der Staatsräson gesagt werden kann, an den Schluß unserer Darstellung.

Wohl aber muß hier jene Zwangsgewalt, die die Staatsräson in dem Zusammenleben der Staaten miteinander über die Grenzen von Recht und Sitte hinausführt, noch genauer ins Auge gefaßt werden. Der Staat, sagten wir, muß sich sein vermeintliches Recht und Existenzbedürfnis hier selber verschaffen, weil kein anderer es ihm verschafft, weil keine richtende und schlichtende Staatsgewalt über Staaten besteht. Warum kann nun nicht das wohlverstandene Interesse der Staaten selber, zusammenwirkend mit ethischen Motiven, sie dazu veranlassen, sich zu vereinbaren, freiwillig die Methoden ihrer Machtpolitik zu beschränken, Recht und Sitte einzuhalten, die Institutionen des Völkerrechts und Völkerbundes zu voller und befriedigender Wirksamkeit auszubauen? Weil keiner dem andern über den Weg traut. Weil jeder vom andern tief überzeugt ist, daß er nicht in allen Fällen und ausnahmslos die vereinbarten Schranken einhalten, sondern in gewissen Fällen doch wieder seinem natürlichen Egoismus folgen werde. Der erste Rückfall in böse Sitten, den ein Staat in seiner Sorge und Angst um das eigene Wohl beginge und erfolgreich beginge, würde das Unternehmen wieder erschüttern und den Kredit der ethischen Politik zerstören. Selbst wenn man die auswärtige Politik des eigenen Staates mit ethisch einwandfreien Mitteln leiten wollte, müßte man doch immer auf der Hut sein, daß der andere es einmal nicht tue, und würde in solchem Falle sich selber sofort nach dem Satze *à corsaire corsaire et demi* vom sittlichen Gebote dispensiert fühlen, — wodurch dann das alte, uralte Spiel von neuem wieder beginnen würde.

Eine tiefe, bis ins Instinktive zurückreichende, durch die geschichtliche Erfahrung bestätigte pessimistische Überzeugung von der Unverbesserlichkeit der staatlichen Lebewesen also ist es, die eine Reform anscheinend unmöglich macht. Der Idealist wird sie immer wieder fordern und als möglich erklären. Der verantwortlich handelnde Staatsmann, selbst wenn er von Hause aus Idealist war, wird unter dem Drucke seiner Verantwortung für das Ganze immer wieder in den Zweifel an ihrer Möglichkeit und in eine diesem Zweifel entsprechende Handlungsweise hineingedrängt werden. Wieder erkennen wir, daß die »Staatsnotwendigkeit«, die die Fesseln des Rechts und der Sitte abstreift, eine ethische und eine elementare Seite zugleich hat und daß der Staat ein Amphibium ist, das in der ethischen und in der natürlichen Welt zugleich lebt. Auch jeder Mensch und jedes menschliche Gebilde ist ein solches Amphibium. Aber sie stehen unter dem Zwange des Staates, der jeden Mißbrauch natürlicher Triebe, wenigstens soweit er die Gesetze verletzt, rächt. Jedoch der Staat selbst steht nun wieder unter dem Zwange, Gebrauch und Mißbrauch eines natürlichen Triebes in einem Atem üben zu müssen.

*

Wir haben das problematische Wesen der Staatsräson so darzustellen versucht, wie es sich dem heutigen Auge zunächst bietet. Haben wir recht gesehen, so haben wir hier eine Idee vor uns, die als solche den geschichtlichen Wandlungen in hohem Grade entrückt ist, aber in allen geschichtlichen Wandlungen an erster Stelle mitwirkt, — eine zeitlose Begleiterin und Führerin aller Staaten, die von Menschenhand geschaffen sind, ein Funke, der auf jeden neu entstehenden Staat überspringt, der auch innerhalb desselben Staates, wenn durch eine Revolution ein Wechsel in der Person und Art der Machthaber eintritt, von den alten auf die neuen Herren überspringt. Irgendwie wird überall nach Staatsräson regiert, treten deshalb auch die Probleme und Gegensätze, die im Handeln nach Staatsräson stecken, hervor. Der Inhalt dieses Handelns wechselt, die Form, das heißt das Gesetz dieses Handelns bleibt und wiederholt sich unaufhörlich. Und da die Staatsräson einen naturhaften und einen werthaften Faktor in sich vereinigt, so kann sich das Verhältnis zwischen beiden Faktoren fortwährend verschieben und bald mehr der eine, bald der andere Faktor dominieren.

Ist aber, so fragt der historische Sinn, auch das nur ein zeitloses Auf und Ab, oder gibt es hier organische Entwicklungen? Inwieweit ist überhaupt die Staatskunst zeitlos, inwieweit wandelbar und entwicklungsfähig? Wir halten diese Frage, die unseres Wissens so noch nicht gestellt ist, für sehr fruchtbar, aber auch für sehr schwer zu beantworten, wenn man gleich eine allgemeine und umfassende Antwort verlangt. Aber als heuristisches Mittel angewandt, um in der staatlichen Entwicklung der einzelnen Kulturgemeinschaften und Völker das Generelle und Wiederkehrende vom Individuellen und Einmaligen zu scheiden, wird sie wertvolle Dienste leisten können.

Und da tritt nun ein bestimmtes und überaus wichtiges Verhältnis zwischen dem zeitlosen Kerne der Staatskunst und Staatsräson und ihren zeitgeschichtlich wandelbaren Auswirkungen gleich hervor. Zeitlos und generell ist der staatliche Egoismus, Macht- und Selbsterhaltungstrieb, d a s Staatsinteresse — wandelbar, einmalig und individuell sind die konkreten Staatsinteressen, die dem Staate aus seiner besonderen Struktur und Lagerung inmitten anderer Staaten erwachsen. Auch innerhalb ihrer gibt es wieder solche von größerer und geringerer Wandelbarkeit. Einzelne sind derart eng mit dem Charakter des einzelnen Volkes und seiner geographischen Lage verknüpft, daß sie als konstant so lange gelten müssen, als dieses Volk an dieser Stelle der Erde wohnt. Das gilt etwa von dem Kampfe um die Rheingrenze, der zwischen Galliern und Germanen von Cäsars Tagen bis heute geführt wird. Andere durch geographische Lage und Volksart bestimmte Interessen können zuweilen erst wirksam werden, wenn innere und äußere Wandlungen es auslösen, so etwa das Seeherrschaftsinteresse des englischen Volkes, das im Mittelalter noch schlummerte, und die weltwirtschaftliche Expansion des deutschen Volkes nach 1871. Wieder andere Interessen scheinen ausschließlich aus der geographischen Lage zu fließen und gehen deswegen über auf die jeweiligen Völker und Staaten, die nacheinander dieselben Regionen beherrschen. So erneuert sich von jeher eine Rivalität um die Beherrschung des Adriatischen Meeres zwischen den Staaten, die nördlich, östlich und westlich desselben dominieren, und der jugoslawische Staat ist in die Rolle Österreich-Ungarns und der Habsburger, die einst die Republik Venedig bedrohten, eingetreten.

Neben solchen durch Jahrhunderte hindurch wirkenden, mehr oder minder zwangsläufigen Grundinteressen und Tendenzen der Staaten gibt es dann wieder solche, die in raschen Wandel geraten können und der steten Umgestaltung ausgesetzt sind, wie Quecksilberkugeln, die in der einen Lage auseinanderrinnen, in der andern sich wieder agglomerieren. Freundschaften und Feind-

Das Wesen der Staatsräson

schaften zwischen Staaten sind, wenn nicht etwa jene konstanteren Grundinteressen wirken, in der Regel nicht von unbedingter Art. Wie weit darf man etwa einen Gegner, den man um eines bestimmten Machtzieles willen bekämpft, schwächen, ohne befürchten zu müssen, daß der Bundesgenosse, der dabei mithilft, durch die politische Vernichtung des Gegners übermächtig werde und sich aus einem Freunde in einen Rivalen verwandle? Zwischen den Gegnern selbst bestehen so oft im Augenblicke höchster Spannung schon geheime Interessengemeinschaften, die wie verborgene Springfedern das Gesamtspiel der Kräfte mitregeln. Diese sind es dann in erster Linie, die zusammenwirkend mit der geistigen Macht einer aus gleichartigen Wurzeln erwachsenen Kultur und Religion ein Gemeinschaftsleben der abendländischen Völker konstituieren, das aber von ganz anderer Art ist als jede andere Gemeinschaft, weil in ihm der Egoismus der einzelnen immer stärker ist als der Gemeinschaftsgedanke, weil Freundschaft und Feindschaft zwischen den Genossen sich immer durchkreuzen und durcheinanderfließen. Immerhin aber ist dieses abendländische Gemeinschaftsleben kräftig genug, um gewisse gemeinsame Grundinteressen aller Glieder zu erzeugen, die sich nun wieder mit ihren egoistischen Sonderinteressen auf die mannigfachste und labilste Weise legieren und amalgamieren. Es entspringt aus dem unruhigen Auf- und Niedergehen der Wagschalen im Sturme der Ereignisse vor allem der gemeinsame Wunsch nach größerer Ruhe und Stetigkeit der Machtverhältnisse, nach einem »Gleichgewichte« der Macht innerhalb der durch Freundschaft und Feindschaft miteinander verknüpften abendländischen Staatenwelt. Das Ideal eines solchen »Gleichgewichtes« wird von allen gemeinhin brünstig bekannt, von jedem aber egoistisch interpretiert im Sinne der eigenen Atemfreiheit und Wachstumsmöglichkeit. So daß dann doch dieses Gleichgewicht, kaum erreicht, auch schon wieder zerfällt.

> Ewig zerstört, es erzeugt sich ewig die drehende Schöpfung,
> Und ein stilles Gesetz lenkt der Verwandlungen Spiel.

Dieses Gesetz, das Gemeinschaft und Egoismus, Krieg und Frieden, Tod und Leben, Dissonanz und Harmonie ineinander schlingt, ist in seinen letzten metaphysischen Tiefen überhaupt nicht zu erkennen, in seinem Vordergrunde aber trägt es die Züge der Staatsräson. Und in der Ausgestaltung und bewußten Pflege all dieser singulären, flüssigen und doch auch wieder konstanten Machtinteressen kommt die Staatsräson des einzelnen Staates erst zu ihrer vollen Erscheinung, zu ihrer Individualisierung. Damit gibt sie dem Staate selbst sein individuelles Gepräge. Individualität bildet sich dadurch, daß ein bestimmtes inneres Lebensgesetz Teile der Außenwelt anzieht oder abstößt und die von ihr angezogenen Teile zu einer singulären Einheit verbindet. Aus der Herzwurzel der Staatsräson bilden sich die individuellen Staaten. Die Lehre von der Staatsräson ist also eine Schlüsselwissenschaft für Geschichte und Staatslehre überhaupt.

Die moderne Geschichtswissenschaft hat von ihr bisher einen reicheren Gebrauch gemacht als die Staatslehre, die noch immer vielfach unter den Nachwirkungen der alten absolutierenden Methode steht, nach dem besten, dem idealen und normalen Staate, statt nach dem konkreten und individuellen Staate zu fragen. Die individuellen Gebilde der geschichtlichen Menschheit, gleichzeitig aber auch ihren zeitlosen Kern, das Generelle in ihren Lebensgesetzen, das Universale in ihren Zusammenhängen zu erfassen, ist Wesen und Aufgabe des modernen Historismus. Damit tritt nun ein wichtiger Zusammenhang zwischen der Idee der Staatsräson und dem modernen Historismus hervor. Das Handeln nach Staatsräson hat nämlich dem modernen Historismus den Weg bahnen helfen. Es hat zu einer Zeit, deren Denken über den Staat noch befangen war von dem naturrechtlichen Ideale des besten Staates, gewissermaßen schon praktische Historie treiben gelehrt. Während das Denken über den Staat die verschiedenen individuellen Erscheinungsformen des Staates nach zeitlos gültigen Maßstäben beurteilte, dabei aber im letzten Grunde eben von der Frage nach dem besten Staate geleitet wurde, kümmerte sich der handelnde Staatsmann um den besten Staat überhaupt nicht, sondern nur um die Staaten, wie sie zur Zeit wirklich waren. Er mußte annehmen, daß dasselbe Gesetz der Staatsräson, das sein eigenes Handeln beherrschte, auch die Handlungsweise der Nachbarn und Rivalen beherrsche, nur eben modifiziert und individualisiert durch die besonderen Verhältnisse ihres Staates. Diese zu erkunden, um damit das Bewegungsgesetz dieses Staates herauszufinden, mußte einmal, wenn die Staatskunst Fortschritte machte, sein Bemühen werden. Das Handeln nach Staatsräson gelangte also verhältnismäßig früh zu einer Art des Sehens und Erkennens, die dem modernen historischen Erkennen schon verwandt war. Das moderne historische Erkennen aber profitierte deshalb auch wieder von der Staatsräson, von ihrer Ausstrahlung in der Lehre von den Interessen der Staaten, die seit dem 17. Jahrhundert von solchen, die der Staatskunst nahestanden, als praktische Hilfswissenschaft derselben gepflegt wurde.

*

In zwei Knotenpunkten verdichteten sich also die Fäden unserer bisherigen Untersuchung, in dem Problem des Verhältnisses der Politik zur Moral und in der Feststellung eines Zusammenhanges zwischen Politik und Historie, zwischen der Idee der Staatsräson und der Idee des Historismus. Daneben ergab sich die Aufgabe, die Wandlungen der Staatskunst mit ihrem Neben- und Ineinander zeitloser und zeitgeschichtlicher Bestandteile zu untersuchen. Wir überlassen die erschöpfende Lösung dieser Aufgabe anderen Händen, stellen die beiden ersten Probleme voran und halten es für berechtigt, sie nebeneinander durch die Jahrhunderte der neueren Geschichte zu verfolgen, weil von vornherein eine Wechselwirkung zwischen ihnen zu vermuten ist. Bald wird dabei der Schwerpunkt mehr auf das eine, bald mehr auf das andere Problem zu liegen kommen. Um des ungeheuren Stoffes Herr zu werden, begnügen wir uns mit einem Auswahlverfahren. Eine Geschichte der Staatsräson und der Staatsinteressen im vollen Umfange schreiben zu wollen, hieße eine allgemeine politische Geschichte unter bestimmten Gesichtspunkten versuchen. Die handelnden Politiker würden in ihr dominieren, die großen politischen Systeme eines Karls V., Richelieus, Cromwells, Friedrichs des Großen, Napoleons und Bismarcks müßten geschildert und die Bindeglieder zwischen ihnen dürften nicht vernachlässigt werden. Es müßte tiefer greifend auch die verschiedene Stärke untersucht werden, in der die Staatsräson zu verschiedenen Epochen und in den verschiedenen Kulturen gewirkt hat. Warum hat sie gerade in den neueren Jahrhunderten des Abendlandes eine so ungemeine plastische Kraft und Flüssigkeit, während sie zu anderen Zeiten und in anderen Kulturen oft mehr zu Beharrungszuständen des geschichtlichen Lebens führte? Der rational geleitete Großstaat, neben dem rationalen Großbetriebe das bezeichnendste

Gebilde des modernen Europäismus[1], würde dabei in seinen geistigen Wurzeln bloßgelegt werden. Aber die Idee der Staatsräson selbst würde mehr in ihren geschichtlichen Auswirkungen als in ihrer bewußten Erfassung als Idee erscheinen. Wohl würde es auch an charakteristischen Bekenntnissen der Handelnden über die sie leitende Idee nicht fehlen, aber zur konsequenten gedanklichen Auseinandersetzung mit ihr haben sie sich meist nicht gemüßigt gefühlt. Die Geschichte der Idee der Staatsräson schreiben, heißt dagegen gerade die gedankliche Durchdringung und Erfassung der Staatsräson im Wandel der Zeiten untersuchen. Früher pflegte man diese Aufgabe, die bisher nur wenig versucht worden ist, zur Geschichte der politischen Theorien zu rechnen und diese selbst in dogmengeschichtlicher Art als eine Aufeinanderfolge von Lehrmeinungen, lose verbunden mit der allgemeinen Geschichte, zu behandeln. Diese blasse und verflachende Art genügt uns heute nicht mehr. Ideengeschichte muß vielmehr als ein wesentliches, unentbehrliches Stück der allgemeinen Geschichte behandelt werden. Sie stellt dar, was der denkende Mensch aus dem, was er geschichtlich erlebte, gemacht hat, wie er es geistig bewältigt, welche ideellen Konsequenzen er daraus gezogen hat, gewissermaßen also die Spiegelung der Essenz des Geschehens in Geistern, die auf das Essentielle des Lebens gerichtet sind. Deshalb sind es aber auch keine bloßen Schattenbilder und graue Theorien, sondern Lebensblut der Dinge, aufgenommen in das Lebensblut von Menschen, die berufen sind, das Wesentliche ihrer Zeit auszusprechen. Die Ideologie eines bedeutenden Denkers, erwachsen aus den Erlebnissen seiner Zeit, ist wie der Tropfen Rosenöl, der aus Hunderten von Rosen gewonnen wird. Durch Verwandlung des Erlebten in Ideen erlöst sich der Mensch vom Drucke des Erlebten und schafft die neuen Kräfte, die das Leben gestalten. Ideen sind die höchsten Punkte, die der Mensch erreichen kann, in denen sein schauender Geist und seine schaffende Kraft sich vereinigen und zur Gesamtleistung kommen. Um ihrer selbst willen wie um ihrer Wirkung willen sind sie der universalhistorischen Betrachtung würdig. Eine Geschichte der Meinungen, sagte schon Herder, »wäre eigentlich der Schlüssel zur Tatengeschichte«[2]. Die Ideen, die das geschichtliche Leben leiten, stam-

---

[1] Vgl. Troeltsch, Historismus, I, 720.
[2] Briefe zu Beförderung der Humanität, 5. Sammlung, Nr. 58.

men freilich gewiß nicht allein aus der geistigen Werkstatt der großen Denker, sondern haben einen breiteren und tieferen Ursprung. Aber sie verdichten sich in dieser Werkstatt, sie nehmen vielfach erst in ihr die Form an, die auf den Fortgang der Dinge und das Handeln der Menschen einwirkt.

Diese Erwägungen gaben uns den Mut, die Auswahl bedeutender oder doch charakteristischer Lehren, die wir hier bieten, als eine Geschichte der Idee der Staatsräson vorzulegen. Sie kann als solche gelten, wenn es gelingt, die Auswahl und die Behandlung so zu treffen, daß sowohl alle tieferen Regungen des modernen Geistes gegenüber der Staatsräson, als auch diejenigen Denker und Lehrer, die besonders stark auf das geschichtliche Leben gewirkt haben, nach und nach dabei zum Ausdruck kommen. Repräsentativ für seine Epoche ist, wie wir hoffen, jeder der ausgewählten Denker. Als diejenigen, die zugleich das geschichtliche Leben mächtig beeinflußt haben, werden Machiavell, Friedrich der Große und Hegel hervortreten.

Den Zusammenstoß der Idee der Staatsräson mit den Weltanschauungen und geistigen Denkweisen und die Wirkungen dieses Zusammenstoßes durch die Jahrhunderte der neueren Geschichte zu verfolgen, ist also das eigentliche Thema dieses Buches.

Es ist ein tragischer Hergang, ein immer wiederholter Kampf gegen unüberwindliche Schicksalsmächte, den wir darzustellen haben. Durch alle übrigen bunten Fäden des historischen Gewebes schlingt sich ununterbrochen und sofort überall zu erkennen der rote, nur zu oft blutigrote Faden der Staatsräson. Bekennen wir am Schlusse auch die persönlichen Motive, die zur Auswahl der hier erörterten Probleme geführt haben. Daß sie herauswuchsen aus denen, die in »Weltbürgertum und Nationalstaat« behandelt wurden, wird dem Leser beider Bücher nicht entgehen. In den ersten Jahren des Weltkriegs mit ihrer zwar ernsten und tief erregten, aber noch hoffnungsvollen Stimmung wurde der Plan gefaßt, den Zusammenhang zwischen Staatskunst und Geschichtsauffassung aufzuhellen und die Lehre von den Interessen der Staaten als Vorstufe des modernen Historismus nachzuweisen[1].

---

[1] Der in dies Buch übergegangene Aufsatz über die Lehre von den Interessen der Staaten im Frankreich Richelieus in der Hist. Zeitschr. 123, der ursprünglich den Beginn dieses Buches bilden sollte, war noch ausschließlich auf dies Ziel eingestellt.

Durch die Erschütterungen des Zusammenbruchs trat dann aber mehr und mehr das eigentliche Kernproblem der Staatsräson in seiner Furchtbarkeit vor das Auge. Die geschichtliche Stimmung wandelte sich. Man verzeiht es einem Baume, wenn er, den Wettern ausgesetzt, aus seiner ursprünglichen Wachstumslinie etwas herausgedrängt wird. Möchte man es auch diesem Buche verzeihen, wofern es überhaupt nur zeigt, daß es gewachsen, nicht gemacht ist.

ERSTES BUCH

Das Zeitalter des werdenden Absolutismus

ERSTES KAPITEL

Machiavelli

Irgendwie wird überall, so sagten wir, nach Staatsräson regiert. Sie mag getrübt und gehemmt sein durch ideelle und reale Hindernisse, aber sie liegt dem Regieren im Blute. Als Prinzip und Idee aber wird sie erst erfaßt auf einer bestimmten Stufe der Entwicklung, wenn der Staat stark genug geworden ist, um jene Hemmungen abzuschütteln und allen anderen Lebensmächten gegenüber sein eigenes unbedingtes Lebensrecht durchzusetzen. Eine universalhistorische Darstellung dieses Herganges würde alle Kulturen vergleichend umfassen müssen und würde voran die Idee der Staatsräson in der antiken Welt und ihre Auseinandersetzung mit dem antiken Geiste herauszuarbeiten haben. Denn sowohl der freie Stadtstaat wie die Monarchie der Antike ist erfüllt von ihren Problemen und reich an Versuchen, sie zu formulieren. In dem Zwiegespräch der Athener mit den Meliern, das Thukydides im 5. Buche (c. 85 ff.) gibt, werden die Härten und Furchtbarkeiten der Staatsräson und Machtpolitik zu einer Lehre lapidar zusammengefaßt. Euripides ließ in seinen Phönissen den Eteokles sprechen: »Wenn man denn Unrecht tun muß, so ist es schön, es zu tun um der Herrschaft willen; sonst aber muß man sittlich handeln.«[1] Aristoteles gab im 5. Buche der Politik ein Bild der rational durchdachten Herrschaftsmethode des Tyrannen. Cicero erörterte im 3. Buche der Offizien im Sinne der stoischen Ethik den Konflikt zwischen Staatsnutzen und Moral und stellte bedauernd fest: *Utilitatis specie in republica saepissime peccatur* (c. 11). Ganz durchtränkt von der Idee der Staatsräson sind die großen Geschichtswerke des Tacitus, wovon das eine Wort hier zeugen mag, das er im 14. Buch der Annalen den Cassius sprechen ließ: *Habet aliquid ex iniquo omne magnum exemplum, quod*

---

[1] Εἴπερ γὰρ ἀδικεῖν χρή, τυραννίδος πέρι κάλλιστον ἀδικεῖν · τἄλλα δ' εὐσεβεῖν χρεών.

contra singulos utilitate publica rependitur. Tacitus wurde später, zwar noch wenig für Machiavelli, der vor allem aus Livius, Aristoteles und Xenophon schöpfte, aber seitdem ihn Justus Lipsius 1574 neu herausgegeben hatte, der große Lehrer der Staatsräson, und ein ganzes Jahrhundert hindurch blühte dann eine ihn politisch ausmünzende Literatur der Tacitisten[1]. Justus Lipsius selber stellte sein Lehrbuch der Politik *(Politicorum sive civilis doctrinae libri sex, qui ad principatum maxime spectant,* 1589) ausschließlich aus antiken Sentenzen zusammen, vor allem wieder aus Tacitus, und bot damit eine heute noch wertvolle Fundgrube antiken Denkens in Staatsräson. Und mag auch die Antike noch kein zentrales und allgemein gebrauchtes Schlagwort für sie geprägt haben, so begegnet die *ratio reipublicae* schon gelegentlich bei Cicero, die *ratio et utilitas reipublicae* bei Florus[2].

Der Polytheismus und die Diesseitigkeit der Lebenswerte waren der Nährboden der antiken Staatsräson. Höchster Lebenswert war in der Blütezeit des Stadtstaates der Staat. Ethik und Staatsethik fielen dabei zusammen, deshalb gab es keinen Konflikt zwischen Politik und Moral. Es gab ja auch keine universale Religion, die mit ihren Geboten das freie Walten der staatlichen Kräfte einzuengen versuchte. Die nationale Religion, die man hatte, begünstigte dieses vielmehr, indem sie den Heroismus verherrlichte. Als der Stadtstaat sich innerlich aufzulösen begann, sprang das heroische Ideal hinüber auf die neue Lebensform des Macht im Staate erstrebenden Individuums, des rücksichtslosen Machtmenschen,

---

[1] Boccalini wird uns später als Beispiel für sie dienen. Als Ausdruck der hohen Wertschätzung des Tacitus seien die Worte Gabriel Naudés in seiner *Bibliographia politica* (Ausgabe von 1642, S. 233) wiedergegeben: *At vero, quoniam sedet ipse velut omnium princeps ac imperator in orchestra, aut potius sedem sibi fecit in machina, ex qua cum stupore et admiratione politicas difficultates componit, virtutum suarum majestate omne fastigium humanum excedens, certe consultius esse mihi persuadeo, non hunc tenui sermone velut hominem, sed eloquenti silentio Deitatis instar venerari* usw. Über die Tacitisten daselbst S. 247 und Toffanin, *Machiavelli e il Tacitismo*, 1921. (Ein geist- und kenntnisreiches Buch, das aber die Bedeutung des Tacitus für Machiavell überschätzt.)

[2] *Cicero ad Plancum* (l. 10 *ad fam. epist.* 16): Warte nicht auf den Senat, sei dir selbst Senat, *quocunque te ratio reipublicae ducet sequare. Florus* l. 1, c. 8, spricht von den sieben Königen Roms *tam variis ingenio, ut reipublicae ratio et utilitas postulabat.*

den Plato im Kallikles des Gorgias klassisch gezeichnet hat[1]. Überhaupt blieb nun die antike Staatsräson, soweit sie den Menschen zum Bewußtsein kam, im Persönlichen stecken und rechtfertigte wohl die durch den Zwang der Lage diktierte Handlungsweise der jeweiligen Machthaber, erhob sich aber, wie es scheint, nicht oder doch nicht konsequent zu der Idee einer überindividuellen, den jeweiligen Machthabern gegenüber selbständigen Staatspersönlichkeit[2].

Über die antike Staatsräson sprach dann das Christentum den Epilog und das vernichtende Endurteil durch Augustins Wort: *Remota justistia quid sunt regna nisi magna latrocinia*[3]. Die neue universale Religion stellte zugleich ein universales Moralgebot auf, dem auch der Staat gehorchen sollte, verwies den einzelnen Menschen auf jenseitige Werte und ließ alle diesseitigen Werte und damit auch den Heroismus als Wegbahner von Machtpolitik und Staatsräson zurücktreten. Vereint mit der christlichen Ethik hielt dann im Mittelalter der germanische Rechtsgedanke den Staat nieder. Wohl gab es einen Staat im Mittelalter, aber er galt nicht als souverän. Das Recht war ihm übergeordnet, er war Mittel zur Verwirklichung des Rechts. »Politik oder Staatsräson wird im Mittelalter überhaupt nicht anerkannt.« Natürlich war die Praxis anders als diese Ideologie. Deshalb »brachen sich die Erfordernisse der Politik, für die im Rahmen der Rechts- und Verfassungstheorie des Mittelalters ein Raum überhaupt nicht vorgesehen war, wilde Bahn«[4].

Aber im späteren Mittelalter begannen diese wilden Bahnen sich zu regulieren. Im Kampfe gegen Kirche und Papsttum erstarkte die bewußte Machtpolitik großer Herrscher wie Kaiser Friedrich II. und Philipp IV. von Frankreich. Kaiser Karl IV. in Deutschland und König Ludwig XI. in Frankreich gaben das Beispiel einer nach innen gewandten rationaleren und vielfach schon

---

[1] Vgl. jetzt Menzel, Kallikles, 1923, und die gedankenreiche Berliner Universitätsrede 1924 von Werner Jaeger über die griechische Staatsethik im Zeitalter Platos.

[2] Kaerst, Studien zur Entwicklung und theoret. Begründung der Monarchie im Altertum, S. 10 f.

[3] *De civitate Dei* IV, 4; zur richtigen Deutung des Wortes vgl. Bernheim, Mittelalterliche Zeitanschauungen usw. 1, 37.

[4] F. Kern, Recht und Verfassung im Mittelalter, Histor. Zeitschr. 120. 57 u. 63 f., ein grundlegender Aufsatz.

recht skrupellosen Regierungskunst. Und die kirchliche Welt selbst sogar bereitete durch ihre inneren Wandlungen, durch die fortschreitende Durchdringung des Papsttums mit weltlich-politischen Interessen, durch die vielfach schon sehr utilitaristische Gedankenbewegung der Konzilszeit und durch die rationale Ausbildung des päpstlichen Finanzsystems den Geist einer neuen Staatskunst vor. Das stärkste Motiv für eine solche aber lag doch in der beginnenden nationalen Staatenbildung und in dem Streben der größeren Dynasten, ihren durch feudale Methoden zusammengebrachten Besitz durch nichtfeudale, durch staatliche Methoden und Bindemittel zu sichern. Die universalen Ideen des mittelalterlichen *corpus christianum* brachen sich fortan an den neuen nationalen und partikularen Willenszentren.

Das spätmittelalterliche Denken begann ferner zwischen dem idealen Naturrechte und dem positiven Rechte zu unterscheiden und dadurch den Druck, den bisher der germanische Rechtsgedanke auf den Staat ausgeübt hatte, zu verringern. »Fortan ist die Staatsgewalt über dem positiven und unter dem natürlichen Recht. Also nicht mehr jedes unbedeutendste individuelle Privatrecht, sondern nur noch die großen Grundsätze des Naturrechts sind dem Zugriff des Staates entzogen[1].«

Nun wagen sich hier und da schon grundsätzliche Bekenntnisse zur neuen Staatsnotwendigkeit hervor. Philipp von Leiden, ein Geistlicher im Dienste des Grafen von Holland, der im 14. Jahrhundert *de cura reipublicae et sorte principantis* schrieb, vertrat den Satz, daß der Landesherr ein von ihm einer einzelnen Stadt oder einer einzelnen Person gegebenes Privileg zurücknehmen müsse, wenn darunter die *publica utilitas* leide[2]. Noch allgemeiner erklärte Johann Gerson 1404, daß Gesetze, wenn sie mit dem Zwecke der Friedenserhaltung — dem höchsten Staatszwecke des Mittelalters — in Widerspruch gerieten, entweder dem Zwecke gemäß interpretiert oder gänzlich abgeschafft werden müßten, denn *necessitas legem non habet*[3]. Und noch dreister war ein Die-

---

[1] Kern a. a. O. S. 74.

[2] v. Below, Territorium und Stadt[2], S. 190, und H. Wilfert, Philipp von Leiden, 1925.

[3] Platzhoff, Die Theorie von der Mordbefugnis der Obrigkeit im 16. Jahrhundert, S. 27; daselbst noch andere Zeugnisse. Vgl. auch Gierke, Althusius[2], S. 279, und v. Bezold, Aus Mittelalter und Renaissance, S. 257f. (über Pontano).

ner des Herzogs von Burgund, der Doktor der Theologie Jean Petit. In einer langen, überaus sophistischen Rede, die er im März 1408 in Paris hielt, verteidigte er seinen Herrn wegen der Mordtat, die dieser an dem Herzoge Ludwig von Orleans hatte begehen lassen, und führte dabei nun aus, daß Versprechungen und Bündnisse zwischen Rittern nicht gehalten werden dürften, wenn ihre Einhaltung dem Fürsten und dem öffentlichen Wesen Schaden brächte; ja, ihre Einhaltung wäre sogar gegen die natürlichen und göttlichen Gesetze[1].

Eine systematische Durchforschung der spätmittelalterlichen Quellen und Schriftsteller würde wahrscheinlich noch weitere Stimmen dieser Art finden und so die allmähliche immer weiter gehende Auflockerung der mittelalterlichen Schranken beleuchten. Eine Lehre großen Stils aber ist daraus noch nicht erwachsen.

Eine Erbschaft von ungeheurer Wirkung hat trotzdem das christliche und germanische Mittelalter dem modernen Abendlande hinterlassen, nämlich das schärfere und schmerzhaftere Gefühl für die Konflikte der Staatsräson mit der Sittlichkeit und dem Rechte, das immer sich wieder regende Gefühl, daß rücksichtslose Staatsräson eigentlich Sünde sei, Sünde wider Gott und göttliche Normen, Sünde ferner auch wider die Heiligkeit und Unantastbarkeit alten guten Rechtes. Die Antike kannte und kritisierte wohl auch schon diese Sünden der Staatsräson, aber ohne tiefere Schmerzen. Eben die Diesseitigkeit ihrer Lebenswerte gestattete ihr, das Treiben der Staatsräson mit einer gewissen Gelassenheit und als Ausfluß naturhafter und nicht zu bändigender Kräfte anzusehen. Das

---

[1] »*La quinte vérité en cas d'aliance, seremens et promesses, est des confédéracions faictes de chevalier à autre en quelque manière que ce soit et puist estre, s'il advient que icellui pour garder et tenir tourne ou préjudice de son prince, de ses enfans et de la chose publique, n'est tenu de les garder. En tel cas seroit faict contre les lois naturelles et divines.*« La chronique de Monstrelet p. p. Douet-d'Arcq 1857 I, 215 f. (Buch I, c. 39). Daselbst 2, 417 (Buch 1, c. 113) das verwerfende Votum der Pariser Theologen: *Ceste assercion touche à la subversion de toute la chose publique et de chascun roy ou prince* usw. Das Konstanzer Konzil aber wagte Jean Petits Lehre vom Tyrannenmord nicht ohne weiteres zu verdammen. v. Bezold, Aus Mittelalter und Renaissance, S. 274. Vgl. über Jean Petit auch O. Cartellieri, Beiträge zur Geschichte der Herzöge von Burgund V., Sitzungsber. d. Heidelb. Ak. 1914. Ebenfalls: Jean Petit. La Question du Tyrannicide au commencement du XVe siècle. Par A. Coville. Paris 1932.

Sündertum der Antike war noch ein naives Sündertum und noch nicht erschreckt und beunruhigt durch die Kluft zwischen Himmel und Hölle, die das Christentum aufriß. Dies dualistische Weltbild des dogmatischen Christentums hat dann tief nachgewirkt auch auf die Zeiten eines undogmatisch werdenden Christentums und hat dem Problem der Staatsräson eine so schwer empfundene Tragik gegeben, die es in der Antike nicht gehabt hat.

So war es eine geschichtliche Notwendigkeit, daß der Mann, mit dem die Geschichte der Idee der Staatsräson im modernen Abendlande beginnt und nach dem der Machiavellismus seinen Namen erhalten hat, ein Heide sein mußte, der die Schrecken der Hölle nicht kannte, sondern mit antiker Naivität an sein Lebenswerk gehen konnte, das Wesen der Staatsräson zu durchdenken.

Niccolo Machiavelli war der erste, der dies tat. Es kommt hier auf die Sache, nicht auf das Wort dafür, das bei ihm noch fehlt, an. Machiavelli drängte seine Gedanken über die Staatsräson noch nicht in ein einziges Schlagwort zusammen. So sehr er sonst die starken und inhaltsreichen Schlagworte liebte und ihrer viele prägte, so hat er doch gerade für die allerhöchsten Ideen, die ihn erfüllten, nicht immer das Bedürfnis eines Ausdrucks durch Worte empfunden, wenn ihm die Sache selbstverständlich erschien, wenn sie ihn ganz und gar erfüllte. Man hat zum Beispiel vermißt, daß er über den eigentlichen letzten Zweck des Staates sich äußere und daraus verkehrterweise geschlossen, daß er darüber nicht nachgedacht habe[1]. Er lebte und webte aber, wie wir bald sehen werden, in einem ganz bestimmten höchsten Zwecke des Staates. Und ebenso ist auch sein ganzes politisches Denken nichts anderes als stetes Denken nach Staatsräson.

Eine ganz eigenartige, großartige und zugleich erschütternde Konstellation hat Machiavellis Gedankenwelt hervorgebracht: Das Zusammentreffen eines politischen Zusammenbruchs mit einer geistigen Erneuerung. Italien genoß im 15. Jahrhundert nationale Unabhängigkeit und war nach Machiavellis prägnantem Worte (*Principe* c. 20) *in un certo modo bilanciata* durch das System der fünf sich gegenseitig in Schranken haltenden Staaten

---

[1] Heyer, Der Machiavellismus, 1918, S. 29; vgl. auch A. Schmidt, N. Machiavelli und die allgemeine Staatslehre der Gegenwart, 1907, S. 104.

Neapel, Kirchenstaat, Florenz, Mailand und Venedig. Es bildete sich in ihm, genährt durch alle realistischen Bestandteile der Renaissancekultur und unmittelbar gefördert durch die jetzt aufkommende Einrichtung ständiger Gesandtschaften, eine nach festen und sicheren Regeln verfahrende Staatskunst aus, die in dem Grundsatze des *divide et impera* gipfelte, alle Dinge nüchtern zu beobachten lehrte, innere religiöse und sittliche Hemmungen spielend-naiv überwand, aber in verhältnismäßig einfachen und mechanischen Operationen und Gedankengängen sich erging[1]. Erst die Katastrophen, die über Italien seit 1494 durch den Einbruch der Franzosen und Spanier, durch den Untergang der Selbständigkeit Neapels und Mailands, durch die sich überstürzenden Wechsel der Staatsform in Florenz und vor allem durch den übermächtigen Gesamtdruck des Auslandes auf die ganze Apenninenhalbinsel kamen, reiften den politischen Geist zu jener leidenschaftlichen Kraft, Tiefe und Schärfe, die in Machiavelli sich offenbarte. Als Sekretär und Diplomat der florentinischen Republik bis 1512 lernte er alle bisherigen Errungenschaften italienischer Staatskunst und begann auch schon eigene originelle Gedanken darüber zu bilden. Sie kamen zum Durchbruch durch das zerschmetternde Schicksal, das die Republik und ihn in jenem Jahre zugleich traf. Als Gestürzter und zeitweilig Verfolgter mußte er fortan, um wieder emporzukommen, um die Gunst der neuen Machthaber, der wiederhergestellten Medicis buhlen. So entstand ein Zwiespalt zwischen seinem persönlich-egoistischen Interesse und seinem bisherigen republikanischen Freiheits- und Stadtstaatsideale. Es war seine Größe, daß er diesen Zwiespalt nunmehr innerlich auszutragen und auszugleichen strebte. Auf dem dunklen und nicht gerade schönen Nährboden seines naiven und unbedenklichen Egoismus erwuchsen die neuen mächtigen Gedanken über das Verhältnis von Republik und Monarchie und über eine neue nationale Mission der Monarchie, innerhalb deren nun auch das ganze, aus reinen und unreinen, hohen und häßlichen Bestandteilen gemischte Wesen der Staatsräson zur rücksichtslosen Abbildung kam. Er stand in jenem Lebensalter zu Beginn der vierziger Jahre, in

---

[1] Wie der neue rechnerische und rationale Geist gleichzeitig auch im Wirtschaftsleben, namentlich der beiden Kaufmannsstaaten Venedig und Florenz, aufkam, zeigt L. Brentano, Die Anfänge des modernen Kapitalismus, 1916. Vgl. v. Bezold a. a. O. S. 255 f.

dem produktive wissenschaftliche Geister oft ihr Bestes geben, als er seit 1513 das Büchlein vom Fürsten und die *Discorsi sopra la prima deca di Tito Livio* schrieb.

Auch eine geistige Erneuerung mußte, wie wir sagten, dazu mitwirken. Machiavelli nahm ja keineswegs den ganzen Gehalt der Renaissancebewegung in sich auf, hat ihre religiösen und ihre spekulativ-philosophischen Bedürfnisse nicht geteilt und, obwohl unbewußt gesättigt und überglänzt von ihrem künstlerischen Geiste, doch ihr Kunstbestreben nicht sonderlich hoch eingeschätzt. Seine Leidenschaft galt dem Staate, der Untersuchung und Ausrechnung seiner Formen, Funktionen und Lebensbedingungen, und so kam denn das spezifisch rationale, empirische und kalkulatorische Element der italienischen Renaissancekultur in ihm zu seiner höchsten Ausbildung. Bloßer nüchterner Sinn für politische Machtfragen aber hätte noch keine volle geistige Erneuerung bedeutet. Die Schwung- und Glaubenskraft, die ihn tragen mußte und aus der heraus das Ideal einer Wiedergeburt erwachsen konnte, war, soweit Machiavelli an ihm teilnahm, antiken Ursprungs. Die Antike feierte in ihm freilich nicht, wie in so vielen Humanisten der Renaissance, eine bloß gelehrte und literarische Auferstehung mit blutloser rhetorischer Schulmeisterbegeisterung. Manchmal zeigt wohl auch sein Enthusiasmus für die Helden und Denker der Antike etwas klassizistische Abhängigkeit und Kritiklosigkeit. In der Hauptsache aber erstand der antike Mensch selber in ihm von neuem aus der Blutsgemeinschaft und Tradition heraus, die in Italien nie ganz untergegangen war. Machiavelli war trotz seines äußerlichen, oft mit Ironie und Kritik gemischten Respekts vor Kirche und Christentum und trotz unleugbarer Beeinflussung auch durch die christliche Gedankenwelt im Kerne ein Heide, der dem Christentum den bekannten schweren Vorwurf machte (Disc. II, 2), die Menschen demütig, unmännlich und schlaff gemacht zu haben. Mit romantischer Sehnsucht blickte er nach der Kraft, Größe und Schönheit des antiken Lebens und nach den Idealen seiner *mondana gloria*. Die sinnlich-geistige Gesamtkraft des natürlichen, naturhaften Menschen, in der *grandezza dell'animo* und *fortezza del corpo* miteinander vereint Heroentum schufen, wollte er wieder in ihr Recht einsetzen. Er brach also mit der dualistischen, einseitig spiritualisierenden und die sinnlich-natürlichen Triebe entwertenden Ethik des Christentums, behielt wohl aus ihr gewisse Rahmenbegriffe über den Unterschied von Gut und Böse bei, aber strebte in der Hauptsache nach einer neuen naturalistischen Ethik, die unbefangen und entschlossen der Stimme der Natur folgte. Denn wer die nachahmt, kann keinen Tadel finden, sagte er einmal, um seine leichtsinnigen Liebesabenteuer inmitten ernster Geschäfte zu rechtfertigen, — auch die Natur sei ja voller Wechsel[1].

Ein solcher Naturalismus kann leicht zu einem harmlosen und unbedenklichen Polytheismus der Lebenswerte führen. Machiavelli aber konzentrierte trotz der Opfer, die er am Altar der Venus gern brachte, seine eigentlichen und höchsten Lebenswerte auf das, was er *virtù* nannte, — ein überaus reicher, aus der antiken und humanistischen Tradition wohl übernommener, aber ganz individuell empfundener und ausgestalteter Begriff, der wohl ethische Eigenschaften mit umschloß, aber von Haus aus etwas Dynamisches, von der Natur dem Menschen in den Schoß Gelegtes bezeichnen sollte, — Heldentum und Kraft zu großen politischen und kriegerischen Leistungen, vor allem zur Gründung und Lebendigerhaltung blühender Staaten und namentlich Freistaaten[2]. Denn in den Freistaaten, deren Ideal das Rom der großen republikanischen Zeit ihm war, sah er die günstigsten Bedingungen zur Erzeugung von *virtù*. Bürgertugend und Herrschertugend umfaßte sie also, opferwillige Hingabe an das Gemeinwesen ebenso wie Weisheit, Energie und Ehrgeiz großer Staatengründer und Staatenlenker. Voran aber stand ihm als *virtù* höherer Ordnung die *virtù*, die ein Staatengründer und Staatenlenker haben mußte. Denn sie war es, die nach seiner Meinung aus dem eigentlich schlechten und traurigen Material der durchschnittlichen Menschheit die *virtù* im Sinne von Bürgertugend herausdestillierte durch zweckmäßige »Ordnungen«, — gewissermaßen als eine *virtù* zweiter Güte und nur dauerhaft auf dem Untergrunde eines naturfrischen, unverdorbenen Volkstums. Diese Scheidung der *virtù* in eine ursprüngliche und abgeleitete ist von ungemeiner Bedeutung für das Gesamtverständnis der politischen Ziele Machiavellis. Denn sie zeigt, daß er von einem kritiklosen Glauben an die natürliche und un-

---

[1] An Vettori, 31. Jan. 1515. *Lettere di Mach. ed. Alvisi.*
[2] Vgl. die von mir angeregte Arbeit E. W. Mayers, Machiavellis Geschichtsauffassung und sein Begriff *virtù*, 1912.

verwüstliche Tugend des Republikaners weit entfernt war, daß er auch die Republik mehr von oben, vom Standpunkt der Regierenden aus, als von unten, der breiten Demokratie aus ansah. Ihm gefiel das Sprichwort, das zu seiner Zeit aufkam, daß man anders *in piazza* und anders *in palazzo* denke (Disc. II, 47). Sein republikanisches Ideal hatte dadurch von vornherein einen monarchischen Einschlag, insofern er der Meinung war, daß in der Regel auch Freistaaten ohne die Kraft einzelner großer Herrschernaturen und Organisatoren nicht ins Leben gerufen werden könnten. Und da er aus Polybios die Lehre sich einprägte, daß alle Staatenschicksale sich im Kreislauf wiederholten und der Blüte eines Freistaates auch notwendig ein Niedergang und Verfall folge, so sah er, um einem solchen gesunkenen Freistaat das ihm verlorengegangene Quantum von *virtù* wieder zu verschaffen und ihn dadurch wieder emporzuführen, kein anderes Mittel, als daß wiederum die schöpferische *virtù* eines einzelnen, eine *mano regia*, eine *podestà quasi regia* (Disc. I, 18 u. 55) den Staat in ihre Hand nähme und auffrische. Ja, für ganz korrupte und der Regeneration nicht mehr fähige Freistaaten hielt er sogar die Monarchie für die einzige noch mögliche Regierungsform. So schuf sein *virtù*-Begriff eine innere Brücke zwischen republikanischen und monarchischen Tendenzen, die es ihm ermöglichte, ohne charakterlos zu werden, nach dem Zusammenbruche des florentinischen Freistaats seine Erwartung auf das Fürstentum der Medicis zu setzen und das Buch vom Fürsten für sie zu schreiben. Sie ermöglichte es ihm gleich hinterher, in den *Discorsi* auch den republikanischen Faden wieder aufzunehmen und Republik und Prinzipat gegeneinander abzuwägen.

Und ferner wirft nun seine eigentümliche, aus dem diesseitsfrohen Geiste der Renaissance geborene Ethik der *virtù* auch schon ein erstes Licht auf sein viel umstrittenes und immer wieder ihm zum Vorwurf gemachtes Verhältnis zu der gewöhnlichen christlichen und sogenannten natürlichen Moral. Wir sagten, daß er die Rahmenbegriffe derselben über den Unterschied von Gut und Böse beibehalten habe. Er hat niemals, wenn er zu bösen Handlungen riet, das Prädikat böse ihnen nehmen wollen und keine heuchlerische Vertuschung damit getrieben. Er hat auch nicht etwa gewagt, in sein *virtù*-Ideal Züge einer moralisch bösen Handlungsweise unmittelbar aufzunehmen. Man kann es, so heißt es im 8., von Agathokles handelnden Kapitel des *Principe*, doch nicht *virtù* nennen, seine Mitbürger zu töten, seine Freunde zu verraten, ohne Treue, Pietät und Religion zu sein; damit könne man wohl Herrschaft, aber nicht Ruhm erwerben. Und doch erkannte er auch gleichzeitig in dem so handelnden Agathokles eine wirkliche *virtù* und *grandezza dell'animo*, das heißt große Herrschertugenden an. Die ethische Sphäre seiner *virtù* lag also neben der gewöhnlichen moralischen Sphäre wie eine Welt für sich, für ihn aber war es die höhere Welt, weil sie die Lebensquelle des Staates, des *vivere politico*, der höchsten Aufgabe menschlichen Schaffens war. Und weil sie die höhere Welt ihm war, konnte sie sich auch Ein- und Übergriffe in die moralische Welt erlauben, um ihre Zwecke zu erreichen. Diese Übergriffe und Überschreitungen, diese »Sünden« im christlichen Sinne, waren und blieben dabei unmoralisch für sein Urteil, wurden auch nicht etwa selber *virtù*, — aber sie konnten letzten Endes, wie wir bald noch deutlicher sehen werden, aus der *virtù* hervorgehen.

Machen wir uns zunächst noch seine *virtù*-Lehre und die denkwürdige Verbindung von Pessimismus und Idealismus, von mechanistischen und vitalistischen Bestandteilen in ihr klarer. Die Menschen tun von selber nichts Gutes, wenn nicht eine »Notwendigkeit« sie treibt, heißt es in den *Discorsi* (I, 4). Hunger und Armut, fuhr er fort, machen die Menschen fleißig, und die Gesetze machen sie gut. Durch die Strafen, die auf die Überschreitung der Gesetze gelegt wurden, kam es zur Erkenntnis der Gerechtigkeit. Moralische Güte und Gerechtigkeit waren für ihn also Werte, die gemacht wurden und gemacht werden konnten durch die Zwangsgewalt des Staates, — wie hoch stand da der Staat, wie tief das menschliche Individuum in seiner Schätzung! Aber diesen starren positivistischen Kausalzusammenhang durchglühte er mit dem Feuer der *virtù*, mit dem Glauben an die Schöpferkraft großer Menschen, die durch ihre eigene *virtù* und die weisen Ordnungen, die sie gaben, auch das Durchschnittsniveau der Menschen zu neuer, abgeleiteter *virtù* emporheben könnten. Mechanisch und fatalistisch war dann wieder seine Meinung, daß, da die Welt immer dieselbe bleibe und alle Dinge sich im Kreislaufe wiederholten, auch die *virtù* in der Welt nicht in unbegrenzten Quantitäten vorhanden sei, sondern herumwandere in der Welt und bald dieses, bald jenes Volk zum bevorzugten Träger sich erwähle. Hegel hat drei Jahrhunderte später in seiner anklingenden Lehre von den »weltgeschichtlichen Völkern«, denen jeweils der Weltgeist die Führung seiner Geschäfte in der Welt übertrage, das fatalistische Element eingebaut in eine erhabene Fortschritts- und Aufstiegsphilosophie. Machiavelli aber begnügte sich mit der resignierten Feststellung, daß nur in den alten Zeiten einzelne Völker durch ein besonderes Maß von *virtù* begnadet gewesen seien, während sie neuerdings sich auf viele Nationen zerteilt habe. Verwandtschaft und Unterschied der Jahrhunderte treten so zugleich ins Licht. Beide Denker richteten aus dem Zusammenbruche der politischen Welt, in der sie lebten, ihr großes Auge auf die Quellen und Träger weltgeschichtlicher Kraft und Leistung, — Hegel mit dem optimistischen Fortschrittsglauben, den schon das Jahrhundert der Aufklärung erzeugt hatte, Machiavelli mit dem alten Glauben an die ewige Gleichartigkeit des geschichtlichen Lebens, den die christliche Diesseitsverachtung von jeher genährt und der Lebensmut der Renaissance nicht zu durchbrechen vermocht hatte. Immer aber war doch dieser Lebensmut stark genug, um auch in dem Zusammenbruche und in der Verachtung der menschlichen Gemeinheit nicht zu verzagen, sondern nach neuer *virtù* auszuschauen. Denn die Entfaltung und Schaffung von *virtù* war ihm der ideale, der sich von selbst verstehende Zweck des Staates. Sein gesunkenes Volk durch sie und den Staat zu regenerieren, wenn dies noch möglich war — Glaube und Zweifel daran gingen in ihm hin und her —, wurde sein Lebensgedanke. Aber dieser neue politische Idealismus war nun freilich mit der schweren Problematik behaftet, die dem Wesen der Staatsräson innewohnte. Wir nähern uns damit unserer eigentlichen Aufgabe.

Es war ja, als das sittlich-religiöse Einheitsband des mittelalterlich-christlichen Lebensideals zerrissen war, unmöglich, sogleich einen neuen weltlichen Idealismus von gleicher Einheitlichkeit und Geschlossenheit aufzurichten. Denn es öffneten sich dem von den mittelalterlichen Hemmungen befreiten Geiste zu viele Provinzen des Lebens gleichzeitig, um sofort einen überragenden Punkt zu finden, von dem aus die säkularisierte Welt wieder als harmonische Einheit hätte begriffen und zusammengefaßt werden können. Man war Entdecker, bald hier, bald dort, gab sich enthusiastisch und oft radikal dem jeweilig Entdeckten hin und war damit so vollauf beschäftigt, daß man zur Beseitigung der Widersprüche und Diskrepanzen zwischen den neugemachten Erfahrungen und den bisherigen Werten des Lebens nicht gelangte. Eine solche einseitige Entdeckerleidenschaft war Machiavelli in besonderem Maße zu eigen. Er stürzte sich auf sein jeweiliges Ziel, so daß daneben selbst zuweilen das, was er selber in anderer Stunde schon gedacht und gesagt hatte, versank. Er holte unerschrocken, mitunter fast fanatisch, die äußersten, zuweilen schrecklichsten Konsequenzen aus den von ihm gefundenen Wahrheiten heraus, ohne ihre Rückwirkung auf andere seiner Überzeugungen dabei immer zu prüfen. Er liebte auch als experimentierender Entdecker den Wechsel der Standpunkte und die Einstellung auf die verschiedensten Interessen des politischen Kampfes, um dann für jeden Interessenten, mochte er nun Fürst oder Fürstenfeind sein, ein kräftiges Heilmittel, eine *medicina forte*, womöglich eine *regola generale* herauszufinden. Seine jeweiligen Rezepte sind also oft *cum grano salis* eines gewissen Relativismus zu verstehen. Auch diese Neigungen seines Geistes sind im Auge zu behalten.

Die stärkste Diskrepanz in seiner Gedankenwelt, der er nicht Herr wurde und auch nicht Herr zu werden sich bemühte, lag zwischen der neu von ihm gefundenen ethischen Sphäre der *virtù* und des von *virtù* belebten Staates und der alten Sphäre der Religion und Moral. Machiavellis *virtù*, ursprünglich ein naturhaft-dynamischer Begriff, der auch eine gewisse Wildheit *(ferocia)* nicht ohne Wohlgefallen mit einschloß, sollte nun wohl, was echt renaissancemäßig gedacht war, nicht unregulierte Naturkraft bleiben, sondern sich zur *virtù ordinata*, zur rationell und zweckmäßig geleiteten Herrscherkraft und Bürgertugend erheben. Die *virtù ordinata* des Staates schätzte natürlich auch Religion und Moral wegen ihrer staatserhaltenden Wirkung hoch ein. Machiavelli hat sich insbesondere über die Unentbehrlichkeit der Religion, allerdings, so wünschte er, einer Religion, die den Menschen tapfer und stolz mache, eindringlich ausgesprochen (Disc. I, 11 u. 12). »Religion, Gesetze, Heerwesen« nennt er einmal bezeichnend in einem Atem als die drei Grundpfeiler des Staates (Disc. II, Einleitung). Aber Religion und Moral sanken dabei von dem Range der Eigenwerte zu bloßen Mitteln für den Zweck des von *virtù* belebten Staates herab. Darum konnte er den zweischneidigen Rat geben, der so furchtbar in die folgenden Jahrhunderte hineinschallte und den

Staatsmann zu ungläubigem und zugleich unehrlichem Skeptizismus anstachelte, daß man auch die mit Irrtum und Täuschung versetzte Religion stützen müsse, und um so mehr, je klüger man sei (Disc. I, 12). Wer so dachte, war religiös selber schon entwurzelt. Wo blieb da der letzte, innerste Halt des Lebens, wenn auch die ungeglaubte, die falsche Religion als zweckmäßig gelten konnte und das sittlich Gute zugleich als Produkt der Furcht und der Gewöhnung erschien? In dieser entgötterten Natur blieb der Mensch allein auf sich und die Kräfte, die ihm die Natur verlieh, angewiesen, um den Kampf mit allen Schicksalsgewalten dieser Natur aufzunehmen. So empfand auch Machiavelli seine Lage.

Es ist ergreifend und gewaltig, wie er sie zu beherrschen versuchte. Drüben *fortuna*, hüben *virtù*, so faßte er sie auf. Viele haben heute, so führte er im *Principe* (c. 25) aus, angesichts der Schicksalsschläge und ungeahnten Umwälzungen, die wir erlebt haben, die Meinung, daß alle Klugheit gegen das Schicksal nichts vermöge, daß man sich von ihm regieren lassen müsse. Er gab zu, daß auch er zuweilen in düsterer Stimmung so empfunden habe. Aber er sah es als einen Mangel an *virtù* an, sich ihr hinzugeben. Aufspringen müsse man und dem reißenden Strome des Schicksals Dämme und Kanäle entgegenbauen, dann könne man ihn einschränken. Fortuna beherrscht nur die Hälfte unserer Handlungen, die andere oder doch nur wenig weniger hat sie uns überlassen. »Wo die Menschen wenig *virtù* haben, da zeigt *fortuna* genugsam ihre Macht. Und weil sie wechselt, so wechseln auch häufig die Republiken und Staaten. Und sie werden immer wechseln, bis schließlich einmal sich ein Mann erhebt, der das Altertum so liebt, daß er die *fortuna* reguliert, so daß sie nicht bei jedem Sonnenumlauf zeigen kann, wieviel sie vermag« (Disc. II, 30). Schlagen und stoßen müsse man *fortuna* wie ein Weib, das man haben wolle, und den Kühnen und Wilden werde es eher damit gelingen als den Kalten. Aber die Kühnheit müsse sich mit höchster Klugheit und Berechnung paaren, denn jede Schicksalslage erfordere auch eine besondere, ihr angepaßte Methode. Er verfiel in tiefes Sinnen eben über dieses Problem, denn hier zeigten sich nun die Kräfte und die Schranken der *virtù*, der Menschheit zugleich. Das handelnde Individuum kann ja nicht heraus aus der ihm angeborenen Natur. Es handelt so, wie diese ihm befiehlt

Daher kommt es, daß dieselbe von seinem Charakter ihm diktierte Methode je nach der Lage des Schicksals ihm heute zum Heil und morgen zum Unheil ausschlägt (Disc. III, 9). Solche Einsicht konnte wieder zum Fatalismus verführen. Aber alle solche Anwandlungen und Zweifel wirkten wie die Anspannung eines elastischen Bogens auf ihn. Er schnellte um so kräftiger seine Pfeile ab.

Feinde lernen voneinander den Gebrauch ihrer Waffen. *Virtù* hat die Aufgabe, *fortuna* zurückzudrängen. *Fortuna* ist tückisch, also darf es auch *virtù* sein, wenn es nicht anders geht. Das ist, ganz schlicht ausgedrückt, der innere seelische Ursprung des Machiavellismus, der berüchtigten Lehre, daß im staatlichen Handeln auch unsaubere Mittel gerechtfertigt seien, wenn es gilt, die dem Staate nötige Macht zu gewinnen oder zu behaupten. Es ist der alles transzendenten Himmelslichtes beraubte, mit den dämonischen Naturgewalten allein auf dem Kampfplatze gelassene Mensch, der nun auch als dämonische Naturkraft sich empfindend Gleiches mit Gleichem vergilt. *Virtù* hatte nach Machiavellis Meinung das volle innere Recht, zu allen Waffen zu greifen, um Fortunas Herr zu werden. Man erkennt dabei leicht, daß diese in ihrem Vordergrunde dualistisch berührende Lehre in ihrem Hintergrunde und Wesenskerne einem naiven Monismus, der alle Lebensmächte zu Naturkräften machte, entsprang. Sie wurde nun zur Voraussetzung für die Entdeckung, die Machiavelli über das Wesen der Staatsräson gemacht hat.

Um sie zu machen, mußte noch eine andere Lehre hinzutreten, die er ebenso klar und konsequent durchdachte und anwandte, wie die Lehre vom Kampfe der *virtù* mit der *fortuna*. Das ist die Lehre von der *necessità*. *Virtù*, *fortuna* und *necessità* sind drei Worte, die in seinen Schriften wie mit erzenem Klange immer wieder ertönen. Sie und dazu etwa noch sein Refrainwort von den *armi proprie*, in dem er die Summe seiner militärisch-machtpolitischen Forderungen an den Staat vereinigte, zeigen, wie er die Fülle seiner Erfahrungen und Gedanken zusammenzuballen verstand, wie das reiche Gebäude seines Geistes auf wenigen einfachen, aber mächtigen Grundpfeilern beruhte. *Virtù* und *necessità* verhielten sich bei ihm beinahe wie in der modernen Philosophie die Sphäre der Werte und die Sphäre des Kausalzusammenhangs, der die Mittel und Möglichkeiten gibt, die Werte zu realisieren. War *virtù* die lebendige Kraft der Menschen, die die Staaten schuf und erhielt und ihnen Sinn und Bedeutung gab, so war *necessità* der kausale Zwang, das Mittel, um die träge Masse in die von der *virtù* gewünschte Form zu bringen. Wir haben bereits gehört, daß er den Ursprung der Moral auf die »Notwendigkeit« zurückführte. Manchmal schon, heißt es in den *Discorsi* (III, 12), haben wir erörtert, wie nützlich für die menschlichen Handlungen die *necessità* ist und zu welchem Ruhme sie von ihr geführt worden sind. Und wie es bei einigen Moralphilosophen geschrieben steht, würden die Hände und die Sprache der Menschen, die beiden vornehmsten Werkzeuge, um ihn zu adeln, nicht vollkommen funktioniert und die menschlichen Werke nicht zu dieser Höhe gebracht haben, wenn sie nicht von der *necessità* dazu gestoßen worden wären. Die alten Feldherren haben die *virtù di tal necessità* erkannt und durch sie den Gemütern der Soldaten den trotzigen Kampfesmut gegeben, indem sie es darauf anlegten, die Soldaten in Lagen zu bringen, in denen sie kämpfen m u ß t e n. Geht mit mir, ruft bei Livius (4,28) ein Volskerführer seine umzingelten Soldaten an, *virtute pares, quae ultimum ac maximum telum est, necessitate superiores estis.* Machiavellis Herz lachte zu diesen Worten. Wo mehr *necessità* ist, prägte er ein (Disc. I, 1), da ist auch mehr *virtù*, und zu vielen Dingen, zu denen die Vernunft nicht stark ist zu treiben, bringt uns die *necessità* (Disc. I, 6). Und dem Begriffe der *virtù ordinata* stellte er den ebenso bezeichnenden Begriff einer *necessità ordinata dalle leggi* (Disc. I, 1) zur Seite als Erzeugerin erstklassigen Menschenmaterials in den Staaten. Immer also gilt es, den naturhaften Kräften des Lebens zu folgen, aber gleichzeitig auch sie durch Vernunft zu regulieren. Um zu dem unschönen Mittel der -ismen zu greifen, kann man sein System einen Dreiklang von Naturalismus, Voluntarismus und Rationalismus nennen. Aber ohne seinen universalgeschichtlich vertieften Glauben an den S e g e n der *necessità*, ohne den inneren Schwung, den er ihm gab, würde er auch nicht mit solcher Entschlossenheit und Überzeugtheit das verkündet haben, was man den F l u c h der *necessità*, der Staatsnotwendigkeit, nennen kann, den Machiavellismus.

Noch ein Zug seines Wesens mußte dafür hinzutreten, nämlich die ganz unkonventionelle und zugleich radikale, vor keinem Abgrunde zurückbebende Weise seines Denkens. Wohl hatten auch seine Zeitgenossen schon längst gelernt, vor sittlichen Abgründen nicht zurückzubeben und durch allen Schmutz unbekümmert zu waten. Ohne die allgemeine Abstumpfung der moralischen Empfindungen im Leben, ohne die Beispiele, die die Päpste seit Sixtus IV. und Alexander VI. mit seinem schrecklichen Sohne Cesar Borgia gaben, würde Machiavelli das Milieu nicht gehabt haben, das seine neuen Gedanken über den Gebrauch unsittlicher Mittel in der Politik brauchten. Neu waren sie auch nicht nach ihrem Inhalte, sondern dadurch, daß er es wagte, sie auszusprechen und in ein weltanschaulich vertieftes System einzufügen. Denn bisher war die Theorie der Praxis nur zögernd gefolgt. Dieselben Humanisten, die etwa wie Pontanus am Hofe von Neapel den Anblick aller Nachtseiten der neuen Staatskunst vor Augen hatten, konnten wohl auch schon List und Betrug zum Besten des Gemeinwohls erlauben, verfielen dann aber doch wieder in die Schablone des korrekten, mit klassischen Phrasen gefüllten Fürstenspiegels[1]. Mir aber, sagt Machiavelli, erschien es, da ich etwas wirklich Nützliches geben will, passender, der wirklichen Wahrheit der Sache nachzugehen als der Imagination, die man von ihr hat. Viele haben sich Republiken und Fürstentümer eingebildet, die man niemals gesehen oder als wirklich vorhanden erkannt hat, denn der Unterschied zwischen dem, wie man lebt und wie man leben sollte, ist so groß, daß derjenige, welcher über dem, was man tun sollte, das unterläßt, was man wirklich tut, eher seinen Untergang als seine Erhaltung bewirkt. Ein Mensch nämlich, der es sich in allen Lagen zum Beruf machen wollte, gut zu sein, muß zugrunde gehen unter so vielen, die nicht gut sind. Darum ist es »notwendig« für einen Fürsten, der sich behaupten will, zu lernen, auch nicht gut zu sein und davon je nach der *necessità* Gebrauch zu machen oder nicht Gebrauch zu machen.

Es ist denkwürdig, daß Machiavelli das neue, für Jahrhunderte bahnbrechende methodische Prinzip des reinen voraussetzungslosen Empirismus nicht etwa am Eingange seiner Schrift vom Fürsten, sondern erst an einer späteren Stelle, im 15. Kapitel, entwickelte. Denn er selber hat sich während der Arbeit an der Schrift entwickelt. Das 15. Kapitel gehört, wie wir nachzuweisen

---

[1] Benoist, *L'Etat italien avant Machiavell. Revue des deux mondes,* 1907, 1. Mai, S. 182; vgl. Platzhoff a. a. O. S. 28.

versucht haben¹, nicht der Urform des *Principe,* sondern seiner wahrscheinlich gleich hinterher vorgenommenen Erweiterung an. Geübt hatte er von jeher das neue Prinzip, das mit dem Verismus der florentinischen Kunst blutsverwandt war. Da kam es ihm in den Wogen der Arbeit plötzlich zum Bewußtsein, daß er neue Wege wandle. Es war der Höhepunkt seines Lebens und zugleich ein Wendepunkt der europäischen Geistesgeschichte. Und Geistesgeschichte hing hier mit Staatengeschichte unmittelbar zusammen, es war wie ein elektrischer Schlag, der sie beide traf. Mochte auch den Staatsmännern selber nichts Neues damit gelehrt werden, so war doch neu, daß es gelehrt wurde. Denn erst durch ihre Erfassung als Prinzip erhalten die historischen Tendenzen ihre volle Stoßkraft und steigern sich zu dem, was man Idee nennen kann.

Aber fürchterlich und erschütternd war der erste Anwendungsfall der neuen wissenschaftlichen Methode und seine Wirkung auf das geschichtliche Leben. Man muß als Fürst lernen, auch nicht gut sein zu können, so fordert es die *necessità,* die alles menschliche Leben beherrscht und zwingt. Es war etwas wesentlich anderes, ob man das Sittengesetz in der Politik nur tatsächlich übertrat oder ob man sich, wie es fortan nun möglich wurde und mehr und mehr geschah, rechtfertigen konnte mit einer unausweichlichen »Notwendigkeit«. Im ersten Falle blieb das Sittengesetz in seiner absoluten Heiligkeit selber unversehrt als eine überempirische Notwendigkeit. Jetzt aber wurde diese überempirische Notwendigkeit durchbrochen durch eine empirische Notwendigkeit, und das Böse erstritt sich einen Platz neben dem Guten, wo es nun auch als ein Gut, wenigstens als ein unentbehrliches Mittel zur Erhaltung eines Gutes sich gebärdete. Die durch die christliche Ethik grundsätzlich gebändigten Mächte der Sünde erfochten einen grundsätzlichen Teilsieg, der Teufel drang in Gottes Reich ein. Die ganze Zwiespältigkeit der modernen Kultur, der Dualismus überempirischer und empirischer, absoluter und relativer Wertmaßstäbe, an dem sie leidet, begann. Der moderne Staat konnte sich nun wohl, seinem innersten Lebensdrange folgend, von allen geistigen Fesseln befreien, die ihn einengten, und als weltlich-

---

[1] Klassiker der Politik Bd. 8, Machiavelli, Der Fürst usw., Einführung S. 32 ff. Die Gegengründe Chabods »*Archivum Romanicum*« XI, 3, 1927, haben mich nicht überzeugt.

autonome Macht die Wunderleistungen rationaler Organisation vollbringen, die im Mittelalter undenkbar, nunmehr von Jahrhundert zu Jahrhundert sich steigern sollten. Aber mit welchem fressenden inneren Widerspruch begann er von Anfang an seinen Aufstieg. Religion, Moral und Recht konnte auch er nicht entbehren als Grundlagen seiner Existenz und ging nun doch selber mit dem üblen Beispiel voran, sie dann zu verletzen, wenn die Notwendigkeit staatlicher Selbstbehauptung es forderte. Hat Machiavelli, so wird man fragen, diesen Widerspruch und die schlimmen Wirkungen, die er haben mußte, denn nicht fühlen müssen?

Er hat ihn nicht fühlen können, weil seine eiserne Lehre von der *necessità* ihm die Kluft verbarg oder, wie er wenigstens glaubte, überbrückte. Dieselbe Macht, die den Fürsten zwang, unter Umständen nicht gut zu sein, zwang auch die Menschen, moralisch zu sein, denn nur aus Notwendigkeit handeln die Menschen gut (*Principe* c. 23). Die Notwendigkeit war also der Speer, der zugleich verwundete und heilte. Sie war der kausale Mechanismus, der, falls überhaupt nur *virtù* im Staate da war, schon dafür sorgte, daß auch die nötige Moral und Religion ihm geliefert und ihre Blößen wieder zugedeckt wurden. So greifen die Lehren vom Kampfe der *virtù* gegen *fortuna* und von der *necessità* eng verzahnt ineinander, um den Gebrauch unsauberer Mittel durch den Fürsten innerlich zu rechtfertigen und nach seiner Meinung unschädlich zu machen.

Denn an der allgemeinen Geltung von Religion, Moral und Recht hielt ja Machiavelli unbedingt fest. Selbst in dem bösartigsten und verrufensten Kapitel des *Principe*, dem 18., das den Vertragsbruch rechtfertigt und aussprach, daß der Fürst, und insbesondere der neue Fürst, um den Staat zu erhalten, »oft gezwungen *(necessitato)* sei, gegen Treue, gegen Barmherzigkeit, gegen Menschlichkeit, gegen Religion zu handeln«, betonte er zugleich, daß der Fürst, wenn er es k ö n n e , sich nicht vom Wege des Guten entfernen solle, sondern nur verstehen müsse, in Zwangslagen *(necessitato)* auch auf das Böse einzugehen. Schlimm, sehr schlimm war dabei freilich sein berüchtigter Rat, daß der Fürst alle die guten moralischen Eigenschaften der Treue, Redlichkeit usw. nicht notwendig zu haben brauche, wohl aber sie zu haben immer scheinen müsse, weil jenes, wenn sie immer geübt würden, schädlich, dieses aber, wenn er sie zu besitzen scheine, nützlich sei. Er legitimierte damit den heuchlerischen Bösewicht auf dem Throne. Es wäre mit seinen Zwecken und Leitgedanken durchaus vereinbar gewesen, vom Fürsten auch eine innere moralische Haltung zu verlangen, wenn sie sich nur mit der Kraft verband, im Falle der Staatsnotwendigkeit den Konflikt zwischen Staatsinteresse und Privatmoral auf sich zu nehmen und ein tragisches Opfer damit zu bringen. Aber vielleicht war eine solche Lösung des Problems, wie sie später Friedrich der Große gab, der ganzen Denkweise der Zeit und Machiavellis noch nicht möglich. Das Denken in inneren Konflikten, Brechungen und tragischen Problemen setzt eine verfeinerte, modernere, vielleicht erst mit Shakespeare einsetzende Mentalität voraus. Gerade Wege liebte damals noch der Geist durch alle Lebensgebiete zu ziehen, und dem geraden Wege der christlichen Moral setzte Machiavelli einen in seiner Art ebenso geraden, ausschließlich am Ziele des Staatsnutzens rational orientierten Weg entgegen und rechnete ihn mit der ihm eigenen Freude an den äußersten Konsequenzen durch.

Aber war es denn, so wendet man immer wieder gegen ihn ein, wirklich der Staatsnutzen, den er im *Principe* im Sinne hat, — ist es nicht nur ein Brevier für die Medicis, deren Gunst er brauchte und denen er das Buch widmete, um mit den angepriesenen Methoden des schrecklichen Cesar Borgia ein neues Fürstentum sich zu gründen? Wir haben an anderer Stelle[1] nachzuweisen versucht, daß diese Auffassung viel zu eng ist. Jene persönlichen und aktuell politischen Motive, die ihn zur Abfassung der Schrift reizten, sind nicht zu leugnen, aber von vornherein floß auch seine ganze Staatsphilosophie und seine Sehnsucht, Italien von den Barbaren befreit zu sehen, in sie hinein. Cesar Borgia mit seiner rational geübten Grausamkeit und Treulosigkeit sollte wohl das Vorbild für die praktisch in der damaligen Lage notwendigen Methoden der Machtpolitik sein, aber das ideale und höchste Vorbild des neuen Fürsten in Italien sollten die großen Nationalbefreier und Staatengründer Moses, Cyrus, Theseus und Romulus sein. Die ganze Schrift ist von Anfang bis zum Ende, bis zu dem irrigerweise zuweilen für ein unorganisches Anhängsel gehaltenen Schlußkapitel aus einem einheitlichen Grundgedanken entsprun-

---

[1] In der schon erwähnten Einführung zu Bd. 8 der Klassiker der Politik.

gen und auf das große Thema des Kampfes der *virtù* gegen *fortuna* aufgebaut. Wohl kann der *Principe* in seinen technischen Kapiteln den Eindruck erwecken, daß Machiavelli nur für den persönlichen Nutzen des Fürsten Ohr und Auge gehabt habe. Darin folgte Machiavelli seiner Leidenschaft zu einseitiger Isolierung und Überspitzung des jeweiligen *thema probandum*. Wird er aber als Ganzes mit dem Ganzen der *Discorsi* und übrigen Schriften zusammengehalten, so verschwindet dieser Eindruck, und die Regeneration eines gesunkenen Volkes zu neuer staatlicher Tugend und Kraft durch die *virtù* eines Zwingherren und die Hebelkraft aller von der *necessità* diktierten Mittel erscheint als der eigentliche innerste Lebensgedanke Machiavellis.

Das ist das Eigene und historisch Mächtige an Machiavelli, daß dieser erste Entdecker des Wesens der Staatsräson auch alle Höhen und Tiefen, zu denen sie führt, schon durchmessen hat. Er kannte ihre Tiefen, die zu der Bestie im Menschen hinabführen — »also ist es einem Fürsten notwendig, sich darauf zu verstehen, die Bestie wie den Menschen richtig zu gebrauchen« (Princ. c. 18). Er konnte dabei selbst, wie wir sahen, hingerissen von seiner radikalen Denkerleidenschaft, tiefer in den Schmutz der Bestie versinken, als der richtige Gebrauch der Bestie erforderlich machte. Er wußte auch, daß in der Staatsnotwendigkeit, die etwa eine von gefährlichen Nachbarn bedrohte Republik auf den Weg der Eroberungspolitik drängte, nicht reine sachliche Notwendigkeit nur, sondern auch Trieb und Gelüste zur Macht steckte — »aus der Belästigung durch andere entspringt ihr die Lust und die Notwendigkeit zu erobern« *(la voglia e la necessità dello acquistare,* Disc. II, 19).[1] Aber die bloße dumpfe Machtgier, die *brutta cupidità di regnare* (Disc. III, 8) verachtete er und stieg immer sofort auf zu dem utilitarischen Mittelstück der Staatsräson. Halte den Kopf kühl, riet er, um nur das Erreichbare zu wollen; werde nicht übermütig nach Siegen, sondern schließe, wenn du einen übermächtigen Gegner hast, einen rechtzeitigen Verständigungsfrieden (Disc. II, 27). Reize den Gegner auch nicht durch Drohungen und Beleidigungen mit Worten; Drohungen

---

[1] Vgl. auch *Principe* c. 3: *É cosa veramente molto naturale et ordinaria desiderare di acquistare, e sempre quando li uomini lo fanno che possano, saranno laudati e non biasimati.*

machen ihn vorsichtiger, Beleidigungen steigern seinen Haß (Disc. II, 26). Haß sich zuzuziehen, ohne Nutzen davon zu haben, ist unbesonnen und wenig klug (Disc. III, 23). Unter keinen Umständen baue dein Herrschaftssystem auf eine dauernde Verhaßtheit beim Volke auf. Eher könne man bei den Großen Anstoß erregen, weil ihrer wenige seien, die deshalb eher gebändigt werden könnten, aber auch hier riet er zu dem rational ausbalancierten Verfahren, »die Großen nicht zur Verzweiflung zu bringen und dem Volke zu genügen« (Princ. c. 19). Politischer Utilitarismus war auch zugleich Relativismus. Heute, lehrte er, ist es nötig, auf die Völker Rücksicht zu nehmen, weil die Völker mehr bedeuten als die Heere. Die römischen Kaiser aber mußten mehr den Soldaten als den Völkern sich anpassen, weil die Soldaten damals mehr konnten als das Volk (Princ. c. 19). Zwingburgen sind nützlich oder nicht nützlich je nach den Zeiten, aber die beste Zwingburg sei es immer, nicht gehaßt vom Volke zu sein (Princ. c. 20). In jedem Dinge aber ist immer ein besonderes, ihm eigenes Übel verborgen (Disc. III, 11), darum muß alles Handeln nach Staatsräson sich der Sphäre der Unsicherheit, des Wandels, der zwiespältigen Wirkungen, in der es sich bewegt, bewußt bleiben. »Glaube kein Staat, jemals sichere Entschlüsse fassen zu können, sondern denke daran, daß sie alle zweifelhaft sind, weil es in der Ordnung der Dinge liegt, daß man niemals einem Übel entgehen kann, ohne in ein anderes zu verfallen; die Klugheit aber besteht darin, die Qualität der Übel abzuschätzen und das minder Schlechte als Gut aufzufassen« (Princ. c. 21).

Relativismus übte er insbesondere, wie wir schon sahen, gegenüber den Staatsformen. Der Gegensatz zwischen dem monarchisch gerichteten *Principe* und den republikanisch gefärbten *Discorsi* ist nur scheinbar. Das Maß von *virtù*, das in einem Volke lebte, entschied darüber, ob die Monarchie oder die Republik am Platze war. So war es nur konsequent, daß er für seine aus den Fugen geratene Zeit einen monarchischen Zwingherrn forderte und als eine Staatsnotwendigkeit ansah. Die Zweischneidigkeit seiner Forderung, die Möglichkeit, daß alle die monarchischen Machtmittel, die er mit erlesenster Kunst in die Hand des Fürsten legte, gemißbraucht werden konnten für reine persönliche Machtbegierde, war ihm vollkommen klar. Daß er im *Principe* dies Problem noch nicht berührte, versteht man. Aber in den *Discorsi* sprach er es unverhohlen als seine eigentliche Herzensmeinung aus, daß der Vorrang des Gemeinwohls vor dem Privatwohl und damit die Voraussetzung aller Staatengröße im Grunde nur in den Republiken gesichert sei (Disc. II, 2). Mit der leidenschaftlichen Übertreibung, in die er jeweils verfiel, konnte er für den fürstlichen Stadtstaat den Satz prägen, daß das, was der Fürst für seinen Nutzen tue, in den meisten Fällen der Stadt schade, und daß, was er zum Nutzen der Stadt tue, ihm schade[1]. Doch milderte er selber gleich hinterdrein seine krasse Vorstellung und stellte dem barbarischen Typus orientalischer Herrscher das Bild des abendländischen Fürsten entgegen, der, wenn er von menschlichem und normalem Schlage sei, die ihm unterworfenen Städte gleichmäßig lieben und bei ihren alten Ordnungen belassen werde. Auch das gehört, wie man dabei sieht, zum Wesen der Machiavellischen Staatsräson, daß sie im inneren Staatsleben noch verhältnismäßig konservativ und schonend verfahren wollte[2]. Rücksichtslose Eingriffe zur Sicherung der unmittelbar bedrohten Macht wurden damit nicht ausgeschlossen. Auch erschien wohl am Horizonte seiner politischen Phantasie das Wunschbild des großen Regenerators gesunkener Staaten, »der entweder durch eigene *virtù* oder durch die *virtù* einer Ordnung«, das heißt einer Generalreform, neues Leben ihnen einhauchen werde. Die praktischen Bedürfnisse und Möglichkeiten seiner Zeit aber, von denen er in der Regel ausging, beschränkten sich auf Niederwerfung der unmittelbaren inneren Widerstände, das heißt auf eine direkte und indirekte, rationale und zugleich radikale Bekämpfung von Verschwörungen. Die Ziele des späteren nivellierenden Absolutismus lagen seiner Zeit und ihm noch fern. Der Machiavellismus hat wohl die Bahn zu ihnen gebrochen, sie aber noch nicht selbst geschaut. Deswegen spielt auch der Primat der Staatsräson vor dem positiven Rechte, der im 17. Jahrhundert, wie wir sehen werden, einen Haupttitel der Staatsräson bilden sollte, bei Machiavelli noch keine Rolle. Im Gegenteile, die grundsätzliche Ach-

---

[1] Er verwies dafür auf Xenophons Traktat *de tyrannide* — es ist, wie Ellinger, Antike Quellen der Staatslehre Machiavellis, Zeitschr. f. d. ges. Staatswissenschaften Bd. 44, 40 zeigt, der dem Xenophon zugeschriebene Dialog Hieron.
[2] Vgl. die Ratschläge in c. 3 des *Principe:* In neu eroberten Ländern gleicher Sprache die Gesetze und Steuern nicht zu verändern.

tung der bestehenden Gesetze gehörte zum Wesen seines rationalen Fürstentums. »Mögen die Fürsten wissen, daß sie in der Stunde anfangen den Staat zu verlieren, wo sie anfangen die Gesetze und alten Einrichtungen und Gewohnheiten zu brechen, unter denen die Menschen lange gelebt haben« (Disc. III, 5).

All das zeigt ihn auch auf den ethischen Höhen einer Staatsräson, die in den Schranken seiner Zeit wohl nur beschränkte Ziele haben, aber das Gemeinwohl, das *bene comune* des ganzen Volkes lebendig empfinden konnte. Und schließlich konnte er auch zu dem höchsten ethischen Pathos, das im Handeln nach Staatsräson möglich ist, sich schon erheben, das darin besteht, persönliche Schmach und Schande auf sich zu nehmen, wenn man dadurch das Vaterland retten kann. Zuweilen tat er es in einem Atem mit seinem nüchternen Utilitarismus: »Es wird immer schwer sein, die Masse zu solchen Beschlüssen zu überreden, die dem Scheine nach Feigheit und Verlust, im Kerne aber Heil und Gewinn bedeuten« (Disc. I, 53). Höhen und Tiefen seiner Staatsräson aber vereinigte in gewaltigster Weise das Wort, das am Schlusse seiner *Discorsi* (III, 41) sich findet und einem großen deutschen Staatsmanne während des Weltkrieges hätte in den Ohren klingen müssen: daß man das Vaterland auch *con ignominia* retten könne. »Wo es sich handelt um das Heil des Vaterlandes überhaupt, darf kein Erwägen sein, ob etwas gerecht oder ungerecht, mild oder grausam, löblich oder schimpflich ist, sondern jede andere Rücksicht wegschiebend muß man durchaus dem Entschlusse folgen, der ihm das Leben rettet und die Freiheit erhält.«

*

Es ist das Schicksal Machiavellis gewesen, daß er mit so vielen großen Denkern gemein hat, daß er nur mit einem Teile seiner Gedankenwelt das geschichtliche Leben zu beeinflussen vermochte. Wohl wirkte er mächtig und dauernd durch seine neue Methode, die Politik auf Erfahrung und Geschichte aufzubauen, — obschon auch sie nicht mit einem Schlage die bisherigen scholastischen und humanistischen Methoden beseitigte, sondern sich durch beinahe zwei Jahrhunderte hindurch mit ihnen vermischen und durch sie gleichsam hindurchwinden mußte. Aber sein *virtù*-Ideal verblaßte bald, weil die heidnische Lebensstimmung der Renaissance, aus der es geboren war, in den Zeiten, die dem *sacco di Roma* folgten, sich nicht halten konnte. Damit trat auch das ethische Ziel seiner Staatskunst, die Idee der Regeneration, in den Schatten. Man beachtete wohl seine republikanischen Ideale, mißdeutete sie aber mannigfach, etwa in der frühe auftretenden Meinung, er habe durch das ungeschminkte Bild des *Principe* die Tyrannei entlarven und vor dem Gifte, das er zeige, warnen wollen[1]. In der Regel aber sah man in ihm fortan den Giftmischer des Fürstentums, schalt ihn öffentlich und benutzte ihn heimlich. Machiavelli ist, wie wir sahen, selber daran mit schuld durch die Methode seiner einseitigen Isolierung des jeweiligen Problems. In der Hauptsache aber ging die Idee der politischen Regeneration über das Können und Wollen der damaligen Völker und Fürsten hinaus und fiel deshalb zu Boden. Der Kampf um die religiösen Werte, der sich entspann, nahm alle höhere seelische Kraft der Menschen vollauf in Anspruch, und der antik heidnische Staatsidealismus Machiavellis wurde von den Menschen der Gegenreformationszeit, selbst von den Freidenkern, die den weltlichen Geist der Renaissance in sich fortpflanzten, nicht mehr verstanden. Wohl verstanden aber wurde der antik heidnische Realismus seiner Staatskunst. Und hier zeigte sich nun, was die geistige Formung zu den bloßen naiv wirkenden Kräften des Lebens hinzufügen kann. Sie gab dem Machiavellismus, der schon vor ihm da war, ein Plus von Wirkung, indem sie ihn in ein wohldurchdachtes, geschlossenes und blank geschliffenes System brachte. Eine überall wild wachsende Pflanze, die sehr giftig und heilkräftig zugleich wirken konnte, wurde gewissermaßen gezüchtet, dadurch vervollkommnet und in ihren Wirkungen vervielfacht. Es verband sich in seiner Lehre die unmittelbar überzeugende Evidenz, daß das politische Leben so und nicht anders aussehe und wahrscheinlich immer ausgesehen habe, mit jener Wucht der *necessità*, daß der Fürst, der nicht untergehen wolle, Fuchs sein müsse mit den Füchsen, *vulpinari cum vulpibus*. Und in dieser *necessità* empfand man auch dunkel — das war der einzige ethische Bestandteil Machiavellis, der nachwirkte — eine höhere Rechtfertigung für unsittliche Politik vor dem sittlichen Gewissen. Dagegen bäumte sich dann doch wieder das neubelebte christliche Gewissen

---

[1] So schon in der Giuntaschen Ausgabe des *Principe* von 1532; Burd in der Einleitung zu seiner Ausgabe (1891), S. 36.

aller Konfessionen auf, und so begann nun der geistige Kampf um den Machiavellismus, den wir darzustellen haben.

Wir werden noch einmal auf Machiavelli zurückzukommen haben, wenn es gilt, die fruchtbaren Keime zu historisch-politisch individualisierender Staatsbetrachtung, die in seinen Lehren von der Staatsräson enthalten waren, in ihrer späteren Entfaltung zu betrachten. So haben wir denn nur noch die wichtigsten äußeren Daten für die Verbreitung seiner Lehre und für ihre Zusammenfassung in dem Schlagworte der *ragione di stato* anzugeben.

Der *Principe* wurde zuerst handschriftlich verbreitet. 1532 veranstaltete Blado in Rom den ersten Druck. Zahlreiche Drucke folgten[1]. Blado veranstaltete 1531 auch die erste Ausgabe der *Discorsi*, die ebenfalls dann wiederholt gedruckt wurden. 1552 setzte der erste publizierte *Index librorum prohibitorum* Roms sämtliche Schriften Machiavellis auf seine Liste. Aber schon im nächsten Jahre erschien die erste lateinische Übersetzung des *Principe* in Basel. Die Verbreitung seiner Schriften war nicht aufzuhalten.

Das Schlagwort von der *ragione di stato* muß sich seit den zwanziger Jahren des 16. Jahrhunderts ganz allmählich durchgesetzt haben. Schon Guicciardini, der Machiavelli geistig so nahe stand, sprach einmal von *ragione e uso degli stati*, aber so, daß man zweifeln kann, ob er damit schon einen geprägten Begriff bezeichnen wollte[2]. In einer anonymen Denkschrift von 1525 will man dann ein erstes Zeugnis für die ausgeprägte Lehre von der *ragione di stato* gefunden haben. Das ist ein Irrtum[3]. So wird es,

---

[1] Vgl. Gerber, Niccolò Machiavelli, die Handschriften, Ausgaben und Übersetzungen seiner Werke, 1912.

[2] Dialog über die Verfassung von Florenz (zwischen 1523 u. 1527). *Opere inedite* 2, 212; vgl. Barkhausen, Fr. Guicciardinis politische Theorien usw. 1908, S. 89. Giucciardini riet hier, alle gefangenen Pisaner zu töten, um die Stadt zu schwächen. Das sei zwar nicht christlich gedacht, aber so verlange es *ragione e uso degli stati*.

[3] Lamansky, *Secrets d'Etat de Venise* 1884 veröffentlichte S. 529 bis 533 aus einer dem venetianischen Museumsdirektor Barrozzi gehörigen Handschrift des 17. oder 18. Jahrhunderts ein anonymes und undatiertes Stück mit dem Titel *Che si possa dai principi insidiare alla vita degli adherenti dei nemici loro*. In Anknüpfung an ein angebliches Komplott des (1525 verstorbenen) Marchese Pescara, Feldherrn Karls V., gegen das Leben des Herzogs Ercole von Ferrara, des Anhängers des Königs von Frankreich, wird hier die Frage untersucht, ob und wieweit die

bis weitere Zeugnisse ermittelt sind, bei dem bleiben, was schon die italienischen Schriftsteller der *ragione di stato* im 17. Jahrhundert wußten[1], daß der Erzbischof und Humanist Giovanni

> Beschwerde des Herzogs über dies Komplott begründet sei. Dabei wird dann ausgeführt, daß *la prudenza politica o ragione di stato, che noi vogliamo chiamarla,* es mit sich bringe, daß ein Fürst die Erhaltung bzw. Vergrößerung seines *stato* über alles stelle, *e di qua nasce, che tutto quello, che si opera con quello fine, si dice ragione di stato etc. Questa prudenza però, non obligata ad altro, che al servitio, alla sicurtà et alla perpetuatione del dominare, interpreta le leggi, altera le consuetudini, muta i costumi e quasi arbitra dispone* usw. Das Komplott Pescaras selbst sei nicht zu verdammen, und solche Einzelkomplotte seien nicht so schlimm und so verwüstend wie der Krieg, der viele Unschuldige vernichte. Herzog Ercole habe nur darüber Grund zu klagen, daß Pescara als Italiener und als ein Verwandter so unchevaleresk sich gegen ihn benommen habe. — Wäre diese Niederschrift, wie Platzhoff, Theorie von der Mordbefugnis der Obrigkeit im 16. Jahrhundert, S. 31, vermutet, gleichzeitig, also etwa spätestens im Jahre 1525, in der Umgebung Pescaras entstanden, so hätten wir hier das erste wichtige Zeugnis für eine ausgebildete Theorie von der *ragione di stato.* Aber mehr als zwei Jahrzehnte trennen sie von der nächsten Erwähnung der *ragione di stato* und weitere Jahrzehnte von der mit Botero 1589 einsetzenden theoretischen Behandlung der *ragione di stato.* Ich habe den bestimmten Eindruck, daß die Aufzeichnung diese theoretische Behandlung schon voraussetzt. Das Verhältnis der *ragione di stato* zum positiven Recht, ihre Auffassung als *arbitra,* das Bemühen um ihre genaue Definierung, die Auseinanderhaltung bzw. Nebeneinanderstellung einer *ragione di guerra e di stato* u. a. sind Einzelzüge, die in der *ragione di stato*-Literatur seit Ammirato (s. darüber Kap. 5) immer und immer wieder erörtert wurden. Es ist mir höchst unwahrscheinlich, daß schon im Jahre 1525 ein Denker all die Probleme gekannt habe, die um 1600 modern wurden. Auch fehlt es der Aufzeichnung an unmittelbarem zeitgeschichtlichen Kolorit. Sie trägt überhaupt einen mehr literarischen Charakter. Es wird der Fall Pescara wie ein Schulfall behandelt in der Art, wie später Paruta und Boccalini (der auch einmal Pescaras Fall behandelte) Fälle aus der Vergangenheit als Schulfälle zu traktieren liebten. Und schließlich weist der Eingang der Aufzeichnungen darauf hin, daß der Verfasser über das Thema schon vorher beiläufig gesprochen habe, — kurz, es ist offenbar ein aus einem längeren politischen Traktat entnommenes Fragment eines der fast unzähligen politischen Schriftsteller, die um 1600 über Staatskunst schrieben. — Von dem Komplott des Pescara gegen Herzog Ercole ist auch sonst bisher nichts bekannt geworden. M. Brosch, ein guter Kenner der Zeit, an den sich Platzhoff wandte, riet dem Anonymus gegenüber zur Skepsis.

[1] Chiaramonti, *Della ragione di stato* 1635, S. 10. Vgl. Ferrari, *Hist. de la raison d'état* S. VI.

della Casa als erster die Existenz des fertigen Schlagwortes um die Mitte des 16. Jahrhunderts sicher bezeugt.

Es ist lehrreich, in welchem Zusammenhange es geschah und was er darüber zu sagen hatte. 1547 war Piacenza in die Hand des Kaisers gefallen, der es behielt und seinem Schwiegersohne, dem Herzoge Octavio Farnese von Parma, nicht zurückgab. In einem der folgenden Jahre muß es gewesen sein, daß della Casa, der als Nuntius in Venedig im Dienste Papst Pauls III., des Großvaters des Herzogs Octavio, stand, an Kaiser Karl V. in einer kunstvoll aufgebauten Rede die Bitte richtete, Piacenza zurückzugeben[1]. Man wende wohl ein, daß die *Ragione degli stati* es nicht zulasse, aber das sei keine christliche und menschliche Meinung. Als ob Billigkeit und Ehrsamkeit nur grobe Alltagskleider wären, die man bei vornehmen Gelegenheiten nicht trage. Die Vernunft müsse gerade auch in den großen Fragen des Lebens herrschen. Wer ihr, namentlich in Staatssachen, entgegenhandle, handle gegen Natur und Gott. Wenn die Vernunft, mit der die Staaten gelenkt werden, nur den Nutzen und Vorteil bezwecke unter Verachtung jedes anderen Gesetzes, wo sei da der Unterschied zwischen Tyrannen und Königen, Menschen und Tieren? Heute nenne man das *Utile Ragion di stato*, also man schaffe damit zweierlei Vernunft, die eine krumm, falsch und zügellos, auf Raub und Schandtat aus, der man den Namen *Ragion di stato* gebe und die Leitung der Staaten anvertraue, und die andere schlicht, gerade und standhaft, die man aus dem Regiment der Staaten vertreibe und auf die Erledigung von Gerichtshändeln beschränke. Und nun suchte er dem Kaiser zu Gemüte zu führen, daß er doch unmöglich im Sinne dieser abscheulichen Lehre jetzt handeln könne.

In der Streitfrage Piacenza zwischen Kaiser und Papst spielten in Wahrheit hüben wie drüben alle Künste machiavellistischer Politik gegeneinander. Pier Luigi Farnese, der Vater Octavios, war 1547 auf Veranstaltung des kaiserlichen Statthalters von Mailand ermordet worden. Im Hause Farnese aber sann nun auch der Rachedurst auf böseste Mittel gegen den Kaiser. Das verhüllte in dieser wohlgesetzten Rede die eigene kluge Staatsräson des päpstlichen Diplomaten. Aber der ganze Riß, der in das Denken und Handeln der Menschen jetzt gekommen war, zeigt sich in dem dunklen Hintergrunde seiner Worte.

---

[1] Ausgabe der *Opere della Casa's* von 1707, Bd. 2, 125ff.

ZWEITES KAPITEL

*Die ersten Gegner des Machiavellismus in Frankreich:
Gentillet und Bodin*

Man könnte es versuchen, die Geschichte des Machiavellismus anzuknüpfen an die Geschichte des literarischen Kampfes um Machiavelli und so den Weg von neuem zu gehen, den schon im 18. Jahrhundert Johann Friedrich Christ mit seiner bemerkenswerten Schrift über Machiavelli (*De Nicolao Machiavello libri tres*, Halle 1731) bahnte und den dann R. v. Mohl im dritten Bande seiner Geschichte und Literatur der Staatswissenschaften, Villari im zweiten Bande seines Machiavelliwerkes und Burd in seiner Ausgabe des *Principe* (1891) gegangen sind. Aber dabei müßte man mit einer Legion von Geistern dritten und vierten Ranges sich herumschlagen. Gewiß würde auch eine solche Geschichte des geschichtlichen Urteils über Machiavelli ein Stück allgemeiner Geschichte in dem Wandel des historisch-politischen Denkens darstellen, aber zu sehr gefesselt bleiben an die besonderen Fragen, die Machiavelli mit seiner Persönlichkeit aufgibt, und mit den verschrobenen und gekünstelten Deutungen früherer Jahrhunderte sich oft peinlich und kleinlich auseinandersetzen müssen. Fruchtbarer ist es, die Untersuchung loszulösen von der Persönlichkeit Machiavellis und statt dessen die Wirkungen des Geistes zu verfolgen, der in ihm zutage trat.

Machiavellis Lehre war ein Schwert, das in den staatlichen Leib der abendländischen Menschheit gestoßen wurde und sie aufschreien und sich aufbäumen machte. Es konnte nicht anders sein, da nicht nur die natürliche moralische Empfindung hier blutig verletzt wurde, sondern auch die christliche Gesinnung aller Kirchen und Sekten und damit das stärkste Einheitsband der Menschen und Völker, die höchste in ihnen thronende geistige Macht sich tödlich bedroht fühlen mußte. Zwar darf nicht verkannt werden, daß, wie Ernst Troeltsch in seinen Soziallehren der christlichen Kirchen gezeigt hat, die kirchliche Ethik, sowohl die alte katholische, wie die neue protestantische, gewisse Einlaßpforten und Spielräume für eine weltliche Staatskunst boten — die katholische Ethik durch die Anerkennung eines relativ wertvollen Naturrechts und damit auch natürlicher Pflichten und Obliegenheiten des diesseitigen Lebens, Luther durch seine Lehre von der Amtsmoral, die der Obrigkeit das Schwert zu kräftigstem Gebrauche gegen die Bösen in die Hand drückte, Calvin durch den von ihm ausströmenden Geist rationaler Zweckmäßigkeit und Disziplinierung der sinnlichen Triebe. Aber diese Spielräume, innerhalb deren sich der politische Mensch freier bewegen durfte, waren und blieben eng begrenzt, weil alle Politik letzten Endes dem höchsten religiösen Ziele dienen sollte. Dieser Dienst aber nun wurde aufs schwerste gefährdet durch den Machiavellismus.

Und noch weitere Lebensmächte lehnten sich mit dunkler Instinktmäßigkeit gegen ihn auf. Im Grunde war ja jeder bestehende Zustand, jedes Recht und jedes andere Lebensinteresse in Frage gestellt, wenn der Machiavellismus im vollen Umfange und ohne Hemmung das staatliche Leben regierte. Der ihm innewohnende Gedanke, daß die politische Zweckmäßigkeit sich im Notfalle über jegliche Schranke hinwegsetzen könne, erschien als ein korrosives Gift. Selbst diejenigen, die mehr oder minder bewußt machiavellistisch handelten, konnten nicht wünschen, daß andere auch so handelten und alle so dächten. Sie mußten entweder wünschen, daß die zweischneidige Lehre esoterisches Geheimnis der Wenigen, die sich zu ihrem Gebrauche berechtigt fühlten, bliebe, oder wünschen, ihr eine harmlosere und minder anstößige Gestalt zu geben, um unter deren Deckmantel sowohl selber ein gutes Gewissen behalten, als auch die Gewissen des Publikums schonen und die allgemeine Moral erhalten zu können.

Zwei verschiedene Methoden in der Bekämpfung des Machiavellismus entwickelten sich so. Die einen kämpften schlecht und recht gegen ihn an als den bösen Feind. Die andern bekämpften ihn auch ostentativ, aber machten Anleihen bei ihm. Damit sind nur im großen und groben die Typen charakterisiert. Die Mannigfaltigkeit der Motive und Lebensmächte, die hier in Frage kam, war außerordentlich. Das Problem war von der Art, die Lebenstiefen eines jeden aufzuwühlen, der sich mit ihm ernster beschäftigte.

Und jeder handelnde Staatsmann war fortan vor die Frage gestellt, ob und in welchem Umfange er die Lehren Machiavellis anwenden wolle. Die Fülle der Beispiele, an denen man die Geschichte dieses Problems darstellen könnte, ist also unermeßlich. Uns kam es darauf an, Erscheinungen herauszugreifen, die eine besonders reiche und anschauliche Verknotung der Motive aufweisen. Am interessantesten werden uns dabei diejenigen Denker und Politiker sein, in denen Machiavellismus und Antimachiavellismus sich miteinander berührten. Denn in sich selbst zwiespältig, spiegeln sie auch die tragische Zwiespältigkeit, die durch den Machiavellismus in das geschichtliche Leben hineinkam, jene untrennbare und schicksalhafte Verbindung von Gift und Heilkraft, die in ihm lag. Aber auch die schlichteren Geister, die mit einfachem und ungebrochenem Denken gegen den Machiavellismus kämpften, sollen in knappster Auswahl so weit herangezogen werden, als sie charakteristische Hintergründe widerspiegeln. Alle diese Einzelfälle, aus den Jahrhunderten herausgegriffen, dienen dann zusammen als Symbole eines großen geschichtlichen Gesamtprozesses, der in seiner Bedeutung und Mächtigkeit kaum überschätzt werden kann.

Unser Weg führt uns zuerst in das Frankreich der Religionskriege, zu dem Hugenotten Innozenz Gentillet, der 1576 anonym das Buch veröffentlichte: *Discours sur les moyens de bien gouverner et maintenir en bonne paix un Royaume ou autre Principauté, divisez en trois parties: a savoir, du Conseil, de la Religion et Police que doit tenir un Prince. Contre Nicolas Machiavel Florentin.* Er widmete es dem Herzoge Franz von Alençon, dem jüngsten der vier Söhne Heinrichs II. und Katharinas von Medici, dessen drei ältere Brüder Franz II., Karl IX. und Heinrich III. nacheinander den Thron bestiegen mit abwärts führenden Schicksalen. Franz von Alençon war zwar nicht Hugenott, aber politischer Gegner seiner Mutter und von einem Ehrgeize, der es ihm erlaubte, fünf Jahre später die ihm angetragene Führerschaft der aufständischen Niederländer zu übernehmen. Von ihm, dem damaligen Thronerben, hoffte und wünschte Gentillet, daß er der neuen und fremden Tyrannei, die seit 15 und mehr Jahren über Frankreich gekommen sei, ein Ende machen und die gute alte französische Art wieder in ihr Recht einsetzen werde. Unter der fremden Tyrannei aber verstand er die der Italiener in Frankreich und italianisierten Franzosen, also Katharina von Medici und ihren Hof und die neuen lasterhaften Lehren Machiavellis, die von ihnen angewandt und verbreitet würden und die die tüchtige französische Nation von Grund aus verdürben. Erst seit Heinrichs II. Tode (1559) sei Machiavellis Name und Ruf in Frankreich bekannt geworden, erst seitdem werde hier *à l'Italienne* oder *à la Florentine* regiert. Es sei notorisch, daß die Bücher Machiavellis seit 15 Jahren in den Händen der Hofleute so häufig seien, wie ein Brevier in denen eines Dorfpfarrers. Der lateinische Übersetzer seines Werkes von 1577 bezichtigte die Königin Katharina unmittelbar, des Teufels Werkzeug gewesen zu sein, um das Gift Machiavellis in Frankreich zu verbreiten[1].

Das Buch ist, wie die in denselben Jahren entstandenen Kampfesschriften der hugenottischen Monarchomachen, durchzittert von den seelischen Erregungen des Bürger- und Religionskrieges, wo Söhne gegen Väter und Brüder gegen Brüder kämpften. Es ist die geistige Frucht des Zornes über die Bartholomäusnacht von 1572, deren Ursprung er letzten Endes in der Lehre Machiavellis fand[2]. Er hatte nicht völlig recht, aber auch nicht völlig unrecht damit. Ob Katharina von Medici sich vor 1572 mit Machiavelli beschäftigt hat, ist ganz unsicher[3]. Ihre von kleiner weiblicher Leidenschaft und Schwäche so stark gefärbte Politik entsprach auch keineswegs dem Ideale von straffer und konsequenter Rationalität, das Machiavelli für die Fürsten aufgestellt hatte. Aber sie hatte aus ihrem heimatlichen Ursprungsboden dieselben Miasmen in sich aufgenommen wie Machiavelli und war skrupellos von der Mordbefugnis der Fürsten überzeugt. Sie hat

---

[1] Er und nicht Gentillet selber, wie man auf Grund des ungeprüft immer wieder nachgeschriebenen Zitats bei Christ, *De N. Machiavello* 1731, S. 33, annahm, stellte diese Behauptung auf; das zeigt die Widmungsepistel von 1577.

[2] Weitere Zeugnisse für die beschränkt nativistische Volksmeinung, die die gute alte französische Art ausschließlich durch den schlechten italienischen Einfluß und insbesondere durch Machiavelli verdorben sah, bei Rathéry, *Influence de l'Italie sur les lettres françaises* (1853), S. 129 ff.

[3] Platzhoff, Die Theorien von der Mordbefugnis der Obrigkeit im 16. Jahrhundert, S. 62 f.; Jordan, N. Machiavelli und Katharina von Medici, Histor. Vierteljahrsschr. 6, 339 ff. (dessen Auffassung freilich in vielem fehlgreift), und van Dyke in der Histor. Vierteljahrsschr. 18, 38.

zwar die Bartholomäusnacht nicht prämeditiert, sondern aus einer jählings gesteigerten Angst um den bedrohten Einfluß auf ihren Sohn, den König Karl IX., in Szene gesetzt. Aber es war auch nicht allein die weibliche Herrsch- und Rachsucht, die sie trieb. Von religiösem Fanatismus war sie zwar unberührt, aber sie bekämpfte in Coligny, der den jungen König in seinen Bann zu ziehen begann, auch ein ganzes politisches System, das Frankreich in völlig neue und gewagte Bahnen reißen wollte. Das niedere persönliche Motiv mochte in ihr überwiegen, aber es war untrennbar gemischt mit dem dunkel zwingenden Motive einer Staatsräson. Es war eines der schauerlichsten Beispiele für die verhängnisvolle Nachbarschaft, in die das Prinzip der reinen staatlichen Machtbehauptung mit allen Dämonen der Tiefe geraten konnte.

Der unmittelbar davon betroffene und empörte Gegner pflegt in solchen Fällen nicht objektiv zu unterscheiden, wie weit die Staatsräson, wie weit die Leidenschaft im Spiele sei, sondern in e i n e m Aufschrei ein einziges sündiges Motiv der Tat anzuklagen. Nun aber ist es bezeichnend, daß Gentillet nicht etwa, wie es ihm als Hugenotten nahegelegen hätte, den religiösen Fanatismus für die Tat und für das gesamte Elend des Bürgerkrieges verantwortlich machte, sondern den atheistischen und amoralischen Geist des Machiavellismus. Machiavelli, führte er aus[1], gebe den Rat, Zwietracht zu säen unter den Untertanen. Woher komme denn das ganze Unglück Frankreichs, als von der Zwietracht zwischen Päpstlichen und Hugenotten, die die Fremden bei uns gesät haben. Nicht die Religionsverschiedenheit sei daran schuld, denn die hätte durch Disputationen und Konferenzen behandelt werden können. In Wahrheit seien die Päpstlichen, die auf Machiavelli hielten, auch gar nicht Päpstliche, sondern Atheisten, die sich wie ihr Meister um Gott und Teufel nicht kümmerten. Handelte nun der Hugenott, wenn er die Schärfe und Bedeutung des religiösen Gegensatzes überhaupt abzuschwächen versuchte[2], vielleicht nicht selber unbewußt nach den Gesetzen politischer Zweckmäßigkeit? Denn da seine Partei nur eine schwache Minorität in der Nation bildete, konnte sie nur dann sich zu behaupten hoffen, wenn sie

---

[1] S. 542, vgl. S. 534.
[2] Vgl. darüber besonders S. 149 ff.: Sowohl die katholische wie die reformierte Religion müßten als christlich gelten; die Differenz sei nur in einigen Punkten.

bei den gemäßigten Katholiken, die sich in der Partei der »Politiker« zusammenfanden, Vertrauen und Gunst genoß. Darauf deutet schon die Widmung des Buches an Herzog Franz von Alençon hin. Gerade im Erscheinungsjahr des Buches, 1576, war der Kontakt zwischen Politikern und Hugenotten besonders eng.

Das ist das Eigene, in der Geschichte immer Wiederkehrende in dem Handeln nach Staatsräson, daß man sich unwillkürlich von ihr leiten lassen und doch mit Entrüstung von ihren Grundsätzen sich abwenden kann. Denn das Bewußtsein durchdringt nur unvollkommen das innere Geflechte des eigenen Lebens. Gentillet hätte es nimmermehr zugegeben, daß die Politik ein eigenes Lebensgebiet sei, innerhalb dessen das Handeln nach reiner Zweckmäßigkeit natürlich und organisch war. Er erkannte nur dreierlei Gesetzgebungen an, nach denen menschliches Handeln sich richten könne und demnach auch staatliches Handeln sich richten müsse, das Recht der Natur, das es zum Beispiel verbiete, Machiavellis Rat zu befolgen und die Einwohner eines eroberten Landes aus ihm zu vertreiben, — die Vorschriften des Christentums und das positive Recht, insbesondere die Fundamentalgesetze des einzelnen Staates. In den Grenzen dieser drei Gesetzgebungen müsse sich auch das halten, was er die *puissance absolue* des Fürsten nannte[1]. Der Fürst dürfe also nicht das salische Gesetz oder die drei Stände abschaffen oder Länder, die mit der Krone vereinigt seien, entfremden lassen. Die *puissance absolue* aber war er sonst ziemlich weit auszudehnen gewillt und sprach dem Fürsten das Recht zu, ohne Zustimmung der Untertanen Krieg zu führen und Steuern zu erheben. Aber er tue besser daran, in der Regel nach dem zu handeln, was er *puissance civile* nannte, und die sei begrenzt durch Vernunft, Recht und Billigkeit. Fügen wir hinzu, daß er auch die fürstliche Gewalt aus einer Übertragung seitens des Volkes ableitete, so haben wir insgesamt einen inkonsequenten und unvollkommenen Versuch vor uns, die absolutistische Tendenz des französischen Königtums zwar anzuerkennen, aber einzuschränken durch ständische Rechte und Einflüsse. Die freie Bewegung der Macht aber, die der Machiavellismus verlangte, war ihm ein Greuel.

Wollte man überhaupt die Polemik Gentillets gegen Machia-

---

[1] Vgl. S. 47ff.

velli nur nach der inneren Kraft ihrer Argumente bemessen, so würde sie als sehr minderwertig erscheinen. Sie war breitspurig, geschwätzig und voller Mißverständnisse. Er kannte allein den *Principe* und die *Discorsi,* riß aus ihnen eine Reihe von Sätzen heraus, um sie einzeln aufzuspießen, gab ihnen dabei oft einen generellen Sinn, den sie nicht hatten, und widerlegte sie nun, der unbeholfenen Sitte der Zeit gemäß, mit einem schwerfälligen Aufwande von autoritären Meinungen und Lesefrüchten aus der antiken und neueren Literatur. Christliche und natürliche Moral galten ihm ja neben dem positiven Rechte als der einzige Maßstab des Urteils über politische Dinge. Alle Machtverhältnisse wurden in moralische Verhältnisse umgedeutet, alle Diskrepanzen zwischen der moralischen Satzung und der wirklichen Welt wurden mit den Sätzen zugedeckt: Ehrlich währt am längsten; es ist unmöglich, daß ein grausamer Tyrann lange regiere; Gott läßt niemals die Treulosen ungestraft, meist straft er sie schon in dieser Welt. Machiavellis Meinung, daß der Fürst sich lieber gefürchtet als geliebt machen solle, widerlegte er mit der trivialen Bemerkung, daß nichts leichter sei, als beides zu erreichen, gefürchtet und geliebt zugleich zu werden. Und zu Machiavellis klugem Rat, daß der Fürst, der jemanden töten lasse, sein Erbe den Kindern lassen möge, bemerkte er: Jeder anständige Mensch wird immer Ehre und Leben höher schätzen als Güter[1].

Aber in diesem Urteile verriet sich auch schon das, was Gentillets Kampf gegen Machiavelli trotz der Schwäche und manierierten Lebensfremdheit seiner Argumente geschichtlich denkwürdig macht. Zwei Lebenswelten stießen hier aufeinander wie Feuer und Wasser. Es war nicht nur der fromme Hugenott, sondern vor allem der ritterlich lebende und denkende Franzose, der sich aufbäumte, dem es klar war, daß seine ganze Welt und Lebensführung, daß Sitte, Ehre und Interesse seines Standes und alle harmlose Sicherheit im Genusse alter Rechte und Vorzüge bedroht waren, wenn die teuflisch kalte Berechnung des fürstlichen Vorteils allein den Staat regierte. Und man darf nicht vergessen, daß die hugenottische Bewegung schon frühe zu Beginn der sechziger Jahre in eine Allianz mit den ständisch-aristokratischen Interessen getreten war. Nun komplizierten sich die Gegensätze

---

[1] S. 383.

zwar dadurch, daß auch im katholischen Gegenlager der Liga der ständische Gedanke lebendig wurde und das Königtum dadurch in ein sehr unsicheres und zwiespältiges Verhältnis zu beiden Parteien geriet. Es war, wie das Schicksal Katharinas von Medici und ihrer Söhne bewies, innerlich viel zu schwach und zu abhängig von den Faktionen und Parteien, um auf den von Machiavelli gewiesenen Wegen den starken Absolutismus wiederherstellen zu können. Aber die Tendenz zu ihm hin ging auch in den blutigen Wirren dieser Jahre niemals unter, und die hugenottischen Monarchomachen Hotman und Du Plessis Mornay führten ihren wütenden Kampf gegen die Idee des französischen Absolutismus aus tiefem historischen Instinkte. Und Gentillet darf trotz seiner Konzessionen an die *puissance absolue* des Fürsten als ihr Kampfesgenosse gelten. Indem er mit naivem und frischem Lebensgefühle die seigneuriale und ständische Welt verteidigte, witterte er dabei mit ebenso tiefem Instinkte im Machiavellismus ihren gefährlichsten Feind.

Denn Machiavelli hatte, als er die unumschränkte Gewalt der Könige als einziges Bändigungsmittel für eine hochgradige Verderbnis der Menschen erklärte (*Disc.* I, 55), gerade die adligen Schloßherren Neapels, des Kirchenstaates, der Romagna und Lombardei als die schlimmsten Feinde jedes wahrhaft politischen Zustandes bezeichnet. Das mag, bemerkte Gentillet dazu, für Italien vielleicht zutreffen, für die Länder diesseits der Berge aber ganz gewiß nicht. Denn der Adel sei es, der in Frankreich und den Nachbarländern mit starker Hand das Recht wahre und ihm Gehorsam verschaffe. Gefährlich möge er nur für denjenigen politischen Zustand sein, den Machiavelli im Sinne habe, nämlich für den tyrannischen Staat. Denn unsere Barone haben sich von jeher kräftig gegen ihn gewehrt, zum höchsten Verdruß der jetzt ins Land gekommenen Machiavellisten. Er empörte sich über Machiavellis Urteil (*Disc.* III, 1), daß Frankreich ohne den Gegendruck des Parlamentes gegen den Adel in Auflösung geraten würde. Denn Frankreich sei ebenso blühend oder noch blühender und besser regiert gewesen, bevor es Parlamente gab. Warum, fragte er, die vielen neuen Gerichte und Richterstellen in Frankreich? Je mehr Richter, um so mehr Prozesse und Streit. Der Fürst solle auch keinen großen Staatsschatz sich anlegen, denn dadurch schaffe er nur eine Versuchung, die ihm Feinde zuziehe und Streit errege.

Der wahre Reichtum eines Fürsten, den er nicht verlieren könne, sei der Reichtum seiner Untertanen[1]. Man sieht, daß er fast auf der ganzen Linie der inneren Machtentwicklung der Monarchie in den Weg trat, und überall spürte er sie unterstützt von den Ideen Machiavellis. Gegen eine äußere Macht-, Kriegs- und Eroberungspolitik der Fürsten nach machiavellischer Methode konnte er alle die moralischen und religiösen Gemeinplätze aufführen, mit denen er Verschwendung trieb. Er unterbrach sie nur einmal mit einem charakteristischen Geständnisse[2]. Was Kriege nämlich im Auslande gegen Fremde betreffe, so seien sie vielleicht nicht zu schlecht, um immer kriegsgeübte Mannschaften für den Notfall zu haben. Und namentlich dann sei dies zu beachten, wenn die Untertanen, wie es bei der französischen Nation der Fall sei, von kriegerischem Naturell seien und andernfalls untereinander sich in die Haare geraten könnten. Auswärtige Kriege also als Abzugsmittel gegen Bürgerkriege, — in Colignys politischem Programm, das mit der Bartholomäusnacht untergegangen war, hatte ein ähnlicher Gedanke sich geregt. War es eine zweite ungewollte Konzession an den Geist der Staatsräson, die Gentillet hier vielleicht beging? Wir möchten ein anderes historisches Motiv vermuten, dasselbe, aus dem gerade seine stärkste Abneigung gegen den Machiavellismus floß. Es war wieder das ritterliche und französische Blut, das sich in ihm regte, die Lust am Waffenhandwerke, die er nicht untergehen lassen wollte, mochte er auch dem gar zu rauflustigen französischen Adel mehr Sinn für die Wissenschaften und etwas weniger Stolz auf den reinen Stammbaum wünschen. Solche humanistischen Postulate änderten nichts an seiner Grundnatur. Es war recht eigentlich noch der mittelalterliche Mensch, der im sinnenfrischen Genusse eines hergebrachten und privilegierten Daseins das Joch kirchlicher und religiöser Mächte wohl auch mit Freude und Hingebung tragen konnte, aber dem neuen Joche des absolutistischen Staates, mit dem ihn der Machiavellismus bedrohte, in dumpfem Zorne widerstrebte. Weder der Christ noch der Ritter wollten von dem kalten Scheusal der Staatsräson etwas wissen.

*

---

[1] Vgl. S. 633 ff. u. 564 ff.
[2] S. 267.

In demselben Jahre 1576, in dem Gentillet sein Buch veröffentlichte, trat sein größerer Landsmann Jean Bodin mit der ersten französischen Ausgabe seines Werkes über den Staat hervor. Es zeigte sich, wie schon bei Machiavelli, die fruchtbare Wirkung großer politischer Erschütterungen. Dieselbe französische Welt, von Bürgerkriegen und Kämpfen um die Staatsgewalt erfüllt, brachte gleichzeitig zwei ganz verschiedene Antworten auf Machiavelli hervor, die eine aus der Vergangenheit, die andere aus der werdenden Zukunft entsprungen.

Die alten Lebensmächte waren es, die in Gentillet gegen das in dem aufsteigenden modernen Staate enthaltene Gift protestierten. War es nicht denkbar, vom Boden dieses modernen Staates selbst aus es zu bekämpfen? War es nicht möglich, alle aufbauenden und schöpferischen Kräfte, die in der Idee der Staatsräson lagen, kräftig zu bejahen, die zersetzenden und korrumpierenden Elemente aber herauszudrängen? Dann mußte man freilich von ganz anderem Ausgangspunkte als Machiavelli an das Problem gehen. Nicht von den Bedürfnissen der Macht aus durfte man es tun, sonst kam man immer wieder in den Strudel des wirklichen Lebens und damit in die Recht und Sitte zerbrechenden Zwangsmotive des politischen Handelns, die man dann wohl mit ungenügenden logischen Mitteln einzuschränken, aber nicht aus der Welt zu schaffen vermochte. Vielmehr vom Boden der Rechtsidee aus mußte man das Wesen des modernen Staates zu erfassen versuchen. War sein Recht im vollen Umfange erkannt und gesichert, dann konnte man ihn auch dadurch befreien von den Fesseln der mittelalterlichen Welt und der feudalen Gesellschaft. Auf sich selbst gestellt, frei atmend und autonom, wie er sein mußte, konnte er dann vielleicht auch, weil er Rechtsstaat sein sollte, immun gemacht werden gegen die rechtsgefährdenden Wirkungen des Machiavellismus. Diesen Versuch prinzipiell gemacht und mit höchster geistiger Kraft und stärkster historischer Wirkung durchgeführt zu haben, ist das Verdienst Jean Bodins gewesen. Seine Leistung tritt erst dann in das volle historische Licht, wenn man sie durchaus in Kontrast setzt mit derjenigen Machiavellis. Es ist denkwürdig, daß diese beiden wirksamsten Wegbahner der modernen Staatsidee doch eben ganz verschiedene Wege zu ihr gebahnt haben.

Bodin gehörte zu der Partei der »Politiker«, der eigentlichen

Vertreter einer modernen Staatsräson im Frankreich der Bürgerkriege, die das Staatsinteresse loslösen wollten von kirchlicher Leitung und konfessionellen Leidenschaften. Den Staat sich selbst zurückzugeben, das war die Tendenz, der Bodin mit streng juristischen Mitteln diente. Er fixierte die rechtlichen Merkmale der obersten Staatsgewalt und fand dadurch den epochemachenden Begriff der Souveränität, der wohl schon vor ihm geahnt, aber noch nie mit dieser Klarheit und erschöpfenden Fülle des Inhalts erblickt worden war. Sie ist die *puissance absolue et perpétuelle d'une République* oder, wie es in der lateinischen Ausgabe heißt, *Summa in cives ac subditos legibusque soluta potestas*. *La souveraineté*, so wird weiter definiert, *n'est limitée, ni en puissance, ni en charge, ni à certain temps*. (*Majestas vero nec a majore potestate nec legibus ullis nec tempore definitur.*) Sie ist also die höchste, von jeder anderen Macht unabhängige, dauernde, auf keinem Auftrage beruhende, sondern eigene, von den Gesetzen entbundene Gewalt über die Untertanen.

Bodin hat die Frage nach der höchsten Gewalt i m Staate noch nicht geschieden von der Frage nach der höchsten Gewalt d e s Staates[1]. Die besonderen Probleme, die sich daraus ergeben, gehören nicht in den Zusammenhang unserer Betrachtungen. Aber charakteristisch ist diese Vermischung der beiden Fragen für das konkretere Denken der Zeit, das die geistige Wesenheit des Staates noch nicht völlig abgelöst hatte von den Organen, die ihn repräsentierten. Machiavelli war dazu noch weniger imstande gewesen als Bodin. Beider Blick haftete in erster Linie an den persönlichen Trägern der Staatsgewalt. Beide empfanden es als tiefstes Bedürfnis der vom Fieber geschüttelten Zeit, ihr einen Arzt zu geben, der unbeschränkte Vollmacht zu ihrer Heilung erhalte. Die weitere Wirkung ihrer Gedanken hat wohl den modernen Staat und die Idee einer geistigen Wesenheit des Staates erzeugen helfen, ihre unmittelbare Absicht aber ging auf die Begründung des monarchischen Absolutismus als eines Heilmittels. Indem Bodin den alten, viel umstrittenen römischen Satz *Princeps legibus solutus est* in den Zusammenhang seines neuen Souveränitätsbegriffs stellte, hat er ihm eine neue Stoßkraft verliehen, mit der auch Machiavelli zufrieden gewesen wäre. Es sei.

---

[1] Vgl. Jellinek, Allg. Staatslehre[2] 443.

so sagte er mit Benutzung eines antiken Wortes, nicht nur billig, sondern sogar notwendig, daß die Gesetze von dem Gutdünken des Fürsten ebenso abhingen, wie das Steuerruder vom Steuermann, denn dieses würde unnütz sein, wenn es nicht nach jeglicher Gestaltung des Himmels und der Lage hin und her bewegt werden könnte[1]. Damit hat Bodin implizite auch einen Kerngedanken der Staatsräson ausgedrückt, dieses Neben- und Ineinander von Freiheit und Bindung, Freiheit in der Wahl der Mittel, Bindung an den Zweck des Staatswohls, Bindung und Abhängigkeit damit auch von den Wechselfällen der Umwelt. Für die Monarchie, die ihm vor allem am Herzen lag, ergab sich daraus die weitere Folgerung, daß der Fürst nicht beschränkt werden dürfe durch Mitregierungsrechte der Untertanen. »Wenn die Könige durch Gesetze von Versammlungen und Volksbeschlüsse gebunden würden, so würde ihre Macht und ihr Königsname in Zukunft leer sein[2].« Er hielt es zwar mit der Souveränität noch für vereinbar, den Untertanen Steuerbewilligungsrechte von der Art einzuräumen, wie sie das Parlament von England genoß. Aber diese Rechte hatten nach seiner Auffassung für einen wirklichen König keine absolut bindende Kraft. »Wenn die Notwendigkeit des Staates drängt, die es nicht zuläßt, Komitien zu berufen, dann braucht man nicht die Zustimmung des Volkes abzuwarten, um dessen Wohl es sich handelt, das nächst dem unsterblichen Gotte auf der Klugheit des Fürsten beruht[3].« So wird hier also auch schon das Wort von der rationalen, die Gewohnheit durchbrechenden Staatsnotwendigkeit gesprochen.

Und was das Besondere an dieser Bodinschen Lehre war und ihre überzeugende und werbende Kraft in den folgenden Zeiten steigern mußte: Sie wurde nicht nur mit dem Zwecke des Staats- und Volkswohls begründet, der immer etwas frei Schwebendes und der subjektiven Deutung Unterworfenes behielt, sondern sie wurde auch mit rechtlichen und logischen Argumenten erhärtet.

---

[1] Buch I, c. 8 (S. 144 der von mir benutzten latein. Ausgabe von 1601). Schon Socrates und Plato gebrauchten das Bild des Steuermanns für den Leiter des Staates, dem man als dem einzig Sachverständigen zu gehorchen habe. Kaerst, Studien zur Entwicklung der Monarchie im Altertum, S. 27.
[2] S. 140.
[3] S. 142; vgl. dazu Hancke, Bodin S. 82f.

Einmal machte er geltend, daß es zum Wesen der Souveränität gehöre, keiner Macht, also auch nicht der der Gesetze, zu unterstehen und daß niemand sich selbst durch seine Gesetze verpflichten könne[1]. Und weiter gehöre auch das zum Wesen der Souveränität, daß sie unteilbar sei. »Wie eine Krone, wenn sie in Teile zerstückelt und geöffnet wird, ihren Namen verliert, so gehen auch die Rechte der Majestät unter, wenn sie mit den Untertanen geteilt werden[2].«

Wir werden später[3] sehen, daß diese Lehre von der Unteilbarkeit der Souveränität deswegen, weil er die Souveränität des Staates noch nicht von den souveränen Rechten seines höchsten Organes schied, zu falschen und historisch unhaltbaren Schlußfolgerungen benutzt werden konnte. Hier kommt es darauf an, zu erkennen, daß es sich in ihr nicht nur um eine theoretische Frage handelte. Sie entsprang dem reifgewordenen Bedürfnis des modernen und insbesondere des damaligen französischen Staatslebens, die durch die mittelalterliche Entwicklung und neuerdings durch die Sprengwirkung des Bürgerkrieges zersplitterten Teile der Staatsgewalt einheitlich und unauflösbar wieder zusammenzufassen. Ohne einen einheitlichen und unteilbaren Staatswillen gab es auch keine einheitliche Staatsräson.

Obwohl die Idee der Staatsräson in dem Systeme Bodins seiner ganzen juristischen Konstruktion nach nicht dominieren konnte, steht sie doch in seinem Hintergrunde als eine für ihn sich von selbst verstehende Leitidee. Das zeigt sich vor allem darin, daß er den Bann schon lockerte, in dem das staatstheoretische Denken gehalten wurde durch die Frage nach dem besten Staate. Das Denken nach Staatsräson mußte aus ihm herausführen und konsequent durchgeführt, zuletzt einmal zur Erkenntnis führen, daß es keinen absolut besten Staat, sondern individuell verschiedene Staaten gäbe, deren jeder nach seinen eigenen Voraussetzungen und nicht nach allgemeinen Normen seinen Lebensweg zu gehen habe. Diese letzten Konsequenzen hat Bodin zwar noch nicht gezogen und die Frage nach dem Idealstaate noch nicht ganz verworfen. Aber er stellte sie doch schon zurück vor der drängenderen und fruchtbareren Frage nach der individuellen Beschaffenheit

---

[1] S. 134, vgl. Hancke S. 26.
[2] Buch I, c. 10, S. 234.
[3] Im Kapitel über Pufendorf.

des Staates.»Das muß das erste Gesetz der gut und klug zu leitenden Staaten sein, ihren Zustand, die Kraft und Natur eines jeden und die Ursachen ihrer Erkrankungen anzuschauen ... Es genügt nicht, zu erkennen, welches die beste Art des Staates ist, wenn man nicht den Zustand eines jeden, den man zu ändern nicht in der Lage ist, zu schätzen vermag. Wenn Gefahr besteht, daß man statt einer Reform des Staates seinen Umsturz herbeiführt, ist es besser, daß man den schlechtesten Staat als gar keinen Staat behält, und es ist besser, einen Schwerkranken durch eine angepaßte Diät überhaupt nur am Leben zu erhalten, als für eine unheilbare Krankheit eine Medizin zu suchen, die das Leben vernichtet«.[1] Dieser Gesichtspunkt gelte auch für die Veränderung von Gesetzen und Sitten. Einen schweren Fehler begingen diejenigen, die Gesetze fremder Staaten auf einen nach ganz entgegengesetzter Ratio geleiteten Staat übertragen wollten. Das beste Gesetz kann verderblich werden, wenn es durch seine Neuheit die übrigen Gesetze in Mißachtung bringt. Vor allem dürfe nicht an den bewährten Grundeinrichtungen eines Staates um eines irgendwelchen erhofften Nutzens willen gerüttelt werden. Er wünschte sie sich, wenn das möglich wäre, unveränderlich, — aber er fügte, ganz von dem elastischen, Beharren und Bewegung immer vereinenden Geiste der Staatsräson geleitet, sofort hinzu, daß dies doch nicht absolut gelten dürfe, weil erstes und oberstes Gesetz immer sei das Wohl des Volkes. »Kein Gesetz ist also so heilig, daß es nicht unter dem Drange einer Notwendigkeit geändert werden müßte.« Er erhärtete das durch das klassische Beispiel antiken Handelns nach Staatsräson, das Plutarch im Leben Lysanders (c. 14) berichtete: Als Theramenes die langen Mauern Athens niederreißen ließ und den Vorwurf hörte, daß er das Werk des Themistokles vernichte, antwortete er: »Ich handle darin keineswegs dem Themistokles entgegen; dieser erbaute die Mauern zum Heil der Bürger, und wir werden sie ebenfalls zum Heil derselben niederreißen.« Dieselbe *ratio*, bemerkte Bodin, leitete den Themistokles wie den Theramenes, nämlich die *salus populi*.

Machiavelli hatte das harte Wort gesprochen, daß der Fürst, wenn es nicht anders sein könne, den Staat auch *con ignominia* zu

---

[1] Buch IV, c. 3 (S. 664f.).

retten den Mut haben müsse. Dieselbe Entschlossenheit, irrationale, aus Ehrgefühl entspringende Hemmungen zu überwinden und den Erfolg in den Mittelpunkt des staatsmännischen Handelns zu stellen, forderte auch Bodin. »Nichts kann schimpflich erscheinen, was mit dem Heile des Staates verknüpft ist[1].« Daß man, wenn man die Macht habe, sich gegen den Feind zu wehren, es tapfer tun müsse, war für ihn selbstverständlich, aber für den minder Mächtigen sah er in geschmeidiger Anpassung und Unterwürfigkeit gegenüber dem Stärkeren nichts Entehrendes, und nur um der Ehre willen einen hoffnungslosen Verzweiflungskampf zu führen, hielt er für Narrheit[2]. Schlage auch keine Schlacht, rief er, wenn der Nutzen, den der Sieg verspricht, nicht größer ist, als der Schaden, den die Niederlage verursachen würde. Dieser Sinn für das Positive und Nützliche lehrte ihn zugleich die Unentbehrlichkeit der Macht für den Staat. Aber eine schrankenlos ehrgeizige Macht- und Eroberungspolitik verwarf er in den schärfsten Ausdrücken. Ein musterhafter Herrscher wie Augustus, bemerkte er, hat wohl notwendige Kriege zu führen nicht gezögert, im übrigen aber den Frieden, soweit es nur geschehen konnte, gewissenhaft gewahrt. Er verurteilte eine brutale, den Besiegten zur Verzweiflung treibende Ausnutzung der Macht und empfahl, sie vernünftig, maßvoll und schonend zu gebrauchen[3]. Alle diese rationalen Einsichten schützten ihn zwar nicht vor chauvinistischen Anwandlungen[4], aber in der Hauptsache hatte seine Staatsräson einen bürgerlichen und utilitarischen, auf die Segnungen des Friedens und Rechtsstaates gerichteten Inhalt.

Bodin gebrauchte, soweit wir sehen, noch nicht das Schlagwort der *ratio status*, aber er bildete den Begriff einer besonderen *ratio imperandi* oder *ratio gubernandi*, die man, was nach seiner Meinung noch niemand bemerkt habe, genau auseinanderhalten müsse von dem *status*, das heißt der Staatsform[5]. Ein Staat könne z. B. eine echte Monarchie sein und doch demokratische Verwaltungsgrundsätze *(gubernatio popularis)* üben durch gleichmäßige Verteilung staatlicher Ämter, Strafen und Belohnungen. Ebenso

---

[1] Buch V, c. 5 (S. 891).
[2] Daselbst; vgl. zum folgenden Chauviré, Bodin S. 279 ff.
[3] Buch V, c. 6 (S. 908).
[4] Vgl. darüber Chauviré, S. 463.
[5] Buch II, c. 2 (S. 295) u. c. 7 (S. 365). Vgl. Hancke, Bodin S. 44.

könne ein Staat mit aristokratisch geformter Staatsgewalt je nach der Art, wie er die Untertanen zu den Ämtern heranziehe, nach demokratischer oder aristokratischer Weise regiert werden. Und in dem älteren Rom vor der *lex Canuleja* sah er einen demokratischen Staat mit aristokratischer Praxis *(status popularis, sed aristocratica gubernatione moderatus)*. Diese *ratio gubernandi* oder *imperandi* war nun keineswegs identisch mit dem umfassenderen Begriff der Staatsräson, den wir im Auge haben. Aber es war ein charakteristischer, echt juristisch gedachter Versuch, ein Teilstück, eine Teilwirkung von ihr begrifflich zu fixieren und den durch die Staatsräson bewegten Inhalt des Staatslebens von seiner unbewegten und festen Form zu unterscheiden.

Bodin ging auch noch weiter auf diesem Wege individualisierender Betrachtung des Staatslebens und stellte sich die große und fruchtbare Aufgabe, den Zusammenhang zwischen der Form und den Gesetzen des Staates und der individuellen Natur des Volkes zu untersuchen[1]. Er bemerkte mit Stolz, daß noch kein Staatslehrer diese Frage behandelt habe. Aber die Ausführung seiner Absicht erwies, daß das geschichtliche Denken noch nicht geschmeidig und reich genug war zur Lösung dieser Aufgabe. Er vermochte die Unterschiede der Völker und Staatsformen nur auf ziemlich rohe geographische und klimatische Unterschiede zurückzuführen. Immerhin, er wurde damit ein Vorläufer Montesquieus.

Alle diese Erkenntnisse individualisierender Art aber erschütterten nicht sein Bedürfnis nach universalen und absoluten Normen des Staatslebens, nach einem festen rechtlichen und sittlichen Halte inmitten aller fließenden und wandelbaren Aufgaben des Staates. Das unterscheidet ihn aufs tiefste von Machiavelli, der sein höchstes und absolutes Ziel, die Erhaltung der *virtù* im Staate, immer nur durch rücksichtslose Hingabe an das nächste Ziel der Machtgewinnung und damit auch durch eine relativierende Hingabe an den Moment zu erreichen strebte. Machiavelli sah nur die Lebenstriebe und Lebensgesetze der einzelnen Staaten und zum Staate sich entwickelnden Machtträger, Bodin sah sie überwölbt von einem ewigen und unverbrüchlichen Zusammenhange. Er befreite den souveränen, in sich geschlossenen Staatswillen nur deshalb von den Banden des mittelalterlichen Lebens,

---

[1] Buch V, c. 1, S. 767 u. 771.

um ihn unter eine noch höhere Souveränität zu beugen. Das war nötig, um seiner These von der souveränen Staatsgewalt eine universale und absolute Rechtsgrundlage zu geben. Dem einheitlichen und souveränen Staatswillen mußte ein einheitlicher und souveräner Weltwille entsprechen, der alles fest zusammen- und in Schranken hielt. Ohne ihn drohte sonst der souveräne Staatswille in Willkür und damit in Aufhebung alles eigentlichen Rechtes zu entarten. Er zitierte mit herzlicher Zustimmung das Wort des Seneca: *Caesari cum omnia licent, propter hoc minus licet.* So griff er denn zu der altüberlieferten, allgemein verbreiteten Idee, daß es eine oberste, miteinander harmonierende Doppelquelle alles Rechtes in den Geboten Gottes und der Natur gäbe, die unter allen Umständen unverbrüchlich gehalten werden müßten. Das war an sich nichts weniger als originell, aber eigenartig und bedeutend war eben die Kombination eines neuen mit einem alten Gedanken, die Eingliederung des souveränen Staatswillens in einen souveränen Weltwillen, der dann freilich nur als eine geistige, die Gewissen verpflichtende Macht wirken konnte. So kommt eine große und kühne Spannung in sein System.

Der Satz, daß der Fürst von den Gesetzen entbunden sei, sollte also keineswegs bedeuten, daß er von **allen** Gesetzen entbunden sei, »da alle gebunden sind durch das göttliche Gesetz und ebenso durch das Gesetz der Natur«. Er fügte hinzu, daß auch das allen Völkern gemeinsame Recht, das mit dem göttlichen und natürlichen Rechte nicht zusammenfalle *(divisas habet rationes)* bindend sei[1]. Doch legte er dann tatsächlich den Schwerpunkt auf das göttliche und natürliche Recht als Schranke des Staatswillens. »Der Fürst darf nicht die Schranken verrücken, die Gott selbst, dessen lebendes und atmendes Abbild er ist, durch die dauernden Gesetze der Natur aufgerichtet hat[2].« Er darf also nichts tun, was »von Natur schimpflich oder ungerecht ist«. Anständig handeln, heißt auch der Billigkeit der Natur gemäß handeln. Er gab dem Aristides gegen Themistokles recht, weil er dessen Ratschlag, der zwar nützlich, aber schimpflich sei, ablehnte. Der Fürst muß vor allem Treue üben und die Verträge, sowohl die mit den Untertanen wie die mit Auswärtigen geschlossenen, gewissenhaft aus-

---

[1] Buch I, c. 8 (S. 132).
[2] Daselbst S. 161.

führen, ja selbst Räubern Wort halten. »Treue ist das einzige Fundament der ganzen Gerechtigkeit. Nicht nur die Staaten, sondern die ganze menschliche Gesellschaft wird durch sie zusammengehalten.« Gott selbst wird ja durch seine Versprechungen gebunden, und da der Fürst der Bürge und Rächer von Treue und Gesetz im Staate ist, muß er um so mehr auch selber Treue und Glauben halten, selbst wenn es ihm Schaden bringt. Alle die zahlreichen Fälle von Vertragsbruch und Treulosigkeit in der Politik, die er in seinem Abschnitte über das Völkerrecht (*De jure feciali* Buch V, c. 6) besprach, beurteilte er rein rechtlich und moralisch und ließ hier keine Entschuldigung der Staatsräson gelten.

Dabei konnte er dann freilich, wenn er die Politik der Renaissancefürsten überblickte, seinen französischen Patriotismus mit seinem Rechtsgefühle nur dadurch in Einklang bringen, daß er einen Karl VIII. und Ludwig XII. auf Kosten eines Maximilian I. ungebührlich idealisierte und das anrüchige Bündnis Franz' I. mit den Türken mit den Präzedenzfällen anderer Fürsten und Staaten entschuldigte. Und ferner mußte auch er einige, allerdings nur rechtlich und moralisch begründete Ausnahmen von der unbedingten Vertragstreue machen. Daß dem Eidbrecher selber keine Treue zu halten sei, war zunächst selbstverständlich. Dann aber nahm er auch aus »schimpfliche Verträge, welche weder ohne Verbrechen gehalten, noch ohne Gottlosigkeit durch einen Eid bekräftigt werden können[1]«. Und obwohl er von den verschiedenen Vorwänden der Staatsräson nicht einmal den als rechtlich zulässig halten wollte, daß der drohende Untergang des Staates von der Vertragspflicht dispensiere, fügte er doch hinzu: »es sei denn, daß das, was du versprochen hast, von Natur unbillig gewesen ist oder nicht geleistet werden kann.« Endlich scheint er auch unklare und zweideutig gefaßte Verträge von der Pflicht, die Treue über den Nutzen zu stellen, auszunehmen[2].

Aber mochte er diese Ausnahmen in noch so strenger Rechtsgesinnung formulieren, — sie waren trotzdem dehnbar und boten Handhaben für Ausleger, die bewußt oder unbewußt vom Nutzen

---

[1] A. a. O. S. 928.

[2] S. 933. Er lobt die, die *fidem omnibus utilitatibus quantaecunque fuerint, anteponi putant oportere, si sublata verborum ambiguitate pacta conventa perspicua minimeque dubia videantur.*

des Staates sich leiten ließen. Und jenes Wort, das wir von ihm anführten, daß nichts schimpflich erscheine, was mit dem Heile des Staates verknüpft sei, konnte sehr viel weiter tragen, als er wünschte. Die Idee des modernen Rechtsstaates rang sich wohl in ihm mit ungewöhnlicher Klarheit und Schärfe empor, und es gelang ihm, das Erfordernis der Macht im Staate durch seine Souveränitätslehre in den Rechtsstaat mustergültig einzubauen. Die Macht des Staates selber aber dann rechtlich und sittlich zu binden, vermochte er nur durch ideale Forderungen, die doch schließlich nicht alle Schlupfwinkel des Machiavellismus versperren konnten. Und der Geist der Zeit und der damaligen Staatsmänner war nicht darauf gestimmt, Recht und Treue über den Nutzen zu stellen. Der Machtstaat war seit Machiavelli bewußt erfaßte Idee und geschichtliche Realität zugleich, der Rechtsstaat aber wurde durch Bodin nur erst zur bewußt erfaßten Idee. Der *homo levissimus ac nequissimus,* wie Bodin den Machiavelli schalt[1], war durch sie allein noch nicht zu überwinden.

---

[1] Buch VI, c. 4, S. 1086; weitere harte Worte Bodins über Machiavelli bei Baudrillart, Bodin S. 225 und Chauviré, Bodin S. 276.

DRITTES KAPITEL

Botero und Boccalini

Es lag der ganzen Denkweise der Übergangszeit vom 16. zum 17. Jahrhundert noch näher, die allgemein gültige Seite in der Lehre von der Staatsräson auszubauen, als die individuellen Differenzierungen des Staatsinteresses in den einzelnen Ländern zu studieren. Das zeigt sich an jener interessanten Schule italienischer Theoretiker der Staatskunst, deren bekannteste Häupter Botero, Paruta, Ammirato und Boccalini wurden. Aber es konnte gar nicht anders sein, daß auch die allgemeinsten Lehrsätze über Staatskunst, schon durch die Nutzanwendungen, die man daraus auf die besondere Lage der eigenen Zeit und des eigenen Landes zog, die Farbe des Bodens annahmen, dem sie entstammten, und so zum unwillkürlichen Selbstbildnis ganz konkreter Staats- und Nationalinteressen wurden.

Die Staatskunst dieser Italiener war ja in einer ganz besonderen Lage. Man war unter dem Drucke der spanischen Herrschaft in Mailand und Neapel nicht ganz frei, aber auch nicht ganz unfrei. Man hatte in Venedig, Florenz und Rom die Tage der einstigen Freiheit Italiens vor dem Einbruch der Fremden nicht vergessen, man ersehnte sie zurück, aber man sah keine Möglichkeit ihrer baldigen Wiederkehr und mußte sich in die bestehenden Machtverhältnisse mit mehr oder minder williger Anpassung schicken und schon froh sein, als durch das Ende der Bürgerkriege in Frankreich und die Aufrichtung des Königtums Heinrichs IV. ein starkes europäisches Gegengewicht gegen Spanien erwuchs. So genoß man mit Bewußtsein die Reste politischer Selbständigkeit, die den kleinen italienischen Staaten, vor allem der vielbewunderten und mit nationalem Stolze jetzt geliebten Republik Venedig, gelassen waren. An Venedig hatte man das Musterbeispiel eines Staates, der die Mängel seiner physischen Machtgrundlagen durch Klugheit ausglich, durch ein rationelles, konsequent durchdachtes System von bald elastischen, bald straffen Herrschaftsmitteln. Es erschien als ein Triumph des Geistes über die Natur, über die rohe Gewalt. An der Staatsräson dieses Staates, die den Hammer der Macht immer erst schwang, nachdem sie einen ganz festen Amboß für ihn gefunden hatte, schulte sich das politische Denken der Italiener ebenso wie an der Mahnung Machiavellis, den Fuchs zu spielen, wenn es zur Löwenrolle nicht reichte. Und man war auch nicht unempfänglich für die Wohltat des langen Friedens, den man seit der Durchsetzung der spanischen Macht in Italien genoß. Man sagte sich zum Troste, daß auch die eigene, klug betriebene Gleichgewichtspolitik namentlich Venedigs und der Verzicht auf kühnere Abenteuerpolitik das ihrige dazu beigetragen habe. Das war die Meinung des vornehmen und klugen Venetianers Paruta (1540—1598), dessen *Discorsi politici* 1599 kurz nach seinem Tode erschienen. Er erörterte die Frage, ob Papst Leo X. mehr Lob oder Tadel verdiene für seinen Entschluß, mit Karl V. gegen Frankreich sich zu wenden, um die Fremden aus Italien zu jagen, und kam zu dem Ergebnis, daß diese Politik in ihrem Ziele zwar sehr schön und löblich, aber ein *nobile e magnifico edifizio* auf unsolidem Fundamente gewesen sei. Temporisieren, balancieren, häufig die Freundschaften wechseln, günstige Stunden abwarten, um womöglich ohne Blutvergießen zu einem Machtgewinn zu gelangen, darin sah er die gegebene Methode für die freigebliebenen italienischen Staaten.

Auch der in Florenz lebende Ammirato (1531—1601) wußte in seinen *Discorsi sopra Cornelio Tacito* (1594) keinen besseren Rat für die Fürsten, als sich mit ihren Grenzen zu begnügen. Er erinnerte warnend daran, daß Venedig einst beinahe seine Freiheit verloren habe, weil es den Verdacht erregt hatte, nach der Herrschaft über ganz Italien zu streben. Auch das jüngste Beispiel ausgreifender Machtpolitik, das er eben erlebt hatte in der Armada Philipps II., kritisierte er. Spanien habe sich dadurch politische Widerstände in Deutschland erweckt, und die Türkengefahr sei währenddem gewachsen.

Eine Scheu vor den Großmächten und ein konservativer, auf Großes verzichtender, aber auf mittlere Ziele der Macht und Erhaltung der Gleichgewichtslage immer gespannt gerichteter Geist also durchwehte das Denken dieser Politiker. Der konservativste unter ihnen war Giovanni Botero (1540—1617), ein Jesuitenzögling und Kleriker, der als Sekretär des Kardinals Karl Borromäus in Mailand, dann im Dienste des Herzogs von Savoyen in Rom, als Erzieher savoyischer Prinzen in Madrid und schließlich in gelehrter Muße in Paris die politische Welt Süd- und Westeuropas gründlich kennen lernte und durch seine vielgelesenen Werke, vor allem durch das Buch *Della ragion di Stato* (1589) politisch Schule machte und zahlreiche Nachtreter seiner Gedanken fand[1]. Denn er befriedigte so recht das Bedürfnis des höfischen und sonstwie politisch interessierten Publikums nach einer leicht verdaulichen und geschmackvoll gebotenen Nahrung. An Machiavelli gemessen, war er ein mittelmäßiger Kopf. Er hatte nicht wie dieser Ecken und Kanten, an denen man sich wund reiben konnte, und empfahl sich den katholisch-bigotten Höfen der Gegenreformation als ein mildes Gegengift gegen Machiavellis Zynismus und Unkirchlichkeit, ohne daß man dabei auf das Nützliche in Machiavellis Rezepten ganz zu verzichten brauchte. Sein Lehrgebäude stellt eine aus dem Renaissancestil erwachsene, reich geschmückte Jesuitenkirche dar, und sein Lehrton ist der eines Würde, Sanftmut und Strenge richtig mischenden Predigers. Er bot aus dem Schatze seines Wissens und seiner politischen Erfahrungen jedem etwas und konnte die Freunde der spanischen Weltmacht und der Kirche ebenso befriedigen wie die Bewunderer der republikanischen Selbständigkeit Venedigs. Man lobte an ihm, recht aus dem Kunstgeschmacke der Zeit heraus, die *dolce armonia,* und katholische Monarchen empfahlen sein Buch ihren Thronfolgern[2].

Gleich zu Beginn seines Werkes unternahm er es, das neue, machiavellistisch anrüchig gewordene Schlagwort der *ragione di stato* zu entgiften und ihm einen harmlosen Sinn zu geben. *Ragione di stato*, definierte er, ist die Kenntnis der Mittel, die geeignet sind, einen Staat zu gründen, zu erhalten und zu vermehren. Wenn man aber frage, welches die größere Leistung sei,

---

[1] Wahre Katakomben von vergessener Literatur der Mediokritäten tun sich hier auf. Vgl. über sie die von außerordentlicher Belesenheit zeugenden, geistvollen, aber etwas kapriziösen und wortreichen Bücher von Ferrari, *Histoire de la raison d'état* 1860 und *Corso sugli scrittori politici italiani* 1862 (auch viele ungedruckte Schriften werden von ihm behandelt) und Cavalli, *La scienza politica in Italia* in *Memor. del R. Istituto Veneto* 17 (1872). Im allgemeinen vgl. Gotheins Darstellung in »Staat und Gesellschaft der neueren Zeit« (Hinneberg, Kultur der Gegenwart) und das 5. Kapitel dieses Buches.

[2] Calderini, *Discorsi sopra la ragion di stato del Signor Botero, Proemio*. Neudruck 1609.

einen Staat zu vergrößern oder zu erhalten, so müsse man antworten, das letztere. Denn man erwirbt durch Gewalt, man erhält durch Weisheit. Gewalt können viele üben, Weisheit nur wenige. Und wenn man frage, welche Reiche die dauerhaftesten seien, die großen, mittleren oder kleineren, so sei die Antwort: die mittleren. Denn die kleinen seien zu sehr bedroht von den Machtgelüsten der großen, und die großen seien der Eifersucht der Nachbarn und der inneren Entartung zu sehr ausgesetzt. »Die Reiche, die die Frugalität auf die Höhe geführt hat, sind durch die Opulenz verfallen.« Sparta verfiel erst, als es seine Herrschaft erweiterte. Als Beispiel aber für die größere Haltbarkeit der mittleren Staaten rühmte er vor allem Venedig. Leider jedoch wollten die mittleren Staaten sich nicht immer begnügen, sondern strebten nach Größe, und dann kämen sie in Gefahr, wie Venedigs frühere Ausdehnungsversuche zeigten. Die spanische Großmacht warnte er in geschickter Weise, die Freiheit Venedigs nicht anzutasten: »Brich nicht mit mächtigen Republiken, außer wenn der Vorteil sehr groß und der Sieg sicher ist; denn die Liebe zur Freiheit in ihnen ist so heftig und so tief verwurzelt, daß es fast unmöglich ist, sie auszurotten. Die Unternehmungen und Pläne der Fürsten sterben mit ihnen; die Gedanken und Beratschlagungen der freien Städte sind fast unsterblich.« Nach dieser Anleihe bei Machiavelli[1] bekam dann aber auch das Haus Habsburg sein Lob, denn die Größe seiner Fürsten sei der Lohn ihrer hervorragenden Frömmigkeit. Brich vor allem auch nicht, lehrte er weiter, mit der Kirche, es würde immer als gottlos erscheinen und doch nichts nützen. Mailand, Florenz, Neapel, Venedig haben bei ihren Kriegen mit den Päpsten ja doch nur viel ausgegeben und nichts profitiert.

Die Koinzidenz des kirchlichen und des realpolitischen Interesses, auf der das ganze spanische System beruhte, war also auch ein Kernstück seiner Lehre von der *ragione di stato*. Geh mit der Kirche, und es geht dir gut, ist ihr Sinn[2]. Er riet den Fürsten,

---

[1] *Principe*, c 5: *Ma nelle repubbliche è maggior vita, maggior odio, più desiderio di vendetta; nè gli lascia nè puo lasciare riposare la memoria dell'antica libertà.*

[2] Über einen vergeblichen Versuch Levis, das katholische Grundinteresse Boteros herabzudrücken zu bloßer Konvenienz vgl. die treffenden Bemerkungen Ghirons in der *Rivista stor. Ital.* 1927, 350.

vor jeder Beratung im Staatsrate die Sache erst in einem Gewissensrate mit ausgezeichneten Doktoren der Theologie zu besprechen. Dennoch war er weltklug und erfahren genug, um zu wissen, daß es zwischen Weltklugheit und Frömmigkeit nicht immer ganz stimmte. Mochte er das Wesen der wahren Staatsräson noch so sanft und maßvoll umschreiben und es den Bedürfnissen der Kirche und der Moral anzupassen versuchen, so konnte er sich doch, wenn er den Dingen ins Auge sah, nicht verhehlen, daß der kristallisch harte Kern alles politischen Handelns, ganz wie es Machiavelli schon gelehrt hatte, das selbstische Interesse des Fürsten oder Staates war. »Halte es für eine ausgemachte Sache«, schrieb er, »daß in den Erwägungen der Fürsten das Interesse das ist, was jede Rücksicht besiegt. Und deswegen darf man nicht trauen auf Freundschaft, auf Verwandtschaft, auf Bündnis, auf irgendein anderes Band, wofern nicht dieses auch das Interesse dessen, mit dem man verhandelt, zum Fundamente hat.« In einem Anhange zu seinem Buche gab er schließlich unumwunden zu, daß Staatsräson und Interesse im wesentlichen dasselbe seien: »Die Fürsten richten sich in Freundschaften und Feindschaften nach dem, was ihnen Vorteil bringt. Wie es Speisen gibt, die, von Natur unschmackhaft, durch die Würze, die ihnen der Koch gibt, schmackhaft werden, so neigen sie, von Natur ohne Affektion, zu dieser oder jener Seite, je nachdem das Interesse ihren Geist und ihren Affekt zurichtet, weil schließlich *ragione di stato* wenig anderes ist als *ragione d'interesse*[1].«

Ein tieferes Nachdenken hätte ihn irre machen müssen an der von ihm so salbungsvoll gelehrten Harmonie staatlicher Interessen und kirchlicher Pflichten und ihn in allerlei für das Denken seiner Zeit noch nicht reife Probleme der Weltanschauung verstricken können. Er ging dem aus dem Wege, wie es der praktische Staatsmann aller Zeiten getan hat, und begnügte sich, die Fürsten zu ermahnen, keine Staatsräson aufzurichten, die dem Gesetze Gottes widerspräche, gleichsam wie einen Altar gegen den anderen Altar. Und am Schlusse seines Buches schwang er sich gar zu einer Verurteilung der modernen Interessenpolitik überhaupt auf. Heute können, so führte er aus, keine großen gemeinsamen Unternehmungen der Fürsten mehr zustande kommen, weil die Verschie-

---

[1] *Aggiunte fatte alla sua ragion di stato.* Venedig 1606, S. 67f.

denheit der Interessen sie zu sehr spaltet. Einst aber, in den heroischen Zeiten der Kreuzzüge, konnte man sich ohne anderes Interesse als das der Ehre Gottes zusammentun. Die griechischen Kaiser traten den Kreuzfahrern in den Weg. Was war die Folge? Die Barbaren vertrieben zuerst die Unseren aus Asien und unterwarfen sich dann die Griechen. *Ecco il frutto della moderna politica.* In einem späteren Werke führte er auch den Verfall Frankreichs auf dieselbe Ursache zurück. Weil sich Frankreich mit Türken und Hugenotten befreundete, erschlaffte der Glaube, denn »wenn man alle Dinge auf eine unvernünftige und tierische *ragion di stato* zurückführt, löst sich das Band der Seelen und die Vereinigung der Völker im Glauben[1]«.

Boteros Theorie konnte also als gutes Brevier für politisierende katholische Beichtväter dienen. Man predigte die Unterwerfung des eigenen Interesses unter die Ehre Gottes, man predigte ferner, was nicht immer ganz stimmte, die Harmonie des eigenen Interesses mit der Ehre Gottes, und man konstatierte schließlich, wenn es darauf ankam, bald achselzuckend, bald beklagend den Sieg des eigenen Interesses über alle anderen Lebensmächte. Aber diese Brechungen und Widersprüche spiegelten genau die politische Praxis der gegenreformatorischen Höfe. Einer der Päpste selber, Urban VIII., gab ihnen in den folgenden Zeiten das verführerische Beispiel, das Staatsinteresse über das kirchliche Interesse zu stellen und den katholischen Mächten in ihrem Kampfe gegen Gustav Adolf in den Arm zu fallen.

Nicht nur die kirchliche, sondern auch die humanistische Tradition hinderte Botero, mit konsequentem Wirklichkeitssinne und rein empirisch seine Lehre auszubauen. Er entnahm Probleme und Mittel der Staatskunst noch in großem Umfange aus den antiken Schriftstellern, ohne sich zu fragen, ob sie auf die modernen Verhältnisse anwendbar seien[2]. Freilich verfuhren auch größere als er, Machiavelli und Bodinus, nicht anders. Diese konventionelle humanistische Methode beruhte nicht nur auf der Verehrung, die man dem Altertume widmete, sondern auch auf der althergebrachten dogmatischen Geschichtsauffassung, die alles geschichtliche Geschehen und die in ihm zutage getretenen Staats- und

---

[1] *Le relazioni universali* (1595), 2, 8; s. darüber unten.
[2] Vgl. namentlich Buch VI der *Ragione di stato* über die Mittel zur Abwehr auswärtiger Feinde.

Lebensformen als gleichartig und deshalb als immer wiederkehrend ansah. So war Botero imstande, als beste und höchste Quelle politischer Klugheit nicht die eigene Erfahrung, die doch immer beschränkt sei, auch nicht die Information durch Zeitgenossen, sondern die Historien zu nennen, »denn diese umfassen das ganze Leben der Welt«.

So sahen er und seine Zeitgenossen alte und neue Geschichte als eine einzige Beispielmasse an, aus der man allgemeingültige Maximen der Staatskunst herauszog, wobei man dann sehr relative Erfahrungen naiv verallgemeinerte. Dabei fehlte es keineswegs an Interesse für die individuellen Verschiedenheiten innerhalb der wirklichen Staatenwelt, in der man lebte. Die Verfasser der venetianischen Relationen gaben sich Mühe genug, ihre Herren über sie zuverlässig zu informieren, und Botero suchte dasselbe Bedürfnis zu befriedigen durch eine groß angelegte Staatenkunde, die er unter dem Titel *Le relazione universali* 1595 herausgab[1]. Er versprach hier auch über die Ursachen der Größe und des Reichtums der mächtigeren Fürsten zu handeln, aber blieb dabei im rein Statistischen und Zeitgeschichtlichen stecken und begnügte sich meist mit tatsächlichen Angaben über Regierungsformen, Finanzen, Heerwesen und Beziehungen zu den angrenzenden Fürsten. Zu einer schärferen Charakteristik der verschiedenen politischen Systeme und Interessen schwang er sich noch nicht auf.

Auch der Bedeutendste dieser ganzen Gruppe, die an der Lehre von der *ragione di stato* arbeitete, Boccalini, tat es noch nicht. Aber er ragte aus ihr weit heraus durch das persönliche Lebensfeuer, das sein politisches Denken durchglühte. Die Probleme, die ihn beschäftigten, und die Antworten, die er gab, waren von denen Boteros und seiner Genossen nicht so sehr verschieden. Aber während sie bei diesen zu einer seichten Konvention verflachten, wurden sie ihm zu einem wahrhaften, leidenschaftlichen Erlebnis und entwickelten erst dadurch ihren vollen geschichtlichen Inhalt. Der Geist der echten Renaissance und Machiavellis lebte in ihm wieder auf, aber fortentwickelt zum unruhig bewegten Barock. Er wirkte auf die Zeitgenossen vor allem als ein über-

---

[1] Den ungedruckten 5. Teil des Werkes hat Gioda in seiner Biographie Boteros (1895, 3 Bde.) herausgegeben.

aus witziger Spötter, als ein Meister der Ironie und Satire, der allen über den Nacken sah und alle Menschlichkeiten erbarmungslos bloßstellte. Aber schon hierin und erst recht in seinen nachgelassenen Schriften, die lange nach seinem Tode erschienen, offenbaren sich dem Nachlebenden die tieferen Hintergründe seines Denkens.

Trajano Boccalini (1556—1613) aus Loreto[1], juristisch gebildet und literarisch interessiert, brachte den Hauptteil seines Lebens in Rom, wo er die Gunst von Kardinälen genoß und als Richter auf dem Kapitol im Tribunal des Stadtgouverneurs wirkte[2], und als Gouverneur in verschiedenen Teilen des Kirchenstaates zu; dabei geriet er mit dem Adel Benevents in Konflikt. In Rom gehörte er zur antispanischen Partei, nahm in dem großen kirchenpolitischen Kampfe Papst Pauls V. mit Venedig für dieses Partei, stand vielleicht selbst als Agent in Venedigs Dienste und korrespondierte freundschaftlich mit dem ihm geistesverwandten Paolo Sarpi, dem großen Vorkämpfer der venetianischen Interessen. Spanien, das in dem geistvollen und furchtlosen Manne einen gefährlichen Feind witterte, versuchte ihn einmal durch die Aussicht auf ein stattliches Amt zu gewinnen; er lehnte charaktervoll ab. Er wurde auch der Inquisition in Rom verdächtig, und weil ihm der Boden hier schließlich zu heiß wurde, siedelte er 1612 nach Venedig über, wo er nun von seinen schon in den Jahren vorher in Rom entstandenen oder begonnenen Werken dasjenige zu publizieren wagte, das ihn am bekanntesten gemacht hat, die *Ragguagli di Parnaso* (1612/13), zwei Centurien scherzhafter Berichte aus dem Königreiche Apolls auf dem Parnasse, in denen Menschen und Dinge der Vergangenheit und Gegenwart von den Weisen des Parnasses besprochen und von Apollo beurteilt wurden. Eine ähnliche Einkleidung gab er seiner kleineren Schrift *Pietra del paragone politico*, die er nur handschriftlich zu ver-

---

[1] Neuere Monographien über ihn von Mestica (1878), Silingardi (1883, mir nicht zugänglich), Beneducci (1896) und Galeotti im *Arch. stor. ital.* N. S. I. Vgl. auch Belloni in der *Storia letteraria d'Italia*, Bd. 7, und Stötzner im Archiv für Studium der neueren Sprachen, Bd. 103, über ihn. Seine Beurteilung durch Toffanin, *Machiavelli e il Tacitismo*, S. 192 ff., halte ich für verfehlt. Neuausgabe seiner *Ragguagli di Parnaso* in den *Scrittori d'Italia* (Bari 1910/12, 2 Bde.).

[2] Vgl. *Bilancia politica* 1, 66.

breiten wagte, weil sie in einer bitterbösen Anklage wider die spanische Politik gipfelte. Er starb schon am 26. November 1613, nach einem nicht mit Sicherheit nachzuprüfenden Gerüchte von Mörderhand, die Spanien gedungen[1]. Seine *Pietra del paragone politico* erschien dann im Drucke 1615[2]; sein größtes Werk, die Kommentare über Tacitus, erst 1678 unter dem Titel *La bilancia politica*[3].

Boccalini formte sich nach den Eindrücken seiner Zeit ein erschütterndes Bild vom Staatsleben überhaupt. Auch die Renaissance hatte schon die furchtbarste Entsittlichung des politischen Lebens gesehen, aber sie hatte zugleich ein Menschentum voll Kraft, Schönheit und innerem Schwunge gekannt, — jenes Ideal der *virtù,* das Machiavelli verkündete und dessen Abglanz auch vom Antlitz der handelnden Fürsten, Staatsmänner und Heerführer hier und da zurückleuchtete. Boccalini aber fühlte sich in einem Jahrhundert der tiefsten Lasterhaftigkeit und konnte sich nur schwach damit trösten, daß nach den Aussagen der Geschichte dieselben ekelhaften Krankheiten, von denen er Antlitz und Körper seines *secolo* entstellt sah, zu allen Zeiten schon geherrscht hätten. Seine Bilder aus dem öffentlichen Leben Roms und des Kirchenstaates, die, zahlreich eingestreut in seine Kommentare über Tacitus, als Zeugnisse eines unbestechlichen Zeitgenossen

---

[1] Das Gerücht, daß ihn Mörder mit Sandsäcken erschlagen haben, wird widerlegt durch die urkundliche Nachricht, daß er nach 15tägigem Fieber gestorben sei, aber sein Sohn glaubte an Gift. Galeotti a. a. O., S. 123 u. 127.

[2] Interessant ist, daß schon 1616 eine deutsche Übersetzung der Schrift von G. Amnicola (Chr. Besold?), die den niederländischen Generalstaaten gewidmet war, erschien. Das Vorwort sagt: »Weil in dieser Zeit die spanische Macht sonderlich in Teutschland einbrechen will«, habe man diese Diskurse, die das spanische Wesen enthüllten, übersetzt. 1617 erschien eine Auswahl der *Ragguagli* in deutscher Übersetzung. Vgl. Stötzner a. a. O. S. 137.

[3] 3 Bde.; Bd. 1 u. 2 von Lud. Dumay, Bd. 3 von Gregorio Leti herausgegeben, enthält außer einem Auszug aus den *Ragguagli* und einem Abdruck der *Pietra del paragone* eine Anzahl Briefe Boccalinis, die aber nach Letis eigener Angabe nicht alle von ihm herrühren, auch vom Herausgeber stark überarbeitet sind. Auch die Ausgabe der ersten beiden Bände ist mangelhaft und in protestantischem Sinne gemildert. Frühere angebliche Drucke von 1667 und 1677 waren mir nicht zugänglich. Über die noch vorhandenen Handschriften vgl. Galeotti S. 131.

auch historischen Quellenwert haben, zeigen eine grauenhaft verwilderte Rechtspflege und Verwaltung, Schutzlosigkeit der Armen und Unschuldigen, geheime Morde in den Gefängnissen, Gift an den Tafeln der Großen[1] und eine durch Spionage und Angeberei, durch lächelnde Heuchelei und Verlogenheit allenthalben vergiftete Atmosphäre. Nicht besser sah es nach seiner Kenntnis an den Fürstenhöfen und Regierungsmittelpunkten Italiens und Spaniens aus, nur daß ihm sein geliebtes Venedig mit der strengen Zucht und von ihm übermäßig idealisierten republikanischen Tugend seines Adels wie eine Oase in der Wüste seines Vaterlandes erschien.

Der ganze Abstand zwischen der Renaissance und der Zeit Boccalinis aber enthüllt sich erst, wenn wir sein und Machiavellis praktisches Verhältnis zu den Schäden ihres Zeitalters miteinander vergleichen. Machiavelli verlor in aller Verrottung des öffentlichen Geistes, die er um sich sah, nie den Mut des Reformators. Die Idee der Regeneration gesunkener Gemeinwesen war der Grundgedanke, der ihn bewegte, und zu ihrer Ausführung scheute er sich auch nicht, zu den furchtbarsten Mitteln, die ihm seine demoralisierte Zeit bot, zu greifen. Er war auf der einen Seite, darin durchaus ein Kind seiner Zeit, moralisch unempfindlich in der Wahl seiner Mittel, auf der andern Seite höchster Moralist in seinen letzten Zielen. Boccalini zeigt dagegen wohl eine gesteigerte moralische Empfindlichkeit gegenüber den Mitteln der Staatskunst und verrät damit vielleicht einen leisen Fortschritt des allgemeinen Denkens seit dem Einsetzen der Gegenreformation, aber hat dafür nun auch nichts mehr von dem durchgreifenden Radikalismus Machiavellis, hinter dem trotz aller Bösartigkeit der Mittel doch eine starke Glaubenskraft steckte. Er warf schier verzweifelt die Flinte ins Korn und kritisierte die Weltverbesserungsideen der gewöhnlichen Sittenprediger mit beißendem Spotte. Nach seiner Meinung waren die Völker jetzt nicht mehr durch neue Gesetze zu reformieren. Besser werden könne es nur, wenn die Exzesse der Höfe und Fürsten, nach deren Beispiel die Welt sich richte, sich verringerten. »Wenn ich die Handlungen

---

[1] Vgl. dazu Settala, *Della ragion di stato*, S. 27: *Appresso de' principi nissun luogo, nissuna parentela, nissuna amicitia è sicura nel negocio de' veneni.*

der Fürsten ansehe, fürchte ich, daß Gottes Geduld schließlich sich erschöpft und eine gerechte Strafe über die Welt kommen wird[1].« Man müsse schon die böse Welt lassen, wie sie sei, und die Segel nach dem Winde richten, der eben wehe. Was nütze es, sich aufzulehnen gegen die Missetaten der Fürsten? Er riet den Völkern, ihre schlechten Herrscher geduldig zu ertragen, da sie bei einem gewaltsamen Wechsel des Regiments sich doch nicht verbessern würden.

Durch diese Stimmungen einer fatalistischen Resignation schimmern weitere bemerkenswerte politische und geistige Abwandlungen seit der Zeit Machiavellis hindurch. Dieser hatte den Großen seiner Zeit frei und dreist ins Auge geschaut und sich mit ihnen trotz der respektvollen Haltung, in der er ihnen persönlich nahte, doch auf einer gleichen geistigen und, beinahe möchte man auch sagen, gesellschaftlichen Ebene gefühlt. Der republikanische Geist in ihm war noch lebendig und fühlte sich noch nicht ganz in die Ecke gedrängt durch den Aufstieg der monarchischen Mächte in der Welt. Auch Boccalini war frei, dreist und republikanisch gestimmt, aber er empfand das republikanische Asyl, das er in Venedig schließlich aufsuchte, eben als ein ringsum von den Räuberhöhlen der Fürsten eingeengtes Asyl und wagte seine schärfsten Gedanken nur einem für die Nachwelt bestimmten Manuskripte, den Kommentaren über Tacitus, anzuvertrauen. Auch war seine republikanische Gesinnung mehr erworben als bodenständig, mehr ein Ausdruck der Verzweiflung über die Zustände an den Höfen und ganz durchwachsen mit Gesinnungen, die in der Luft der Höfe entstanden waren. Er blickte zu ihnen hinauf, verfolgte mit brennendem Interesse das Treiben und Intrigieren zwischen Fürsten, Ministern und Höflingen, mit höhnischen und satirischen Ratschlägen, die doch immer verraten, daß er eng gebunden an diese Welt war und sich nicht aus ihr ganz losreißen konnte. Und die Fürstlichkeiten selber standen ihm dabei als *homines sui generis* hoch über der übrigen Gesellschaft, als ihre Lebenszentren und Schicksalsgewalten, mit denen man rechnen muß, obgleich sie unberechenbar in ihrer schrecklichen Größe und Macht, in ihren Trieben und Leidenschaften sind. Das war

---

[1] *Bil. pol.* 1, 121, 479. *Ragguagli* 1, 284 (über die Generalreformation der ganzen Welt).

der geschichtliche Hergang des Jahrhunderts seit Machiavelli in der romanischen Welt gewesen, daß das höfische Fürstentum wie eine Protuberanz in die Höhe getrieben wurde und die Sinne der Menschen unter seinen Bann brachte. Und anschaulicher und ergreifender als in der devoten Höflingsliteratur von der Art eines Botero oder Balzac spiegelt sich dieser Hergang in der Tatsache, daß selbst ein so freier und trotziger Mensch wie Boccalini dem Banne dieses Zeitgeistes in hohem Grade unterlag. Die Folge aber war nun, daß ihm die Lebensregungen der monarchischen Staaten seiner Zeit immer eingehüllt erschienen in die giftigen Dünste der höfischen Welt, innerhalb deren die Fürsten handelten. Auch Machiavelli hatte, wenn er die Politik der monarchischen Staaten studierte, mehr die persönlich handelnden Fürsten als die Staaten im Auge, aber ihre Handlungen erschienen ihm doch mehr in dem hellen und scharfen Lichte einer brutalen Sachlichkeit.

Boccalini hatte ein Gefühl dafür, daß die höfisch-absolutistische Monarchie, die sich seitdem entwickelt hatte, mit ihren sittlich verwüstenden Wirkungen etwas historisch Neues sei. In einer seiner Erzählungen vom Parnaß[1] ließ er eine Untersuchung darüber anstellen, weshalb die Treue aus der Welt geschwunden sei. Auch die Fürsten beklagen sich über die Untreue ihrer Vasallen und Untertanen, aber diese erwidern, daß sie sich nicht aus Untreue, sondern aus Verzweiflung von der alten Treue abgewandt hätten, denn die Fürsten hätten sie mißbraucht und aus ihr eine bloße Zwangspflicht und unterwürfige Gesinnung gemacht. Sie wollten nicht länger von den Fürsten mißhandelt und herabgewürdigt werden und hätten Sehnsucht nach einem *governo libero*. Das bedeutete nichts anderes, als daß dem Absolutismus seiner Zeit der Vorwurf ins Gesicht geschleudert wurde, die alten sittlichen Bande der feudalen Vergangenheit zerstört zu haben. Die Stimmungen, die Gentillet ausdrückte, klingen hier wieder an. Durch und durch unmoralisch erschien ihm das neue Verhältnis zwischen Fürsten und Völkern, das seit der Renaissance sich entwickelte.

Boccalini wurde nicht müde, den Fürsten zuzurufen: Verbannt aus euren Herzen die persönlichen Leidenschaften, herrschet gerecht und milde, nehmt euch die Republiken zum Muster, die nicht nach persönlichen Interessen und Ambitionen, sondern nach dem

---

[1] *Ragguagli* 1, 95.

Leitstern des allgemeinen Wohls regiert werden. Aber ihm fehlte selber der Glaube daran, daß die Dinge sich bessern könnten. Denn war es möglich, die persönlichen Interessen der Fürsten und die unmoralischen Mittel ihrer Handhabung genau zu trennen von den öffentlichen und allgemeinen Interessen der Staaten und Völker? Boccalini konnte wohl rund heraus behaupten: »Das Interesse bewegt die Zunge der Fürsten, nicht die Gerechtigkeit und nicht die Liebe zum Gemeinwohl[1].« Aber er hätte, um diese moralische Stimmung zu begründen, von Rechts wegen den Versuch machen müssen, die Trennung von Interesse und Gemeinwohl im Einzelfalle genau durchzuführen und ihre Möglichkeit nachzuweisen. Er tat es nicht, er konnte es nicht. Er hatte ein zu scharfes Gefühl dafür, daß in den verabscheuten Herrschaftsmitteln der Fürsten nicht nur verderbte Gesinnung, sondern auch ein eherner Zwang sich auswirkte und daß das Staaten- und Völkerleben sie nicht ganz entbehren könne. Und so konnte er gleich hinterher auch wieder zugeben: »Das Interesse ist der wahre Tyrann der Seelen der Tyrannen und auch der Fürsten, die nicht Tyrannen sind[2].« Große Kunstmittel, sagt er ein andermal, haben die Fürsten gebraucht, um die Menschen zu bewegen, sie mit ihrem Blute zu verteidigen; Haß und Zwietracht säen sie unter den Menschen, damit sie ihnen folgen. Aber, so sagt Apoll auf die Anklagen gegen diese Machinationen, das seien leider notwendige Übel, denn die Fürsten könnten nur sicher herrschen mit der Maxime des *ben dividere*. Überließe man die Völker sich selbst, so würden noch viel grausamere Spaltungen erfolgen. Nicht die böse Natur der Fürsten, sondern die aufrührerische, unbeständige Natur der Völker sei daran schuld[3].

Und so wurde es sein Bestreben, ja seine persönliche Leidenschaft, den Fürsten bis auf den Grund ihrer Seele zu schauen, hineinzudringen in die Abgründe, in denen das Schlechte und Veruchte geboren wurde aus der Begattung der Herrschbegierde mit dem Zwange der Dinge, — und geboren wurde, um ebenso zwangsläufig, aber auch ebenso unsittlich zu leben, zu wirken und die Schicksale der Völker zu bestimmen. Er spricht einmal von der

---

[1] *Bil. pol.* 1, 85.
[2] A. a. O. 1, 91.
[3] *Ragguagli* 2, 211; vgl. 2, 90 u. 139f. und *Bil. pol.* 1, 137 u. 2, 146.

cupezza dell'animo, der finsteren Tiefe der Seele, die die größte Kraft und Tugend — beides ausgedrückt durch das unübersetzbare *virtù* — eines Fürsten sei und die den Ruhm des Tiberius gebildet habe[1]. Es ist verständlich, daß im Anblick einer so schauerlich zwiespältigen Erscheinung auch seine Eindrücke oft zwiespältig ausfallen und sich widersprechen. Bald sieht er nur die blinde satanische Begierde, bald mehr den Zwang der Dinge, der sie erklärt und rationalisiert. »Ich muß es frei sagen, daß, wenn in die Seele eines Fürsten die Ambition einzieht, er aus einem Schutzherrn der Menschen, aus einem Statthalter Gottes auf Erden ein Drache, ein Luzifer wird, denn wenn ein noch so verbrecherischer Privatmensch mit Schauder an die Begehung eines Mordes geht, was für eine Seele hat ein Fürst, der tausend Morde mit so heiterem Herzen begeht?[2]« Dann aber heißt es wieder: »Es ist nicht möglich, einen Fürsten zu binden; ebensowenig wie die Tiere der Herde den Hirten binden können, weil es kein anderes Bindemittel für ihn gibt, als das Interesse und den Nutzen[3].« Und er versuchte, das Äußerste von Mitempfindung mit der Seele des Fürsten zu leisten und die Höhen und Tiefen ihres Lebens zugleich zu erfassen: »Wer in mittlerer Glückslage geboren ist, kann Ungemach und Armut ertragen, aber die Fürsten sind gezwungen, den bittersten Kelch zu trinken und das Äußerste von Schlimmem und Gutem zu erfahren[4].«

Er konnte auch noch gewaltiger das Dämonische, das im politischen Handeln nicht nur des Fürsten, sondern auch des leitenden Staatsmannes liegt und den Handelnden selber verschlingt, ausdrücken: »Das Interesse des Staats ist gerade wie die Hunde des Aktäon, es zerreißt die Eingeweide dem eignen Herrn. Die Höllen haben keinen Schrecken, der ein Herz abschrecken könnte, das von der Brunst zu herrschen erfüllt ist. Der politische Mensch setzt sich die Maxime in den Kopf, daß über allen Dingen das Müssen stehe, im Staate sich zu behaupten und zu erhalten, er setzt die Füße auf den Hals aller anderen Werte der Erde und des Himmels. Die Sehnsucht zu herrschen ist ein Dämon, den auch das Weihwasser nicht vertreibt.« Seine Worte erinnern an die unruhig sich

---

[1] *Bil. pol.* 2, 90.
[2] Das. 1, 281, 376f.
[3] Das. 1, 186.
[4] *Bil. pol.* 1, 154.

wälzenden, von Brunst und Leidenschaft bewegten Gestalten der Barockkünstler, während in Machiavelli einst die herben, tatenschwangeren, aber gefaßt sich zusammenhaltenden Gestalten Michelangelos sich spiegelten.

Achten wir, bevor wir weiter gehen zu den Konsequenzen dieser Lehre, noch einmal auf das eigene Auge Boccalinis und auf die inneren Motive seines eigenen Interesses am Staatsinteresse. Man hat das Gefühl, daß es ihm selber dabei ging wie dem Aktäon und er in den Hirsch sich verwandeln mußte, den er zur Strecke bringen wollte. Er schauderte mit ganz ehrlichem moralischem Gefühle vor der Macht des Staatsinteresses, aber war verliebt in diesen Schauder und hielt es für etwas Großes und Erhebendes, diese dämonische Welt geistig mitzuerleben. »Einzudringen in die Handlungen großer Fürsten, ist lobenswerte Neugierde, die ein Anzeichen ist für Größe der Seele und Schönheit des Geistes[1].«

Sein ganzes Interesse an der Weltgeschichte drängte sich auf diese *arcana imperii* zusammen. Wohl sagte er in großem Sinne, daß die Geschichtsschreibung mit den Menschen selber entstanden sei. Aber als wirklich wertvoll galt ihm nur die eine Art der Geschichtsschreibung, die Tacitus zuerst geübt habe, der »Fürst der politischen Historiker«, der die Brille erfunden habe, um in das Geheimleben der Machthaber hineinzuschauen. Ignoranten mögen sich in der Geschichte an den Kuriositäten ergötzen. Livius ist gut für die, die an Schlachten, Eroberungen und Triumphen Freude haben. Wer aber den Honig politischer Lehren aus der Geschichte saugen wolle, müsse sich an Tacitus halten. Er verachtete auch die rhetorische und schönrednerische Geschichtsschreibung, lobte Guicciardini, der dem Tacitus nahe gekommen sei, lobte aber auch kaum minder die formlosen und ungeschickten Aufzeichnungen politischer Geschäftsmänner, die von der Politik ihrer Herren wirklich etwas wußten und verstanden. Immer gelte es, um die Taten zu schildern, voran die Anatomie der Machthaber und Nationen zu zeigen[2].

Das war ein bedeutendes und zukunftsreiches Programm, und doch darf man es nicht mit den Absichten der modernen politi-

---

[1] Das. 1, 430.
[2] Hauptstellen: Einleitung zum Kommentar über Tacitus, *Agricola*, der Bil. pol. angebunden. *Bil. pol.* 1, 334, 347; *Ragguagli* 2, 249.

schen Geschichtsschreibung identifizieren. Denn diese will nicht nur die verborgene Entstehung der politischen Entschlüsse im Geiste der Machthaber, sondern auch das Schauspiel der von ihnen ausgelösten Kräfte und ihrer Wirkungen, den ganzen Anblick dessen, was die politische Macht im Völkerleben vermag und bedeutet, entrollen. Boccalini aber sprach abschätzig davon, daß Livius nur die *forze* der Politik darstelle, während Tacitus ihre *arte* und *sagacità* zeige. Und was für Größe habe schließlich die ganze römische Geschichte mit ihren blutigen Räubertaten und Verwüstung der ganzen Welt? O, ihr mit Unrecht gelobten Römer, Gott gab euch zur gerechten Strafe die Tyrannei des Tiberius.

Überaus lehrreich ist es, wie sich in diesem Italiener der Gegenreformation der moralische Abscheu des Kulturmenschen vor den Auswirkungen der Macht mit der leidenschaftlichen Freude am Spiele der Kunst, die die Macht in Bewegung setzte, verbinden konnte. Man muß diese Mentalität kennen, die alle Widersprüche der Renaissance in sich zusammenfaßte und fortsetzte, die zurückleuchtend auch Machiavellis Art verständlich machen hilft. Geistige Kultur und Macht standen noch in einer gänzlich anderen Relation zueinander wie in der modernen Zeit, und die geistige Kultur hatte andere Ziele als die moderne Kultur. Indem man mit Ekel empfinden konnte, daß die »Macht an sich böse« sei, entdeckte man doch etwas an ihr von Kultur, wie man sie damals verstand und schätzte, nämlich Kraft, Kunst und Schärfe des menschlichen Geistes, und hielt es für ein hohes Kulturideal, für »Größe der Seele und Schönheit des Geistes«, sie nachzuerleben, indem man die »Interessen der Fürsten« an den Tag brachte.

Es ist eine Aufgabe für die starken Geister, die darin ein geistiges Labsal finden. Der spezifische Individualismus der Renaissance, der mit dem Genusse seines gesteigerten Selbst sich begnügte, zeigt sich noch. Boccalini dachte, wie wir schon sahen, nicht daran, das gewonnene politische Verständnis zu fruktifizieren für eigene praktisch-politische Ziele und etwa gar durch Aufdeckung der fürstlichen Schurkereien die ganze Welt in flammende Entrüstung zu versetzen und aufsässig zu machen. Er konnte wohl revolutionär wirken, aber er war nicht selbst Revolutionär. Er stand mitten inne zwischen der politisch noch gar nicht revolutionär, sondern allenfalls nur, wie bei Machiavelli, reformatorisch gestimmten Renaissance und den Anfängen des revolutionären Geistes in Europa, der von der ständischen, durch den Kalvinismus befruchteten Idee in Frankreich und den Niederlanden ausging. Italien, in dessen fürstlichen Staaten die ständische Idee tot war, bot keinen Boden dafür. Es erlaubte nur allenfalls, frei zu denken, aber nicht frei zu handeln. Der Einfluß dieses Milieus auf die politische Resignation Boccalinis wird recht deutlich aus einer wiederholt von ihm gemachten Ausführung. Sollte die Brille, die Tacitus konstruiert hatte, allen zugänglich gemacht werden, sollte die Wahrheit über die Fürsten und Höfe dem ganzen Volke bekannt werden? Boccalini spottete wohl darüber, daß heute schon die Sackträger auf dem Markte von *ragione di stato* schwatzten[1], aber das erschien ihm mehr wie ein nobler Sport, der gemein zu werden anfing, und lächerlich und ungefährlich blieb. Wirklich gefährlich für die Fürsten aber wurde es, wenn die Brille des Tacitus tatsächlich in den Besitz der vielen geriet, denn dann konnte die Masse aufrührerisch werden, während die Fürsten die Unwissenheit der Massen doch dringend nötig brauchten, um sie mühelos zu beherrschen. Das sah Boccalini auch vollkommen ein und erklärte es für ein allgemeines Staatsinteresse, daß Tacitus seine Brillen nur mit Auswahl an Sekretäre und Räte von Fürsten gebe, wie es denn auch selbstverständlich sei, daß die Fürsten die ihnen schädlichen politischen Schriften unterdrücken müßten[2]. Aber ihm selber war es eine Wonne, solche Schriften zu schreiben, und er dachte als freier Geist, der er war, nicht daran, sich sein Recht auf genaueste Betrachtung der politischen Nuditäten einschränken zu lassen. Das »Flittergold«, mit dem Boteros Definition das Wesen der *ragione di stato* verhüllt hatte, verachtete und verhöhnte er[3].

In einer seiner lustigen Parnaßszenen[4] wird der Großfürst von Moskau getadelt, daß seine Untertanen wie das Vieh lebten und

---

[1] *Ragguagli* 1, 315; *Bil. pol.* 3, 81. Auch Zuccoli, der 1625 über die *ragione di stato* schrieb, bezeugt, daß damals die Barbiere und Handwerker in den Kneipen über die *ragione di stato* debattierten. *Diss. de ratione status* (latein. Übersetzung von J. Garmers 1663, S. 2).

[2] Kommentar zu *Agricola* S. 13, *Ragguagli* 2, 249.

[3] *Ragguagli* 2, 290.

[4] *Pietra del paragone* (in *Bil. pol.* 3, 186).

nicht lesen und schreiben könnten. Er erwidert: Weil ich gesehen, daß die freien Künste anderwärts ein schreckliches Feuer angerichtet haben, so bin ich entschlossen, in meinem Großfürstentum solch schädliches Unkraut nimmer einwurzeln zu lassen. Wenn die Holländer und Seeländer in ihrer alten Einfalt und Unwissenheit geblieben und ihre reinen Herzen nicht von der schädlichen Pestilenz griechischer und lateinischer Sprachen und Künste angesteckt wären, so hätten sie nicht die alte Religion und so viele Fürsten ausgerottet und so herrliche Republiken, dergleichen Solon, Plato und Aristoteles niemals ersinnen konnten, aufgerichtet. Die Versammlung auf dem Parnaß ist zwar entsetzt über diese Auslassungen, aber mehrere der größten Potentaten stimmen dem Moskowiter zu. Der Herzog von Urbino aber erklärt, lieber wolle er sein Land verlassen, als die freien Künste aufgeben. Wo die Menschen Idioten sind, heißt es ein andermal, da gibt es Königreiche und Monarchien; wo Wissenschaften und große Geister sind, gibt es Republiken. Denn durch die Wissenschaften lernt man untersuchen, welche Grenzen die fürstliche Gewalt hat; durch sie finden wir die Mittel, ihr die Hände zu binden und sie aus dem Staate zu verjagen. Man sieht, wie stark ihn innerlich die erfolgreiche Erhebung der niederländischen Freistaaten beschäftigte. Wir erinnern uns, daß ihm die Republiken auch als die Staaten erschienen, in denen das Gemeinwohl über dem Privatinteresse stünde und die Gesetze mit absolutester Gewalt herrschten. Und zugleich hielt er auch die Republik, zwar nicht ausnahmslos, aber ihrem natürlichen Wesen nach für den Staat der Selbstgenügsamkeit und friedlichen Politik. Freiheit und große Macht erschienen ihm als unvereinbar. So sah er in der Republik sein volles Kultur- und Staatsideal verwirklicht. »Das wahre Vaterland für den Menschen ist die freie Stadt[1].« Aber es war, für ihn persönlich wenigstens, kein propagandistisches Ideal, für dessen Verwirklichung man leben und sterben will. Er malte es wohl in einer geistreichen Parnaßszene[2] aus, wie die Fürsten Europas gegen die ansteckende Idee der Freiheit, die von den deutschen und niederländischen Republiken ausging, eine Liga der monarchischen Interessen zu schließen versuchen, sich aber sagen müssen, daß man eine solche Idee überhaupt schwer und am

---

[1] *Bil. pol.* 1, 495; vgl. noch 1, 339, 342, 349, 402.
[2] *Ragguagli* 2, 17 ff.

wenigsten mit gedungenen Söldnerheeren niederwerfen könne[1]. Aber wenn auch in seiner Seele, ebenso wie einst in der Machiavellis, der heiße Wunsch brannte, auch Italien einmal frei zu sehen, so waren das doch Träume einer fernen Zukunft für ihn, und für die Gegenwart erhoffte er nichts. Es war ihm genug, daß es hier und da in der bösen Welt der Fürsten noch Zufluchtsstätten republikanischen Geistes gab. Es war auch selbstverständlich dabei, daß diese Asyle für kultivierte Geister seines Schlages nur als streng aristokratisch regierte Gemeinwesen ihre Funktion ausüben und die nötige Ruhe und Stabilität gewähren konnten. Vor der reinen Demokratie, der Herrschaft ungebildeter und zügelloser Massen graute ihm[2].

So eigentümlich verschränkt also waren seine Interessen und Ideale. Die Leidenschaft des politischen Erkennens widmete er einer Welt, die er verabscheute, aber deren Verständnis ihn mit Hochgefühl erfüllte. Eben die Dinge, die ihn moralisch abstießen, zogen ihn intellektuell an. Er wurde ein scharfer und tiefer politischer Denker in eigentlich unpolitischer Gesinnung. Wie eigentümlich und fremdartig berührt den Modernen diese geistige Einstellung, die so vielleicht nur in der Atmosphäre der Renaissance und der Gegenreformation möglich war. Boccalini

---

[1] Die hier antizipierte »Heilige Allianz« von 1815 schließt witzig damit, daß die Fürsten sich eifrig zusichern, einander zu helfen gegen die Republiken, aber im Herzensgrunde sich vornehmen, jeder nach seinem eigenen Interesse zu handeln.

[2] Hauptstellen über Demokratie und Massenherrschaft: *Bil. pol.* 1, 48, 186, 337 f., 340. Nur die Deutschen, gibt er zu, »*così sottili e eccellenti institutori di republiche, come inventori e fabricatori di varii instromenti, hanno prima, e solo trà tutti gli huomini saputo trovare il temperamento mirabile di fare una democrazia quieta, che si governi con prudenza e con osservazion delle leggi*«. Unter den deutschen Republiken versteht er oft zugleich auch die niederländischen. — Noch ein kleiner Scherz von ihm über die Deutschen mag hier eine Stelle finden. Die Deutschen weigern sich, ein allgemeines Gesetzbuch für die Völker, das Nüchternheit vorschreibt, anzunehmen. Ihr anderen Völker, sagen sie, lebt unter der Knechtschaft der Fürsten, wir aber haben unsere Freiheit bewahrt, weil wir trinken. Wären wir immer nüchtern, so würden wir ebenso treulos und verschlagen sein wie ihr, und die Ehrgeizigen könnten ihre bösen Pläne nicht so verhüllen wie bei euch. *Il soverchio vino bevuto hà virtù di fare i corpi diafani. Ragguagli* 2, 123 ff.

selber fühlte, daß er immer zwischen zwei Welten hin und her ginge, der Welt des Scheins, der *apparenze* und der Welt der *essenza,* aber er fühlte es nicht als Problem, sondern als unabänderliche Tatsache, über die man geistreiche Glossen, aber keine persönlichen Skrupel sich zu machen hatte. Denn unabänderlich war diese Welt des Scheins und unberührbar durch die Ideale, die in der Welt des Seins lebten. Denn war nicht diese böse Welt des Scheins auch die natürliche Welt? War es nicht Gesetz unter allen Lebewesen, daß die großen Fische die kleinen Fische verzehren und die Schwachen von den Starken beherrscht werden[1]? Was kam also bei dem idealistischen Doktrinarismus eines Cato heraus? Du machst Musik für Taube, läßt Boccalini ihm zurufen, und hast weder für dich, noch für die Allgemeinheit etwas erreicht. Boccalinis *ceterum censeo* also war und blieb, daß man die Segel nach dem Winde spannen müsse, — und doch verachtete er zugleich die, die so handelten.

Er verzichtete auf Propaganda für sein republikanisches Ideal aber nicht nur aus weltmännischer Läßlichkeit und philosophischer Resignation, sondern auch aus einem feinen historischen und politischen Gefühle. Das, was in Venedig lebendig war, lerne man, bemerkte er, nicht aus Büchern und von Menschen, sondern müsse mit der Muttermilch eingesogen sein. Venetianische Gesetze seien unübertragbar, Republiken seien wie Bäume, die langsam wachsen und spät Frucht tragen. Überstürzte Freiheit führe, wie Florenz zeige, nur zu leicht zu neuer Tyrannis. Überhaupt könne man gute Gesetze nicht ohne weiteres auf andere Länder übertragen, denn sie müßten dem Geiste, dem *genio* derer entsprechen, die ihnen gehorchen sollen[2]. Gesetzesmacherei und *fureur de gouverner* waren ihm zuwider. Aus seiner eigenen Praxis als Gouverneur im Kirchenstaate wußte er ein Lied von der Torheit und Schädlichkeit massenhafter, sich gegenseitig aufhebender Verordnungen zu singen, und den Juristen und Literaten im Regimente war er nicht hold. »Größte Torheit zu sagen, daß die Philosophen herrschen sollen. Die Philosophen, die wahren *letterati* der Fürsten,

---

[1] Beneducci, Boccalini S. 102 macht auf diesen naturalistischen Anklang an Darwin und Spencer aufmerksam. Er hätte auch an Spinoza, der dasselbe Bild gebrauchte (*Tractatus theologicopoliticus* c. 16), erinnern können.

[2] *Ragguagli* 1, 143 ff.; *Bil. pol.* 1, 182 f.

sind die Praktiker an den Höfen, die seine und der anderen Fürsten Interessen, Dependenzen, Finanzkräfte und Festungen kennen.« Letzten Endes galt ihm wahre, höchste Regierungskunst als weder theoretisch noch praktisch erlernbar, sondern als angeboren, als Geschenk Gottes[1].

Alle diese Gedanken zeigen aufs neue, daß Boccalini kein ausgeklügelt Buch, sondern ein saftiger Vollmensch von höchster intellektueller Kultur und zugleich lebendigstem Wirklichkeitssinne war, ein »lebendes Buch« als Mensch, um eines seiner Lieblingsworte anzuwenden, — ein Verächter der Philosophie im politischen Gewerbe und zugleich der politisch revolutionierenden Wirkung der Wissenschaft bewußt, ein Verehrer der Aristokratie und doch wie sein Freund Paolo Sarpi stolz darauf, daß der wahre Adel nicht im Blute, sondern im Gehirne sitze. Es lebt und treibt in ihm alles lebendig und ursprünglich nebeneinander. Trotz aller Skepsis und meisterhaft geübten Ironie versank er nicht in eine ironische Weltstimmung, sondern blieb, dem Geiste der Renaissance getreu, eine naive Natur, die getrost ihrem Instinkte folgte. Alle seine Einsichten entstanden intuitiv, befruchtet wohl durch seine humanistische Bildung, aber nicht sklavisch aus ihr übernommen. Wäre er ein systematischer Kopf gewesen, so würde er der Begründer einer umfassenden Lehre von den Interessen der Fürsten und Staaten geworden sein, denn alles drängt bei ihm eigentlich schon darauf hin, und ihn selbst ließ, wie wir sahen, der Anblick des Dämons Staatsinteresse nicht zur Ruhe kommen. Nehmen wir jetzt den Faden wieder auf, den wir fallen ließen, um seine geistige Gesamtnatur erst kennen zu lernen.

Wir sahen, daß Boccalini schwankte zwischen einer rein moralisierenden Beurteilung der fürstlichen Interessenpolitik und dem Zugeständnis, daß sie unter dem unentrinnbaren Zwange staatlicher Sicherheit und Selbstbehauptung stehe. »Der Fürst, der nach Notwendigkeit, nicht nach dem Willen seines Geistes handelt, ist gezwungen, Dinge zu tun, die er haßt und verabscheut.« Und diese Auffassung war das dominierende Endergebnis seines Denkens, zu dem er sich freilich in immer neuen Anläufen wieder durchdringen mußte. Ich habe es mir klar gemacht, fuhr er fort[2],

---

[1] *Bil. pol.* 1, 390; 2, 211; *Ragguagli* 1, 150, 246.
[2] *Bil. pol.* 1, 202.

daß Philipp II. den Don Carlos töten ließ[1] nicht zur Strafe seiner schlechten Sinnesart, sondern um England, Frankreich, Italien und andere Feinde Spaniens zu verhindern, sich des Don Carlos gegen ihn zu bedienen, um der Ruhe seines Staates und seines Lebens willen. Es sei wohl, äußerte er ein andermal[2], barbarische Grausamkeit, wenn Fürsten ihre Herrschaft sicherten durch Tötung von Verwandten, aber man könne dabei nur die Notwendigkeit beklagen, denn zu viel Schößlinge königlichen Blutes seien nicht gut, und einige überflüssige Äste abzuschneiden, sei keine so große Gottlosigkeit, wie es scheine, sondern bedeute zuweilen Liebe (caritá) der Fürsten für ihre Völker. Dies grausige Wort erklärt sich nicht nur aus der Roheit der Zeit, die auch das Jahrhundert seit Machiavelli noch nicht zu überwinden vermochte. Es floß auch aus der erschütternden, aber von ihm mit eiserner Ruhe gebuchten Beobachtung, die schon an den modernen Relativismus anklingt, daß die Welt der guten und bösen Handlungen und Wirkungen nicht eindeutig voneinander geschieden ist. Ebenso selten, bemerkte er[3], wie die Medikamente sind, die mit den schlechten Säften dem Körper nicht auch gute und lebensnotwendige Säfte entziehen, ebenso selten sind die guten Ordnungen in der Regierung eines Staates, die nicht irgendeinen Schaden nach sich ziehen, und im Gegenteil geschieht es sogar oft, daß Fürsten aus den Unordnungen im Staate großen Nutzen gezogen haben. Rom erlitt von seinen tüchtigen und kräftigen Bürgern größeren Schaden als von seinen schlimmsten Unholden. Schädlich und nützlich zugleich sind auch die guten Wissenschaften und die Erfindung des Buchdrucks. Zu den Schriften, die in Deutschland gegen die wahre Religion erschienen, gesellten sich auch solche von enorm revolutionärem Inhalte gegen die Fürsten, — »Trompeten und Trommeln, die die Völker zur offenen Rebellion riefen.«

Die »wahre Religion«! Boccalini bedauerte, daß Karl V. sich begnügt habe, die Schriften Luthers verbrennen zu lassen, statt ihn selber, diesen Pestherd, unschädlich zu machen. Er teilte in keiner Regung die Sympathie seines Freundes Paolo Sarpi für

---

[1] So war die allgemeine, in diesem Falle unbegründete Annahme der Zeitgenossen; vgl. Platzhoff, Theorie von der Mordbefugnis der Obrigkeit im 16. Jahrhundert, S. 76.
[2] Bil. pol. 1, 472.
[3] Das. 2, 468; dazu Kommentar über Agricola S. 5 u. 12.

protestantische Lehren, obwohl er dessen Kampf gegen die politischen Übergriffe der Kurie unterstützte und die unsauberen Machenschaften mancher Päpste rücksichtslos geißelte. Mit Befriedigung bemerkte er, daß es im ganzen in Italien mit der Religion jetzt besser stünde als früher, aber spezifisch religiöse Gesinnung wird man bei ihm nicht vermuten dürfen. Er schalt auf den Mißbrauch der Religion für politische Zwecke, aber seine Gesamtwürdigung der Religion ist selber von politischen Zwecken durchtränkt. Sie war ihm für die Völker das, was der Zügel für das Pferd ist; ohne Gehorsam gegen die göttlichen Gesetze gäbe es auch keinen Gehorsam gegen die menschlichen Gesetze. Religion also war Herrschaftsmittel, um Herden von vielen Millionen damit zu hüten, Staatsinteresse. Und deswegen galt ihm auch Einheit der Religion im Staate als Staatsinteresse. Die Völker konnten nach seiner Meinung den Fürsten, der anderer Religion war als sie, nicht wirklich lieben, sondern mußten ihn hassen. Wo zwei Religionen seien, seien auch zwei Häupter im Staate. Er ließ in einer seiner Szenen auf dem Parnaß den Bodinus zum Feuertode verurteilen wegen seiner staatsverderblichen Lehre von der Toleranz[1].

Es war die *communis opinio* seiner Zeit, die er damit wiedergab, nur darin bemerkenswert, daß die harte *ratio status*, nicht religiöser Fanatismus aus ihm sprach. Aber auch darin gab er nur das wieder, was wirklich war. Denn die Staaten konnten in der Tat erst dann wagen, tolerant zu werden, als sie stark genug geworden waren, religiösen Dissens im Innern vertragen zu können ohne Gefahr für den Gehorsam der Untertanen; die Begründung stehender Heere ist deshalb der wichtigste Hebel zur Toleranz geworden. Boccalini tat aber dem geschichtlichen Leben Gewalt an, wenn er das ganze konfessionelle Problem seiner Zeit in die Kategorien seiner Interessenlehre hineindrängte. Er wagte den Satz: »Die Furcht vor der monströsen Macht Karls V. war die wahre Ursache der jetzigen Ketzereien[2]«; aus Staatsinteresse hätten übelgeartete Fürsten die Ketzereien Luthers und Calvins unterstützt. Die gottlosen modernen Politiker hätten das Mittel des *divide et impera* auch auf die Religion angewandt, um die

---

[1] *Ragguagli* 1, 225 ff.
[2] *Bil. pol.* 1, 475, vgl. 434f.; 2, 225; 3, 148.

Völker noch mehr zu entzweien, während die Alten noch nicht die Gottlosigkeit gehabt hätten, die Interessen Gottes mit denen des Staates zu vermengen. Es ist überflüssig, Übertreibung und Wahrheit in diesen Sätzen voneinander zu scheiden. Die Einsicht in den Zusammenhang der Machtkämpfe gegen Karl V. mit dem Schicksal des Protestantismus berührt doch trotzdem wie eine blitzartige Erkenntnis. Und die ganze furchtbare Stimmung und Spannung, die dem Ausbruche des Dreißigjährigen Krieges vorherging, lebt in seinem Worte: »Da aber die modernen Ketzereien Staatsinteresse geworden sind, werden sie nicht mehr von Konzilien mit Disputationen und Dekreten, sondern von den bewaffneten Heeren entschieden.«

Viel schwerer als an der Ketzerei trug er im Grunde als leidenschaftlicher Italiener und echter Nachfahre Machiavellis an der spanischen Herrschaft. Ihr widmete er einen wütenden Haß, und diese Stimmung allein verhinderte ihn vielleicht schon, dem weitverzweigten System der spanischen Interessen eine so feine und kühle Untersuchung zu widmen, wie sein politisches Ingenium es wohl vermocht hätte und der moderne Historiker gern von ihm erwartete. So malte er denn im wesentlichen nur mit etwas groben Farben die brutalen Herrschaftsmethoden der Spanier im Innern ihrer unterworfenen Länder. Sie verstehen es, meint er, besser als die Franzosen, die eroberten Staaten zu halten, weil sie die Grausamkeit besitzen, die der Hauptnerv zur Behauptung neuer Staaten ist. »Zu wüten gegen die vornehmsten Barone eines neuen Staates, das ganze königliche Geblüt in ihm auszurotten, die Völker dermaßen niederzudrücken, daß sie weder Kraft noch Geist behalten, um ihre Freiheit wiederzuerobern, das ist die Spezialwissenschaft der Spanier[1].« Französische Herrschaft ist wie ein heftiges Fieber von kurzer Dauer, spanische Herrschaft wie Schwindsucht im Körper. Die Spanier stufen dabei wohl ihre Herrschaftsmethoden ab, sind insolent auf Sizilien, weniger insolent in Neapel, noch weniger in Mailand und sind in Flandern sogar jetzt liebenswürdig geworden, aber das rührt nur her von dem größeren oder geringeren Maße von Feigheit *(viltà)* derer, die ihnen gehorchen. Wie ein Aufschrei war es, wenn er dann wieder sagen konnte: An den Niederlanden erfuhren die Spanier,

---

[1] *Bil. pol.* 1, 28; vgl. 117, 134, 142, 356, 407; II, 73; *Ragguagli* 2, 187.

»daß die Welt leben will und nicht spanisch leben will.« Einen feinen politischen Trost schöpfte er immerhin aus der Vergleichung altrömischer und spanischer Herrschaftsmethoden: Spanien habe zum Glück nicht die Römer nachgeahmt, die es verstanden, alle unterworfenen Völker an das Bürgerrecht von Rom zu gewöhnen. Aber sein nüchterner Sinn machte sich klar, daß auch dieses rohere Herrschaftssystem zusammengehalten wurde nicht nur durch die Interessen eines Fürsten, sondern eines ganzen herrschenden Volkes. Ich erinnere mich, erzählt er einmal, der Gespräche in Rom beim Tode Philipps II. Die einen erwarteten, daß es bei der Jugend seines Nachfolgers und wegen der Unzufriedenheit der von Philipp II. schlecht behandelten Granden zu Erschütterungen kommen werde. Die andern aber, die recht behielten, sagten: Nein, das Interesse der Spanier an den guten Stellen in den beherrschten Ländern ist so eng verknüpft mit der Größe ihres Königtums, daß sie sich hüten werden, durch Bürgerkriege sich selbst die Pforte zum Unglück zu öffnen.

An dem großen Machtkampfe zwischen Spanien und Frankreich um das Schicksal Italiens hat sich bekanntlich die Einsicht in den Mechanismus des europäischen Gleichgewichtes, in das automatische Spiel der Interessengemeinschaft aller von einer übermäßigen Einzelmacht bedrohten Staaten entwickelt. Selbstverständlich, wie sie bei den Venetianern lebte, hatte sie auch Boccalini. Die Lehre vom europäischen Gleichgewichte ist ja nichts anderes als ein Ausschnitt aus der Lehre von der Staatsräson und den Staatsinteressen und dürfte eigentlich nur im Zusammenhange mit dieser behandelt werden. Dabei gab denn Boccalini einer Neigung nach, die in der späteren rationalistischen Geschichtsbehandlung obsiegen sollte, aber auch schon im Geiste der Renaissance und insbesondere der von ihr hervorgebrachten Interessenlehre wurzelte. Er nahm ein bewußtes, von Zwecken geleitetes Handeln auch da an, wo nur tatsächlich durch die Gewalt der Umstände Wirkungen hervortraten, die solchen Zwecken entsprechen konnten. Der Schein, als ob hier eine dirigierende Hand im Spiele sei, verführte zu der Annahme, daß sie in der Tat im Spiele sei. So führte denn Boccalini den Aufstand der Niederlande, der allen Gegnern Spaniens Luft verschafft hatte, auf einen bewußten Akt von Gleichgewichtspolitik, auf eine Machenschaft aller derjenigen Fürsten zurück, die nicht wünschten, daß ganz Italien die Beute

Spaniens würde¹. Sie waren es, die nach seiner Meinung den niederländischen Aufstand erregten, der nun »das einzige Heil Italiens« wurde. Boccalini konnte auch nicht anders, als mit Sympathie und Hoffnung auf Frankreich und Heinrich IV. blicken, obwohl er genau wußte, daß auch Frankreichs Interessen nicht in reiner, harmonischer Gleichgewichtspolitik sich erschöpften. Er erwog sogar, daß für die allgemeine Freiheit Italiens Mailand in französischer Hand gefährlicher sein würde als in spanischer, weil es durch seine territoriale Verbindung mit Frankreich den Appetit der Franzosen auf die ganze Apenninenhalbinsel erregen könne.

Aus dem Schicksal, das Italien tragen mußte, und aus der geschichtlichen Umwelt Boccalinis erklärt es sich zur Genüge, daß Boccalinis Aufmerksamkeit mehr dem inneren als dem äußeren Interessenspiel der Staaten galt. Das Verhältnis von Herrschern und Beherrschten, von Macht und Freiheit im Innern, die Antithese von höfischem Fürstentum und aristokratischer Republik und die *arcana imperii* des einen wie der anderen, das waren die Fragen, die den in Stickluft lebenden, nach Freiheit schmachtenden Denker im Grunde der Seele bewegten. Nur bei einem Staate hat er es vermocht, ein Gesamtbild seiner Staatsräson, seiner inneren und äußeren Interessen wenigstens skizzenhaft zu konstruieren, — der Türkei. Hier lag, abseits vom christlichen Völkerleben, ein ganz anders geartetes Staatswesen vor, das nicht nur wegen seiner machtpolitischen Entladungen als Gewitterwolke am europäischen Horizonte, sondern auch, und vielleicht sogar noch mehr durch seine wunderbare innere Struktur die Aufmerksamkeit der politischen Köpfe fesselte. Luther schon hatte von dem feinen weltlichen Regimente der Türken mit Anerkennung sprechen können². In der Türkei schien verwirklicht, wonach das politische Denken der Renaissance immer strebte: ein Kunstwerk bewußter zweckvoller Architektur, ein Staatsmechanismus, der wie eine Uhr aufgezogen wurde und die verschiedenen Gattungen, Kräfte und Eigenschaften der Menschen als seine Federn und Räder benutzte. Dieser Türke, sagt Boccalini bewundernd³, der keinen gottlosen Bodinus und keinen verbrecherischen

---

[1] *Bil. pol.* 1, 474.
[2] Im Christl. Adel, Weimarer Ausg. 6, 459.
[3] *Ragguagli* 1, 107; dazu 2, 237, 271 und *Bil. pol.* 1, 377.

Machiavelli gelesen hat, ist trotzdem ein perfekter Politiker. Diese ganz barbarischen Fürsten und erklärten Erzfeinde der guten Wissenschaften verstehen sich dennoch aufs genaueste auf die Regierung der Welt und wissen die allerüberfeinste *ragion di stato* zu handhaben. An dem berühmten Beispiele der Janitscharen, die aus den ausgehobenen Christenkindern rekrutiert, die Stoßtruppe des erobernden Islam damals bildeten, konnte er das leicht erläutern. Man läßt auch die tüchtigen unter ihnen nicht zu Kommandostellen zu, weil sie zu viel Anhang bei der breiten Masse der Janitscharen haben würden, während die kleinere Zahl der Christenkinder, die als Pflanzschule für die höheren Staatsämter ausgesucht und aufgezogen werden, nicht so viel Anhang haben und sich durch die Rivalität, die sie untereinander haben, unschädlich für den obersten Machthaber machen. Ebenso gottlos wie raffiniert politisch gedacht erschien ihm das ganze System des Islam: das Verbot des Weines schafft nüchterne Soldaten, die Vielweiberei bringt durch den übermäßigen Nachwuchs die vermögenden Familien immer wieder auf ein niedriges Niveau herab, die diabolische Lehre vom Kismet erzeugt eine wilde Tapferkeit. Die Vorschrift, kein Land zurückzugeben, in dem schon eine Moschee gebaut ist, führt zu wütendster Verteidigung neu eroberter Lande. Das Verbot für Sultane, neue Moscheen zu bauen, wenn sie nicht zuvor ein neues Stück Land erobert haben, stachelt sie zu Kriegen an. Die Lehre, daß die Seelen derer, die in Ungnade des Fürsten sterben, verloren sind, erzieht zu größter Deferenz. Die religiöse Vernachlässigung der Frauen zeigt, daß dem Stifter des Islam nur an den Diensten der Männer gelegen war.

Und nun die ebenso scharfsinnig durchdachten Methoden der auswärtigen Politik und Kriegführung. Der Türke führt radikale Niederwerfungskriege gegen solche große, aber in sich uneinige Reiche, die man ganz niederwerfen und erobern kann, — kurze Kriege gegen solche, die man wegen ihrer eigenen Stärke oder wegen ihrer Allianzen nicht gleich niederwerfen kann. Er begnügt sich dann mit einer kleinen Landabtretung. Er weiß auch, daß man durch lange Kriege seinen Gegner militärisch stärken kann. In den Kriegen gegen den Kaiser pflegt er ihn nur leicht zu rupfen, einmal, um die deutsche und ungarische Nation nicht zu kriegerisch zu machen, und dann, weil es die beste Methode des Eroberers ist, nicht vieles auf einmal, sondern weniges, aber sicher zu erobern. Wer fett werden will, muß nicht auf einmal viel essen, sondern jeweils wenig essen und viel verdauen. Denn neu eroberte Lande zu halten, ist ein mühsames Geschäft, besonders wenn sie von kriegerischer und andersgläubiger Bevölkerung bewohnt sind, noch mehr, wenn ein mächtiger Fürst übrig bleibt, der das Verlorene sich wieder holen kann. Kurze Kriege pflegt der Türke ferner auch gegen solche Fürsten zu führen, deren Niederwerfung die Eifersucht anderer großer Potentaten erregen könnte. An dem cyprischen Kriege, wo man bei Lepanto das Seeprestige verlor, hat man zu seinem Schaden die Gefahr christlicher Ligen erfahren. Unfruchtbare Länder, wie Polen und Moskau, läßt man liegen, strebt aber nach Friaul, um die Straßen nach Italien zu gewinnen.

Da hat man etwa die Quintessenz zahlloser politischer Gespräche, wie sie damals in Rom, Venedig und Florenz zwischen welterfahrenen Geschäftsmännern, Klerikern und Literaten geführt wurden. Die Nachrichten aus dem Orient, die von Mund zu Mund gingen, mochten dann in der Konversation scharfsinnig interpretiert und bei weiterem Nachdenken in einen Zusammenhang gebracht werden, wie ihn hier Boccalini gibt[1]. Von einem Quellenwerte, wie ihn etwa die venetianischen Relationen über die Türkei beanspruchen, kann da keine Rede sein. Es ist geistvolle, stilisierende Reflexion, die jene vorhin charakterisierte Neigung, möglichst viel zweckbewußte Ratio im historischen Geschehen anzunehmen, deutlich verrät. Für unsere Aufgabe aber ist dies Raisonnement überaus lehrreich. Denn Boccalini zieht hier mit einem Gemisch von Ironie, Bewunderung und Abscheu die letzten, äußersten Konsequenzen seiner Lehre von der Staatsräson und hält den Fürsten seiner Zeit den Spiegel vor. Seht, sagt er ihnen gewissermaßen, da habt ihr euren Meister, der in der Kunst der höllischen Latwergen euch alle übertrifft. Und dieser grauenhafte Staatsmechanismus, der die Gottheit beleidigt und die menschliche Natur entwürdigt, ist aufgebaut von Barbaren und weiß nichts von Kultur. Die *ragione di stato*, der fürstliche Staat der Renaissance, bedarf also, um seine Vollkommenheit zu erreichen, keiner Kultur, er ist — diese Konsequenz mochte sich

---

[1] Einige verwandte Ausführungen findet man etwa in Campanellas Diskurs von der spanischen Monarchie, c. 23.

Boccalini nicht bewußt ziehen, aber sie lebte in ihm und springt aus seiner ganzen Gedankenwelt hervor — nicht nur kulturlos, sondern auch kulturwidrig. Daß er dann doch wieder, echt renaissancemäßig, sich magisch angezogen fühlt von diesem Medusenhaupte und die Kraft, die Größe und den Schicksalszwang des fürstlichen Staates empfinden konnte, sahen wir.

Die innere Gottlosigkeit und Unsittlichkeit im werdenden modernen Staate, sein völlig zwiespältiges Verhältnis zu den Kulturidealen des Zeitalters, das Unbefriedigende und Beleidigende an ihm, aber auch das Unabweisliche und Unwiderstehliche seiner Lebensmotive, kurz dies ganze Gewebe von menschlicher Leidenschaft, menschlicher Vernunft und übermenschlichem Schicksal in ihm, rational und irrational zugleich, — ist von keinem Denker dieser Jahrhunderte so tief und schmerzhaft gefühlt worden. Darin liegt zunächst schon seine geschichtliche Bedeutung, daß er uns die Nachtseite der geschichtlichen Entwicklung durch die lebendige Empfindung des Zeitgenossen erst ganz deutlich macht. Das darf man sagen trotz der Abstriche, die man von der bitteren und zornigen Übertreibung seiner Satire machen muß. Zum Reformator oder Revolutionär war er nicht geschaffen, eine wirkliche, höher führende Synthese von Macht, Freiheit und Kultur konnte er nicht entdecken. Die Möglichkeiten der Zeiten waren ebensowenig dazu reif, wie sein eigener Skeptizismus dazu taugte. Da er Macht und Freiheit für unvereinbar hielt, flüchtete er mit seiner Freiheitsglut in das Stilleben des aristokratischen Stadtstaates, der zwar keine geschichtliche Zukunft hatte und auf eine mechanische und skrupellose[1] Gleichgewichts- und Interessenpolitik genau ebenso angewiesen war wie der fürstliche Staat, aber doch noch in sich eine gewisse organische Lebendigkeit und Bodenständigkeit damals besaß. Nur ganz ferne dämmert an dem Horizonte seiner Gedanken die Ahnung, daß die Völker das Joch der Fürsten nicht ewig ertragen würden — und gar nicht ahnte er, daß auch die fürstenlosen Völker dereinst die Sünden der fürstlichen *ragione di stato* fortsetzen könnten.

Seine dauernde geschichtliche Bedeutung für unser Problem aber liegt darin, daß er es zum ersten Male in seiner ganzen

---

[1] Vgl. z. B. über die Mordpraxis in Venedig Platzhoff, Die Theorie der Mordbefugnis der Obrigkeit im 16. Jahrhundert, S. 13 ff. u. 32 ff.

furchtbaren Zwiespältigkeit gesehen hat. Er mußte ein Italiener und Nachfahre Machiavellis sein, um es empirisch in voller Schärfe zu erfassen, um die naturhafte Notwendigkeit und Unvermeidlichkeit des Handelns nach Staatsräson anzuerkennen. Er mußte ein Kind der Gegenreformation sein, um gleichzeitig auch die Sünde, die damit verbunden war, unmittelbar zu empfinden. Machiavelli hatte diese Sünde nicht empfunden, seine Gegner wieder verstanden in der Regel nicht die naturhafte Notwendigkeit der Staatsräson. Daß Boccalini das sittliche Urteil mit der realistischen Erkenntnis vereinigen konnte, macht ihn so interessant für den modernen Historismus. Auch dieser will die Welt der sittlichen Werte und die Welt der Wirklichkeit immer gleichzeitig umfassen, will weder einseitig moralisieren, noch einseitig naturalisieren und sucht nun — wir werden diesen Hergang von Hegel ab später zu verfolgen haben — nach einer inneren Brücke, nach einer irgendwelchen inneren Lösung des Zwiespalts. Die Lösung, die Boccalini für sein persönliches Bedürfnis fand, war zu renaissancemäßig und zu instinktiv-individuell, um dauernd etwas zu bedeuten, — denn er tröstete sich mit dem geistigen Genusse, den das Schauen in Abgründe ihm bereitete. Aber das haben die größten unter den Problemen des geschichtlichen Lebens an sich, daß sie selber zeitlos sind, ihre Lösungsversuche zeitgeschichtlich vergänglich sind und relativ bleiben. Dafür entschädigen sie durch den individuellen Lebenshauch, der von ihnen ausströmt.

VIERTES KAPITEL

Campanella

In den Gedanken Boccalinis spiegelt sich die schlimme Lage, in die der geistige Mensch insbesondere in Italien durch das Zeitalter der Gegenreformation geraten war. An welche Erscheinungen der geschichtlichen Welt, die ihn umgab, sollte er sein Herz hängen? Die durch das Tridentiner Konzil erneuerte Kirche galt wohl jetzt, seitdem die evangelisierenden und libertinischen Regungen rücksichtslos unterdrückt wurden, den meisten als ein sakrosankter Wert, aber von einer inneren religiösen Wärme war in einem Manne wie Boccalini keine Spur. Und wer aus eigenem leidenschaftlichen Lebensgefühle und Erkenntnisdrange sich ein inhaltsreiches, gotterfülltes Weltbild zu schaffen oder die Gesetze des Universums frei zu erforschen versuchte, lief Gefahr, auf den Scheiterhaufen geführt zu werden, wie Giordano Bruno, oder in den Kerker zu wandern, wie Galilei und Campanella. Welche quälenden Probleme aber das damalige Staatsleben aufgab und wie unbefriedigend die Situation des nach politischen Idealen strebenden Denkers war, sahen wir am Beispiele Boccalinis. Ein Jahrhundert früher und wiederum ein Jahrhundert später war die Situation günstiger. Machiavelli konnte auch im Unglück seines Volkes noch für seine politische Regeneration arbeiten. Ein Jahrhundert später wurde der konsolidierte Staat des Absolutismus schon durch die ersten Strahlen der Aufklärungsbewegung beglänzt, und man konnte an neue Ziele für ihn denken. Zwischen der Renaissance und der Höhezeit des Absolutismus aber lagen wirre und trübe Übergangszeiten, in denen die monarchischen Staaten des Kontinents, unfertig in ihrer Struktur und ihren äußeren Grenzen, mühsam mit ungenügenden Machtmitteln gegen äußere und innere Feinde kämpfend, einen überaus unerfreulichen, vielfach abstoßenden Anblick darboten. Ihr Lebensgedanke war die *ragione di stato,* das unbedingte und zugleich klug geleitete Streben nach Macht mit großen und kleinen, reinen und unreinen Mitteln. Aber die Erfolge dieses Strebens waren noch so begrenzt und fragwürdig, daß sie die kleinen und unreinen Mittel, zu denen die Fürsten in ihrer Machtlosigkeit greifen mußten, nicht zu überstrahlen vermochten. Der Staat hatte noch keinen inneren Adel, und die *ragione di stato*, weit entfernt, sein Machtstreben ideal zu rechtfertigen, galt als seine unvermeidliche *partie honteuse*, die von den ganz Ehrlichen, wie Boccalini, satirisch entblößt, von den minder Ehrlichen, wie Botero, salbungsvoll verdeckt wurde.

Nein, was diese Italiener an den Höfen ihrer eigenen Fürsten, an der sie beherrschenden und drückenden Monarchie Philipps II. vor sich hatten, was sie hören konnten von den Monarchien der *Oltramontani*, war nicht geeignet zu begeistern und einen politischen Idealismus zu entzünden. Es war allenfalls geeignet, wie wir an der ganzen Schule der *ragione di stato* sahen und noch sehen werden, den Intellekt zu reizen zu scharfsinnigem Bohren und Wühlen in den Geheimnissen der Staatskunst.

Boccalini brach mitten in dieser Beschäftigung in den Aufschrei aus nach einer Generalreformation der ganzen häßlichen Welt, in der er lebte, und dieser Schrei wurde damals auch in Deutschland gehört[1]. Aber wie sollte es je zu einer solchen Reform des Staatenlebens an Haupt und Gliedern kommen, wo er selber konstatierte, daß die selbstische und unmoralische *ragione di stato* wie ein ehernes Naturgesetz das Handeln der Großen und ihrer Diener bestimmte. Wer einmal diese unheimlichen Abgründe der *ragione di stato* erkannt hatte und sich nicht, wie Boccalini, mit der zugleich erschütternden und verlockenden Kontemplation dieser Abgründe begnügen konnte, wer wirklich tatkräftig hinausstrebe aus der Verzweiflung in einen besseren Zustand der Gesellschaft,

---

[1] Seine Satire über die Generalreformation der ganzen Welt *(Ragguagli di Parnaso* 1, 258 ff. 1. Centurie. n. 77) spielt in der Geschichte des Rosenkreuzerwesens eine Rolle. Joh. Val. Andreä leitete sein halb scherzhaft, halb ernst gemeintes Buch *Fama fraternitatis* des löblichen Ordens des Rosenkreuzes 1614, das durch seine Mystifikation eines angeblich bestehenden Ordens Versuche, ihn zu gründen entfachte, mit der Besoldschen Übersetzung der Boccalinischen Generalreformation ein. Vgl. Guhrauer, Joachim Jungius, S. 60; Begemann, J. V. Andreae und die Rosenkreuzer, Monatshefte der Comeniusgesellschaft 18.

— für den gab es selber nur Auswege der Verzweiflung, einen *salto mortale* sei es nach dieser, sei es nach jener Richtung. Das war der Fall des großen Thomas Campanella, des Dominikanermönches aus Calabrien, des Dichterphilosophen und Weltreformers. Sein politisches und soziales Wirken war ein immer wiederholter Kampf gegen die *ragione di stato*, war, ganz prägnant gesagt, eine Reihe von Todessprüngen, um ihr zu entgehen, um sie zu überwinden mit ihren eigenen Mitteln und so die Menschheit von ihr zu erlösen. Dies ergreifende Schauspiel belehrt vielleicht tiefer über das innerste Wesen jener Epoche, als eine genaue Darstellung ihrer äußeren politischen Ereignisse. Denn die Schranken des inneren Schicksals, die ihr gesetzt waren, treten darin hervor.

Ein kurzer Blick auf die Haupttatsachen seines Lebens kann schon einen ersten Begriff von diesen Problemen geben.

Campanella, 1568 in Stilo geboren, in früher Jugend in den Dominikanerorden eingetreten, wurde zuerst ein kühner philosophischer Denker und Forscher, der die Autorität der Scholastiker und des Aristoteles zerbrach und die Forderung erhob, das Wesen der Dinge nicht mehr durch die trügerischen Schlüsse der eigenen Vernunft, sondern durch getreue Beobachtung der Natur zu erforschen. Das führte er nun freilich nicht konsequent durch, weil in seinem Geiste zu viel Leidenschaften, Triebe und Residuen älterer Denkweisen durcheinanderwirbelten. Aber in seinen reinsten Momenten und vor allem als Dichter erhob er sich zu einer großartigen Anschauung der all-einigen Natur und der von oben her sie erfüllenden Gottheit. Sein heißes, von starker Sinnlichkeit getriebenes Wollen drängte dahin, die Harmonie des Weltalls, die er kontemplativ erfaßt hatte, auch im Leben der Menschheit realisiert zu sehen, und rieb sich nun wund an den Übeln dieser Welt. Als feuriger und stolzer Süditaliener, der in seiner Heimat den Sitz der größten geistigen Kraft Europas sah, haßte er die spanische Herrschaft als ein Regime der brutalen Gewalt, der schwersten wirtschaftlichen und sozialen Bedrückung und Ausbeutung. An dem sozialen Leben aber, das ihn umgab, empfand er die innere Zusammenhanglosigkeit der Teile, den Mangel an leitender Vernunft und das schrankenlose Walten der Selbstsucht mit einer ganz ursprünglichen Intensität. Nicht oft ist der feurige Drang zum Höchsten mit den Hemmungen dieser Welt so hart aufeinander gestoßen. »Gebundnen Flugs streb' ich zum Sternenschein.« Aber auch in ihm selber lagen nie ganz überwundene Hemmungen. Die trübsten und rückständigsten Mächte seiner Zeit, Aberglaube, Astrologie, Pedanterie und Fanatismus, dazu eine prahlerische Großmannssucht beherrschten einen Teil seines Wesens, und seine südliche Sinnlichkeit floß auch in die utopischen Ideen seiner Sozial- und Staatsreform, die er noch in den letzten Jahren des 16. Jahrhunderts ausgebildet haben muß. Wie weit er sich damals auch von der Kirche und ihren Dogmen und Einrichtungen innerlich losgelöst hat, und ob er wirklich, wie die Zeugen sagten, Gott mit der Natur schlechthin gleichgesetzt und das Christentum als reines Menschenwerk angesehen hat, wagen wir nicht mit Sicherheit zu entscheiden[1]. Aber ein Revolutionär war er, und angeregt durch astrologische Berechnungen, die auf große Welterschütterungen und seine eigene Prophetenrolle hindeuteten, erhob er im September 1599 in Kalabrien die Fahne des Aufruhrs und verschmähte selbst die Hilfe der Türken dabei nicht. Der Aufstand wurde noch im Keime unterdrückt, und Campanella kostete nun die Gefängnisse und Foltern der Spanier.

Ein Freund Campanellas sagte im Verhöre aus, daß er einen Staat habe gründen wollen, in dem man »in Gemeinschaft« lebe, und daß er daran denke, die Zeugung der Menschen so zu organisieren, daß nur gute Menschen geschaffen würden[2]. Das sind zwei Grundgedanken seiner berühmten Utopie vom »Sonnenstaate«,

---

[1] Vgl. die beiden großen Werke Amabiles, *Fra Tommaso Campanella: La sua congiura, i suoi processi e la sua pazzia*, 3 Bde., 1880 bis 1882 und *Fra Tommaso Campanella ne' castelli di Napoli, in Roma ed in Parigi*, 2 Bde., 1887, die das Aktenmaterial enthalten, und die Schriften Kvačalas, Th. Campanella und Ferdinand II., Sitzungsberichte der phil.-hist. Klasse der Wiener Akademie 1908, Bd. 159; Th. Campanella, ein Reformer der ausgehenden Renaissance, 1909; Protestant. gelehrte Polemik gegen Camp., Jurjew 1909; über die Genese der Schriften Campanellas, Jurjew 1911. Ferner das eindringliche Werk Blanchets über Camp., 1920. Von den Zeugenaussagen, die in dem *Sommario del processo* etc. bei Amabile, *Camp., la sua congiura* 3, 421ff. zusammengefaßt vorliegen, halte ich nur diejenigen für unbedingt zuverlässig, die durch die von Campanella selbst in seinen Schriften ausgesprochenen Gedanken irgendwie bestätigt werden. Möglich aber ist es durchaus, daß sich Campanella so heidnisch und naturalistisch geäußert hat, wie die Zeugen sagen.

[2] Amabile, *Th. Camp., La sua congiura etc.* 3, 439.

die er 1602 im Gefängnis von Neapel schrieb und die er selbst gar nicht als Utopie, sondern als erstrebenswertes und mögliches Zukunftsbild ansah, — denn er hat bis zu seinem Lebensende an dieser Hoffnung festgehalten. Der Sonnenstaat ist ein kommunistisches Gemeinwesen, das den Egoismus im Prinzip unmöglich machen will und allgemeine Arbeitspflicht sowie eine rationale, den Talenten der einzelnen entsprechende Arbeitsteilung durchführt, — das ferner aber auch eine planmäßige Eugenik betreibt dadurch, daß die Einzelehe aufgehoben und der Verkehr der Geschlechter durch Auswahl der körperlich zueinander passenden Individuen dirigiert wird, — von oben her, durch eine alles leitende, in einem obersten Priesterfürsten gipfelnde Theokratie der Gebildetsten und Weisesten.

Aber noch bevor er als Gefangener der Spanier und der Ketzerei Angeschuldigter das Buch vom Sonnenstaate schrieb, ja sogar noch vor seinem Aufstande hatte er Bücher geschrieben, die das Lob der von ihm bekämpften Machthaber sangen und wohldurchdachte Ratschläge zur Ausbreitung ihrer Macht gaben, — die *Discorsi politici ai principi d'Italia* und die *Monarchia hispanica*[1]. Ihr gemeinsamer Grundgedanke ist, daß die spanische Weltherrschaft, teils unmittelbar, teils mittelbar über halbautonome Staaten ausgeübt, moderiert und überhöht durch eine geistliche, aber auch politisch mächtige Weltherrschaft des Papstes, von Gott gewollt sei, den Völkern Rettung bringe und das goldene Zeitalter einleiten werde. Er schrieb sie einmal aus schlauer Berechnung, um sich auf sie berufen zu können, wenn sein Unternehmen scheiterte, — wie er das denn auch seinen Anklägern gegenüber immer wieder nachdrücklich tat. Aber er schrieb sie nicht nur aus Berechnung. Es sind Gedanken in ihnen enthalten, die mit denen seines Sonnenstaates genau konvergieren. Und

---

[1] Die *Discorsi* benutzen wir nach der Ausgabe von Garzilli, 1848. Die Ausgabe in den *Opere di T. C. scelte* von d'Ancona 1854 gibt eine kürzere Form wieder. Die *Monarchia hispanica* ist zuerst, durch die deutschen Freunde Campanellas vermittelt, in deutscher Übersetzung des Tübinger Professors Besold, desselben, der auch Boccalini in Deutschland bekannt gemacht hat, 1620 und 1623 erschienen, in lateinischem Texte (vielleicht aus dem deutschen Texte übersetzt?) 1640, italienisch in der Anconaschen Ausgabe der *Opere scelte C.s.* Beide Schriften kennt man nur in der Form, die Camp. ihnen in den ersten Jahren der Gefangenschaft gab.

dieses Doppel- und Verbindungsleben zwischen seiner innersten Welt und der ihn umgebenden äußeren Welt, die ihn in Banden schlug, führte er weiter. 27 Jahre schmachtete er in spanischen Gefängnissen. Es ist ein ungeheurer Anblick, wie dieser wildgeniale und naturkräftige Mensch in dem fürchterlichen Verliese, in das ihn die Spanier zeitweise steckten, mit glühenden Augen dasitzt, seine Bücher schreibt und stöhnt, daß er wie Prometheus an den Kaukasus geschmiedet sei[1]. Er schrieb nicht nur philosophische Werke, sondern auch Schriften zu Ehren und Nutzen der katholischen Kirche und des katholischen Glaubens. Die katholische Welt wollte ein solches Rüstzeug auch nicht ganz vernichten. 1626 lieferten ihn die Spanier an Rom aus, wo er nun, anfangs in milder Haft gelassen, lebte und, zwar körperlich zermürbt, doch geistig ungebrochen, weiter schrieb. Als die Spanier dem ihnen von neuem verdächtig gewordenen Manne nachstellten, riet ihm Papst Urban VIII. 1634 zu fliehen. Er fand in Frankreich endlich sein Asyl, das ihn bis zu seinem Tode 1639 beherbergte; er lebte in dem Jakobinerkloster, das durch die französische Revolution weltberühmt wurde. In den letzten römischen Jahren und denen seines französischen Aufenthaltes entstand eine Reihe von politischen Schriften, die eine Palinodie seiner *Monarchia Hispanica* darstellten und dem aufsteigenden Gestirne Richelieus und Frankreichs huldigten. Er beschloß sie mit einer Ecloga auf die Geburt des Dauphins 1638, des späteren Ludwigs XIV., des »Wunderknaben«, der alle Hoffnungen der Christenheit erfüllen und schließlich inmitten der christlichen Welt auch den Sonnenstaat, die *urbs Heliaca* aufrichten werde[2].

Ein merkwürdiger, rätselhafter Lebensbefund. Campanella lehrte, daß die Welt zwei Zentren hätte, in Sonne, Wärme, Liebe und in Erde, Kälte, Haß. Sein eigenes Leben wurde zum Kampfplatz dieser beiden Welten. Er rang in den Jahren seiner qualvollen Gefangenschaft in sich mit allen Dämonen des Lebens, mit Gottverzweiflung, Wahnsinns- und Selbstmordgedanken. Und er rang zugleich, in der Gefangenschaft wie in der Freiheit, mit

---

[1] *Ego tanquam Prometheus in Caucaso detineor.* An Scioppiu, 1. Juni 1607 bei Amabile, *Camp. ne'castelli di Napoli* 2, 57.

[2] 1639 im Druck erschienen; wieder abgedruckt von Amabiles *Th. Camp. ne'castelli di Napoli etc.* 2, 347 ff.

Viertes Kapitel

den Mächten der Erde, um sein Sonnenideal zu erreichen. Aber er kämpfte nicht in einem ehrlichen, offenen Kampfe gegen sie, sondern versuchte in immer neuen krampfhaften Anläufen sie dadurch sich dienstbar zu machen, daß er ihnen Dienste erwies. So kam es, daß er heute dieser, morgen jener politischen Macht Rezepte schreiben konnte und sein letztes Wort und eigentliches Ziel nicht in jedem Augenblicke aussprach. Alle politischen Möglichkeiten, die er konstruierte und empfahl, waren Mittel zum Zwecke für ihn, Anpassungen an die einmal gegebenen Mächte der Erde, Hüllen dessen, was ihn im Innersten trieb. Sie waren aber auch nicht bloß Hüllen und Masken, sondern enthielten bestimmte Ideen zu einer besseren politischen Weltgestaltung, deren Kontinuität, durch sein ganzes Leben gehend, dazu zwingt, sie ernst zu nehmen, selbst wenn sie nur vorbereitend den Weg bahnen sollten zu seinem höchsten Ziele. Aber dieses wild bewegte Neben- und Durcheinander esoterischer und exoterischer, ernsthaft-innerlicher und bloß opportunistischer oder gar geheuchelter Tendenzen wirkt nun allerdings furchtbar[1]. Ein edler, großer Geist ist hier aus seiner natürlichen Bahn geschleudert, sein Organismus ist verzerrt und deformiert, denn er kann es nicht mehr zu voller innerer Wahrheit und Einheit bringen. Das war schon in gewissem Grade das Schicksal Boccalinis, das war in noch höherem Grade das Schicksal des großen venetianischen Servitenmönches Fra Paolo Sarpi, der seine protestantischen Sympathien verstecken mußte. »Ich trage eine Maske«, sagte Sarpi, »aber ich bin dazu gezwungen, denn ohne eine solche kann niemand in Italien in Sicherheit leben[2].« Campanella hat in seinen Gedichten diese Maske einmal gelüftet, als er aussprach, daß die »machtlosen Weisen gezwungen wurden, zu reden, zu handeln und zu leben wie die Narren, obwohl sie in ihrem geheimen Innern andere Gedanken haben[3]«. Er mußte sich noch gewaltsamer als Sarpi krümmen und drehen unter dem Drucke einer ihm feindlichen

---

[1] A. Doren, Camp. als Chiliast und Utopist (Kultur- und Universalgeschichte, Festschrift für W. Goetz, 1927, S. 255) betont mit Recht die Ekstatenpsychologie C's, gibt aber von meiner eigenen Auffassung C's ein unrichtiges Bild.
[2] Rein, Paolo Sarpi und die Protestanten, 1904, S. 205.
[3] Amabile, *Camp. ne' castelli di Napoli* 2 (*Narrazione*), 167. Daselbst noch ein weiteres ähnliches Zeugnis.

Welt, nicht nur, weil diese Welt ihn härter verfolgte, sondern auch, weil er sie selber unter den Bann seiner Gedanken bringen und zum Organe seiner Pläne machen wollte. Dabei konnte er sich aber selber dem geistigen Banne des katholischen und spanischen Systems nicht ganz entziehen. Während er eines der ergreifendsten Opfer der romanischen Gegenreformation darstellt, wurde er zugleich einer ihrer wirksamsten Diener und Wegbahner. Derselbe Mann, der für Galilei und die Freiheit der wissenschaftlichen Forschung eintrat und von Spanien und der Kurie gefangen gehalten wurde, schmiedete auch geistige Waffen für den Kampf gegen die Ketzer, die der römische Stuhl gut gebrauchen konnte. Es ist nicht unwahrscheinlich, was man vermutet hat, daß seine Ratschläge den Papst Gregor XV. zur Stiftung der Kongregation der Propaganda mitveranlaßt haben[1]. Scioppius, einer der hitzigsten Konvertiten und Ketzerverfolger in Deutschland, hing an Campanellas ideenreichem Munde und lernte von ihm. Und Campanella schürte den Haß gegen den Protestantismus nicht bloß aus berechnender Unterwürfigkeit gegen Rom, sondern hat ihn auch selber empfunden in einer merkwürdigen Mischung libertinischer und katholischer Empfindungen. Und diese konnten momentan in ihm so aufwallen, daß er in demselben Werke, das der Bekämpfung der Ketzerei dienen sollte, seine eigenen früheren Sünden und seine jetzige katholische Gläubigkeit mit erschütternden Worten bekannte, die die Wahrheit des Erlebnisses atmen[2].

Und doch wurde er dabei dem Ideale seines Sonnenstaates nicht untreu, in dem wenn auch nicht ein geradezu heidnischer Geist, so doch der einer nur eben christlich angehauchten deistischen

---

[1] Kvačala. Campanella, S. 137f.

[2] In dem 1617/18 entstandenen *Volumen quadripartitum: Quod reminiscentur* etc., Kvačala, Th. Camp. u. Ferdinand II., a. a. O., S. 32ff. teilt daraus das Schuldbekenntnis mit: »... *misericordiam consequutus sum, cum essem derisor vanitate et scandalo vastans Ecclesiam tuam ... Fac me domine de Saulo Paulum*« usw. Blanchet a. a. O. 92 glaubt trotz dieses Geständnisses nicht, daß Camp. jemals ein guter Katholik wieder geworden sei. Aber er selbst beruft sich dann S. 102 ff. u. 487 auf die Psychologie des katholischen Modernisten, der trotz intellektueller Auflehnung gegen das Dogma innerlich von der Kirche nicht los kommen kann. Die ekstatische Natur Camp.s läßt eine vorübergehende Reue und Zerknirschung auch durchaus als möglich erscheinen.

Natur- und Vernunftreligion lebt[1]. So ist er eines der größten psychologischen Rätsel der neueren Geistesgeschichte, das bisher noch nicht im vollen Umfange gelöst worden ist.

Vielleicht wird seine Zwiespältigkeit etwas verständlicher, wenn man ihn in den Zusammenhang der von uns behandelten Probleme hineinstellt, denn Campanellas Fall gehört, wie wir schon sagten, in die Geschichte der *ragione di stato* mit hinein[2]. Wie der Machiavellismus mit der aus ihm entwickelten *ragione di stato* in das geschichtliche Leben der modernen Völker einen nie wieder geheilten Riß hineinbrachte, so konnte er auch in das Leben derjenigen Menschen, die sich geistig in ihn vertieften, einen Zwiespalt bringen. Wir sahen, wie Boccalini gegen ihn ankämpfte mit dem Gefühle, vor einer unentrinnbaren Gewalt zu stehen. Fassen wir nun das, was wir über Campanellas Verhältnis zu ihm andeuteten, näher ins Auge.

Seine ganze Taktik, den eigenen Revolutionsversuch zu decken durch das Buch von der spanischen Monarchie, dann aber dieses Buch auch mit ernstem und praktisch verwertbarem Inhalte zu füllen und nun heute Spanien, morgen Frankreich und immer zugleich der päpstlichen Weltherrschaft zu dienen, — kann man auffassen als eine *ragione di stato* seiner selbst. So und nicht anders mußte der Schöpfer des Sonnenstaates vorgehen, um die Welt nach und nach in seine Bahn zu zwingen. Er fühlte sich vor das Lebensproblem gestellt, zu der »Weisheit ohne Macht« *(senno senza forza)*, die er besaß, die erforderliche Macht hinzuzugewinnen, um den Dreibund von »Macht, Weisheit und Liebe«, den er ersehnte, zu stiften. Die vorhandenen realen und politischen Kräfte der Zeit mußte er berechnen und benutzen und in diejenige Richtung zu drängen versuchen, die der Aufbau seines Sonnenstaates forderte. Er mußte handeln, wie Machiavelli gelehrt hatte, und doch seine Lehre hassen, weil es die Lehre der

---

[1] Kvačala a. a. O. S. 12 führt aus einem Briefe C.s an Scioppius vom 1. Juni 1607 ein Wort an, das ihn als geständigen Heiden erscheinen lassen müßte: »Sei er auch kein Christ, so liebe er doch als Philosoph in natürlicher Weise Gott« usw. Die Worte sind falsch übersetzt; sie lauten: *Nam etsi nulla tenus Christianus essem, tamen velut philosophus naturaliter amo Deum etc.* Amabile, *Th. C. ne'castelli di Napoli* 2, 62.

[2] Von Blanchet wird dies Problem S. 473 u. 521 nur eben gestreift.

Erde, der Kälte, des Egoismus war, weil sie die Menschheit in Haß und Feindschaft zerspaltete, statt sie harmonisch zu vereinigen. Und genauso ist sein politisches Leben verlaufen. Er, der, wie wir nun zeigen werden, tiefer ausholte gegen den Machiavellismus als alle seine Zeitgenossen, hat ihn doch halb bewußt, halb unbewußt derart in sein Denken und Handeln aufgenommen, daß die *ragione di stato*, bald bekämpft, bald gehandhabt, zum bewegenden Mittelpunkte seiner Politik wurde.

An dem Gegensatze zu Machiavelli hat sich Campanellas politisches Denken entwickelt. Wieder und wieder griff er ihn an. Von einer seiner Hauptschriften, dem *Atheismus triumphatus*, die 1605 geschrieben, 1631 in Rom und 1636 in Paris gedruckt wurde[1], bemerkt er, daß sie auch den Titel Antimachiavellismus tragen könne. Daß er Machiavelli nicht ganz verstand und seine letzten positiven, auf staatlichen Aufbau und Regeneration der staatlichen Bürgertugend gerichteten Ziele nicht erkannte, war fast selbstverständlich, da dies Verständnis erst der modernen Geschichtsauffassung gelungen ist. Aber gegen gewisse Grundpositionen Machiavellis und gegen die tatsächlichen Wirkungen seiner Lehre vermochte er Einwände zu erheben, die vielleicht das Bedeutendste sind, was in älterer Zeit gegen den Machiavellismus gesagt worden ist. Man muß sie freilich herausholen aus manchem Ballast und grobem Theologengezeter, das sich auch bei ihm findet, und überhaupt den konventionellen Vordergrund korrekt kirchlicher Argumente von dem Hintergrunde seiner persönlichsten Lebenstendenzen, die sich gegen Machiavelli aufbäumten, scheiden.

Aber mit dem Vordergrunde muß man beginnen. Hier handelte es sich um eine der wichtigsten Erscheinungen jener Zeit, die wohl schon von Botero und seinen Nachtretern reichlich beklagt und bekämpft, aber von Campanella mit viel größerer Wucht behandelt wurde. Der Machiavellismus zersetzte die konfessionelle Gesinnung und gefährdete alle Errungenschaften der Gegenreformation. Denn er verwandelte die Religion in ein Instrument der politischen Herrschaft, in eine zwar unentbehrliche, aber in erster Linie utilitarisch behandelte Quelle der Macht. Selbstverständlich

---

[1] Vgl. Amabile, *Camp. ne'castelli di Napoli etc.* 1, 414 und Kvačala, Campanella 92.

warfen alle kirchlich gesinnten Politiker in erster Linie den ketzerischen Fürsten die Sünde des Machiavellismus vor und weigerten sich, religiöse Motive bei ihnen gelten zu lassen. So auch Campanella. Aber er schaute tiefer und legte auch die Gesinnungen der katholischen Fürsten auf die kritische Wagschale. Wie weit konnte man sich denn auch auf ihre innerlich religiöse Gesinnung wirklich noch verlassen? Gab es Garantien dafür, daß sie ihr auch dann treu bleiben würden, wenn das System ihrer Machtinteressen mit dem System der römischen Kirche nicht mehr untrennbar verbunden war? An diese heikle Frage, die selbst der moderne Historiker im Einzelfalle nur selten wird mit Sicherheit bejahen mögen, wagte Campanella mit tiefster Skepsis zu rühren, und seine eigene geflissentlich zurückgedrängte Freigeisterei schimmerte durch sein Urteil durch, das er dem katholischen Eiferer Scioppius schrieb: »Niemand glaubt der Bibel oder dem Koran oder dem Evangelium oder dem Luther oder dem Papste, als soweit es nützlich ist[1].« »Fast alle Fürsten sind machiavellistische Politiker und gebrauchen die Religion nur als Kunst der Herrschaft.« Er meinte namentlich in Deutschland den Sieg des Machtinteresses über die Religion konstatieren zu müssen, weil dort der Grundsatz des *cujus regio eius religio* herrsche. Die deutschen Fürsten glaubten nur aus politischen Gründen sei es an den Papst, sei es an Luther: wenn sie die Religion änderten, müßten es auch die Untertanen tun, — als ob die Religion ein Stiefel oder ein Hut sei![2] Er irrte sich in den historischen Ursachen, die das mühsame Kompromiß des Augsburger Religionsfriedens zustande gebracht hatten. Aber er erkannte mit scharfem Instinkte, daß seine Wirkungen dem religiösen Indifferentismus zugute kommen konnten.

Campanella liebte es, die Bezeichnungen Politiker, Machiavellisten und Libertiner in einem Atem zu gebrauchen. »Politiker« hieß ja in Frankreich seit dem Hugenottenkriege die Partei der katholischen und patriotischen Staatsmänner, die aus nationalem und staatlichem Interesse die Konfessionen hüben und drüben zur Mäßigung ermahnten. Libertiner hießen zuerst nur die vom Dogma sich lösenden freigeistigen Richtungen in Westeuropa.

---

[1] An Scioppius 1. Juni 1607. Amabile a. a. O. 2, 58.
[2] *Le monarchie delle nationi* (1635), Amabile a. a. O. 2, 310.

Beide Bezeichnungen verbreiteten sich weiter und wurden in der Tat um die Wende des Jahrhunderts *promiscue* für kühle, religiös anscheinend laue Realpolitiker gebraucht. Namentlich in Holland mußte sich die von Oldenbarneveldt geführte Staatenpartei der reichen gebildeten Patrizier den Vorwurf des Libertinismus gefallen lassen[1]. Die Neigung zu Toleranz und Skepsis, die in ihr bestand, ist eine der wichtigsten Vorstufen der großen europäischen Aufklärungsbewegung geworden. In der Gesinnung dieser westeuropäischen »Politiker« aber flossen nun überhaupt die Ideenströme der Staatsräson, der Toleranz und Skepsis zusammen. Mochte für viele Staaten und auch für aufgeklärte politische Köpfe wie Boccalini immer noch die Intoleranz, die Erhaltung der religiösen Uniformität der beherrschten Massen als eherne Staatsnotwendigkeit gelten, so konnte doch auch schon auf der Höhe des Zeitalters der Religionskriege die ganz neue Wendung, tolerant aus Staatsinteresse zu werden, sich ankündigen. Und Campanella hatte in seinem spanischen Kerker von Neapel eine sensitive Witterung für diese Wandlungen im europäischen Geistes- und Staatsleben. »Die Politiker«, schrieb er im *Atheismus triumphatus*[2], »meinen wegen der Vielheit der Religionen, daß keine wahr sei, sondern daß alle eine nützliche menschliche Erfindung seien.« Als ob es reinen Wein deshalb nicht geben könne, weil die Schenkwirte den Wein verpanschten. Ja, dem Geiste der Mächtigen fange die Vielheit der Sekten jetzt Vergnügen zu bereiten an[3].

Hinter der Einheit der einen, wahren, römisch-katholischen Religion, die er offiziell verteidigte und durch deren Verteidigung er sich selber vor seinen Verfolgern zu verteidigen suchte, standen aber auch seine persönlichsten Ideale. Ihn empörte die utilitarische Auffassung und Herabwürdigung der Religion, weil seine Philosophie in der Religion etwas tief Natürliches, allen Wesen, sogar den Tieren in gewisser Weise Eigenes, eine göttlich-natürliche Mitgift vor allem der Menschen sah[4]. Die Einheit der Religion

---

[1] Blok, Geschichte der Niederlande 3, 380 f., 481.
[2] S. 94.
[3] Aus der 1630 in Rom geschriebenen Vorrede zum *Atheismus triumphatus*.
[4] *At ego ostendi, ipsam Religionem naturae decretis constare apud omnia Entia modo suo, et apud bestias aliquo pacto, sed longe viriori apud homines, sed insuper supernaturaliter perfectam apud Christianos*

Viertes Kapitel

aber forderte er aus dem großen und leidenschaftlichen Einheitsbedürfnis heraus, mit dem er die Welt umfaßte und seiner Philosophie ihren originellen Zug gab. Einer der Grundgedanken seiner Philosophie und Naturbetrachtung war, daß alle Dinge und demgemäß auch die Individuen eine Doppelbewegung hätten, einerseits sich selbst, anderseits dem Ganzen zustrebten[1]. Daß Machiavelli nun aber nur die eine, die egozentrische Bewegung zu kennen schien, war der eigentliche Grund seines Hasses gegen ihn. Er nannte ihn die Schale des göttlichen Zornes und rief ihn an:

»Du, der den Teil mehr als das Ganze liebt,
Mehr als die Menschheit selbst zu sein vermeint,
du töricht Kluger[2].«

»Das ist die Summe der politischen Ratio, die unser antichristliches Jahrhundert die *ratio status* nennt, daß man den Teil mehr als das Ganze und sich selber mehr als die menschliche Gattung und mehr als die Welt und mehr als Gott schätzt«; die Menschen glaubten, wie die Würmer im Käse, daß es außerhalb des Käses nichts gäbe[3]. Machiavelli meine, daß die Menschen nur aus dem Triebe nach Macht und Herrschaft ihre Werke verrichteten. Er kenne nur das, was der äußere Sinn sehe, und glaube, daß der Mensch mit eigener Willkür die menschlichen Dinge lenke und gründe das Recht auf die menschliche Schlauheit. Er gäbe den Rat, den Zeiten sich anzupassen, das heißt dem Schicksal zu folgen. Aber was sei denn das Schicksal? *Fatum est series causarum*[4]. Ein großes Wort, das Campanella aber nicht etwa schon in rein mechanistischem Sinne verstand, denn dann hätte er selber leicht in den Machiavellismus hinabsinken können. Die Kette der Ursachen sah er in einer *prima causa*, in Gott verankert, und von allem, auch vom politischen Denken forderte er nun, daß es stets die Totalität der Dinge und Geschehnisse und ihre letzte Quelle

---

etc. Atheismus triumphatus S. 227; vgl. auch die *Praefatio* zu ihm und den Brief an Scioppius vom 1. Juni 1607 a. a. O.: *Religio virtus naturalis a Deo in nobis indita*.

[1] Windelband, Geschichte der neueren Philosophie, 3. Aufl., I, 85.

[2] Gothein, Th. Campanella, Zeitschr. f. Kulturgeschichte, N. F. 1, 81 (1894).

[3] An Scioppius 1. Juni 1607 a. a. O.

[4] *Atheismus triumphatus* S. 229.

in Gott erwäge. »Wenn keine Ursache über uns wäre, würdest du, Machiavelli, uns etwas sagen. Aber da unsere Pläne zusammenbrechen, wenn wir nicht auch a l l e Ursachen erwägen, so täuschest du dich; und darum brechen auch alle deine Schüler zusammen.« Machiavelli kenne eben nicht den großen Weltzusammenhang, wo Himmel und Erde zusammenwirken, um alles, was geschieht, hervorzubringen, und wer diesen nicht kenne, baue auf schlechten Grund. Campanella erhob sich hier zu einer großen mystischen Gesamtanschauung des geschichtlichen Prozesses, in der das menschliche Tun nur wie ein kleiner, unsicher beleuchteter Ausschnitt der universalen Lebensvorgänge erschien. Nicht der Mensch allein lenke die Staaten, sondern unsichtbare Ursachen und verborgene, der menschlichen Voraussicht entzogene Gelegenheiten wirkten. »Nicht nur die großen Elementarkörper, sondern auch die menschlichen und politischen Körper werden geleitet und bewegt von unüberwindlichen und zugleich untereinander sich widersprechenden Ursachen, während wir in das Theater der Erde hineingesetzt sind[1].«

Er spielte also den großen Universalismus gegen den kleinen Egoismus aus, ließ sich aber auch die auf der Hand liegenden Argumente gegen den Machiavellismus nicht entgehen. Die Unmoral im politischen Handeln greife ja weiter und zerfresse alle Grundlagen des sozialen Lebens. Könnten denn überhaupt noch dabei Vater und Kinder, Mensch und Mensch gemeinsam leben? Machiavelli kenne eben nur die Klugheit des Fleisches, das heißt der Tiere, und sähe als höchstes Gut Macht und Herrschaft an. In Übereinstimmung mit Botero, mit Mariana[2] und den anderen kirchlich gerichteten Staatsdenkern forderte er, daß die Religion die wahre Seele der Politik sein müsse.

Sehen wir ab von einzelnen Mißverständnissen und Vergröberungen der machiavellischen Lehren, lösen wir auch die Schicht mittelalterlichen Denkens ab, die über Campanellas eigenen Lehren lag, so bleibt übrig der denkwürdige Gegensatz der beiden großen Möglichkeiten moderner Welt-, Lebens- und Staats-

---

[1] *Discorso politico* von 1632; Amabile a. a. O. 2, 188 u. 212.

[2] Daß auch Mariana dabei Anleihen beim Machiavellismus machte, zeigt Dunning. *A history of political theories from Luther to Montesquieu* (1905) S. 74 f.

betrachtung, die seit der Renaissance sich entfalteten — um mit Campanella zu sprechen — wie zwei »unüberwindliche und zugleich untereinander sich widersprechende Ursachen«. Machiavelli ging aus von der empirischen Beobachtung der individuellen Lebenseinheiten und konzentrierte sich mit gewollter Isolierung auf die Aufgabe, die Voraussetzungen und Erfordernisse des politischen Handelns zu erkennen. So entdeckte er die *necessità*, den Zwang des Machtinteresses im politischen Handeln, der auch das Moralgesetz durchbricht. Er befreite damit die politische Sphäre von allen unpolitischen Hemmungen, aber rief dadurch Antinomien und Konflikte im menschlichen Gesamtleben hervor, um die er sich nicht weiter kümmerte, weil er starr nur auf sein Ziel sah und sich die Ohren verstopfte gegen unpolitische Anwandlungen. Das war die grandiose Einseitigkeit, mit der nun überhaupt nach dem Zerfalle der mittelalterlichen Einheitskultur alle verschiedenen Lebensgebiete nach und nach ihre Autonomie und Ellbogenfreiheit sich eroberten, zu ungeahnter Leistung dadurch gediehen, zugleich aber einen Kampf der Lebensgebiete untereinander entzündeten, der das Ganze der Lebensgemeinschaft bedrohte und zum Problem der modernen Menschheit wurde.

So hatte die Gegenforderung Campanellas, daß die Politik nicht losgelöst werden dürfe aus der Gesamtheit des menschlichen Lebens, eine tiefe Berechtigung. Sein Gedanke, daß man jedes Teilgebiet des Lebens *sub specie aeterni* und in kosmischen Zusammenhängen anschauen und behandeln müsse, war erst recht groß und fruchtbar, freilich mehr eine geniale Vorahnung dessen, was Vico, Herder, Goethe und Hegel später sahen und auch noch nicht endgültig emanzipiert von mittelalterlich-universalistischem Denken. Auch das Idealbild der menschlichen Gesellschaft, das er sich in seinem Sonnenstaate ausmalte, hatte einen mittelalterlich-modernen Januskopf und stellte eine naturalisierte mittelalterliche Theokratie dar. Das Priesterfürstentum an seiner Spitze war nichts anderes als der Reflex des Papsttums mit seinem Kirchenstaate und seinem Ansprüche auf oberstes Schiedsrichteramt und ging letzten Endes zurück auf das Idealbild des *magnus sacerdos* bei Augustin, der die Einheit von *regnum* und *sacerdotium* darstellte. Und ein penetranter hierarchischer und selbst mönchischer Geist ging durch die geträumten Institutionen des Sonnenstaates bis hinein in die sexuellen Vorschriften, die einer mönchischen, sinnlich und asketisch zugleich erregten Phantasie entsprangen. Aber die Hierarchie der im Sonnenstaate Herrschenden war aufgebaut nicht auf kastenmäßiger Absonderung, sondern auf Wissen und Können und auf ursprünglicher Gleichberechtigung aller Glieder des Ganzen, und die echt modernen Gedanken eines Bundes von Wissenschaft und Arbeit, einer durch rationales Wissen geregelten Arbeit und einer alle untereinander und an das Ganze bindenden Arbeitspflicht kämpften sich hier empor. Unter seinem utopischen Aufputze stellte der Sonnenstaat die Idee eines wirklichen Gemeinschaftsstaates der Idee des Machtstaates entgegen. Beide Ideen haben das Leben der abendländischen Menschheit seitdem bewegt.

Aber nun kam es darauf an, die praktischen Wege zu zeigen, die aus dem Egoismus der *ragione di stato* heraus und zu der sozialen Solidarität des Sonnenstaates hinüberführen sollten. Wir deuteten schon an, daß Campanella die politischen Machtverhältnisse seiner Zeit als einen Rohstoff ansah, den er formen wollte zwar noch nicht gleich zum Sonnenstaate selbst — denn so phantastisch dachte er doch nicht —, wohl aber zu einer zur Zeit schon möglichen Vorstufe zu ihm. Dabei aber geschah es nun eben, daß der böse Feind des Machiavellismus, mit dem er erbittert rang, von vornherein über ihn selber Macht gewann und behielt[1].

Von allen politischen Schriften Campanellas stehen vielleicht die 1601 geschriebenen *Aforismi politici* seinem Sonnenstaatsideale, das er ein Jahr darauf ausmalte, am nächsten[2]. Man findet da z. B. die Verherrlichung des Priesterkönigtums, den Gedanken der rationellen Auslese der Begabungen, vorgenommen durch die Weisesten des Staates, die Verwerfung der Erblichkeit der Ämter bis zum Königtum hinauf und anderes. Man findet auch die üblichen Ausfälle gegen die *ragione di stato* in ihr wieder. Aber in buntem Gemisch damit begegnen auch die krassesten Machiavellismen, so etwa der unmittelbar aus dem *Principe* schöpfende Satz: »Wer ein neues Reich erwirbt ... muß die Häupter beugen, die Gesetze ändern, die Festungen schleifen, den

---
[1] Darauf hingewiesen hat schon, aber ohne es tiefer zu untersuchen, Kovalewsky, *Botero et Campanella, Annales d'Institut international de sociologie* III (1897).
[2] *Opere* (herausg. von Ancona) 2, 11 ff. Über die Entstehungszeit vgl. Amabile, *Campanella, La sua congiura etc..* 3. 656.

königlichen Stamm ausrotten und verpflanzen, und alles das am Tage des Sieges auf einmal, durch die Hand und im Namen der Soldaten und des Heerführers; die Wohltaten aber muß er dann, nicht auf einmal, sondern Zug um Zug nach dem Siege, durch eigene Hand und im eigenen Namen erweisen.« Um ein Reich zu schützen, müsse man Trennung und Haß unter den Mächten, die man fürchtet, nähren, wie die Spanier es zwischen den Türken und Persern und bei den Baronen ihres Nebenbuhlers Frankreich täten. Ja, auch diejenige Religion, welche der »natürlichen Politik« widerspräche, brauche nicht gehalten zu werden. Als die Juden, die am Sabbat nicht kämpfen wollten, geschlagen wurden, interpretierten die Makkabäer, daß man »in der Zeit der *necessità* immer kämpfen müsse«.

Vielleicht hat gerade die universalistische Gesinnung, in der Campanella den Kampf gegen den Egoismus der Staatsräson führte, ihm ein gewisses unwilliges Verständnis dafür abgezwungen, daß die Staatsräson selber eine universale Erscheinung sei, die im Leben der Menschheit immer wieder auftrete. In einer seiner ersten politischen Schriften, den vor seinem Aufstande geschriebenen *Discorsi politici ai principi d'Italia*, regte sich schon diese Einsicht. Unter den großen, guten wie schlimmen Kulturschöpfungen, die von dem alten Babylon auf die Welt ausgegangen seien, nannte er bezeichnenderweise neben dem Heerwesen, der Astronomie, dem Despotismus, den freien und mechanischen Künsten auch die *ragione di stato*. Er suchte auch den schrankenlosen Macht- und Eroberungstrieb der Fürsten tiefer zu verstehen und auf etwas Metaphysisches zurückzuführen. »Er fließt aus dem unendlichen Gott und kann nur im Unendlichen zur Ruhe kommen[1].« Von vornherein beherrschte er die von Machiavelli gelehrte Kunst, das Spiel der politischen Interessen zu berechnen. Er wußte, was Gleichgewichtspolitik bedeutet und sah Europa in der doppelten Spannung eines großen habsburgisch-türkischen und eines habsburgisch-französischen Weltgegensatzes leben. Die italienischen Fürsten, führte er z. B. aus, suchen jetzt Spanien zu balancieren mit Frankreich, wie sie es umgekehrt machen würden, wenn Spanien sänke und Frankreich mächtig würde. Es würde ihnen gegen Spanien nicht gelingen, wenn das Haus Österreich

---

[1] *Discorsi politici* S. 2 u. 4. Auch das Folgende ist ihnen entnommen.

nicht in Deutschland die Ketzer und in Ungarn und auf dem Meere die Türken gegen sich hätte; deshalb hielten einige die Türkenherrschaft für eine nützliche Schranke des Hauses Österreich, das sonst ganz Europa beherrschen würde.

Aber diese ganze Interessen- und Gleichgewichtspolitik bekämpfte er nun auch grundsätzlich. Die Kriege und Spaltungen Europas hätten das Wachstum der Türkenmacht ermöglicht. Karl V. würde ohne den Krieg mit Frankreich einen großen Teil des Türkenreiches erobert haben, aber der Neid Frankreichs und die Furcht der Italiener hemmten ihn. Wenn der Frosch mit der Maus kämpft, kommt der Geier und verschlingt sie beide. Alle die kleineren Mächte des alten Orients, die sich einst nach *ragione di stato* zu balancieren versuchten, wurden von Assur verschlungen, und ebenso die griechischen Diadochen von Rom. War es denn nicht einst ein Glück für die Griechen, daß Alexander der Große ihrer Herr wurde und die Barbaren besiegen konnte, während sie sonst von den Barbaren unterworfen worden wären?

»Verderbliche Künste« also lehre die *ragione di stato*. Um sein abfälliges Urteil zu verstehen, muß man sich auch daran erinnern, daß er als Süditaliener die Lage Europas beurteilte. Er sah unmittelbar um sich nur die überaus kleinlichen und schwächlichen Verhältnisse der italienischen Fürsten einerseits, die weltumfassende Macht Spaniens anderseits. Trotz seines Hasses gegen die Spanier konnte sein Sinn für das geschichtlich Große und Gewaltige, der durch alle seine Phantastereien durchbrach, nicht schwanken darüber, wo die stärkere Lebenskraft zu suchen sei. Er sah weiter vor sich die Türkenmacht wie eine dunkle Wolke näher und näher rücken. Die Küsten Süditaliens zitterten vor den türkischen Flotten und Seeräubern, und die türkischen Heere, die aus Ungarn hervorbrachen, wurden damals nur mühsam abgewehrt. Im Mittelmeer gab, wie die Seeschlacht von Lepanto gezeigt hatte, nur die spanische Macht einen einigermaßen wirksamen Schutz. Campanella ließ sich dabei auch wie Boccalini fesseln von dem Anblicke des diabolischen Rationalismus, der in dem türkischen Staats- und Heerwesen waltete, und studierte mit Abscheu und Interesse zugleich die Herrschaftskünste, die man aus ihm vielleicht entnehmen könnte. So kam es, daß er die weltgeschichtliche Lage Europas mit derjenigen Griechenlands zur Zeit Alexanders des Großen verglich. Aus einer universalen

Denkweise und Geschichtsphilosophie, aus christlich-universalistischen Traditionen, aber auch aus trübem Sternenglauben und Glauben an biblische Prophezeiungen und Vorbedeutungen kommender Dinge erwuchs eine Art von *amor fati* in ihm, der zunächst einmal alles auf die Einigung der Christenheit unter Spanien und Papsttum setzte. Das Schicksal, daß die Welt jetzt unter spanische Herrschaft komme, erschien ihm unabwendbar. Zugleich aber wollte er dies Schicksal überlisten und die spanische Weltherrschaft zur Vorstufe des Sonnenstaates benutzen. Daß neben dieser hohen Berechnung auch eine niedere persönliche mitspielte, sahen wir schon. So etwa mag man sich die Entstehung seines merkwürdigen Buches über die spanische Monarchie vorstellen.

Dieses Buch stellt eine Art von Staatsräson und Interessenlehre der Universalmonarchie dar. Interessenlehre erfordert einen induktiven und empirischen Kopf, der zuerst genau erkennen will, was ist, bevor er seine Gedanken über das, was sein soll und bezweckt wird, endgültig gestaltet. Das war nun Campanella, trotzdem er von Machiavelli reichlich gelernt hatte, freilich nicht. Er fühlte sich weniger als untersuchender und forschender, denn als schöpferischer und bauender Geist, er fühlte die Gaben eines Numa und Lykurg in sich und wollte die Welt nach der Vernunft gestalten. Aber seine Interessen waren so universal und seine Phantasie so produktiv, daß er ein sehr reiches Bild des Staats- und Volkslebens in sich trug und auch geringe Wissensbruchstücke manchmal genial zu benutzen verstand. Öfter freilich noch befremdet er durch einen kindlichen Rationalismus, der mit ein paar künstlich erdachten Mittelchen das Staatenleben zu gestalten gedachte. Seine Rezepte erinnern häufig an die scherzhaften Ratschläge, wie man Löwen in der Wüste fangen kann[1].

Der tiefste und bedeutendste Gedanke, der sich durch das überwiegend wunderliche Buch hindurchzieht, ist wohl der, daß eine Universalmonarchie, getragen von einer herrschenden Nation, auf

---

[1] Ein Beispiel mag genügen. Um die Niederländer zu unterwerfen, gibt er den Rat, daß ein spanischer Heerführer dem Scheine nach übergehe zu den Niederländern, dann sich bei ihnen Ansehen verschaffe und die Truppen zu Spanien überführe nach dem Beispiel Sinons vor Troja u. a. (C. 27). Derselbe Ratschlag findet sich schon in der kleineren Schrift *De Belgio subigendo*, die ein Vorläufer des größeren Werkes über die spanische Monarchie war und dann in sie hineingearbeitet wurde. Vgl. Kvačala, Campanella, S. 15.

die Dauer nicht von deren Volkskräften allein getragen werden kann, sondern auch die unterworfenen Völker rationell ausnutzen und zugleich befriedigen und interessieren muß am Bestande des Ganzen. Jede gut organisierte Universalmonarchie muß den ursprünglichen Kern der Herrschaft irgendwie auflockern, amalgamieren mit den hinzugetretenen Elementen, diese selbst dadurch auch wieder verändern und einander angleichen und so die Völker etwas durcheinander schütteln, um stützende soziale Gemeinsamkeiten des Weltreichs zu schaffen. So war es in der Alexandermonarchie und im Römerreiche hergegangen. Campanella kam sowohl durch das Beispiel der Römer[1], als durch zeitgeschichtliche Eindrücke auf seinen Gedanken. Er mußte schon als Italiener, der an die innere Überlegenheit seines Volkstums glaubte, einen Anteil desselben am Gesamtregiment erstreben, um die spanische Herrschaft sich erträglich zu machen. Er erkannte ferner scharfsichtig die schwächste Stelle im spanischen Herrschaftssystem, die ungenügende und überanstrengte Volkskraft, den Rückgang der Bevölkerung und den Verfall des Ackerbaus. Und er sah schließlich den Türken und ihrer Janitschareneinrichtung das Mittel der Transfusion von fremdem Volksblute in das eigene ab. Wie ihn überhaupt das Problem der Eugenik beschäftigte, zeigt sein Sonnenstaat. So gelangte er zu einer Betonung der populationistischen Fragen, die einem Machiavelli noch recht fern gelegen hatte und jetzt leise schon auf die steigende Bedeutung der Völker im Staatsleben hindeutete. Die einzelnen Mittel, die er angab, waren meist gewaltsam und unwirklich und hätten sich in der historischen Wirklichkeit nur auf das üble und schädliche Beispiel der Vertreibung der Moriskos aus Spanien unter Philipp II. berufen können. Er verstieg sich zu der Lehre, daß man die Einwohner eroberter Länder von fremder Religion und Regierungsform verschleppen, als Sklaven halten, ihre Kinder taufen und in die neue Welt verpflanzen müsse. Er gab den Spaniern dabei den weisen, freilich für sie schwer ausführbaren Rat, ihr Kolonialsystem ganz umzustellen und in der neuen Welt mehr einen Schatz von Volk, als von Gold und Silber zu sammeln. Ferner müßten Seminarien geschaffen werden, um das Heiraten der Spanier mit Italienern, Franzosen und Niederländern zu be-

---

[1] Auf sie beruft er sich in den *Aforismi politici* n. 44.

fördern. Dabei dachte er jedenfalls auch an die damals gerade blühenden Seminar- und Ordenseinrichtungen der eigenen Kirche, die es bezweckten, Sprößlinge der verschiedensten Nationen mit einem einheitlichen übernationalen Geiste zu imprägnieren. Indianer sollten nach Spanien verpflanzt werden, um Ackerbauer und Handwerker zu bekommen. Aber auch Italiener sollten nach Spanien und in andere von ihm beherrschte Länder gezogen werden, um neben den Spaniern die höheren Ämter zu bekleiden. Die spanische Exklusivität müßte sich überhaupt mildern und die spanische Herrschaft sich allenthalben mehr anpassen an die nationalen Eigentümlichkeiten, gleichzeitig freilich auch sich gegen sie vorsichtig schützen durch eine *divide et impera*-Politik, bei der er wieder reichlich Machiavelli zu Rate zog.

Da Campanella die spanische Universalmonarchie benutzen wollte als Vorstufe zum Sonnenstaate, so mußte sie mehr als bloße Machtorganisation werden. Weltgeschichtliche Erinnerungen befruchteten hier seine politische Phantasie. An die Erzherzöge von Österreich schrieb er einmal: »Alexander und alle diejenigen, die die Monarchie des Erdkreises zu erringen versuchten, haben zugleich durch bewunderungswürdige neue Lehren und neue Künste die Welt sich zu gewinnen unternommen[1].« Der spanische Militärstaat mußte also auch Kulturstaat werden, — durch eine Arbeitsteilung, die ebensowohl der Staatsräson wie dem Kulturbedürfnis des menschlichen Geistes dienen sollte. Die Spanier nämlich sollten innerhalb des Völkergemisches ihres Reiches die Funktion des herrschenden Kriegerstandes auch ferner sich vorbehalten, ihre Waffentüchtigkeit pflegen, gleichzeitig aber auch in Künsten und Wissenschaften sich üben. Die unterworfenen und noch zu unterwerfenden Völker dagegen sollten ausschließlich durch Künste und Wissenschaften beschäftigt und so zugleich gewonnen, befriedigt und unschädlich gemacht werden; denn »Pallas besiegte die Kalliope und den Mars zugleich, weil sie über die Künste der einen und die Waffen des anderen zugleich verfügt.« (Kap. 29.) Das war vom Interesse der Universalmonarchie aus nicht uneben gedacht und erinnert etwa an gewisse Vorstellungen der heute die Welt beherrschenden Völker, die dem entwaffneten Deutschland den Trost des Bücherschreibens lassen wollen.

---

[1] Kvačala, Campanella und Ferdinand II. a. a. O. 37.

Campanella hatte zugleich eine große Vorahnung von dem, was im modernen Völkerleben durch die Verbindung von Militarismus und Wissenschaft erreicht werden kann. Er forderte, daß Spanien eine geographische und astronomische Forschung größten Stiles inaugurieren, durch niederländische und deutsche Mathematiker die Gestirne, die Tiefen und Strömungen der Meere und die Fahrbarkeit aller Meereswege untersuchen lasse, denn das werde der spanischen Monarchie mehr als irgendein anderes Mittel nutzen (Kap. 32). Sein höchstes Ideal war schließlich doch nicht der rationale Machtstaat, sondern der reine, auf sozialer Gemeinschaft und Gerechtigkeit beruhende Kulturstaat mit der Herrschaft der Philosophen und der idealen Interessen. Der rationale Machtstaat sollte nach seiner Intention den Kulturstaat vorbereiten. Auch diesen Gedanken, den er nicht aussprach, der aber zu erschließen ist aus der Gesamtheit seines Denkens, darf man ihm als große Vorahnung kommender Entwicklungstendenzen anrechnen. Aber die Schranken jenes primitiven Rationalismus, der im Grunde alles in ein Uhrwerk zu verwandeln strebte, verließ er weder in dem Bilde, das er von dem Machtstaate der spanischen Universalmonarchie, noch in dem, das er von seinem Sonnenstaate zeichnete.

War es vielleicht auch die Erregung und Angst des großen Völkerkampfes zwischen Okzident und Orient, die ihn in die Arme der spanischen Monarchie und damit in die Gedankengänge der verhaßten *ragione di stato* hineinführte? Ein grandioser Träumer blieb er auch hierin, denn er überschätzte die Gefahren, die vom Oriente drohten. Er warnte, daß, wenn sich jetzt die christlichen Fürsten nicht unter Spanien und den Papst stellten, um gemeinsam die Türkei zu erobern, der Türke Herr werden würde und Imperium und Sacerdotium aus Europa nach der neuen Welt würden auswandern müssen. Mit starrem Kassandrablicke sagte er ein andermal voraus, daß die christliche Welt ebenso sicher in die Hand der Türken geraten werde, wie Juda in Assurs Hände gefallen sei, »aus einer notwendigen *ragione di stato*, aus theologischer Vorbedeutung *(per figura teologica)* und aus einer natürlichen Ähnlichkeit, *quia de similibus simile judicium*, — und daran glauben ja doch auch die Politiker«, fügte er ironisch hinzu[1].

---

[1] *Discorsi politici* S. 11; vgl. Span. Monarchie Kap. 30.

Wohlgemerkt, nicht für eine rein spanische, sondern für eine spanisch-päpstliche Universalmonarchie machte Campanella seinen Entwurf. Das Priesterfürstentum des Sonnenstaates, dem die Leiter des weltlichen Lebens Pon, Sin und Mor = Macht, Weisheit und Liebe untergeordnet sind, sollte nach seiner Auffassung vorbereitet werden durch das Verhältnis, in das Spanien zum Papsttum zu treten hätte — während umgekehrt, wie wir schon bemerkten, in dem Traumgebilde des Sonnenstaates sich auch die alte mittelalterlich-kirchliche Auffassung des Verhältnisses von geistlicher und weltlicher Gewalt wiederspiegelte. Recht im Gegensatze zu der Tendenz Philipps II., die Landeskirche unter den Einfluß des Staates zu bringen, forderte er volle kirchliche Selbständigkeit im Staate, forderte er weiter Unterordnung der weltlichen Gewalt unter die Autorität des Papstes und weltliche Macht auch für den Papst. Eine Lieblingsidee, die er daneben schon in den *Discorsi* an die italienischen Fürsten und in späteren Schriften immer wieder ausführte, war es, einen katholischen Völkerbund zu stiften, dessen Senat unter Vorsitz des Papstes in Rom tagen, nach Stimmenmehrheit entscheiden und durch eine von ihm allein abhängige Heeresmacht das katholische Europa oder doch zum mindesten Italien regieren sollte[1].

Ein merkwürdiger Anblick bleibt es, wie in der Empfindung und Phantasie dieses kalabresischen Mönches der Barockzeit mittelalterliche und moderne, exoterische und esoterische, idealistische und opportunistische, universalgeschichtliche, universalmenschliche und ganz landschaftlich-bodenständige Gedanken und Wünsche sich miteinander verknoteten. Für diesen Regenerator der Menschheit, der sie vom Unheil des Machiavellismus erlösen wollte, blieb das Königreich Neapel das Herz der Welt[2]. In seinen unterdrückten Landsleuten wollte er die Menschheit erlösen und wußte doch keine anderen Waffen dafür als die der verhaßten *ragione di stato*. Er lernte sie sogar im Laufe des Lebens immer gewandter

---

[1] Kvačala, Campanella, S. 105, 107, 113; Amabile, *Campanella ne'castelli di Napoli* 2, 86, 171 u. ö.

[2] Vgl. namentlich das *Avvertimento* über die Leiden Italiens an die Könige von Frankreich und Spanien und an den Papst (1628) bei Amabile a. a. O. 2, 168 ff., wo er die Weltgeschichte des letzten Jahrhunderts um den Kampf um Neapel gruppiert, und die Ausführungen in *Le monarchie delle nationi* (1635) bei Amabile a. a. O. 2, 312 u. 340.

und skrupelloser handhaben. In Rom trat er in Fühlung mit der politischen Welt und insbesondere der französischen Gesandtschaft. Die politischen Schriften seines letzten Jahrzehnts, die er hier und nach seiner Flucht aus Italien (1634) in Frankreich schrieb, zeigen denn auch weniger Naivität der politischen Rezepte, dafür aber ein größeres Maß von Welt- und Staatenkunde, von praktischem Scharfblick und Gerissenheit. Er kam nicht umsonst in die Luft der Richelieuschen Politik. Zweifelhaft bleibt es, aus welchen Gründen und in welchem Grade Richelieu den merkwürdigen Flüchtling geschätzt und geschützt hat, ob nur als den großen, von den Gelehrten seines Landes warm begrüßten Philosophen, ob nicht auch als einen trotz aller Phantastik mit politischem Späherblick begabten Kopf. Jedenfalls machen die politischen Traktate aus dieser Zeit, die damals ungedruckt blieben, den Eindruck, für die Augen Richelieus und seiner Leute geschrieben zu sein[1].

Fassen wir zuerst den Wechsel der Dinge, den sie abspiegeln, ins Auge.

Als seine *Monarchia hispanica* 1620, 23 Jahre nach der ersten Niederschrift der Welt bekannt wurde, war sie noch keineswegs veraltet, denn in den ersten Jahren des Dreißigjährigen Krieges war die habsburgische Gesamtmacht noch in scheinbar unwiderstehlichem Aufstiege. Deshalb machte es auf die Zeitgenossen einen gewaltigen, je nachdem erschreckenden oder begeisternden Eindruck, als dies faszinierende Zukunftsbild aller Möglichkeiten spanisch-katholischer Weltherrschaft erschien, dessen Verfasser man damals rätselhafterweise im spanischen Kerker sah. Man muß sich in den Geist der damaligen deutschen Leser des Buches

---

[1] Daß Campanella aus Rom an Pater Joseph, die »graue Eminenz«, Briefe schrieb, weist Amabile a. a. O. 1, 501 nach. Über die Beziehungen Richelieus zu C. vgl. daselbst 2, 20, 25, 48, 99, 110 f. Daselbst auch Christoph v. Forstners Zeugnis, daß Richelieu Camp.s Rat in italienischen Dingen eingeholt habe. Anderseits spricht gegen ein stärkeres Interesse Richelieus an C.s Persönlichkeit die Tatsache, daß die Zahlung der ihm bewilligten Pension bald ins Stocken geriet. Ein Zeugnis für die politischen Dienste, die C. der französischen Politik leistete oder zu leisten beflissen war, ist sein von Kvačala, C. u. Ferdinand II. a. a. O. 45 ff. mitgeteilter Brief an den französischen Kanzler Seguier von 1635, der einen Geheimbericht über die in den Mönchsklöstern betriebene spanische Propaganda darstellt.

versetzen, um den Fanfarenstoß nachzuempfinden, den es bedeutete. Ein Jahrzehnt darauf war das schmetternde Thema verhallt, und die habsburgische Gesamtmacht zwar noch nicht gestürzt, aber mannigfach schwer bedroht. Mit dem mantuanischen Erbfolgekriege seit 1628 hatten die Dinge sich zu wenden begonnen. Frankreich hatte wieder ein Heer über die Alpen entsandt und damit das alte Ringen gegen Spanien erneuert. Der Kaiser aber, der einen Teil seiner besten Truppen nach Italien abgab, verlor in den folgenden Jahren die Früchte seiner deutschen Siege an den großen schwedischen Ketzerfürsten, und zwischen Schweden, den deutschen Protestanten und Frankreich stellte sich sofort eine wirksame Allianz und Interessengemeinschaft her, die wie ein betäubender Sieg der *ragione di stato* über alle konfessionellen Ideale wirken mußte, — erst recht, als Frankreich nach der schwedischen Niederlage von Nördlingen 1634 sich erhob, um den abermals drohenden Aufstieg des Hauses Habsburg nunmehr mit Einsatz seiner ganzen Macht zu hemmen.

Alle diese Ereignisse hat Campanella atemlos verfolgt und gedeutet, immer dabei beeinflußt durch das Interesse derer, die ihn schützten. In dem Rom Urbans VIII., wo er von 1626 bis 1634 lebte, wehte antispanische Luft, und man wußte, daß der Papst Neapel begehre, um seinem Nepoten einen Staat zu schaffen nach dem Vorbilde der Renaissancepäpste. Campanella sah über den nepotistischen Teil dieser Wünsche hinweg und erklärte es 1628 für einen Segen, wenn Neapel, das jetzt im Zwiste der katholischen Welt eine Beute der Türken zu werden drohe, in die Hände des Papstes gelegt würde; denn das, was der Papst besäße, würde Gemeinbesitz der Christenheit[1]. An diesem Gedanken hielt er auch in den folgenden Jahren fest, wo er sich mehr und mehr in die Staatsräson Frankreichs hineindachte. Immer stand im Hintergrunde das Ziel, ein universales Priesterfürstentum mit starkem weltlichen Arme zu schaffen[2].

---

[1] *Avvertimento etc.* bei Amabile a.a.O. 2, 170; vgl. über die Pläne des Papstes Amabile 1. 277 ff.

[2] Von den beiden Hauptschriften C.s über das Thema der päpstlichen Theokratie ist die (nach Amabile um 1594 entstandene) Jugendschrift *De Monarchia Christianorum* verloren gegangen, die andere, *Monarchia Mexiae*, 1605 entstanden, 1633 gedruckt, in ganz wenigen Exemplaren erhalten und uns nicht zugänglich geworden. (Vgl. Amabile a.a.O.

Wie anders stellte sich ihm nun die spanische Macht in ihrer inneren Beschaffenheit dar. 37 Jahre lagen zwischen der ersten Abfassung der *Monarchia hispanica* und ihrem französisch gerichteten Gegenstücke von 1635: *Le monarchie delle nationi*[1]. Einst sah ich, bekannte hier Campanella, in Spanien den Diener des Messias. Gewiß stellte er jetzt ohne tiefere seelische Erschütterung seine Hoffnungen auf Frankreich um, denn hinter seinen damaligen wie jetzigen Hoffnungen stand nicht das Herz, sondern die kalkulierende Phantasie. Und so tendenziös er früher die Machtmittel und Aussichten Spaniens überschätzt hatte, so hatte er mit dem Scharfblick des Hasses schon damals einige schwache Stellen im spanischen Staatsleben bemerkt. Jetzt konnte er seiner vernichtenden Kritik die Zügel schießen lassen und die Ursachen des spanischen Niederganges zwar wiederum nicht ohne tendenziöse Verzerrung, aber im ganzen mit einer Schärfe erfassen, die den befruchtenden Einfluß der *ragione di stato* auf historisches Denken zeigt.

Seine Hauptthese war jetzt, daß das erstaunliche Riesengebilde der spanischen Macht nicht durch eigene Kraft, sondern durch Glück und Gelegenheit, Heiraten und Erbschaften zusammengebracht und durch fremde, nichtspanische Kräfte in die Höhe gekommen sei. Die Erfindungen, die ihrem Aufstiege vor einem Jahrhundert zugute kamen, Feuerwaffen, Kompaß, Buchdruck usw., sind nicht von ihnen gemacht worden. Ihre Ingenieure und Bombardiere sind Italiener und Vlamen, ihre großen Heerführer Italiener, daneben Franzosen und Belgier. Spanien ist ein Ungeheuer mit drei Köpfen, dem Kopfe der Essenz, nämlich dem römisch-deutschen Kaisertum, dem Kopfe der Existenz, nämlich dem eigentlichen Spanien, und dem Kopfe der eigentlichen Kraft *(valore)*, nämlich Neapel mit seinen geistvollen, für alle Kriegs- und Friedenskünste begabten Menschen. Was so rasch und ohne eigene Kraft in die Höhe geschossen ist, wird auch rasch wieder zusammenfallen. Spanien ist ein Wildbach, der durch Regengüsse

---

1, 335 ff., 508 ff., Inhaltsangabe bei Kvačala 101 ff., Ferrari, *Corso sugli scrittori politici Italiani*, S. 557, und Lange, *Histoire de l'internationalisme* I, 390). Da Camp. seine Grundgedanken immer zu wiederholen pflegte, so konnte unsere Untersuchung auf die Kenntnis der *Monarchia Mexiae* zur Not verzichten.

[1] Amabile a. a. O. 2, 299 ff.

aufgeschwemmt vorübergehend gewaltig einherbraust, dann aber zusammenschrumpfen muß. Die einzelnen Teile der spanisch-habsburgischen Gesamtmacht, weit voneinander entfernt, hängen durch Bindeglieder wie Genua, Veltlin und Dünkirchen miteinander zusammen, deren Zerschneidung das Ganze zu Falle bringen müßte. Und vor allem: Je mehr Spanien an Herrschaft wuchs, um so mehr nahm es an Menschen und Kraft ab. Auf diesen fatalsten Punkt konzentrierte Campanella, dessen Sinn für die populationistischen Fragen wir schon kennen, seine Aufmerksamkeit. Spanien verblutete sich in und an seinen außerspanischen Besitzungen. Die Spanier, die nach Italien, Amerika, Afrika usw. gehen, kehren nicht nach Hause zurück. Dort aber bildeten die Priester und Mönche ein gewaltiges Heer der Zölibatäre. Von acht Millionen, meinte er, allerdings etwas übertreibend, sei die Bevölkerung auf kaum vier Millionen gesunken[1]. Nachdem man Juden und Mauren vertrieben habe, liege das von diesen bestellte Land wüste. Sie entvölkern auch die Länder, die sie beherrschen, denn man scheut sich, Kinder zu zeugen, um nicht Sklaven Spaniens zu zeugen. Sie haben eben nicht verstanden, was die Römer in ihrem Weltreich verstanden haben und was Campanella ihnen früher geraten hatte: die fremden Nationen zu hispanisieren.

Die große Frage, ob dies denn überhaupt noch möglich sei in der modernen abendländischen Welt, ob nicht der Aggregatzustand der Nationen durch ihre Sonderentwicklung im christlichen Mittelalter schon zu fest und hart für solche Verschmelzung geworden sei, legte sich Campanella noch nicht vor. Möglichkeiten dieser Art pflegte man vor dem Erwachen des Historismus in einem zeitlosen und absoluten Sinne zu behandeln, weil die Menschheitsnatur als unveränderlich galt.

»Sie verstehen es nicht zu hispanisieren und verstehen es nicht zu thesaurieren«, in dieser kräftigen Formel versuchte er die wesentlichsten Schwächen der spanischen Weltmacht zusammenzufassen. Auch seine Kritik der wirtschaftlichen Nöte und Versäumnisse Spaniens gipfelte in dem Tadel, daß es sich keinen Staatsschatz angehäuft habe, wie es alle großen Reiche von

---

[1] Nach Boissonnade (bei Lavisse-Rambaud, *Histoire générale* 5, 676) ist die Volkszahl in einem halben Jahrhundert damals von über 8 auf 6 Millionen gesunken.

Assyrien bis zu Venedig getan hätten. Man konnte sich ja verwickelte Hergänge nur dadurch klar machen, daß man ein einzelnes Symptom von anschaulicher Einfachheit herausgriff und moralisierend unterstrich. Immerhin hat Campanella das merkwürdige wirtschaftliche Symptom, daß die Schätze der spanischen Silberflotten durch Spanien rasch hindurch in die Nachbarländer, selbst in die feindlichen Völker, abströmten, nicht ohne kausales Verständnis beobachtet. In Spanien, bemerkte er, will eben alles nur vom Golde des Königs leben und vernachlässigt darüber Ackerbau und Gewerbe.

Die spanische Universalmonarchie, die er sich einst mit einem Gemisch von Haß und phantastischer Begeisterung ausgemalt hatte, die einen Mischkessel der Nationen hatte bilden sollen, war also nicht gelungen. Sollte nun die französische Universalmonarchie schlecht und recht an ihre Stelle treten und dieselben Wege gehen, die er der spanischen gewiesen hatte? Daran hat Campanella bezeichnenderweise doch nicht gedacht. Sein universalistisches Ideal war zwar unerschütterlich, aber es sollte vor allem, wie er von vornherein schon wollte, durch ein päpstliches Priesterkönigtum verwirklicht werden. Wohl war jetzt Frankreich nach seiner Meinung dazu berufen, das Kaisertum zu übernehmen und als herrschendes Volk der Christenheit an Spaniens Stelle zu treten, aber in einer Form, die das Eigenleben der Nationen wahrte. Er fand das klassische Wort, daß es sich jetzt darum handle, »die Nationen zu befreien und ganz Frankreich zu einigen[1]«. Vor seinen Augen zerteilte sich gleichsam der universalistische Nebel auf einen Augenblick, und er gewahrte oder ahnte doch die zwei stärksten Tendenzen des modernen Völkerlebens, deren eine auf die Ausbildung der Nationen, deren andere auf die Ausbildung des zentralisierten Staates ging.

Es ist begreiflich, daß er die spanische Fremdherrschaft über sein Heimatland nicht mit der französischen vertauschen wollte. Er sagte den Franzosen ins Gesicht, daß zwar keine Nation geeigneter sei, Herrin Europas zu sein, aber auch keine Nation ungeeigneter. Sie verständen zwar zu siegen und zu erobern, aber verlören auch rasch das Eroberte. Sie möchten es also anders anfangen. Sie sollten zwar allein, gestützt auf ihre Kraft, siegen,

---

[1] Amabile a. a. O. 2, 346.

aber zur Bewahrung der Siegesfrüchte auch die Schweizer und Italiener heranziehen. Denn die Welt sei stets bezwungen worden durch die Reiche, die in sich straff geeint waren, und diese straffe Einigung sei für Frankreich ein höherer Wert als die Unterwerfung Italiens[1]. So möchten sie denn auf ihre Fahnen, mit denen sie nach Italien zögen, die Losung *Libertas Italiae* schreiben. Sie sollten mit der Befreiung Neapels beginnen, aber Neapel und Sizilien dem Papste überlassen, der ihnen dafür Avignon abtreten könnte.

Gehen wir über diese und ähnliche illusorische Ratschläge rasch hinweg. Sie gehören zu den Zuckungen des nationalen Geistes in Italien, die der 1635 ausbrechende große Kampf zwischen Frankreich und Spanien erregte. Ähnliche Projekte wurden auch an anderen Stellen Italiens geschmiedet[2]. Phantastik und Realpolitik gingen nicht nur bei Campanella und zu seiner Zeit oft rasch ineinander über. Selbst der naive Vorschlag, den er machte, daß die Franzosen auf ihrem Zuge einen »weisen Philosophen« mit sich führen möchten, der sie berate und auf ihre Fehler aufmerksam mache, berührte sich mit einem der wirksamsten und zukunftsreichsten Mittel moderner Staatskunst, das Campanella empfahl und das von Richelieu und Ludwig XIV. mit Erfolg gehandhabt worden ist. Das war die *guerra spirituale* oder *guerra literale*, das Aufgebot der Literaten und Prediger, die planmäßige Gewinnung der Intellektuellen geistlichen und weltlichen Standes für den Dienst der französischen Propaganda. »Wer die Geister der Menschen hat, hat das Imperium[3].«

Man beachte, wie hier alles zusammengreift, um eine neue Stufe in der Entfaltung der *ragione di stato* zu gewinnen. Primitive und peripherische Mittel und Ziele der Staatskunst werden, wenn auch noch nicht vollkommen, durch intensive und zentrale Mittel und Ziele ersetzt. Der vorgeschlagene Austausch Neapels gegen Avignon hatte, so unwahrscheinlich er damals auch war,

---

[1] Amabile a.a.O. 2, 336: »*E qui s'ha d'avvertire ch'al Rè di Francia più utile è haver tutta la Francia unita, che non i Regni e principati sudetti d'Italia; prima perche è più il tener quel ch'è in casa sua, che quel che fuori etc. 2.º perche sola Francia basta à vincer il Mondo, quando è unita; non solo perche questo conviene à tutti regni uniti per la virtù di Monade*« usw.

[2] Amabile a.a.O. 1, 286 Anm. — [3] A.a.O. 342.

einen sehr bedeutenden Sinn. Friedrich der Große hat ihn ein Jahrhundert später in das Wort gefaßt, daß ein Dorf an der Grenze mehr wert sei als ein Fürstentum 60 Meilen davon. Und im großen gesehen, hat auch die Politik Richelieus danach gehandelt, indem sie auf Arrondierung des Kernlandes und Gewinnung guter Grenzen mehr Wert legte als auf die Wiederholung des Abenteuers Karls VIII. Das war die *virtù di Monade,* die Campanella dem geeinigten Frankreich zutraute. Auch in den inneren Wirren des Reiches, den Kämpfen Richelieus mit der Königin-Mutter, dem Bruder des Königs Gaston von Orleans und den großen Baronen sah Campanellas politischer Scharfblick keine Erscheinung der Schwäche, sondern eher einen Antrieb zu stärkerer Zentralisierung der Monarchie. Sie könnten, wie er sagte, eine *ragione di ristoro* werden, weil sie die Möglichkeit gäben, die Stellung der Gouverneure in den Provinzen zu brechen und die Hindernisse der Macht im Reiche hinwegzuräumen[1]. Er erinnerte an das alte Rom, wo der Zwist zwischen Adel und Volk dem Staate letzten Endes neue Kräfte gegeben habe. So hatte auch Machiavelli schon gedacht.

Richelieu durfte sich also rühmen, daß einer der tiefsten philosophischen Denker seiner Zeit, und noch dazu ein Ausländer, sein nationalpolitisches Lebenswerk vollkommen begriff. In Richelieu trat ihm, dem alten Gegner Machiavellis, jetzt am Abende seines Lebens die Staatsräson in einer Form entgegen, die ihn innerlich entwaffnete. Er hatte zwar selber von Anfang an Machiavellismen über Machiavellismen begangen und dadurch die Zwangsgewalt der *ragione di stato* am eigenen Leibe erfahren. Aber er hatte niemals oder doch nur in schwachen Ansätzen grundsätzlich anerkennen wollen, daß die *ragione di stato* Gutes und Schlechtes zugleich in sich berge und bald groß und erhaben, bald häßlich und gemein sich verkörpern könne. Er tat es auch jetzt nicht und vermied es, zuzugeben, daß Richelieu von Machiavelli gelernt haben könne. Das Schamgefühl dieser Jahrhunderte gestattete es ja nur dem zynischen Praktiker, Machiavelli offen zu loben. Wer aber auf Grundsätze hielt und ethisch empfand, mied seine Hand wie die eines Aussätzigen. Da blieb denn für Campanella

---

[1] *Discorso politico* zwischen einem Venetianer, Spanier und Franzosen (1632) bei Amabile a. a. O. 2, 185 ff.

nichts anderes übrig, als das etwas banale Mittel, den gemeinen Egoismus, den Machiavelli lehre, zu unterscheiden von dem jetzt in Richelieu sich entfaltenden Staatsidealismus, der sich erhaben opfere für Vaterland und Menschheit. Die Machiavellisten, so ließ er in einem Dialoge von 1632 einen weisen Venetianer sprechen, verstehen nicht eine solche Sublimität des Geistes, wie sie der Kardinal jetzt zeigt. Sie achten das Geringe höher als das Viele und sich selbst allein höher als die ganze Welt[1].

Campanella fühlte eben über aller Wesensverschiedenheit etwas Verwandtes in Richelieu heraus: die große Leidenschaft für die Sache, die Hingabe des eigenen Ichs an ein Ganzes, an die großen Angelegenheiten der Menschheit. Der kommunistische Weltreformer huldigte dem Begründer des französischen Absolutismus, der ihm zugleich den Weg bahnen sollte zum Sonnenstaate. Es erinnert beinahe schon an das spätere Verhältnis Lassalles zu Bismarck. Den großen Staatsidealismus aber hätte Campanella auch schon in Machiavelli entdecken können, wenn sein Auge nicht durch den Schleier des Zeitdenkens verdunkelt gewesen wäre. Aber er blieb auch jetzt dabei, daß Machiavelli zwar die Schlauheit besäße, das einzelne zu verstehen, jedoch nicht die Klugheit, um die großen Schicksalsfragen der Menschheit *(le cose fatali)* zu verstehen. »Auch kennt er nicht die Macht der Religion.« Die Religion aber gibt die Kraft zum Siege über die Welt, auch wenn du dabei gekreuzigt wirst[2]. Der Mann, der einst die fürchterlichsten Foltern der Spanier erlitten hatte, glaubte an die Kraft der Religion und erschien sich selbst als ein leidender und siegender Messias.

Aber war denn nun in der Politik Richelieus, die er so hoch über die gewöhnliche *ragione di stato* stellte, die Forderung verwirklicht, die er an die wahre Politik von jeher gestellt hatte, daß nämlich die Religion ihre Seele sein müsse? Wie reimte sie sich mit der Interessengemeinschaft, die zwischen Richelieu und der protestantischen Welt Europas bestand und von ihm offenkundig gepflegt wurde? Wies nicht eben die katholische Welt, soweit sie sich um das Banner des Hauses Habsburg scharte, auf diesen groben Machiavellismus Frankreichs scheltend hin?

---

[1] A.a.O. 2, 199.
[2] *Le monarchie delle nationi* a. a. O. 2, 322.

Die Antwort, die Campanella hierauf gab, glich einer Grimasse. Nach dem Satze, daß der Hieb die beste Verteidigung sei, beschuldigte er die Spanier und Österreicher, daß sie der Religion untreu geworden seien; nun würden ihnen von Gott zur Strafe dafür die Ketzer auf den Hals geschickt. »Sie gehorchen dem Papste und dem Glauben nur, soweit es dem Staate nützlich ist[1].« Entsprechendes behauptete er, wie wir uns erinnern, auch von den protestantischen Fürsten Deutschlands. Nicht Frankreich, sondern der Kaiser sei schuld an dem Zuge Gustav Adolfs, weil er, um die Spanier im mantuanischen Erbfolgekrieg zu unterstützen, das Reich wehrlos den Protestanten zur Beute gab. Frankreich aber bediente sich des Schwedenkönigs nicht als eines Ketzers, sondern als eines starken Instrumentes, um die gemeinsame Landplage niederzuwerfen. So bediene man sich auch im Kriege unvernünftiger, aber brauchbarer Tiere wie der Pferde, Kamele und Elefanten. Auch diente David dem Könige von Gath aus Furcht vor Saul, und die Makkabäer dienten dem Antiochus und Demetrius gegen ihre übrigen Feinde *per ragion di stato*. König Franz I. benutzte die Türken, Karl V. die Ketzer, als sie Rom schändeten, und die Hugenotten wurden noch jüngst in La Rochelle von den Spaniern unterstützt[2].

Mit welchen Gefühlen mag Campanella diese zynische Dialektik niedergeschrieben haben. Er war ja kein gewöhnlicher Lohnschreiber, auch keiner jener blinden Eiferer für ihren Staat, die mit unbewußtem Cant die Wagschalen des Urteils zu füllen pflegen. Er war auch kein handelnder Staatsmann, der dem Zwange der Lage glaubt folgen zu müssen und die Konflikte zwischen Politik und Moral den Philosophen und Theologen zur Debatte überläßt. Wir wollen ihm aber auch nicht moderne Empfindungen andichten und in der Seele des Philosophen, der sein Leben lang gegen den Dämon des Machiavellismus angekämpft hatte, einen brennenden Schmerz über die Zwiespältigkeit des eigenen Denkens vermuten. Die Naivität der Geister war noch groß in jener Zeit. Die sonnenhaft-chiliastischen Ideale, die er im Busen trug, die ganz konträren Zeitmächte, mit denen er äußerlich rechnen mußte und mit denen er innerlich nicht ganz brach, schließlich die

---
[1] *Le monarchie delle nationi* a. a. O. 2, 311.
[2] A. a. O. 2, 326 f. und *Discorso politico* von 1632 2, 208.

zermürbenden Schicksale seines Lebens müssen vereint angeschaut werden, um einen Begriff davon zu bekommen, wie er unbeirrt gleich einem Mondsüchtigen und vielleicht auch wie dieser unbewußt der Abgründe den schwindelnden Weg zu seinem Ideale suchte. Die Menschen dieser Zeit gingen mit einer elementaren Sicherheit durch das Leben und ließen sich noch nicht ankränkeln durch die letzten Konsequenzen ihrer eigenen Gedanken und durch die verborgene Problematik aller Lebensmächte. Der Hamlettypus entstand zwar schon in dieser Zeit, aber wurde von den damals Lebenden wohl kaum so verstanden, wie er von dem modernen Menschen verstanden wird. Das ist das Große und Merkwürdige dieses ganzen Zeitalters der Renaissance, Reformation und Gegenreformation, daß die mächtigen Ideen, die es erzeugte, aus einer elementarischen Kraft des Denkens und Wollens entsprangen und nun selbst wie Naturgewalten gegeneinander stießen, ohne daß die Menschen, in denen sie lebten, dadurch aus ihrer instinktmäßigen Sicherheit gerissen wurden. Die *ragione di stato* war eine der mächtigsten dieser Ideen, so mächtig, daß sie auch die Schritte dessen, der ihr innerlichst widerstrebte, lenken konnte, ohne ihn aus seiner Bahn zu werfen und an sich selber irre zu machen. Ebenso mächtig war aber auch die religiöse Idee dieser Zeit, die Campanella in einer singulären Form vertrat. Hart und kristallisch, wie diese Ideen nebeneinander lagerten, waren auch die Menschen.

FÜNFTES KAPITEL

Die Verbreitung der Lehre von der Staatsräson in Italien und Deutschland

Die Sackträger auf den Märkten und die Handwerker in den Wirtshäusern Italiens debattierten, wie wir hörten, in den ersten Jahrzehnten des 17. Jahrhunderts über die *ragione di stato*. Darin zeigte sich der Hang des Italieners zum Politisieren und zu dialektischen Turnieren auf der *piazza*. Aber es prägten sich noch tiefere Hergänge darin aus. Das ganze Zeitalter der Gegenreformation bedeutet ja einen ungeheuren, aber keineswegs völlig siegreichen Rückschlag gegen den Geist der Renaissance, der das Leben zu verweltlichen begonnen hatte. Die Denkweise der Menschen wurde wieder zurückgewonnen für die Verehrung der jenseitigen Werte, die die Kirche verwaltete, — aber die neuen diesseitigen Werte, welche die Renaissance entdeckt hatte, blieben nichtsdestoweniger lebendig. Sie wurden wohl zurückgedrängt, vielfach aber auch, wo ihr nackter Anblick störte, nur verhüllt oder übermalt und konnten unter dieser Hülle weiter wirken. Eine solche Übermalung des Machiavellismus stellte die Boterosche Lehre von der *ragione di stato* dar. Machiavelli galt jetzt als verruchter Heide, aber die Praxis der Höfe und Staatsmänner folgte seinen Spuren. Freilich nicht ganz und gar, denn das rein utilitarische und innerlich ungläubige Verhältnis zu Kirche und Religion, das er gezeigt hatte, war wenigstens für das Bewußtsein der von neuer Glaubensinbrunst erfüllten Gemüter unerträglich. Und da die Autorität der Kirche nicht nur auf ihrer eisern festgehaltenen Glaubenslehre und Herrschaftsverfassung, sondern auch auf einer Sitten- und Güterlehre beruhte, die das ganze weltliche Leben umspannte und das göttliche Gebot mit dem Naturrechte anscheinend harmonisch und eindeutig vereinigte, so war auch der Konflikt dieser christlich-naturrechtlichen Ethik und Güterlehre mit dem rücksichtslosen Naturalismus der Machiavellischen Güterlehre und Staatskunst schlechthin unvermeidlich und mußte immer wieder ausgetragen werden. So fühlte man sich hin und her gerissen zwischen den Erfordernissen der praktischen Politik, die in Machiavellis Bahnen drängten, und den Lehren der Kanzel und des Beichtstuhls, die Lüge, Betrug und Untreue verdammten. Man half sich, wie wir an Boteros Vorbild schon sahen, mit der Aufstellung einer gereinigten und entgifteten, einer »guten« Staatsräson, und die große Zahl der Bücher, die in den ersten drei bis vier Jahrzehnten des 17. Jahrhunderts in Italien über die *ragione di stato* geschrieben wurden, beweist ein geradezu leidenschaftliches Interesse für diese Aufgabe. Die ganze ungeheure Spannung zwischen den überlieferten und neu belebten Idealen der kirchlichen Weltanschauung und dem aufsteigenden modernen Staate spiegelt sich in ihnen. Während die machiavellistischen Lehren vorzugsweise in den vielen Kommentaren zum Tacitus, die in Ammiratos und Boccalinis Art noch versucht wurden, weiterlebten und hier oft einen recht nackten Ausdruck fanden[1], wollten die eigentlichen Theoretiker der *ragione di stato* in der Regel die Möglichkeit und Heilsamkeit einer »guten« *ragione di stato* im Gegensatz zur *rea* und *cattiva ragione di stato* nachweisen. Aber sie mußten dabei gestehen, daß das, was man im gewöhnlichen Sprachgebrauche unter ihr verstehe, eben die böse Lehre sei, daß der Fürst seinem eigenen Interesse mit allen, auch unanständigen Mitteln folgen dürfe[2].

Keiner dieser Schriftsteller hat eine stärkere und dauernde Wirkung hinterlassen, keiner ragt über das Mittelmaß hervor, keiner trägt, wie Boccalini und Campanella, neben der ethischen auch eine kräftige politische Seele in sich, so daß der Widerstreit der beiden Seelen in tiefere Probleme hineinführen könnte. Wir begnügen uns deswegen, wie schon bei Botero, Paruta und Ammirato, mit einer summarischen Würdigung ihrer charakteristischen Züge und legen dafür zugrunde die Schriften von Ciro S p o n - t o n e : *Dodici libri del governo di stato* 1599; Girolamo F r a - c h e t t a : *Il Principe* 1599; *Discorsi di stato e di guerra* 1600;

---

[1] Vgl. darüber Ferrari, *Corso sugli scrittori politici d'Italia*, S. 438 ff. und Toffanin, *Machiavelli e il Tacitismo*.
[2] Palazzo S. 9 u. 177; Frachetta, *Il seminario de'governi etc.*, S. 81 (er unterschied nicht gute und schlechte Staatsräson, sondern *vera* und *falsa prudenza civile o politica* und setzte letztere mit *Ragione di stato* gleich); Settala S. 11; Chiaramonti S. 13.

Seminario de' governi e stati 1617 (seine Schrift über *Ragione di stato* war uns unzugänglich); Antonio Palazzo: *Discorso del governo e della ragion vera di stato* 1606; Pietro Andrea Canonhiero: *Dell'introduzione alla politica, alla ragion di stato etc.* 1. X, 1614; Federico Bonaventura: *Della ragion di stato* 1623; Lud. Zuccoli: *Dissertatio de ratione status* (latein. Übersetzung des ungefähr 1625 erschienenen italienischen Originals durch den Hamburger Joh. Garmers 1663); Gabriel Zinano: *Della ragione degli stati* e. XII, 1626; Lodovico Settala: *Della ragion di stato* 1627; Scipione Chiaramonti: *Della ragione di stato* 1635[1].

Aufs heißeste bemühte man sich um eine genaue, sowohl logisch wie ethisch befriedigende Definition der wahren, guten *ragione di stato*. Scholastische Denkübung und humanistisches Interesse fanden an dieser Aufgabe einen Tummelplatz, auf dem man sich breit und unermüdlich erging. Denn in diesem Begriffe hatte man einmal eine moderne Errungenschaft, die über die verehrte Antike etwas hinausführte und doch in ihr wurzelte und mit unzähligen Beispielen aus ihr belegt werden konnte. Die griechische und lateinische Sprache könnten uns beneiden um diesen schönen Ausdruck, sagte Bonaventura, der Rat des Herzogs von Urbino (S. 664), der überhaupt einen verzückten Kultus mit ihm trieb und sein ganzes dickes Buch eigentlich nur der Definition desselben widmete. Aber ohne die Krücken der Antike wagte man auch auf diesem Wege nicht zu gehen. Vor allem bot solche das 5. Buch der Politik des Aristoteles, das die Ursachen der Revolutionen und die Mittel zur Erhaltung der Verfassungsformen in den Staaten behandelte und in der von Machiavelli schon benutzten Schilderung der Tyrannenpraxis auch die »schlechte« Staatsräson wiederspiegelte. Dann aber entnahm man auch aus Plato, Thukydides, Plutarch

---

[1] Diese und andere ähnliche Schriften sind auch behandelt in den früher (S. 78) zitierten Werken von Ferrari und Cavalli und außerdem in einer leider ungedruckten wertvollen Kieler Dissertation von Kunkel 1922, die dann hauptsächlich die deutsche Staatsräsonliteratur des 17. Jahrhunderts untersucht. Ich durfte das Manuskript dankbar benutzen. Der die deutsche Staatsräsonliteratur behandelnde Teil liegt in Schreibmaschinenexemplaren auf der Berliner Staatsbibliothek und einigen anderen Bibliotheken. — Neuerdings hat auch Benedetto Croce in seiner wertvollen Abhandlung *Il pensiero Italiano nel Seicento* (*La Critica* XXIV, 3, 1926) die Schriftsteller der *Ragion di Stato* behandelt.

und namentlich aus Tacitus' Geschichte des Tiberius Urteile und Tatsachen für das Thema in Hülle und Fülle. Sie überwogen bei weitem die aus der modernen Geschichte entnommenen. So stark man auch den Pulsschlag des eigenen Zeitbedürfnisses in dieser Literatur spürt, war sie doch mehr das Werk spekulierender und spintisierender Gelehrter als praktischer Politiker.

Das Wort war neu, aber die Sache war alt, so alt, das wurde richtig erkannt, wie der Staat selbst. »Ich schließe«, sagte Chiaramonti (S. 489), »daß mit dem Prinzipate eines oder mehrerer die gute *ragione di stato* mit dem guten, die schlechte mit dem schlechten Herrscher geboren wurde.« Die schlechte wurzele in der überflüssigen Herrschsucht, wenn der Mensch nach dem Worte des heiligen Thomas mehr *praeesse quam prodesse* wünsche, und da die Eigenliebe früher sich regte als die Liebe für das öffentliche Wesen, so sei sie vielleicht älter, sicherlich häufiger als die gute.

Was war nun das Wesen dieser guten *ragione di stato*? Wir wollen uns nicht mit den zehn verschiedenen Bedeutungen des Wortes *ragione*, die Chiaramonti unterschied, und den ebenfalls zahlreichen Bedeutungen des Wortes *stato*, mit denen man operierte, herumschlagen, sondern dabei nur beachten, daß das Wort *stato* jetzt sich mit größerem Inhalte zu füllen begann und nicht mehr den bloßen Machtapparat des Herrschers, sondern, wie Ammirato (bei Chiaramonti S. 421) schon sagte, *dominio, signoria, regno e imperio* überhaupt bedeuten konnte. Im Durchschnitt nun wurde die *ragione di stato* als Staatskunst aufgefaßt, die gute mit sittlich und religiös erlaubten Mitteln auf das allgemeine Wohl und Glück, die schlechte mit unerlaubten Mitteln auf den besonderen und persönlichen Vorteil der Herrschenden gerichtet. Als das Besondere an dieser Kunst wurde »das Verborgene, nicht Gewöhnliche« empfunden, das nur Menschen von großer Geisteskraft, Klugheit und Erfahrung bekannt sei (Bonaventura S. 38). Sie ist eine *virtù superiore* mit leitender, modelnder, ergänzender, zusammenfassender Funktion, sie hat, trotz ihrer Unterwerfung unter göttliches Recht und Moralgesetz, Autorität über die Gesetze und schließt in sich die »Notwendigkeit, die Gesetze zu gegebener Stunde zu ändern« und von den geschriebenen Gesetzen und den gewöhnlichen Wegen abzugehen. Zu diesem Satze Bonaventuras hatte schon Ammirato die Bahn gebrochen, als er definierte, daß *ragione di stato* nichts anderes sei als *contraven-*

Die Verbreitung der Lehre von der Staatsräson 143

zione di ragione ordinaria per rispetto di publico benefitio o vero per rispetto di maggiore e più universal ragione[1]. Und Canonhiero (S. 574) stellte nicht übel vier Dinge zusammen, die im Handeln nach *ragione di stato* zusammentreffen müßten: 1. die Notwendigkeit, nicht anders handeln zu können, 2. die Überschreitung anderer Rechte, 3. der öffentliche Nutzen, 4. daß man keinen andern Grund für das, was man tue, anzugeben vermöge, denn allein die *ragione di stato*. So definierte er also: *La ragione di stato è un necessario eccesso del giure comune per fine di publica utilità.*

Und nun ist es interessant, daß man über die durch logisch-juristisches Denken faßbaren Merkmale hinaus noch etwas Überpersönliches, ja Mystisches in der *ragione di stato* zu spüren begann. Es ist wie ein erster Anhauch modernen historischen Denkens in dieser noch ganz scholastisch und humanistisch erzogenen Zeit, wie eine erste Ahnung von der geistigen Persönlichkeit des Staates, wenn Palazzo in der *ragione di stato* die vernünftige Seele eines einheitlichen und kontinuierlichen Lebewesens empfand (S. 28). Noch tiefer grub wieder Bonaventura, der in der *ragione di stato* das κύριον des Aristoteles, den *vero monarca*, den *principe del principe e la propria e vera sua legge*, die *anima universale del mondo politico* entdeckte, — *nihil est, quod non metiatur* (S. 586 ff.). Man darf daran erinnern, daß wenige Jahre zuvor auch Shakespeare die Mystik der Staatsseele entdeckt hatte. In *Troilus und Cressida* (III, 3) legte er dem Ulysses die Worte in den Mund:

> S'ist ein Geheimnis (kein Bericht wagt sich
> darein zu mischen) in des Staates Seele
> Von einer göttlicheren Wirksamkeit,
> Als Wort und Feder je ausdrücken kann.

Hatte Shakespeare vielleicht schon von der neuen Modelehre der *ragione di stato* gehört? Jedenfalls wußte er etwas von den »Statisten«, — so nannte man die in praktischer Politik und *ragione di stato* Erfahrenen[2]. Dieses heiße Gefühl, einem großen

---

[1] *Discorsi sopra Cornelio Tacito* 1594, S. 231.
[2] Hamlet (V, 2) und Cymbeline (II, 4); vgl. John, Geschichte der Statistik, S. 10 f. Mein Kollege Aloys Brandl hält es durchaus für möglich, daß Italiener, die in England lebten, die neue Lehre dort verbreiteten.

und gewaltigen Lebensprinzipe auf der Spur zu sein, hat selbst bei den mittelmäßigen italienischen Schriftstellern etwas Rührendes. Einer von ihnen, Mirandula in seinem *Ragionamento di stato*, verstieg sich gar dazu, die eigentümliche Staatsräson des lieben Gottes auszurechnen[1].

Besonders fruchtbar war es nun, daß Bonaventura auch die verschiedenen Staatsformen aus einer jeweilig verschiedenen Staatsräson ableitete. Denn in der Staatsräson, nicht etwa umgekehrt in der Staatsform, sah er das Frühere und Verursachende. Durch diese Erkenntnis nun aber, daß die *ragione di stato* sich differenziere in den Staatsformen, kam man wieder auf den von Aristoteles gebahnten Weg und konnte das von ihm aufgestellte Schema der drei guten und der drei schlechten Staatsformen für das Problem der Staatsräson benutzen. Das tat voran Ludovico Zuccoli aus Ancona, den seine Begeisterung für das unpolitische Idyll von San Marino[2] nicht abhielt, die kürzeste, aber prägnanteste Schrift über das Thema zu schreiben. Er fand den einfachen und klaren, freilich auch engen Gesichtspunkt, daß Staatsräson nichts anderes sei als die Kenntnis und Übung der Mittel, um eine bestimmte Staatsform zu schaffen und zu erhalten. Nach *ragione di stato* handeln, heißt das tun, was der Essenz und Form des *stato* entspricht, den man haben will. So gebe es also eine besondere *ragione di stato* der Monarchie, der Tyrannis und der übrigen Staatsformen. Es gehöre nun, wie er gegen Ammirato bemerkte, durchaus nicht zum eigentlichen Wesen der Staatsräson, daß sie den Gesetzen widerspräche, das könne wohl akzidentiell geschehen, nämlich in den schlechten Staatsformen, wogegen in den guten die Gesetze und die Staatsräson miteinander harmonierten. Gut und anständig sei überhaupt die Staatsräson der guten Staatsformen, und das Gerede, daß alle Staatsräson böse sei, gelte nur für die schlechten Staatsformen. Freilich mußte auch er gleich seufzend hinzusetzen, daß die guten Staaten sehr selten seien und die Staatsräson, die im Gebrauche sei, demnach fast immer sittlich schlecht sei. Man müsse also schon diejenigen Staaten loben, in

---

[1] Ferrari, *Corso etc.*, S. 395. Mirandulas Schrift war mir nicht zugänglich.
[2] Vgl. Ferrari, *Corso etc.*, S. 510ff. Zuccoli's Bedeutung hebt auch Croce a. a. O. 158 besonders hervor, aber aus einer Grundeinstellung zum Problem der Staatsräson heraus, die von der meinigen abweicht.

Die Verbreitung der Lehre von der Staatsräson

denen die Diskrepanz zwischen Gesetzen und Staatsräson nicht sehr groß sei.

Wichtig ist, daß auch er, wie Bonaventura, einen Ansatz zu individualisierender Betrachtung der Staatsräson machte. Er unterschied also nicht nur die sechs verschiedenen, nach dem Aristotelischen Schema möglichen Typen von Staatsräson, sondern lehrte auch, daß sie die individuellen Verschiedenheiten in der Staatsform etwa der französischen und spanischen Monarchie, der schweizerischen und niederländischen Republik zu beachten habe. Sogar den eigentümlichen Schwung, die innere Größe des Handelns nach Staatsräson, wie sie entsteht durch Zurückdrängung der gewöhnlichen Affekte und Konzentrierung des Geistes auf ein ganz individuelles Machtziel, empfand er schon. Ein solches Handeln allein und ausschließlich nach dem, was »die individuelle Form der Herrschaft fordert«, sei Sache ungewöhnlich weiser und kluger Männer, wie Perikles und Lorenzo Medici[1].

Eine Verbindung von Bonaventuras Intuition mit Zuccolis Gedankenschärfe hätte zu einer reicheren und historischeren Lehre von der Staatsräson führen können. Aber der Nachtreter Zuccolis, der über 70 Jahre alte Mailänder Arzt und Philosoph Ludovico Settala, der zwei Jahre nach ihm schrieb und ihn mehrfach abschrieb, verbreiterte und verwässerte seine Gedanken zu einem nüchternen Schematismus, der auf die Zeitgenossen großen Eindruck machte. Er entwickelte in sechs großen Abschnitten die sechs verschiedenen Arten der *ragione di stato* in Monarchie, Aristokratie, »wahrer Republik« (auch *politia comune* genannt), Tyrannis, Oligarchie und Massenherrschaft (von ihm nach Aristoteles' Vorbilde »Demokratie« genannt). So kamen sechs verschiedene Mechanismen heraus, innerhalb deren die typischen Handlungsweisen und Herrschaftsmittel mosaikartig und meist nach antiken Quellen aneinandergereiht wurden. Es ist fast nur Schulstubenluft, die man hier atmet. Hauptfragen sind: Wer ist am Ruder? Herrschen die Gesetze oder herrscht Willkür? Das Ziel der eigentlichen

---

[1] *Insuper addamus, quod desiderium se confirmandi, sublatis etiam quibuscunque obstaculis vel a natura, vel animi affectibus vel consuetudine, ad agendum unice secundum id, quod forma individua imperii exigit, consilium sit hominis sagacitate et prudentia praeter modum valentis, qualem credendum est, Periclem jam tum Athenis fuisse et Florentiae Laurentium Mediceum etc.* S. 46.

ragione di stato wollte er nicht, wie es sonst in der Regel geschah, im öffentlichen Wohle, sondern im Wohle derer, die Häupter des Staates seien, erkennen. Demnach unterschied er durchweg zweierlei Arten von Maßregeln der Staatsräson, solche, die auf die persönliche Sicherheit der Regierenden, und solche, die auf die Erhaltung des bestehenden staatlichen Zustandes zielten.

In dieser engen Begrenzung der Aufgaben der Staatsräson, in dieser ängstlichen Sorge um die unmittelbare Sicherheit der Machthaber und der sie tragenden Staatsform zeigt sich wiederum einmal die innere Unfertigkeit des Staates, die immer noch nicht erreichte Selbstverständlichkeit seiner Macht und Autorität. Das Ziel des allgemeinen Wohles, der *comune felicità*, das die Vorgänger Zuccolis und Settalas betonten, ist mehr eine überlieferte ethische Phrase als eine inhaltsvolle und konkret durchgedachte Aufgabe. Die Staatsräson richtet ihre Argusaugen in erster Linie noch immer auf die inneren Gegnerschaften, den Ehrgeiz der unruhigen Köpfe, die übermächtig werdenden Minister, die Freiheitsliebe der Untertanen. In Spontones Staatslehre nimmt zum Beispiel das Kapitel von den Verschwörungen, die mit grausamster Härte zu verfolgen seien, noch einen sehr breiten Platz ein; Settala glaubte den Ostrazismus selbst für gute Republiken noch empfehlen zu können (S. 162). Der Blick reichte nicht wesentlich hinaus über den Horizont des italienischen Klein- und Stadtstaates, der jetzt eigentlich nur noch nach Stilleben und ruhigem Machtgenuß der Machthaber strebte, dessen aber noch keineswegs sicher war. Doch treten auch anmutige Züge hervor, wenn etwa der Urbinate Bonaventura sein kleines Vaterland lobt, daß es, vorbildlich in guter *ragione di stato*, verdiente Männer von überallher berufe, für Gewerbe, Künste und Wissenschaften sorge und eingedenk, daß die wahren Festungen die Herzen der Untertanen seien, die Zwingburgen *(fortezze)* niederlege (S. 630). Settalas zuweilen nicht minder charakteristische Ratschläge für innere Wohlfahrtspolitik aber beruhten lediglich auf der Klugheit, die die Quellen der Unzufriedenheit verstopfen und gute Stimmung für die Machthaber schaffen wollte. Aristokratien müßten zum Beispiel, um das Volk zu überzeugen, daß die öffentlichen Einkünfte zum Besten des Staates verwandt würden, öffentliche Bauten pflegen, Hospitäler und Akademien gründen, Kirchen, Brücken und Häfen bauen. Sie dürften aber keine Heiraten von reichen

Die Verbreitung der Lehre von der Staatsräson 147

Bürgern mit fremden Fürstenfamilien zulassen (S. 126 ff.). Venedig stand ihm vor Augen.

Merklich unlebendiger fiel das Bild der demokratischen Staatsräson, das er der systematischen Vollständigkeit wegen gab, aus; Lesefrüchte aus der antiken Literatur mußten es hauptsächlich füllen. Aber dabei zeigt sich bei ihm und anderen eine Grundstimmung, die wir bei Boccalini schon gewahrten, nämlich eine mit Grauen gemischte Verachtung des Pöbels. Man muß auch diese Stimmung kennen, um die politische Mentalität jener Zeiten ganz zu erfassen. Denn man hat zuweilen den Eindruck, als ob zutiefst eine Furcht vor der Entfesselung der rohen Massenkräfte ihr Nachdenken über die Staatsräson mitnährte. Im fürstlichen wie im aristrokratischen Staate sah man nicht in letzter Linie den Bändiger der niederen Massen. Der soziale Instinkt, das konservative Ruhe- und Ordnungsbedürfnis war in diesen gelehrten Theoretikern und Fürstendienern oft stärker entwickelt als der spezifisch staatsmännische Sinn.

Das verrät sich auch darin, daß man im allgemeinen von Macht- und Eroberungspolitik nach außen nicht viel wissen wollte. Nur Chiaramonti erklärte es für gerecht, nach fremdem Gebiete zu streben, wenn die Nachbarschaft eines großen und gierigen Potentaten in die Zwangslage führe, entweder ihn niederzuwerfen oder von ihm niedergeworfen zu werden (S. 73). Auch Vertragstreue wurde mit scharfer Ablehnung Machiavellis gepredigt, doch fügte auch hier wieder Chiaramonti mit Bonaventura (S. 629) die Ausnahme hinzu, daß der drohende Ruin des Staates von ihr entbinde (S. 159). Alle machiavellistischen Rezepte aber konnte man trotzdem erörtern unter der Deckung, daß es gelte, die falsche und böse Staatsräson abschreckend zu schildern, und Zinano schwelgte trotz seines Hasses gegen Machiavelli in der Ausmalung der Listen und Betrügereien, die gegen den Feind erlaubt seien. Auch Judiths Tat war, wie er spitzfindig zu beweisen suchte, keine Lüge (S. 39 ff.), und Jakobs Schlauheit gegen Laban billigte er (S. 99). Denn hinter dem breit vorgehaltenen Schilde der christlichen Moral versteckten sich kasuistisch mancherlei Strategeme. Ein starker Tropfen machiavellistischen Blutes war der Mehrzahl dieser heißblütigen Italiener dennoch eigen[1]. Settala erlaubte zum Bei-

---

[1] Weitere Belege dafür bei Ferrari, *Corso etc.* S. 389 ff.

spiel auch dem tugendhaften Fürsten ohne weiteres die Dissimulation. Man liebäugelte also mit den verbotenen Früchten.

Gelegentlich zeigte sich auch bei diesen Italienern der Barockzeit — vielleicht beeinflußt durch spanische Lebensideale? — ein leiser Hauch jener ritterlichen Empfindungen, deren Reaktion gegen den Machiavellismus wir an Gentillet früher veranschaulichen konnten. Machiavelli hatte das Siegen im Kriege mit allen, auch betrügerischen Mitteln gepriesen und gerechtfertigt. Frachetta aber erklärte jetzt das *vincere con fraude* als nicht gemäß der wahren kriegerischen Klugheit, weil es der wahren Tapferkeit widerspräche und den Ruhm des Siegers mindere. Freilich Strategeme im Kriege hielt auch er dabei für erlaubt, ohne sich zu bemühen, die Grenze zwischen Kriegslist und Betrug zu ziehen[1]

Die größte Erbitterung gegen Machiavelli erregte immer seine Irreligiosität. Gerade daß diese Irreligiosität sich doch wieder mit einer Wertschätzung der Religion, aber einer rein utilitarischen, verband, wurde als sein schlimmstes Attentat wider die Religion empfunden. Denn sie wurde dadurch von ihrem Throne gestürzt und aus einem höchsten Werte und Selbstzwecke überirdischer Art in ein bloßes Mittel für irdische Zwecke verwandelt. Sie verlor ihren absoluten Wahrheitswert, ihren eigentlichen Nerv, denn die geheuchelte Religion konnte, wie Machiavellis Lehren einprägten, unter Umständen genau dieselben praktischen Dienste leisten wie die echte. Geheuchelte Religion, sagte Settala (S. 184), führt direkt zum Atheismus. Man spürte vollkommen die Revolution aller Werte, die völlige Säkularisierung des Lebens, die vom Machiavellismus drohte. Machiavellis Lehre, bemerkte Chiaramonti (S. 467), läuft auf eine Adoration des Fürstentums hinaus, man macht es zum Maße aller Handlungen, zur Quelle aller Gerechtigkeit und moralischen Güte, man gibt ihm Gottes Attribute. Der neugefundene Wert der Staatsräson durfte also nicht die alte Rangordnung der Werte erschüttern. Die *ragione di stato*, sagte Canonhiero (S. 589), ist zwar allen anderen Rechten übergeordnet, aber untergeordnet der kirchlichen Gewalt, wie der Körper der Seele, das Fleisch dem Geiste. Gegen die kirchliche Gewalt handeln, heißt gegen Gott selbst handeln.

---

[1] *Il seminario de'governi di stato e di guerra*, S. 89 f.

Der politischen Wirklichkeit, wie sie war, der Tatsache, daß der Machiavellismus weithin geübt und mit Erfolg geübt wurde, stellte man voran den alten christlichen Trost gegenüber, daß Gott die Bosheit oft zulasse als Strafe für die Sünden und sie im Jenseits strafen werde (Palazzo S. 22, Chiaramonti S. 378). Aber auch vom Standpunkte einer guten und wohlverstandenen Staatsräson aus versuchte man den problematischen Nutzen, die Zweischneidigkeit eines rücksichtslosen Interessenegoismus nachzuweisen. Daß Franz I. sich gegen Karl V. mit den Türken verbündete, bemerkte Chiaramonti (S. 373), schlug nicht gut aus. Denn abgesehen davon, daß es unsittlich war, war es auch letzten Endes nicht nützlich, weil die Religionsspaltung, die sein Reich erschüttert hat, keinen geringen Ursprung in der Beobachtung hatte, daß der König aus Staatsinteresse die Freundschaft des grausamen Feindes der Christenheit suchte. Die Wirkung sei um so schlimmer bei dieser Nation gewesen, weil sie bisher ein so eifriger Feind der Ungläubigen gewesen war. Wir erinnern uns, daß schon Botero diese Auffassung vorgetragen hat. Sie war offenbar zu einem konventionellen Argument katholischer Politik geworden.

Es braucht kaum noch gesagt zu werden, daß auch für diese Gruppe von Denkern Einheit der Religion im Staate, Nichtduldung neuer Bekenntnisse selbstverständliche Forderung der guten Staatsräson war. Religiös-kirchliche und staatsutilitarische Motive waren dabei noch eng miteinander verschmolzen. Canonhiero witterte ganz richtig die unabsehbaren, auflösenden Wirkungen des religiösen Individualismus, wenn jeder seinen Gott sich nach seiner Weise fingieren könne. Alle Sitten und Lebensweisen würden dadurch in den Strudel der Veränderung gerissen und die Autorität der Gesetze und zuletzt auch des Fürsten in Verachtung geraten (S. 607). Er erinnerte an die revolutionären Bewegungen des 16. Jahrhunderts vom deutschen Bauernkriege und den Täufern an, die ein Vorgefühl dessen, was geschichtlich noch bevorstand, schon geben konnten. Hart und rücksichtslos klang der Ketzerhaß aus seinen, Zinanos und des greisen Settalas Schriften. Nur Chiaramonti — bezeichnenderweise der späteste dieser Schriftsteller — moderierte ihn etwas. Da die Ketzerei infolge falsch verstandener politischer Interessen der Fürsten sich nun einmal so weit verbreitet habe, daß sie ohne großen Schaden der Katholiken und ohne Gefahr des Bürgerkrieges nicht ausgerottet werden könne, so müsse man sie als kleineres Übel tolerieren, aber dabei, wie Heinrich IV. getan habe, die katholische Religion möglichst befördern (S. 43).

Das wären etwa die für das durchschnittliche Zeitdenken bezeichnenden Gedanken, die man aus diesem Gemisch von Schulweisheit und Staatsweisheit herausholen kann. Hinter ihrem krampfhaften Eifer, die moderne Staatskunst wieder in Einklang zu bringen mit der religiösen und sittlichen Überlieferung des Abendlandes, lag eine verborgene Skepsis, der sie nur mühsam Herr wurden. Man kann, sagte Chiaramonti am Schlusse seines Werkes (S. 486), die Praktiker der schlechten Staatsräson nicht hindern, man kann auch diejenigen nicht hindern, welche glauben, daß sie »eine Wirkung der Natur der Regierung« sei.

*

Es berührt ganz eigen, daß die italienische Literatur der *ragione di stato*, deren Produktivität in den ersten Jahrzehnten des 17. Jahrhunderts unerschöpflich schien, in der zweiten Hälfte desselben völlig zusammenschrumpfte und nur einige unbedeutende Nachzügler fand. Man war offenbar gesättigt von ihr, man wußte nun genug und hatte nichts Neues mehr zu sagen. Man hatte sich einen festen Gedankenkreis gebildet, aus dem heraus Wege zu neuen Problemen nur hätten gefunden werden können, wenn neue inhaltsreiche Erlebnisse das Denken weiter gedrängt hätten. Daran aber fehlte es. Daß die großen Spannungen des Dreißigjährigen Krieges, die auch in Italien geistig miterlebt wurden, aufhörten, daß Spanien von der Höhe seiner Macht, durch die es die Italiener in Atem gehalten hatte, zurücksank und mit Italien zusammen zum bloßen Objekte der Weltbegebenheiten wurde, daß auch das innere staatliche Leben Italiens der Konvention verfiel, das mögen die inneren Gründe für das Nachlassen des politischen Geistes sein. Aber die Samenkörner der *ragione di stato* waren inzwischen auf andere Länder gefallen, die ihrer bedurften und mit frischer Empfänglichkeit sie aufnahmen.

Suchen wir den praktisch für sie brauchbarsten und historisch wirksamsten Gedanken aus dem Ideenkomplex der *ragione di stato* herauszuheben, so war es wohl der, daß die Erfordernisse und Notwendigkeiten des »öffentlichen Wohls« zwar göttliches und natürliches Recht nicht, wohl aber das positive Recht und die vom Staate gegebenen Gesetze verletzen dürften. Das war gewissermaßen das Kompromiß zwischen dem mittelalterlichen Geiste und dem modernen Staatsgeiste, das dem Kaiser gab, was des Kaisers, und Gott, was Gottes war. Es wurde fortan eine Leitidee des Staatslebens, vor allem des inneren Staatslebens. Mochten nun in den Machtkämpfen der Staaten miteinander nach wie vor auch die Schranken des göttlichen und natürlichen Rechts durch Vertragsbruch und unsaubere Mittel übertreten werden, mochte das auch gegenüber widersässigen und unbequemen Untertanen im Innern oft genug noch geschehen, — so war das doch nur eine wildwachsende Praxis, die die Allerwenigsten im Sinne Machiavellis prinzipiell zu rechtfertigen wagten. Die Staatsräson aber als Mittel zur Zerbrechung alten positiven Rechtes verstanden, wurde ein wohlgepflegtes Nutzgewächs, ein wirkliches Prinzip, eine mit voller Überzeugung und gutem Gewissen fortan geschwungene Waffe des modernen Staates, ohne die er der ständischen und privilegierten Gewalten nie Herr geworden wäre. Das wurde von unermeßlicher Bedeutung. Gegen die alten Rechtsideen des Ständestaates konnte fortan der Absolutismus eine neue Rechtsidee ausspielen, — ein immer werdendes Recht trat dem gewordenen Rechte gegenüber, denn jeden Tag konnte nun das »öffentliche Wohl« eine neue Rechtsveränderung fordern und durchsetzen. Die Staatsräson war ein Mittel, das einen harten und spröden Stoff weicher und formbarer machte. Wie langsam und zähflüssig hatten sich die Institutionen von Gesellschaft und Staat während des Mittelalters weiterentwickelt. Jetzt kam die drängende Kraft, die sie rascher in Bewegung setzte, — noch immer nicht so rasch, wie seit dem 18. Jahrhundert und den französischen Revolutionen, wo weitere antreibende und revolutionierende Ideen hinzukamen, aber rasch genug, um eine tiefere Zäsur zwischen dem inneren Charakter der mittelalterlichen und der modernen Geschichte herzustellen. Die Idee der Staatsräson gehört so zu den allerwichtigsten Merkmalen und Fermenten dessen, was man die neuere Geschichte nennt.

Religion, Sittlichkeit und Recht waren die drei Mächte, die durch den Machiavellismus schwer bedroht wurden. Praktisch konnte er fortan bis zur heutigen Stunde alle drei Mächte weiter schwächen und untergraben, aber theoretisch behaupteten in der Gedankenbewegung, die von der *Ragione di stato*-Literatur widergespiegelt wurde, wenigstens Religion und Sittlichkeit ihre Souveränität gegenüber der Staatsräson, und nur in das Recht wurde eine Bresche geschlagen. Aber eben das, daß die von Natur so konservative Sphäre des Rechts jetzt auch, nicht nur tatsächlich, sondern auch ideell, in den Normen und Wertvorstellungen der Menschen, in den Fluß der Dinge hineingerissen wurde, war von mächtiger geschichtlicher Wirkung.

Weniger in Italien als in Deutschland und Frankreich. Wir erinnern für Frankreich an das über Bodin Gesagte und werden die eigenartige Entwicklung dort noch besonders zu behandeln haben. In Italien hat die Lehre der Theoretiker, daß die Staatsräson über dem positiven Rechte stände, nichts eigentlich Neues gesagt, sondern nur einem vorhandenen Zustande das Siegel aufgedrückt. Denn hier hatte das römische Recht, das von dem Geiste der antiken Staatsräson durchtränkt war und den Fürsten von der Bindung an die Gesetze lossprach, immer weiter gelebt, und der frühe Untergang des Feudalsystems, das frühe Auftreten gewaltsam durchgreifender Stadttyrannen und Fürsten hatte es hier nicht zu jener zähen Kruste von Gewohnheits- und Privilegienrecht kommen lassen, die in Deutschland dem Aufstiege des modernen Staates im Wege stand. Was von alten Rechten und Gewohnheiten da war, erschien einem Machiavelli als so ungefährlich, daß seine Staatsräson den Rat geben konnte, sie möglichst zu respektieren. In Deutschland bot aber die neue Lehre von der Staatsräson den Fürsten einen Hammer, um jene Kruste aufzubrechen. Sie ist dafür wirksamer gewesen, als die schon im 16. Jahrhundert vollzogene Rezeption des römischen Rechts, deren Bedeutung für die Durchsetzung des Absolutismus man oft überschätzt hat[1]. Denn erst im 17. Jahrhundert ist diese erfolgt, und eben durch das ganze 17. Jahrhundert blühte auch in Deutschland die Literatur der Staatsräson. Wir wollen die Macht der Theorie nicht etwa überschätzen. Der Aufstieg des Absolutismus im deutschen Territorialstaate beruhte in erster Linie auf den furchtbaren Wirkungen und Erfahrungen des Dreißigjährigen Krieges, auf dem Bedürfnis nach konzentrierter und organisierter Macht im Staate. Der Ständestaat und mit ihm die Idee eines alten guten unantast-

---

[1] Vgl. v. Below, Die Ursachen der Rezeption des röm. Rechts, 1905, S. 55 f.

baren Rechtes, enthalten in Landesgewohnheiten und Landesgesetzen, hatte Bankerott gemacht im Dreißigjährigen Kriege, weil er den Staat wehrlos gelassen hatte. Um die neue Wehr des *miles perpetuus* zu schaffen und den Widerstand der Stände und der alten Rechte dagegen niederzukämpfen, konnte der Machtwille der Fürsten nun aber eben die neue Rechtsidee der Staatsräson, der *salus publica* zu Hilfe rufen und sich dadurch innerlich rechtfertigen und adeln. Man lese das politische Testament des Großen Kurfürsten, man verfolge den Einbruch seiner Kommissariatsbehörden in die widerstrebenden Rechte und Privilegien der Provinzen, und man spürt überall das Wehen dieser neuen Idee. Eine von Hermann Conring veranlaßte Helmstedter Dissertation von 1651 über die *Ratio status*, die unter dem Namen des Ravensburgers Heinrich Voß ging, ist dem Kurfürsten gewidmet[1]; einer seiner gebildetsten Staatsmänner, der kluge Gottfried v. Jena, sein Vertreter auf dem Regensburger Reichstage seit 1663, hat zuvor als Frankfurter Professor über die *Ratio status* 24 Dissertationen verfaßt, die dann, weil eine eifrige Nachfrage nach ihnen entstand, gesammelt als *Fragmenta de ratione status diu desiderata* 1667 erschienen.

Und diese ganze Literatur begann schon mehrere Jahrzehnte zuvor einzusetzen und den Boden zu ebnen für das absolute Fürstentum. Wallensteins Ermordung, die ein bigotter Fürst vollziehen ließ, wäre nicht denkbar ohne die Herrschaft der Idee, daß das positive Recht der höheren Staatsnotwendigkeit zu weichen habe, und dieser Zusammenhang ist jüngst von Srbik nachgewiesen worden[2]. Die Lehre von der Mordbefugnis der Fürsten war zwar schon im 16. Jahrhundert verbreitet, hatte charakteristischerweise aber gerade in Deutschland bisher am wenigsten Anklang und Anwendung gefunden[3] und hatte als welsche Unredlichkeit gegolten. Es mußte eine stärkere Rezeption von fremden Ideen und ein umfassenderes Nachdenken über die Probleme der Staats-

---

[1] Die unter dem Namen der Schüler gehenden Dissertationen dieser Zeit rührten zwar in der Regel von den Lehrern her, wie z. B. Chr. Besold, *Politicorum libri duo* 1618, S. 876, bestätigt. Doch hat gerade Conring seine Schüler in weitem Umfange zur Mitarbeit herangezogen, so daß er sagen konnte: *Meum et non meum*. v. Möller, H. Conring, S. 105.
[2] v. Srbik, Wallensteins Ende, S. 87 f.
[3] Platzhoff, Mordbefugnis. S. 44.

räson erst erfolgen, um die Rechtsüberzeugung zu schaffen, der Kaiser Ferdinand II. nachgab, als er den Mordbefehl ergehen ließ. Es ist sehr instruktiv, das Verfahren zu verfolgen, das man dabei einschlug, denn man handelte dabei genau im Sinne der Lehren, die von Botero, Ammirato und ihrer Schule in der kathoschen Welt verbreitet worden waren. Man hielt sich einerseits in der Notlage gegenüber dem hochverräterischen Führer des kaiserlichen Heeres zwar für befugt, von dem ordentlichen Rechtsverfahren abzusehen, aber man hielt sich, wie das Gutachten Gundaker von Liechtensteins zeigt, nicht für befugt, die »Gerechtigkeit«, das heißt das göttliche und natürliche Recht überhaupt außer acht zu lassen[1]. Deswegen erfolgte eine geheime Untersuchung, die sich zwar von der Anhörung des Angeklagten dispensierte, aber von Räten, die nach Liechtensteins Wort »gewissenhaft und in Rechten gar wohl gegründet« waren, vorgenommen wurde. Und, wie Botero es gefordert hatte, wurde auch der Beichtvater Lamormaini befragt. Nun erst in seinem Gewissen beruhigt, erteilte der Kaiser am 24. Januar 1634 den Befehl, Wallenstein und seine Mitschuldigen, wenn es nicht anders ginge, als »überführte Schuldige« zu töten.

Für die germanische Welt wurde Wallensteins Ermordung das, was die Bartholomäusnacht für die romanische Welt gewesen war, der grellste und zündendste der Blitzstrahlen, die aus den Wolken der Staatsräson niedergingen. Wie eng germanische und romanische Welt zusammenhingen, wie stark insbesondere damals der Einfluß Italiens auf Deutschland noch war, zeigt die deutsche Staatsräsonliteratur, die als Ableger der italienischen, von Botero

[1] Srbik S. 98, dem wir die Aufklärung dieser Hergänge danken, meint, die hier in Betracht kommende Lehre von der Staatsräson gewähre wohl »ein Mordrecht des Staates, aber sie löst den Monarchen nicht von der Bindung an das ideale und positive Recht«. Eben diese im Notfalle erlaubte Entbindung vom positiven Rechte war aber ein Hauptpunkt der Theorie. Die Hauptstellen aus Liechtensteins Gutachten lauten: »Um keine Sachen der Welt (ist) wider Gott zu handeln, permittiert aber die *justitia*, so ists zu exequieren... *extremis malis extrema media abhibenda*, und *pro conservatione status* soll man alles tun, was nicht wider Gott ist.« Srbik S. 75 f. — Man könnte vermuten, in dem Buche des kaiserl. Rates v. Efferen, *Manuale politicum de ratione status seu idolo principum* 1630 eine Quelle dieser Anschauungen zu finden. Aber diese streng katholisch und ethisch gehaltene Lehre fordert von der »wahren« Staatsräson Einhaltung auch des positiven Rechtes.

und Ammirato begründeten sich entwickelte. Den Reigen eröffnete, wenn wir absehen von den Äußerungen des kaiserlichen Rates Bornitz 1604 über den Unterschied von wahrer und falscher Staatsräson, der früh verstorbene Altdorfer Professor Arnold Clapmarius mit seinem Werke *De arcanis rerum publicarum libri VI*, 1605[1]. Es folgten der vielschreibende und flache Tübinger Rechtslehrer Christoph Besold[2], der einstige Besucher Campanellas und spätere Mömpelgarder Kanzler Christoph v. Forstner, der kaiserliche Rat v. Efferen 1630 mit Schriften, die das Thema behandelten. Von 1630 ab wuchs das Interesse. Die bekannten Gelehrtennamen Reinking, Böcler und Conring tauchen in dieser Literatur auf, und vor allem gehört zu ihr das gewaltige antihabsburgische Pamphlet des Bogislav Chemnitz, der als *Hippolithus a Lapide* bald nach 1640[3] seine *Dissertatio de ratione status in imperio Romano-Germanico* mit einem allgemeinen Abschnitte über das Wesen der Staatsräson eröffnete. In den letzten Jahren des Dreißigjährigen Krieges wurde die *Ratio status,* wie ein paar Jahrzehnte vorher in Italien zum Thema der Konversation auf Markt und Straße, zum *aenigma saeculi*, über das man mit Entsetzen und Zorn, wie über eine neue Epidemie, aber auch mit geheimer Ehrfurcht sein Herz ausschüttete. Rist brachte die *Ratio status* in der Figur eines Wundarztes 1646 auf die Bühne, und in Christoph v. Grimmelshausens Schriften klingt die Bewegung über

---

[1] Vgl. über ihn die Bonner Dissertation von Hegels 1918. G. Lenz, Zur Lehre von der Staatsräson (Archiv d. öff. Rechts N. F. 9, 261 ff.) will, gestützt auf eine falsche Interpretation Clapmars und Besolds, zeigen, daß die deutsche Lehre von der Staatsräson und den *arcana dominationis*, wenig beeinflußt von der italienischen, als Kampfesmittel der Reichsstände gegen den Kaiser aufgekommen sei und daß das kaiserliche Interesse die Bekämpfung dieser ständischen Lehre verlangt habe. Aber Clapmars Lehre bezieht sich ganz allgemein auf alle Staaten und Herrscher, und daß sich auch der Kaiser der neuen Lehren bedient hat, ist oben gezeigt worden.

[2] Chr. Besolds *Politicorum libri duo* 1618 behandeln in Buch 2 Verwaltung und Staatskunst. Das 5. Kapitel desselben *de arcanis rerum publicarum* im Anschluß an Clapmar. Besolds *Discursus de arcanis rerum publ.* (angebunden der Elzevierausgabe Clapmars von 1644) ist identisch mit diesem Kapitel.

[3] Vgl. über das noch nicht festgestellte wirkliche Erscheinungsjahr H. Breßlau in der Einleitung zu Bd. 3 der »Klassiker der Politik« 1922 (Severinus von Monzambano), S. 19.

sie an. Mit 1650 etwa wurde der Strom dieser Literatur noch breiter und blieb es bis zum Ende des Jahrhunderts. Es war die öffentliche Meinung des gelehrten Deutschlands, die damit den Siegeszug des fürstlichen Absolutismus begleitete, — denn vorwiegend von Juristen, daneben von Theologen und Schulmännern rührte sie her. Der Eifer ließ nach, als der Absolutismus sein Ziel im ganzen erreicht hatte, etwa mit Beginn des 18. Jahrhunderts, und das Thema verschwand von der Tagesordnung mit der Mitte des 18. Jahrhunderts. Es war nun unmodern geworden, nicht weil die Sache selbst aus der Wirklichkeit verschwunden, sondern weil sie selbstverständlich geworden war und weil das für den Staat interessierte gelehrte Publikum inzwischen zu den neuen, aus der Aufklärungsbewegung stammenden Ideen abgelenkt wurde.

Wesentlich neues und wichtiges Gedankengut gegenüber dem, was wir in der italienischen Literatur bemerkten, finden wir in der deutschen Literatur nicht. Es wurde von vornherein als ein romanisches Fremdgewächs empfunden, als eine Lehre, deren Wucht man sich zwar nicht entziehen konnte, die man wohl den deutschen Bedürfnissen anzupassen versuchte, aber zugleich auch wieder mit Mißtrauen und Angst betrachten konnte. Die Traditionen des patriarchalischen Territorialstaats, sowohl des protestantischen wie des katholischen, auf Beharren und Stilleben, Erhaltung alter Rechte, vogteiliche Sorge der Obrigkeit für die Kirche und Pflege der Justiz als Hauptstaatszwecke eingestellt und in der Fürstenspiegelliteratur, vor allem in den bekannten Werken Veit Ludwig von Seckendorffs ausgedrückt, kannten nur die überlieferten Pflichten und Rechte christlicher Fürsten, aber keine neu zu schaffenden Rechte, keine neu von ihnen zu erringende Macht. Im Begriffe der *Ratio status* aber, für die man keinen gleichwertigen deutschen Ausdruck finden konnte, lag etwas Weitertreibendes, neu Gestaltendes, das man dunkel empfand und achtete. Man assimilierte sich nun den Begriff in echt deutscher Weise, indem man ihn zu einem Rechtsbegriffe machte. Das tat gleich Clapmarius, indem er die *ragione di stato* als *jus dominationis* auffaßte, das dem Souverän das Recht gebe, sich im Interesse des *bonum publicum* über das *jus commune seu ordinarium* hinwegzusetzen. Dieses Recht könne, bemerkte er im Anschluß an Ammirato, aber auch mit ganz deutsch-traditioneller Empfindung, auch ein »Privileg« genannt werden. Die festen Schranken dieses

Rechtes, deren Überschreitung zum Verbrechen führe, sah er in der Religion einerseits, in *fides sive pudor* anderseits und verurteilte den unsittlichen Machiavellismus, die *flagitia dominationis*, die er mit der *cattiva ragion di stato* der Italiener gleichsetzte. Aber er hatte ein starkes Gefühl dafür, daß der Staatsmann zuweilen gerade, wenn er gesetzwidrig handle, recht handeln könne[1]. Und er ließ auch die Täuschung als unentbehrliches Mittel der Staatskunst zu. Und indem er nun aus dem *jus dominationis* die *arcana rerum publicarum* im allgemeinen, das heißt die Mittel und Wege zu seiner Durchführung ableitete, teilte er sie ein in *arcana imperii*, das heißt die auf Erhaltung der Staatsform gerichteten und nach dieser sich differenzierenden Mittel[2], und in *arcana dominationis*, die auf Erhaltung der jeweils Herrschenden gerichtet seien und sich ebenfalls je nach der Staatsform differenzierten[3], mußte aber sogleich hinzufügen, daß die Grenzen zwischen beiden fließend seien (Buch 3, c. 1).

Wir wollen uns deshalb auf diese Begriffsspaltung und ihre weitere Verzweigung nicht weiter einlassen, weil uns hier, wie überall, nur das geschichtlich Lebendige, nicht die bloße logische Bemühung interessiert. Aber etwas sehr Lebendiges lag dann wieder in seiner aus Tacitus abgeleiteten Lehre von den *simulacra imperii seu libertatis*. Man müsse die Untertanen für das, was man ihnen an wirklichen Rechten und Freiheiten nehme, entschädigen durch Scheinbilder von Recht und Freiheit, die man bestehen lasse, *jura inania*, aber politisch ungeheuer nützlich und unentbehrlich[4]. Musterbeispiele waren dafür die Stellung des

---

[1] *Nonnunquam in Republica quaedam contra leges fieri et recte fieri*. Conclusiones de jure publico, These 164. Elzevieraugabe der Arcana von 1644, S. 49. Die *Conclusiones* sind eine Vorarbeit Cl.s zu den Arcana.

[2] Man darf also als möglich vermuten, daß die entsprechende Lehre Bonaventuras, Zuccolis und Settalas (s. oben S. 144ff.) auf Clapmar zurückging. Vgl. auch H. Breßlau a. a. O. S. 17.

[3] In den *Conclusiones de jure publico* identifiziert Clapmar die *arcana dominationis* mit *ragion di stato* und definiert sie als *recta et secreta privilegia conservandae dominationis introducta boni publici causa*. Elzevierausgabe von 1644, S. 17.

[4] Auch Machiavelli (*Discorsi* I, 25) empfahl schon, bei Verfassungsreformen das Schattenbild der alten Einrichtungen zu erhalten, freilich nur für die Reformer eines alten Staates, nicht für die Begründer einer Absolutie, die nach seiner Meinung alles neu machen müßten.

scheinbar fürstlichen Dogen in der venetianischen Adelsrepublik und des Senats in der römischen Kaiserzeit. Das größte Beispiel, das dann das 17. Jahrhundert in Deutschland hervorbrachte, war die Art, wie das absolutistisch werdende Fürstentum die ständischen Verfassungsformen gleichzeitig aushöhlte und äußerlich konservierte.

Das Buch Clapmars wurde viel gelesen, oft aufgelegt und nachgeahmt. Durch das Nachdenken über die *arcana* und *simulacra imperii* verfeinerte sich der Sinn für politische Technik, Rationalität und Zweckmäßigkeit, für geschickte, unauffällige, aber wirksame Kunstgriffe. Man darf annehmen, daß diese Literatur auch von den praktischen Staatsmännern eifrig gelesen und beherzigt wurde und so wesentlich beitrug, um die dem 17. Jahrhundert eigene Atmosphäre kühler und zweckbewußter Nüchternheit zu schaffen. Da empfahl zum Beispiel einer der Nachfolger Clapmars, der niederländische Jurist Johannes Corvinus, in seinem *Discursus de arcanis rerum publicarum*, mit dem er die Elzevierausgabe von Clapmars Werk 1644 einleitete[1], den Leitern einer aristokratischen Republik solche Mittel zu gebrauchen, »durch welche die *plebs* geködert wird, so daß sie zu haben glaubt, was sie nicht hat«. Etwa so, daß bei Wahlen zu Behörden die Patrizier durch Strafe gezwungen würden, ihr Wahlrecht auszuüben, die niederen Bürger aber nicht. Diese würden es dann schon vorziehen, ihrem Erwerbe nachzugehen und den Staat den Patriziern überlassen. Als *Arcanum* der Monarchie gegenüber dem Volke empfahl er, Gesetze, die ihr eine neue Macht gäben, so einzurichten, daß sie auf einer Bewilligung des Volkes zu beruhen schienen. Als *Arcanum* der Monarchie gegenüber dem Adel gab er an, große Ämter nicht auf lange Dauer zu verleihen oder, wenn es geschähe, nur an solche, die dem Fürsten ganz ergeben, dabei aber nicht allzu begabt seien, oder sie lieber an Juristen von geringer Herkunft als an Militärs zu geben. Ferner sei es ein *Arcanum* der Monarchie, niemanden aus königlichem Geblüte töten zu lassen, denn dadurch würde der Fürst »seine Seite entblößen« und sein eigenes Leben gefährden. Ein *simulacrum* der Monarchie sah er darin, wenn der Fürst unbesonnene Lästerreden gegen ihn aus dem Volke absichtlich straflos lasse, die eigentlichen Schmäher

---

[1] Vgl. Hegels a. a. O. S. 27 f.

aber sich merke, um sich vor ihnen zu hüten. »Nämlich erste Regierungskunst beim Fürsten ist es, Neid vertragen zu können.« Und die beste *ratio* sei ein maßvolles Regiment, das darauf achte, daß die Untertanen mit dem politischen Zustande nicht unzufrieden seien. Um Größeres zu erreichen, müsse man in geringeren Dingen durch die Finger sehen. Überhaupt müsse man nicht alles aussprechen, was man merke und sich den Anschein geben, gewisse Dinge nicht zu sehen, die man sehe, »denn das Leben der Menschen ist ja doch nichts anderes als Täuschung und Verstellung«. So floß auch diese rational milde und behutsame Staatskunst letzten Endes aus tiefer Menschenverachtung.

Dem Absolutismus diente diese Literatur in erster Linie, aber sie wollte ihm keineswegs von vornherein ausschließlich dienen. Der von Clapmar zuerst vertretene, dann schließlich durch Settala ausgemünzte Gedanke, daß jede Staatsform ihre eigene Staatsräson habe, erlaubte es, auch für ganz antiabsolutistische Zwecke die Idee der Staatsräson in Bewegung zu setzen. Das tat in wuchtigster Weise Bogislav Chemnitz in seinem *Hippolithus a Lapide*. Alle logischen Mittel einer generalisierenden Theorie, die das Denken jener Zeit mit einseitigem Eifer auszubilden liebte, wurden hier in den Dienst des ganz individuellen politischen Zweckes gestellt, den Kampf Schwedens gegen den Kaiser zu unterstützen und das Haus Habsburg womöglich aus dem Reiche auszurotten. Konnte man, wie er es glaubte, schlagend nachweisen, daß das Reich keine Monarchie, sondern eine Aristokratie sei, so konnte man auch die *ratio status,* das heißt die Richtschnur und Norm seines politischen Lebens und Handelns haarscharf berechnen, und so ergab sich ihm als wichtigster der sechs von ihm formulierten Grundsätze der deutschen *ratio status* die Anwendung der Clapmarschen Lehre von den *simulacra imperii* auf das Reich: *Quod simulacra majestatis Principi relinquenda, jura vero Reipublicae conservandae sint*. Das Eigene und zeitgeschichtlich Wichtige an seinem Standpunkte aber ist nun das, daß seine Gegnerschaft gegen den monarchischen Gedanken im Reiche nicht etwa aus dem Geiste zuchtloser Libertät und staatlicher Auflösung floß, sondern sich mit der straffen und konzentrierten Denkweise der Staatsräson durchaus vereinigen konnte. Wenige haben so energisch wie er den Gedanken in den Mittelpunkt gestellt, daß staatliches Handeln ein Handeln nach eiserner Notwendigkeit sei, — eingeschränkt zwar, wie auch er wieder lehrte, durch die beiden Schranken des göttlichen Rechtes einerseits, der Treue, Gerechtigkeit und natürlichen Anständigkeit anderseits, aber schlechthin ungebunden in allem übrigen und so auch gegenüber den geltenden Gesetzen. Darin sah er die *necessitas reipublicae,* berief sich, wie schon Clapmar, auf Senecas Wort *necessitas magnum imbecillitatis humanae patrocinium omnem legem frangit* und fügte Clapmars Wort hinzu: *Et tunc necessitatis ea vis est, ea dignitas, ut saepe rei non licitae jus et aequum tribuat*[1]. Ja, selbst wenn keine *necessitas,* sondern nur ein evidenter Nutzen des Staates dazu rate, die Gesetze beiseite zu schieben, müsse der Grundsatz gelten, *salus publica suprema lex.* Er ging damit weiter als die meisten übrigen Vertreter der Staatsräsonlehre in Deutschland, die in der Regel daran festhielten, daß nur bei dringender Not das gemeine Recht gebrochen werden dürfe. Mit unbedingter Härte vertrat Chemnitz auch den Vorrang des Staatsinteresses vor den Privatinteressen. *Publica utilitas praeferenda est privatorum contractibus.* Das absolutistische Fürstentum konnte dem Vorkämpfer der Aristokratie im Reiche danken für die wirksame Hilfe, die er ihm leistete.

Der anscheinende Widerspruch löst sich, wenn wir daran denken, daß die aristokratischen Gewalten im Reiche, für die er eintrat, im Grunde ja alle werdende Monarchien waren und die monarchischen Rechte des Kaisertums nur zerpflückten, um sie sich selber anzueignen[2]. Es fand zwischen dem Kaiser und den Fürsten gleichsam ein Wettrennen statt um die Beute der Staatsräson, und der Westfälische Friede, der die Landeshoheit der Territorialgewalten emphatisch bestätigte und sie gerade dadurch noch steigerte, daß er ihren Inhalt nicht genau festlegte, entschied zugunsten der Fürsten.

Es ist bezeichnend, daß nun unter den Theoretikern der Staatsräson nur ein einziger sich noch fand, der für den absterbenden Ständestaat eintrat und die Fürsten ermahnte, den Rat der Landstände zu hören und so durch die Liebe des Volkes ihre Herrschaft

---

[1] S. 18 der Ausgabe von 1647; vgl. Clapmar S. 160.

[2] Chemnitz wollte zwar die volle Souveränität im Reiche nicht den Fürsten, sondern dem Reichstage geben, höhlte sie aber zugleich durch die für die Fürsten geforderten Rechte aus. Vgl. Weber, *Hippol. a Lapide,* Histor. Zeitschrift 29, 300 ff.

Die Verbreitung der Lehre von der Staatsräson

zu sichern. Es war Johann Theodor Sprenger im *Bonus princeps* (2. Aufl., 1655).

Die Übrigen wiederholen die uns schon bekannten Gedankengänge in diesen und jenen Mischungen und mit allen deutschen Eigentümlichkeiten der Schulmeisterlichkeit, der gewissenhaften Definitionen und Distinktionen und der soliden bürgerlichen Moral. Inmitten dieser vorsichtigen Vermittlungsversuche zwischen Staatsräson, Recht, Sittlichkeit und Religion aber regte sich vereinzelt auch schon jener spezifisch deutsche Radikalismus, der gerade weil er im Ethischen wurzelt, die Prinzipien aufs äußerste anzuspannen und ihre abschreckendsten Konsequenzen rücksichtslos auszumalen liebt.

Das tat ein ganz vergessener politischer Schriftsteller, der Fürstlich Öttingische Hofrat Johann Elias Keßler, in seinem ungefügen und barocken, aber sehr merkwürdigen Buche *Detectus ac a fuco politico repurgatus candor et imperium indefinitum, vastum et immensum Rationis Status boni principis,* das ist: Reine und unverfälschte Staats-Regul christlicher Staatsfürsten und Regenten usw. (Nürnberg 1678)[1]. Eben das war schon eine echt deutsche Erscheinung, daß dieser Diener eines der kleinsten Fürsten zu einer Art von deutschem Hobbes werden und das Weltprinzip der »undeterminierten« Staatsräson auch in dem kleinsten staatlichen Lebewesen mit funkelndem Auge bloßlegen konnte. Ja, je schwächer ein Regiment, meinte er, um so mehr muß sich auch der *gradus rationis status* in ihm vergrößern (S. 46). Eigentümlich und auch allgemeingeschichtlich lehrreich ist es, wie die Gedankenwelt des strammen Luthertums, dem er angehörte, sich vereinigen mußte mit dem ganz weltlichen Wesen der neuen Staatskunst und rücksichtslosen Staatsnotwendigkeit. Das geschah, wie es in der damaligen harten Übergangszeit von jenseitigen zu diesseitigen Lebenszielen oft geschehen sein wird, durch mancherlei grobe und brüchige Bindeglieder der Argumentation, vor allem aber dadurch, daß Gott selbst zum »Direktor« der Staatsräson erhoben und diese als ein Gott wohlgefälliges und wohlbefugtes Wesen, die mit der Menschen Natur selbst angefangen habe, erklärt wurde (S. 38). Was konnte man auch nicht alles aus dem Glauben an die völlige Unerforschlichkeit und Allmacht des göttlichen

---
[1] Kunkels Arbeit machte mich auf ihn aufmerksam, doch weiche ich in der Auffassung von ihm etwas ab.

Willens, den Luther eingeprägt hatte, herausholen. Keßler hatte ein gewisses, der Tiefe nicht entbehrendes Gefühl dafür, daß der handelnde Staatsmann zwar so frei sein müsse, als stünde alles in seinem Belieben und seiner Willkür, aber dabei doch nur Gottes Werkzeug zu seinem selbsteigenen Glück oder Unglück sei. Eines »Staatsherren« Anschläge könnten nach menschlicher Meinung oft frech und unverständlich erscheinen, da sie doch in besserer Betrachtung »als von dem obern Gewalt also getrieben und geführt die größte Prudenz im Ausgang selber mit sich bringen« (S. 486), und dieser himmlischen Kunst und Wirkung müsse man, gleich wie das Eisen dem Magnete, gern und willig folgen. Er verstieg sich bis zu phantastischen Betrachtungen über die »Staatsengel«, die Gott unter seiner Engelschar für jedes einzelne Regiment verordnet haben könnte. Aber ebenso viele böse Geister und Influentien könnten ihnen auch entgegenwirken (S. 506 ff.).

Als solch bösen Geist sah er auch Machiavelli an und sah die reine und unverfälschte *Ratio status* gänzlich verfinstert durch die Gewalt der unersättlichen Begierden und Machiavellische Staatskunst und Scheinränke (S. 291). Ihn empörte natürlich vor allem wieder die Machiavellische Behandlung der Religion, die der Fürst nicht nur äußerlich, sondern auch innerlich ernst nehmen müsse. Aber sein Glaube an die Gottgewolltheit der Staatsräson erlaubte es ihm, neben den Satz, daß die *ratio status* der göttlichen Lehre und Religion unterworfen sei, den anderen widersprechenden zu stellen, daß »auf gewisse Maß geist- und göttliche Sachen von dem Gebot dieser allgemein herrschenden Weltgöttin oder *Rationis status* nicht allerdings befreit« seien, sondern um allgemeiner Wohlfahrt willen ihr Lauf etlichermaßen abgeschnitten werde (S. 223). So dürfe zwar der Prediger von seiner Pflicht, die Sünden der Obrigkeit zu rügen, sich nicht abbringen lassen, aber müsse sie, wenn es sich um Staatsexzesse handele, in einer die obrigkeitliche Autorität schonenden Weise, *separato prorsus modo* üben (S. 213).

Da versteht man es, daß er erst recht es wagen konnte, auch die sonst von der Theorie so hoch gehaltenen Schranken des Naturrechts zu lockern. Einige Schritte weiter, und er hätte, wenn er ein großer Denker gewesen wäre, die ganze überkommene Konzeption des Naturrechts über den Haufen werfen können. Denn er erkannte ganz richtig, daß das, was man natürliches Recht nenne, keineswegs absolut feststünde, sondern »bisweilen veränderlich scheinet« (S. 230), das heißt durch die Erfordernisse und Zweckmäßigkeiten des bürgerlichen Lebens in großem Umfange modifiziert und eingeschränkt würde. Die Leibeigenschaft zum Beispiel widerstreite gewiß dem natürlichen Rechte, insofern dieses die persönliche Freiheit des Menschen fordere, und sei doch aus Staatsräson um allgemeiner Völkerwohlfahrt willen eingeführt worden, weil sie das geringere Übel darstellte gegenüber der bisherigen Sitte, die besiegten Gegner tot zu schlagen (S. 228)[1]. Und das Wesen der *ratio status* sah er recht eigentlich auch in der Kunst, immerdar von zwei Übeln das geringere zu wählen. Die Zwangsläufigkeit der Politik, die unabweisbare eherne Notwendigkeit für den »klugen Staatsherrn«, so und nicht anders zu handeln, predigte er mit unerbittlicher Entschlossenheit. Besser, daß ein Mensch sterbe, als daß ein ganzes Volk verderbe. Deshalb sei der Fürst in Notfällen, zum Beispiel bei gefährlichen Aufständen »bisweilen um gemeiner Wohlfahrt willen selbst der Unschuld nicht zu verschonen befugt« (S. 253). »Solcher Gestalt ist ein Staatsherr nicht sowohl mit Recht befugt, als vielmehr *ipso facto* gezwungen, seinem innerlichen Staat zum Besten, auch wider sein Gewissen, doch ohne dessen Verletzung, *simulatione vel dissimulatione*, was Ungleiches vorzunehmen oder zuzulassen oder, deutlicher zu sagen, den Mantel nach dem Wind zu hängen, und also Gut und Bös einem Staatsherrn nach erfordernden Umständen etlichen Maßen in frei ungebundener Macht und Disposition.« Selbst wenn er ein Engel wäre, müßte er um gemeiner Wohlfahrt willen bisweilen dem Guten aufsagen (S. 256). Wie die Moral, so konnte auch Recht, Leben und Eigentum der Menschen von dem Leviathan dieser Staatsräson verschlungen werden. Selbst Hobbes wurde noch etwas übertrumpft durch die Lehre Keßlers, daß das *dominium supereminens* des Staates »entweder aus Not oder sonst um gemeiner Wohlfahrt willen über den Leib und über die Güter der Untertanen zu disponieren«, außerordentliche Gewalt habe (S. 280)[2]. Er warnte zwar vor Eroberungskriegen

---

[1] Er antizipierte damit das Urteil Treitschkes: »Die Einführung der Sklaverei — eine rettende Tat der Kultur.« Der Sozialismus und seine Gönner (Zehn Jahre deutscher Kämpfe. Auswahl S. 100).
[2] Über Hobbes' etwas geringere Ansprüche an das Leben der Untertanen vgl. Buch 2 c. 1.

und hielt bezeichnenderweise den Staat von mittlerer Größe für geeigneter zur Durchführung seines eisernen Staatsgedankens, als den vielfältig zusammengesetzten und von größeren Sünden beschmutzten Großstaat (S. 307). Aber er scheute sich doch nicht, zu erlauben, allzu große, gefährlich werdende Nachbarn um der eignen Sicherheit willen »wohl zu berupfen«; ja, auch Meutereien anzustiften in solchem Staate, obwohl es göttlicher Verordnung und allem Völkerrecht entgegen sei, dürfe bei äußerster Not gewagt werden (S. 266 ff.).

Mit alledem aber drohte der Trennungsstrich zwischen der »reinen« Staatsräson und dem Machiavellismus, den auch er zu ziehen sich bemühte, wieder verwischt zu werden. Der Unterschied zwischen beiden beschränkte sich für ihn also darauf, einmal, daß er nur einige, aber nicht alle anrüchigen Mittel Machiavellis für erlaubt hielt und dann, daß er sie nur für den »allgemein-heilsamen Staatsnutzen«, aber nicht für den eigenen Privatnutzen des Fürsten für erlaubt hielt. Aber die Erfahrung wurde bestätigt, daß gerade die energischesten Durchdenker der Staatsräson immer wieder in die gefährliche Nähe der von Machiavelli aufgedeckten Abgründe gerieten.

Wir haben das an Campanella gesehen. Seinen Worten lauschte, als er im Kerker von Neapel schmachtete, der Deutsche Kaspar Schoppe, Scioppius, und lernte von ihm, wie man die verhaßte Ketzerei bekämpfen könne, lernte aber auch, wie es scheint, das richtige behutsame Hantieren mit den verdammten und auch weiter zu verdammenden Künsten Machiavellis. In seiner kleinen Schrift *Paedia politices* 1622[1] führte er eine von den Italienern schon geübte Taktik virtuos durch, indem er das Wesen des Machiavellismus schilderte, wie es war, nicht um es zu loben und offen zu empfehlen, sondern um zu zeigen, wie ein Tyrann sich benehmen müsse, um seine Zwecke zu erreichen. Dabei konnte er sich denn nicht nur auf die von den Italienern schon weidlich ausgebeutete Schilderung der Tyrannenpraxis im 5. Buche der aristotelischen Politik, sondern auch auf den Kommentar, den Thomas von Aquino dazu gegeben hatte, berufen, wo dasselbe Ver-

---

[1] In der Monographie Kowalleks über Scioppius (Forsch. z. deutschen Geschichte 11, 460) ist sie ungenügend gewürdigt. Mehr wird ihr gerecht Janet, *Hist. de la science politique*, 4. éd., I, 553 ff., und danach Dilthey, Schriften 2, 269.

fahren geübt worden war. Wenn man das, setzte Scioppius hinzu, in anständiger Gesinnung lese, sei keine Gefahr, daß man dadurch zu einem demgemäßen Handeln verführt werde, denn es sei ja ein *modus loquendi hypotheticus*. Und diese Art von Philosophie des Als-ob führte er dann weiter balancierend durch. Man müsse eben die Grenzen jeder Lehre genau einhalten, der Politiker habe anderes zu sagen als der Theologe. Er dürfe zwar die Tyrannei nicht loben, aber töricht und unerfahren sei es, den Politiker zu tadeln, wenn er dem machtlüsternen Tyrannen nicht die wahre Frömmigkeit und Tugend, sondern den Schein derselben anzunehmen rate, denn nicht die Tugend des Fürsten an sich sei es, die die Liebe der Untertanen bewirke, sondern die Meinung, die er von ihr habe, und nicht seine Laster an sich erregten ihren Haß, sondern wieder nur die Meinung, die man davon habe. Der Politiker könne auch — wir sehen Scioppius immer näher an Machiavelli heranrücken — nicht getadelt werden, wenn er nicht vom sein sollenden und besten Staate, sondern vom wirklichen Staate rede, wie er gemeinhin sei. Er würde Falsches lehren, wenn er behaupte, daß dieser nach strengem Recht und Religion regiert werde, denn die tägliche Erfahrung zeige das Gegenteil. Nur loben dürfe er diesen wirklichen, von Gewalt, Schlauheit und Treulosigkeit erfüllten Staat nicht.

Manche politisierenden Beichtväter aus der Zeit des Dreißigjährigen Krieges mögen diese Lehren mit frommem Grinsen gelesen haben. Aber Hermann Conring gab das Büchlein des Scioppius 1663 neu heraus und schrieb Anmerkungen zu Machiavellis *Principe*[1], die er 1660 dem französischen Staatsmanne Hugo v. Lionne widmete und die nun prinzipiell dasselbe Verfahren einschlugen wie Scioppius, nämlich die Politik zu untersuchen, wie sie wirklich sei, nicht um damit denjenigen Staaten einen Rat zu geben, die das wahre Glück der Bürger erstrebten, sondern weil diese Ratschläge nützlich seien für die Staaten, *quales hic mundus habet plurimas*. Dann wand er sich freilich hin und her zwischen Realismus und Moralismus, beteuerte bald unter Berufung auf Gott, die Bibel und das Naturrecht, daß es recht wohl möglich sei, Staaten auch ohne Verbrechen zu regieren, bald wieder mußte er einräumen, daß es auch für gerechte Fürsten in Notlagen zu-

---

[1] *Nic. Machiavelli Princeps cum animadversionibus politicis Hermanni Conringii.* Ich benutzte die Ausgabe von 1686.

weilen nicht unangemessen sei, die versprochene Treue zu brechen. Und die vielfach treffende Kritik, die er an Machiavellis Ratschlägen übte, ging absichtlich vom utilitarischen, nicht vom moralischen Standpunkte aus.

Man beachte nun den tiefen Unterschied dieser von Scioppius und Conring geübten Methode zu der durchschnittlichen Behandlung des Staatsräsonproblems, wie sie zuletzt an Clapmar, Chemnitz und Keßler gezeigt wurde. Diese war nomothetisch, jene empirisch-realistisch, aber so, daß die empirische Methode nicht als die einzige berechtigte, sondern nur als eine neben der nomothetischen auch mögliche und berechtigte benutzt wurde. Die Lehre vom wirklichen Staate, wie er ist, trat so neben die Lehre vom Staate, wie er sein soll, die Conring auch selber noch daneben ausgiebig pflegte. Durch diesen Dualismus der Methoden und Wertmaßstäbe unterschieden sie sich wieder von Machiavelli, der den idealen Staat sich selbst überlassen und nur den wirklichen Staat untersucht hatte. Die Schule der *ragione di stato* und ihre deutschen Nachfolger gaben wohl auch häufige Durchblicke auf den wirklichen, das heißt den bösen Staat, aber hielten grundsätzlich fest an ihrem Bemühen, eine Norm zu geben und die Gesetze einer Staatsräson nachzuweisen, die mit göttlichem und natürlichem Rechte harmoniere. Es ist der große, noch heute nicht ausgetragene Gegensatz von absolutierender und relativierender Denkweise, der hier auftaucht. Die absolutierende wollte, mochte sie sich noch so sehr mit Erfahrungsstoff füllen und Konzessionen an die Wirklichkeit machen, doch letzten Endes generelle und allgemein verbindliche Sätze finden gemäß der alten naturrechtlichen Überlieferung von der letzten Endes bestehenden Harmonie zwischen Naturgebot und Vernunftgebot. Die relativierende Denkweise, die es für erlaubt hielt, die Lebensvorgänge und Zweckmäßigkeiten des wirklichen, des bösen Staates in sich zu untersuchen und ihre relative Berechtigung nachzuweisen, durchbrach damit die Harmonie von Naturgebot und Vernunftgebot, — oder hätte sie durchbrochen, wenn sie damals schon konsequenter und mutiger gewesen wäre. Machiavelli hatte den dämonischen Mut dazu aufgebracht, aber das Zeitalter der Gegenreformation hatte diese ersten Ansätze zum modernen Relativismus wieder niedergebeugt. Jetzt richteten sie sich langsam, aber inkonsequent wieder auf.

Aber auch die durchschnittliche Literatur der Staatsräson arbeitete, ohne es zu wissen, an der Umgestaltung des alten naturrechtlichen, stoisch-christlichen Weltgedankens, an der Relativierung der Werte. Staat, Kirche und Religion glaubte sie zwar in natürlichster Harmonie. Keiner dieser Denker forderte etwa einen religionslosen Staat, manche von ihnen zeigten noch die ganze tiefe Religiosität des Zeitalters der Glaubenskämpfe, und alle sahen in der Religion das unentbehrliche Fundament des Staates. Aber, wie Kunkel fein beobachtet hat, trat dabei der Gedanke, daß Religion um ihrer selbst willen gepflegt werden müsse, bei fast allen in den Hintergrund. Die Bibelzitate wurden seltener. Die Religion wurde zum *instrumentum regni*. Der besondere Eigenwert des Staates stieg durch diesen Kultus der Staatsräson langsam und unaufhaltsam empor neben den alten absoluten und generellen Werten des menschlichen Lebens.

Der Ausgang des Dreißigjährigen Krieges, der einen konfessionellen Erschöpfungsfrieden bedeutete, gab damit auch dem bisherigen Problem der Staatsräson, ob religiös-kirchliche Einheit im Staate notwendig sei oder ob Toleranz gewährt werden könne, eine neue Wendung. Daß die religiöse Einheit wünschenswert sei, daran hielten alle fest, aber mehr mit politischen als mit religiösen Argumenten. Denn das Einheitsideal hatte sich eben aus der religiösen Sphäre in die politische Sphäre hinübergebegen. Die Einheit im Staate, verbürgt durch die Einheit im Glauben, nicht mehr die Einheit der ganzen Christenheit im Glauben, die man wohl nach Keßlers Meinung wünschen, aber nicht mehr erhoffen könne, wurde praktisch begehrt. Wir haben, bemerkte er (S. 116), in heutiger Christenkirche keine geistliche Monarchie, sondern gleichsam eine Aristokratie, da nicht ein geistliches Oberhaupt, sondern vielerlei weltliche Obrigkeiten als Weltgötter nach der Norm und Richtschnur des göttlichen Worts die Oberherrschaft zu führen befugt sind. Darum erschien ihm der Satz *cujus est regio, illius est etiam religio* nicht etwa nur als ein geschichtliches Kompromiß, als eine bloße Satzung des deutschen Staatsrechts, sondern als eine generell richtige Forderung der Staatsräson. Aber die politische Behandlung der Religion stimmte selbst die noch immer dogmatisch gebundenen Gemüter nun doch allmählich immer toleranter und lässiger. »Denn was man nicht ändern kann«, sagt Keßler sehr bezeichnend, »das kann und muß man wohl *pro ratione status* um so viel verantwortlicher passieren lassen« (S. 203). Und so lehrte er denn, daß man Gewissenszwang keineswegs üben dürfe, — machte freilich dabei die elastische Ausnahme, daß man gegen wissentlich Irrende, die mutwillig und gleichsam Gott zum Trotz zur Abgötterei abfallen, selbst mit Leibes- und Lebensstrafen vorgehen könne, daß man Sekten mit gotteslästerlichen Lehren, wie die Anabaptisten, *ex optima ratione status* ausrotten dürfe (S. 120 u. 146). Im übrigen aber dürfe der Staatsherr eines verarmten und ruinierten Landes mit gutem Gewissen vielerlei Religionen aufnehmen und dulden. Auch wenn man solche widersinnischen Leute verbannen wollte, würde man ihre Bekehrung dadurch ja doch nicht fördern! (S. 136.)

Genau besehen, war also die Staatsräson auf ihrer Wanderung von der Intoleranz zur Toleranz erst auf einer Mittelstufe angelangt. Dogmatisch gebundene Denkweise und politisches Mißtrauen gegen Andersgläubige wirkten zusammen zu der Forderung, ihre staatsbürgerlichen Rechte zu beschränken. Keßler, der wieder am weitesten darin ging, wollte sie von allen Staatsämtern und vom Konnubium mit Rechtgläubigen ausschließen und im Strafrecht schlechter gestellt wissen. Im großen und ganzen wurde in Deutschland nach diesem System einer beschränkten Toleranz auch noch regiert; die Theoretiker eilten der Praxis also keineswegs voraus. Was hätte sie auch dazu treiben sollen. Ihre Staatsidee wußte noch nichts von Rechten und Ansprüchen der Individuen und gipfelte darin, das Staatswohl unbedingt und entschlossen über das Privatwohl zu stellen. Ohne die einseitige Größe dieses neuen Staatsgedankens hätte die geistige Kraft gefehlt, die ständischen Berechtigungen niederzuzwingen und dem Staate die unentbehrlichen Machtmittel im Innern zu verschaffen. Diese Aufgabe war für die deutschen Territorialgewalten so dringend und augenscheinlich, daß man es versteht, warum das sie begleitende Denken der Theoretiker noch immer viel mehr an ihr, als an den Problemen der auswärtigen Machtpolitik haftete. Hier war es denn wieder die Frage der Vertragstreue, die die Aufmerksamkeit fesselte und gewöhnlich so beantwortet wurde, daß die *necessitas* Ausnahmen von ihr erlaube. In der Auswahl gerade dieses Problems und in der Scheu vor kriegerischer Machtausdehnung, die selbst ein Keßler nicht ganz überwinden konnte, zeigt es sich, daß in der Tiefe doch immer eine starke ethische und rechtliche Grundgesinnung ihre neue Staatsenergie bestimmte und einschränkte. Und der Deutsche brauchte den Frieden nach den Erschütterungen des Dreißigjährigen Krieges. Auch waren es eben doch vorzugsweise Regierte und nicht Regierende, die diese Bücher schrieben und eine volle Anschauung von den konkreteren Aufgaben der Staatsräson in der Regel nicht hatten. Aber es war schon viel, daß jetzt auch die Regierten in Deutschland anfingen, das Walten der Staatsräson zu verstehen.

Noch lag vielfach ein trüber Dunst auf dem Bilde des aufsteigenden monarchischen Staates, das sie sich formten. Um die Gesinnungen der Untertanen zu behorchen, hielten einige von ihnen ein organisiertes Spitzelwesen für Erfordernis monarchischer Staatsräson. Oder andere empfahlen, künstlich Mißtrauen unter den Untertanen gegeneinander zu säen und so *divide et impera* zu spielen[1]. Dieses Rezept wurde dann dem Fürsten insbesondere angeraten gegenüber seinen Ministern. Man erinnert sich dabei, daß Ludwig XIV. damals so verfuhr, indem er die beiden Ministerfamilien Colberts und Letelliers gegeneinander ausspielte. Auch mit ganz weltfremden und schulmeisterlichen, aus der italienischen Literatur und der Antike entnommenen Ratschlägen der Staatsräson kargten die Verfasser nicht. Es ist ein fortwährendes Hin- und Hertasten zwischen den erträumten und den wirklichen Lebensvorgängen im damaligen deutschen Staate. Gerade einige der kräftigsten und wirksamsten Maximen desselben sprachen sie aus, wenn sie für die Einhaltung des Primogeniturprinzips eintraten und Aufteilung des Staatsgebiets unter die Söhne des Fürsten für einen Verstoß gegen die Staatsräson erklärten[2], wenn sie auch die Eingehung fürstlicher Ehen unter das Gesetz des Staatsnutzens stellten und dem Fürsten rieten, wichtigere Entscheidungen nicht im Staatsrate, sondern nach seinem persönlichsten Gutbefinden zu treffen. Die Kabinettsregierung, die sie damit empfahlen und die später durch Friedrich Wilhelm I. in Preußen realisiert wurde, hatte in der Tat gewisse Ansätze schon zur Zeit des Großen Kurfürsten. Am festesten griff wieder Keßler den großen staatlichen Tendenzen des Zeitalters

---
[1] Beide Ratschläge z. B. bei Sprenger, *Bonus princeps*, S. 58 ff., trotzdem er, wie oben S. 160 bemerkt, nicht absolutistisch gesinnt war.
[2] Vgl. etwa Chr. Besolds *Politicorum libri duo* 1618, S. 714: *ad arcana successivi regni refero, quod principatus minime dividendus est.*

an den Puls, indem er als besonders wichtiges Mittel der Machtvermehrung das bezeichnete, aus vielen einzelnen Provinzen und Herrschaften ein einheitliches Korpus herzustellen auf Kosten der privilegierten Granden (S. 333).

Staatswohl über Privatwohl, das war der harte und historisch fruchtbare Kern ihrer Lehre. Noch umschloß dieses Staatswohl keine feineren und geistigeren Kulturaufgaben und beschränkte sich auf die alten Aufgaben der Pflege von Recht und Religion und die neuen der Machtsicherung und Wirtschaftspflege. Der Begriff des *bonum publicum* hatte noch etwas Starres und Allgemeines, über das innere Leben des Volkes Hinwegsehendes. Es konnte auch nicht anders sein, solange dieses selbst mit den ständischen und konfessionellen Schranken zufrieden war, von denen die einen bewußt, die anderen unbewußt durch die Staatsräson der deutschen Territorialfürsten gelockert wurden.

So entsprach die Lehre von der Staatsräson den realsten Tendenzen des damaligen deutschen Staatslebens. Daß sie eben deswegen auch auf heftigen Widerstand stieß und Empörung und Schmerzen aller Art erregte, sagten wir schon. Am denkwürdigsten war wohl diejenige Opposition, die nicht aus dem Lager der alten, sondern der eben aufsteigenden neuen Lebensmächte, des leise jetzt keimenden Aufklärungszeitalters kam. Die ersten Stimmen jener verzweiflungsvollen Kritik, die das humanitäre und pazifistische Weltbürgertum bis zur heutigen Stunde an dem Walten der Staatsräson übt, erschallten schon nach dem Dreißigjährigen Kriege. Amos Comenius, der, obwohl kein Deutscher, doch dem deutschen Kulturleben nahestand, urteilte vom Standpunkt seines neuen, rein menschlichen und über alles Staatliche hinwegsehenden Lebensideals über die Staatsräson: »Man versteht darunter die Willkür, alles zu tun, was dem eigenen Vorteil diene ohne Rücksicht auf entgegenstehende Verträge und Versprechungen. Wenn man das zugibt, wird es geschehen sein um Treu und Glauben unter den Menschen... Nicht das Recht wird dann mehr herrschen, sondern Gewalt oder List[1].«

Und gar nicht zufrieden war man auch im deutschen Volke mit der neuen Staatsräson. Die Theoretiker, die sie behandelten und von dem Schmutze des Machiavellismus reinzuwaschen versuchten,

---

[1] *Unum necessarium* 1668 (Ausgabe von 1724, S. 163 f.), vgl. Lange, *Histoire de l'internationalisme* I, 1919, S. 487 f.

Die Verbreitung der Lehre von der Staatsräson 171

vertraten nur die Schicht des gelehrten und zu den Höfen aufschauenden Deutschlands. Die volkstümliche Stimmung, die an solche gereinigte Staatsräson nicht glauben wollte, weil sie instinktiv ihre Abgründe witterte, flüchtete in die Literatur der Satiren. Zu den eindrucksvollsten Stücken, mit denen Gustav Freytag in den Bildern aus der deutschen Vergangenheit die Leidenszeit des deutschen Volkes im 17. Jahrhundert und seine Auskältung und Starre nach dem Dreißigjährigen Kriege veranschaulichte, gehört die schneidende Satire auf die *Ratio status* aus dem Jahre 1666, die er wiedergibt[1]. Da wird der junge, als brauchbar befundene Rat des Fürsten eingeführt in die geheimen Gemächer, wo die *arcana status* sich befinden, die Staatsmäntel, Staatslarven, Staatsbrillen, Augenpulver usw., mit denen man arbeitet. Schön verbrämte, innen schäbige Staatsmäntel, geheißen *salus populi, bonum publicum, conservatio religionis* usw. gebraucht man, wenn man den Ständen gegenübertritt, die Untertanen zu Kontributionen willig machen oder jemand unter dem Vorwand falscher Lehre von Haus und Hof jagen will. Ein im täglichen Gebrauche ganz abgetragener Mantel heißt *Intentio*, gute Meinung; mit ihm legt man den Untertanen neue unerträgliche Lasten auf, mergelt sie durch Frondienste aus und fängt unnötige Kriege an. Mit den verschiedenen Staatsbrillen kann man Mücken zu Elefanten oder kleine Wohltaten des Fürsten zu größten Gnadenbeweisen machen. Mit einem eisernen Instrument kann der Fürst seinen Räten den Schlund erweitern, damit sie elf gerade sein lassen und große Kürbisse hinunterschlucken. Eine Kugel aus Drahtknoten geknüpft, mit spitzen Nadeln versehen und durch inneres Feuer erhitzt, so daß sie dem Betrachter das Wasser aus den Augen zieht, stellt schließlich den *Principe* des Machiavelli dar. Der Fürst hat auch sie *pro secreto politico* in die Hand bekommen, aber zur Zeit, weil er willige Untertanen hat und seinen fürstlichen Namen nicht öffentlich beschmutzen will, noch nicht in Gebrauch genommen. Natürlich üben dann auch die Räte selbst ihre private *ratio status* einer schamlosen Bereicherung. Einer von ihnen schlägt

---

[1] Er benutzte dafür (Bd. 3, K. 7) die Schrift *Idolum principum etc.* 1678, die aber nach Kunkels Feststellung nur die verkürzte Wiedergabe der Schrift »Alamodischer Politicus etc.«, Hamburg 1666, ist. Boccalinis Vorbild ist offensichtlich. Andere ähnliche Satiren werden von Kunkel behandelt.

gar vor, den ehelichen Beischlaf zu besteuern, um das Geld für den *miles perpetuus* aufzubringen.

Wer würde es wagen, nach dieser grimmigen Karikatur das wahre Wesen der damaligen deutschfürstlichen Staatskunst zu beurteilen? Aber auch die glättende Lehre der Theoretiker gibt es nicht vollständig wieder. Beide zusammen bezeichnen die Extreme, zwischen denen das wirkliche Leben des deutschen Territorialstaats, wie wir es aus seinen Akten kennen, hin und her sich bewegte. Die sittliche Rechtfertigung seines Wirkens, die ihm ein Teil der Zeitgenossen, zumal derer, die durch ihn aus dem Genusse ihrer Privilegien aufgestört wurden, bestritt, ist ihm von der modernen Forschung im großen und ganzen zuteil geworden. Es ging nicht abwärts, sondern langsam aufwärts im deutschen Staatsleben, und die staatsbildende Arbeit des späteren 17. Jahrhunderts gehört zu den Voraussetzungen für den Aufstieg des deutschen Geistes im 18. Jahrhundert. Aber die sittlichen Versuchungen, denen das Handeln nach Staatsräson immer und überall ausgesetzt ist, waren allerdings gerade in jener Zeit in reichem Maße vorhanden, weil ein Beamtentum mit hingebender Staatsgesinnung eben erst im Entstehen war, während die Aufgaben der inneren und äußeren Machtgewinnung, denen es diente, sehr viel rascher wuchsen. An seiner Erziehung zur Staatsgesinnung aber hat auch die Lehre von der Staatsräson ihren Anteil.

SECHSTES KAPITEL

Die Lehre von den Interessen der Staaten im Frankreich Richelieus

1. Die Anfänge und der Discours von 1624

Die Lehre von der Staatsräson hat nicht nur den modernen Staat, sondern auch den modernen historischen Geist befruchtet und eine wichtige Vorstufe des modernen Historismus hervorgebracht durch die Lehre von den Interessen der Staaten, die sich von ihr abzweigte. Wir haben die Ansätze dazu namentlich bei Boccalini und Campanella beobachtet, aber müssen nun noch einmal zurückgreifen zu allgemeineren Betrachtungen und zum Ausgangspunkte der ganzen Bewegung, zu Machiavelli.

Die seit Botero ausgebildete Lehre von der Staatsräson blieb, wie wir sahen, noch stark im Banne der allgemeinen Lehre vom Staate, die nach Aristoteles' Vorbilde das Wesen der einzelnen Staatsformen studierte, dabei aber die verschiedenen individuellen Erscheinungsformen des Staates nach zeitlos gültigen Maßstäben beurteilte und im letzten Grunde von der Frage nach dem besten Staate geleitet wurde. Dagegen kümmerte sich die Lehre von den Interessen der Staaten um den besten Staat überhaupt nicht, sondern nur um die Staaten, wie sie zur Zeit wirklich und individuell waren. Ihnen aber spähte sie in Herz und Hirn, um zu erkunden, wie sie sich benehmen würden, was von ihnen zu erwarten sei. Das konnte nur gelingen, wenn man das besondere Gesetz, das die Handlungsweise jedes einzelnen Staates bestimmte, herausfand und so das Bleibende, immer Wiederkehrende im bunten Wechsel seiner politischen Aktionen feststellte. Es war von Hause aus also die rein praktische Frage des Schachspielers oder dessen, der ein fremdes Schachspiel interessiert beobachtet, um sich selbst daran zu schulen. Das eigenste Interesse des Staates, für den man lebte, trieb dazu, die Interessen, das heißt die besonderen und konstanten Bewegungsgesetze der fremden Staaten zu erkennen, um sich danach einrichten zu können. Und rückwirkend lernte man dadurch sofort auch das eigene Interesse tiefer verstehen und erhob es von der Stufe des naiven Instinktes und des ungeregelten Begehrens auf die des reflektierenden Bewußtseins und des geklärten, rationellen Wollens. Indem man die inneren Triebfedern der Rivalen zu berechnen versuchte, gewöhnte man sich, auch die Regeln des eigenen Handelns besser zu berechnen und konsequenter, ungetrübter von Leidenschaften und Augenblicksimpulsen anzuwenden. Staatliches Handeln konnte so zur wirklichen Staatskunst werden. Diese Tendenz zur Ausbildung einer wirklichen und lehrbaren Staatskunst konnte dann freilich wieder zurückleiten zu der Methode jener allgemeinen Staatslehre, die das unhistorische Ideal des besten Staates suchte. Man konnte also auch nach der besten Staatskunst fragen und aus der Masse der individuellen Erfahrungssätze und Verhaltungsregeln im politischen Handeln die brauchbarsten zu einem Kanon von Rezepten, zu einem Lehrbuche der Staatskunst, anwendbar für jeden Staat, zusammenfassen. Die Neigung dazu war in der früheren Zeit, im 16. und beginnenden 17. Jahrhundert, stärker als später, und der Grund dafür ist ganz klar. Der erwachende empirische Sinn der modernen Menschheit war noch eingeschränkt und durchwachsen vom alten dogmatischen Geiste; darum faßte man auch den neuen Erfahrungsstoff des politischen Handelns zunächst noch in stark dogmatisierender und schematisierender Gesinnung auf. So ist es geistesgeschichtlich von höchstem Reize, wahrzunehmen, wie die allgemeine Lehre von der Staatskunst allmählich zurückweicht vor der Lehre von den besonderen Interessen der Staaten.

Scharf zu trennen waren freilich die Bemühungen beider Lehren damals so wenig wie heute, und ebensowenig schließt die Berechtigung der einen Lehre die der anderen innerlich aus. Es ließe sich sehr wohl eine allgemeine Lehre von der Staatskunst denken, die auf genauestem Verständnis aller ihrer individuellen Differenzierungen beruht und doch das Bleibende im Veränderlichen, das Allgemeine im Individuellen aufsucht. Und umgekehrt mußte auch das Studium der besonderen Interessen der Staaten von vornherein auf das Problem stoßen, wie sich das Allgemeine in ihnen zum Individuellen und das Bleibende zum Veränderlichen verhalte. Auch hierbei war man namentlich in den früheren Zeiten

Die Lehre von den Interessen der Staaten

in Gefahr, vorschnell zu generalisieren und die Dinge übermäßig zu vereinfachen. Aber die Zwecke, die man verfolgte, schützten auch etwas vor dieser Gefahr. Wenn man zum Beispiel die konstanten Interessen eines einzelnen Staates zu erkennen versuchte, mußte man auf der Hut sein, sie nicht zu konstant und starr anzunehmen, um den Irrtum nicht praktisch zu büßen. Alles übermäßige Theoretisieren drohte hier zur Fehlerquelle zu werden, die zur falschen Einschätzung des Rivalen und damit auch zu falschem eigenen Verhalten gegen ihn verleitete. Und während die übliche Geschichtsauffassung jener Zeiten, befangen von der humanistischen Auffassung der Antike, deren Überlieferungen als bleibend gültige Vorbilder auch des modernen Staatenlebens ansah, an den ewigen Kreislauf und die Wiederholung der menschlichen Dinge glaubte und so in allem Individuellen, Neu- und Eigenartigen im geschichtlichen Leben, was ihr begegnete, nur Beispiele eines typisch Allgemeinen zu sehen vermochte, konnte die von praktischen Zwecken geleitete Beobachtung fremder Staaten deswegen, weil sie aus dem Borne frischer und immer wiederholter Erfahrung schöpfte, an das Individuelle in ihnen sehr viel näher herankommen, ohne doch das Typische, was mit ihm immer verbunden war, zu übersehen. Wohl hatte auch diese durch das eigene Interesse und die Erfahrung befruchtete Erkenntnisweise ihre eigenen Schranken und Fehlerquellen. Sie hatte, wie alle Vorzüge, so auch alle Schwächen eines ausschließlich empirischen und utilitarischen Studiums der Dinge. Sie brach da ab, wo es praktisch nicht mehr lohnte, und empfand deswegen nicht immer das Bedürfnis, frisch und gut beobachtete Einzelzüge organisch zu gliedern und zu verknüpfen. Sie kam infolgedessen auch nicht zu demselben Grade innerer gedanklicher und formaler Durchbildung, wie die allgemeine Staatslehre. Auch war sie naturgemäß tendenziös, wenn sie im unmittelbaren Dienste eines bestimmten Staates geübt wurde und etwa gar auch publizistisch wirken sollte. Dann war es selbstverständlich, daß die Triebfedern des Gegners nicht nur mitleidslos enthüllt, sondern auch angeschwärzt und karikiert, die eigenen Triebfedern aber teils verhüllt, teils idealisiert wurden. Aber diese Hüllen und Färbungen sind leicht abzustreifen von den Bildern, die uns hier gegeben werden. Auch werden sie oft zu unwillkürlichen Selbstgeständnissen. Sie beeinträchtigen also nicht wesentlich den Wert, den diese Betrachtungsweise, von klugen Menschen geübt, sowohl für die politische und geistige Erziehung jener Zeiten selbst hatte, wie für die geschichtliche Erkenntnis des Staatenlebens heute noch hat.

Der berichtende Diplomat war der gegebene Entdecker der Lehre von den Interessen der Staaten. Wenn er seine Aufgabe bedeutender auffaßte, konnte er sich nicht damit begnügen, Geschehenes und Erreichtes zu melden, Personen zu charakterisieren und statistisches Material über die Kräfte des fremden Staates zu sammeln, sondern mußte die Geschehnisse, Absichten und Möglichkeiten des Tages auf einen Generalnenner zu bringen versuchen. So reichen die Anfänge der neuen Lehre zurück in die Anfänge der modernen Diplomatie, in die für sie klassischen Zeiten Machiavellis. Die Renaissance erweist sich auch hier wieder als ein Mutterboden modernen Geistes.

Machiavelli kann nicht übertroffen werden in der Energie und dem Scharfsinne, mit denen er die verborgenen Federn des politischen Uhrwerks zu erkennen, die stärksten und leitenden Motive der Handelnden herauszuholen bestrebt war. Aber die Handelnden, denen er ins Herz zu schauen verstand, waren noch nicht die Staatspersönlichkeiten im ganzen sondern die Persönlichkeiten derer, die einen *stato* in der Hand hatten, und *stato* bedeutete für ihn noch in erster Linie soviel wie Machtapparat. Trotz der tiefen Einblicke, die er schon in die innere Struktur der Staaten und durch seine Lehre von der *virtù* auch in die Zusammenhänge von innerer nationaler Lebendigkeit und äußerer politischer Macht zu gewinnen vermochte, ließ er doch diese Hintergründe und Voraussetzungen machtpolitischen Geschehens dann verschwinden, wenn er dieses unmittelbar zu berechnen versuchte, und begnügte sich mit der leichteren und ihn lockenderen Aufgabe, die Zweckmäßigkeit im Handeln des einzelnen Staatsmannes zu beurteilen. Das war die eine Schranke seiner Erkenntnis, und die andere, damit zusammenhängende, war die, daß er, seiner didaktischen Tendenz folgend, eigentlich nur das Typische und Generelle in allem politischen Handeln herausbringen, daß er Regeln, feste, einleuchtende und anwendbare Maximen für jeden Fürsten und für alle denkbaren Fälle im bunten Kaleidoskop der politischen Welt aufstellen wollte, wobei dann auch er von jener Geschichtsauffassung beherrscht blieb, daß alle menschlichen Dinge sich wiederholen. Für den Nachlebenden aber gewinnt das, was er in solcher typisierenden und didaktischen Absicht darstellte, sehr oft schon den Reiz einer echt historischen Betrachtung, die das Individuelle und das Typische untrennbar und anschaulich miteinander verschmilzt. Wie denn überhaupt die merkwürdige Anziehungskraft, die Machiavelli auf den modern denkenden Menschen ausübt, daher rührt, daß seinen Gedanken oft eine geheime Triebkraft innewohnt, die sie über sich selbst hinausführt, so daß er viel mehr gibt, als er unmittelbar geben will. So kann denn Machiavelli mit größter Deutlichkeit und Transparenz auch schon konstante Interessen der Staaten herausarbeiten. Meisterhaft kurz und prägnant charakterisierte er das Band gemeinsamer politischer Interessen, das die Pentarchie der fünf größeren Staaten Italiens vor dem Einfalle Karls VIII. hatte und haben mußte. *Questi potentati avevano ad avere due cure principali: l'una, che un forestiero non entrasse in Italia per l'armi; l'altra, che nessuno di loro occupasse più Stato (Principe* c. 11). Man ahnt hier sogleich schon, ohne daß es ausgesprochen wäre, die Kurzlebigkeit dieses Systems, die Notwendigkeit, daß es einmal rasch zusammenbrechen mußte, wenn es auch nur an einer Stelle erschüttert wurde[1].

Und man spürt vor allem auch das unmittelbare tragische Erlebnis hier durch, das zur Quelle der Erkenntnis werden sollte. Durch den Zusammenbruch der italienischen Pentarchie und die nun unvermeidlich folgende Verflechtung, Ein- und Unterordnung aller politischen Interessen der italienischen Staaten unter die europäischen Machtverhältnisse war der italienische Staatsmann fortan gezwungen, sehr weite und sehr enge Verhältnisse immer nebeneinander zu studieren. Es entwickelte sich die Beobachtungskunst der venetianischen Relationen. Zwar bevorzugte sie immer die unmittelbaren Einzelheiten, mit denen man in Venedig zu rechnen hatte, und schwang sich selten zu allgemeinen und konstruktiven Betrachtungen auf. Aber sie setzte, wie man gesagt hat,

---

[1] Vgl. auch E. W. Mayer, Machiavellis Geschichtsauffassung und sein Begriff *virtù* S. 37 über Machiavellis Fähigkeit, sich auf verschiedene politische Standpunkte zu versetzen. Hinzuweisen wäre auch auf Vettoris Brief an Machiavelli vom 12. Juli 1513 *(Lettere familiari di M. ed. Alvisi)*, in dem er versuchte, die besonderen Interessen jeder der damals in Italien operierenden Mächte herauszufinden und zu definieren.

stillschweigend voraus, »daß die Bewegungen der Politik aus den tief eingewurzelten Lebensmächten der Staaten hervorgehen«, und erhob sich seit der Mitte des 16. Jahrhunderts zu klarer Formulierung der Einsicht, daß die überpersönlichen *interessi di stato* das Handeln der einzelnen beherrschen, die einen Staaten verbinden, die andern trennen[1]. Jedes besondere *interesse di stato* fließt dabei für sie wie für Machiavelli aus dem, was man seit der Mitte des 16. Jahrhunderts die *ragione di stato* nannte, aus der generellen Regel, daß jeder Staat vom Egoismus des eigenen Nutzens und Vorteils getrieben werde und rücksichtslos alle anderen Motive schweigen lasse, wobei aber zugleich stillschweigend als wesentliche Voraussetzung gilt, daß die *ragione di stato* immer nur den wohlverstandenen, den rationellen, von bloßen Instinkten der Gier gereinigten Vorteil bedeute. Man glaubt erst dann an die Gunst eines Fürsten, wenn sie von der *ragione di stato* gestützt wird. Man konstatiert es, wenn etwa ein Papst einmal in dem Zwiespalt zwischen *affetto d'amore* und *ragione di stato* gerät, aber man zweifelt nicht daran, daß, »sei es Vernunft, sei es Notwendigkeit«, zwei Staaten, die durch ihr Interesse aufeinander angewiesen sind, verbunden halten werden, auch wenn es an gegenseitiger Sympathie fehlen sollte. Man erkannte ferner auch schon, daß das Spiel dieser Interessen zugleich eine konstante und eine veränderliche Seite hatte, wenn man etwa die Politik des Herzogs von Savoyen sich klarmachte, die, wandelbar von Tag zu Tag in ihren Freundschaften, doch eben darum bestrebt sei, *di governarsi con propria regola di stato in tutte le cose*.

Aber der Zweck der Relationen, die jeweilig nur über die bestimmte Situation in einem bestimmten einzelnen Lande informieren sollten, hielt auch diese fruchtbaren Betrachtungen in Schranken. Sie konnten sich nicht zu einer umfassenden systematischen Untersuchung dieser überall vorausgesetzten Staatsinteressen, geschweige denn zu einem Gesamtgemälde ihrer europäischen Zusammenhänge erheben.

Der erste Versuch, eine solche zu geben, wurde, soweit wir sehen, erst im Frankreich Richelieus gemacht.

---

[1] Andreas, Die venezianischen Relationen und ihr Verhältnis zur Kultur der Renaissance, S. 58 ff. Dort auch die Belege für das Folgende. Nach seiner Feststellung taucht das Schlagwort der *ragione di stato* in ihnen zuerst 1567 auf.

Der empirische Geist der neuen Zeit erstieg damit eine neue Stufe. Und das erwachende Interesse, die besonderen Antriebe der einzelnen Staaten allgemein und zusammenfassend zu verstehen, deutete darauf, daß auch diese selbst auf eine höhere Stufe ihrer Entwicklung zu steigen, daß sie sich stärker voneinander zu differenzieren und ihr nationales Eigenleben auszubilden begannen, — eine der allerwichtigsten Wendungen im neueren Staatenleben!

Man kann es verstehen, daß nicht in Italien, dem klassischen Ursprungslande der modernen Staatskunst, sondern in Frankreich der neue Sinn sich regte. Italien bot dem politischen Denker das vorzügliche Anschauungsmaterial kleiner Staaten und kleiner Machthaber, die durch eine virtuose Technik in der Belauerung und Benutzung menschlicher Leidenschaften und Schwächen sich über Wasser zu halten gewohnt waren. Daher hier die Tendenz, generelle Rezeptenbücher der *arcana imperii*, eine Art von praktisch-politischer Psychologie, zu liefern. Es fehlte trotz allen Interesses für die Politik und die Herrschaftsmittel der wirklichen Großmächte der Impuls, den das Mitleben mit Leid und Schicksal eines großen Staates zu geben vermag, sich zu erheben über bloße angewandte Menschenkenntnis und nicht nur die subjektive Seite der Staatskunst, sondern auch die objektiven Zusammenhänge des Staatenlebens zu erfassen. In Frankreich aber wurde man aus diesem Kleinbetriebe der Interessen hinausgeführt durch die bitteren Erfahrungen der Hugenottenkriege. Gerade die tiefe religiöse und politische Spaltung der Nation war es, die das politische Denken befruchtete und zur Aufsuchung neuer geistiger Bindemittel für den von der Auflösung bedrohten Staat trieb. Ein solches Bindemittel großen Stils war, wie wir sahen, die Lehre Bodins von der Souveränität und Einheitlichkeit der Staatsgewalt. Und eben solches Bindemittel konnte auch die Erkenntnis des wahren, vom Fanatismus der Parteien verdunkelten Gesamtinteresses Frankreichs werden. Aus dem Probleme der Glaubenstrennung erwuchs sofort das hochpolitische Problem der Macht und Selbständigkeit Frankreichs in Europa, denn der rücksichtslose Kampf für die alte Kirche mußte den Staat in die Arme Spaniens und zum Verzicht auf alle diejenigen Machtziele führen, die nur im Kampf gegen Spanien zu erreichen waren. Es entstand seit 1562 die Partei der »Politiker«, die dies erkannte, die zunächst alles daransetzte, den inneren Frieden durch Zugeständnisse der Toleranz an die Hugenotten wiederherzustellen, dann aber auch, und darin mit den Hugenotten leicht sich zusammenfindend, die politische Front gegen Spanien nahm. Die realpolitische Wurzel des modernen Toleranzgedankens tritt hier deutlich hervor. Das wahre Interesse Frankreichs zwang dazu, tolerant zu sein, um den Staat frei von fremdem Einfluß zu erhalten und seine Kraft nach außen entfalten zu können.

Diese Ideen der »Politiker«, die man etwas schief als einen »antizipierten Chauvinismus« bezeichnet hat[1], leuchteten durch die folgenden Jahrzehnte hindurch wie ein Leitstern über den Wolken des Bürgerkrieges. In der Monarchie und im Systeme Heinrichs IV. wurden sie realisiert. Sein Tod warf Frankreich wieder zurück aus der Bahn rationeller Interessenpolitik. Aber die Tradition der »Politiker« blieb lebendig und wachte genau in dem Momente wieder auf, wo Frankreich sich anschickte, das von Heinrich IV. begonnene, aber durch seinen Tod unterbrochene Werk wieder aufzunehmen und gegen die drohende Übermacht Spaniens in die Schranken zu treten. Die denkenden Politiker Frankreichs fühlten zu Beginn der zwanziger Jahre schmerzlich die Einbuße an europäischer Macht, die man durch die inneren Wirren der Regentschaft und durch die schwache Haltung der Königin-Regentin Maria und der ersten Ratgeber Ludwigs XIII. gegenüber Spanien erlitten hatte. Spanien war im Begriffe, die Landbrücke zu schlagen, die von Mailand über Veltlin, die graubündischen Pässe und die oberrheinischen Landschaften Österreichs hinüber nach den Niederlanden führen sollte. Es beherrschte mit dem Kaiser zusammen Westdeutschland und beherrschte, wie man annahm, die kaiserliche Politik, so daß es früher oder später zu einer dauernden territorialen Festsetzung Spaniens am Oberrhein und zu einer völligen Niederwerfung der niederländischen Republik kommen konnte. Zugleich schwebte seit dem Sommer 1623 die Verhandlung über eine Heirat des englischen Thronfolgers Karl mit einer spanischen Infantin, durch die möglicherweise auch England auf absehbare Zeit an das spanische System gekettet werden konnte. Es schien höchste Zeit, daß Frankreich sich dieser Umklammerung entriß, und wie Heinrich IV. es durch die innere Befriedung der Parteien einst vermocht hatte, die

---

[1] Vgl. de Crue, *Le parti des Politiques au lendemain de la Saint-Barthélemy*, 1892, S. 253.

Kraft des Landes wieder nach außen zu wenden, so schien auch jetzt durch den Frieden von Montpellier, den die Regierung 1622 mit den aufständischen Hugenotten geschlossen hatte, der innere Riß wieder überbrückt und die Möglichkeit zu neuer Machtentwicklung nach außen geschaffen zu sein.

Dies war die Situation, in der die Schrift *Discours des Princes et Estats de la Chréstienté plus considérables à la France, selon leurs diverses qualitez et conditions* entstand.

Sie liegt in zwei Ausgaben vor, deren erste um die Wende der Jahre 1623/24 entstanden ist, während die zweite, einiges erweiternde, einiges auch kürzende Redaktion ziemlich genau auf die letzten März- oder ersten Aprilwochen von 1624 zu datieren ist[1], — also kurz vor dem Eintritt Richelieus in den Conseil des Königs, der am 24. April 1624 erfolgte. Man hat sie keinem Geringeren als dem Pater Joseph, dem Vertrauten und Gehilfen Richelieus,

---

[1] Die erste Ausgabe ist wieder abgedruckt in der Sammlung *Le Mercure d'Estat ou Recueil de divers discours d'Estat* 1635, S. 293 bis 400 und danach von Kaeber, Die Idee des europäischen Gleichgewichts in der publizistischen Literatur vom 16. bis zur Mitte des 18. Jahrhunderts (1907), S. 34, im Zusammenhang seines Themas kurz besprochen. Kaeber irrt, wenn er die Schrift in die Jahre 1620 oder 1622 setzt. Ein sicherer *terminus post quem* ergibt sich schon aus der Erwähnung der im August 1623 erfolgten Wahl Papst Urbans VIII. Sodann wird S. 398 die englisch-spanische Heiratsverhandlung als noch schwebend, aber als schon geheimt erwähnt. Sie war tatsächlich schon fast gescheitert, als der Prinz von Wales Anfang Oktober 1623 von Madrid nach England zurückkehrte. Ein *terminus ante quem* ergibt sich vielleicht aus der Art, wie S. 345 die 1623/24 in Rom geführten Verhandlungen über die Veltliner Frage erwähnt werden. Verfasser kennt anscheinend noch nicht die für Frankreich ungünstige Wendung, die Anfang März 1624 durch die eigenmächtigen Zugeständnisse des französischen Gesandten Sillery eingetreten war (Zeller, *Richelieu et les ministres de Louis XIII*, 1621/24, S. 272). — Die zweite Ausgabe ist abgedruckt im *Mercure françois* X (1625), S. 16—94, und als im Anfang 1624 erschienen erwähnt. Hier heißt es (in einem längeren Zusatze über die deutschen Verhältnisse) S. 61, daß der Herzog von Bayern »vor 13 Monaten« mit der Kurwürde Pfalz investiert sei. Die Belehnung war erfolgt am 25. Februar 1623. Ferner ist der Verf. hier in größter Spannung über den Ausgang der englisch-spanischen Heiratsverhandlung. Er kennt also noch nicht den endgültigen Abbruch der Verhandlung durch England, der Anfang April 1624 erklärt wurde (Ranke, Engl. Geschichte 2, 159). Ein zweiter Abdruck der zweiten Ausgabe befindet sich im *Recueil de quelques discours politiques, escrits sur diverses occurences des affaires et Guerres Estrangeres depuis quinze ans en ça.* 1632, S. 161 ff.

zugeschrieben[1], ohne indes mehr als die Möglichkeit, daß er der
Verfasser sein könnte, bisher nachgewiesen zu haben. Sicher war
der Verfasser der Schrift ein politisch vorzüglich geschulter und
unterrichteter Mann, sicher steht auch seine Schrift in einem
näheren oder ferneren Zusammenhange mit dem aufsteigenden
Gestirne Richelieus. Sie gehört zu einer ganzen Gruppe von Flug-

---

[1] Dedouvres, *Le père Joseph Polémiste* (1623/26), 1895, hat in einem
sehr fleißigen, aber dilettantischen Buche den Versuch gemacht, die
Autorschaft Pater Josephs für eine ganze Reihe von anonymen Flug-
schriften jener Jahre und so auch für unseren *Discours* (den er nur in
der zweiten Ausgabe kennt), S. 43—82, nachzuweisen, aber scharfen
Widerspruch gegen seine Methode bei zwei so vorzüglichen Forschern
wie Fagniez, dem Biographen des Pater Joseph, und Kükelhaus gefunden (in der *Revue des questions historiques* 60, 442 ff., bzw. Histor.
Zeitschrift 79, 327 ff.). In der Tat ist auch ein großer Teil der Argumente, die Dedouvres für Pater Josephs Verfasserschaft des *Discours*
anführt, höchst vager und unsicherer Natur. Beachtung aber kann
immerhin die Stil- und Sprachvergleichung, die Dedouvres zwischen
dem *Discours* und den unzweifelhaft von Pater Joseph herrührenden
Schriften vornimmt, beanspruchen. Einen durchschlagenden Beweis er-
bringt sie freilich auch nicht. Dedouvres beruft sich auch auf die nahe Verwandtschaft des *Discours* mit einem Mémoire des Pater Joseph von 1617,
das Fagniez, *Le père Joseph et Richelieu* 2, 467 ff., veröffentlicht hat.
Fagniez (*Rev. des quest. hist.* 60, 479) hat diese Verwandtschaft rundweg geleugnet. Eine inhaltliche, gedankliche Verwandtschaft besteht
jedenfalls nicht, aber ein eigentümlich steifer und zugleich doch aus-
drucksvoller Stil ist beiden Schriften eigen. Freilich kann man das auch
von vielen anderen Erzeugnissen der damaligen französischen Literatur
sagen. — Man könnte anderseits gegen die Autorschaft des Pater Joseph
geltend machen, daß die von Dedouvres S. 61 f. selber angeführten
Urteile der *Turciade* des Pater Joseph über die Freunde und Gegner
des Hauses Habsburg eine katholische Farbe tragen, die in den entsprechenden Urteilen des *Discours* fehlt. Doch wäre das allenfalls aus
der Anpassung an die Situation und den politischen Zweck zu erklären.
— Es wäre noch zu erwägen, ob Fancan, der eifrige publizistische
Gehilfe Richelieus, den *Discours* geschrieben haben könnte. Aber die
Färbung der Schrift ist anders, als man sie bei Fancan kennt. Fancan
war Spezialist für die deutschen Verhältnisse, während unsere Schrift
diese in der ersten Ausgabe nur ganz summarisch behandelt und in der
zweiten Ausgabe nur landläufige Dinge über sie bringt. Ferner fehlt der
Schrift ganz das *parfum de huguenoterie*, das Hanotaux (Richelieu 2, 2,
468) als charakteristisch für alle Fancanschen Schriften bezeichnet hat.
Und schließlich findet sie sich auch in dem Verzeichnis der Fancanschen
Schriften, das Kükelhaus aufgefunden hat (Histor. Vierteljahrsschrift 2,
22 ff.) nicht erwähnt.

schriften aus jenen Jahren, in der die nationalfranzösischen Ideen der einstigen »Politiker«, der »guten Franzosen«, wie sie sich jetzt nannten, in Reaktion gegen die spanisch-katholische Richtung Luynes' wieder erwachten. In denselben Wochen, in denen die Schrift entstanden sein muß, weilte Pater Joseph schon bei Richelieu und war dieser bemüht, den König für eine Politik des Ruhmes und der Größe zu gewinnen, die schwächliche Politik der damaligen Minister zu bekämpfen, um sich selber den Weg zum Ministerium dadurch zu bahnen[1]. Es kommt hier aber doch nicht nur der Kreis Richelieus in Betracht. Der Verfasser könnte auch mit dem Connétable Lesdiguières Fühlung gehabt haben, denn auch dieser frühere Protestant, der den Frieden von Montpellier vermittelt hatte, drängte darauf hin, die Politik Heinrichs IV. wieder aufzunehmen, und drängte insbesondere, ganz wie der Verfasser unserer Schrift, zum Kampfe um das Veltlin und zu enger Verbindung mit den italienischen Fürsten[2].

Wir müssen hier aber die zeitgeschichtliche Bedeutung der Schrift für die damalige französische Politik beiseite lassen. Sie soll uns lediglich zeigen, wie in dem Auge dieser Zeit die Lebenstriebe der europäischen Staatenwelt sich spiegelten und was sie zu leisten vermochte für tiefere historisch-politische Erkenntnis.

Diese Leistung war nicht gering und wird durch die formellen Mängel der Schrift nicht beeinträchtigt. Ihre schwerfällige Diktion mag entschuldigt werden durch den damaligen Stand der französischen Prosa und übertrifft an Beweglichkeit immer noch den Stil der damaligen deutschen Publizistik. Reich gespickt mit historischen Tatsachen und Anspielungen, bleibt sie doch nirgends in grober Stofflichkeit und antiquarischem Detail stecken, sondern faßt alle historischen Fäden straff zusammen für den unmittelbaren politischen Zweck. Historisches Wissen ist dem Verfasser Voraussetzung für politisches Denken und Handeln. »Der beste Rat, den man in Staatsdingen geben kann«, so beginnt sie, »ist gegründet auf die besondere Kenntnis des Staates selbst.« Man

[1] Bericht des venetian. Gesandten vom 28. Nov. 1623 bei Zeller a. a. O. 267; vgl. Dedouvres 45.

[2] Lesdiguières hielt sich während des Jahres 1623 vorzugsweise am Hofe auf und wirkte dort für seine Politik. Auch der damalige Lieblingsgedanke Lesdiguières, mit Savoyen zusammen die Eroberung Genuas zu unternehmen, findet sich im *Discours* (*Recueil* S. 314) angedeutet. Vgl. Dufayard, Lesdiguières S. 527 u. 532 ff.

muß wissen, was der Staat in sich ist und was er im Verhältnis zu den anderen Staaten ist, wie er regiert wird, wie das Verhältnis zwischen Fürsten und Untertanen ist und wie er sich gegen das Ausland benimmt. Denn es besteht — und hier spricht die bittere Erfahrung eines halben Jahrhunderts französischer Geschichte — eine notwendige und unfehlbare Korrespondenz zwischen innen und außen im Guten wie im Schlimmen, und die geringste Unordnung im Innern des Staates wirkt auf das Benehmen der fremden Mächte gegen ihn ein, und jede innere Festigung führt sofort zu der Aufgabe, die Schäden auszubessern, die in der Außenstellung des Staates während seiner Krankheiten und Konvulsionen eingerissen sind. Denn da alle Fürsten der Welt sich nur durch ihre Interessen leiten lassen und den Anstoß zu ihrem Handeln bekommen vom Glück oder Unglück ihrer Nachbarn[1], wer könne daran zweifeln, daß ein schwacher und daheim nicht respektierter Souverän in geringerer Geltung bei seinen Nachbarn und Alliierten stehe als ein Fürst, der daheim Gehorsam und Furcht genießt. In den letzten trüben Zeiten König Heinrichs III. sah sich Frankreich sogar von seinen alten Alliierten und Freunden schlecht behandelt, während nach Heinrichs IV. Siegen im Innern sofort fast alle Mächte Europas außer dem Hause Österreich an Frankreich heranrückten, um mit ihm vereint das Gleichgewicht gegen jenes herzustellen. Frankreichs Körper sei gottlob gesund, und so sei denn jetzt wieder, nach glücklicher Beilegung der inneren Wirren, die Stunde gekommen, seine Stellung gegenüber den fremden Mächten wiederherzustellen. Diese gelte es nun zu studieren, um zu wissen, was man von ihnen zu fürchten und zu hoffen habe.

Nur unter dem Gesichtspunkte des eigenen französischen Interesses also sollen die Staaten Europas betrachtet und charakterisiert werden, und nur Europa ist Gesichtsfeld. Darum schloß der Verfasser die überseeische Machtsphäre Spaniens von seiner Betrachtung ausdrücklich aus. Gleich hier tritt hervor, was bei allen Versuchen dieser Art noch zu beobachten sein wird, daß der praktisch-politische Zweck den Horizont der Betrachtung immer einengen mußte. Dafür schärfte er den Blick für die Herausarbeitung

---

[1] *Puisque ce qu'il y a de Princes au monde, ne se gouverne que par les interests et ne se meut qu'au bransle de la bonne ou mauvaise fortune des autres.*

aller eigentümlichen Erscheinungen innerhalb des Gesichtsfeldes. Einige Proben dafür mögen genügen.

Mit großer Prägnanz und Anschaulichkeit wird vor allem das Bild der spanischen Macht in Europa, ihrer verschiedenen Zentral- und Nebensphären, ihrer Hilfsmittel und Herrschaftsmaximen und -methoden gegeben. Zunächst mit einem Generalblick auf ihre geographische Lagerung durch Süd- und Westeuropa, wie sie kettenartig sich aneinander fügend und mit den deutschen und osteuropäischen Besitzungen des Hauses Habsburg sich die Hand reichend, alle dazwischenliegenden Staaten einzuschließen droht. Sie erscheint sofort wie ein noch unfertiges Fluß- und Kanalsystem, das danach streben muß, alle zwischenliegenden Hindernisse der Vereinigung aus dem Wege zu räumen, wo dann insbesondere gleich die Bedeutung des Veltlins *comme une galerie et un chemin aisé entre les montagnes pour passer de l'une à l'autre* einleuchtet. Aus diesem Gesamtbilde erhebt sich plastisch das Kernland Spanien, hinter seinem Pyrenäenwall von der Natur wie geschaffen zu einem erhöhten Festungswerk, das die Umgebung bestreicht *(comme un cavalier eslevé pour lui commander)*, fertig und einheitlich ausgeglichen in sich, seitdem die Granden vor 100 Jahren ihre politische Macht verloren haben, menschenarm und doch zu gewaltiger Kraftanstrengung imstande, um die Nebenlande unter seinem Joche zu halten. Sehr fein werden dann die verschiedenen Methoden behandelt, diese Nebenlande zu beherrschen. Alle zwar sind durchsetzt von Kastellen mit spanischen Besatzungen und von spanischen oder spanisch gesinnten Beamten in den höheren Stellen, aber merklich anders regiert man in Neapel als in Sizilien und wiederum anders in Mailand. Reizbar und leicht zu entflammen sind zwar sowohl die Bevölkerungen in Neapel wie in Sizilien, aber während das turbulente und veränderungssüchtige Neapel scharf in Zucht gehalten werden muß durch das spanische Joch — das einzige vielleicht, das nach den Erfahrungen der Geschichte dazu imstande ist —, und während hier also nur ein erzwungener Gehorsam zu erreichen ist, kann man in Sizilien, das sich einst selber der Krone Spaniens unterworfen hat, auf einen freiwilligen Gehorsam rechnen, darum mildere Saiten aufziehen und die alten Freiheiten und Privilegien respektieren, um die schwer wieder zu versöhnenden Gemüter nicht zu reizen. Zwischen beiden Methoden in der

Mitte hält man sich in Mailand, denn die lombardischen Geister sind ziemlich schwerfällig und grob und darum leichter in Ordnung zu halten. Mailand ist gleichsam das Schlüsselland zu allen übrigen Ländern Spaniens, der Sammelort seiner Armeen für Deutschland, Franche Comté und Flandern, leichter erreichbar für Spanien als Neapel wegen des Hafens von Genua, und Genua wiederum, obwohl es im Grunde den allgemeinen Haß der Italiener gegen Spanien teilt, ist doch durch seine Funktion als Bankier Spaniens mit dessen Interesse verkettet. Ohne Mailand könnte Spanien Neapel nicht halten. Die Erweiterungen seines territorialen Besitzstandes erstrebt Spanien mit gutem Bedacht nicht von Neapel aus, wo es mit dem Heiligen Stuhle zusammenstoßen würde, sondern von Mailand aus, wo es Schritt für Schritt Monaco, Finale, Piombino usw. gewonnen hat. Und wenn auch Mailand unter den feindlichen Blicken Venedigs und Savoyens liegt, so können die Spanier sich dafür der Gunst anderer Nachbarn Mailands erfreuen, nämlich Genuas und der fünf katholischen Kantone der Schweiz, und so nun im Veltlin und in Graubünden sich dauernd festzusetzen versuchen, um über Meer und Gebirge hinüber die Verbindung mit Österreich und Deutschland zu schließen.

Es ist die besondere Kunst des Verfassers, das Individuelle gleichsam zu klassifizieren, zuerst das Ganze einer komplexen Erscheinung in ihren durchgehenden und gemeinsamen Zügen aufzufassen, dann die in ihr enthaltenen Differenzen und Besonderheiten bis in die lokalen Falten hinein zu durchleuchten, um dann doch immer wieder zur Totalität der Eindrücke und den aus ihnen zu ziehenden Lehren zurückzukehren. So stellen sich ihm die Staaten des nichtspanischen Italiens zuvörderst als eine Einheit dar, zusammengehalten durch den gemeinsamen Haß gegen das spanische Joch und durch die gemeinsame Furcht vor der spanischen Macht. Mit ziemlicher Objektivität läßt er dabei auch das spanische Argument zur Geltung kommen, daß Italien, vordem zerrissen in seinen eigenen Eingeweiden, erst durch die spanische Herrschaft die Wohltat tiefen Friedens erhalten habe. Und ehrlich genug deutet er an, daß auch Frankreich den Italienern verhaßt sein würde, wenn es etwa an die Stelle Spaniens in Italien treten würde. Aber Frankreich kann nun die Frucht der spanischen Größe pflücken, indem alle unter ihr Leidenden seine Allianz suchen. Diese wieder verhalten sich verschieden gegen

Spanien, je nach ihrer besonderen Macht und Eigenart. Die kleinsten — Mantua, Modena, Parma, Urbino — ducken sich unter Spanien und suchen sich durch eine für Souveräne eigentlich unwürdige Ergebenheit, so gut es geht, vor ihm zu sichern. Auch der Großherzog von Florenz schmeichelt dem König von Spanien, selbst wenn er ihm den Rücken kehrt und gegen ihn arbeitet. Venedig und der Papst aber handeln anders, und jeder wieder auf eigene Weise. Dem Papste kommt der Respekt zustatten, den Spanien ihm als dem Haupte der Christenheit widmen muß; er läßt sich, so ergeben er gegen Spanien zu sein scheint, nicht das geringste seiner Interessen, über das er mit ihm in Hader gerät, aus den Zähnen reißen. Venedig, mutig und selbstbewußt, trotzt dem Spanier zwar nicht, aber schützt sich vor ihm durch kluge Politik und geheime Unterstützung seiner Feinde. Savoyen, früher zum Leidwesen des übrigen Italiens Partisan Spaniens, ist jetzt ebenfalls auf der Hut vor ihm. Von besonderer Wichtigkeit für Spanien wie für Frankreich, kann es nicht wohl mit beiden zugleich gut stehen, erregt bald den Argwohn des einen, bald des andern und bedient sich beflissen dieses Kunstgriffes, um seine Geschäfte zu betreiben, womöglich mit allen.

Kleine Kabinettstücke sind dann die Bilder, die von den Machtmitteln und Machtzielen der einzelnen Staaten Italiens entworfen werden. Zumal Venedig, die Lehrmeisterin der Staatskunst der Renaissance, mußte auch den politischen Darstellungskünstler verlocken, sein Bestes zu geben. Voller Bewunderung ist er für die gute Ordnung und die weisen Grundsätze seiner inneren Ökonomie. Die Venetianer bringen es mit einem Taler so weit, wie andere mit zweien. Es ist »kein kleines Geheimnis« ihrer Herrschaft in der *Terra firma,* daß sie ihre Untertanen zwar schwer, aber gleichmäßig belasten. Um ihre Seemacht zu ermessen, muß man ihr Arsenal sehen. Man sollte besser ganz von ihm schweigen als wenig sagen, — es ist ein hinreichendes Zeugnis für die Größe ihres Mutes und ihrer Macht. Und Venedigs Macht ist im eigentlichen Kerne unverwundbar, denn die Stadt selber in ihrer Meereslage kann nie erobert werden. Darum mochte man ihr, wie es einst durch die Liga von Cambray geschah, ihre ganze *Terra firma* nehmen und sie doch nicht ins Herz treffen; so wurde es ihr möglich, sich hinterdrein wieder aufzurichten und das Verlorene zurückzugewinnen. Trotz seiner Macht aber scheint Venedig nur darauf bedacht zu sein, sie zu erhalten, nicht zu vermehren, und das wird verständlich aus seinen Nachbarschaften und Gegnerschaften, in die es eingekeilt ist, Spanien zu Lande und der Türke zur See — dazu der Kaiser und die Erzherzöge in Friaul und der Papst. Mit dem Papste ist schlecht Krieg führen, denn man muß ihm ja doch wieder herausgeben, was man ihm abgenommen hat. Das war ein Erfahrungssatz der praktischen Politik, den man bei Machiavelli und Guicciardini, bei Botero, Boccalini und Campanella auch finden konnte[1]. — Venedig ist also »*mal envoisiné*« und ohne Hoffnung, sich zu vergrößern. Es ist schon viel, daß es nichts verloren hat. Aber um sich zu erhalten inmitten solcher Feinde, muß Venedig sich Allianzen suchen in der ganzen Welt, ohne Rücksicht auf das religiöse Bekenntnis. So hat es vor 15 Jahren durch Heinrichs IV. Vermittlung mit der Republik der Niederlande sich verbündet, mit der es trotz der weiten Entfernung zur See leicht verkehren kann. So ferner mit den Schweizer Kantonen Bern und Zürich und mit Graubünden; so suche es Fühlung mit den deutschen Protestanten, ja selbst mit Bethlen Gabor, und schätze über alles die Freundschaft mit Frankreich.

Man spürt bei diesen und ähnlichen Schilderungen überall die Absicht, ein feines Uhrwerk zu erläutern und die Gesetzlichkeit seiner Vibrationen aus der Art, Stärke und Lagerung seiner Federn nachzuweisen. Daß zu moderner historischer Betrachtung noch manches fehlt, braucht kaum gesagt zu werden. Der tiefere Blick, der hinter der glänzenden Außenseite der venetianischen Staatskunst die innere Erstarrung und Zukunftslosigkeit dieses Staatskörpers gewahren mußte, ist noch nicht da. Alle Betrachtung ist auf Gegenwart und nächste Zukunft, noch nicht auf fernere historische Perspektive eingestellt. Weil der Zweck der ganzen Schrift darauf gerichtet ist, die französische Regierung zum Kampfe um das Veltlin zu ermuntern, wird das übrige Europa ungleichmäßig und minder eindringend behandelt. Über Deutschlands ungewisse und fließende Lage will der Verfasser nichts

---

[1] Machiavelli, *Principe c.* 11; Guicciardini, *Ricordi pol. et civ.* n. 29: *La chiesa... non muore mai*; Botero, *Della ragion di stato l. II. capi di prudenza*; Boccalini, *Bilancia politica* 1, 7; Campanella, *Monarchia nationum* (Amabile, *Camp. ne' castelli di Napoli etc.* 2, 334): *Sempre chi ha voluto nocer al papa ha perduto.*

sagen, weil man hier erst den Ausgang abwarten müsse[1]. Die Bedeutung der skandinavischen Mächte für die bevorstehenden europäischen Entscheidungen ahnt er noch gar nicht. Aber einen sehr lebendigen Sinn für treibende historische Kräfte entwickelte er dann wieder in der Darstellung der Niederlande. Mit glücklichem Instinkte beginnt er damit, ihre Funktion für das europäische Staatensystem zu betonen. Sie haben sich dadurch, daß sie seit Jahrzehnten das Gegengewicht gegen die Größe Spaniens und Österreichs gebildet haben, den Dank der ganzen übrigen Christenheit erworben. Ihr Staat, geboren und erstarkt in Gefahren und Stürmen, erscheint dem Verfasser als das Werk moralischer Energien. Einst wurde er, bemerkt er, durch die Verzweiflung aufgerichtet und behauptet, jetzt durch seinen Mut und seine Kräfte. Wieder aber zeigt sich hier zugleich die Schranke seines Blicks. Weil er in der Politik keine konfessionellen Vorurteile kennt, läßt ihn auch die religiöse Wurzel dieser Energien, deren Auswirkung ins Politische ihm so großen Eindruck macht, gleichgültig. Um so stärker ergreift ihn der Anblick der materiellen Machtentfaltung der Niederlande, ihrer ozeanischen Herrschaft, die ihnen, obgleich bei ihnen selbst nichts wachse, alle Dinge im Überfluß gebe, ihrer Gewerbe- und Handelsblüte mitten im Kriege, wo nur der Grenzsaum den Lärm des Krieges höre, während das übrige Land durch seine Ordnung und seine Steuern zur Verteidigung der Grenzen beitrage. Mit musterhafter historisch-politischer Einsicht beurteilte er die jüngste Krisis im inneren Leben der Republik, den Kampf zwischen Moritz von Oranien und Oldenbarneveldt. Die Verfassung der Niederlande sei auf Siche-

---

[1] Die zweite Ausgabe des *Discours* schiebt zwar einen längeren Passus über Deutschland ein, der aber einen anderen Charakter trägt, als die Behandlung der übrigen Länder und Staaten. Statt individualisierender Charakteristiken findet man hier lediglich die zeitgeschichtlichen Ereignisse des deutschen Krieges seit 1618 auseinandergesetzt. Motiviert wird dies damit, daß vor einigen Jahren *un discours à part sur le sujet de l'Empire et de ses Princes* erschienen sei *(Mercure françois* 10, 60. Gemeint ist vielleicht der Discours de l'Empire et des princes et estats d'Allemagne vom November 1618, der in dem oben S. 181 erwähnten Recueil de quelques discours politiques 1632 S. 55 ff. enthalten ist). Es ist nicht notwendig damit gesagt, daß dieser Diskurs über das Reich von dem Verfasser unseres *Discours* herrührte. Denn warum bezieht er sich nicht schon in der ersten Ausgabe auf ihn, um seine flüchtige Behandlung Deutschlands zu rechtfertigen?

rung der Freiheit der einzelnen Provinzen angelegt. Dennoch aber haben sie aus Staatsräson ein Opfer an Freiheit gebracht, als sie die Partei der Arminianer unterdrückten durch einen vielleicht ungesetzlichen Eingriff der Generalstaaten in die Rechte der Provinzialstaaten. Es war nützlich für die Ruhe und das Wohl dieser Völker, daß es so kam, obgleich es den einzelnen hart traf. Denn sie konnten den Oranier, der ihnen Schild und Schwert ist, nicht entbehren, mochte er nun auch, der bisher nur ihr Heerführer war, durch die Unterdrückung seiner inneren Gegner fast zum Souverän werden. Die harte politische Lehre, daß Not kein Gebot kenne, wandte der Verfasser auch auf einen anderen Fall noch an. Die Holländer hatten sich Emdens und einiger von Mansfeld gebauter Forts bemächtigt und dadurch Ostfriesland unter ihre Hand gezwungen, — *excusables en ceste usurpation, puis que leur ennemi à sa faveur s'en fust emparé.*

Neben den Niederlanden, die damals auf der Höhe ihrer historischen Bedeutung angelangt waren, kann das damalige England Jakobs I. nicht ebenso stark beleuchtet erscheinen in dem Bilde der Staaten, mit denen Frankreich zu rechnen hatte. Dennoch weiß der Verfasser sehr wohl, daß England in Wirklichkeit als die dritte Macht Europas nächst Frankreich und Spanien einzuschätzen sei, unangreifbar durch seine insulare Lage, mächtig zur See, fähig, selber anzugreifen und begehrenswert als Alliierter für jeden anderen Staat. Heinrich VIII., führt er aus, verstand es, gegen beide der großen, miteinander ringenden Mächte des Kontinents ein Gegengewicht zu bilden und sich von beiden fürchten und umschmeicheln zu lassen und dies System selbst nach seinem Bruche mit Rom durchzuführen. Und Elisabeth fuhr fort, ihre Macht mit derselben Entschlossenheit erscheinen zu lassen; sie hat durch ihre zuerst geheime, dann offene Unterstützung des niederländischen Aufstandes dem Spanier den Verlust eines Teils der Niederlande zugefügt und dann nach dem großen Siege über die Armada den Krieg bis an die Küsten Spaniens und zu den Indien getragen, *aimant mieux la guerre que la paix avec un si puissant ennemi.* So verstehe man es, daß Spanien seit dem mit England 1604 geschlossenen Frieden sich eifrig bemühe, die Freundschaft dieser gefährlichen Macht für sich zu gewinnen, und sei es auch nur, um in den Niederlanden vor ihr gedeckt zu sein.

Wir wollen die Schrift nicht überschätzen und ihren unbekannten Verfasser nicht etwa zu den ersten politisch-historischen Schriftstellern des Jahrhunderts rechnen, obschon sie keinem von diesen Unehre machen würde. Die Feinheit und Schärfe in der Charakterisierung der politischen Interessenzusammenhänge teilt sie mit so manchem Diplomaten und Publizisten der romanischen Völker. Es ist eben eine ganze Schule, eine ganze Richtung des politischen Denkens, von der hier eine musterhafte Probe vorliegt. Manche seiner Einzelurteile verraten, daß ihm die italienische Literatur der *ragione di stato* vertraut war. Aber er erhob sich über sie durch seine gesamteuropäische Behandlung der Dinge, die er, soweit wir sehen, als erster versuchte. Die Zeit selber war ja auch ein Erzieher zu gesamteuropäischem Denken, denn zu dem immer noch unausgetragenen Schicksale der Niederlande und damit Westeuropas traten nun auch durch den Ausbruch des Dreißigjährigen Krieges und die Regungen neuen großen Ehrgeizes in Frankreich die bevorstehenden Entscheidungen über das Schicksal Mittel- und Südeuropas, und zwischen allen diesen Problemen liefen die Fäden herüber und hinüber. Mitten in dem Drama, das über den Ausgang der Religionskämpfe und damit über die geistige Zukunft Europas entscheiden sollte, brach jene rein machtpolitische Tendenz wieder durch, wie sie schon zur Zeit Machiavellis geblüht hatte, nun aber gereift durch den Anblick größerer und umfassenderer Verhältnisse, durch die vertiefte Erkenntnis des Zusammenhanges innerstaatlicher Einheit und Ordnung mit äußerer Machtbetätigung, durch den gewachsenen Sinn für die Bedeutung der ganz großen und dominierenden Mächte, und nicht in letzter Linie durch die bewußte Reaktion gegen die kirchlich-konfessionelle Trübung der reinen Machtinteressen. Französische Realpolitik mußte, um für die schwere Aufgabe des Kampfes gegen Spanien innere nationale Einheit und europäische Bundesgenossen zu gewinnen, den Konfessionen gegenüber ein Leben und Lebenlassen verkünden und konnte selbst bei dem damaligen von Eifersucht gegen Spanien erfüllten Papste Urban VIII. auf ein gewisses Verständnis dafür hoffen. Frankreich konnte, so hoffte der Verfasser, zwischen Papst und Protestanten so vermitteln, daß die Katholiken im Veltlin dieselbe Sicherheit in der Ausübung ihrer Religion erhielten, die die Protestanten für sich selbst wünschten und nach der sie seit so langer Zeit schmachteten. Demnach behandelte er auch das Papsttum nur als einen Faktor der italienischen und allgemein europäischen Politik und prüfte mit kühler Sachlichkeit die politischen Folgen seiner kirchlichen Autorität. Die »Christenheit« ist bei ihm, wie bei so vielen seiner Zeitgenossen, zum konventionellen Ausdruck für die romanisch-germanische Staatenwelt verblaßt, und nur darin wirkt die alte Lehre von der *respublica Christiana* nach, daß er die Türkei ausschließt von seiner Betrachtung. Doch mag das auch damit zusammenhängen, daß ihm die osteuropäischen Verhältnisse weniger bekannt waren und im Augenblicke auch weniger interessierten.

Es dauerte nicht lange, so wurde der instruktive Versuch des unbekannten Vorboten der Richelieuschen Politik erneuert von einer historisch hell beleuchteten Persönlichkeit, von einem der bedeutendsten Männer des damaligen Frankreichs, dessen merkwürdige politische Entwicklung zugleich auch seiner Schrift einen erhöhten Reiz geben und uns noch tiefer in den Geist der damaligen Staatskunst und Geschichtsauffassung einführen wird.

2. Herzog Heinrich von Rohan

Es liegt eine eigene Kraft in den publizistischen Hervorbringungen bedeutender Staatsmänner, in denen sie die Erfahrungen ihres politischen Lebens zusammenfassen. Der gewöhnliche Publizist, mag er politisch und historisch noch so geschult sein, mag er noch so energisch auf die Dinge einwirken wollen und tatsächlich auch einwirken, steht doch immer mehr neben als in ihnen. Es fehlt seinen politischen Erkenntnissen ein Letztes und Stärkstes an innerem Lebensblute, wie es sich nur bildet, wenn die Summe der im eigenen verantwortlichen Handeln erworbenen Erfahrungen und die Erinnerung an eigenes schmerzhaftes Mühen und Ringen hineinfließen in die politische Betrachtung. Der Historiker und Publizist mag die Zusammenhänge oft weiter und tiefer erfassen als der durch die Schule des eigenen Handelns gegangene, aber auch in den Schranken des eigenen Handelns befangene Staatsmann. Aber den ehernen Klang des eigenen staatsmännischen Erlebnisses vermögen sie ihren Gedanken nicht zu geben. Von Cäsars Kommentaren an bis zu Bismarcks Gedanken und Erinnerungen hört man ihn. Vergleicht man diese mit der

Publizistik selbst eines so machtvollen Geistes wie Heinrich von Treitschke, so versteht man vielleicht, was wir meinen.

Eine ähnliche Betrachtung in einem freilich nicht ganz so bedeutenden Falle kann man machen, wenn man von dem *Discours* des begabten unbekannten Autors von 1624 übergeht zu der Schrift des Herzogs Heinrich von Rohan, *De l'Interest des Princes et Estats de la Chrestienté,* die im Jahre 1638 in Paris erschien. Rohan, der einstige Gegner Richelieus als Führer der aufständischen Hugenotten bis zu ihrer Niederwerfung nach dem Falle von La Rochelle 1629, dann aber Diener der Richelieuschen Politik in den Kämpfen um Graubünden und Veltlin, gehört zu den stärksten politischen Persönlichkeiten Frankreichs im 17. Jahrhundert, freilich eine derer, die nicht das geworden sind, was sie hätten werden können, weil er fast immer auf der Schattenseite des Schicksals und meist für eine verlorene Sache kämpfen mußte. Ein solcher Mann, der in einem wild bewegten und gehetzten Leben doch nicht zum Abenteurer wurde, sondern mit straffer Selbstzucht charaktervoll sich behauptete bis zum letzten Atemzuge des Soldatentodes, war wohl imstande, den politischen Gedanken, die er in jener Schrift niederlegte, jenes staatsmännische Lebensblut zu geben, von dem wir sprachen. Von vornherein drängt sich die Frage nach den Beziehungen seines wechselvollen politischen Lebens zu seiner Schrift auf. Doch werden wir erst dann die fruchtbaren Gesichtspunkte zu ihrer Beantwortung gewinnen können, wenn wir zuvor den Gedankeninhalt und die Bedeutung der Schrift für unser Hauptproblem untersucht haben. Einige äußere Daten über die Entstehung der Schrift müssen vorangehen.

Nach dem Frieden von Alais 1629, in dem die letzten noch kämpfenden Hugenotten in Südfrankreich kapituliert hatten, ließ Richelieu den Herzog von Rohan nach Venedig gehen, um den gefährlichen Mann außerhalb Frankreichs zu beschäftigen. Und Rohan konnte nun dort bald für ihn und Frankreich nützlich werden, weil in dem durch den mantuanischen Erbfolgekrieg eben begonnenen Kampfe gegen Spanien auch die Hugenotten für die Ziele seiner Politik und für die nationale Gesamtfront verwendbar wurden. Rohan trat 1630 als Kondottiere in den Dienst Venedigs, fand aber so wenig militärische Beschäftigung in ihm, daß er die Muße mit allerlei literarischen Arbeiten ausfüllen konnte. Seine Memoiren über die Ereignisse von 1610 bis 1629 und sein kriegswissenschaftliches Werk *Le Parfaict Capitaine* entstanden in den nächsten Jahren; vielleicht gehen auch einzelne Teile der dem *Interest* angehängten Diskurse schon auf die Zeit zwischen 1631 und 1632 zurück[1]. Inzwischen war Rohan nach dem französisch-spanischen Frieden von Chierasco im Herbste 1631 von Richelieu nach Graubünden beordert worden, wo er zum General der drei Bünde gewählt wurde. Aber auch hier erregte er den Verdacht Richelieus, der dem Ehrgeize des einstigen Gegners nie ganz trauen wollte; er mußte Anfang 1633 wieder nach Venedig gehen, von wo er aber gleich eigenmächtig nach Graubünden und der Schweiz zurückkehrte[2]. Er weilte in Baden, Zürich und Chur, empfing neue militärische und politische Aufträge Richelieus zur Verhinderung der spanischen Absichten in jenen Landen, drängte aber selber zu noch stärkeren kriegerischen Entschlüssen gegen Spanien und erreichte es, daß Richelieu ihn 1634 zu näherer Besprechung nach Paris kommen ließ. Vom Juni bis Oktober 1634 weilte er am Hofe und in Paris, zuerst freundlich empfangen, aber dann hingehalten und vernachlässigt von Richelieu. Aber in diese Zeit fiel auch die schwedische Niederlage bei Nördlingen (5. und 6. September 1634), die Richelieus lange hingezögerten Entschluß, den Kampf großen Stiles gegen Spanien aufzunehmen, endlich festmachte. In dem 1635 ausbrechenden Kriege fand dann auch Rohan als Führer der französischen Armee in Graubünden und Veltlin freies Feld zu ruhmreicher Leistung für sein Vaterland. Schließlich aber verfolgte ihn auch hier wieder sein altes Mißgeschick. Er wurde vom Hofe finanziell schlecht unterstützt, verlor den Gewinn seiner Siege und erwarb sich dafür neue Abneigung und neuen Argwohn Richelieus. Um der drohenden Verhaftung zu entgehen, ging er schließlich zu Bernhards von Weimar Armee und empfing 1638

---

[1] Bühring, Venedig, Gustav Adolf und Rohan, S. 221 A. 1.

[2] Laugel, H. de Rohan (1889), S. 306. Vgl. auch über Rohans Leben seit 1629 die These Mentions, *De duce Rohanio post pacem apud Alesium usque ad mortem* (1883); Pieth, Die Feldzüge des Herzogs Rohan im Veltlin und in Graubünden (1905) und vor allem Rott, *Rohan et Richelieu*, Rev. d'hist. diplomat. 27 (1913). Noch ausführlicher hat Rott Rohans Tätigkeit in Graubünden behandelt in seiner *Hist. de la représentation diplom. de la France auprès des cantons suisses*, Bd. 4 u. 5 (1913).

bei Rheinfelden, als gewöhnlicher Soldat kämpfend, die Todeswunde, der er am 13. April 1638 erlag.

Sein *Interest ist 1638* vermutlich erst nach seinem Tode erschienen. Es ist dem Kardinal gewidmet, und ein handschriftliches Exemplar der Schrift in der früheren Königlichen Bibliothek zu Paris fügt nach Angabe Petitots (in seiner Einleitung zu den Rohanschen Memoiren) das Datum »Paris, 1. August 1634« dem Widmungsschreiben bei[1]. Unzweifelhaft wollte Rohan in jenen Wochen, wo er ungeduldig auf Richelieus Entscheidung warten mußte, durch die Schrift auf ihn einwirken, Vertrauen für sich werben und den Kardinal zugleich anfeuern. Ob sie aber erst in dieser Zeit geschrieben ist, ist schon von Laugel, dem sonst freilich nicht sehr kritischen Biographen Rohans, bezweifelt worden[2]. Der sechste von den sieben Diskursen, die dem Hauptteil der Schrift angehängt sind und vermutlich, wie wir sehen werden, im Plane der Schrift von vornherein mit vorgesehen waren, muß im Jahre 1633 geschrieben worden sein[3]; andere Teile der Diskurse sind, wie bemerkt, vielleicht noch ein bis zwei Jahre früher entstanden. Muße genug boten ihm diese Jahre, um in der Widmung sagen zu können, daß er »nicht müßig während der Muße selbst« habe sein wollen. Ihre endgültige Fassung mag sie ja immerhin erst in den Wochen seines Pariser Aufenthaltes erhalten haben.

Rohan schrieb, wie der Verfasser des *Discours,* am Vorabend großer Entscheidungen der französischen Politik und mit dem

[1] Petitot, *Collection des mémoires* etc. 2. Serie 18, 65. Hiernach und im Anschluß an eine andere im Nachlasse Rankes befindliche Handschrift bestimmte Wiedemann in der Histor. Zeitschr. 66, 498 die Entstehungszeit, nennt dabei aber das Datum des 5. August 1634.

[2] Laugel 315. Laugel verwechselt aber dabei die Schrift Rohans mit einer ihrer späteren Nachahmungen, den *Interets et maximes des Princes et des Estats souverains* 1666, und zitiert Worte aus deren Vorrede als Worte Rohans.

[3] Diskurs über die böhmische Königswahl des Pfälzers (S. 109f.). Vierzehn Jahre ist es her, heißt es hier, daß der Krieg in Deutschland begonnen hat, und noch ist er nicht zu Ende. Da er den Krieg von der böhmischen Königswahl ausgehen läßt, so kommt man auf das Jahr 1633. Petitots Bedenken, daß Rohan während dieses Jahres zu unzufrieden mit Richelieu gewesen sei, um in der Stimmung zu sein, sein Lob zu singen, kann für die eigentliche, vielleicht längere Zeit vor der Widmung entstandene Schrift, in der Richelieus Name überhaupt nicht genannt wird, keine Geltung beanspruchen.

Wunsche, sie zu beschleunigen. Dies Gefühl des Kommenden beherrscht hier wie dort die Gedanken. Man will Europa studieren, bevor man in Europa eingreift. Und Rohan hatte zugleich in seinem eigenen politischen Leben so tiefe Wandlungen durchgemacht, daß er mit persönlichster Empfindung die inhaltsreichen Anfangsworte seiner Widmung an Richelieu niederschreiben konnte.

»Es gibt nichts so Schwieriges wie die Kunst, zu regieren (*savoir regner*), und die Erfahrensten in diesem Metier haben beim Tode eingestanden, daß sie nur Lehrlinge seien. Der Grund dafür ist, daß man keine unveränderliche Regel für die Regierung der Staaten aufstellen kann. Das, was die Revolution der Dinge dieser Welt verursacht, verursacht auch die Veränderung der Fundamentalmaximen für gutes Regieren. Deswegen begehen diejenigen, die in diesen Dingen sich mehr durch die Beispiele der Vergangenheit als durch gegenwärtige Gründe leiten lassen, notwendig beträchtliche Fehler.«

Machiavelli hatte einst, als er denen, die sich ein neues Fürstentum erwerben oder schaffen wollten, den Weg zur Macht zeigte, andere Grundsätze vorangestellt. »Die Menschen schreiten fast immer auf den von andern gebahnten Wegen und schreiten in ihren Handlungen durch Nachahmung vorwärts.« Sie können freilich nie ganz sich in den Wegen anderer halten, erreichen auch nicht die *virtù* derer, die sie nachahmen, aber sie tun gut daran, die von großen Männern gebahnten Wege einzuschlagen, damit ihre Kraft, auch wenn sie nicht an jene heran komme, doch wenigstens einen Duft davon annehme. Demnach begann er seine Lehren mit den großen Beispielen des Moses, Cyrus, Romulus und Theseus. So dachte und verfuhr er, einmal weil er an den Kreislauf, die Wiederkehr des Geschehens im geschichtlichen Leben glaubte, und weiter, weil er im Banne der antiken Vergangenheit stand und an ihrer Größe gern seine kleinere Zeit maß. Wohl vermochte ihn sein genialer empirischer Sinn weit über diese Schranken seiner Theorie hinauszutragen, aber den Klassizismus der Renaissance streifte er nie ganz ab. Auch die politischen Denker des ausgehenden 16. Jahrhunderts haben sich von ihm noch nicht befreit. Bodinus mischte unbefangen und ohne geschichtliche Unterscheidung Massen von antiken und modernen Beispielen miteinander. Botero erklärte als reichste Quelle politischer Klugheit nicht die eigene Erfahrung, die doch immer beschränkt sei, auch nicht die Information durch Zeitgenossen, sondern die Historien[1]. »Denn diese umfassen das ganze Leben der Welt.« Noch Hugo Grotius empfahl in seiner Anweisung für das Studium der Politik, die er 1615 schrieb, ganz überwiegend die antiken Autoren[2] und benutzte in seinem Völkerrechte fast nur antike Beispiele. Es ist, wenn man Rohan liest, wie wenn man aus dem 16. in das 17. Jahrhundert hinübertritt. Das rein empirische Prinzip, die grundsätzliche Ablehnung der alten Neigung, an berühmte Muster sich zu halten, an die Vergangenheit sich geistig anzuklammern, hat gesiegt. Er will sich nur an den frischen, ewig neu sprudelnden Quell des ihn umgebenden Lebens halten. Persönliche Anlage und persönlicher Bildungsgang sprachen sich auch darin aus. Er war kein schulköpfiger Mensch, hatte widerwillig und schlecht Latein gelernt und es für überflüssig erklärt, einen großen Mann zu bilden. Geschichte, Geographie und Mathematik nannte er im Gespräche die wahre Wissenschaft eines Fürsten[3]. Aber die Wendung zur reinen Empirie, die nach und nach alle Lebensgebiete ergreifen sollte, war schon im Geiste der Zeit und konnte auf dem Gebiete der Politik am leichtesten durchbrechen. Und mit dem politischen Empirismus erstarkte auch der Sinn für das Individuelle und Singuläre im politischen Leben. »Es gibt keine gefährlicheren Leute für den Staat«, sagt Richelieu in seinem politischen Testamente[4], »als diejenigen, die die Königreiche nach den Maximen regieren wollen, die sie aus ihren Büchern ziehen. Sie ruinieren sie durch dies Mittel oft ganz und gar, weil die Vergangenheit keinen Bezug auf die Gegenwart hat und weil die Verfassung der Zeiten, Orte und Personen verschieden ist.«

So weht von vornherein dieselbe Luft in Richelieus und Rohans Gedanken. Es wäre erstaunlich, wenn nicht auch der unmittelbare Anblick der Richelieuschen Staatskunst auf Rohan gewirkt hätte. »In diesem ganzen Traktate«, sagte er mit feiner Schmeichelei, »wird nur von Ihnen die Rede sein, obgleich niemals davon ge-

---

[1] *Della ragion di stato l. II Della Historia.*
[2] *Epistola de studio politico*, gedruckt u. a. im Anhang zu Gabriel Naudés *Bibliographia politica* 1642.
[3] (Fauvelet du Toc), *Histoire de Henri Duc de Rohan*, Paris 1666, S. 11 f. Vgl. auch Sainte-Beuves Essai über Rohan in den *Causeries de lundi* 12, 248.
[4] 3. Ausgabe von 1688 (c. 8, Sect. 2), 1, 242.

sprochen wird.« Im Zentrum von Richelieus politischem Denken stand der Satz, daß im Staatsleben rein und ausschließlich die von allen partikulären und privaten Motiven, von allen sinnlich-egoistischen Bestandteilen gereinigte Staatsräson, das »öffentliche Interesse«, zu herrschen habe. Wenn er als Staatsmann über das 16. Jahrhundert darin hinausschritt, daß er eine allgemeine, nicht nur auf das kirchliche Gebiet sich beschränkende Kulturpolitik des Staates anbahnte, so beschränkte er sie doch streng utilitarisch auf das für den Staat unmittelbar Nützliche und ihm Ansehen und Macht Bringende. Er zögerte nicht, auch die persönliche Bewegungsfreiheit des Monarchen einzuschränken. Er warnte ihn, nach persönlicher Gunst und Laune zu entscheiden und erinnerte ihn an seine Verantwortung vor Gott[1]. Auch der König steht demnach für ihn unter dem Staatsimperativ, und letzten Endes soll eigentlich nicht die empirische Persönlichkeit des Königs, sondern die »Göttin Vernunft« auf dem Thron sitzen — nicht die Vernunft des 18. Jahrhunderts, die noch über dem Staate thronen wollte, sondern die dem Staate selbst immanente Vernunft. Sie ist zwar auch nach ihm zugleich ein Ausfluß der allgemeinen, das Weltall leitenden Vernunft, aber sie spricht sich ihm ohne jede theoretische Klügelei nur aus in den unmittelbaren, konkreten Bedürfnissen des Staates nach Macht, Autorität und innerer Gesundheit und nach Unterdrückung aller selbstischen Triebe in seinem Dienste. Eine zugleich ganz ursprünglich und lebendig empfundene und mit eiserner logischer Konsequenz, ja fast mechanisch durchgeführte Idee, höchst allgemein, konstant und abstrakt als Prinzip, höchst individuell, wandelbar und konkret in den Einzelfällen staatlichen Handelns. Gelangt sie in ihm zur Herrschaft, so wird das Regierungshandwerk dadurch völlig rationalisiert und determiniert. Der Staatsmann verliert die Freiheit des willkürlichen, persönlichen Handelns. Er wird zum Soldaten im Dienste der Idee[2].

Und eben diese Auffassung hat auch Rohan in großartiger Weise seiner Untersuchung zugrunde gelegt. »Die Fürsten kommandieren den Völkern, und das Interesse kommandiert den Fürsten.« So lautet der monumentale Ein-

---

[1] A. a. O. 2, 49f.
[2] Vgl. jetzt auch Mommsen, Richelieu als Staatsmann, Hist. Zeitschr. 127.

gang der eigentlichen Schrift. Das Wissen *(la connaissance)* um dieses Interesse stehe so hoch über dem Wissen von den Handlungen der Fürsten, wie sie selbst über den Völkern stünden. »Der Fürst kann sich täuschen, sein Rat kann korrumpiert werden, aber das Interesse allein kann niemals fehlen *(manquer);* je nachdem es gut oder schlecht verstanden wird, läßt es die Staaten leben oder sterben.« Das Ziel des Interesses aber ist immerdar das Wachstum oder zum mindesten die Erhaltung des Staates. Deswegen muß es sich notwendig mit den Zeiten wandeln. Man hat es also, um das Interesse der gegenwärtigen Fürsten zu erkennen, nicht nötig, hoch in die Vergangenheit hinaufzusteigen, sondern braucht es nur vom Stande der Gegenwart aus zu erfassen.

Es sind Sätze, die auch dem modernen Leser das Herz schlagen machen. Die höchste Aufgabe alles geschichtlichen Denkens, das Zeitlose, für alle Zeiten Gültige, mit dem zeitgeschichtlich Bestimmten und Wandelbaren, das Sein und das Werden der geschichtlichen Welt in eins zu verknüpfen und so an ihre letzten Geheimnisse wenigstens ahnungsvoll zu rühren, wird hier von einem Manne ergriffen, der die Beschäftigung mit der geschichtlichen Vergangenheit für überflüssig erklärt und geschichtsphilosophische Spekulation erst recht von sich gewiesen hätte. Schon Boccalini hatte das Interesse als den Tyrannen der Tyrannen und Bonaventura die *ragione di stato* als den *principe del principe* erklärt, und Rohan hat während seines Aufenthaltes in Venedig gewiß auch die politische Literatur der Italiener kennengelernt. Aber die Lehren, die er aus ihr entnehmen konnte, wurden vertieft durch die eigene Lebenserfahrung und gewannen so den Charakter einer intuitiven Erkenntnis, in der das Nebeneinander von dauernder absoluter Form und wechselndem relativen Inhalt im Staatenleben entdeckt wurde. Seine Worte atmen das Pathos des Staatsmannes, der den hohen, festen Leitstern des Handelns ebenso genau kennt wie die Wandelbarkeit der Winde und Strömungen. Aus dieser Spannung zwischen Wandelbarem und Unwandelbarem erzeugte sich damals in Rohan und Richelieu, im Grunde auch schon einst in Machiavelli, der Schwung staatsmännischen Denkens, wie sich später aus ihr der Schwung geschichtlichen Denkens erzeugen sollte.

Das damalige geschichtliche Wissen, belastet durch traditionalistisch mitgeschleppte Stoffmassen und veraltende Begriffe, hätte ihm auch nichts bieten können für die tageshelle Erfassung der gegenwärtigen Lage Europas, die er anstrebte. Daß sein Blick nur die Staatenwelt der »Christenheit« umfassen wollte, wird aus denselben Gründen zu erklären sein, wie bei dem Verfasser des *Discours* von 1624. Von einer irgendwelchen inneren Nachwirkung der Idee des *corpus Christianum* ist keine Spur mehr vorhanden. Diese Idee war ausgegangen von dem Dualismus zwischen geistlicher und weltlicher Gewalt, der aber kein Dualismus bleiben, sondern zur strengsten inneren Einheit sich zusammenschließen sollte durch die Vorstellung, daß geistliche und weltliche Gewalt genauso eng und untrennbar zusammengehörten wie Seele und Leib. Das war nur möglich, wenn sich die weitere Vorstellung damit verknüpfte, daß aller Kampf der leitenden Gewalten untereinander verwerflich sei, daß diese vielmehr nur darin wetteifern dürften, die *pax* in der Christenheit herzustellen. Dualistisch ist nun auch das Bild der Christenheit, das Rohan vor Augen hat. Aber dieser Dualismus ist auf notwendigen, unvermeidlichen Kampf miteinander gestellt. »Man muß davon ausgehen, daß es zwei Mächte in der Christenheit gibt, die gleichsam die beiden Pole sind, von welchen die Kriegs- und Friedenseinflüsse auf die anderen Staaten hinabsteigen, nämlich die Häuser Frankreich und Spanien.« Spanien kämpft darum, im Westen die Sonne einer neuen Monarchie aufgehen zu lassen. Frankreich muß unverzüglich suchen, ein Gegengewicht dagegen zu bilden. Die anderen Fürsten haben sich bald der einen, bald der anderen Macht angeschlossen, je nach ihrem Interesse. Aber je nachdem dieses gut oder schlecht befolgt worden ist, hat es den Ruin des einen oder die Größe der andern verursacht.

Nach dieser Auffassung kann eine volle, den Dualismus überwindende Einheit, ein endgültiger Friedenszustand Europas, eigentlich nur bei einem ungünstigen Ausgang dieser Kämpfe, bei einer Aufrichtung der spanischen Universalmonarchie einmal möglich werden. Daß auch ein einseitiger Sieg Frankreichs möglich wäre, mag er und mögen die anderen französischen Vertreter der Gleichgewichtslehre schon im stillen gedacht haben, aber sie mußten sich hüten, es zu sagen. Sie durften sich, wie damals die Machtverhältnisse noch lagen, zunächst und auf absehbare Zeit nur auf das Ziel einstellen, ein Gleichgewicht der beiden Mächtegruppen zu erreichen, das weder dauernden Krieg noch dauernden Frieden verbürgte, sondern labil zwischen Krieg und Frieden sich hin und her bewegte. Und das war offenbar auch die Meinung Rohans von der voraussichtlichen Gestaltung der Zukunft.

Die Durchführung seiner Absicht, die Interessen aller Fürsten und Staaten zu ermitteln, steht nun aber ebenso, wie wir das bei dem Verfasser des *Discours* schon gesehen haben, unter dem Gesetze, das jede aus praktischen Motiven unternommene theoretische Untersuchung beherrscht. Das praktische Motiv ist zugleich Mittel der Erkenntnis und Schranke der Erkenntnis. Rohans ganze Schrift, so kühl und sachlich sie auch die wahren und eigentlichen Interessen der einzelnen Staaten zu erkennen versucht, ist doch durchtränkt von den eigenen Interessen Frankreichs und faßt deswegen auch alle außerfranzösischen Interessen mit französischer Tendenz auf. Volle Objektivität ist deshalb seinen Schilderungen versagt. Und weil er sich als handelnder Staatsmann fühlte und seinen Lesern Material für politisches Handeln geben wollte, griff er auch nicht so tief in die Struktur und Eigenart der einzelnen Staaten hinein wie der Verfasser des *Discours*, sondern begnügte sich meist mit der Charakteristik derjenigen Triebfedern, die im Spiele der großen Politik unmittelbar sichtbar wurden. Damit hängt zusammen, daß er nicht grundsätzlich zwischen den eigentlichen individuellen Interessen der einzelnen Staaten und den technischen Mitteln zu ihrer Vertretung zu scheiden vermochte. Konnten diese auch in der Praxis des einzelnen Staates einen individuellen Charakter annehmen, so konnten sie doch auch von jedem anderen Staate gehandhabt werden, und ihre Erörterung gehörte in einen Diskurs über allgemeine Staatskunst und diplomatische Technik. Auch die eigentlichen »Interessen« der einzelnen Staaten werden noch etwas grob, zu generell, nicht individuell genug charakterisiert. Machtzuwachs oder Erhaltung der Libertät ist in etwas monotoner Wiederkehr das Wesentliche, was er von ihnen zu sagen weiß. Es rächt sich hier, daß ihn die innere Struktur der einzelnen Staaten zu wenig interessierte. Der Primat der auswärtigen Politik über die innere Politik, diese Grunderkenntnis moderner historischer Wissenschaft, ist zwar von ihm schon erfaßt, aber mit einer zu primitiven Naivität erfaßt. Kurz, die Schrift ist bedeutender durch ihre leitenden Grundgedanken und Absichten als durch ihre Ausführung und Anwendung auf die konkreten Fälle.

Dennoch lohnt es sich, sie auch im einzelnen zu betrachten und die mancherlei Ansätze zu feinerer historischer Erkenntnis in ihr zu würdigen.

Voran wird Spanien behandelt, und wie es nicht anders sein konnte, ging Rohan auf das politische System Philipps II. zurück. Mit glücklichem historischen Instinkte ließ er dabei die persönliche Anlage Philipps mit dem Allgemeinen und Allgemeingültigen, was er schuf, zusammenklingen. Weil Philipp II. wußte, daß er persönlich weniger für den Krieg als für die Geschäfte sich eigne, so urteilte er, daß die von großen Kriegsfürsten zusammengebrachten Monarchien von geringerer Dauer seien als die auf einem gut organisierten Conseil und auf guten Maximen beruhenden. Denn den großen Eroberern folgen gewöhnlich nicht Nachfolger von gleicher Kraft, und die überwundenen Völker streben, wenn sie sich vom Joche ihres ersten Eroberers befreit sehen, sogleich nach Veränderung ihres Zustandes. Rohan erkannte also die Unsolidität einer rein militärischen Ausbreitungspolitik und erkannte ferner, daß die spanische Machtpolitik auf einem festen inneren Zusammenhange rationeller Maximen beruhte. Die erste und wichtigste dieser Maximen sah er in der Benutzung der katholischen Religion. Spanien prägt dem Papste ein, daß Spaniens Macht für die päpstliche Autorität unentbehrlich sei, prägt es auch den italienischen Fürsten ein, daß Spanien die Religion sichere und Italien vor der beschmutzenden Invasion der Fremden schütze. In Frankreich ermuntert man den König, die Protestanten zu unterdrücken, ermutigt aber unter der Hand die Protestanten zu Bürgerkriegen, die das Königtum schwächen, — Rohan wußte selber, wie wir noch sehen werden, ein Lied davon zu singen. Mit dem protestantischen England muß Spanien zwar — hier denkt Rohan mehr an seine eigene Zeit als an Philipp II. — Frieden zu erhalten suchen, um nicht zur See und im Genusse der Schätze beider Indien von ihm gestört zu werden, aber unter dem Scheine der Freundschaft muß es sich auch hier zum Protektor aller Katholiken im Lande machen und Erziehungsanstalten für die katholische Jugend Englands in Flandern und Spanien unterhalten. Entsprechend muß Spanien ferner das habsburgisch-katholische Kaisertum in Deutschland und die Katholiken in der Schweiz stützen und gegen die Protestanten hetzen und in den protestantischen Niederlanden (wo Arminianer und Gomaristen damals miteinander haderten), zum mindesten ein Schisma zu erregen versuchen. Rohan behandelt hier wie in der ganzen Schrift die Religion lediglich als einen Faktor der Staatsräson, rein utilitarisch und machiavellistisch. Es erhebt sich die Frage, wie er denn dies vereinigen konnte mit demjenigen Interesse, das ihn über alle Interessen der Staaten hinaus persönlich bewegte, mit seiner lebendigen protestantischen Überzeugung. Wir haben diese Frage hier nur zu stellen, noch nicht zu beantworten.

Alle folgenden Interessen Spaniens, die er noch anführt, gehören in die Kategorie der technischen Mittel der damaligen Diplomatie und Staatskunst, einer Staatskunst, die andauernd genötigt war, die Unvollkommenheit ihrer physischen Machtmittel zu ergänzen durch allerlei kleine Künste und Manöver. Es ist bemerkenswert, daß Rohan nicht mit dem ersten und fundamentalen Mittel aller Staatskunst, mit der militärischen Machtentfaltung begann, sondern dieses nur einfügte in die Reihe der anderen Mittel, die Spanien virtuos übe, als da seien Nährung geheimer Einverständnisse in den fremden Ländern durch Mönche und Prediger, Bestechung der fremden Minister, geheime und geduldige Verhandlungen zur Maskierung geplanter Vorstöße, schiedsrichterliche Einmischung in die Streitigkeiten fremder Fürsten, ganz besonders aber Pflege der eigenen Reputation. Rohans Äußerungen über diesen Punkt erregen besonderes Interesse, denn die »Reputation« war ein Hauptmittel der damaligen Staatskunst, und ein Mittel, das beinahe zum Selbstzwecke politischen Ehrgeizes wurde. Der geringste Verlust an Reputation, bemerkt Richelieu in seinem politischen Testamente[1], bewirkt, daß ein großer Fürst nichts mehr zu verlieren hat. Die Spanier, sagt eine venetianische Relation von 1620, treiben ihre Feindschaft gegen die Republik Venedig jetzt so weit, daß sie auch ihre Reputation schädigen wollen, *parte cosi essentiale, che fondamento resta di tutte l'altre*[2]. Diese eifersüchtige Wertschätzung der

---
[1] 1, 62.
[2] Fiedler, Relationen der Botschafter Venedigs über Deutschland und Österreich im 17. Jahrhundert, 1, 120. Ein anderer Venetianer, Foscarini, sagt: *La riputazione ha alcune volte l'istesso effetto che la realità* (Barozzi u. Berchet, *Relationi etc.* II, 3, 434). Dazu die ungedruckte Rostocker Dissertation von Anne Maria v. Schleinitz 1921, Staatsauffassung und Menschendarstellung der Venetianer in den Relationen des 17. Jahrhunderts, S. 79. Die *Riputazione*, schon von Machiavelli *(Princ.*

eigenen Reputation erklärt sich nicht nur aus dem Hange der Renaissance zu dekorativer Auffassung politischer Macht, sondern vor allem aus dem instinktiven Bedürfnis, die Mängel der eigenen Staatskräfte zu verdecken durch blendenden Schein. Für Richelieu bedeutete Reputation auch nicht nur äußeres Ansehen, sondern auch Gewinnung von Sympathie und Vertrauen[1]. Und nicht in letzter Linie war »Reputation« der Ausdruck für das schon damals geübte Mittel, die öffentliche Meinung der Welt zu gewinnen und zu bestechen durch angeblich moralische und ideale Beweggründe der eigenen Machtpolitik. Spaniens Reputation beruhte nach Rohans Ausführungen wesentlich darauf, daß es seine Pläne verdeckte mit dem Mantel der Frömmigkeit, des großen Eifers für die Erhaltung der katholischen Religion; dadurch »erhält es das Volk in einer wunderbaren Verehrung«. »Das ist offenbar«, fährt er fort, »ein eitles Ding, aber es bringt solide Effekte hervor, und obgleich alle Fürsten es für eine Hauptmaxime halten, ihren Kredit sorgfältig zu bewahren, so muß Spanien um so eifersüchtiger darauf halten, je höher seine Pläne über die der übrigen Staaten hinausgehen.«

Rohans Blick durchschaute noch nicht wie Campanella in jenen Jahren die ganze Schwäche der ungefügen spanischen Großmacht, das Mißverhältnis ihrer europäischen Aufgaben zu ihrer verfallenden Wirtschaftskraft, die übermäßige Anspannung ihrer Volkskräfte überhaupt. Zu systematischer Prüfung solcher Zusammenhänge war die Zeit noch nicht geschult, aber sie konnte schon mit scharfem Instinkte ihr Ergebnis ahnen und aussprechen.

---

c. 21) gewürdigt, spielt natürlich auch bei den italienischen Theoretikern der *ragione di stato* eine große Rolle. Botero handelte über sie in Buch 2 seiner *Ragion di stato*, und als man ihn bat, dieses vorher noch von niemandem ordentlich behandelte Thema ausführlicher darzustellen, schrieb er 1598 einen charakteristischen Diskurs in zwei Büchern *Della Riputatione del Prencipe (Aggiunte fatte da G. Botero Benese alla sua ragion di stato*, Venedig 1606, S. 77 ff.). — Ammirato handelte über das Thema in Buch 5, c. 8 und Buch 13, c. 1 seiner Diskurse über Tacitus, Frachetta mehrfach im *Prencipe* 1599 und den *Discorsi di stato e di guerra* 1600. In witziger Weise glossiert auch Boccalini den Vorrang der *riputazione* vor der *forza* (*Ragguagli di Parnaso*, Neudruck 1912, 2, 84 ff.). Auch bei den deutschen Nachahmern der Italiener findet man das Thema behandelt; vgl. etwa Chr. Besolds *Politicorum libri duo* 1618, S. 707 f.

[1] W. Mommsen a. a. O. S. 215 f.

Rohans Schlußworte über Spanien zeigen, daß er den hippokratischen Zug an ihm wohl bemerkte. Mit geheimer Befriedigung schrieb er: »Diese große Maschine, zusammengesetzt aus so viel Teilen und gleichsam gehindert durch ihr eigenes Gewicht, bewegt sich durch diese geheimen Triebfedern, die aber ihre Macht verlieren in dem Maße, wie man sie enthüllt.«

Frankreichs Interesse und Aufgabe aber ist, fuhr er fort, schon durch die Natur gewiesen. Seine geographische Lage zwischen Alpen, Pyrenäen und den beiden Meeren macht es zum Damme gegen die Überschwemmung Europas durch den spanischen Gebirgsstrom. Frankreich muß also, wie Heinrich IV. zuerst vollkommen erkannt hat, in allem das Widerspiel zu den Maximen Spaniens treiben. Es muß dem Papste begreiflich machen, daß er, wenn Spanien zum Ziel der Universalmonarchie[1] gelange, zum Diener Spaniens herabsinken würde und daß seine Autorität, um sich zu entfalten, eines Gleichgewichts der christlichen Fürsten und Staaten bedürfe[2]. Es muß den Protestanten sagen, daß es zwar ihre »*Conversion*«, aber nicht ihre »*Destruction*« wünsche und ihnen zu helfen bereit sei gegen ihre Feinde. Es darf, um Spaniens geheimer Wühlarbeit entgegenzuwirken, auch selber nicht Geld, Spione und Pensionäre sparen. Es muß, wo Spanien durch Verhandlungen zu wirken versucht, auch seinerseits mit Verhandlungen sich einmischen und zu deren Führung phlegmatische Persönlichkeiten wählen, die nichts von der französischen Ungeduld an sich haben. In dieser hohen Wertschätzung der diplomatischen Negoziation traf Rohan wieder ganz mit Richelieu zusammen. Es gilt, sagt dieser im Politischen Testament[3], unaufhörlich zu verhandeln, offen oder geheim, auch wenn man nicht gleich Frucht damit erzielt. Der eine Samen geht früher, der andere später auf. Zum mindesten erfahre man dabei, was in der Welt vorgeht. — Gegen spanische Waffenrüstung, meint Rohan weiter, müsse Frankreich mit Kraft die eigene Waffenrüstung setzen. Durch alle diese Mittel werde dann Spaniens

---

[1] Er gebraucht nicht den Ausdruck »Universalmonarchie«, sondern spricht von Spaniens *dessein à la monarchie*.

[2] »Eben das war seine (des römischen Hofes) Politik, zwischen den beiden großen katholischen Mächten, von denen ihn dann keine mit Gewaltsamkeiten bedrängen könnte, eine vermittelnde Rolle zu übernehmen.« Ranke, Französische Geschichte 2², 31.

[3] 2, 34 ff.

Reputation sinken und Frankreichs Reputation steigen, und die anderen christlichen Mächte würden Hoffnung und Mut schöpfen, sich gegen den Druck Spaniens zu behaupten.

Das ist alles, was er von den Interessen Frankreichs zu sagen hat. Kein Wort entschlüpft ihm von den eigenen positiven Zielen der französischen Machtpolitik, von dem Bedürfnisse vor allem nach besseren Grenzen. Rohan wahrte in seiner für die Öffentlichkeit bestimmten Schrift diese Interessen Frankreichs eben dadurch, daß er sie nicht aussprach. Nur die Wege zur Macht, nicht die Ziele der Macht gab er an.

Zwangloser durfte er sich geben und objektiver konnte er urteilen, wenn er Italiens Interessen darzustellen hatte. Hier konnte er auch altes politisches Erbgut verarbeiten, Gedanken Machiavellis und der venetianischen Politiker, mit denen er persönlich Umgang gehabt, deren Luft er geatmet hatte. Wichtig ist nun hier vor allem, daß er ebenso wie es der Verfasser des *Discours* schon getan hatte, nicht nur besondere Interessen der einzelnen italienischen Staaten, sondern über sie hinaus ein gesamtitalienisches Interesse des ganzen nichtspanischen Italiens kennt. Die italienische Idee war auch in dieser Zeit des Druckes und der Zersplitterung lebendig! Ihr Ziel konnte kein anderes sein, als alle fremden Mächte aus Italien weg und über alle Berge zu wünschen, um dann, zwar nicht eine nationalpolitische Einheit, wohl aber wieder ein kleines Staatensystem für sich zu bilden wie einst, wo auch die kleinsten Fürsten im Schatten der größeren friedlich leben und die größeren sich untereinander in Gleichgewicht halten konnten. So sprach es Rohan aus, hütete sich aber dabei, an die einstigen Vergewaltigungen italienischer Freiheit durch die Eroberungszüge Karls VIII., Ludwigs XII. und Franz' I. zu erinnern. Nun, wo Spanien seinen Fuß in Italien einmal gesetzt habe, könne das wahre Interesse aller italienischen Fürsten nur darin bestehen, wenigstens eine Tür offen zu halten gegen die Unterdrückung, die sie von einer so gewaltigen Macht fürchten müßten, und diese Hilfe könnten sie nirgends sicherer als von Frankreich erwarten. Mit großer Einsicht aber stellte Rohan noch ein zweites Generalinteresse aller italienischen Staaten auf, nämlich das, Frieden zu halten unter sich, weil jeder Krieg unter ihnen sofort zur Einmischung Frankreichs und Spaniens, sei es durch Parteinahme, sei es durch Schiedsrichtertum, führen werde.

Es ist die typische Staatskunst des Schwächeren, die er hier beschrieb und in der vor allem Venedig exzellierte. Und weil Venedig die erste Macht Italiens nächst Spanien ist, hat es auch als erste diese Regeln seiner Erhaltung aufgestellt und peinlich durchgeführt, — es hat, so sagt er glänzend, als sein Partikularinteresse das Generalinteresse Italiens gewählt und, so dürfen wir in seinem Sinne hinzufügen, wählen müssen. Die übrigen Sonderinteressen Venedigs behandelte Rohan nur flüchtig, während doch manches zu sagen gewesen wäre über die territorialen und maritimen Gegensätze Venedigs zu den österreichischen Habsburgern. Daß Venedig sein Verhältnis zu den Türken sorgfältig pflegen müsse, bemerkte er kurz. Ferner aber sah er ein Sonderinteresse Venedigs noch darin, die Kriege anderer im Auslande durch Geld zu nähren, — damit es selber, so dachte er wohl, davon verschont bleibe. Dies müßten, meinte er, auch die übrigen Fürsten Italiens zu tun versuchen, wenn sie nur die Macht und die Kühnheit zu solcher Politik hätten. Venedig sucht ferner zu verhindern, daß Spanien und der Papst sich in Italien vergrößern, und den übrigen Fürsten Italiens »stützt es das Kinn gemäß seinem Nutzen«. Der Charakter der venetianischen Politik, in der das venetianische Sonderinteresse mit dem gesamtitalienischen Interesse so eigenartig verwachsen war, konnte nicht wohl feiner und prägnanter erfaßt werden.

Rohan behandelte dann noch Roms und Savoyens besondere Interessen. Charakteristisch für den Schreiber wie für die Zeit war die etwas vage Auffassung der Interessen Roms. Seine Stellung als universale Macht wird kaum gestreift, aber die territorialen Interessen des Kirchenstaates werden betont. Es ist mehr das Papsttum der Renaissance als der Gegenreformation, das in diesem Bilde sich spiegelt. Aber das Papsttum Urbans VIII., von dem Ranke sagt, daß er sich »vornehmlich als einen weltlichen Fürsten betrachtete«, konnte solche Spiegelung hervorrufen. Wieder treten auch in diesem Bilde charakteristische Züge in der Staatskunst der Schwächeren hervor, die mit ihren Machtmitteln Haus halten und vorsichtig-mißtrauisch lavieren müssen zwischen den großen Mächten. Rom darf zum Beispiel den Bannstrahl, mit dem es die Fürsten erschreckt, nicht zu häufig gebrauchen, weil er sich sonst abnutzen würde, und Savoyen muß, obgleich mehr als irgendein anderer italienischer Staat von Spanien in seinem

Territorialbesitze bedroht, gleichwohl die gefährliche Freundschaft mit Spanien pflegen, solange es auch vor Frankreich auf der Hut zu sein hat. Savoyen darf auch gegen den einen wie gegen den andern nicht übermäßig vertragstreu sein.

Hier deutete er also einmal an, daß die kleineren Staaten nicht nur vor Spanien, sondern auch vor Frankreich Furcht haben könnten. Bei der Behandlung der Interessen Deutschlands war davon nicht mehr die Rede. Er zeichnete sie überhaupt mit gröberen Strichen als diejenigen Italiens. Was konnte schließlich auch ein Ausländer, ein Franzose und ein Protestant von deutschen Interessen damals mehr wissen und sagen, als daß sie von alters her und jetzt in der Bewahrung der Libertät gegen den imperialistischen Ehrgeiz der Habsburger gipfelten und daß die Verschiedenheit der Religion von Rechts wegen zurücktreten müsse vor diesem gemeinsamen Grundinteresse aller deutschen Fürsten. Den protestantischen Fürsten gab er dabei noch besonders zu verstehen, daß sie nicht nur einig und eng verbunden unter sich, sondern auch in naher Fühlung mit dem Auslande bleiben müßten, um der katholischen Liga das Gegengewicht zu halten. Und da auch Dänemarks und Schwedens Freiheit in Gefahr sei, wenn die deutsche Libertät unterginge, so müßten die deutschen Fürsten auch mit diesen Mächten und insbesondere schon aus Gründen der Dankbarkeit mit Schweden, das sie aus dem Abgrunde der Sklaverei gerissen habe, eng verbunden bleiben.

Individueller und farbiger vermochte er wieder die Schweiz und die Niederlande zu schildern. Sie sind zwei von Deutschland abgeschichtete Republiken, die etwas bedeuten unter den übrigen Mächten sowohl durch die Kraft ihrer Bevölkerungen wie durch ihre eigenartige Situation — sie sind gleichsam die beiden Arme Deutschlands. Natur und Menschen sind in ihnen einander konform. Die Schweizer scheinen für die Berge und die Berge für die Schweizer, die Holländer für das Meer und das Meer für die Holländer geschaffen zu sein. Die Schweizer verkaufen die Freiheit ihrer Körper den andern und hüten dafür die Freiheit ihres Landes. Die Holländer hüten ihre Freiheit in vollem Umfange. Das Interesse der Schweizer ist der Friede, — das der Holländer, immer in Waffen zu stehen. Noch war ja damals die heroische Zeit des niederländischen Staatswesens, und niemand konnte ahnen, daß es dermaleinst, herabgesunken von seiner europäischen Höhe, auch nur wie die Schweiz im Frieden die Bürgschaft seiner Freiheit suchen würde. Rohan meinte, daß diese beiden Republiken nur an zwei Todesursachen einmal zugrunde gehen könnten: innerer Entzweiung durch Bürgerkrieg oder Religionsspaltung. Von der merkantilen und kolonialen Lebensader der niederländischen Politik wußte er nichts zu sagen. Für die Bedürfnisse der damaligen französischen Politik, auf die im Grunde ja die ganze Betrachtung eingestellt war, traten sie übrigens auch zurück.

Bei England konnte diese Lebensader schon damals nicht übersehen werden. England ist, urteilt Rohan, eine kleine Welt für sich, deren wahres Interesse der Handel ist, und nur durch dieses Interesse trat es früher in politischen Kontakt mit den übrigen Fürsten. Und er prophezeite ihm mit untrüglichem Instinkte, daß, wenn es diesem wahren Interesse wieder folge und die dafür erforderlichen Mittel maritimer Machtenfaltung und kluger Staatskunst anwende, einst die dritte der großen Mächte der Christenheit sein werde. Aber England habe sich aus der Bahn seiner wahren Interessen, seiner *maximes conformes à soi-même* abdrängen lassen seit der mysteriösen Heirat Marias der Katholischen mit Philipp II. von Spanien und passe sich nun bald dem französischen, bald dem spanischen Interesse an. So konnte und mußte Rohan urteilen, wenn er die schwankende Politik der zeitgenössischen Stuarts mit der blinden Ergebenheit Marias an das spanisch-katholische System verglich. Dazwischen aber lag die große Zeit Elisabeths, in der er ebenso die klassische Vertreterin englischer Interessenpolitik erblickte, wie ihm Heinrich IV. immer als der Begründer wahrer französischer Interessenpolitik erschien. Elisabeth wählte als Hauptmaxime, die Ausübung der katholischen Religion im Lande zu unterdrücken, als das einzige Mittel, um die spanischen Machenschaften, die unter diesem Vorwande die Rebellion gegen sie nährten, unwirksam zu machen. Und der Gegensatz gegen Spanien war für sie zwangsläufig gegeben, weil nur durch ihn England sich zur großen und reichen Seemacht emporschwingen konnte. Daraus folgte, daß sie auch Frankreich unterstützen, der werdenden Freiheit der vereinigten Niederlande zu Hilfe kommen und mit den französischen Protestanten enge Fühlung halten mußte. Wie Spanien sich auf den Katholizismus, so muß sich England ganz allgemein auf den Protestantismus stützen. Man beachte wieder, wie streng realpolitisch diese Begründung ist. Das konfessionelle Element erscheint nicht als Selbstzweck, sondern als Mittel zum Zwecke. Mit größter Schärfe wird auch das rein politische Interesse Elisabeths an der Protektion der Niederlande hervorgehoben: England schwächt erstens dadurch einen gar zu mächtigen Nachbarn und gewinnt zweitens dadurch eine Staffel zu noch höheren Zielen. Er gab damit schon prägnant den Inhalt des säkularen Interesses wieder, das England an den Niederlanden insgesamt immer genommen hat. Und von ebenso säkularer Bedeutung war auch das angebliche Wort Elisabeths, das er zitierte: daß England ein großes Tier sei, das nie sterben könne, wenn es sich nicht selbst töte.

Blickt man zurück, so erkennt man, daß er am schärfsten die Interessen derjenigen Mächte charakterisieren konnte, die eine ausgeprägte Macht- und Realpolitik bereits seit langem übten, nämlich die eigentlichen Großmächte einerseits. die kleinen, in Staatskunst versierten italienischen Staaten anderseits. Das politisch reifere und feiner entwickelte West- und Südeuropa bot dem politischen Kopfe eben interessanteren Stoff zur Beobachtung als Mittel- und Nordeuropa.

Es war alles bei ihm auf praktische Nutzanwendung, auf Schulung und Verfeinerung des politischen Wollens gestellt. Er hatte den guten Einfall, seinem Gemälde der Interessen der einzelnen Staaten eine Reihe von Diskursen folgen zu lassen, die applikatorisch an einzelnen Kapiteln der Zeitgeschichte zeigen sollten, was gute und was schlechte Interessenpolitik sei[1]. Hier macht sich auch wieder die venetianische Schulung seines politischen Denkens bemerkbar. Der Venetianer Paruta hatte in seinen *Discorsi politici* (1599) eine ganz ähnliche Methode schon geübt[2] und z. B. untersucht, ob Hannibal richtig gehandelt habe, als er Italien zum

---

[1] 1. Diskurs *Sur l'affaire de la ligue* (Politik König Heinrichs III. und Heinrichs IV.); 2. Diskurs *Sur la guerre de Savoye;* 3. Diskurs *Sur le differend survenu entre le Pape Paul V et la Republique de Venise, l'an 1605;* 4. Diskurs *De la Trefve des Pais-bas avec le Roy d'Espagne;* 5. Diskurs *Sur l'Affaire de la succession de Cleves et Julliers;* 6. Diskurs *Sur l'Election du Comte Palatin au Royaume de Boheme;* 7. Diskurs *Sur les Mouvemens survenus en Italie pour la succession des Duchez de Mantoue et de Montferrat.*

[2] Vor ihm auch schon Guicciardini. Vgl. Ranke, Zur Kritik neuerer Geschichtschreiber[2] 51

Kriegsschauplatz wählte, ob die Venetianer richtige Politik getrieben hätten, als sie Pisa gegen Florenz zu Hilfe kamen u. a. Genauso applikatorisch pflegt man auch noch heute in den Generalstäben Kriegsgeschichte zu treiben, die freilich dafür leichter zu benutzen ist als das kompliziertere Gewebe der auswärtigen Politik. Rohan wollte in diesen angehängten Diskursen nun vor allem einprägen, daß man in Staatsdingen sich nicht ungeregelten Wünschen überlassen dürfe, die uns zu Unternehmungen über unsere Kräfte hinaus verführen, auch nicht heftigen Leidenschaften oder abergläubischen Meinungen, sondern ausschließlich unserem eigenen, durch die Vernunft allein geleiteten Interesse. König Heinrich III. von Frankreich z. B. ging zugrunde, weil er seine wahren Interessen verkannte. Er hätte die Faktionen im Reiche unterdrücken und, da er ohne Nachkommen war, es mit den Prinzen von Geblüt halten sollen. Statt dessen hat er die Faktionen gerade genährt, indem er immer je einer sich hingab, um die andere zu unterdrücken, und hat die (protestantischen) Prinzen von Geblüt, aufgehetzt von deren Gegnern, andauernd bekämpft. Heinrich IV. aber hat es richtig verstanden, die beiden ganz verschiedenen Rollen, die ihm nacheinander zufielen, jede für sich durchzuführen. Er war zuerst nur König von Navarra, erster Prinz von Geblüt und Protektor der französischen Protestanten, und verstand es, diese verschiedenen Interessen miteinander zu kombinieren. Als König von Frankreich aber hatte er die Aufgabe, neue Freunde zu gewinnen, ohne seine alten Freunde zu verlieren, und löste sie schließlich erfolgreich durch seinen Übertritt zur alten Kirche. Unter der Regentschaft seiner Witwe Maria dagegen, die sich Rom und Spanien in die Arme warf, wurden die wahren Interessen Frankreichs preisgegeben. »*La bigotterie est une mauvaise conseillère à qui s'en coiffe.*« Mit großer Feinheit wird der Gegensatz von Leidenschaft und Interesse an dem Konflikte des Papstes Paul V. mit Venedig durchgeführt — hier das polternde und gewaltsame Vorgehen des Papstes, dort die ruhige, geschmeidige und zähe Politik der Republik. Mustergültig wird die staatsmännische Größe Wilhelms von Oranien an der Methode seiner Staatsgründung charakterisiert. Er war der einzige, heißt es, der in diesem Jahrhundert die Ehre gehabt hat, einen Staat zu gründen, — eine unverkennbare Anspielung auf Machiavellis berühmte Ausführungen über die

Gründung neuer Fürstentümer. Aber Rohan beurteilte nun die Staatsgründung des Oraniers nicht etwa nach den von Machiavelli einst gegebenen Rezepten, sondern nach ihren eigenen Maßstäben und Voraussetzungen. Er zeigte den geschichtlichen Zwang der Verhältnisse, mit denen Wilhelm zu rechnen hatte. Wilhelm mußte das Ganze des Staates zusammensetzen aus den einzelnen Stücken, die er vorfand und deren besondere Art er schonen mußte. Er hatte es mit Bevölkerungen zu tun, die seit Jahrhunderten mehr noch an ihre Freiheit als an ihr eigenes Leben gedacht hatten. Daher die Autonomie der Provinzen und Städte, daher das *liberum veto* bei den Generalstaaten. Und Wilhelm hat, um den Staaten jede Versuchung, sich mit Spanien zu verständigen, zu nehmen, lieber ihrer Libertät geschmeichelt, als ihnen Vorschläge für eine bessere Verfassung gemacht. Sein Sohn Moritz aber hat dann das Nötige getan, um die unentbehrliche militärische Grundlage für die Erhaltung des Staatswesens zu schaffen.

Wir greifen noch Rohans Urteile über die jüngsten Phasen der europäischen Politik heraus. In den ersten Zeiten des Dreißigjährigen Krieges prostituierte Frankreich sein Interesse der Größe Spaniens. Österreich-Spanien aber, durch sein Glück im Felde und in der europäischen Politik verwöhnt, wagte es, seine bisher vom Prätexte der Religion verdeckten Pläne zu enthüllen und das Herzogtum Mantua offen zu vergewaltigen. Dagegen erhob sich Frankreich, griff, indem es dem Herzoge von Mantua zu Hilfe kam, sein wahres Interesse wieder auf und verband sich mit Gustav Adolf. Spanien aber beging den Fehler, diesen Fürsten zu unterschätzen, denn auf sein Drängen gingen die besten kaiserlichen Truppen nach Italien gegen den Herzog von Mantua und ermöglichten dadurch Gustav Adolfs Erfolge in Deutschland, ohne dabei in Italien selbst etwas zu erreichen. Die Trümmer dieses Heeres mußten auf den deutschen Kriegsschauplatz zurückgeworfen werden und Casale und Pignerol, die Eingangspforten zu Italien, in den Händen Frankreichs lassen. Indem man Italien erobern wollte, ohne vorher die Eroberung Deutschlands gesichert zu haben, verlor man das eine wie das andere. Und nun ließ Rohan diesem Verdikte über die österreichisch-spanische Politik einen triumphierenden Ausblick auf den weiteren Aufschwung der straff geleiteten, Zug für Zug richtig operierenden Politik

Richelieus folgen. Das Bild der Zusammenhänge, das er hier gibt, vereinfacht sie wohl etwas[1], aber trifft den Kern der großen weltgeschichtlichen Wendung, die er eben erlebt hatte. Der habsburgische Imperialismus, auf unerhörter Höhe der Erfolge angelangt, sank durch Maßlosigkeit der Ziele und leichtfertige Unterschätzung der noch vorhandenen Gegenkräfte von ihr wieder hinunter[2], während Frankreich, kühn und besonnen zugleich geleitet, fest und sicher emporstieg auf seiner europäischen Bahn.

*

Am Schlusse seiner Schrift rühmte Rohan die französische Politik — er nennt auch hier nicht den Namen ihres großen Lenkers —, insbesondere wegen des kühnen Entschlusses vom Jahre 1628, in den mantuanischen Krieg einzugreifen und den wahren Interessen Frankreichs damit zu folgen, obgleich die Belagerung von Rochelle noch andauerte, obgleich England die Belagerten unterstützte, obgleich Spanien Miene machte, den aufständischen Hugenotten in Languedoc zu Hilfe zu kommen. Mit welchen Empfindungen mag Rohan dieses Lob niedergeschrieben haben, denn er selber stand damals (1628) an der Spitze der Hugenotten, ohne deren Niederzwingung der Aufstieg der nationalfranzösischen Politik Richelieus niemals möglich gewesen wäre. Ja noch mehr, er selber hat den Spaniern die Hand gereicht und mit ihnen einen Vertrag geschlossen, durch den er sich in den Dienst der spanischen Politik stellte. Kurz, er war eben in dem Momente, wo Richelieu ausholte zu einer Politik der — so meint doch Rohan in seiner Schrift — einzig wahren und großen Interessen Frankreichs, der gefährlichste Gegner eben dieser Politik gewesen. Und sieht man sich diesen Vertrag, den sein Agent Clausel am 3. Mai 1629 in Madrid abschloß, näher an, so wächst das Erstaunen[3].

---

[1] Spanien wünschte 1629 für den Krieg gegen Mantua nicht die Absendung eines eigenen kaiserlichen Heeres, sondern bloßer, zu dem spanischen Heere stoßender Hilfstruppen. Der Kaiser war es, der die Absendung eines größeren Heeres nach Italien entschied. Ritter, Wallensteins Eroberungspläne gegen Venedig, Histor. Zeitschr. 93, 54; Deutsche Geschichte 1555/1648, 3, 419.

[2] Vgl. z. B. das Urteil Ritters, Deutsche Geschichte 1555/1648, 3, 447.

[3] Der Vertrag besteht aus den von Clausel formulierten Anerbietungen Rohans und aus der sie mit geringen Abänderungen akzeptierenden Erklärung Dom Jean de Billelas, ersten Sekretärs des Staatsrats des

Sechstes Kapitel

Rohan verpflichtete sich gegen jährliche Subsidien von 300 000 Dukaten zur Unterhaltung eines Korps von 6000 Mann, versprach ferner, sich vom Könige von Spanien gebrauchen zu lassen, wann und wie es ihm schiene, und falls er mit Wissen und Zustimmung des Königs in Friedensverhandlung treten sollte, sie wieder abzubrechen, wenn Spanien es wünsche. Und falls er und seine Partei so stark werden sollten, daß sie einen besonderen Staat bilden könnten *(qu'ils puissent cantonner et faire un Estat à part)*, so würden sie in ihm den Katholiken freie Religionsübung und volle Gleichberechtigung in der Ämterbesetzung gewähren.

Rohans Großmutter war eine Albret, Großtante Heinrichs IV. Er wäre der Erbe von Navarra und Béarn gewesen, wenn Heinrich IV. ohne Nachkommenschaft geblieben wäre[1]. Béarn war um 1620 großer protestantischer und provinzialer Vorrechte, die es bis dahin genossen hatte, beraubt worden. Das hatte den Anstoß zur ersten bewaffneten Erhebung der Hugenotten unter Rohans Führung 1621 gegeben. Es liegt nahe, zu vermuten, daß er als Protestant wie als Nachkomme der Albrets an Béarn dachte, als er 1629 durch seinen Vertrauensmann in Madrid die Errichtung eines besonderen protestantischen Staates in Südfrankreich zur Sprache brachte. Aber mochte er nun Béarn oder eine andere Landschaft im Sinne haben, er rührte damit an die Grundfesten des französischen Staats- und Nationallebens und versündigte sich damit an eben jenen Interessen, deren eherne Geltung er in seiner Schrift

---

Königs von Spanien, und ist von Billela und Clausel gemeinsam unterzeichnet mit dem Vorbehalte, daß Rohan ihn zu ratifizieren, zu beschwören und zu zeichnen habe. Er ist schon 1631 im *Mercure françois* XV, 455 ff., veröffentlicht worden. Der von Laugel, Rohan S. 259 erwähnte Abdruck des Textes bei Le Cointe, *Recueil de pièces conc. l'hist. de Louis XIII*, II, 522 ff., war mir nicht zugänglich, ebensowenig die Fassung einer von ihm und von Petitot (in der Vorrede zu Rohans Memoiren, *Collection des mémoires*, 2. Serie, 18, 55) erwähnten Handschrift in der ehemaligen Kgl. Bibliothek. Die Angaben der neueren Historiker über den Wortlaut und Inhalt des Vertrages (vgl. außer Laugel und Petitot noch Ranke, Französ. Geschichte[2] 2, 343; La Garde, *Le duc de Rohan et les protestants sous Louis XIII* (1884), S. 296 f.; Schybergson, *Le duc de Rohan et la chute du parti protestant en France* (1880), S. 89; Lavisse, *Hist. de France* 7, 273) weichen in kleinen Einzelheiten voneinander ab und sind nicht durchweg genau. Wir halten uns an den Text des *Mercure françois*.

[1] Sainte-Beuve, *Causeries de Lundi* 12, 249; Laugel S. 83 und Hanotaux, *Hist. du cardinal de Richelieu* II, 2, 440 weisen darauf hin.

von 1634 predigte. Wohl war man auch damals noch in Frankreich gewöhnt, daß rebellische Große ihre Zuflucht beim Landesfeinde suchten[1]. Aber der Widerspruch seiner Handlungsweise von 1629 und seiner Gedanken von 1634 gibt ein psychologisches Problem auf, das vielleicht auch eine allgemein politische Bedeutung hat, vielleicht auch auf die Entwicklung der Lehre von der Staatsräson und den Interessen der Staaten Licht werfen könnte. Es will einem nicht in den Sinn, daß dieser herbe und strenge Charakter lediglich den Mantel nach dem Winde gehängt haben und aus dem besiegten Gegner sich in den beflissenen Diener Richelieuscher Politik verwandelt haben sollte. Drei Motive seines politischen Lebens traten uns bisher entgegen: Hugenottische Gesinnung, aristokratisch-dynastischer Ehrgeiz und Richelieusche Staatsgesinnung. Wie war es möglich, daß sie in ein und demselben Geiste auftreten konnten? Wie verhielten sie sich innerlich in ihm zueinander? Man muß sein politisches Vorleben seit dem Tode Heinrichs IV. durchmustern, um eine Antwort darauf zu finden.

Da scheinen denn zunächst wohl ausschließlich die beiden ersten Motive ihn zu leiten, und zwar in einer Weise miteinander verbunden, daß sie nicht immer genau zu unterscheiden sind. Auf der politischen Versammlung der Hugenotten, die 1611 zu Saumur stattfand und über ihr Verhältnis zum neuen katholisch-spanischen Kurse der Regentin Maria entscheiden mußte, war es Rohan mit seinem Schwiegervater Sully, der die friedlichere Richtung bekämpfte und radikalere Forderungen seiner Glaubensgenossen vertrat. In den folgenden Jahren ging er noch weiter. Gereizt dadurch, daß man ihm die Nachfolge im Gouvernement von Poitou versagte, betrieb er 1615 den Anschluß der Hugenotten an die Partei der Großen, die von Condé geführt wurde. »Jetzt machten sie«, sagt Ranke[2], »mit einer aristokratischen Partei, welche der Regentin Gesetze vorschreiben wollte, gemeinschaftliche Sache.« Es war nicht mehr das reine Glaubensinteresse, das Rohan trieb. Als dann nach der Übernahme der Regierung durch Ludwig XIII. die Königin-Mutter selber das Haupt einer frondierenden Faktion wurde, hielt Rohan es zeitweise für opportun, mit ihr, der durch und durch katholisch Gesinnten, zusammenzu-

---

[1] Avenel, *Richelieu et la monarchie absolue* 1, 328.
[2] Französ. Geschichte 2², 195.

gehen. Reiner wirkte sein hugenottisches Motiv sich dann wohl in den Kämpfen der zwanziger Jahre aus, wo die Hugenotten, allein auf sich selbst gestellt, gegen den Hof kämpften. Seine Haltung atmete hier oft noch ganz den altkalvinistischen Kämpfergeist früherer Zeiten. Er ließ die Bibel vor sich hertragen und erklärte, daß, wenn es noch zwei Bekenner der reformierten Religion auf Erden gebe, er der eine von den beiden sein werde[1]. Wenn Ihr, so schrieb er einem seiner Gegner 1628, unsere Gefangenen töten lasset, so werde ich dasselbe mit euren Gefangenen tun, und das wird ihnen mehr schaden als unseren Leuten, denn sie haben nicht die Gewißheit ihres Heils[2]. So hat er auch noch später, 1631, mit derselben eisernen Gesinnung erklärt, daß er lieber die Nachricht vom Tode seiner Tochter als von ihrer Verheiratung mit einem Papisten hören würde[3]. Aber wie leicht konnte, solange er im Kampfe gegen die Krone stand, sein kalvinistisches Pathos unvermerkt übergehen in den Trotz des ungehorsamen Vasallen. Von seiner und seines Bruders Soubise Erhebung im Jahre 1625 muß Ranke sagen: »Ehrfurcht vor der Majestät des königlichen Namens war nicht in ihnen, sie hatten nur ihre besondere Parteistellung im Auge.« Auch vor einer persönlichen Politik der Anknüpfungen mit dem Auslande gegen die heimische Regierung scheute er schon früh nicht zurück. Nach der Versammlung von Saumur 1611 ließ er durch einen Vertrauensmann den König von England im Sinne seiner Partei bearbeiten[4]. Von seiner Anknüpfung mit England im Jahre 1626, von der die dritte Erhebung der Hugenotten ausging, sagte er selber: »Ich schloß meine Augen vor jeder anderen Erwägung als der des Wohles der Kirche[5].« Die ersten politischen Verbindungen mit Spanien fallen bereits in das Jahr 1625[6]. Zu welchen landesverräterischen Plänen sie sich verstiegen, sahen wir. Noch vor dieser letzten Steigerung seiner rebellischen Handlungen hat ihn am 29. Januar 1628 das Parlament von Toulouse wegen derjenigen,

---

[1] A. a. O. 257 u. 289; De la Garde S. 153.
[2] *Discours politiques du duc de Rohan*, 1646, S. 112.
[3] Laugel S. 289.
[4] *Memoires du duc de Rohan*, 2. éd. 1646, S. 36; vgl. Laugel S. 60.
[5] De la Garde a. a. O. 188.
[6] Ranke a. a. O. 290.

die er schon begangen hatte, dazu verurteilt, von vier Pferden zerrissen zu werden[1].

Aber welche Brücke, fragen wir nochmals, führt hinüber von dem Rohan des feudalen Ehrgeizes und des kalvinistischen Trotzes zu dem Rohan, der das von allen feudalen und konfessionellen Bestandteilen gereinigte Staatsinteresse predigt?

Schon wer sein *Interest* aufmerksam liest, kann diese Brücke im Hintergrunde gewahr werden. König Heinrich IV. ist für ihn dort der klassische Vertreter Frankreichs und seiner wahren Interessen, und die folgenden Zeiten, die zwischen ihm und Richelieu lagen, heben sich ihm ebenso als Verirrung, als Abweichung vom wahren Leitstern ab, wie ihm die Politik der Stuarts als Abweichung von dem wahren, durch Elisabeth repräsentierten Systeme englischer Politik erscheint[2]. Im Systeme Heinrichs IV. trafen die Linien der verschiedenen Interessen, die ihn persönlich bewegten, zusammen zu einer Synthese, die ihm schlechthin ideal erschien. Heinrich IV. war der Beschützer seiner Glaubensgenossen in und außerhalb Frankreichs, das ritterliche und vornehme Haupt des hohen Adels, dessen Aspirationen er nur so weit beugte, als das Interesse des starken Königtums es forderte, dessen Glanz aber auch seiner eigenen Krone Glanz gab. Und er brachte Frankreich wieder zu europäischer Macht und Geltung durch seine kluge, feste und konsequente Bekämpfung der spanischen Universalmonarchie. Rohan, 1579 geboren, war gleichsam am Spalier Heinrichs IV. aufgewachsen als Glied einer jungen hugenottischen Generation, die den Glaubenswechsel Heinrichs IV. als fertige Tatsache hinnehmen und sich mit ihm innerlich leichter abfinden konnte, als die alten Kampfesgenossen des Königs dies vermochten. Er wurde der Liebling des Königs, der Schwiegersohn seines vertrauten Beraters Sully. Bei dem Unternehmen auf Jülich 1610, dem Auftakte zur großen europäischen Politik und Machtentfaltung Frankreichs, die Heinrich plante, führte Rohan zeitweise die französischen Truppen. Und als diese Aktion jäh unterbrochen worden war durch die Ermordung des Königs, schrieb Rohan: »Nun will ich mein Leben in zwei Teile teilen, das, was ich hinter mir habe, glücklich nennen, weil es Heinrich dem Großen gedient

---

[1] De la Garde a. a. O. S. 228; vgl. Rohans *Memoires* (1646), S. 285.
[2] Über ähnliche Auffassungen in der damaligen öffentlichen Meinung vgl. Kükelhaus, Ursprung des Plans vom ewigen Frieden usw., S. 50 ff.

hat, und das, was ich noch zu leben habe, unglücklich nennen und es nur anwenden, um zu beklagen, zu weinen und zu seufzen[1].«

Auf dem Untergrunde dieser Lebenserfahrung erst wird sein Tun und Treiben seit 1610 ganz verständlich. Das Einheitsband war zerschnitten, das seine Ideale zusammenhielt. Nun klafften sie auseinander, nun fehlte ihnen das bisher leitende Prinzip, nun wucherten sie hierhin und dahin auseinander, zu hugenottischem, zu aristokratischem Partikularismus, und doch bei all diesem unruhigen und zersplitternden Faktionstreiben mit steter starker Sehnsucht, wieder einheitlich und harmonisch zusammenzuwachsen unter dem Primate des großen französischen Staats- und Nationalinteresses, wie es Heinrich IV. vertreten hatte. Man hat nicht nötig, dies aus seinen später geschriebenen Memoiren zu beweisen, in denen er darüber klagt, daß seit 1610 die Partikularinteressen die allgemeinen Interessen in Vergessenheit gebracht hätten[2]. Unmittelbar vielmehr in den Jahren seiner Kämpfe gegen den Hof ergriff er wiederholt die Feder zu einer Reihe von *Discours*[3], die uns erlauben, ein echtes, durch spätere Tendenz und Reflexion nicht getrübtes Bild seiner damaligen politischen Gedankenwelt und damit auch der Vorstufen und Ansätze zu seiner späteren Theorie der Staatsinteressen zu geben.

Der erste dieser Diskurse »Über den Tod Heinrichs des Großen«, nicht lange hinterdrein geschrieben, schildert das Unglück, das Frankreich dadurch getroffen hat. »Ich klage«, heißt es hier, »nicht um meine persönlichen, durch den Tod vereitelten Hoffnungen, auch nicht aus Furcht um den Ruin der protestantischen Partei, denn wir waren niemals angesehener und gesuchter als jetzt, und können wählen, welcher von den beiden papistischen Parteien wir uns anschließen wollen. Ich klage um den Verlust, den Frankreich erlitten hat, — der Staat ist in Gefahr.« Diese Gefahr sah er nicht nur in der inneren Zerrüttung, sondern fast noch mehr in dem Verfalle der europäischen Macht Frankreichs. Wir waren, heißt es im dritten, im Jahre 1612 geschriebenen Diskurse[4], unter Heinrich dem Großen der Schrecken unserer Feinde, das Asyl unserer Freunde. Jeden Tag weiter, den wir uns von seiner Regierung

---

[1] *Discours politiques du duc de Rohan*, 1646, S. 11; vgl. Laugel S. 42.
[2] *Memoires* S. 47.
[3] *Discours politiques du Duc de Rohan*, 1646.
[4] S. die zeitlichen Anspielungen S. 28 u. 33.

entfernen, geht es weiter abwärts. Europa nimmt ein ganz anderes Angesicht an. Einst war es im Gleichgewichte zwischen den beiden Mächten Frankreich und Spanien. Frankreich hatte ohne Widerspruch alle Protestanten in seinem Schutze oder auf seiner Seite und teilte sich im Schutze der Katholiken mit Spanien; es sind zwei Mächte, die sich nicht einander ertragen und die auch durch Ehebündnisse nicht geeinigt werden können, wenn die eine wächst und die andere abnimmt. Die Gleichheit dieser beiden Mächte aber gibt ferner allen übrigen Mächten Schutz, die deshalb ein großes Interesse daran haben, weil sie ohne diese Gleichheit in Abhängigkeit von der stärkeren Macht geraten würden. Jetzt beginnen wir die große Veränderung zu bemerken, die vorgegangen ist. Die jetzige Allianz Frankreichs mit Spanien öffnet allen ihren Verbündeten und insbesondere denen Frankreichs die Augen, denn sie sehen wohl, daß diese Allianz nur zu seinem und folglich auch zu ihrem Verderben angestrebt worden ist.

So will er also in diesem und den anderen Diskursen aus diesen Jahren zeigen, daß Frankreich mächtig sei durch den Schutz der Protestanten und daß die Protestanten geschützt seien durch die Macht Frankreichs, ohne daß dadurch die Katholiken und die Allianzen mit den kleineren katholischen Staaten zu Schaden kämen. Die Könige von Frankreich werden, erklärte er in Saumur 1611, nach der Lage dieses Reiches unter den anderen Reichen den Kredit als Protektoren Europas so lange bewahren, als sie uns gut behandeln[1]. Die beiden Religionen, heißt es im sechsten Diskurse aus dem Jahre 1617[2], können sich bei uns einander nicht ruinieren, ohne daß auch der Staat ruiniert würde. Das Interesse der Protestanten, aber auch das vieler katholischer Staaten ist, die Größe Frankreichs aufrechtzuerhalten. Die protestantische Partei in Frankreich ist einerseits durch ihr Bekenntnis mit den Protestanten der ganzen Christenheit verbunden, anderseits diejenige Partei, aus deren Mitte der Restaurator Frankreichs hervorgegangen ist[3].

Sein Wunsch war es schon damals, das französische Staatsinteresse nicht nur mit dem protestantischen Interesse, sondern auch mit dem aristokratischen Interesse solidarisch zu verknüpfen. Die

---
[1] S. 20.
[2] S. 62.
[3] S. 34 (3. Diskurs).

Parteien der Prinzen und der Protestanten vereint, heißt es im dritten Diskurse[1], könnten den Staat wiederherstellen und den jetzigen *conseil des petits gens,* der Pensionäre Roms und Spaniens aus dem Wege räumen. Die Großen und die Reformierten zusammen würden dann die alten Allianzen der Krone wiederherstellen. Während er aber spüren ließ, daß sein protestantisches Gewissen ein absoluter Wert für sich sei und nur eben durch natürliche Harmonie mit dem organischen Interesse des Staates übereinstimme, ordnete er doch sein aristokratisches Interesse bei aller Lebendigkeit, mit der er es vertrat, dem monarchischen Interesse bewußt unter. Es ist sicher, sagte er[2], daß in jedem Königreiche die Autorität des Königs die der Großen vermindert, ebenso wie das Wachstum der Großen die königliche Gewalt schwächt. Das ist eine Balance, die nicht gleichbleiben kann: eine der beiden Gewalten muß immer über die andere siegen. Diejenigen aber, deren Geist wohl geregelt ist, urteilen, daß ihre Größe auch die des Königs ist, und glücklicher und sicherer sind die Großen unter einem großen König, als unter jenen kleinen Souveränen, die sich nicht zu rühren wagen aus Furcht, es mit Frankreich oder Spanien zu verderben.

So sieht man überall schon seinen Geist darauf gerichtet, die Springfeder rationaler, immanenter Interessen in der Bewegung der politischen Kräfte bloßzulegen, ihr Gesetz zu erkennen und zur Richtschnur des eigenen Handelns zu machen. »Die Beredsamkeit«, sagt er[3], »die nicht die Interessen derer berührt, die man überzeugen will, hat gewöhnlich wenig Wirkung auf sie.« Einen der wichtigsten theoretischen Grundgedanken des *Interest* hat er schon damals erfaßt, nämlich daß die Interessen der Staaten Gesetze für ihr Handeln seien, daß aber der Inhalt dieser Gesetze variiere und jeder Staat sein besonderes individuelles Gesetz habe. »*La Loy des Estats change selon les temps. On n'y peut donner de Maximes certaines. Ce qui est utile à un Roy, est dommageable à un autre*[4].« Und noch ein anderes Wort von damals, das seiner späteren Schrift Ehre gemacht haben würde: »*La force d'un Royaume consiste en un Roy et en ses Alliances,*

---

[1] S. 36ff.
[2] S. 59f. (6. Diskurs).
[3] S. 47 (5. Diskurs).
[4] S. 19 (2. Diskurs).

non de Sang, mais d'interest.« Der dritte Diskurs »*Sur l'Estat de la France*« enthält sogar schon den Keim seiner Schrift über die Interessen der Fürsten in einer kurzen vergleichenden Betrachtung der europäischen Staaten. Sie alle haben, führt er aus, Sorge vor Spanien-Österreich, jeder einzelne wieder aus einem besonderen Grunde. »Jeder weiß, wie süß die Freiheit ist und was ein Volk nicht tun würde, um die zu erhalten, die es erworben hat.« Auch die besondere Schwäche der geographisch zersplitterten Macht Spaniens gegenüber der zu Angriff und Verteidigung gleich günstig gelegenen Macht Frankreichs hat er hier schon anschaulich auseinandergesetzt.

Mitten im wilden Faktionstreiben jener Jahre und selber nicht unbefleckt von ihm, strebte er doch zu der größeren und reineren Aufgabe empor, das französische Gesamtinteresse im Rahmen des europäischen Staatensystems zu erfassen. Der Parteimann und der Staatsmann, der Hugenott und der französische Patriot rangen in ihm miteinander. Mit Nachdruck wies er damals, 1612, den Verdacht ab, daß die Reformierten dem Beispiele der Schweizer und Niederländer folgen und sich vom Staate trennen wollten. Das würde weder die Ehre ihrer Nation noch ihr eigener Nutzen erlauben. Sie könnten auch schon deswegen nicht daran denken, weil sie zu zerstreut im Lande wohnten[1]. Aber in demselben Diskurse drohte er doch damit, daß die Hugenotten, wenn man sie zur Verzweiflung treibe, ihre Hilfe beim Könige von England suchen und Ruin und Bürgerkrieg über Frankreich dadurch bringen könnten[2]. Wir haben gesehen, daß die Verzweiflung ihn schließlich in der Tat auf solche Wege treiben konnte. Aber wir wissen nun, daß das Schicksal, das ihm Richelieu 1629 durch die Niederwerfung der Hugenotten bereitete, auch Kräfte und Gedanken in ihm frei machte, die in ihm von jeher, nur gehemmt und getrübt durch die Konstellationen der Zeit, bereitgelegen hatten. Er wünschte schon seit Jahren sehnlichst, seine und seiner Glaubensgenossen Waffen im Dienste des Königs einmal über die Alpen zu tragen[3]. Nicht als Neubekehrter trat er nach 1629 in den Dienst der Richelieuschen Politik und verkündete die eherne Lehre von den Interessen der Staaten, sondern als ein schon immer von ihr Durchdrungener.

---
[1] S. 39.
[2] S. 33.
[3] So 1622, 1623, 1625; vgl. Laugel S. 137, 167, 177 f.

In dem gemeinsamen Gegensatze gegen den katholischen Universalismus Spaniens lag von vornherein der Vereinigungspunkt des richtig verstandenen französischen Staatsinteresses und des hugenottischen Parteiinteresses. Und es wiederholte sich dadurch bei Rohan in gewisser Weise das politische Schicksal Colignys und Heinrichs IV. Als Coligny 1572 an den Hof Karls IX. kam und das Vertrauen des jungen schwachen Königs sich eroberte, hörte er auf, bloßes Parteihaupt zu sein und glaubte die Bahn frei für sein eigentliches politisches Ziel, französische National- und Expansionspolitik auf hugenottischer Basis zu treiben. Die Bartholomäusnacht zerstörte diese bedeutende Möglichkeit, die sich damals aufzutun schien. Heinrich IV. mußte dann zwar für sich persönlich die hugenottische Basis verlassen, als er sich aus dem Parteiführer in den Monarchen verwandelte, aber verstand es dann doch in seinem politischen System, das hugenottische Interesse in das dominierende Staatsinteresse Frankreichs einzubauen. Rohans Wege und Ziele lagen gleichsam mitten inne zwischen denen Colignys und Heinrichs IV. Er verzichtete und mußte von vornherein auch verzichten auf das höchste Ziel, das Coligny vor Augen gestanden hatte, Frankreich selber ganz protestantisch zu machen. Daran war nicht mehr zu denken, und daran hat er auch, soweit man sieht, niemals gedacht. Anderseits verlangte das Schicksal von ihm nicht, wie von Heinrich IV., den Glaubenswechsel, um seine Kraft ganz in den Dienst der Staatsidee stellen zu können. Sondern Richelieu, indem er das Hugenottentum durch die Zerstörung ihrer Befestigungen und politisch-militärischen Vorrechte gewissermaßen entfeudalisierte, ließ ihm doch Duldung und freie Bewegung genug übrig, um ohne Gewissenskonflikt dem Staate dienen zu können. Rohan hatte in den Jahren nach Heinrichs IV. Tode sein Partei- und sein Staatsinteresse dadurch zu verbinden gehofft, daß die Reformierten, ohne die Alleinherrschaft zu beanspruchen, doch die eigentliche tragende Staatspartei im Lande werden sollten. Das war nicht möglich gewesen, das war gescheitert an den feudalen Aspirationen der Hugenottenpartei, die ihr durch die von Heinrich IV. gegebenen feudalen Vorrechte, durch ihre Stellung als Staat im Staate, eingepflanzt waren. Unter der starken und das französische Staatsinteresse richtig erfassenden Monarchie Heinrichs IV. hatten diese feudalen Vorrechte das Staatsinteresse noch nicht schädigen, sondern harmonisch mit ihm zusammenleben können. In den Wirren der Regentschaft und den ersten Zeiten Ludwigs XIII. und in dem neuen, falschen Kurse der europäischen Politik, den sie steuerten, trennte sich das hugenottische Interesse vom Staatsinteresse, warf diesem nicht mit Unrecht vor, daß es falsch verstanden und schlecht vertreten sei, und zog sich auf sich selber zurück. Die Folge war, daß Rohan nunmehr das Feudalinteresse seiner Partei kräftigst vertrat und sich von ihm, — ganz im Sinne seiner Interessenlehre, ist man versucht zu sagen — »kommandieren ließ«. Den Zwiespalt, der dadurch in ihn hineinkam, vermochte er nicht selber zu lösen. Eine stärkere Gewalt mußte die Elemente voneinander sondern, die in ihm widerspruchsvoll, aber zwangsläufig miteinander verwachsen waren. Das geschah dadurch, daß Richelieu das Hugenottentum entfeudalisierte. Er befreite dadurch in Rohan den französischen Staatsmann und reinen Staatsdenker von dem Zwange partikularer Parteiinteressen. Rohan mag innerlich vielleicht schließlich aufgeatmet haben, als es ihm erlaubt wurde, Calvinist und Franzose zugleich, ungebrochen und mit demselben Elan zu sein. Es war, als ob ein Acker, der bis dahin Unkraut und gute Frucht nebeneinander hatte tragen müssen, von den verborgenen Quecken gereinigt würde.

Der Fall von Rochelle hat Epoche gemacht in Frankreichs Staats- und Nationalleben. Die führenden Kreise der Nation lechzten danach, daß das Königtum ihr Einheit, Größe und Ruhm gäbe; selbst diejenigen ersehnten es, die der Einheit sich bisher in den Weg gestellt hatten. Die Zeitgenossen hatten eine deutliche Empfindung für das Neue, das jetzt heraufstieg. »Das ist nicht mehr«, schrieb einer von ihnen 1629, »das Frankreich von gestern, zerrissen, krank und hinfällig. Es hat sich eine moralische Revolution vollzogen, eine Veränderung des Geistes, ein süßer und erfreulicher Übergang vom Schlechten zum Guten.« Frankreich werde jetzt sein wie ein gut geregeltes Haus; alles werde gehorchen, von den Kindern bis zu den Söldnern, und die Vielzahl von Königen werde der Souveränität eines einzigen Platz machen[1].

Nun können wir auch die Frage beantworten, wie sich die kühle, utilitarische Behandlung der konfessionellen Gegensätze in Rohans *Interest* vertragen konnte mit dem Pathos seiner calvinistischen Überzeugung. Aus den Verwicklungen und Lösungen seines

---

[1] Balzac, *Le Prince* (Ausgabe von 1661), S. 162 bzw. 30.

eigenen Lebensschicksals ersehen wir, daß er immer Bekenner des Staatsinteresses und Bekenner des Glaubens zugleich sein wollte und schließlich auch beides ungestört voneinander sein konnte. Einmal zu dieser Harmonie gelangt, zögerte er auch nicht, praktisch die Konsequenzen zu ziehen. Während seiner Tätigkeit im Veltlin trat er, im Sinne Richelieus und des Paters Joseph, für die Interessen der dortigen Katholiken gegen die Wünsche seiner Graubündener Glaubensgenossen ein[1]. Es mochte ihm vielleicht wie eine von Gott prästabilierte Harmonie erscheinen, daß das französische Staatsinteresse und das calvinistische Interesse, wenn es im großen Zusammenhange verstanden wurde, dieselben Wege der Politik forderten. Aber man darf noch tiefer greifen und an jenen historisch so unendlich bedeutsamen Zug im Calvinismus erinnern, den die Untersuchungen von Max Weber und Troeltsch an den Tag gebracht haben, an seine innerweltliche Askese, die seinen Bekennern erlaubte, die Dinge dieser Welt streng utilitarisch und rational und zugleich mit größter Energie zu betreiben, wofern sie nur ihr Herz nicht von ihnen gefangennehmen und betören ließen, wofern sie sie nur als Werke zur Mehrung der Ehre Gottes in der Welt betrieben. Dadurch wurde es möglich, auch in der Politik das konfessionelle Element rein utilitarisch zu verwerten, — wenn nur der stille Vorbehalt gemacht wurde, daß hoch über aller Politik die Ehre Gottes stünde — *l'empire de Dieu restant en son entier*, wie die Formel der Hugenotten im Königsdienste lautete[2] — und daß letzten Endes auch alle Politik der Ehre Gottes zu dienen habe. Max Weber hat gezeigt, wie der Geist des modernen Kapitalismus Westeuropas aus den Antrieben der innerweltlichen Askese heraus genährt worden ist. Daß sie auch den Geist der modernen Staatskunst zwar nicht hervorbringen, aber begünstigen und fördern konnten, mag nun Rohans Beispiel zeigen. Das Zeitalter der Glaubenskämpfe und das Zeitalter der reinen Staatsräson hingen in ihm innerlichst zusammen.

*

So liefert denn Rohans eigenes Leben den schönsten Kommentar zu seiner Lehre von den Interessen der Staaten, — wie sie

---

[1] Laugel S. 309, 313, 335; Rott, *Hist. de la représent. dipl. de la France etc.* 5, 89, 144 und *Revue d'hist. diplom.* 27, 167.
[2] Schybergson S. 16.

organisch entstehen aus der Konstellation, wie sie richtig oder falsch verstanden den Staat in die Höhe oder in die Tiefe führen können, wie sie selbst in staatsähnlichen Gebilden von der Art des Hugenottentums emporsprießen mußten und dann in sonderbare Verwachsungen und Kreuzungen mit dem eigentlichen übergeordneten Staatsinteresse geraten konnten, wo denn dieses zuletzt, als es wohlverstanden und kraftvoll vertreten wurde, sich als das stärkere erweisen mußte. Der alten, aus dem Feudalismus sich emporringenden und durch die Probleme der Glaubensspaltung neu bedrohten Monarchie Frankreichs war damals eine ähnliche Aufgabe gestellt wie dem modernen Verfassungsstaate mit seinen Parteien. Auch die modernen Parteien sind und müssen werden nach dem ihnen innewohnenden Triebe staatsähnliche Gebilde, deren natürliche Interessen sich bald kreuzen und bald zusammenfallen mit dem höheren Staatsinteresse. Hier wie dort galt es, dem höheren Staatsinteresse den Sieg zu verschaffen über die Interessen aller staatsähnlichen Gebilde. Doch ist dabei ein wesentlicher Unterschied. Der moderne, auf freie Bewegung im Innern angewiesene Staat kann die Staatsähnlichkeit der Parteien niemals ganz beseitigen, den Nerv des eigenen Interesses ihnen niemals ganz abtöten. Das Heilmittel liegt dann im parlamentarischen Staate darin, daß einzelne Parteien und Parteiführer selber die Verantwortung für das Ganze des Staates übernehmen, aus dem Körper der Partei in den Körper des Staates hinüberschlüpfen und von ihm aus dann, wenn sie das Zeug dazu haben, denken und handeln, von ihm sich »kommandieren« lassen müssen. So kann es, hier mehr, dort minder gelingen, die lebendigen Kräfte, die in den Parteien sich entfalten, dem Ganzen des Staates nutzbar zu machen. Die alte Monarchie hatte dasselbe Ziel mit andern Mitteln zu erstreben. Um die Kraft eines Rohan freizumachen für ihren Dienst, mußte sie das staatsähnliche Gebilde, in dem er steckte, ganz und gar zerschlagen. Sie konnte schlechterdings keinen Staat im Staate, keine besonderen politischen Autonomien im Innern vertragen, weil sie politische Freiheit im Innern noch nicht vertragen konnte, weil sie noch nicht stark genug war, um staatsähnlichen Gebilden in ihrem Rahmen freiere Bewegung zu gönnen, ohne ihnen zu unterliegen. Das System Heinrichs IV., der es vermocht hatte, den autonomen Geist des Hugenottentums zugleich zu schonen und in Schranken zu halten, beruhte doch nur auf seiner singulären Persönlichkeit. Richelieu sah nach den Erfahrungen der Regentschaft ein, daß nur nach Vernichtung aller autonomen Gewalten, nach Brechung aller besonderen politischen Interessen im Lande das zentrale Staatsinteresse in voller Reinheit sich entfalten könne.

Dabei wirkten dann innere und äußere Entfaltung des Staatsinteresses eng zusammen. Der Staatswille mußte, um seine Machtinteressen nach außen durchzusetzen, sich reichere Quellen finanzieller und militärischer Macht im Innern erschließen, was damals nur durch Einführung des absolutistischen Regimes möglich war. Es erhebt sich die Frage, ob Rohan auch diese Konsequenz seiner Interessenlehre zu ziehen sich entschlossen hat, ob er, nachdem die hugenottische Autonomie gebrochen war, sich grundsätzlich auch auf den Boden des Richelieuschen Absolutismus gestellt und seine innere Politik ebenso gebilligt hat wie seine äußere. Man kann die Frage aus seinen eigenen Äußerungen nicht beantworten, aber wir tragen aus inneren Gründen Bedenken, sie zu bejahen. Der eigentliche Leitstern für Rohans politisches Denken war immer das System Heinrichs IV. gewesen, und er konnte in Richelieus Dienst übertreten, weil dieser, — und wir dürfen wohl einschränkend hinzusetzen, soweit dieser das System Heinrichs IV. erneuerte. Zur vollen Entfaltung des Absolutismus im Innern aber war dieses System nicht gelangt. Die selbständige Kraft der Großen wurde in ihm nur gebeugt, nicht gebrochen. Seine innere Wurzel war jener altfranzösische Royalismus, der ganz echt und ganz naiv feurige Begeisterung für das nationale, machtvoll nach außen ausstrahlende Königtum mit frondierendem Trotze gegen seine Diener vereinigen konnte, — *pour le roi, contre le cardinal*, wie es später in den Kämpfen der Großen gegen Richelieu hieß[1]. Und der schrankenlose Absolutismus, dem Richelieu die Bahn brach, gefährdete letzten Endes, wie die Erfahrung zeigen sollte, auch jenes Maß von konfessioneller Duldung, das Richelieu den Hugenotten ließ, durch das er es Rohan ermöglichte, in seinen Dienst zu treten. Diese unerfreulichen Folgewirkungen des Richelieuschen Lebenswerkes waren damals noch nicht zu überblicken, aber Rohan hat, indem er ihm nun diente, dem Hugenottentum sein eigenes Grab schaufeln helfen. Er glaubte, und er konnte damals auch nur glauben, jener wohlverstandenen Staats-

---

[1] Avenel, *Richelieu et la monarchie absolue* I, 148 f.

räson Frankreichs zu dienen, die den Protestantismus im Innern dulden mußte, weil ihre europäischen Interessen es forderten. Auf den Schlachtfeldern Italiens wollte er, wie man richtig gesagt hat, auch für die Anerkennung seines Glaubens kämpfen. Und auf eben diesen Schlachtfeldern konnte sich auch die überströmende, ungebändigte Kraft der Großen austoben und ihr altfranzösischer Royalismus unzerteilt auswirken. Niemand vermochte das deutlicher zu empfinden als Rohan, der seine Kraft so lange in unfruchtbarem Rebellentum hatte verzehren müssen, um endlich den ersehnten Königsdienst in politisch-militärischer Betätigung für Frankreichs europäische Interessen zu finden. In seiner Schrift *Le parfait capitaine*, einem Kommentar zu Cäsars *Bellum Gallicum*, die in denselben Jahren wie sein *Interest* entstand[1], finden sich darüber lehrreiche Äußerungen. Sie berühren sich zwar mit oft ausgesprochenen Lehren der damaligen Staatskunst, tragen aber auch die unverkennbare Farbe der eigenen Erlebnisse.

Der mächtigen Staaten, heißt es hier[2], die nicht auf Hilfe anderer angewiesen sind, gibt es nur wenige, und sie haben sich nur vor sich selber in acht zu nehmen. Die mächtigen aber wie die minder mächtigen Staaten dürfen nur gute Festungen haben, und nur in kleiner Anzahl, und nur an den Grenzen und nicht im Herzen der Staaten[3], weil sie mehr die bürgerlichen Kriege als die auswärtigen zu fürchten haben und weil man ein großes Reich, das keine Bürgerkriege hat, niemals angreifen würde. Auch dürfe man nie die Gouvernements in den Familien oder auch nur auf Lebenszeit fortdauern lassen. Aber das wichtigste und mächtigste Mittel gegen den Bürgerkrieg ist, auswärtigen Krieg zu unterhalten. Er vertreibt den Müßiggang, beschäftigt jedermann und insbesondere die ehrgeizigen und unruhigen Geister, bannt den Luxus, macht das Volk kriegerisch und erhält euch in solcher Reputation unter den Nachbarn, daß ihr zum Schiedsrichter aller

---

[1] Mir liegt die Ausgabe von 1638 »*Abrégé des Guerres de Gaule des commentaires de César*« (Paris, Jean Houzé) vor. Eine frühere von 1636 erwähnt Laugel S. 293.

[2] S. 363 ff.

[3] Vgl. dazu Bodinus, *De Republica* 1. V, c. 5: *Quae vero imperia regionibus ac provinciis latissime patent, ut unius dominatu teneantur, nec urbes valde munitas, nec arces aedificare, praeterquam in ipsius regni finibus necesse est ut regnum et adversus hostes et contra civiles motus facilius tueri possint.*

ihrer Händel werdet. Diese Maxime ist allerdings nur gut für die mächtigen Staaten. Für sie ist sie notwendig, für kleine Staaten aber, die alle Arten von Krieg zu fürchten haben, gefährlich, da sie dabei nur die Beute der Mächtigeren zu werden Gefahr laufen.

Schon Lesdiguières hatte 1620 den Krieg gegen Spanien aus dem Grunde empfohlen, daß man damit inneren Bürgerkriegen vorbeuge und die kriegerischen Elemente Frankreichs auf den Ebenen Italiens beschäftige[1]. Überhaupt aber war der Gedanke, daß auswärtige Kriege ein heilsames Mittel zur Beschäftigung aufrührerischer Elemente seien, Gemeingut der damaligen Staatskunst[2] und verdiente bei den Untersuchungen über die Motive der damals geführten Kriege stärker berücksichtigt zu werden. Zwar hat gerade Richelieu nicht daran denken wollen, sich durch auswärtigen Krieg Erleichterung im Innern zu verschaffen[3], aber die Wirkung, die er darauf hatte, konnte auch er begrüßen. Der Krieg gegen äußere Feinde war eines der wirksamsten Mittel zur Entfeudalisierung des Staates, zur Ausrodung des autonomen Geistes im Innern, zur Zusammenfassung der zersplitterten nationalen Kräfte im Dienste des Staatsinteresses. Freilich mußte nun in Kriege, die aus solchem Motive mit unternommen wurden, selber ein starker Tropfen feudalen Geistes, ritterlichen Ehrgeizes und Tatendranges mit einfließen. Man weiß zum Beispiel, daß der berühmte Eroberungszug Karls VIII. nach Italien, der die Geschichte der modernen Macht- und Interessenpolitik einleitet,

---

[1] Dufayard, Lesdiguières, S. 527.
[2] Zahlreiche Zeugnisse aus der Mitte des 16. Jahrhunderts bei Desjardins, *Les sentiments moraux au 16. siècle*, 1887, S. 304 ff. Ferner vgl. Machiavelli, *Principe* c. 21 und Bodinus an der oben angeführten Stelle. Schon Aristoteles bemerkt in der Politik V, 9, daß der Tyrann Kriege veranstalte, damit die Untertanen beschäftigt würden und einen Führer nötig hätten. Botero in der *Ragion di stato* Buch 3 (Ausgabe von 1606, S. 107) führt aus, daß Spanien deswegen in größter Ruhe und Frankreich in beständigen Bürgerkriegen lebe, weil Spanien seine Völker in großen auswärtigen Kriegen beschäftige, während Frankreich, in Frieden mit den Nachbarn stehend, durch Schuld der calvinistischen Ketzerei sich gegen sich selbst revoltiert habe. Campanella im Diskurs von der spanischen Monarchie, c. 20; Chiaramonti, *Della ragione di stato*, S. 371; *Frachetta, Il Prencipe* S. 134; Chr. Besold, *Politicorum libri duo* S. 774. Für Clapmarius vgl. Hegels a. a. O. S. 54. Spinoza bemerkt im politischen Traktat Kap. 7, § 20, daß Könige meist der Adligen wegen Kriege führen, um Ruhe vor ihnen im Innern zu haben.
[3] W. Mommsen a. a. O. S. 228.

keineswegs aus reiner, nüchterner Staatsräson unternommen wurde, sondern auch ein ritterliches Abenteuer großen Stils darstellte. Auch sind die ritterlichen Motive, die in den großen Kämpfen Karls V. und Franz' I. mitschwangen, wohlbekannt. Der moderne Staat selber, — man denke an den Zusammenhang des modernen Behördenwesens mit dem fürstlichen Hofstaate und an die Struktur der älteren stehenden Heere — lebte anfangs noch gewissermaßen wie ein großer Ritter. So gehen auch hier die Epochen innerlich ineinander über, so nähren die älteren mit ihrem Lebenssafte, indem sie selber daran zugrunde gehen, das Wachstum der neueren.

Diese innere Blutsverwandtschaft der Epochen macht ja auch verständlich, daß Rohan der einen wie der anderen angehören konnte. Dennoch wird man, wenn man jene Worte aus dem *Parfait capitaine* über die Anlage von Festungen im Lande liest und wenn man sich dabei an die Grundgedanken seines *Interest* erinnert, immer wieder etwas betroffen über diese Palinodien seines eigenen früheren Handelns. Wer wußte besser als Rohan, daß kleine Festungen im Lande das gefährlichste Machtmittel des Bürgerkrieges seien? Als Verteidiger der kleinen Städte und Schlösser Languedocs und der Cevennen hatte er sich seinen militärischen Ruf erworben. Auf die Vernichtung der von ihm verteidigten hugenottischen Sicherheitsplätze durch Richelieu drücken nur jene Worte des *Parfait capitaine* gewissermaßen das letzte bekräftigende Siegel. Diese Verleugnung seines früheren Wirkens würde fast charakterlos anmuten, wenn man sich nicht klarmachte, daß eine gewisse Grundsatzlosigkeit zum innersten Wesen der neuen Staatsinteressenpolitik gehörte. Sie trat bei Machiavelli auf als reine Rechenkunst des staatlichen Egoismus, die ganz rationell und ungestört durch ethische Grundsätze und Ziele zu betreiben war. Nur die Betrachtung der Gesamtpersönlichkeit Machiavellis ließ erkennen, daß das ethische Motiv des *virtù*-Ideals und eines leidenschaftlichen italienischen Patriotismus dahinter verborgen lag. Ähnlich steht es auch mit Rohan. Der feurige Vorkämpfer für Frankreichs Ruhm und Größe war in ihm von vornherein lebendig neben dem stolzen und zähen Verteidiger des feudalen Hugenottentums. Aber die Interessenpolitik selber, die er im Geiste seiner Zeitgenossen lehrte, war eine nüchterne rationelle Kalkulation der Kräfte von Freund und Feind. Wir meinen, daß eben auch dieser kalkulatorische Charakter der Interessenlehre es ihm erleichterte, sie zu vertreten und die Palinodie seiner eigenen Vergangenheit damit zu singen. Weil es sich um eine rein technische Aufgabe handelte, konnte er mit so kühler Sachlichkeit Rezepte gegen sein eigenes früheres Rebellentum angeben.

Diese Beobachtung führt noch etwas weiter. Der große Gedanke des reinen Staatsinteresses, der strengen Unterordnung alles Zufälligen und Triebhaften unter die unerbittliche Staatsräson konnte von Richelieu und auch von Rohan empfunden werden mit einem gewissen geheimen Schwunge, mit seelischem Enthusiasmus und wie eine Art Evangelium. Aber diese Lehre konnte auch, angewandt auf die konkrete Wirklichkeit, auf die mannigfachen Beziehungen staatlicher Macht nach innen und außen, leicht entarten zu einer seelenlosen Rechenkunst, zu einer utilitarischen Technik und Mechanik des politischen Gewerbes. Und jene Zeiten neigten zu einer solchen nüchternen und kalten Handwerksmäßigkeit. Schon bei Machiavelli stört sie das ethische Empfinden des Lesers. Der Staat umschloß ja damals noch nicht sittliche Werte genug, war noch nicht breit und tief genug im Kulturleben der Nation verwurzelt. Er konnte sich aus dem Feudalismus nur emporringen durch die mechanischen Mittel eines wohlberechneten Machtapparates und einer die eigenen und fremden Kräfte kalkulierenden Interessenpolitik. In diese Rationalität verwob sich dann freilich, wie wir sahen, der irrationale Faden ritterlichfeudalen Ehrgeizes und Tatendranges und — im Zeitalter der Gegenreformation und zumal bei Spanien — auch konfessionelle Tendenz und Leidenschaft. Könige, Ritter und Priester in ihrem Zusammenwirken wie Auseinanderstreben schufen den modernen Staat, unterstützt von brauchbaren Kreaturen des Bürgerstandes. Weil der werdende moderne Staat dadurch so viel Widersprüche in sich aufnehmen mußte, war er, um sich vor ihrer Wirkung zu schützen, gewissermaßen genötigt zu jener kalkulatorischen Nüchternheit seines Betriebes, zu jener mechanisierenden Auffassung seiner Interessen. Es überrascht, wenn man die politische Geschichte des 16. und beginnenden 17. Jahrhunderts im einzelnen betrachtet, immer aufs neue wieder das merkwürdige Nebeneinander rein machiavellistischer Staatskunst und Denkweise und trüber, undurchsichtiger Leidenschaften und Antriebe[1].

Der Siegeszug der Interessenpolitik und Interessenlehre aber wurde erleichtert durch den mechanischen Charakter, den sie damals noch trug. Es war, wie wir früher sagten, eine Art Schachspielfreude, sie zu treiben, — wie sie schließlich auch noch heute der routinierte Diplomat empfindet. Sie konnte einen spiel- und sportmäßigen Charakter annehmen. Die geheimen Triebfedern und Hilfsmittel der großen und kleinen Potentaten Europas richtig zu berechnen und zu behandeln, welch ein Anreiz für starke Geister lag darin, welch eine Versuchung freilich auch für Glücksritter, es heute mit dieser und morgen mit jener Partie zu versuchen. Die Interessenlehre lehrte auch die behende Kunst des Umdenkens heute in dieses, morgen in jenes Interesse, und so hat namentlich das 17. Jahrhundert eine Art Landsknechtstum der Diplomatie entwickelt, ein Gewölke von ganzen und halben Diplomaten, Residenten, Agenten, Korrespondenten, Publizisten, die für jede Macht zu haben, jedes Interesse geschickt auszurechnen bereit waren. Aus diesen Kreisen stammen mehrere Nachahmungen der Rohanschen Schrift aus dem späteren 17. und dem 18. Jahrhundert. Soweit sie mit politischem Talente geschrieben sind, spiegeln sie lehrreich sowohl die Wandlungen der politischen Lage wie des politischen Geistes Europas. Aber um die tiefere Entwicklung der Interessenlehre und der mit ihr verbundenen Lehre von der Staatsräson, ihre Ausstrahlungen auf andere Lebensgebiete, ihre Verflechtung mit dem ganzen Gange des politischen und geschichtlichen Denkens zu verfolgen, wird man sich nicht nur an diese Handwerksgesellen des politischen Betriebes, sondern vor allem an die großen eigenwüchsigen Meister politischen Denkens und Handelns zu wenden haben. Auf diese Weise eine Kette herzustellen, die bis zum Historismus des 19. Jahrhunderts reicht, und so den Zusammenhang in der Entwicklung von Staatskunst und Geschichtsauffassung aufzuhellen, wird die Absicht weiterer Kapitel sein. Zunächst aber dürfen wir noch einen Vertreter der eigentlichen Staatsräson aus der Umwelt Richelieus zu Worte kommen lassen.

---

[1] Der Stievesche Aufsatz über Staatskunst und Leidenschaften im 17. Jahrhundert (in seinen Abhandlungen, Vorträgen und Reden 1900) stellt den Anteil der Leidenschaften gut dar, aber unterschätzt die Bedeutung rationeller Interessenmotive in der damaligen Politik.

SIEBENTES KAPITEL

Gabriel Naudé

Wir gingen in unseren bisherigen Betrachtungen um Richelieu, den größten Praktiker der Staatsräson im 17. Jahrhundert, gleichsam im Bogen herum und begnügten uns, die Ausstrahlungen seines staatsmännischen Geistes auf Campanella, den Verfasser des *Discours* von 1624, und den Herzog von Rohan und die Rückstrahlungen, die von diesen auf sein Lebenswerk fielen, zu verfolgen. Wir fahren damit fort, indem wir einen neuen Spiegel, der nicht nur abspiegelt, sondern auch eigenes Licht entsendet, aufzustellen versuchen in dem Buche von Richelieus Zeitgenossen Gabriel Naudé, *Considerations politiques sur les coups d'état.* Unsere Rechtfertigung ist, daß die ideellen Zusammenhänge und Hintergründe der Staatsräson in den handelnden Staatsmännern nicht so deutlich und vollständig zum Ausdruck kommen, wie in denen, die der Welt des Handelns nahe genug stehen, um sie zu kennen, aber auch Distanz genug haben, um über ihre Probleme kontemplativ nachdenken zu können. Nur ausnahmsweise, wie bei Friedrich dem Großen, vereinigen sich Aktion und Kontemplation so wirksam, daß unsere Untersuchung dabei verweilen muß. Das Eigene ist nun, daß Naudé, der einzige reine Büchergelehrte unter den vier von uns behandelten Zeitgenossen und Satelliten Richelieus, gewisse geistig-menschliche Beziehungen und Auswirkungen im Handeln nach Staatsräson schärfer und bewußter herausgebracht hat als jene anderen von aktiverer Art.

Gabriel Naudé lebte von 1600—1653, begann als Mediziner, wurde 1631 in Rom Bibliothekar des Kardinals Bagni, der als päpstlicher Diplomat vielfach, so auch als Nuntius Urbans VIII. in Frankreich fungierte, blieb bis zu dessen Tode 1641 in seinem Dienste, wurde 1642 im Todesjahr Richelieus noch von diesem als Bibliothekar nach Paris berufen und dann von Mazarin als solcher angestellt. Er war ein Bibliothekar, ein Büchersammler und Bibliothekengründer großen Stiles, korrespondierte fleißig und in stilvollem Latein mit den Gelehrten seiner Zeit und führte, wie man ihm nachrühmte, ein untadelhaftes und mäßiges Leben. Sein Motto war: *Foris ut moris est, intus ut lubet*[1]. Besondere Probleme scheint dies Gelehrtenleben nicht gehabt zu haben. Von seiner gewaltigen Belesenheit in der politischen Literatur seiner Zeit zeugt seine instruktive kleine, 1633 zuerst erschienene *Bibliographia politica*. Besonders interessant für uns aber sind seine nahen persönlichen, in Freundschaft und Irrung wechselnden Beziehungen zu Campanella[2], in dessen Schicksale er tiefe Einblicke erhielt und den er in jenem Werkchen einen *vir ardentis penitus et portentosi ingenii* nennt. Es wäre einer eigenen Untersuchung wert, die Feuerfunken zu verfolgen, die Campanella durch seinen Verkehr mit Naudé, Scioppius und Christoph v. Forstner nach Frankreich und Deutschland warf[3]. Die Anregung muß ungeheuer gewesen sein, — trotz der scharfen Kritik, die gerade Naudé in den Jahren der Entfremdung an dem Gemisch von Metaphysik und Politik in Campanella üben konnte[4]. In dem nüchterneren Naudé schlug der Machiavellismus stärker durch als Campanella es gebilligt hätte. Wir vermuten also, daß Machiavelli und Campanella zugleich geistige Paten des Werkes über die Staatsstreiche waren, das Naudé auf Veranlassung seines Herrn, des Kardinals Bagni, schrieb und ihm 1639 widmete. Ursprünglich war es gar nicht für das große Publikum, sondern für einen kleinen Kreis von politischen Kennern und Feinschmeckern bestimmt und wurde deshalb, wie das Vorwort angibt, nur in 12 Exemplaren zuerst abgezogen. Doch soll tatsächlich eine sehr viel größere Anzahl von Exemplaren dieses Erstdruckes existieren, dem noch angeblich im selben Jahre 1639 ein Pariser Neudruck und später noch weitere Ausgaben folgten[5]. Es ist das berühmteste Lehrbuch der Staats-

---

[1] Vgl. Sainte-Beuves 1843 geschriebenen Essai über ihn in den *Portraits littéraires* II und die Lebensnachrichten in *G. Naudaei epistolae* 1667.

[2] Vgl. darüber Amabile, Campanella ne' castelli di Napoli 1, 437 ff. und die in Bd. 2 abgedruckten Briefe Naudés.

[3] Einiges bei Kvačala, Protestant. gelehrte Polemik gegen Campanella, 1909, und bei Blanchet, Campanella, 529 ff.

[4] Amabile 2, 281

[5] Uns lagen die Ausgaben von 1667 (*Sur la copie de Rome*) und die von 1673 vor, die L. Dumey mit einem breitspurigen und polemisch gegen Naudé gehaltenen Kommentar versah.

kunst, das den machiavellistischen Typus vertritt, im 17. Jahrhundert geworden. Es verließ bewußt die ausgetretenen Wege der italienischen *ragione di stato*-Literatur und der von Clapmar begründeten *Arcana*-Literatur, knüpfte vielmehr, außer an Machiavelli, an Justus Lipsius[1], Charron (*De la sagesse* 1601) und Scioppius an und nannte noch einen großen Einfluß, der zwar nicht für den unmittelbaren Gegenstand seines Buches, aber für seine ganze Denkweise entscheidend geworden ist: Michel Montaigne. Von ihm lernte er, was jene Zeiten so schwer und so selten nur zustande brachten, gelehrtes Wissen und weltmännischen Lebensblick zu vereinigen, den ungeheuren Druck, den die antiken Vorbilder auf das eigene Denken ausübten, sich zu erleichtern durch ein freies Schweben über den Büchern und Menschen zugleich. Die geistige Furcht- und Illusionslosigkeit, der relativierende Skeptizismus, aber auch der Sinn für das Labyrinth der menschlichen Seele und die tieferen, nach neuem ethischen Halte suchenden Bedürfnisse des großen Freidenkers spiegeln sich auch in Naudés Gedankenwelt.

Er war davon durchdrungen, daß die Konzessionen, die Clapmar und andere dem Machiavellismus gemacht hatten, indem sie den Staatsmann befreiten von der Bindung an das positive Recht und das Mittel der Dissimulation ihm erlaubten, die Fülle der Möglichkeiten, die den Staatsmann über die Grenzen von Recht und Sitte hinwegdrängten, noch nicht erschöpften. Er griff also wieder tiefer hinein in die Rezepte Machiavellis, hielt aber, wie tatsächlich auch schon dieser, daran fest, daß die Erlaubnis zu unsittlichem Handeln, die man dem Staatsmann gebe, keine innerlich unbeschränkte und tyrannische Willkür rechtfertigende sei. Er unterschied nun von den gewöhnlichen und allgemeinen, in den Grenzen von Recht und Sitte sich haltenden Staatsregeln

---

[1] Justus Lipsius vertrat in seinem früher (S. 30) genannten Lehrbuche der Politik 1589 einen gemäßigten Machiavellismus. So nützlich es als Materialsammlung antiken Denkens in Staatsräson ist, so lohnt es sich doch für unsere Zwecke nicht, eingehend analysiert zu werden. Man kann auf Janet, *Hist. de la science politique*, 4. éd., 1, 561 ff. dafür verweisen. Dort S. 571 ff. auch ein Abschnitt über Naudé. Janets wertvolles Werk leidet an einer übermäßig juristischen Behandlung der politischen Theorien. Das Problem der Staatsräson ist ihm nicht in vollem Umfange aufgegangen, wie namentlich sein Versuch, Richelieu in einen tieferen Gegensatz zu Machiavelli zu stellen, zeigt.

einmal die *maximes d'Etat,* die etwa der *ragione di stato* der Italiener und Clapmars *arcana imperiorum* entsprächen, und dann die von ihm in erster Linie behandelten *coups d'Etat.* Beiden gemeinsames Merkmal sei, daß sie das gemeine Recht überschritten um des *bonum commune* willen, aber bei dem Handeln nach Maximen gingen die ausgesprochenen Gründe, Manifeste, Deklarationen usw. der Aktion vorher, während bei den *coups d'Etat* der Blitz niederfahre, bevor man in den Wolken den Donner habe rollen hören. Der Fall Birons unter Heinrich IV. und des Grafen Essex unter Elisabeth gehörten also zu den »Maximen«, weil ein Prozeß vorherging; der Fall des Marschalls d'Ancre und des David Riccio zu den *coups d'Etat.* Man könne aber auch das einen *coup d'Etat* nennen, wenn zwar die Formalitäten der Exekution vorangingen, die Religion aber dabei besonders stark profaniert würde. So etwa, wenn die »in einen dauernden Machiavellismus getauchten« Venetianer sagten: »Erst sind wir Venetianer, dann Christen« oder wenn ein christlicher Fürst die Türken zu Hilfe rufe. Aber auch ganz außerordentliche und zu weittragenden Folgen führende Handlungen, wie die Bartholomäusnacht, die Ermordung des Herzogs von Guise, das Bündnis Heinrichs IV. mit den Holländern, ja selbst, wie er anzudeuten wagte, sein Übertritt zur alten Kirche, gehörten nach ihm unter den Begriff der Staatsstreiche.

Es ist nicht nötig, Kritik an den logischen Schwächen dieser Begriffsbildung zu üben. Was er sagen will, ist in der Hauptsache verständlich. Er wollte ja keineswegs alle diese »Staatsstreiche« rechtfertigen, sondern unterschied gerechte und ungerechte, königliche und tyrannische und versuchte, Kriterien und Winke aufzustellen für die gerechtfertigten Staatsstreiche. Man dürfe sie nicht zur Offensive, sondern nur zur Defensive in dieser Welt von Lug und Trug, in der man Fuchs gegen Fuchs sein müsse, üben. Es müsse die »Notwendigkeit« oder ein evidenter und wichtiger öffentlicher Nutzen des Staates oder des Fürsten vorliegen, denn »die Ehre des Fürsten, die Liebe zum Vaterlande, das Heil des Volkes wiegen viele kleine Mängel und Ungerechtigkeiten auf«. Weiter verfahre man lieber langsam als im Galopp und gebrauche das Mittel nicht zu häufig. Sodann wähle man immer die mildesten und leichtesten Mittel, man verfahre als Arzt, nicht als Henker, mit Klugheit, nicht mit Leidenschaft. Der *sacco di Roma* würde weniger verhaßt sein, wenn man die Kirchen und Geistlichen mehr geschont hätte. Schließlich verfahre man dabei immer mit Bedauern und Seufzen, wie wenn man jemandem den Zahn ziehe. Man denke über alles fleißig nach, was dieses Mittel entweder entbehrlich machen oder mildern könne. Kurz, der Fürst, der nicht **ganz** gut sein könne, solle es wenigstens halb sein. Nehmen wir hinzu, daß er auch die (von ihm als prämeditiert angenommene) Bartholomäusnacht trotz ihrer sehr gefährlichen Folgen für einen durchaus gerechtfertigten Staatsstreich erklärte[1], so haben wir ein voll geschüttelt Maß von rationalem Machiavellismus bei ihm vor Augen.

Nicht das allein würde ihn historisch interessant machen. Denn erst durch seine unheimliche Verbindung mit gewissen Wahrheiten und Werten des Staatslebens wurde der Machiavellismus zu einer geschichtlichen Lebensmacht. Den rücksichtslosen Wahrheitsmut, dies zu erkennen, hatte auch Naudé. Er vertuschte nicht etwa, wie es doch selbst Bodin getan hatte, die machiavellistische Praxis des eigenen Heimatstaates, sondern gab offen zu, daß Frankreich seit dem *coup d'état,* den Karl VII. mit der Jungfrau von Orleans verübt habe, wie ein kachektischer Körper nur durch gewaltsame Mittel, durch eine Kette von Strategemen am Leben erhalten worden sei. Er war sich ferner der furchtbaren Zwiespältigkeit der Staatsstreiche tief bewußt. Sie sind wie die Lanze des Telephos, die verwunden und heilen kann, wie ein Schwert, das man gebrauchen und mißbrauchen kann, wie Diana von Ephesos mit zwei Gesichtern, einem traurigen und einem frohen, wie die Medaillen der Ketzer, die Papst und Teufel zugleich abbilden, wie Gemälde, die Leben und Tod zugleich zeigen, je nach dem Standort des Betrachters. Und was in dem einen Augenblicke nützt, kann im nächsten Augenblicke schon schaden.

Diese Einsichten steigerten sich in ihm zu jener frei schwebenden Lebensstimmung, in der wir Montaignes Einfluß zu erkennen glaubten[2]. Von zwei Überzeugungen, so lehrte er, müsse man erfüllt sein, wenn man einen Staatsstreich unternehme. Einmal

---

[1] Er kritisierte nur, daß sie nicht radikal genug durchgeführt worden sei.

[2] Es war das Lebensideal des *honnête homme,* das in Frankreich seit Beginn des 17. Jahrhunderts aufkam. Vgl. Erna Priest, Margarete von Navarra und die Frauenfrage. Berliner Diss. 1925.

von der, daß alle Reiche und Herrschaften unbeständig seien: Paris wird nicht immer Hauptstadt der Könige von Frankreich sein, Rom nicht immer die der Päpste. Alle Macht vergeht einmal. Und zweitens dürfe man, wenn man mit einem Staatsstreiche reussieren wolle, nicht meinen, daß es dafür nötig sei, die ganze Welt umzurühren. Solche großen Veränderungen kommen oft, ohne daß man daran denkt oder wenigstens ohne daß es so großer Vorbereitungen bedürfe. Archimedes bewegte die größten Lasten mit drei oder vier ingeniös verbundenen Stöcken. So könne auch der Staatsmann durch ganz unbedeutende Mittel große politische Umwälzungen hervorrufen. Und darin folge man der Natur, die aus kleinem Samenkorn große Zedern wachsen lasse. Es ist eine eigentümliche, hochcharakteristische Verbindung von Weisheit und Raffinement, von seelischer Gelassenheit und energischer Tatbereitschaft, die er als die spezifisch staatsmännische Mentalität meisterhaft schilderte. Jener Untergrund von skeptischer Philosophie, der in dem nach reiner Staatsräson handelnden Staatsmann in der Regel vorhanden ist, aber selten einmal offen ausgesprochen wird, wurde hier schlecht und recht bloßgelegt.

Diese praktische Philosophie des Staatsmanns ist freilich immer eine zwiespältige Philosophie, denn Weisheit und Machtbedürfnis vertragen sich nicht konsequent miteinander. Wie zwiespältig ist das Verhältnis eines skeptisch aufgeklärten Staatsmannes zu dem Volke, für das er zu sorgen hat. Auch da hinein läßt Naudé blicken. Auf der einen Seite sprach er sich mit höchster Verachtung über die *populace* aus, die dümmer als die Tiere sei, denn diese hätten zwar nicht Vernunft, aber Instinkt; die rohe Masse aber mißbrauche die Vernunft in tausend Weisen und werde darum der Schauplatz für Redner, falsche Propheten und Betrüger, für blutige Tragödien, ein Meer, das allen Winden und Stürmen ausgesetzt sei. Auf der anderen Seite aber galt es ihm, dieses Meer zu beherrschen und durch ebensolche Mittel der Täuschung und des Betruges, durch Prediger und Wunder, durch gute Federn, durch künstlich komponierte Manifeste die Menge an der Nase herumzuführen. Naudé mag sich darüber mit Campanella oft unterhalten haben. Ganz nach diesem klingt sein Wort, daß ein Fürst mit zwölf guten Rednern zur Hand sich mehr Gehorsam verschaffe als mit zwei Heeren. Aber während Campanella durch seine agitatorischen Täuschungskünste letzten Endes eine wirkliche Zukunftsreligion vorbereiten wollte, sah Naudé das Problem der Religion ganz praktisch und utilitarisch an, — empirisch nüchtern, aber darum schließlich auch flach. Er würdigte wohl die gewaltigen Kräfte des religiösen Enthusiasmus und urteilte, daß die Verteidigung von La Rochelle durch die 40 dorthin geflüchteten Prediger wirksamer geführt worden sei als durch alle Kapitäne und Soldaten dort. Aber er gab sich kaum noch die Mühe, zwischen Religion und Aberglauben zu unterscheiden. Wenigstens floß beides bei ihm fast ununterscheidbar zusammen. Und so kam er zu dem Ergebnis, daß der Aberglaube die stärkste Kraft zur Bewegung des Volkes und die Religion das leichteste und sicherste Mittel, um zu politischen Zielen zu kommen, sei. Sie kann und muß also vom Politiker dirigiert werden, und die beste Religion ist diejenige, die die verbreitetste ist. *La plus commune doctrine est toujours la meilleure* (S. 201). Es war also ein großer Fehler, daß man Luther aufkommen ließ. Man hätte ihn durch einen *coup d'etat* unschädlich machen oder durch eine Pension und Pfründe gewinnen sollen. Würde wohl Richelieu den Hugenotten gegenüber zum Ziele gekommen sein ohne die Erkaufung ihrer besten Kapitäne?

Rohans Beispiel zeigte uns bessere und edlere Mittel der Gewinnung und daß gerade auch die Gedankenwelt der Staatsräson solche edleren Mittel hervorbringen konnte. Und wenn Naudé uns eben die ewige Gefahr des Handelns und Denkens nach Staatsräson, in Menschen- und Ideenverachtung zu verfallen, zeigte, so wird er uns jetzt durch das Bild des idealen Staatsmannes, das er am Schlusse seines Buches zeichnete, auch die höheren ethischen Möglichkeiten, die in der Lebensform des politischen Menschen liegen, veranschaulichen. Offenbar stand ihm Richelieu vor Augen, wenn auch ein idealisierter Richelieu.

Von ihm ging er aus und riet den Fürsten, dem Beispiele Ludwigs XIII. zu folgen und sich e i n e m tüchtigen Minister anzuvertrauen, mit freiester Auswahl der Personen, selbst Ausländer, selbst Gelehrte, selbst Mönche — er wies auf Paolo Sarpi — nicht ausgeschlossen. Drei Eigenschaften muß er haben: *la force, la justice et la prudence*. Unter *Force* verstand er eine immer gleichmäßig feste, heroische Disposition des Geistes, fähig, alles zu sehen, alles zu hören und alles zu tun, ohne sich zu erregen. Um diese Tugend zu erwerben, muß man fortwährend nachdenken über die menschliche Natur und ihre Schwäche, über die Eitelkeit der Ehren dieser Welt, über die Schwäche unseres Geistes, den Wechsel und die geringe Dauer der Dinge, die Verschiedenheit der Meinungen, — kurz über die großen Vorteile, die es hat, das Laster zu fliehen und der Tugend zu folgen. Ich will, daß der Staatsmann in der Welt lebe, als stünde er draußen, und unter dem Himmel, als stünde er über ihm. Ich will, daß er wisse, daß der Hof der Ort in der Welt ist, wo man die meisten Sottisen sagt und tut und das Glück närrischer und blinder ist als irgendwo, — damit er sich bald gewöhne, sich darüber nicht aufzuregen. Ich will, daß er, ohne mit den Wimpern zu zucken, auf diejenigen blicke, die reicher sind und es weniger verdienen zu sein als er, daß er sich auf eine edle Armut, auf eine philosophische, aber dennoch weltmännische Freiheit verlege, daß er in der Welt nur sei wie durch einen Zufall, am Hofe nur sei wie auf Borg und im Dienste eines Herren nur, um ihm anständig zu genügen. Diese Grunddisposition, die den Menschen zu Apathie, Freimut und natürlicher Güte führt, wird ihn auch zur Treue führen, die durch Glück und Unglück aushält und von jedem anderen Wunsche frei ist als dem, seinem Herrn gut zu dienen in einer Lebenslage, die ihn und seine Familie anständig erhält und von materieller Sorge befreit — sobald er mehr will, ist die Tür geöffnet für Untreue und Verrat. Nichts glauben, als was man mit Augen vor sich sieht! Die Mittel, mit denen er andere täuscht, dürfen ihn nicht selber täuschen. Aberglaube macht blind, — wenn man sich die Augen mit Weihwasser einreibt, so glaubt man alle schlechten Handlungen seines Lebens wegwischen zu können und findet Skrupel, wo es keine gibt. Aberglaube macht dumm, impertinent, böse, — man muß *apage* zu ihm sagen.

Die zweite Fundamentaltugend der Gerechtigkeit erfordert, daß man den Gesetzen Gottes und der Natur gemäß lebe, mit ungekünstelter Tugend, mit einer Religion ohne Furcht und Skrupel, mit keinem anderen Gedanken, als daß man so leben muß als Mann von Ehre. Da aber diese natürliche und vornehme Gerechtigkeit in der Praxis zuweilen außer Gebrauch und inkommod ist, so muß man sich oft, der Staatsnotwendigkeit *(la nécessité des polices et Estats)* zufolge, einer künstlichen partikulären und politischen Gerechtigkeit bedienen und wird zu vielen Dingen gezwungen, die die natürliche Gerechtigkeit absolut verdammen würde. So gilt es denn, soviel wie möglich das Nützliche mit dem Ehrenhaften zu vereinigen, sich nie zum Werkzeug für die Leidenschaften seines Herrn benutzen zu lassen und ihm nichts vorzuschlagen, was man nicht selbst als notwendig für die Erhaltung des Staats, das Wohl des Volks oder das Heil des Fürsten hält. Die dritte Fundamentaltugend, die Klugheit, die Königin der politischen Tugenden, wird daran erkannt, daß man vermag, das geheimzuhalten, was nicht angebracht ist zu sagen, daß man mehr aus Notwendigkeit, als aus Ambition spricht, daß man niemanden schlecht macht oder verachtet, mehr seine Genossen als sich selber lobt — schließlich Gott liebt und seinem Nächsten dient und den Tod nicht wünscht, aber auch nicht fürchtet. Man kann nicht hoffen, alles das in einem Menschen vereinigt zu finden. Man wähle den, der davon am meisten besitzt.

In der Welt leben, als stünde man draußen, das war auch der Kerngedanke der innerweltlichen Askese, die vom Calvinismus ausging und die rationale Gesinnung der kapitalistischen Wirtschaft wesentlich mit hervorgebracht hat. Aber der innerweltlichen Askese des großen Staatsmannes, die Naudé forderte, fehlte jeder religiöse oder auch nur ethische Enthusiasmus, wie er im Calvinismus sich auswirkte. Ganz sicher aber fehlte es ihr nicht an seelischem Schwunge trotz aller weltmännischen Dämpfung und alles harten und skrupellosen Utilitarismus. Es liegt auch noch ein Hauch von feudaler Edelmannstreue auf seinem Bilde, und diese konnte sich in Frankreich besser halten als in dem früh entmittelalterlichten Italien. Überhaupt ist es eigentlich ein Residuum älterer sittlicher Ideale und Werte, das hier dazu dienen muß, dem Ethos des Staatsmannes den nötigen festen Halt gegenüber den Versuchungen der Macht zu geben, dabei aber nun notwendig, weil es sich mit dem der Staatsräson eigenen Elemente der Meereskühle verbinden muß, einer merklichen Temperierung und Verdünnung unterliegt. Das neue Ethos der vaterländischen und nationalen Größe und Ehre klingt wohl schon an und ist, wenn man an Richelieus hier vorschwebendes Beispiel denkt, wahrscheinlich stärker empfunden, als es ausgedrückt ist. Aber es fehlt ihm noch an Tiefe und Leben, und das Volk, dessen Wohl neben der Ehre des Fürsten das Herz des Staatsmannes ausfüllen soll, wird gleichzeitig von oben herab verachtet. Merkwürdige, widerspruchsvolle Vereinigung von Hochmut und Demut, von Sittlichem und Unsittlichem, von heroischer Größe, geistiger Kraft und Oberflächlichkeit. Aber solche und ähnliche Widersprüche tauchen immer wieder in der Psychologie des modernen Staatsmannes auf, die auf den ersten Blick wohl einfach, bei näherer Betrachtung aber oft labyrinthisch erscheint.

Und was schon oft sich uns aufdrängte, wird durch Naudés Gedanken bestätigt. Die Staatsräson ist einer der wichtigsten Wegbahner der Aufklärung geworden durch die eigentümliche Geistesdressur, die sie verlangte und durch die innere Auflockerung aller dogmatischen Werte. Ideen, die einander derart befruchten, können doch auch wieder in tiefstem inneren Gegensatze zueinander stehen. Gerade die Aufklärung hat aus ihrem naturrechtlichen und humanitären Individualismus heraus später die Staatsräson auch leidenschaftlich bekämpfen können. Eine erste Regung dieser Kritik sahen wir schon bei Comenius. In Frankreich setzte sie noch früher, ja gleichzeitig mit der aufblühenden Lehre von den Staatsinteressen ein. 1623 veröffentlichte Emeric Crucé sein Buch *Nouveau Cynée*, das Programm eines ganz weltbürgerlichen, die ganze Menschheit umschließenden Pazifismus, das viel bedeutender und ideenreicher war als der bekannte, mehr aus französischem Ehrgeize als aus reiner Friedensliebe entsprungene Plan des Herzogs von Sully. Denn es ging aus einer beinahe schon ganz geschlossenen rationalistisch-deistischen Weltanschauung hervor, die die Moral über das Dogma stellte, die friedliche zivilisatorische Arbeit pries und die Vorurteile der Völker gegeneinander bekämpfte. War Naudé, wie wir sicher sagen konnten, ein Schüler Montaignes, so war es, wie man vermutet hat, auch Crucé, dem die modernen Pazifisten jetzt ihre Liebe zuwenden[1]. Wieder muß man an die ganze libertinische Bewegung in Westeuropa erinnern und an den neuen Geist, der in Campanella und Giordano Bruno emporbrach. Diese ersten Jahrzehnte des 17. Jahrhunderts nahmen schon einen Anlauf zu dem, was erst ein Jahrhundert später ganz reif werden sollte. Aber hatte früher die Gegenreformation den weltlichen Geist der Renaissance zurückgedrängt, so trat jetzt die neue dominierende Lebensmacht des von der Staatsräson getragenen reifen Absolutismus dazwischen

---

[1] Vgl. Lange, *Histoire de l'internationalisme* I, 397 ff. und die daselbst angeführte Literatur. Neudruck des Nouveau Cynée von T. W. Balch mit engl. Übersetzung, Philadelphia 1909.

und hemmte den freien Fortgang der individualistischen Bewegung allein schon durch seine breit sich entfaltende Existenz. Und doch diente er ihr auch wieder, wie wir sahen. So eigentümlich verschränkt wirken die Ideen für- und gegeneinander in der Geschichte.

ZWEITES BUCH

Das Zeitalter des reifen Absolutismus

ERSTES KAPITEL

Blick auf Grotius, Hobbes und Spinoza

Der reiche Inhalt der Idee der Staatsräson läßt sich nicht in die engen Fesseln einer begrifflichen Definition schlagen. Deswegen kann sich, wie wir im Eingang bemerkten, auch unsere Untersuchung nicht darauf festlegen, einen einheitlichen, fest begrenzten Strom gedanklicher Entwicklung durch die Jahrhunderte nachzuweisen. Sie muß den Auswirkungen der Idee dahin folgen, wohin sie sich jeweilig am stärksten und breitesten ergießen. Bald wird also mehr die eine, bald mehr die andere Seite des Gesamtproblems zur Beleuchtung kommen, und die Eigenart der aufeinanderfolgenden historischen Epochen wird sich darin ausprägen. Die Inhalte dieser Epochen greifen freilich auch ineinander über. Deswegen behandelten wir die Verbreitung der Hauptlehren von der Staatsräson in Deutschland ungetrennt durch den tiefen Einschnitt der Jahrhundertmitte bis in die Zeiten Ludwigs XIV. hinein. In diesen dominierte dann, von Deutschland eben abgesehen, die aus der Lehre von der Staatsräson entsprungene Lehre von den Interessen der Staaten. Denn die Staatsmänner der großen Mächte wußten nun genug von Staatsräson im allgemeinen, waren aber gerade jetzt, in der ersten Blütezeit absolutistischer Kabinettspolitik, sehr empfänglich für alle konkreten Aufgaben und Künste der Interessenpolitik. Bevor wir aber die wichtigsten Vertreter der Interessenlehre in diesem Zeitraum charakterisieren, haben wir die Frage zu beantworten, wie sich die großen und führenden Staatsdenker des 17. Jahrhunderts zum Problem der Staatsräson verhalten haben, welche Bedeutung es für ihre Staatslehren gehabt hat. Das merkwürdige Ergebnis ist, daß nur einer von ihnen, der Deutsche Pufendorf, die Lehren von der Staatsräson und den Staatsinteressen direkt aufgenommen hat und deshalb gesondert zu betrachten ist, während Grotius, Hobbes und Spinoza sie nicht unmittelbar benutzten, sondern ihre Staatslehren auf der überlieferten und von ihnen weitergebildeten naturrechtlichen Grundlage aufbauten. Darin zeigt sich die ungeheure Macht der alten naturrechtlichen Tradition, daß selbst diese freiesten Denker des Jahrhunderts in ihrem Banne standen und in dem Zeitalter des beginnenden Empirismus die Handhaben für eine neue empirische Staatslehre nicht benutzten, die die Lehre von der Staatsräson bot. Nur indirekt, nur dadurch, daß sie als große und tiefe Denker neben der alten Tradition auch die lebendige Wirklichkeit des Staatslebens und des Weltganzen überhaupt in sich verarbeiteten, kamen sie den Problemen der Staatsräson nahe und entwickelten dabei zum Teil Gedanken, die ihre naturrechtlichen Voraussetzungen sprengten und darum unser größtes Interesse erregen müssen.

Am fernsten blieb diesen Problemen Hugo Grotius, der Hauptbegründer des modernen Völkerrechts[1]. Das bewirkte die Natur seiner Aufgabe. Völkerrecht und Staatsräson stehen in einem natürlichen Konkurrenzkampfe miteinander. Das Völkerrecht will das Walten der Staatsräson einengen und ihm soviel Rechtscharakter geben als möglich ist. Die Staatsräson aber lökt wider diesen Stachel und benutzt, ja mißbraucht auch sehr häufig das Recht als Mittel für ihre egoistischen Zwecke. Sie erschüttert dadurch immer wieder die Grundlagen, die das Völkerrecht eben mühsam zu legen versucht hat. Es ist vielfach Sisyphusarbeit, die das Völkerrecht im Ringen mit der Staatsräson leistet, und um so mehr, je weniger es sich um das Wesen und die Erfordernisse der Staatsräson kümmert. Denn dann ist es von vornherein in Gefahr, unwirklich, unpraktisch und doktrinär zu werden. Und so groß auch die geistige Leistung und das wissenschaftliche Verdienst von Grotius war, so ist er doch dieser Gefahr in wesentlichen Punkten unterlegen. Das rührte nicht etwa von einer Unkenntnis der politischen Wirklichkeit her. Er hatte schon, als er 1625 in Paris sein großes Werk *De jure belli ac pacis* abschloß, eine reiche politische Erfahrung und die Leiden des politischen Flüchtlings gekostet. Er kannte die große Welt und wußte, was Staatskunst war, aber er hielt dies Wissen absichtlich fern von seinem Werke. Ich habe mich, sagte er in der Einleitung[2], alles

---

[1] Vgl. jetzt Lotte Barschak, Die Staatsanschauung des Hugo Grotius, Bijdragen voor vaderlandsche Geschiedenis III. Erik Wolf, Grotius, Pufendorf, Thomasius, 1927, berührt unsere Probleme nicht.

[2] *Prolegomena* § 57.

dessen enthalten, was zu anderen Gebieten gehört, wie die Lehre vom Nützlichen, denn diese gehört zur besonderen Kunst der Politik. Ich habe es nur an einzelnen Stellen obenhin erwähnt, um es klarer von der Rechtsfrage zu unterscheiden. Das wissenschaftliche Denken, noch nicht eingestellt auf die organischen Wechselwirkungen der verschiedenen Lebensgebiete, vermochte die Aufgabe, sie zugleich logisch auseinanderzuhalten, nur durch das äußerliche Mittel, sie ganz isoliert zu behandeln, zu lösen. Und so konstruierte Grotius denn sein System des Völkerrechts, als ob es überhaupt keine Staatsräson, keine Zwangsgewalt, die die Staaten über die Grenzen von Recht und Moral treibt, gäbe, als ob es möglich sei, das Handeln der Staaten gegeneinander durchweg in rechtliche und moralische Schranken einzuschließen. Dabei vermischte er noch auf Schritt und Tritt Recht und Moral miteinander. Aber seine ganze edle, weich und menschlich empfindende Persönlichkeit und Lebensanschauung stand dahinter. Auf Glauben an die Menschheit, an die geselligen und altruistischen Triebe im Menschen, an die Solidarität insbesondere der christlichen Völker, baute er seine Rechts- und Staatsideen auf. Die alten Überlieferungen des *Corpus Christianum* gingen in ihm schon über in moderne bürgerlich-liberal und sentimental angehauchte Lebensideale, wie sie die holländische Kaufmannsaristokratie jetzt entwickeln konnte. In der Geschichte der pazifistischen Idee[1] verdient er, der Befürworter der Schiedsgerichte im Völkerstreite, einen viel breiteren Platz als in der Geschichte der Idee der Staatsräson. Er empfand recht eigentlich unheroisch, wenn er besiegten Völkern den Rat gab, sich lieber in ihr Schicksal zu fügen, als den Verzweiflungskampf für ihre Freiheit durchzuführen, — denn die Vernunft stelle das Leben höher als die Freiheit![2] Das war auch utilitarisch gedacht, aber den Utilitarismus der reinen Staatsräson und Interessenpolitik sah er als den niederen Nutzen gegenüber dem höheren und dauernden Nutzen an, den die Erhaltung von Natur- und Völkerrecht den Völkern gewährt[3]. Und selbst wenn, fügte er hinzu, aus der Befolgung des Rechtes kein Nutzen abgesehen werden könnte, würde es doch Weisheit und nicht Tor-

---

[1] Vgl. darüber Lange, *Histoire de l'internationalisme I.*
[2] *De jure belli et pacis* l. II, c. XXIV, § VI; vgl. l. II, c. VI, § V und l. III, c. XXV, § IV.
[3] *Prolegomena* § 18.

heit sein, wenn man sich dahin wendete, wohin wir durch unsere Natur uns gezogen fühlen.

Gewiß war der Kampf gegen Barbarei und rohe Gewalt, den sein Völker- und Kriegsrecht führte, segensreich und hat trotz mancher überspannten Forderung auch die Praxis heilsam beeinflußt. Ohne eine Mitgift von Illusion treten ja große ethische Ideale selten in das Leben ein. Aber die alte Illusion, an der er festhielt, daß es immer möglich sei, den »gerechten Krieg« von dem ungerechten und unerlaubten Kriege zu unterscheiden, konnte auch die Situationen verwirren und die vorhandenen Konflikts- und Kriegsstoffe nicht vermindern, sondern vermehren. Er erklärte es für eine Pflicht der Neutralen, nichts zu tun, was den Verteidiger der schlechten Sache stärken oder was das Unternehmen dessen, der die gerechte Sache führe, hindern könnte[1]. Was bedeutete aber das anderes, als daß der Neutrale auf Grund eines moralischen Werturteils, das in Wirklichkeit doch immer durch sein Interesse, seine Staatsräson dirigiert zu werden drohte, Partei ergreifen sollte. Ja, auch Interventionskriege aus bloßen moralischen und rechtlichen Motiven hielt er für gerechtfertigt, um eklatantes Unrecht eines Herrschers gegen seine Untertanen oder rohe Verletzungen des Natur- und Völkerrechts zu bestrafen[2]. Daß solche Fälle eintreten können, in denen das Gewissen der ganzen Kulturwelt sich auflehnt gegen einen Verächter von Recht und Menschlichkeit und mit Fug und Recht gegen ihn einschreitet, ist auch heute noch und gerade heute wieder anzuerkennen. Aber jede Invasion unpolitischer Motive in das Gebiet der reinen Macht- und Interessenkämpfe bringt auch die Gefahr mit sich, daß sie gemißbraucht und denaturiert werden durch die naturhaft stärkeren Motive des bloßen Nutzens, der Staatsräson. Diese gleicht einem erdfarbenen Strome, der alle in sie einmündenden reineren Gewässer rasch in seine trübere Farbe umwandelt. Die Interventionskriege des Zeitalters der heiligen Allianz und der Mißbrauch moralischer und rechtlicher Motive durch die Gegner Deutschlands im Weltkrieg beweisen es.

*

---

[1] L. III, c. XVII, § III, 1.
[2] L. II, c. XX, § XL, 1; c. XXV, § VIII, 2.

Das Denken und Handeln nach reiner Staatsräson verträgt sich schlecht mit einer so optimistischen Auffassung von der Natur des Menschen und der Staaten, wie sie Grotius, hierin der Vorläufer des philantropischen 18. Jahrhunderts, hatte. Machiavelli war von einer tief pessimistischen Auffassung der menschlichen Durchschnittsnatur ausgegangen. Hierin ähnelt ihm Thomas Hobbes. Darauf beruht es ganz wesentlich, daß in seinem mächtigen Lehrgebäude vom Staate die Idee der Staatsräson, obwohl er von dem Begriffe selbst keinen Gebrauch macht[1], viel stärker durchschlägt als bei Grotius. Zugleich aber zeigt sich, daß ein so tiefer und ewig wiederkehrender Gegensatz in der Beurteilung der menschlichen Grundnatur, wie er zwischen Grotius und Hobbes bestand, auf dem gemeinschaftlichen Boden derselben geistigen Denkweise sich entwickeln konnte. Denn auch Hobbes dachte streng naturrechtlich. Das natürliche Gesetz, nach dem der Staat aufzubauen sei, sei nichts anderes als das Diktat der Vernunft, sei unveränderlich und ewig, denn die Vernunft bleibe dieselbe und wechsele weder ihr Ziel noch ihre Mittel[2]. Aber die Vernunft sei — und damit begannen die Gedankengänge, die das auf die Identität von Natur und Vernunft sich stützende Naturrecht innerlich erweiterten und schließlich sprengten — nur ein Teil der menschlichen Natur, und diese umfasse auch alle übrigen Fähigkeiten und Triebe des Menschen, also auch alle seine Leidenschaften und Egoismen. Und sein harter Blick sah diese durchaus überwiegen. Von Natur aus, lehrte er, ist der Mensch dem Menschen ein Wolf. Wenn die Furcht ihn nicht hinderte, würde ihn seine Natur nicht zur Gemeinschaft, sondern zur Herrschaft treiben. Es sei nicht wahr, daß der Mensch von Natur ein ζῶον πολιτικόν sei: Nicht gegenseitiges Wohlwollen, sondern die gegenseitige Furcht sei der Ursprung aller größeren und dauernden Verbindungen. Wie dann dies gemeine Motiv der Furcht nach seiner Lehre mit einem Male zusammenwirkt mit dem Diktat der Vernunft und wie aus dem ursprünglichen »Kriege aller gegen alle« mit einem Male durch Vertrag aller mit allen der Staat entstehen kann, haben wir hier nicht näher zu prüfen und zu

---

[1] Die *ratio civitatis*, von der bei ihm die Rede ist (*De cive* I, c. II, 1), ist identisch mit der *lex civilis*.

[2] A. a. O. I, c. I Schluß; c. III, 29.

kritisieren[1]. Aber man begreift es nun schon aus seiner pessimistischen Grundauffassung von der menschlichen Natur, daß dieser Staat ungeheuer stark sein muß, um die Bestie im Menschen zu bändigen. Er ist der *Leviathan*, den sein berühmtes politisches Hauptwerk von 1651 verherrlicht. Durch den genialen Kunstgriff, daß die Macht des Inhabers der Staatsgewalt nicht etwa, wie man sonst lehrte, auf einem Vertrage, den er selber mit dem Volke abgeschlossen hat, sondern auf einem Vertrage, den jeder mit jedem schließt, beruhen müsse[2], gelang es ihm, den Inhaber der Staatsgewalt von allen vertragsmäßigen Pflichten und Schranken zu befreien und mit einer beinahe unbegrenzten Machtfülle auszustatten, den *Leviathan* zum »sterblichen Gotte« zu erheben[3]. Beinahe unbegrenzt ist seine Macht im Staate und die Gehorsamspflicht der Bürger gegen ihn, denn die von ihm einzuhaltende Schranke des göttlichen und natürlichen Gesetzes erkannte auch er in Übereinstimmung mit den meisten Theoretikern der Staatsräson an. Aber auch diese Schranke wußte er durch eine Reihe scharfer und künstlicher Syllogismen beinahe wesenlos zu machen, so daß schließlich von allen ursprünglichen Freiheitsrechten des Menschen fast nur noch die innere Denk- und Glaubensfreiheit, die der Staat doch schon der Natur der Dinge nach nicht ganz zerstören konnte, übrig blieb. »Es gehört zum Naturgesetz, das auch das göttliche Gesetz ist, daß wir in allen Dingen, die der Staat befiehlt, dem Staate gehorchen, aber nicht, daß wir sie auch glauben[4].«

Die Bewegung der Staatsgewalt scheint also aller Fesseln ledig, die Idee der Staatsräson auf ihrem Gipfel angelangt zu sein. Auch das ist ein Gedanke echtester Staatsräson, wenn er die Furcht, daß der *Leviathan* seine Macht zur Knechtung und Mißhandlung der Untertanen mißbrauchen werde, damit widerlegt, daß der Inhaber der Staatsgewalt durch sein eigenes Interesse veranlaßt werde, vernünftig zu regieren, die *salus populi* zu fördern, die

---

[1] Über die Schwankungen seiner Theorie in diesem Punkte vgl. Tönnies in den Klassikern der Politik 13, 10 (Übersetzung von Hobbes' naturrechtlich-politischem Erstlingswerk von 1640).

[2] Vgl. darüber Gierke, Althusius² 86 und Jellinek, Allg. Staatslehre, 2. Buch, c. 7.

[3] *Leviathan* II, c. 17 u. 28.

[4] *Leviathan* II, c. 26.

Untertanen pflegsam zu behandeln[1]. Überhaupt durchweht der Geist höchster Rationalität und Zweckmäßigkeit die Schilderung dessen, was der Staat im Innern zu tun und zu lassen habe. Mit großer Einsicht wird z. B. vor dem Übermaß der Gesetze gewarnt[2]. Es ist durch und durch aufgeklärter Despotismus, der hier waltet. So kommt im Innern des Staates so recht das zur Geltung, was wir das utilitarische Mittelstück der Staatsräson nannten.

Und in den Beziehungen der Staaten zueinander kommt ferner das zur Geltung, was wir als die naturhafte Grundaufgabe der Staatsräson erkannten, das Streben nach Sicherheit und Selbstbehauptung um jeden Preis, mit allen Mitteln. Denn nur das Innere der Staaten ist rational befriedet durch die Aufrichtung des Staates, aber zwischen den Staaten selbst bleibt, da kein höherer *Leviathan* über ihnen aufgerichtet werden kann, mit logischem Zwange der ursprüngliche Naturzustand, das *bellum omnium contra omnes,* erhalten. So sind hier denn alle Gewaltmittel, Listen und Tücken des Machiavellismus erlaubt[3]. Wenn die Staaten einmal keinen Krieg miteinander führen, so ist dies doch kein Friede, sondern nur eine Atempause. Auch die Verträge brauchen nicht eingehalten zu werden, wenn die Sicherheit des Staates dies fordert, — während im Innern des Staates gerade pünktlichste Vertragstreue Fundament des Ganzen und Forderung des Naturgesetzes sein sollte. Hobbes unterschied scharf zwischen Naturgesetz und Naturrecht. Gesetz war ihm gleich Verpflichtung und Schranke, Recht gleich Freiheit, das heißt eben Freiheit des Naturzustandes[4]. Und so warf er denn kurzerhand die von Grotius eben aufgerichtete Idee eines Völkerrechtes als Schranke der Völkerkämpfe wieder um mit dem Worte: »*Jus gentium* und *jus naturae (The law of nations and the law of nature)* sind dasselbe. Was vor der Aufrichtung der Staaten von jedem Menschen getan werden konnte, eben das kann auf Grund des *jus gentium* von jedem Staate geschehen[5].«

Er war damit ganz einverstanden, daß ein Volk, dem sein

---
[1] *De cive* II, c. 10 § 2 u. 18; c. 13 § 2 ff.; *Leviathan* II, c. 18 u. 30.
[2] *De cive* II, c. 13 § 15.
[3] *De cive* II, c. 13 § 7 f.; *Leviathan* I, c. 13; II, c. 17 u. 21.
[4] *Leviathan* I, c. 14; Klassiker d. Politik 13, 207.
[5] *Leviathan* II, c. 30; vgl. Klassiker d. Politik 13, 211. Vgl. dazu G. Jaeger, Der Ursprung der modernen Staatswissenschaft usw., Archiv für Gesch. der Philosophie 14, 4 (1901), S. 556.

eigener Boden zur Ernährung nicht mehr ausreiche, sich aufmache und seine letzte Hilfe im Kriege suche, um so, sei es durch Sieg, sei es durch Untergang, sein Genüge zu finden[1]. Aber den Heißhunger nach bloßer Ausbreitung der Macht und Herrschaft bezeichnete er als eine Staatskrankheit, an der Athen und Karthago untergegangen seien[2]. Und Plünderungs- und Raubkriege als Mittel, um Reichtum zu erwerben, erklärte er für unvernünftig[3]. Das sind schon erste Anzeichen dafür, daß es nicht der reine Machtgedanke war, der in seiner Lehre vom Naturzustande der Staaten untereinander dominierte. Die rücksichtslose Machtpolitik, die er hier erlaubte, erlaubte und rechtfertigte er doch nur als Mittel zu einem rational bestimmten Zwecke, für Sicherheit, Wohlfahrt und dauerhaft fundierten Reichtum des eigenen Staates und Volkes. Aber lebte darin nun wirklich der Geist echtester Staatsräson? Wurde der Staat selber dabei als eine lebendige große Persönlichkeit empfunden, die für sich Wert und Zweck habe und in der Staatsräson das Gesetz ihres Lebens und ihrer Vervollkommnung besaß? Denn das war es doch, was vielfach unbewußt und unausgesprochen dem bisherigen Nachdenken über Staatsnotwendigkeit und Staatsräson zugrunde lag. Wohl war für Hobbes der Staat eine Persönlichkeit, aber eine künstliche, ein *homo artificialis*, ein Uhrwerk im Grunde, durch Menschenwitz hergestellt, um die Zwecke der Menschen, das heißt der Einzelmenschen, zu fördern. Denn ein durch und durch individualistischer und eudämonistischer Geist durchweht, wenn man einmal darauf achtet, alles, was er über die letzten Staatszwecke zu sagen hat. Da spielen die *commoda vitae*, die *delectatio*, das *jucundissime et beate vivere* der einzelnen Bürger eine charakteristisch große Rolle[4]. Freilich nicht in dem Sinne, daß nun der Staat gerade auf den e i n z e l n e n besondere Rücksicht zu nehmen habe, sondern für die einzelnen konnte nach seiner Meinung nur im Großbetriebe des Staates gesorgt werden — das größtmögliche Glück der größten Zahl, das Jeremias Bentham proklamierte, spukt hier schon vor[5]. Und so paradox es auch klingen mag: die-

---

[1] A. a. O.
[2] A. a. O. c. 29.
[3] *De cive* II, c. 13 § 14. Vgl. auch Klassiker der Politik 13, 205.
[4] Vgl. *De cive* II, c. 13 § 6, 16; *Leviathan* II, c. 30; Klassiker d. Politik 13, 160. Vgl. auch Gierke, Althusius[2] 189 f.
[5] *De cive* II, c. 13 § 3.

ser riesenstarke Leviathanstaat war auch innerlich verwandt mit jenem schwächlichen Staatsgebilde des späteren liberalen und philanthropischen Rationalismus, das man den Nachtwächterstaat zu nennen pflegt. Der Unterschied zwischen beiden liegt nur in den Mitteln, nicht im Zwecke. Der Zweck war hier wie dort auf das Wohl, die Sicherheit und Behaglichkeit der Individuen gerichtet. Aber während man zum Ausgange der absolutistischen Ära, übermüdet durch ihren Polizeidruck und zugleich doch verwöhnt durch ihre zivilisatorischen Leistungen, mit einem möglichst schwachen Staate glaubte auskommen zu können, glaubte Hobbes, erschüttert und geärgert durch das Elend des englischen Bürgerkrieges, der in den Naturzustand des *bellum omnium contra omnes* zurückzuführen drohte, nach einem möglichst starken Nacht- und Tageswächter sich umsehen zu müssen. Ich will meine Ruhe haben, das ist der Ruf, der durch seine Bücher tönt. Er haßte die Revolution, weil sie die bürgerliche Ordnung und Behaglichkeit störte. Zu diesem Hasse gegen die Revolution trat dann als zweites Grundmotiv für seinen Kultus der Staatsomnipotenz der Haß gegen die Kirche und den Druck des dogmatischen Wunderglaubens. Der Aufklärer, der in ihm schon steckte, flüchtete zum Staate in der gewissen Hoffnung, daß dieser, auch wenn man ihm volle Gewalt über die Kirche und den Gottesdienst lasse, doch die innere Denkfreiheit nicht antasten werde, weil ihm der äußere Gehorsam der Bürger völlig genügen würde.

Echt englisch empfunden war es, von den Bürgern strengste Einhaltung der religiösen und moralischen Konventionen, die der Staat um des allgemeinen Nutzens willen aufzurichten für gut befinde, zu fordern, ihnen aber freizustellen, innerlich zu denken und zu glauben, was sie wollten.

So dient denn der Hobbessche *Leviathan*, in dem man die höchste Steigerung der absolutistischen Staatsidee und Staatsräson zu erblicken pflegt, im Grunde nicht der absolutistischen Staatsidee um ihrer selbst willen, sondern um der Vorteile willen, die sie der Masse der Individuen leisten sollte. Er hat keine eigene Seele, obgleich Hobbes von einer solchen Seele spricht und sie dem Inhaber der höchsten Staatsgewalt zuschreibt[1]. Es ist eben eine künstliche Seele, eine Uhrwerksfeder. Wenn sie durch

---

[1] *De cive* II, c. 6 § *19*.

äußere Ursachen aufhört zu bestehen, hört auch das ganze Uhrwerk auf, und der vorstaatliche Naturzustand tritt wieder ein. Nichts ist bezeichnender dafür als die Lehre, daß, wenn der Monarch es etwa für gut befinde, die Erbfolge seiner Söhne abzuschaffen, nach seinem Tode der monarchische Staat aufhöre zu existieren und das Naturrecht aller wieder auflebe, auch wenn Nachkommen des Herrschers noch lebten[1]. Dieser mechanisch hergestellte Nutz- und Zweckmäßigkeitsstaat kann von den Bürgern um des allgemeinen Nutzens willen zwar blinden Gehorsam, aber nicht jene auf Glauben beruhende Hingabe und Staatsgesinnung verlangen, die der wahrhaft lebendige und persönliche Staat, die schon die *virtù*-Republik Machiavellis erwarten durfte. Zwei Beispiele beleuchten das. 1. Der in die Gefangenschaft des Landesfeindes geratene Bürger ist berechtigt, sein Leben dadurch zu retten, daß er Untertan des Feindes wird. Hobbes findet nichts Ehrenrühriges und Unpatriotisches darin. 2. Der vom Staate zum Kriegsdienst aufgeforderte Bürger kann verlangen, daß man ihn freilasse, wenn er einen Stellvertreter stellt[2]. Würde man diese Lehren bei einem Rationalisten des späteren 18. Jahrhunderts finden, so würde man ihm egoistische Staatsscheu und die Gesinnung des *ubi bene ibi patria* vorwerfen. Aber sie finden sich beim Verfasser des *Leviathan*.

Auch seine Vorliebe für den monarchischen Absolutismus war utilitarisch, nicht innerlich-gemütlich bestimmt und darum auch von propagandistischem Eifer frei. Wohl hielt er ihn für die weitaus beste Staatsform, aber jeder geordnete Staat solle trotzdem die Form behalten, die er habe. Denn von Grund aus schädlich sei es, wenn die Bürger eines Staates nicht zufrieden seien mit seiner Form und hinüberschielten nach der glücklicheren Staatsform der Nachbarvölker. Also sollten auch die Bürger einer Republik es sich nicht einfallen lassen, das Nachbarvolk um die Segnungen der Monarchie zu beneiden[3]. Er hat auch die Herrschaft Cromwells bereitwillig anerkannt[4].

Hobbes' Staatslehre ist eines der merkwürdigsten Beispiele für die Dialektik der Entwicklung, für die Übergänge der Ideen

---

[1] *Leviathan* II, c. 21.
[2] *Leviathan* II, c. 21; vgl. auch Klassiker der Politik 13, 149.
[3] *Leviathan* II, c. 30.
[4] Hönigswald, Hobbes und die Staatsphilosophie, 1924, S. 18.

ineinander und wie gerade von dem Kulminationspunkt der älteren Idee es hinüber gehen kann zur jüngeren und moderneren Idee. Unter der Decke des schroffsten Absolutismus lebt hier bereits das Neue, was wir auch bei Grotius schon keimen sahen: der westeuropäische bürgerliche Individualismus und Utilitarismus, der den Staat den Bedürfnissen der bürgerlichen Klasse anzupassen suchte und ihn dabei je nachdem möglichst stark oder möglichst schwach sich wünschen konnte.

Und zugleich zeigte sie, daß die Idee der Staatsräson, wenn sie stehen blieb bei ihrem utilitarischen Mittelstücke, nicht zu der ihr möglichen inneren Kraft und Vollendung gelangen konnte, sondern sogar in Gefahr geriet, umzuschlagen in Tendenzen, die vom Staate wieder wegführen. Das bloß Nützliche und der bloße Egoismus, mag er noch so wohlverstanden und rational, wie es bei Hobbes geschieht, auftreten, genügt nicht als inneres Bindemittel der großen menschlichen Verbände. Irgendwelche höheren geistigen und sittlichen Wertempfindungen müssen im Denken und Handeln nach Staatsräson hinzutreten, um sie zu ihrem Gipfel zu führen. Beim Staatsmanne ist es in der Regel die schlichte Liebe zur Sache, zum Staate, zum Vaterlande, die sein utilitarisches Wirken nach Staatsräson veredelt und festigt. Beim politischen Denker kann der Schwung einer großen Welt- und Lebensanschauung die Meereskühle der Staatsräson erwärmen. Machiavellis *virtù*-Ideal hatte solche Kraft. Hobbes' Philosophie, auf mechanischen Atomismus und Egoismus aufgebaut, hatte sie nicht. Hatte sie vielleicht Spinozas *sub specie aeterni* philosophierender Geist?

*

Zweimal behandelte Spinoza, von kurzen Ausführungen in der Ethik abgesehen, ausführlich die Probleme des Staatslebens, im Theologisch-politischen Traktate, der 1670 erschien, aber schon in den Jahren vor 1665 entstanden war, und im Politischen Traktate, den er unvollendet hinterließ, als er 1677 starb. Die Wandlungen der Auffassung, die zwischen beiden Schriften erfolgten, hat Menzel feinsinnig nachgewiesen[1]. Wir berücksichtigen sie hier nur so weit, als unser Gesamtproblem es erfordert.

---

[1] Wandlungen in der Staatslehre Spinozas. Festschrift für Joseph Unger 1898. Dazu die Aufsätze desselben Verfassers: »*Homo sui juris*«

Es ist ein Beweis für die Kraft und Fruchtbarkeit der Hobbesschen Staatslehre und für die Anziehung, die sie gerade auf freie und kühne Geister üben konnte, daß Spinoza, der gar nicht absolutistisch gesonnen war, sondern anfangs zur Demokratie, später zur Aristokratie neigte, doch im Banne ihrer Grundgedanken stand und seine eigene Staatslehre aus ihr heraus entwickelte. Indem er ihre politischen, der absoluten Monarchie dienenden Konsequenzen abbog und milderte, vertiefte er ihre weltanschaulichen Voraussetzungen und gewann damit neue fruchtbare Möglichkeiten für das Verständnis des Staatslebens und damit auch der Staatsräson. Alles kam darauf an, aus der natur- und vernunftrechtlichen Denkweise, die den besten, den sein sollenden Staat aus der menschlichen Vernunft heraus konstruierte, den Weg zu finden zu jenem Realismus und Empirismus, der den wirklichen Staat beleuchtete. Hobbes hatte einen solchen Weg gezeigt, indem er unterschied zwischen Naturrecht und Naturgesetz. Unter Naturrecht verstand er die Freiheit des Naturzustandes, unter Naturgesetz die Vorschrift der den eigenen Nutzen besser erkennenden Vernunft. Auf Grund dieser Art von Naturrecht konnte dann, wie wir sahen, die rauhe Wirklichkeit des Lebens der Staaten untereinander ohne weiteres als unabänderlich gegeben anerkannt und behandelt werden, — wogegen freilich im Innern des Staates die Vernunftidee des besten, des sein sollenden Staates wieder triumphierte und die alte, echt vernunftrechtliche Konstruktion eines Vertrages, aus dem der Staat entstünde, zugrunde gelegt wurde. Spinoza übernahm nun zunächst von Hobbes den neuen Begriff des Naturrechts sehr bereitwillig, weil er vorzüglich hineinpaßte in sein pantheistisches und streng kausales Weltbild. »Unter Naturrecht«, heißt es im Politischen Traktate (2, 4), »verstehe ich die Gesetze oder Regeln der Natur, nach denen alles geschieht, das heißt, die Macht der Natur selbst..., folglich tut jeder Mensch das, was er nach den

in Grünhuts Zeitschr. f. Privat- u. öffentl. Recht 32 (1905), »Der Sozialvertrag bei Spinoza« daselbst 34 (1907) in dem er seine Auffassung gegen Gierkes Einwendungen (Althusius[2] 342 ff.) verteidigt und u. E. etwas überspitzt, und Spinoza und die deutsche Staatslehre der Gegenwart, Schmollers Jahrbuch 31. Vgl. auch noch Rosin, Bismarck und Spinoza, Parallelen ihrer Staatsanschauung, in der Festschrift für Otto Gierkes 70. Geburtstag und E. Kohn, Spinoza und der Staat, Berliner Diss. 1926.

Gesetzen seiner Natur tut, mit dem höchsten Rechte der Natur, und er hat soviel Recht auf die Natur, als seine Macht sich erstreckt.« »Wir klagen niemanden wegen seiner Natur an«, hatte schon Hobbes[1] gesagt. Es ist ein Gedanke von ungeheurer revolutionärer Konsequenz, denn er führte nicht nur zum Determinismus, sondern auch zum Relativismus, zur bedingungslosen Anerkennung aller naturhaft und elementar sich auswirkenden Kräfte, und wenn das Individuelle an diesen Kräften einmal entdeckt wurde, auch zum modernen Historismus hinüber. Alle diese Konsequenzen zu ziehen war man damals freilich noch nicht imstande. Aber man versteht es, daß Spinoza nun mit ganz anderem, realistischerem Auge auf das Ganze des Staatslebens blicken konnte, als die durchschnittliche Lehre vom besten Staate. Mit Worten, die an das berühmte Programm Machiavellis im 15. Kapitel des *Principe* erinnern, lehnte er im Eingange des Politischen Traktats die Methode derer ab, die vom Menschen ausgingen, wie er sein solle, nicht wie er wirklich sei, und erklärte es für seine Aufgabe, die menschlichen Handlungen nicht zu belachen, nicht zu betrauern, auch nicht zu verwünschen, sondern zu verstehen. Denn er hatte den erhabenen Trost, daß die Macht der natürlichen Dinge nichts anderes sei, als die ewige Macht Gottes, und daß das, was uns in der Natur schlecht erscheine, uns nur so scheine, weil wir den Zusammenhang der ganzen Natur nicht kennen. Durch diese religiöse Innerlichkeit, die durch alle Dissonanzen der Natur die Harmonie einer göttlichen Einheit hindurch klingen hörte, erhob er sich über die hart mechanische Denkweise von Hobbes. Dieser hatte den Naturzustand des Kampfes aller gegen alle, in dem auch nach Aufrichtung des Staates die Staaten untereinander dauernd stehen und stehen müssen, grob und brutal als Tatsache anerkannt. Spinoza aber, indem er ganz wie Hobbes den Staaten untereinander das Recht des Naturzustandes und demgemäß auch das Recht zu einer durch keine Vertragspflichten eingeschränkten Interessenpolitik zubilligte, gab dabei zugleich zu verstehen, daß nur die Unzulänglichkeit menschlicher Einsicht an dem Konflikte von Politik und Moral Anstoß nehmen könne, daß *sub specie aeterni* betrachtet auch diese Handlungsweise der Staaten Gottes Wille und Werk sei. Das Wort von der Staatsräson nahm er dabei fast so wenig wie Hobbes in den Mund. Aber wir dürfen

---

[1] *Leviathan* I, c. 13.

nun sagen, daß er tatsächlich damit das Walten der Staatsräson im Kampfe der Staaten untereinander einbaute in den Zusammenhang einer Philosophie, die einen idealen Welttrost geben wollte. Das war nur möglich für eine streng monistische und pantheistische Philosophie. Er präludierte damit Hegel.

Diese Lehre Spinozas, daß der Staat im Interesse seiner Selbstbehauptung Verträge brechen könne, ja müsse, ist von den Wandlungen, die seine Staatslehre sonst zwischen dem Theologisch-politischen und dem Politischen Traktate erfahren hat, unberührt geblieben. Im Theologisch-politischen Traktate heißt es (c. 16, § 45 f.): »Obgleich verschiedene Reiche unter sich Verträge schließen, einander keinen Schaden zuzufügen, versuchen sie dennoch, soviel sie nur können, einander zu hindern, mächtiger zu werden, und trauen ihren Worten gegenseitig nur so weit, als Zweck und Nutzen des Vertragsabschlusses genügend klar vor Augen liegen: andernfalls fürchten sie Betrug und nicht mit Unrecht. Denn wer anders als ein Narr, der das Recht der höchsten Gewalten nicht kennt, wird sich auf die Worte und Versprechungen dessen verlassen, der die höchste Gewalt und das Recht, beliebig zu handeln, besitzt und für den das Wohl und der Nutzen des eigenen Reiches höchstes Gesetz sein muß. Und wenn man noch an Frömmigkeit und Religion dabei denkt, so sehen wir überdies, daß kein Inhaber von Staatsgewalt vertragstreu zum Schaden des eigenen Reiches, ohne ein Verbrechen zu begehen, sein kann. Denn wenn er sieht, daß das von ihm Versprochene zum Schaden des eigenen Reiches ausschlägt, so kann er es nicht leisten, ohne die Treue gegen die Untertanen zu brechen, die für ihn obenan steht und die zu halten man aufs heiligste zu versprechen pflegt.« Und der Politische Traktat sagt (III, 14): »Dies Bündnis (zwischen Staaten) bleibt so lange fest, als der Grund zum Abschlusse, nämlich Furcht vor Schaden oder Hoffnung auf Gewinn für jeden besteht. Schwindet das eine oder andere für einen der beiden Staaten, so tritt sein eigenes Recht wieder in Kraft, und das Band, das die Staaten miteinander verknüpfte, löst sich von selbst. Deswegen hat jeder Staat das volle Recht, das Bündnis, wenn er will, zu lösen, und es kann ihm nicht der Vorwurf der Hinterlist oder Untreue gemacht werden, weil er die Treue bricht, wenn der Grund der Furcht oder Hoffnung schwindet, denn für jeden Partner galt diese Bedingung gleichmäßig.« Auch würden

Verträge für die Zukunft nur unter der Voraussetzung der bestehenden Lage geschlossen. Ändere sich diese, so ändere sich damit auch die Ratio des ganzen Staates — bei diesem entscheidend wichtigen Punkte greift also auch er einmal zu dem in aller Munde lebenden Schlagwort.

Daß er auch Bündnisse christlicher Staaten mit Türken und Heiden nicht unbedingt verwarf, begreift man schon aus seiner eigenen jüdischen Herkunft. Aber er konnte sich dabei auch auf die niederländische Staatsmaxime, die Beziehungen zu heidnischen Staaten schonsam zu behandeln, berufen[1].

Zuerst und voran muß der Staat leben, und die Staatsethik — auch das kann man aus Spinoza herauslesen — hat den Vorrang vor der Privatethik. »Man kann dem Nächsten keine Wohltat erweisen, die nicht zur Sünde wird, wenn sie zum Schaden des ganzen Staates ausschlägt, wie es umgekehrt keine Sünde *(impium)* gegen den Nächsten gibt, die nicht zur frommen Handlung wird *(quod pietati non tribuatur)*, wenn sie zur Erhaltung des Staates geschieht[2].« So gab er denn auch, wie Hobbes, der Staatsräson im Innern der Staaten freie Bewegung. Der Staat sei nicht gebunden an die Gesetze und bürgerlichen Rechte, die vielmehr von seinem Beschlusse allein abhingen[3]. Er müsse auch hier so handeln, wie das Interesse seiner Selbstbehauptung es fordere, oder, wie Spinoza sich ausdrückte: »Der Staat muß, um ›seines Rechtes‹ zu sein[4], die Ursachen der Furcht und Achtung erhalten, sonst hört er auf, Staat zu sein.« Das bedeutete, daß er, um sich zu behaupten, seine Machtmittel nicht willkürlich, sondern rationell anwenden durfte. »Der Staat ist dann am meisten ›seines Rechtes‹, wenn er nach dem Diktate der Vernunft handelt.« Wie Hobbes vertraute auch er darauf, daß der Staat die ihm verliehene Machtfülle aus eigenem wohlverstandenen Interesse nicht mißbrauchen werde. Die Schranken der Staatsgewalt, meinte er, werden ihr durch ihr eigenes Interesse gezogen. Weil sie nicht ohne große Gefahr für sich selbst gewalttätig regieren würde, so könne man ihr sogar

---

[1] Theol.-pol. Traktat c. 16 § 67. Er warnte zwar, solche Bündnisse zu schließen, forderte aber, wenn sie geschlossen seien, sie zu halten.
[2] Theol.-pol. Traktat c. 19 § 22.
[3] Polit. Traktat IV, 4 u. 5.
[4] Über die Bedeutung dieses Begriffs *sui juris* bei Spinoza vgl. Menzels oben angeführten Aufsatz.

die unbeschränkte Macht dazu absprechen. Und, so fügte er beinahe spitzfindig, aber ganz im Geiste seiner Lehre hinzu, da das Recht der höchsten Gewalt sich nicht weiter erstrecke als ihre Macht, so könne man ihr auch das unbeschränkte Recht dazu absprechen[1]. Alles das war im Geiste reiner Staatsräson gedacht.

Recht und Macht hingen für Spinoza eben eng zusammen. »Wie jeder einzelne im Naturzustande, so hat auch Körper und Geist des ganzen Staates so viel Recht, als seine Macht reicht[2].« Menzel hat gemeint, daß, während bei Hobbes die rechtlich verpflichtende Kraft des Grundvertrages die unbedingte Herrschaft stütze, bei Spinoza die tatsächliche Machtfülle, die der Staatsgewalt eingeräumt sei, dies tue. Indessen, schon Hobbes hatte neben dem Vertragsstaate auch den reinen Machtstaat gelten lassen und hatte auch die rechtliche Vertragstheorie selbst unterbaut durch den Machtgedanken, wenn er zugab, daß die Verpflichtung der Bürger gegen den Inhaber der Staatsgewalt nur so lange dauere, als seine Macht, sie zu schützen, dauere, und daß ihr natürliches Recht, sich selbst zu schützen, falls kein anderer sie mehr schützen könne, durch keinen Vertrag aufgehoben werden könne[3]. Aber es ist richtig, daß die alte natur- und vernunftrechtliche Theorie, die den Staat und seine Funktionen auf einen Vertrag begründete, bei Spinoza noch viel stärker als bei Hobbes vor der neuen Erkenntnis zurückweicht, daß das Wesen und Leben des Staates in erster Linie auf Macht beruht. Und in seiner späteren Schrift, dem Politischen Traktate, noch in höherem Grade als in der früheren, dem Theologischpolitischen Traktate. Die Formeln der Vertragstheorie klingen zwar auch in ihm noch zuweilen an, aber die Entstehung des Staates erscheint doch viel mehr als ein naturhaft notwendiger Hergang, bewirkt durch die Gesamtheit der seelischen Kräfte, denn als ein rechtlicher Akt. »Die Menschen streben«, heißt es im Politischen Traktat (VI, 1), »von Natur zum staatlichen Zustand, und es ist unmöglich, daß sie ihn gänzlich wieder auflösen.« Damit kam er der alten großen Lehre des Aristoteles von der Uranfänglichkeit des Staates wieder nahe. Historisch-politischer Realismus und Empirismus stiegen auf hinter der verblassenden Theorie des Vernunftrechts. Was wir im Übergange von Hobbes

---

[1] Theol.-pol. Traktat c. 20 § 7; vgl. auch c. 16 § 29.
[2] Polit. Traktat III, 2.
[3] *Leviathan* II, c. 21.

zu Spinoza und vom jüngeren zum älteren Spinoza beobachten konnten, bedeutete zugleich ein leises, allmähliches Wachstum der Idee der Staatsräson. Man hat diesen wachsenden Realismus Spinozas wohl mit Recht erklärt aus seinem Umgange mit einem Staatsmanne wie Johann de Wit und den erschütternden Eindrücken seiner Katastrophe im Jahre 1672, zugleich aber auch aus der schärferen Ausgestaltung seiner pantheistischen, die ewige Kausalität der Natur betonenden Metaphysik[1].

Aber was von Hobbes zu sagen war, gilt nun auch von Spinoza. Neben der zur Idee der Staatsräson aufsteigenden Entwicklungslinie des Denkens gibt es auch eine von ihr wieder weg und zum bisherigen Vernunft- und Naturrecht zurückführende Linie.

Spinoza unterschied genau zwischen den Gesetzen der gesamten Natur, die uns größtenteils unzugänglich seien, und den Gesetzen der menschlichen Natur, innerhalb deren die Vernunft waltet und über die Triebe sich emporarbeitet[2]. Elementare Triebe und Bedürfnisse sind es, nicht die Vernunft, die ursprünglich zum Staate führen, aber derjenige Staat ist am mächtigsten und am meisten Herr »seines Rechtes«, der auf die Vernunft sich gründet und von ihr geleitet wird[3]. So erkannte also auch Spinoza trotz seines pantheistischen Monismus einen tatsächlichen Dualismus zwischen dem Reiche der allgemeinen Naturgewalten und dem Reiche der menschlichen Vernunft an. Diese Spannung zwischen allgemeiner Natur und menschlicher Vernunft drängte, wenn der Monismus konsequent sein wollte, nach einem inneren Ausgleiche. Wir werden später sehen, wie ihn Hegel dadurch zu geben verstand, daß er die Gesetze der menschlichen Vernunft ihres stabilen Charakters entkleidete, den sie nach naturrechtlicher Denkweise hatten, und sie in fließendes Leben verwandelte, so daß nun ein einheitlicher, Geist und Natur verschmelzender Lebensstrom dabei herauskam. Für Spinoza aber blieb die menschliche Vernunft das, was sie für die naturrechtliche Denkweise war, stabil, generell, überall und alle Zeit dasselbe fordernd. Die Folge war nun, daß auch die Vernunft, die im Staate walten sollte, nicht als eine individuelle und geschichtlich sich wandelnde, sondern als eine absolute und unveränderliche Gesetzgeberin aufgefaßt wurde.

---

[1] Menzel, Wandlungen usw. a. a. O. S. 80 ff.
[2] Polit. Traktat II, 8.
[3] Polit. Traktat VI, 1 u. V, 1.

Und die weitere Folge ergab sich daraus, daß Spinoza trotz seiner großen Absicht, den wirklichen Staat zu studieren, doch wieder in die alte naturrechtliche Frage nach dem besten Staate hinabglitt. Der Inhalt seiner beiden Traktate ist im großen Umfange ein Suchen nach dem besten, dem vernünftigsten, das heißt der allgemeinen menschlichen Vernunft entsprechenden Staate. Und so klügelt denn auch er — wir haben auf die Wandlungen darin nicht einzugehen — an den verschiedenen Staatsformen herum, um sie seinen Zwecken und Idealen anzupassen, ohne die historischen Verschiedenheiten der einzelnen Staaten anders denn als eine Beispielmasse für gute und schlechte Vorbilder zu behandeln. Weil er von der allgemeinen, in allen Individuen identischen Vernunft ausging, neigte auch er dazu, ganz wie Hobbes und die naturrechtliche Schule, den Staat von den allgemeinen Bedürfnissen der Individuen aus anzusehen, konnte er ihn nicht konsequent von oben, von seinen eigensten Bedürfnissen her ansehen. Daß er dies doch in großem Umfange tun konnte, verdankte er wesentlich seinen pantheistischen und naturkausalistischen Voraussetzungen. Aber wenn er, wie wir bemerkten, schon im Theologisch-politischen Traktate die Staatsethik über die Privatethik stellte, so war dies doch wie bei Hobbes nur so gemeint, daß zwar das Wohl des einzelnen dem Wohle des Staates zu weichen habe, das Wohl der gesamten Individuen aber wieder Leitstern und Zweck des Staates sein müsse.

Und selbst für die rückhaltlose Anerkennung der Staatsräson, die er aussprach, läßt sich — wiederum ganz ähnlich wie bei Hobbes — ein tief individualistisches Motiv entdecken. Ihm lag noch innerlicher als Hobbes daran, die innere geistige Freiheit des Individuums zu verteidigen. Nicht nur die Denkfreiheit, sondern auch die Rede- und Lehrfreiheit wollte er vor dem Zugriff eines gewalttätigen Staates schützen. Wesentlich zu diesem Zwecke und zugleich aus eigensten schweren Lebenskämpfen heraus schrieb er den Theologisch-politischen Traktat. Er war gewissermaßen ein Zwiegespräch des Philosophen mit dem nach Staatsräson regierenden Staate des 17. Jahrhunderts. Ich erkenne dich an, rief er ihm gleichsam zu, du hast die Macht, und weil Macht und Recht zusammenfallen, auch das Recht, alles zu tun, was deiner Selbsterhaltung dient. Aber du bist dann am sichersten und am mächtigsten und am meisten »deines Rechtes«, wenn du nach Vernunft handelst. Würdest du unvernünftig und gewalttätig regieren, so würdest du dir selbst schaden. Darum erwarte ich von dir, wenn du klug bist, daß du die Denkfreiheit und, mit gewissen Schranken, die ich dir zubillige, auch die Rede- und Lehrfreiheit respektierst.

Die Staatsräson also als Bürgschaft vernünftiger geistiger Freiheit, — das war das Kompromiß, das der Freidenker des 17. Jahrhunderts mit dem Machtstaate des 17. Jahrhunderts schließen konnte. Aber das individualistische Motiv, das darin steckte, färbte nun auch die Zweckbestimmung des Staates, die Spinoza im Theologisch-politischen Traktate (c. 20, § 12) vornahm: »Der Zweck des Staates ist in Wahrheit die Freiheit«, — und diese sah er darin, daß die Menschen von ihrer freien Vernunft Gebrauch machten und Geist und Körper ungehemmt ihre Kräfte entfalteten.

Weitere Lebenserfahrung verschärfte dann den Staatsgedanken Spinozas. So sagt denn der Politische Traktat (V, 2) mit bemerkenswerter Abwandlung: »Der Zweck des Staates ist kein anderer, als Friede und Sicherheit des Lebens. Folglich ist derjenige Staat der beste, wo die Menschen in Eintracht ihr Leben führen und dessen Rechte unverletzt erhalten bleiben.« So wurden in dieser Definition die Bedürfnisse der Individuen mit den Bedürfnissen der Staatsräson vereinigt. Auch modernes Denken über den Staat strebt immer und immer wieder dahin, sie zu vereinigen. Aber der beste Staat ist ihm nicht mehr, wie für Spinoza und das Naturrecht, eine Realisierung allgemein gültiger Prinzipien, sondern die höchste und vollkommenste Realisierung eines jeweilig individuellen Lebensprinzips.

Spinoza präludierte Hegel, aber die Schranken des Jahrhunderts konnte er nicht ganz durchbrechen.

ZWEITES KAPITEL

Pufendorf

Es liegt ein Bann auf gewissen bedeutenden und zukunftsreichen Gedanken, die das 17. Jahrhundert schon gedacht hat. Sie konnten noch nicht recht auftauen in dem strengen Klima dieses Jahrhunderts, noch nicht ihre volle Fruchtbarkeit entfalten. Spinoza wurde erst durch Goethe, Leibniz erst durch den deutschen Idealismus ganz lebendig. Schon das starre Gewand der lateinischen Gelehrtensprache mußte die Gedankenbewegung hemmen, denn die Lebendigkeit der modernen Kultur- und Nationalsprachen und die Lebendigkeit der modernen Gedanken hängen eng miteinander zusammen. Aber starr war auch das seelische Leben des 17. Jahrhunderts überhaupt noch im Vergleich zu dem durch Aufklärung und Idealismus aufgeweichten des ausgehenden 18. Jahrhunderts. Dafür konnte es in einzelnen seiner großen Denker jene mächtige konstruktive Geisteskraft entfalten, die ihre Analogie auf politischem Gebiete in der staatsbildenden Energie eines Richelieu, Cromwell und Großen Kurfürsten hatte.

Diese Energie war, wie wir wissen, nichts anderes als die praktische Anwendung der Lehre von der Staatsräson und den Interessen der Staaten. Auch in dieser Lehre waren Keime verborgen, die in der Luft des 17. Jahrhunderts noch nicht ganz aufgehen konnten. Sowohl die allgemeine Lehre und Auffassung vom Wesen des Staates wie die Geschichtschreibung hätten durch sie schon reich befruchtet werden können, wenn nicht jene starren Scheidewände zwischen den einzelnen Gebieten des Denkens und Lebens bestanden hätten, in die das Jahrhundert noch gebannt war.

In bedeutender Weise zeigt dies einer der großen konstruktiven Köpfe des Jahrhunderts, Samuel v. Pufendorf. Man kennt seine großen Verdienste um die allgemeine Staatslehre wie um die deutsche Geschichtschreibung. Auf beiden Gebieten suchte er nach Prinzipien, die aus der Natur, aus dem schlagenden Herzen der Gegenstände selber stammten. Seine Staatslehre half den Staat von den Fesseln theologischen Denkens zu befreien. Seine Geschichtschreibung ging in straffer Konzentrierung darauf hinaus, die politischen Geschehnisse aus den rationalen Motiven der Handelnden abzuleiten. Es wird im folgenden gezeigt werden, daß er auch die Lehre von der Staatsräson und den Interessen des Staates beherrschte, ja, daß sie unter den ihn leitenden Gedanken mit an erster Stelle stand. Nahe genug also hätte es ihm gelegen, die drei Gebiete miteinander zu durchdringen und zu befruchten. Allen Ansätzen zu solcher Wechselwirkung werden wir sorgfältig nachzugehen haben. Aber über die Schranken des Jahrhunderts konnte auch er schließlich nicht hinaus.

Seine Lehre vom Staate wurzelte in der großen Entdeckung, die Bodinus gemacht hatte, als er den Begriff der staatlichen Souveränität auffand. Sie ist, wie wir hörten, die höchste, von jeder anderen Macht unabhängige Gewalt[1], und sie ist, fügte er hinzu, einheitlich und unteilbar.

Diese Entdeckung des Bodinus war keine bloß theoretische Tat gewesen, sie bildete ebenso ein Stück der neuen Staatsräson im weiteren Sinne wie es die Lehre von den konkreten Interessen der Staaten tat, und beide Stücke ergänzten einander. Denn ohne die Schaffung und Anerkennung eines souveränen und einheitlichen Staatswillens gab es auch keine einheitliche und wirksame Pflege der konkreten Interessen, und wiederum ohne diese wäre der neue Souveränitätsbegriff leer und zwecklos geblieben. Aber das theoretische Denken pflegt solche inneren Lebenszusammenhänge nicht immer zu wahren, sondern gibt leicht der Neigung nach, diesen und jenen Gedanken zu vereinzeln und einseitig emporzutreiben. So hat schon Bodinus, verführt durch den Anblick des sich erhebenden Absolutismus, die Souveränität des Staates überhaupt mit den souveränen Rechten seines höchsten Organes vermischt und dem Souveränitätsbegriffe dadurch eine starre Form gegeben, die es erschwerte, die Bildung einer souveränen Staatsgewalt in nicht absolutistisch regierten Staaten zu verstehen.

---

[1] Nach der modernen Lehre von der Souveränität ist diese nicht selbst Staatsgewalt, sondern nur eine Eigenschaft der vollkommenen Staatsgewalt. Jellinek, Allg. Staatslehre, 2. Aufl., S. 459.

Und nun ist bereits von Jastrow nachgewiesen worden[1] daß die Kritik, die Pufendorf als Severinus de Monzambano 1667 an der deutschen Reichsverfassung übte, weniger auf einer Prüfung ihrer politischen Mängel, vielmehr in erster Linie eben auf einer zu strengen und starren Anwendung dieses Souveränitätsbegriffes beruhte. Er sah die Rechte der Majestät im Reiche geteilt zwischen dem Kaiser und den Ständen, also konnte das Reich keine Monarchie und überhaupt kein einheitliches Staatswesen sein. Er kannte neben dem Einheitsstaate auch Staatenverbindungen, aber nur entweder solche, die auf einem gemeinsamen Staatsoberhaupt beruhen, oder solche, die durch ein Bündnis mehrerer Staaten entstehen. Und da nun ein Staat für ihn ohne Souveränität nicht denkbar war, so folgte daraus, daß solche »Staatensysteme«, wie er sie nennt, nur völkerrechtlicher, nicht staatsrechtlicher Natur sein konnten. Oder mit anderen Worten: Er wußte noch nicht und hätte es nicht zugegeben, daß durch Vereinigung mehrerer Staaten miteinander auch ein neuer Staat, ein Oberstaat, ein Bundesstaat entstehen könne. Ein Staat, so war seine Lehre, kann nur dann mehrere Staaten in sich enthalten, wenn diese aufgehört haben, Staat zu sein. Und da nun die deutschen Einzelstaaten durchaus noch nicht aufgehört hatten, Staaten zu sein, sondern im Gegenteil es mehr und mehr geworden waren, so mußte daraus für ihn folgen, daß das Deutsche Reich kein Staat mehr war. Und weil es anderseits auch kein völkerrechtliches Staatensystem war, so erklärte er, daß es dann eben ein irregulärer Körper und, wie er sich anfangs scharf zuspitzend ausdrückte, ein *monstro simile* sei[2]. Und weil eine Rückentwicklung zum monarchischen Einheitsstaate

---

[1] Pufendorfs Lehre von der Monstrosität der Reichsverfassung, Zeitschr. f. preuß. Gesch. u. Landeskunde 1882 u. Sonderausgabe. Vgl. auch Gierke, Althusius, 2. Aufl., S. 247. Einen Neudruck der ersten Ausgabe des *Severinus de Monzambano De statu imperii Germanici* mit Berücksichtigung der Ausgabe letzter Hand hat Fr. Salomon 1910 veranstaltet, eine gute Übersetzung H. Breßlau zuerst 1870, dann 1922 (in den Klassikern der Politik Bd. 3) mit einer sehr wertvollen Einleitung.

[2] In der Ausgabe von 1668 ist dies berühmte Schlagwort gemildert in ein *tantum non monstro simile*, später ganz gestrichen. An der Irregularität aber hielt er fest. Vgl. Breßlaus Übersetzung des *Severinus*, Klassiker der Politik 3, 28* f. Daß der Ausdruck *regimen monstruosum* als Charakteristik für die Staatsform des Reiches schon bei Bartolo im 14. Jahrhundert vorkommt, zeigt Koser, Hist. Zeitschr. 96, 196.

ihm praktisch ausgeschlossen oder doch nur als Folge gewaltiger Umwälzungen denkbar erschien, so sah er den Weg zur Gesundung nur darin, daß Deutschland den einmal beschrittenen Weg zur bloßen Staatenföderation konsequent zu Ende gehe. Seine Reformvorschläge gipfelten darin, den Kaiser auf die Stellung eines bloßen Bundesoberhauptes herabzudrücken und ihm einen ständigen Bundesrat zur Beschlußfassung über alle Bundesangelegenheiten zur Seite zu stellen.

Sieht man sich aber diese Reformvorschläge näher an, so gewahrt man, daß Pufendorf in einen merkwürdigen Widerstreit zwischen seiner staatsrechtlichen Theorie und seinen politischen Wünschen und Forderungen geriet. Ein Staatenbund, wie er ihn wollte, konnte nur aus souveränen Staaten bestehen. Nun aber beschränkten seine Reformvorschläge die Souveränität der Einzelstaaten in einer Weise, die wohl in einem Bundesstaate, aber nicht in einem Staatenbunde möglich war. Streitigkeiten zwischen den Mitgliedern des Bundes sollten z. B. durch Schiedsspruch unbeteiligter Stände geschlichtet, dieser Schiedsspruch aber nötigenfalls durch Zwang durchgesetzt werden. Selbst Ächtung von Reichsständen hielt er für vereinbar mit der Verfassung des Staatenbundes[1]. Er hat später, als er am Abend seines Lebens seine kühne Jugendschrift revidierte, selber eingesehen, daß man den Mitgliedern eines Staatenbundes derartige Souveränitätsminderungen nicht zumuten dürfe, und seine Reformvorschläge entsprechend abgeschwächt[2]. So setzte sich seine Theorie schließlich ganz konsequent durch, — aber auf Kosten eines richtigeren und lebendigeren Instinktes, der ihn einst mit geleitet hatte, den er aber unterdrücken mußte, weil er sein Schema störte. Dieser Instinkt hatte ihm, als er seine Jugendschrift entwarf, leise gesagt, daß das Deutsche Reich eben doch mehr sei als ein bloßer werdender Staatenbund, daß hier eine große politische Einheit, ein individuelles politisches Lebewesen dastehe, das der staatlichen Zwangsmittel gegen seine Glieder nicht entbehren könne. Nicht bloß patriotische Wünsche, sondern eine gesunde historisch-politische Intuition verleiteten ihn zu dieser Inkonsequenz. Seine starre Lehre von der Souveränität drohte den letzten Rest von staatlicher Einheit, den das arme Deutsche Reich noch hatte, aufzulösen, — sein Sinn für die kon-

---
[1] Vgl. Kap. 8 § 4 und Kap. 5 § 28.
[2] Im einzelnen nachgewiesen von Jastrow a. a. O. S. 72 f.

kreten Interessen der Staaten, so dürfen wir nun sagen, stellte sie wieder her.

Denn ein solch lebendiger Sinn dafür, daß es wirkliche deutsche Gesamtinteressen gebe, wie sie nur ein wirklicher Staat haben konnte, brach an vielen Stellen seiner Jugendschrift schon durch. Das Schlußkapitel des Severinus, das seine Reformvorschläge entwickelte, trug die Überschrift *Ratio status imperii* und drückte damit aus, daß das Deutsche Reich trotz seiner Irregularität dennoch einen Komplex von staatlichen Gesamtinteressen habe. Er folgte damit dem Vorbilde, das Bogislav Chemnitz in seinem *Hippolithus a Lapide* gegeben hatte. Aber Chemnitz, der das Reich als ein ständisch-aristokratisches Gemeinwesen auffaßte, weil er es in ein solches verwandeln wollte, hatte deshalb auch die Staatsräson Deutschlands darauf eingestellt und sie so gemalt, wie es seiner Tendenz entsprach[1]. Und wir sahen dabei, daß seine Methode, die Staatsräson Deutschlands zu ermitteln, von generalisierender, nicht von individualisierender Art war. Denn die Staatsräson, so war ja die Lehre, hing unmittelbar ab von der Staatsform. Soviel Gattungen von Staatsformen es gab, soviel Gattungen von Staatsräson gab es auch. Hatte man die Staatsform eines Gemeinwesens festgestellt und im Schema untergebracht, so ergab sich seine Staatsräson von selbst.

Auch Pufendorf teilte diese schematische Lehre, die die individualisierende Betrachtung der Staatsinteressen hemmte. Aber ein merkwürdiger Glücksfall bewirkte es, daß er trotzdem in die Lage kam, die wirklichen Gesamtinteressen Deutschlands viel individueller und adäquater zu erfassen, als der von Theorie und Tendenz zugleich geblendete Hippolithus. Gerade deswegen, weil er den staatlichen Zustand des Reichs für irregulär ansah, konnte er sich auch besonders gedrängt fühlen, seine individuelle Beschaffenheit zu studieren[2]. Dann mußte aber auch das Bild der deutschen Staatsräson, der deutschen Gesamtstaatsinteressen, das er entwarf, individuellere und historisch konkretere Züge annehmen. Wie aber, diese Frage erhebt sich jetzt, vertrug sich sein Suchen nach einer deutschen Staatsräson mit seiner Doktrin, die in dem Reiche, streng genommen, nicht einen Staat, sondern einen werdenden Staatenbund sah?

---

[1] Breßlau a. a. O. S. 21*.
[2] Fein bemerkt von Breßlau a. a. O. S. 32*.

Man mag einwenden, daß nach Pufendorfs Ansicht auch ein Staatenbund eine gemeinsame *ratio status* haben konnte[1]. Aber darauf ließe sich erwidern, daß ein Staatenbund, der dauernde gemeinsame Interessen der Selbstbehauptung nach außen und der Freiheit nach innen zu verteidigen hat, eben aufhört, bloßer Staatenbund zu sein und anfängt, Bundesstaat zu werden, einen Oberstaat über sich zu entwickeln, der nur eben noch sehr unvollkommen und locker organisiert ist. Wo es eine eigenartige Staatsräson gibt, wo besondere Prinzipien und Interessen eines gemeinsamen politischen Daseins einheitlich und dauernd sich behaupten, da gibt es auch einen Staat, vielleicht nur einen sehr unvollkommenen, rudimentär zurückgebliebenen oder ganz verfallenen, vielleicht fast nur noch die Seele eines Staates ohne den zugehörigen Körper, aber immer auch das Bedürfnis, die Tendenz dazu, diesen Körper zu bilden und voller Staat zu werden. Und das war der Fall im damaligen Deutschen Reiche. Die Tendenz, das Reich zu erhalten durch Pflege der schwachen Reste staatlicher Einheit, die es noch hatte, war nicht untergegangen über der anderen Tendenz, die deutschen Einzelstaaten zu wirklichen, voll souveränen Staaten zu entwickeln. Pufendorf selber hatte ihr ja jene inkonsequenten Zugeständnisse gemacht, die er seiner Theorie zuliebe später wieder zurücknahm. Und in allen Fragen, die das Verhältnis Deutschlands zum Auslande berührten, behandelte er Deutschland mit naiver Selbstverständlichkeit als eine staatliche Einheit und setzte ihre besonderen Interessen, ebenso wie das Gegenspiel der ausländischen Interessen gegen Deutschland mit Einsicht auseinander. »Die Macht des Deutschen Reiches, welche durch eine regelmäßige Staatsverfassung zusammengehalten, ganz Europa furchtbar sein würde, ist durch innere Krankheiten und Umwälzungen so geschwächt, daß sie sich kaum selbst verteidigen kann.« »Wie monströs«, bemerkte er, »ist doch schon allein dies, daß im Reiche Haupt und Glieder sich gleich wie zwei Parteien gegenüberstehen[2]!« Sein Ideal war unzweifelhaft, daß Deutschlands Kräfte

---

[1] Er ging, wie Breßlau a. a. O. S. 41* nachgewiesen hat, in seiner 1669 erschienenen Schrift *De republica irregulari* sogar so weit, auch bloße Staatenbünde *(systemata civitatum)* zur Gattung der zusammengesetzten Staaten zu rechnen, hat aber später den Ausdruck *res publica composita* für sie möglichst vermieden, weil er mit seiner Grundvoraussetzung, daß Souveränität ein unerläßliches Merkmal des Staates sei, in Widerspruch stand.   [2] Kap. 7 § 8.

so geeinigt würden, daß sie »von einem Willen, wie von einem Geiste gelenkt werden[1].« Der Staatenbund war ihm im Grunde nur ein dürftiger, durch den Zwang der Lage gewiesener Ersatz für die Monarchie, er ist »viel leichter inneren Unruhen, ja selbst der Gefahr völliger Auflösung ausgesetzt«. Er beklagte bitter die Wirkungen des Bündnisrechtes, das den deutschen Ständen durch den Westfälischen Frieden ausdrücklich zugesprochen war, denn durch dieses wurden die auswärtigen Mächte in den Stand gesetzt, durch Bündnisse mit Deutschen Deutschland niederzuhalten und ihre Macht auf Kosten der Gesamtheit auszudehnen[2]. Er forderte in seinen Reformgedanken von dem künftigen Staatenbunde nicht nur eine Einschränkung dieses Bündnisrechtes, — wiederum also eine Souveränitätsminderung zugunsten eines deutschen Gesamtstaates, — sondern auch eine auswärtige Politik, die zwar nicht auf Vergrößerung und Eroberung ausgehen könne, aber es doch schon verhindern müsse, daß etwa eines der Nachbarländer von einem mächtigen, ländergierigen Feinde erobert werde, der Deutschland gefährlich werden könne, — also eine erforderlichenfalls aktiv vorgehende Gleichgewichtspolitik[3]. Sorgfältig erwog er ferner, ob und welche Koalitionen des Auslandes für Deutschland gefährlich werden könnten[4]. Er schätzte ihre Gefahr nicht allzugroß ein, weil Deutschland immer Bundesgenossen finden werde, da Deutschlands Überwältigung auch die Freiheit aller übrigen europäischen Staaten gefährden werde. Am bedenklichsten erschien ihm diejenige Koalition, die Deutschlands Schicksal schon im Dreißigjährigen Kriege bestimmt hatte, das Bündnis Frankreichs mit Schweden. Aber hier konnte er vielleicht aus den Informationen seines Bruders Esajas, des Diplomaten im schwedischen Dienste, einen Trost schöpfen. »Erfahrene Politiker«, bemerkte er nämlich, »wollen wahrgenommen haben, daß Frankreich zwar Schwedens Hilfe bezahlen, aber die mit jener Hilfe erlangten Vorteile nur für sich ausnutzen will.« Denn Frankreich wünsche gar nicht einen derartigen Machtzuwachs Schwedens, durch den die französische Freundschaft für Schweden entbehrlich werden könne. Und ebensowenig könne Schweden eine völlige Unterwerfung Deutschlands durch Frankreich wünschen, weil es

---

[1] Kap. 7 § 7. [2] Kap. 7 § 9.
[3] Kap. 8 § 4. [4] Kap. 7 § 6.

dann auch mit seiner eigenen politischen Selbständigkeit aus sei[1]. So sind wir hier mitten in einer der subtilsten Untersuchungen, die die Lehre von den Interessen der Staaten anstellen konnte, um auf der *trutina statuum* die geheimen Triebfedern, Voraussetzungen und Schranken der europäischen Allianzen abzuwägen. Pufendorf hatte seine Laufbahn als Hauslehrer des schwedischen Gesandten in Kopenhagen begonnen und konnte in den Jahren, als er als Heidelberger Professor den *Severinus* schrieb, durch den Verkehr mit dem Kurfürsten Karl Ludwig auch Einblick in den Betrieb der Reichspolitik tun[2]. Sein politischer Horizont erweiterte sich, als er, 1668 nach Lund berufen, von schwedischem Aussichtspunkte aus auf Deutschland und Europa blicken konnte. Gleichzeitig entwickelte er sich nun zum großen Theoretiker des Staates, zum scharfblickenden Kenner europäischer Interessenpolitik und zum Zeitgeschichtschreiber. Aber die einmal eingetretene Spaltung zwischen staatstheoretischem und historisch-politischem Denken, die wir bei ihm wahrnahmen, blieb bestehen. Sein großes *Jus naturae et gentium* von 1672 blieb in den Schranken der naturrechtlichen Methode stecken und vermochte es nicht, aus der Einsicht in die individuellen Interessen der Staaten, die der Politiker Pufendorf besaß, die weitere Einsicht in die individuelle und historisch singuläre Seite der einzelnen staatlichen Bildungen zu gewinnen. Wohl wird die Idee der Staatsräson, die allgemeine Quelle, aus der die besonderen Interessen der einzelnen Staaten flossen, kräftig betont. Es wird dem Fürsten zur Pflicht gemacht, sein persönliches Leben und seine privaten Neigungen und Interessen ganz und gar einzuschmelzen in das Interesse des Staates[3]. Und es wird auch der weitere Grundsatz der Interessenlehre anerkannt, daß Verträge der Fürsten untereinander nur so lange Kraft haben, als sie den Interessen ihrer Völker nicht schädlich seien[4]. Aber für die geschichtliche Mannigfaltigkeit und Lebendigkeit dieser Interessen selber hatte sein System keinen Platz.

Er verwies die Anschauung, die er davon hatte, an eine andere Stelle, als er es unternahm, der »vornehmen Jugend«, den »Leuten

---
[1] Über die Zusätze der posthumen Ausgabe des *Severinus*, in denen sein Zorn über die Eroberungspolitik Ludwigs XIV. und die deutschen Fürsten, die ihr dienten, ausbrach, vgl. Breßlau a. a. O. S. 45*.
[2] Treitschke, Pufendorf. Histor. u. polit. Aufsätze 4, 220.
[3] L. VII, c. 8 § 1—3.
[4] L. VII, c. 6 § 14 u. c. 9 § 5.

von Condition und so in Staatsordnungen gebrauchet werden«, ein ebenso gelehrtes als weltläufiges Rüstzeug, ein praktisches Handbuch des politisch-historischen Wissens mitzugeben, — in der »Einleitung zu der Historie der vornehmsten Reiche und Staaten, so jetziger Zeit in Europa sich befinden« von 1682[1]. Eine solche Vereinigung von Gelehrsamkeit, Weltläufigkeit und praktischer Politik war dem 17. Jahrhundert, das die massive Arbeit liebte und auch am Staatsmanne die Würde schätzte, schon ganz sympathisch. Aber die Frage erhebt sich, ob diese Vereinigung auch innerlich gelang. Zwischen Interessenlehre und allgemeiner Staatslehre hatte sie nicht recht glücken wollen. Glückte sie ihm vielleicht jetzt besser zwischen Interessenlehre und Geschichtschreibung?

Der Versuch ist sicherlich bemerkenswert, Geschichte, Staaten- und Völkerkunde und Interessenlehre miteinander zu verbinden. Der weltgeschichtliche Stoff aber wurde ausschließlich nach den einzelnen Staaten disponiert, denn das historische Denken war noch nicht so weit, nach dem Zerfall der mittelalterlichen Vorstellungen von der Einheit der christlich-abendländischen Welt ihre tatsächliche geschichtliche Einheit in neuen, der Sache angemessenen Formen darzustellen. Innerhalb der einzelnen Staaten

---

[1] Kurz erwähnt seien hier noch zwei andere gleichzeitige Versuche, das Unternehmen Rohans zu erneuern und eine Lehre von den Interessen der einzelnen Staaten zu geben. Petrus Valckenier, niederländischer Resident in Frankfurt a. M., behandelte im 1. Teile seines großen Zeitgeschichtswerkes »Das verwirrte Europa« (deutsche Ausgabe, Amsterdam 1677) »das allgemeine und besondere Staatsinteresse eines jeden Potentaten und Republik in Europa«. Er tat es in niederländischer, antifranzösischer und konservativer Gesinnung vom Standpunkt der oranischen Partei aus und mit der interessanten Tendenz, auch die wirtschaftlichen Momente im Spiele der politischen Interessen zur Geltung zu bringen. Ich habe seine Lehre behandelt in der Gedächtnisschrift für G. v. Below, Aus Politik und Geschichte (1928) S. 146 ff. 1681 hat dann der kursächsische Rat Christian Widmann in seiner *Academia Status* die Interessen der einzelnen europäischen Staaten charakterisiert. Er zeigt Weltkenntnis und politische Urteilsfähigkeit. Eine ausführliche Analyse Widmanns gibt Kunkel in dem Manuskripte seiner Arbeit über die Staatsräson und Publizistik des 17. Jahrhunderts. — Ein schon 1666 erschienenes Werk: *Interêts et maximes des Princes et des Estats souverains* ist keine eigentliche Interessenlehre, sondern eine Sammlung der Prätentionen und Gebietsansprüche usw. der einzelnen Staaten gegeneinander.

folgen regelmäßig drei Abschnitte aufeinander, deren erster und längster die Geschichte, deren zweiter Volks- und Landesbeschaffenheit und Regierungsform und deren dritter dann die Interessen ihrer auswärtigen Politik behandelt. Hier tritt dann nun schon hervor, daß die neue Interessenlehre mit dem überlieferten geschichtlichen Wissen sich ebensowenig organisch zu verbinden vermochte, wie mit der allgemeinen Staatslehre. Denn in den geschichtlichen Abschnitten überwiegt noch durchaus eine unkritische und unbehilfliche Wiedergabe des rohen Stoffes, während die Schlußabschnitte die volle Meisterschaft des politischen Beobachters verraten und im Grund reicher sind an innerlicher geschichtlicher Auffassung als die vorhergehenden historischen Partien.

Pufendorf nannte[1] die Interessenlehre »das Fundament, woraus man urteilen muß, ob etwas in Staatssachen wohl oder übel getan sei«. Eben deswegen, weil sie auch für ihn eine rein praktische Wissenschaft war, vermochte sie sein geschichtliches Wissen von der Vergangenheit noch nicht zu durchdringen. Aber seine theoretische Begabung, die noch stärker war als seine historische, vermochte dafür die ersten Grundlinien einer Systematik der Interessenlehre zu ziehen und Kategorien der Interessen aufzustellen. Er teilte sie ein in imaginäre und wahre. Als imaginär sah er die Ziele einer überspannten und ungesund ehrgeizigen Machtpolitik an, »worunter man rechnen kann *Monarchiam Europae, universale Monopolium etc.*, welches der Zunder ist, dadurch die Welt in *Combustion* gesetzet wird.« Wieder sieht man hier wie in allen früheren Fällen, daß die Interessenlehre aus der Stimmung der Abwehr geboren und vornehmlich von denen gepflegt wurde, die ein oberstes Interesse aller Staaten in der Erhaltung eines freien Nebeneinanders, eines vernünftigen Gleichgewichts der europäischen Staaten erblickten. Das wahre Interesse teilte Pufendorf mit richtigem Griffe ein in ein dauerndes und ein temporäres. »Jenes fließet meist her von der Situation und Beschaffenheit des Landes oder aus der natürlichen Zuneigung des Volks; dieses aber aus Beschaffenheit, Stärke und Schwäche der Nachbarn, mit dero Veränderung auch das Interesse alterieret wird.« So komme es, daß man heute vielleicht einem schwachen

---

[1] Vorrede der »Einleitung zu der Historie usw.«

Nachbarn unter die Arme greifen, morgen aber, wenn er uns selbst gefährlich oder verdrießlich würde, sich gegen ihn wenden müsse. Dann stellte er die große, immer wieder sich erhebende Frage, die schon bei Rohan angeklungen hatte, wie es denn komme, daß die Interessen, die doch handgreiflicher Natur seien und wenigstens den beteiligten Staatsmännern nicht unbekannt sein könnten, so oft verkannt und falsch behandelt würden. Er wußte darauf, ähnlich wie Rohan, nur die Antwort, die auf der Oberfläche lag, daß entweder die Regenten selber oft nicht gründlich informiert seien oder sich von klugen und treuen Ministern nicht raten lassen wollten oder daß die Minister nicht fähig oder nicht uneigennützig und sachlich genug seien. Eine tiefere historische Denkweise, als sie dieser Zeit möglich war, gehörte dazu, um zu erkennen, daß auch die Interessen selber zuweilen in sich zwiespältig sein und zur Wahl zwischen Scylla und Charybdis zwingen können und daß die Fehler des einzelnen in der Verkennung seines wahren Interesses oft nur der Ausdruck schicksalshafter Gewalten sind. Aber Pufendorf hatte schon recht damit, daß die Handhabung der Interessenlehre auch eine genaue Kenntnis der jeweils agierenden Persönlichkeiten in den Staaten fordere und daß diese »Wissenschaft, wie sie denen, so mit auswärtigen Staatssachen zu tun haben, am meisten nötig, also gleichsam *momentanea* und unbeständig« sei.

Wir greifen aus seiner Behandlung der einzelnen Staatsinteressen dasjenige heraus, das er schon in seiner Jugendschrift mit behandelt hatte und das ihn, den in allem Wechsel seiner eigenen Interessen immer tief deutsch Empfindenden wohl auch am meisten beschäftigte, die *ratio status* Deutschlands.

Er konnte sie jetzt freier und geschichtlich tiefer auffassen als in seiner von staatsrechtlichen Dogmen eingeengten Jugendschrift. Er hatte in ihr schon auf den monströsen Zwiespalt im deutschen Staatsleben hingewiesen, daß die Interessen des Kaisers und der Fürsten so grundverschieden seien. Jetzt bemerkte er noch prägnanter als damals, daß sich aus der deutschen Fürstenschaft eine kleine Anzahl Mächtigerer herausentwickelt habe, die »fast ganz *en Souverain* tun und sich ihre eigene *raison d'Estat* formieren wollen«. Man begreift es schon aus dieser Beobachtung, daß er noch ebenso skeptisch über die Besserung der deutschen Verhältnisse dachte wie damals. Sein Versuch, das Übel zu erklären, führte ihn aber diesmal zu einer geschichtlichen Erkenntnis, die ganz aus dem Geiste der Interessenlehre stammte. In dem Ereignis von 1519, der Kaiserwahl Karls V., sah er jetzt den verhängnisvollen Wendepunkt der deutschen Geschichte. Es war, so setzte er auseinander, durchaus gegen das deutsche Interesse, ihn zu wählen. Denn der Herr eines Erbreichs, der ein Wahlreich erhält, wird entweder dieses schläfrig behandeln oder des Wahlreichs Interesse nach dem des Erbreichs drehen oder dahin streben, das Wahlreich unter sein Joch zu bringen und zum Anhange des Erbreichs zu machen. Alle diese drei Dinge habe Deutschland unter Karls V. Regierung empfunden. »Das wahre Interesse von Teutschland ließ er sich niemals eine Regel seines Vorhabens sein, sondern alles ging auf die besondere Hoheit und Macht seines Hauses hinaus.« Hätte Deutschland damals einen Kaiser gehabt, der nichts oder wenig außerhalb besessen, so hätte das wahre Interesse des Reichs ihn angewiesen, sich an keine der beiden mächtigen Nationen der Franzosen und Spanier zu hängen, sondern zwischen beiden als ein *Arbiter* zu sitzen und darauf zu achten, daß keiner einen Vorteil bekäme, der für Deutschland nachteilig sein könnte. Deutschlands Interesse wäre es ferner gewesen — so hatte er schon im *Severinus* einmal bemerkt[1] —, sich vom Papste zu befreien und die geistlichen Güter einzuziehen. Hätte der Kaiser damals mit Hand anlegen wollen, so wäre es so leicht damit gegangen wie in Schweden, England und Dänemark. Aber sein spanisches Interesse habe ihm eine antiprotestantische Politik aufgezwungen. Meisterhaft wird dann im Abschnitte vom Papsttum[2] entwickelt, wie seitdem nun der Kaiser, selbst wenn er wollte, *par raison d'Etat* vom Papsttum gar nicht sich losreißen könne. Denn einmal seien die geistlichen Fürsten im Reiche jetzt gezwungen, es mit ihm zu halten, um einen Rückhalt wider die weltlichen Fürsten zu haben. Und ferner würde der Kaiser, wenn er vom Papste sich lösen wollte, auch die weltlichen Fürsten nicht als sicheren Beistand haben, weil nun die alten Häuser beanspruchen würden, ebenso nahe zur Kaiserwürde zu sein als Österreich. Auch würde dann Frankreich einen Sprung

---
[1] Kap. 8 § 7.
[2] Von Thomasius besonders herausgegeben u. d. T. Politische Betrachtung der geistlichen Monarchie des Stuhls zu Rom mit Anmerkungen 1714.

nach der Kaiserkrone tun, und viele von der Klerisei würden sich diesem vielleicht dann in die Arme werfen.

So hielt, wie Pufendorf tief und scharf erkannte, schon ein eherner Zwang realer politischer Interessen die Religionsspaltung in Deutschland aufrecht, und diese wieder schuf fortwirkend neue politische Spaltung und Schwäche, da die Frage der geistlichen Güter katholische und protestantische Reichsstände auch damals noch, wie Pufendorf urteilte, auseinanderriß. Ebenso sah er auch die unheilvollen spanischen Maximen des Hauses Habsburg fortwirken. Sie hätten neben unsäglich viel anderem Elend auch das bewirkt, daß die Reichsstände, um ihre Freiheit zu erhalten, sich an auswärtige Mächte hängen müßten. Er machte es sich unerbittlich klar, daß die deutschen Protestanten allein durch eigene Kraft, etwa von Brandenburg geführt, ohne die Hilfe Schwedens und Frankreichs sich nicht gegen den Kaiser halten würden. Deutschland steckte festgefahren in einer Sackgasse, und sein wahres Interesse war ohnmächtig unter dem Drucke derjenigen Interessen, die durch das Zusammentreffen der Kaiserwahl von 1519 mit der Religionsspaltung entstanden waren. Dies hoffnungslose Gesamtergebnis war dasselbe, das er schon im *Severinus* gezogen hatte, aber trat nun noch erschütternder vor das Auge, weil es jetzt nicht auf dogmatischem Wege, sondern durch die historisch-kausale Methode der Interessenlehre gewonnen wurde.

Der hoffnungslose Skeptizismus hing aber auch mit dem Geiste der Interessenlehre, wie sie damals getrieben wurde, mit dem mathematischen und mechanischen Charakter, den man den Interessen gab, noch eng zusammen. Es gab hier kein Entfliehen aus dem einmal geknüpften Netze der Interessen, keinen Glauben an tiefere Entwicklungskräfte der Nation, an lebendige Keime der Zukunft und historische Neubildungen organischer Art, durch die der verhängnisvolle Bann, der auf Deutschland lag, auch einmal hätte gebrochen werden können. Der Glaube an den ehernen Zwang der Interessen wurde nur gemildert und ergänzt durch den Glauben an den Wechsel der menschlichen Dinge überhaupt und an das Glück des kühnen Spielers, der die Trümpfe im Spiel der Interessen geschickt und klug benutze. »Denn oft kommt«, sagte Pufendorf, »ein in sich selbst schwacher Staat in *Consideration* wegen *Valeur* und guter *Conduite* der Regenten: oft muß wegen Ungeschicklichkeit der Regenten auch ein großer und starker Staat *la beste* setzen.« Welcher der damaligen Regenten aber, mit denen die Interessenlehre Pufendorfs rechnete, hätte ein Interesse daran finden sollen, seine Kraft für Deutschland im ganzen einzusetzen und die *Ratio status* Deutschlands wiederherzustellen?

So kam es, daß Pufendorf, als ihm die Aufgabe, Zeitgeschichte zu schreiben, wurde, sein Ziel beschränkte. Es konnte ihm noch nicht in den Sinn kommen, die Verflechtung der staatlichen Interessen und ihrer persönlichen Vertreter mit dem gesamten Staats- und Kulturleben darzustellen, sondern seine Zeitgeschichtschreibung war und konnte nichts anderes werden als angewandte Interessenlehre. Das ist der Charakter seiner großen Werke, deren zwei, *De rebus suecicis ab expeditione Gustavi Adolphi in Germaniam ad abdicationem usque Christianae* und *De rebus a Carolo Gustavo Sueciae rege gestis* er zwischen 1677 und 1688 als schwedischer Historiograph schrieb, während er die zwei anderen, *De rebus gestis Friderici Wilhelmi Magni electoris Brandenburgici* und das Fragment *De rebus gestis Friderici III.*, zwischen 1688 und seinem Tode 1694 als brandenburgischer Historiograph verfaßte.

Die Verbindung zwischen Geschichtschreibung und Interessenlehre ist in diesen Werken also viel enger als in den historischen Partien seiner Einleitung zur Historie. So erhebt sich jetzt die Frage, in welchem Maße der große, in der Interessenlehre verborgene Gedanke, daß jeder Staat seine eigentümliche Lebensader habe, seinen durch Anlage und Konstellation bestimmten Lebensweg zu gehen habe, wenigstens die geschichtliche Anschauung der frisch erlebten Vergangenheit durchdringen konnte, in welchem Maße damit die Erfahrungen der Staatskunst das geschichtliche Denken zu befruchten vermochten.

Man muß ausgehen von der Auffassung, die Pufendorf überhaupt von den Aufgaben der, oder genauer gesagt, seiner Geschichtschreibung hatte. Er schrieb seine großen Werke ja nicht als freier Forscher und Betrachter, sondern im Auftrage heute des schwedischen Königs, morgen des brandenburgischen Kurfürsten, und seine Auftraggeber erwarteten von ihm ein Denkmal ihres Ruhmes. Das beschränkte von vornherein den Flug seiner Geschichtschreibung. Aber er glaubte dennoch die höheren Pflichten des Geschichtschreibers mit der niederen Pflicht seines offiziellen Auftrags reinlich und gewissenhaft vereinigen zu können. Hören wir zuerst die Worte seiner Vorrede zu dem Werke *De rebus suecicis:*

»Übrigens haben wir uns in diesem Werke, was die Hauptpflicht des Historikers ist, der Zuverlässigkeit mit höchster Gewissenhaftigkeit befleißigt, die Entschlüsse *(consilia)* aus den authentischen Akten entnommen und nirgends interpoliert, die Geschehnisse aus den Berichten der Heerführer und Gesandten dargestellt. Die Entschlüsse und Handlungen der feindlichen Partei haben wir im allgemeinen nicht weiter darzustellen uns bemüht, als insofern sie gleichsam in das Gesichtsfeld der Unseren getreten sind. Ihre Geheimnisse durch Vermutung zu erraten oder zu interpretieren, wurde für verwegen gehalten. Überall haben wir dem Leser das Urteil freigelassen, ohne unsere Meinung einzumischen. Unsere Absicht war, fremde Taten zu erzählen, nicht eine Zensur über sie auszuüben. Von Affekten habe ich mich in dem Grade, wie man deutlich sehen wird, freigehalten, daß ich selbst den Vorwurf jener nicht fürchte, die damals gegen Schweden politisch und militärisch gekämpft haben. Sollten ihnen dennoch einige von mir veröffentlichte Dinge mißfallen, die sie lieber verschwiegen oder in Vergessenheit begraben gewünscht hätten, so sollen sie wissen, daß die Fürsten nun einmal unter dem Gesetze geboren sind, daß ihre herrlichen wie ihre üblen Taten unter allen Umständen zur Kenntnis vieler gelangen. Und die Historie zögert auf Grund ihres Rechtes *(suo jure)* nicht, sie so, wie sie sie gefunden hat, dem Gedächtnis der Nachwelt zu überliefern, deren freiester Kritik kein Fürst entfliehen wird, es sei denn, daß er rechtschaffen gehandelt habe... Vom Historiker wird das vor allem verlangt, daß er nichts Falsches sage und nichts Wahres nicht sage.«

Es kommt für uns hier nicht darauf an, peinlich zu ermitteln, ob und wieweit Pufendorf seiner Verheißung getreu geblieben ist, nichts aus Opportunität zu verschweigen oder zu übermalen. Er hat selber gestanden, daß er in der Geschichte Karl Gustavs »Moderation« gegenüber Brandenburg geübt habe, und einige Menschlichkeit in Milderung und Weglassung von Dingen sind ihm schon passiert[1]. Aber im großen und ganzen hat er ehrlich seinen Grundsatz durchgeführt. Wichtig und interessant aber ist,

---

[1] Vgl. Salzer, Übertritt des Großen Kurfürsten von der schwedischen auf die polnische Seite... in Pufendorfs Karl Gustav und Friedrich

daß er einen prinzipiellen Unterschied machte zwischen der Aufgabe des zeitgenössischen Geschichtschreibers, der sich der sittlichen Urteile enthalten, aber alles erreichbare Material für sie sammeln und überliefern solle, und der sittlich richtenden Aufgabe der Nachwelt[1], die doch wohl nur wieder von einer zurückschauenden Geschichtschreibung ausgeübt werden kann. Ihn bewegte dabei im Grunde wohl die ernste und schwere Frage, wie man historische Objektivität und Affektlosigkeit vereinigen könne mit einem selbständigen Werturteile über die geschichtlichen Vorgänge. Die geistigen Hilfsmittel seiner Zeit aber reichten zu einer solchen Vereinigung noch nicht aus. Das mochte er selber dunkel fühlen, wie er denn da, wo er selber einmal zurückschauende Geschichtschreibung in der »Einleitung zu der Historie der vornehmsten Reiche und Staaten« trieb, über eine ziemlich primitive und herkömmliche Stoffbehandlung nicht hinausgelangte. Ganz deutlich aber wußte er, daß jeder Versuch, Zeitgeschichte mit richtendem Urteile darzustellen, mit allen Gefahren subjektiver Parteilichkeit behaftet sei. Anderseits hatte er als Zeitgeschichtschreiber den stolzen Ehrgeiz, weder zum panegyrischen Lobredner seines jeweiligen Auftraggebers noch zum bloßen Stoffsammler herabzusinken. Und er war nun überzeugt, daß es auch durchaus möglich sei, trotz des Verzichts auf das Richteramt, zu dem der Zeitgeschichtschreiber sich genötigt sah, echte Geschichtschreibung höheren Ranges zu üben. Er gedachte, wie später Ranke, sein Selbst auszulöschen und nur die Dinge erscheinen zu lassen, aber nicht die Dinge in ihrer rohen Masse, sondern ausgewählt, geordnet und beseelt von einem bestimmten höheren Prinzipe. So strebte er nach einer wirklichen historischen Objektivität, auch als offizieller Historiograph.

Schon Sleidan hatte einmal in ähnlicher Lage, als Geschichtschreiber des Schmalkaldischen Bundes, nach demselben Ziele gestrebt[2]. *Veritas* und *candor*, hatte er gemeint, müsse der Geschichtschreiber beweisen. Die *veritas* hatte er in der Benutzung

---

Wilhelm (1904) und Ridding, Pufendorf als Historiker und Politiker in den *Commentarii de reb. gest. Friderici* III, 1912.

[1] Ähnlich auch am Schluß der Vorrede zur Geschichte des Großen Kurfürsten.
[2] Vorrede zu den Kommentaren *de statu religionis et reipublicae Carolo V. Caesare.*

des zuverlässigsten Quellenmaterials, nämlich der Akten, gefunden, — ganz ebenso Pufendorf. Und den *Candor,* wieder in beinahe wörtlicher Übereinstimmung mit Pufendorf, in der Unterdrückung der Affekte, in der Fernhaltung von Tendenzschriftstellerei. Schriften und Gegenschriften der Parteien stellte er demnach, mehr oder minder geschickt exzerpierend, gegenüber und hielt sich nur für berechtigt, den »Stil zu akkomodieren«, um eine einheitliche literarische Leistung zu erzielen. Sinn für die besten Quellen und Unterdrückung der eigenen Affekte sind gewiß die beiden großen bleibenden historiographischen Werte, die Sleidan und Pufendorf zu verwirklichen versucht haben. Aber es war doch nur eine primitive und unbehilfliche, eine lediglich reproduktive Objektivität, die Sleidan erreichte. Er kannte noch nicht das Ideal einer durch eigene geistige Arbeit zu erringenden, durch eigene Erziehung des Denkens unter Zurückdrängung der Affekte erreichbaren Objektivität, einer gewissermaßen auf gereinigter Subjektivität beruhenden Objektivität. Das geistige Einheitsband, das die Blöcke der von ihm aufgehäuften Stoffmassen miteinander verband, war doch neben der formalen humanistischen Diktion nur die ununterdrückbare protestantische Gesinnung des Verfassers.

Pufendorf kam nun in seiner Behandlung der Zeitgeschichte einen merklichen Schritt weiter als Sleidan in der Erreichung einer historischen Objektivität. Und das gelang ihm, weil ihm sein Jahrhundert die Lehre von den Interessen der Staaten als beseelendes Prinzip der Geschehnisse und Stoffmassen darbot. Das Interesse der Fürsten und Staaten war die Seele ihrer Handlungen, die unpersönliche, von Affekten ganz freie Macht, die sie dirigierte, die sie zwang, die eigenen Affekte im Dienste der Staatsräson zu unterdrücken. Der Verlauf der politischen Ereignisse selbst gewann dann, wenn man auf dieses ihnen immanente Prinzip achtete, gewissermaßen einen ganz objektiven Charakter, eine innere Logik und Zwangsläufigkeit, eine schier mathematische Struktur, wie sie die Denker des 17. Jahrhunderts so gern auf allen Gebieten des Lebens und der Welt nachweisen wollten. Dem Zeitgeschichtschreiber aber, der dieses Walten der Staatsräson auf Grund ihrer unmittelbaren Selbstzeugnisse, der Akten, wiedergab, bot sich damit die ebenso würdige wie befriedigende Möglichkeit zu tendenz- und affektfreier Wissenschaft. Er konnte jetzt, er mußte sogar auf eigenes Urteil verzichten und blieb trotzdem auf der Höhe seiner Aufgabe. Er leistete etwas dem Physiker und Mathematiker, so durfte er glauben, durchaus Gleichwertiges, auch wenn er nur die Staatsräson des Herrn, der ihn bezahlte, in ihrer geschichtlichen Entfaltung darstellte. Pufendorf hat, um seine persönlichen Feinde abzuwehren, sich nicht gescheut, sich auf das Sprichwort zu berufen, daß der dessen Lied singet, dessen Brot er isset und daß man es dem Skribenten nicht beimessen könne, »wann man dessen Herrn, dem man dienet, sentimente mit seiner Feder exprimiret[1]«. Und er meinte das durchaus nicht, wie der Wortlaut klingen möchte, in subalterner, sondern in sehr ethischer Gesinnung, aber in einer ethischen Gesinnung, die über die Ethik des Privatlebens hinaus höhere Gesetze des öffentlichen Lebens anerkannte. Und diese Gesetze hatten für ihn genau die Doppelbedeutung, die der Begriff des Gesetzes noch heute hat. Sie waren einerseits Normen, Pflichten, *officia* für den politisch handelnden Menschen, anderseits kausale Faktoren des Geschehens, deren Wucht der einzelne in der Regel sich gar nicht entziehen kann. Als Zeugnis dieser Auffassung diene der Brief, den er am 5. März 1690 aus Berlin an den kaiserlichen Rat v. Seilern schrieb[2]. Während sein Manuskript über Karl Gustav damals noch ungedruckt in Schweden sich befand und während er im Berliner Schlosse über den Akten des Großen Kurfürsten lag, erklärte er sich bereit, auch einem Rufe des Kaisers, die Geschichte des Türkenkrieges zu schreiben, in Zukunft einmal zu folgen. Daraus, daß er einst die schwedische, gegen den Kaiser gerichtete Politik dargestellt habe, dürfe man, meinte er, keine Abneigung gegen das kaiserliche Haus folgern. Denn auch zwischen den Fürsten pflegten Freundschaften und Bündnisse je nach der Ergreifung der Zeiten zu wechseln, und für Privatleute gelte es sogar für Pflicht, dem Fürsten, in dessen Dienste sie handeln, auch in seinen Gegnerschaften gegen andere zu folgen. Insbesondere aber könne der Historiker, der nicht sein eigenes Urteil auseinandersetzt, sondern den öffentlichen Interpreten sowohl der Handlungen wie der Tendenzen desjenigen Fürsten oder Staates spielt, dessen Geschichte erzählt wird, gar nicht umhin, auch des-

---

[1] An Paul v. Fuchs, 19. Januar 1688. Varrentrapp, Briefe von Pufendorf, Histor. Zeitschr. 70, 27 f.
[2] A. a. O. 41 ff.

sen Auffassungen wiederzugeben *(sensa exprimere)*. Nicht lediglich nach gemeinem Rechte mäßen Fürsten und Staaten ihre Handlungen ab, sondern in erster Linie folgten sie den besonderen Interessen ihres Staates *(peculiares status sui rationes)*. Und da diese nun einmal höchst verschieden voneinander seien und oft feindlich aufeinander stießen, so geschehe es, daß jeder Kriegführende den Schein der Gerechtigkeit auf seiner Seite haben wolle, nach Beendigung des Kampfes aber beide Parteien hinsichtlich der Gerechtigkeit ihrer Sache als gleichstehend erachtet würden[1]. Und so könne es geschehen, daß die Geschichte zweier miteinander verfeindeter Fürsten von zweien in der gleichen Art geschrieben werden könne, wofern nur beide Darsteller den Meinungen, Auffassungen und Interessen ihres Fürsten sich anpaßten. Ja, falls nur das Geschick dazu da sei, könne das sogar von einem und demselben Historiker geleistet werden, da die Aufgabe des Historikers von der des Advokaten oder Richters weit verschieden sei. So werde die Nachwelt hoffentlich einst urteilen, daß er die Geschichten zweier untereinander so verfeindeter Fürsten wie Karl Gustavs und Friedrich Wilhelms so geschrieben habe, daß hier die schwedische und dort die brandenburgische Auffassung richtig zum Ausdruck gekommen sei.

Das Interesse, die Staatsräson kommandierte danach also nicht nur dem Fürsten, sondern auch dem Historiker der Zeitgeschichte. Er hat nichts anderes als ihr reiner, loyaler Interpret, ohne Advokatentendenz, ohne Richterabsicht, zu sein. Wofern er nur jeweilig diese Pflicht genau erfüllt, kann er heute in den Dienst dieser, morgen jener Staatsräson treten, — genau wie auch damals Diplomaten, Offiziere und Beamte einen Herrendienst mit dem anderen vertauschen konnten, ohne sich den Vorwurf der Charakterlosigkeit zuzuziehen. Wir haben schon früher darauf hingewiesen, daß der mechanische Charakter der Interessenlehre ein solches rasches Umdenken heute in diese, morgen in jene Rolle erleichterte und allerdings auch damit schlimme Versuchungen zum Glücksrittertum in sich barg. Aber es war auch, wie Pufendorfs Worte ahnen lassen, eine tiefere Rechtfertigung möglich. Die einzelnen Fürsten- und Staatsdienste, in denen die Fürsten wie ihre Diener zu Funk-

---

[1] *Inde contigit, ut uterque inter se bellantium justitiam a se stare videri velit, et ubi armorum satietas est, uterque quantum ad justitiam causae pro aequali habeatur.*

tionären des einzelnen individuellen Staatsgedankens wurden, erschienen den Zeitgenossen als feste, höhere, überpersönliche Lebensformen, die, wenn auch jede ihr Recht gegen die andere mit Gewalt durchzusetzen versuchte, letzten Endes doch, wenn die Waffen niedergelegt wurden, sich gegenseitig als gleichberechtigt wieder ansahen. So standen sie in dem feindlich-freundlichen Verhältnis von Gegensatz, Gleichartigkeit und höherer, sie vereinigender Rechtsgemeinschaft miteinander. Und wer heute dieser, morgen jener Staatsräson diente, der diente im letzten Grunde — das wurde von Pufendorf nicht gesagt, aber wohl von ihm empfunden — der Weltvernunft, die es so wollte, daß die Interessen der Staaten sich hienieden zerspalteten, die es aber verlangte, daß jeder seine volle Pflicht an seiner Stelle tue und einen Wechsel der Stelle dabei deswegen nicht mißbilligen konnte, weil jeder Fürsten- und Staatsdienst dem andern innerlich gleichwertig war.

Die höhere Rechtsgemeinschaft aber, innerhalb deren die verschiedenen Staaten und Staatsinteressen als gleichwertige Mitglieder nebeneinander lebten, konnte keine andere als die altehrwürdige Gemeinschaft der christlich-abendländischen Völker sein. Der Kern der mittelalterlichen Auffassung vom *corpus christianum* war zwar, wie wir schon bei Rohan bemerkten, längst ausgehöhlt, aber gleichsam ein Rahmenbegriff von ihm blieb bestehen. Und wenn der Türkenschrecken durch die Christenheit ging, belebten sich auch noch im 17. Jahrhundert immer wieder die alten Empfindungen einer allgemeinen christlichen Solidarität. Dann trat die christliche Ideologie dem realen Interesse des einzelnen Staates gegenüber, forderte es auf, sich unterzuordnen dem allgemeinen christlichen Interesse und verurteilte es scharf, wenn es sich davon ausschloß oder gar, wie es bei Frankreich der Fall war, mit dem Erbfeinde der Christenheit Geschäfte zu machen versuchte. Die wirkliche Politik der Kabinette wurde durch diese Ideologie zwar nicht mehr wesentlich beeinflußt, aber sie konnte immer noch als moralische Hilfswaffe von der kaiserlichen Politik und allen Gegnern der französischen Ausdehnungspolitik benutzt werden. Zu ihnen gehörte auch Pufendorf. Eben das reizte ihn an der Aufgabe, die Türkenkriege des Kaisers zu erzählen, daß er hier einmal, so schrieb er, eine große Aktion darzustellen hätte, die von der Gesinnung der ganzen Christenheit — ausgenommen nur die ruchlosen Gallier — getragen wurde, während man bei der Darstellung anderer Kriege kaum genug Mäßigung in Worten und Neigungen aufbringen könne, um nicht Anstoß und Ärgernis irgendwo zu erregen. So ging denn dieser virtuoseste und zugleich loyalste Historiker der Staatsinteressen letzten Endes doch nicht ganz auf in seinem Handwerke, und ein Bedürfnis regte sich in ihm nach einem höheren Vereinigungspunkte über den Zwiespalt der Interessen hinaus.

Dieses Bedürfnis war bei ihm wie bei seinen Zeitgenossen noch traditionalistisch gebunden, wenn auch von einer Tradition, die im Absterben war. Die Ansätze zu einem moderneren, nicht mehr christlich, sondern weltlich gefärbten Gemeinschaftsgedanken, zur Idee einer Rechts- und Kulturgemeinschaft der abendländischen Völker waren wohl schon, wie wir bemerkten, bei ihm da und waren staatstheoretisch und völkerrechtlich von ihm und von Grotius kräftig entwickelt worden. Aber zu einem organischen Bilde des gesamten abendländischen Völker- und Staatenlebens, in dem die Spaltung der individuellen Staatsinteressen ebenso zu ihrem Rechte kam wie die sie vereinigenden Kultur- und Rechtsinteressen und alle Einzelspaltung der Interessen zugleich als Lebensvorgang des ganzen europäischen Körpers erschien, reichten sie noch lange nicht aus. So blieb denn auch die Interessengeschichtschreibung Pufendorfs in einer starren Einseitigkeit stecken. Er gab lediglich Monographien, wenn man will Biographien, der einzelnen isolierten Staatsinteressen, die doch nur dann ganz verstanden werden konnten, wenn auch die Motive und Interessen der Gegner und die allgemeinen europäischen Zusammenhänge deutlich gemacht wurden. Pufendorf begnügte sich, wie wir sahen, darüber nur das zu sagen, was er in den Akten seines Staates fand, und verwarf den Versuch als unmethodisch, das zu erraten, was nicht in ihnen stand. Er tat vielleicht recht daran, auf eine Leistung zu verzichten, der er und der seine Zeit noch nicht gewachsen waren. Die Schranken, die er selber hier für seine Geschichtschreibung sich setzte, waren eben die Schranken des Jahrhunderts. Die grandiose Einseitigkeit, mit der es den Gedanken der Staatsräson in das Leben der einzelnen Staaten hineintrieb, mußte sich auch in einer kongenialen Geschichtschreibung spiegeln.

Auch noch andere Einseitigkeiten der Pufendorfschen Geschichtschreibung hängen damit zusammen. Droysen, in dem selber etwas von Pufendorfscher Staatseinseitigkeit steckte, hat sie mit einem gewissen Verwandtschaftsgefühl herausgefunden[1]. Zunächst imponiert, aber ermüdet auch Pufendorf durch den abstrakten und unpersönlichen Charakter seiner Erzählung. Das rein Menschliche verdampft gewissermaßen in den Sachen, das heißt im Spiele und Gegenspiele der Interessen. Selbst die Parteiungen innerhalb des eigenen Hofes, die Kämpfe der verschiedenen Staatsmänner desselben Herrschers um den Einfluß auf seine Politik wurden gewissermaßen entpersönlicht. Die Namen werden selten genannt, das Individuelle und Lokale der Beratungen wird verwischt, damit die *rationes* selber nur ganz rein hervortreten. Pufendorf wandte dabei ein sehr bezeichnendes historiographisches Kunstmittel an, gewissermaßen als einen echteren und doch noch nicht ganz echten Ersatz für die erfundenen Reden, mit denen die antiken und auch noch humanistischen Geschichtschreiber ihre Darstellung schmückten und zugleich das Bedürfnis nach Reflexion, nach freierer Überschau über die Motive der Dinge erfüllten. Er erzählt in seinen schwedischen wie brandenburgischen Werken häufig von einer *consultatio, consideratio* oder *deliberatio* im Rate des Fürsten als Ausgangspunkten neuer Entwicklungsreihen. Da treten denn nun die Gründe und Gegengründe des schwedischen oder brandenburgischen Staatsinteresses jeweilig scharf herausgearbeitet hervor, aber nicht etwa immer auf der aktenmäßigen Grundlage wirklicher Protokolle, sondern meistens frei komponiert aus verschiedenen Berichten, Instruktionen und Gutachten[2]. Es sind architektonisch stilisierte Bilder der Beratungen, die verständlich werden durch das Stilprinzip dieser Geschichtschreibung, rein und ausschließlich die Entfaltung der Staatsräson im bunten Spiele der konkreten Interessen herauszuarbeiten.

Wie einseitig aber diese Staatsräson auch in sich, in ihrer eigenen Erscheinung noch aufgefaßt wurde, zeigt die Tatsache, daß der Geschichtschreiber sie fast lediglich in ihrer Entfaltung nach außen, nicht in ihrer Entfaltung nach innen darstellte, während doch nur beides zusammen ihr volles Bild ergab. Die damalige theoretische Behandlung der Staatsräson in Deutschland beging, wie wir uns erinnern, die umgekehrte Einseitigkeit, in-

---

[1] Vgl. Droysen, Abhandlungen S. 358 u. 368.

[2] Nachgewiesen ist dies bisher (von Droysen) nur für das Geschichtswerk über den Großen Kurfürsten. Doch wird man dasselbe Verfahren auch für die entsprechenden Partien der schwedischen Geschichtswerke vermuten dürfen.

dem sie der von Italien übernommenen Tradition gemäß den Hauptton auf die Sicherung der inneren Machtstellung des Herrschers legte. Aber ein wirklich lebensvolles Bild dessen, was im Inneren des deutschen Territorialstaates damals vor sich ging, hatte sie dabei fast ebensowenig vor Augen wie Pufendorf. Von den inneren staatsbildenden Reformen des Großen Kurfürsten, vom Aufbau des Heerwesens und den dadurch herbeigeführten Um- und Neubauten der Verwaltung und Finanzen schweigt das Pufendorfsche Werk so gut wie ganz, und von den Kämpfen mit den Ständen und den so überaus wichtigen merkantilen Bedürfnissen und Zielen seiner Politik hört man viel zu wenig[1]. Alle diese Dinge galten ja nun wohl herkömmlicherweise noch als kein ganz würdiger Gegenstand der großen Geschichtschreibung. Aber auch die nicht an die Konvention gebundene, aus den unmittelbaren Bedürfnissen der Politik entsprungene Lehre von den Interessen der Staaten kümmerte sich, wie wir schon bei Rohan sahen, noch zu wenig um den organischen Zusammenhang der auswärtigen Interessen mit dem inneren Leben der Staaten. Dabei ging Wichtiges genug in diesem damals vor; die inneren Interessen der Staaten waren nicht minder in Schwung und Bewegung wie die äußeren, und die leitenden Staatsmänner und berichtenden Diplomaten schenkten ihnen, trotz der größeren Vornehmheit der »auswärtigen Affären«[2] große, wenn auch nicht immer gleichmäßige Aufmerksamkeit, wie die politischen Testamente Richelieus und des Großen Kurfürsten, die venetianischen Relationen und des brandenburgischen Gesandten Ezechiel Spanheim *Relation de la cour de France* von 1690 beweisen. Es fehlte also nicht etwa an lebendigem Zusammenhange zwischen innerem und äußerem Staatsleben überhaupt, sondern es fehlte nur am vollen Bewußtwerden der Bedeutung dieses Zusammenhanges. Daher dieser Mangel der Interessenlehre und der von ihr geleiteten Pufendorfschen Geschichtschreibung. Wiederum gewahren wir die Schranken des Jahrhunderts. Aber monumental und stilrein wie dieses war auch die Pufendorfsche Geschichtschreibung.

---

[1] Vgl. Droysen a. a. O. 336 ff.; Ritter, Entwicklung der Geschichtswissenschaft S. 203.

[2] *Cose forestiere,* sagt ein Venetianer, seien *elevate materie che veramente si chiamano di stato.* Annemarie v. Schleinitz, Staatsauffassung und Menschendarstellung der Venezianer in den Relationen des 17. Jahrhunderts. Rostocker Dissert. 1921 (ungedruckt).

DRITTES KAPITEL

Courtilz de Sandras

Unter den geistigen Mächten, welche im 17. Jahrhundert den dogmatischen, an absolute Wahrheiten glaubenden Geist aufgelockert haben, wird man die Interessenlehre und die eigentümliche historisch-politische Denkweise, zu der sie erzog, nie mehr vergessen dürfen. Sie führte, indem sie das egoistische Recht eines jeden Staates, die europäische Staatenwelt mit seinen Augen anzusehen und nach seinen Bedürfnissen zu gestalten, als höchst natürlichen Trieb anerkannte, geradewegs zum Relativismus. Es gab nun ebensoviele geistige Bilder europäischer Machtverhältnisse, als es europäische Staaten mit eigenen politischen Interessen gab, und der sie prüfende politische Verstand mußte sich, wenn er dabei auch in der Regel von eigenen Wünschen geleitet sein mochte, doch darauf einstellen, sie rein empirisch und vorurteilslos nach gleichem Maße, das heißt nach dem Maße der tatsächlich wirkenden Kräfte zu beurteilen. Tiefer und genauer gesehen, war es die eigentümliche europäische Entwicklung selber mit ihrem Nebeneinander freier, selbständiger Staaten, die diesen Relativismus einmal hervorbringen mußte, — denn die Interessenlehre war nur ihr Reflex. Aber die Dinge wirken ja stets nur durch das Medium derartiger Reflexe, Ideen und Denkgewohnheiten, und der gestaltenden und wirkenden Kraft des Geistes ist dabei immer noch ein großer Anteil gesichert.

Der Relativismus der Interessenlehre konnte sich um so freier entfalten, je freier der Betrachtende von eigenen politischen Interessen und Wünschen war. Während die ersten französischen Vertreter der Interessenlehre[1] vom festen Boden ihres eigenen Staats- und Nationalinteresses aus die Interessen der übrigen Staaten betrachteten und demgemäß auch färbten, betrachtete und

---

[1] Und ebenso auch der oben S. 272, Anm. 1, erwähnte Holländer Valckenier.

urteilte Pufendorf von Hof zu Hof wandernd von einer variablen Basis aus, hielt sich aber dabei streng und gewissenhaft an das Interesse seines jeweiligen Herrn. So handelte er biegsam und steif zugleich und blieb charaktervoll auch in der jeweiligen Anpassung. Nun müssen wir aber auch eine Probe des charakterlosen Relativismus, wie er sich im Zeitalter Ludwigs XIV. ausbreiten konnte, kennenlernen in einem Nachahmer Rohans[1], dem Verfasser des Buches *Nouveaux interets des Princes de l'Europe, où l'on traite des Maximes qu'ils doivent observer pour se maintenir dans leurs Etats, et pour empêcher qu'il ne se forme une Monarchie Universelle. A Cologne, chez Pierre Marteau 1685.*

Der anonyme Verfasser, der sein Buch bei der bekannten Kölner Phantasiefirma, tatsächlich wohl im Haag erscheinen ließ, war Gatien des Courtilz de Sandras, ein literarisch-politischer Abenteurer von enormer Fruchtbarkeit und Beweglichkeit, der von 1644 bis 1712 lebte[2]. Er begann, nachdem er aus dem französischen Heeresdienste kassiert war, damit, daß er in Holland 1683 zuerst eine scharfe Anklageschrift gegen die französische Politik nach dem Nimwegener Frieden, dann, wohl um einen Sündenlohn zu verdienen, eine ebenso energische Widerlegung seines eigenen Pamphlets schrieb und erscheinen ließ. Ähnlich ging es weiter durch sein ganzes Leben hindurch: Kriegs- und politische Schriften, Fälschungen von Memoiren und politischen Testamenten jagten sich. Selbst in der Bastille, in der er von 1693 bis 1699 und wieder von 1702 bis 1711 saß, scheint seine Feder nicht gerastet zu haben. In Paris lebte er dazwischen recht als armer Teufel, der seine Bücher durch Gattin, Bruder und Schwägerin bei den Buchhändlern und in den Häusern vertreiben ließ. Aber er hatte seine Leser in der ganzen europäischen Welt. Er ist der Begründer des *Mercure historique et politique* (1686), der ersten wirklichen politischen Monatsschrift, die Epoche machte durch ihre Verbindung des politischen Nachrichtenstoffes mit selbständigen Reflexionen. Und seine Bücher wurden gelesen von den jungen Edelleuten in Deutschland und Polen, von den Damen Stockholms und Kopen-

---

[1] Bezugnahmen auf Rohan S. 53, 81, 105, 309, 312.
[2] Vgl. die sorgfältige Untersuchung von H. Runge über ihn und den von ihm 1686 gegründeten *Mercure historique et politique*, 1887; sie legt freilich in der Hauptsache nur die äußeren literarischen Daten fest.

hagens. Es gab jetzt ein internationales Publikum, das sich für die Geheimnisse der Höfe und Staaten brennend interessierte. Auch seine *Nouveaux interets* erlebten drei Auflagen und erhielten von Pierre Bayle das Lob, daß hier ein wirklicher Mann von Geist über die besonderen Interessen einer jeden Nation spreche und seine Rolle gut spiele. Und in der Tat ist die Leistung des losen Vogels gehaltvoll genug, um sich mit ihr zu beschäftigen. So ungern und ungläubig man sie als Quelle für historische Hergänge benutzen wird, so instruktiv ist sie für eine weithin herrschende politische Mentalität jener Zeit, für ein politisches Virtuosentum, das durch die Machtpolitik Ludwigs XIV. in die Höhe gebracht worden war und nun mit naiver Sicherheit sich auslebte, zugleich aber auch schon die neuen Fermente zeigte, die das System Ludwigs XIV. zersetzen sollten.

»Sicherlich, nichts ist so schön wie die Politik«, sagt Courtilz einmal, und diese leidenschaftliche Freude an seinem Handwerke stimmt schon etwas versöhnlich gegen ihn. Seine Feder mochte käuflich sein, aber seine Lust an den politischen Rechenaufgaben, die er sich stellte, war ganz echt, und sein guter Wille, für jeden einzelnen Potentaten eine besondere, ihm passende Formel der Interessen herauszurechnen, ist unverkennbar. Trotz aller Gewissenlosigkeit also besaß er ein gewisses Quantum von sachlichem Ernste. Im Grunde mochte dabei sein Herz für Ruhm und Größe Frankreichs und »Ludwigs des Großen« schlagen, und wie er das mit seinem Glücksrittertum vereinigen konnte, verriet er selber in einer Auslassung über das Spionenwesen[1]. Früher habe ein anständiger Mann Skrupel gehabt, sich zum Spion herzugeben, aber sei es, daß man sich heute nicht mehr darum kümmere, auf welche Weise man Fortüne mache, sei es, daß die Ehre, einem Ludwig XIV. zu dienen, so groß sei, daß das früher Infame jetzt ruhmvoll geworden sei, jedenfalls gäbe es heute wenig Franzosen, die nicht entzückt seien, solche Aufträge zu erhalten. Entflohene und verbannte Duellanten, sogar entflohene Protestanten gäben sich dazu her. Ein denkwürdiges Zeugnis für die nationale Kohärenz des französischen Volkes, die damals schon erreicht war!

Mit derselben naiven Offenherzigkeit konnte er dann auch das Mittel der Bestechungen billigen, das in der Staatskunst Lud-

---

[1] S. 209 ff.

wigs XIV. und seiner Zeitgenossen eine so große Rolle spielte. Das gehöre zur Politik, und diese sei »das Geheimnis, seine Geschäfte zu machen und andere zu hindern, daß sie die ihrigen machen[1].« Sein unsauberer Geist verriet sich auch darin, daß er die politischen Wirkungen des rollenden Goldes bei weitem überschätzte. Nach seiner Meinung würde, wenn der knauserige Kaiser Leopold den Türken gehörig Geld gegeben hätte, der Türkenkrieg nicht ausgebrochen sein und Ludwig XIV. nicht Straßburg und Luxemburg vergewaltigt haben[2]. Neben dem Gelde waren die fürstlichen Heiraten ein Hauptmittel damaliger Staatskunst, das er mit treffenderem und feinerem Blicke beurteilte. Heiratsbande zwischen Fürsten von gleicher Macht, bemerkte er, sind schwach, zwischen solchen von ungleicher Macht aber stark. Die Politiker hätten es nicht verstanden, warum der Kaiser seine Tochter statt dem Sohne König Johann Sobieskis von Polen dem Bayernprinzen gegeben hätte. Dort sei sie zwar sicherer versorgt, aber darauf pflegten Fürsten bei Heiraten doch nicht zu sehen, denn ihre Kinder »sind gewöhnlich die Opfer, die sie schlachten für ihre Interessen[3].«

Er gab nur wieder, was längst zur allgemeinen Maxime geworden war, wenn er aussprach, daß ein Fürst sich nicht zum Sklaven seines Wortes machen dürfe, falls das Interesse seines Staates auf dem Spiele stünde. Aber in der Regel galt es dabei als unanständig, sich zu Machiavelli rundweg zu bekennen. Auch Courtilz hielt es für richtig, an christliche Schranken der Machtpolitik zu erinnern und zwischen Interessenpolitik und Prestigepolitik zu unterscheiden. Allianzen dürfe man brechen, um einen wesentlichen Verlust zu verhüten, aber nicht, um nur Größe zu gewinnen. Er fand es verständlich, daß die Holländer während des Devolutionskrieges ihre Allianz mit Frankreich brachen, um sich seinen Eroberungen in den Weg zu stellen, aber er lobte auch Ludwig XIV., daß dieser jetzt nicht die Gelegenheit des Türken-

---

[1] S. 143.
[2] S. 145. Courtilz verwischt hier doch etwas die Zusammenhänge. Die Vergewaltigung Straßburgs erfolgte 1681, die von Luxemburg zog sich von 1681—1684 hin, der Türkenkrieg aber brach erst 1683 aus. Die Überschätzung der Wirkungen diplomatischer Bestechungen behandelt zutreffend Fester, Zur Kritik der Berliner Berichte Rébenacs, Histor. Zeitschr. 92, 25 ff.
[3] S. 155.

krieges benutzt habe, um den Weg zur raschen Erreichung des ihm vorschwebenden Zieles der Universalmonarchie zu gehen[1]. Denn die schrankenlose Willkür des Eroberers sei nur den Fürsten erlaubt, die nicht unter dem Gesetze des Christentums leben.

Es sei dahingestellt, ob Courtilz selber einen großen Glauben daran hatte. Denn der skrupellose politische Relativismus dominiert durchaus bei ihm. »Es gibt keine Maxime, die nicht gemäß der Konjunktur umgestürzt werden müßte. Alles muß den Staatsinteressen weichen.« Es gibt auch kein Ressentiment, wenn es sich um politische Interessen handelt. Auch das wußte er dabei, daß die Staatsinteressen in sich selber zwiespältig sein können und oft einem Wege zwischen zwei Abgründen gleichen. Es war ihm klar, daß Holland die Eroberung Flanderns durch Frankreich um seiner eigenen Existenz willen nicht zugeben könne. Da es nun jetzt noch nicht an der Zeit sei, Frankreich entgegenzutreten, müsse es sich darauf vorbereiten und rüsten, müsse aber dabei wieder aus Mißtrauen gegen die monarchischen Absichten Wilhelms von Oranien vorsichtig sein und doch auch wieder nicht zu weit gehen in dieser Vorsicht, um nicht in anderen Schaden zu geraten. Kurz, »alle Dinge haben ihre zwei Seiten[2].«

»Die Politik der Fürsten muß fest sein, aber zugleich sich stets ändern nach dem Laufe der Dinge[3].« Das hatte schon Rohan gewußt, aber seitdem war das Verständnis für die Flüssigkeit der Politik noch bedeutend gestiegen durch den gewaltigen Umschwung der Machtverhältnisse innerhalb weniger Jahrzehnte. Wer hätte es früher für möglich gehalten, daß Spanien und die Niederlande jetzt eng aneinander sich schließen mußten, um sich des übermächtigen Druckes von Frankreich her zu erwehren? Und damit waren nun auch für den rein politisch denkenden Kopf alle konfessionellen Tendenzen rückständig und unzeitgemäß geworden. Die Interessenpolitik wurde einer der wirksamsten Erzieher zur Toleranzpolitik. Courtilz sah geringschätzig auf die Politik des Kaisers, die sich von katholischem Eifer noch nicht freigemacht hatte. »Heute handelt es sich nicht mehr darum, die Völker zu ködern durch die Affektation eines falschen Eifers, sondern darum, ihre Lage und ihr Glück zu sichern[4].« Ein neuer Ton in der Staatskunst erklang hier, der Primat der materiellen Interessen

---

[1] S. 3 f.   [2] S. 319 ff. u. 375.   [3] S. 347.   [4] S. 19.

und die Idee der Volksbeglückung, die das 18. Jahrhundert bringen sollte, kündigte sich an. Auch zu Rohans Zeit hatten schon die realen Machtinteressen die konfessionellen Gegensätze zurückgedrängt, und Allianzen zwischen Fürsten verschiedenen Bekenntnisses waren möglich geworden. Aber der Deckmantel der Religion galt trotzdem noch immer als ein wirksames Mittel der Staatskunst. Der Kampf aber, den Courtilz gegen den Prätext der Religion führte, war der Kampf gegen eine schon morsch werdende Eisscholle. Er spottete über den Aberglauben früherer Jahrhunderte, über die fanatischen französischen Geistlichen seiner Zeit, die in der katholischen Religion ein *primum mobile*, um alle Fixsterne und Planeten in Bewegung zu setzen, sähen und wähnten, daß Ludwig XIV. durch Unterdrückung der französischen Protestanten den Weg zur Weltherrschaft sich bahnen würde. Ich dagegen – fuhr er fort –, mit meiner Politik von dieser Welt, sage, daß für den Plan dieses großen Monarchen, Kaiser des Okzidents zu werden, kein falscheres Mittel gewählt werden kann, als das jetzt gehandhabte, weil es die protestantischen Staaten vor den Kopf stößt[1]. Bald nach dem Erscheinen seines Buches erfolgte die Aufhebung des Edikts von Nantes, und Courtilz behielt recht mit seiner Prophezeiung, daß Ludwig XIV. damit einen ganz schweren Fehler und Verstoß gegen seine eigenen Interessen begehen würde. Irgendwelche hugenottische Neigungen darf man bei ihm gar nicht vermuten. Er war imstande, den Gedanken hinzuwerfen, daß man, wenn man denn in der aufzurichtenden Universalmonarchie nur eine Religion haben wolle, aus der protestantischen und katholischen Religion eine mittlere Religion machen könne, die alle Schikanen und Kontroversen der Hugenotten und Papisten abschneide. Das klang an Träume an, wie sie auch ein Leibniz hatte, antizipierte aber zugleich auch schon die Illusionen eines kommenden Rationalismus. Aber mit unübertrefflichem Scharfblicke sagte der aufgeklärte Politiker auch gleichzeitig die schlimmen Folgen der von Ludwig XIV. begonnenen Unterdrückungspolitik für das innere Leben Frankreichs voraus. »Sie wird Tartüffes, Heuchler und Gottlose schaffen, derart, daß sein Königreich das Königreich und die Republik der Atheisten werden wird.« Er erinnerte warnend an das Schicksal Spaniens und

---

[1] S. 188 ff.

Italiens, wo ein fauler Klerus das Mark des Landes aussauge, und wies auf die wirtschaftlichen und kulturellen Leistungen der Reformierten hin, auf denen die Blüte Frankreichs beruhe. Hier dämmerte ein tieferes Verständnis für die nationalen Grundlagen und Voraussetzungen aller Interessenpolitik auf. Aber es ist der Gang der Entwicklung, daß derartige tiefere Einsichten, an einem einzelnen Punkte der Erfahrung gewonnen, lange isoliert bleiben können und das Ganze der herrschenden Denkweise noch nicht zu durchdringen vermögen. Und diese Denkweise, deren typischer Vertreter Courtilz war, rechnete in der Politik immer noch nur mit Fürsten und Ministern und ihrem Machtapparat und Herrschaftskünsten, und nicht mit den ganzen Völkern und Staaten. Wiederum war sie ein Reflex der noch herrschenden oder überwiegenden Zustände. Das Innenleben der Staaten und Völker im größeren Teile des Kontinentes war, seitdem der feudale und ständische Trotz des Adels gebrochen war, ruhiger und beherrschter als je, und der Absolutismus stand, zur Zeit als Courtilz schrieb, beinahe schon auf seiner Höhe. Das hatte er wesentlich seinen großen Machtkämpfen nach außen zu danken, in denen die überschüssigen Kräfte und Ambitionen des Adels absorbiert und abgelenkt wurden. Auch Courtilz wußte und sprach es ganz nackt aus, daß der König von Frankreich durch Eroberungskriege das Naturell seiner Untertanen beschäftigen und das Land von Zeit zu Zeit von seinem Überflusse purgieren müsse. Um Ruhe im Innern zu haben, müsse in den Untertanen ein »martialischer Geist« gegen die Feinde des Staates genährt werden[1]. Nun war beides erreicht in Frankreich, Gehorsam im Innern und kriegerische Kraft zur Durchsetzung aller Machtinteressen. Auf innere Spaltungen in Frankreich, so bemerkte Courtilz bei der Behandlung der kaiserlichen Interessen[2], kann der Kaiser nicht hoffen, solange Ludwig der Große herrscht. Einige Elende konnten sich während des letzten Krieges wohl in Bordeaux und einigen Städten der Bretagne erheben, aber was bedeutete das. »Die Kanaillen verursachen keine Veränderung. Wenn der Adel sich nicht einmischt, kann das Volk nichts durch sich selbst, und sehr oft scheitern sie auch, wenn sie vereint miteinander gehen.«

Die Interessenlehre Courtilz', und wir dürfen ja sagen die ältere

---

[1] S. 186 f. [2] S. 127 f.

Interessenlehre überhaupt, kümmerte sich also nicht sowohl um die Völker an sich, als vielmehr um die Mittel, sie zu beherrschen und zu brauchbaren Instrumenten fürstlicher Ambitionen zu machen. Innerer Gehorsam und äußere Machtpolitik galten dabei, wie wir eben wieder sahen, ebensowohl als Mittel wie als Zwecke füreinander. Das fand der politisch denkende und interessierte Zeitgenosse von der Art eines Courtilz noch ganz selbstverständlich, und sein Interesse beschränkte sich deshalb auf das Vergnügen der Kontemplation, auf das kluge Verständnis dieses Mechanismus von Mitteln und Zwecken der Interessenpolitik. Und scharfsinnig durchschaute er das Verhältnis der Monarchie in Frankreich zu den höheren und niederen Klassen der Gesellschaft. Der König stützt sich, führte er aus[1], auf das niedere Volk gegen den Adel. Bei Streitigkeiten zwischen dem Seigneur und der Gemeinde bekommt in der Regel diese recht, denn die Großen vermögen nichts ohne das Volk, und deshalb muß man sie in Zwiespalt halten, und so sind die Intendanten die geschworenen Feinde der Edelleute. Anderseits aber »ist es ein armselig Ding, wenn ein König derart reduziert ist, daß er seine ganze Hoffnung auf das gemeine Volk setzen muß, und es scheint uns, daß es der Ruhm des Königtums ist, immer von einem ihm ergebenen Adel umgeben zu sein, wie es der König von Frankreich ist.« Dieser verstehe es, auch den Adel wieder durch Wohltaten zu entschädigen und zu befriedigen. Da hat man schon eine Skizze für das klassische Bild, das Tocqueville später von dem Systeme des *ancien régime* entwarf.

Auf dieser Basis erhob sich ihm nun das Bild der europäischen Interessenpolitik Frankreichs: viel Treue bei den eigenen Untertanen, viel Verrat bei den fremden Untertanen, der Kaiser durch den Türkenkrieg beschäftigt, England und Holland in sich selber gespalten, Spanien erbarmenswert geschwächt, außerdem noch eine Wolke kleiner und machtloser Fürsten in Europa, — es war der Höhepunkt der Macht und der Zukunftshoffnungen Ludwigs XIV., den Courtilz im Jahre 1685 zu erfassen hatte und auch so glänzend verstanden hat, wie es ein Zeitgenosse nur irgend vermochte.

Der König ist wie der Jupiter über den anderen Göttern. An-

---

[1] S. 341 f.

scheinend kann ihm, urteilte er, heute niemand widerstehen, und er wird das Ziel der Universalmonarchie erreichen, wenn er den richtigen Schritt tut, aber das sei nun eben das Geheimnis, diesen Schritt zu tun. Zwei Wege habe er vor sich gehabt. Der eine war der sicherere, aber weniger ehrenhafte und darum von ihm nicht eingeschlagene, nämlich direkt auf Wien zu marschieren, während es von den Türken belagert wurde, und sich die Kaiserwürde übertragen zu lassen. Vielleicht bereue er jetzt, ihn nicht eingeschlagen zu haben, denn der andere Weg, den er vorgezogen habe, sei viel unsicherer, und es könnten Wandlungen in Europa eintreten, die ihn ungangbar machen. Dieser Weg sei, in den gewöhnlichen Formen sich zum Kaiser wählen zu lassen. Nachdem er ihn einmal gewählt habe, müsse er dahin streben, von den Kurfürsten gefürchtet zu werden, was durch Aufrechterhaltung seiner Rüstung geschehe, — aber in einer Weise gefürchtet zu werden, die Bewunderung, nicht Schrecken hervorrufe. Er müsse ferner auch ihre Freundschaft durch solide Vorteile, die er ihnen verschaffe, sich gewinnen und müsse schließlich auch alle übrigen kleinen Mittel der Staatskunst spielen lassen.

Richtig hat hier Courtilz erkannt, daß das Jahr 1683, der Moment der Belagerung Wiens, darüber entscheiden mußte, ob Ludwig XIV. das Zeug zum Eroberer größten Stiles hatte[1]. Er war es nicht, er beschränkte im Hinblick auf die nicht unerschöpflichen Hilfsquellen seines Staates sein Ziel zunächst auf Eroberungen, die er ohne Schwertstreich machen konnte, auf die Reunionen, deren Anerkennung durch das Reich er auf friedlichem Wege erzwingen wollte. Courtilz meinte, daß der König, um sein eigentliches Ziel, die Kaiserwürde zu verdecken, den Glauben erregen müsse, daß er nichts als die Rheingrenze für sich erstrebe. Eben dies aber war damals das eigentliche Ziel[2], und sein Wunsch, Kaiser zu werden, war eine Velleität, die zwar seine Phantasie, aber nicht seine reale Politik ernstlich beschäftigte. So fein war also der politische Sinn des geistvollen Publizisten noch nicht geschult, um sich die Frage vorzulegen, ob das, was man dem Ehrgeize des Sonnenkönigs zutrauen durfte, auch tatsächlich der

---

[1] Vgl. Fehling, Frankreich und Brandenburg in den Jahren 1679 bis 1684, S. 239.
[2] Platzhoff, Ludwig XIV., das Kaisertum und die europäische Krisis von 1683. Hist. Zeitschr. 121, 398 und Fester a. a. O. S. 41.

Leitgedanke seiner Politik war. Aber dieser Fehler, die Tendenzen einer kraftvoll aufsteigenden Weltmacht stilisierend zu übertreiben, wird ja immer wieder begangen und darf nicht als eine zeitgeschichtliche Rückständigkeit der damaligen Interessenlehre gelten. Er kommt aus der Natur der Dinge, aus dem fließenden Charakter alles politischen Wollens und der objektiven Möglichkeiten, durch die es zurückgehalten oder weitergetrieben werden kann. Courtilz und seine Zeitgenossen hatten schon recht damit, einem Ludwig XIV. Absichten zuzutrauen, die zwar heute noch nicht, aber morgen oder übermorgen ihn leiten konnten. »Das ist das Wesen der großen Mächte«, sagt er einmal schon anklingend an ein bekanntes Wort von Ranke, »zu wollen, daß sich alles unter sie beuge«[1].

Und trotz mancher Konjekturalkritik, die Courtilz in der Berechnung der Interessen der einzelnen Mächte trieb, war dieser Sinn für das Wesen und die Bedeutung der großen Mächte etwas, was ihn auszeichnete. Die kleinen Fürsten haben nach ihm wohl auch ihre gewisse Bedeutung dadurch, daß sie, wenn sie ihr Interesse richtig verstehen, der schwächeren Großmacht gegen die stärkere Großmacht helfen, Balance zu halten, ohne sich dabei die Tür zu anderen Wegen zu verschließen, aber sie werden gemeinhin nur ausgenutzt und täten klug daran, ihre Differenzen unter sich freundschaftlich auszumachen, um nicht von den Großen ausgebeutet zu werden[2]. Gegen die drohende Universalmonarchie Frankreichs würde eine Macht wie die Venedigs zwar ein ganz erwünschter, aber keinesfalls wesentlicher Bundesgenosse werden können. Es gab nach seinem treffenden Urteil nur drei Mächte in Europa, die dem Könige von Frankreich ernstlich in den Weg treten konnten: der Kaiser, England und Holland[3]. Der Kaiser hätte nach seiner Meinung richtig gehandelt, Front gegen Westen statt gegen Osten zu nehmen, — wobei er freilich irrig annahm, daß der Friede mit den Türken durch Geld auf jeden Fall zu haben gewesen wäre, und die großen Aussichten noch nicht ahnen konnte, die der Fortgang des Türkenkrieges dem Hause Öster-

---

[1] S. 38.
[2] S. 26 ff., 31 ff., 39.
[3] S. 203. Er sagt zwar *Empire,* aber meint in der Hauptsache den Kaiser.

reich eröffnen sollte. Sein eigener Blick war schärfer nach Westen als nach Osten gerichtet und traf hier den Kern der kommenden Dinge. Denn, so urteilte er, vor keiner Macht müsse sich Frankreich mehr hüten als vor England und seiner Seemacht. Dieses könne leicht die frühere Rolle Spaniens wieder aufnehmen und nicht nur das Gegengewicht gegen Frankreich bilden, sondern das Gleichgewicht noch mehr verschieben. Eigentliche Kriegs- und Eroberungspolitik läge zwar, bemerkte er recht fein, heute nicht mehr in Englands Interesse, sondern Aufrechterhaltung seiner See- und Handelsmacht, und dafür genüge es, der *Arbiter* der übrigen Mächte zu werden[1]. Er ließ sich dabei nicht durch den Vordergrund, den das damalige England in der katholisierenden Haltung Jakobs II. und seinen Kämpfen mit dem Parlamente darbot, beirren. Frankreich müsse natürlich, sagte er, den König Jakob in dieser Haltung bestärken und die religiösen Gegensätze in England dadurch nähren, aber dieses Mittel sei von zweifelhaftem Erfolge, da ein katholisch gewordenes England auch seine politische Einigkeit wieder gewinnen werde. Damit England in seinem Zustande politischer Zerspaltung verbliebe, gab er dem Könige von Frankreich den klugen Rat, die Handelsrivalität mit England zu dämpfen, um nicht durch die Bedrohung seines Handelsinteresses Volk und Königtum in England wieder zusammenzuführen. Er konnte den Rat um so leichter geben, als er ein scharfer Gegner des Colbertschen Merkantilismus und Vertreter von schon freihändlerisch und physiokratisch angehauchten Lehren war. Colberts Politik führe zu Konflikten mit England und Holland, die, wenn sie vereint seien, durch ihre maritime Übermacht Frankreichs Handel ruinieren könnten[2]. Sein Ratschlag rührte an den tiefen und gefährlichen Dualismus, in dem Frankreichs Machtpolitik seit Ludwig XIV. steckte, indem sie kontinentale und maritime Machtziele zugleich verfolgen wollte und doch nicht immer zugleich verfolgen konnte. Auch Courtilz war überzeugt, daß höchste Fülle der Macht und des Ruhmes auch die Seegewalt in sich schließe, aber er warnte mit Recht davor, den Kampf um sie zu forcieren und die beiden Seemächte England

---

[1] S. 309 ff.
[2] S. 184 ff., 228. Sein Aufenthalt in Holland und der Einfluß der dortigen Umwelt erklären wohl seine Abneigung gegen das Colbertsche System.

und Holland vereint sich auf den Hals zu ziehen. Es ist bedeutend, daß er ein Gefühl für die heraufsteigende Gefahr hatte, der Ludwig XIV. im Spanischen Erbfolgekriege dann erliegen sollte.

Der einmal unvermeidliche und bevorstehende Kampf um die spanische Erbschaft mußte auch die Gedanken von Courtilz intensiv beschäftigen. Man kann ihm nicht vorwerfen, daß er dies damals größte europäische Zukunftsproblem in einseitig französischer Gesinnung behandelt habe. Er war auch hier, wie es der Sport der Interessenlehre verlangte, bemüht, sich umzudenken und einzustellen auf die entgegengesetzten Standpunkte, und er tat es hier wie dort mit einer gewissen Besonnenheit, die die Vermutung erweckt, daß ihm selber hinter und über den Interessen der rivalisierenden Großmächte auch noch ein Interesse Gesamteuropas vor Augen schwebte. Dieses forderte, daß weder Frankreich noch das Haus Östereich die alleinigen Erben der spanischen Ländermasse würden. Courtilz nahm nun zwar als selbstverständlich an, daß Ludwigs XIV. festes Ziel die Universalmonarchie sei und daß die Gelegenheit dazu, wenn sie jetzt nicht benutzt werde, in einem Jahrhundert nicht wiederkehren würde. Er fühlte sich demnach auch veranlaßt, ihm den Weg zur Gewinnung der ganzen spanischen Erbschaft auszukundschaften, aber er mahnte auch hier wieder, wie in der Frage des englisch-französischen Gegensatzes, zur Mäßigung und Zurückhaltung.

Schließlich erwog er auch das Interesse des Kaisers an der spanischen Erbschaft mit merkwürdig gutem historischen Instinkte. Er möge schlecht und recht seinen Schwiegersohn, den Kurfürsten Max Emanuel von Bayern, als präsumtiven Erben des Hauses Spanien behandeln und dessen Ehrgeiz dadurch von dem Ziele der Kaiserwürde ablenken, denn er könne sich darauf verlassen, daß dieser als Erbe Spaniens genötigt sein werde, es mit dem Kaiser zu halten, um seine Erbschaft zu sichern. Das lief darauf hinaus, das System der spanisch-habsburgischen Dyarchie auch in Zukunft zu erhalten. War dieses früher eine große Gefahr für die Selbständigkeit und Freiheit des übrigen Europa gewesen, so war es jetzt ein Schutzwall gegen die drohende Unterwerfung des ganzen Kontinents unter Frankreichs Willen. Courtilz wußte ganz gut, daß vom Kaiser her eine Gefahr der Universalmonarchie nicht mehr bestehe und ebensowenig von Spanien her. Demnach hatte die fortgesetzte Interessengemeinschaft der beiden nur eine defensive Bedeutung[1]. In diesem Zusammenhange ist auch seine Meinung interessant, daß der Kaiser den Mantel des katholischen Interesses, mit dem er einst seine universalmonarchische Politik verdeckt habe, getrost fallen lassen und dafür die protestantische Staatenwelt um sich versammeln möge, — dieselbe Politik, durch die Frankreich einst Karl V. vom Gipfel seiner Macht gedrängt habe, könne nun auch zum Schaden Ludwigs des Großen dasselbe Wunder wieder bewirken[2]. Auch hier zeigte Courtilz wieder historisches Zukunftsgefühl. Die Konstellation des spanischen Erbfolgekrieges hat seine Voraussage erfüllt. Prinz Eugen war es, der gegen die frommen Damen und Beichtväter der Hofburg die Bündnispolitik des Kaisers mit den protestantischen Seemächten verfocht und durchsetzen half.

Man wird nach solchen Urteilen fortan vielleicht mit etwas freundlicheren Blicken auf den dunklen Ehrenmann blicken. Es ist auch das ein Vorzug bei ihm, daß er die östliche und westliche, die nördliche und südliche Staatenhälfte Europas mit gleicher Aufmerksamkeit betrachtet und von der schon zur Zeit Rohans etwas konventionell gewordenen Bevorzugung der südlichen und westlichen Staatenhälfte und der Artefakte der italienischen Kleinstaaterei sich ganz frei gemacht hat. Man mag das vielleicht kein besonderes Verdienst nennen, weil die Bedeutung der nördlichen und östlichen Staaten sich unabweisbar aufdrängte, nachdem schon durch den Dreißigjährigen und den Nordischen Krieg und dann durch das bewußte Spiel der französischen Politik ein zusammenhängender Blutumlauf politischen Lebens zwischen allen europäischen Staaten mit Ausnahme nur noch Rußlands hergestellt war. Schweden, Polen und Türken bildeten den äußeren Ring französischer Allianzen und Ententen, eine gewissermaßen hinterwäldlerische Deckung Frankreichs, durch die das Reich und der Kaiser umklammert und geängstigt wurden. An Stelle Schwedens, das seit dem Frieden von Nimwegen und den Reunionen sich von Frankreich losgelöst hatte, waren in der ersten Hälfte der achtziger Jahre Dänemark und Brandenburg in die Rolle dieser hinterwäldlerischen Bastionen Frankreichs eingetreten. Sie hofften zur Belohnung dafür Frankreichs Erlaubnis und Hilfe zu erhalten,

---

[1] Stellen über die spanische Erbfrage S. 236 ff., 261 ff., 271, 288.
[2] S. 166.

um über Schweden herzufallen und ihm die Landschaften abzunehmen, die sie begehrten. Aber nun trat etwas Denkwürdiges ein: Frankreich verweigerte diese Erlaubnis, obgleich Schweden jetzt im Gegenlager stand. Es verweigerte sie, weil die französisch-schwedische Interessengemeinschaft, zusammengeschmiedet durch das Werk des Westfälischen Friedens, unsichtbar fortbestand auch in dieser Zeit der französisch-schwedischen Entfremdung. Es war eine der lehrreichsten Komplikationen europäischer Interessenpolitik, und es macht Courtilz' Scharfblick wieder Ehre, daß er sie in nicht geringem Grade durchschaut hat. Frankreich wird, so führte er aus, die Beraubung Schwedens durch seine Nachbarn nicht dulden, denn wenn diese gewonnen haben, was sie begehren, wäre zu fürchten, daß sie sich anderen Interessen zuwenden, das heißt von Frankreich wieder abfallen würden. »Also muß man sie immer in Hoffnung halten« und diese Hoffnung doch nicht erfüllen, und das sei die Kunst der Allianzen, sie so zu drehen, daß sie zum eigenen Nutzen ausschlagen und der Nutzen des andern so klein sei, daß er keine Jalousie errege. Genau das war die Politik, die Frankreich damals gegenüber dem leidenschaftlichen Drängen des Großen Kurfürsten, über Schweden herzufallen, übte[1]. Er erkannte auch ganz klar, daß Schweden nicht Macht genug mehr habe, um die von Gustav Adolf eroberte Stellung zu behaupten: deshalb sei es dringend darauf angewiesen, bei Frankreich Schutz zu suchen gegen seine Hauptfeinde Brandenburg und Dänemark. Im übrigen aber müsse der König von Schweden verfahren wie Fürsten, die in ihrem Staate nicht sicher sind, das heißt Kriege vermeiden[2].

Denselben Rat gab er auch den deutschen Reichsfürsten, obwohl oder gerade weil er ihre Gefährdung durch Frankreichs Ausdehnungspolitik vollkommen würdigte. Er behandelte die gesamte deutsche Fürstenschaft nur in kollektiver Betrachtung, so daß der Wunsch des Historikers, über Brandenburgs aufsteigende Macht und weitverzweigte Interessen das Urteil eines so klugen Zeitgenossen zu hören, unerfüllt bleibt. Es liegt eine konventionelle Rückständigkeit in dieser kollektiven Betrachtung der deutschen Reichsfürsten. So sah man sie eben damals im Auslande noch an, als eine Milchstraße von kleinen und kleinsten Mächten, die man

---

[1] S. 363 f. Vgl. Fehlings angeführte Schrift und Fester a. a. O. S. 36.
[2] S. 343 ff.

sich damit verständlich zu machen pflegte, daß ihr Generalinteresse die Libertät sei. Ihre Sonderbewegungen interessierten nur wenig, weil die Individualität und Macht der einzelnen Glieder noch nicht entwickelt genug erschien. Den Sinn für das Kommende, den Courtilz in den großen Weltverhältnissen verriet, ließ er hier vermissen.

Und so gesamteuropäisch auch sein Gesichtsfeld schon war, so war doch seine Betrachtungsweise selber noch nicht gesamtgeschichtlich im modernen Sinne. In der Ausrechnung der Einzelinteressen und Beziehungen der einzelnen Mächte erschöpfte sich sein eigenes Interesse. Es ist eine Sammlung von Monographien lediglich über das, was die einzelnen Staaten tun müßten, noch keine Untersuchung über das, was aus ihrem Einzeltun an europäischen Gesamtentwicklungstendenzen heraussprang. Nur einmal konnten wir vermuten, daß ihn eine gesamteuropäische Gesinnung leitete. Und wie schon der tiefere Hintergrund der einzelnen Staaten hinter den Rechenexempeln ihrer Politik verschwindet, so auch der allgemeine Hintergrund der europäischen Staatengemeinschaft. Aber so war es auch in der geschichtlichen Wirklichkeit damals. Eifersüchtig und mißtrauisch suchte sich jeder einzelne Staat zu sichern angesichts des drohenden Schreckbildes der französischen Universalmonarchie. Der europäische Gesamtgeist war nicht tot, aber er kam nicht zum vollen Bewußtsein vor der Sorge um das Einzeldasein. Neue große, ganz Europa durchschütternde Machtkämpfe und neue geistige Ideale sollten dann seit der Wende des Jahrhunderts auch eine universalere Auffassung der Interessenlehre vorbereiten.

VIERTES KAPITEL

Rousset

Der Spanische Erbfolgekrieg ist in mancher Hinsicht das Vorspiel der großen Umwälzungen und Erneuerungen, die Europa ein Jahrhundert später erlebte. Beide Male handelte es sich darum, veraltende, unlebendig gewordene, aber bisher immer noch mit fortgeschleppte Machtverhältnisse abzustoßen und den neu emporgestiegenen Kräften des europäischen Gesamtlebens Raum zur Entwicklung zu verschaffen. Die Umwälzung der Revolutionszeit ging auf das Ganze des politischen und geistigen Daseins der Völker, die des beginnenden 18. Jahrhunderts aber nur auf einen Teil des einen und anderen, denn zu einer gänzlichen Erneuerung war Europa noch nicht reif. Abgestoßen wurde das ganz veraltete und senil gewordene System der spanisch-habsburgischen Gesamtmacht und Dyarchie, das durch Karl V. und Ferdinand I. begründet worden war. Der eine Träger dieses Systems zerbrach dabei überhaupt ganz in seine Teile, und der spanische Machtkomplex, der Spanien, Belgien, Mailand und Süditalien umfaßt hatte, löste sich auf. Ein ungeheuer folgenreiches Ereignis, denn dadurch wurde der historischen Überlieferung in der Gestaltung der europäischen Macht- und Territorialverhältnisse ein erster wuchtiger Stoß versetzt. Bisher waren im Kampfe der Mächte in der Regel nur einzelne Provinzen und Länder gewonnen und verloren worden. Jetzt aber zerfiel ein ganzes System, ein großes Reich von universalistischem Zuschnitt. Und die von ihm bisher beherrschten Nebenlande gingen wechselnden und unsicheren Schicksalen entgegen, weil die neuen Besitzer sie keineswegs ganz durch eigene Kraft gewonnen hatten und sie nicht mit der vollen Festigkeit eines altgewurzelten Besitzes besaßen. Zudem drohte dem Haupterben Österreich bald ein ähnliches Schicksal wie seiner Geschwistermacht Spanien, nämlich durch das Aussterben des Mannesstammes in seine Teile zu zerfallen. So steigerte sich der dem europäischen Staatensysteme von Haus eigene Grundzug der Unsicherheit und Fluktuation. Das rasche Ländergewinnen, -verlieren und -vertauschen kam auf. Die politischen Ambitionen erhielten dadurch einen mächtigen Anreiz, gingen viel mehr ins Weite als bisher und würden noch ganz andere Umwälzungen, als sie tatsächlich in den beiden Jahrzehnten nach dem Spanischen Erbfolgekriege erfolgten, bewirkt haben, wenn die physischen Staatskräfte, die hinter ihnen standen, stärker gewesen wären und wenn nicht von den beiden stärksten Großmächten Europas, von England und von Frankreich, wiederholt ein mäßigender und hemmender Einfluß geübt worden wäre.

Denn obgleich sie selber miteinander rivalisierten, scheuten sie doch nach den Opfern des letzten Krieges vor dem vollen Einsatz ihrer Macht zurück und wünschten den europäischen Frieden möglichst lange zu erhalten. Die Unruhe in Südeuropa, die von dem dynastischen Ehrgeize der neuen spanischen Bourbonendynastie ausging, führte also nur zu verhältnismäßig begrenzten, nicht zu wirklich großen europäischen Krisen und Kriegen, und der polnische Erbfolgekrieg von 1733 bis 1735, in dem Frankreich noch einmal wieder gegen das Haus Österreich aufgetreten war, endete mit einem überraschenden Kompromiß der beiden Gegner, wobei wieder der Ländertausch und die Dynastienversetzung eine klassische Rolle spielte. Schon der Spanische Erbfolgekrieg war eingeleitet worden mit jenen berühmten Verhandlungen und Verträgen über die Teilung der spanischen Ländermasse, in denen die rivalisierenden Großmächte ohne peinliche Rücksicht auf das Erbrecht durch Kompromiß versucht hatten, die Verteilung von Ländern friedlich zu regeln und dabei das Gleichgewicht der Mächte im allgemeinen ebenso zu wahren, wie jede einzelne Großmacht in ihren besonderen Interessen zu befriedigen. Die Politik der sogenannten Quadrupelallianz und die Kongresse von Cambray 1724/25 und Soissons 1728 nahmen nach dem Spanischen Erbfolgekriege diese Versuche auf. Das also war der ganz neue politische Gedanke dieses Zeitraums, eine Diagonale der Kräfte zu ermitteln, einen europäischen Gesamtwillen zu bilden, der freilich nicht von der Gesamtheit der europäischen Staaten und Nationen getragen wurde, sondern lediglich das Diktat der Großen gegenüber den Mittleren und Kleineren darstellte. Machtegoistische und pazifistische, europäische und partikulare Elemente wurden dadurch eigenartig verbunden. Während bisher Europa in zwei streitende Lager zerfallen war, deren jedes dem anderen den bösen Willen zur Universalmonarchie vorwarf, spannen sich jetzt Fäden zu einer einheitlichen oligarchischen Organisierung des europäischen Staatensystems an, die freilich so dünn waren, daß sie bei jeder stärkeren Belastung durch die eigenen Interessen der leitenden Großmächte wieder rissen.

»Konvenienz« nannte sich das neue Prinzip, nach dem die führenden Mächte Europa zu regulieren versuchten. Vom »sublimen Rechte der Konvenienz« wurde gesprochen. Aber derjenige Publizist, der dieses Wort prägte, Jean Rousset, zeigte zugleich durch den Gebrauch, den er davon machte, daß er etwas Zweischneidiges darunter verstand. Wer heute, so schrieb er 1735[1], erstaunen wollte über die große Veränderung aller Machtverhältnisse Europas seit 1702, der kennt nicht »die großen und magnifiquen Prärogative des sublimen *droit de convenance,* ein Recht, gegen das jeder donnert und mit dem doch jeder seine eigenen Handlungen decken will, ein Recht, dessen Einbürgerung gewisse Staaten verhindern müßten und dem sie doch Raum geben gegen ihre wahren Interessen, wenn nicht in der Gegenwart, so doch mindestens und sicherlich in der Zukunft.« Daß der Begriff der Konvenienz auch in sich doppelsinnig war, zeigt eine andere Ausführung von ihm. Frankreich begehre die südlichen Niederlande und habe auch alte, vielleicht rechtmäßige Lehnsansprüche auf sie. Aber das macht nichts aus, denn das *droit de convenance* von ganz Europa ist dagegen, ebenso wie es auch nicht dulden würde, daß die Engländer und Holländer die Spanier aus Amerika verjagten, wie Frankreich und die italienischen Staaten nicht dulden würden, daß der Kaiser sich Venedigs und der Schweiz bemächtigte. Vergebens schreit Frankreich über Unrecht, denn hat es nicht selber in tausend Fällen das Beispiel von der Kraft des Konvenienzrechtes gegeben? Hat es ein anderes Recht als dieses auf die Bretagne, Normandie und Aquitanien, auf das Elsaß, die Franche comté und das Fürstentum Oranien[2]? Konvenienz war also nicht nur, wie man wohl gemeint hat[3], der Ausdruck für die gemeinsamen, untereinander

---

[1] *Mercure histor. et polit.* Bd. 98, 20 (1735).

[2] Rousset, *Les intérêts présens et les prétentions des puissances de l'Europe,* 3. Ausgabe, 1, 533 (1741).

[3] So Herre, Völkergemeinschaftsidee und Interessenpolitik in den

ausgeglichenen Machtinteressen einer europäischen Oligarchie, sondern konnte schlecht und recht auch zur Bezeichnung eines nackten, nicht durch Legitimität gestützten Machtinteresses einer Einzelmacht gebraucht werden und ging so in das über, was zur Zeit Friedrichs des Großen als *droit de bienséance* bezeichnet wurde[1]. Auf eine Einzelmacht, die Türken, war es gemünzt, wenn Rousset von einem *violent système de convenance* sprach, das keine Vertragstreue kenne[2]. Und auch die Konvenienz vereinigter Großmächte galt ihm keineswegs immer als Ausdruck europäischer Gesamtinteressen, mochten diese dabei auch häufig angerufen werden, um ihr im Grunde egoistisches Tun und Treiben zu verdecken. »Es scheint«, schrieb er einmal in seinem *Mercure historique et politique*[3], »daß die berühmten Teilungsverträge vom Anfang dieses Jahrhunderts und das *droit de convenance*, das seitdem in das Völkerrecht aufgenommen worden ist, die Mode in Europa aufgebracht haben, das Antlitz der Staaten gemäß der *convenance* der Mächtigsten zu verändern, was sie in kurzer Zeit in den Stand setzen könnte, die Schwächeren zu verschlucken.«

Wer aber wollte diese Begriffe und die dahinterstehenden Interessen und Empfindungen ganz genau voneinander abgrenzen und Schein und Wesen in ihnen haarscharf trennen? Wirkliches, echtes europäisches Gemeingefühl und kluges Sonderstaatsinteresse gingen in einem Wilhelm von Oranien, und wohl nicht in ihm allein, unvermerkt ineinander über. Niemals handelte man dabei aus rein europäischer Gesinnung. Sie konnte sich nur da

---

letzten Jahrhunderten. Festgabe für Gerhard Seeliger, S. 199, und auch schon Koser, Staat und Gesellschaft zur Höhezeit des Absolutismus. Kultur der Gegenwart 2, V, 1, S. 262.

[1] Doch kommt der Ausdruck *droit de bienséance* auch schon im späteren 17. Jahrhundert vor, z. B. in Dumeys Ausgabe von G. Naudés *coups d'état* S. 178.

[2] *Mercure hist. et polit.* 1737, Bd. 103, S. 80. Ich füge noch, zum weiteren Beweise dieses Sprachgebrauchs, eine Stelle aus dem *Advertissement* zu Bd. XI seines *Recueil* (1736) an. Er verteidigt hier die Anlage seines Werkes über die Interessen der Mächte: *Je traite de la politique et des intérêts de chaque Etat abstractivement et comme si je ne devois traiter que de ce seul Etat; dans un autre chapitre je traite de même de la politique des intérêts d'un autre Etat, suivant les maximes et la convenance de cet Etat et comme si je n'avois traité d'aucun autre.*

[3] Das. S. 582.

einstellen, wo das Sonderinteresse mit ihr harmonierte, und ein solches mußte unter allen Umständen zugrunde liegen.

Entscheidend und wichtig aber für die Fortentwicklung der politischen Denkweise und der Lehre von den Interessen der Staaten war zweierlei. Einmal, daß die Legitimität, die historische Überlieferung, das positive Recht dabei einen Stoß erlitten. Wohl war schon im 17. Jahrhundert gelehrt worden, daß die Staatsräson über dem positiven Rechte stünde. Aber diese Lehre richtete sich damals tatsächlich mehr gegen dasjenige positive Recht, das im Innern der Staaten ihrer Machtentfaltung im Wege stand, als gegen dasjenige, das ein Staat gegen den anderen, oder genauer gesagt, eine Dynastie gegen die andere besaß. Tatsächlich war gewiß auch dieses schon in den ersten zwei Jahrhunderten der neueren Geschichte oft genug verletzt worden, aber man hatte dabei das nackte Machtinteresse in der Regel mit positiven Rechtstiteln irgendwelcher Art zu bekleiden gestrebt, und oft war der positive Rechtstitel die Wurzel eines Machtinteresses, das ohne diesen nicht bestanden haben würde. So blieb es auch durch das ganze 18. Jahrhundert. Durch die Konvenienzpolitik aber, wie sie mit den spanischen Erbteilungsverträgen eingeleitet wurde, trat im Leben der Staaten untereinander dem positiven Rechte und der historischen Überlieferung ein neues, ganz unhistorisches Recht zur Seite und nötigenfalls entgegen, das auf die Zweckmäßigkeit, auf eine *salus publica* Europas sich berief und sogar dann, wenn es zum bloßen *droit de bienséance* einer Einzelmacht einschrumpfte, sich noch mit dem tönenden Worte »Recht« schmückte. Das Staatsinteresse, die alte Staatsräson, band sich eine neue Maske vor, die doch nicht immer reine Maske war, weil zuweilen wenigstens echte europäische Gesamtinteressen sie lebendig machten.

Das Konvenienzrecht ist also eine merkwürdige Spielart des Naturrechts. Und wie dieses seit Beginn des 18. Jahrhunderts neuen Aufschwung erhielt durch die Aufklärungsbewegung und den Rationalismus, so ist auch in der Konvenienzpolitik ein rationalistischer Zug unverkennbar. Die vernünftige Einsicht der leitenden Mächte erhebt den Anspruch, Europa so einzuteilen, wie sein Glück und seine Wohlfahrt verlangen. Und da der Rationalismus des früheren 18. Jahrhunderts noch sehr aristokratisch und absolutistisch dachte, so ist es auch ganz verständlich, daß man nicht auf den Gedanken kam, die betroffenen Bevölkerungen selber um ihre Wünsche zu befragen. Ganz rationalistisch empfunden war es auch, das, was für den Staat zweckmäßig ist, als »Recht«, als *droit de bienséance* zu bezeichnen.

Immer aber lebte, wie wir bemerkten, unter der neuen Ideologie der Geist der Staatsräson weiter. Machiavelli erlebte einen neuen Triumph in der Art, wie hier über die eisengepanzerte Faust des Staatsinteresses ein Samthandschuh gezogen wurde. Aber wie wunderbar berührten sich nun wiederum mit dem machiavellistischen Kerne ganz antimachiavellistische Ideen. In derselben Zeit, in der die Kongresse von Cambray und Soissons versuchten, ein europäisches Tribunal aufzurichten und Kardinal Fleury 1728 in Soissons erklärte, daß es gelte, »alle Interessen, die in Streit seien, zu applanieren und alles zu vermeiden, was zu einem Bruche führen könne[1]«, wirkten auch die pazifistischen Ideen des Abbé St. Pierre auf das europäische Publikum, die den Völkerbundsgedanken Campanellas und des Herzogs von Sully wieder aufnahmen. Es wäre schon denkbar, daß die Diplomaten der Großmächte, wenn sie die Weltfriedenstendenz ihrer Kongresse und Interventionen beteuerten, auch den Modeideen des Abbé St. Pierre ein Kompliment machen wollten. Wichtiger ist, daß doch auch sie, wie abgrundtief sich auch ihr oligarchischer Areopag von dem von St. Pierre geträumten Völkerbunde unterschied, von einem wirklichen, aus ihren eigensten Interessen fließenden Friedensbedürfnis geleitet wurden. Das Handelsinteresse stimmte sie friedlich. Es folgten dem Spanischen Erbfolgekriege in Westeuropa Zeiten eines gewaltigen kommerziellen Aufschwungs, der sich namentlich auf die überseeischen Gebiete warf und durch die bekannten Krisen und Exzesse des Spekulationsfiebers in Frankreich und England mehr beleuchtet als widerlegt wird. England benutzte alle Gewinne und Handhaben, die es durch den Krieg auf Kosten Spaniens errungen hatte, um das spanische Amerika kommerziell auszubeuten. Frankreich brachte seinen Levantehandel zur Blüte und konnte mit der englischen Handelsschiffahrt auch deshalb erfolgreich wetteifern und die Waren billiger verfrachten, weil seine Matrosen anspruchsloser lebten als die englischen[2]. Und der Zorn über die wirtschaftliche

---

[1] Droysen, Abhandlungen S. 211; Rousset, *Recueil 5*, 176.
[2] Auf diesen Umstand weist Bielfeld, *Institutions politiques* 3, 89 instruktiv hin.

Ausbeutung, die sich Spanien von England gefallen lassen mußte, trug wesentlich dazu bei, daß seit 1732 eine Interessengemeinschaft der beiden bourbonischen Höfe in Paris und Madrid erwuchs, die nun wiederum dem französischen Handel zugute kam. So entwickelten sich nun zwar auch neue Spannungen und Kriegsursachen überseeischen Charakters zwischen England und Frankreich. Aber sowohl Kardinal Fleury wie Walpole wußten, was die Friedenskonjunktur für ihre reich werdenden Völker bedeutete, und handelten danach.

Insgesamt nahm so die Interessenpolitik der führenden Großmächte modernere Züge an. Die durch die Auflösung der spanischen Gesamtmacht flüssiger gewordenen Machtverhältnisse des Kontinents wurden von ihnen in einem modern rationalistisch gefärbten Geiste behandelt, und moderner berührt auch ihr Interesse an der materiellen Verstärkung ihrer inneren Macht. Es ist nicht mehr der immer noch etwas engbrüstig berührende Merkantilismus der Colbertschen Zeit, der vorwiegend durch eine staatliche Zwangserziehung und Absperrungspolitik die Produktivkräfte des Staates zu entwickeln suchte. Der Unternehmungssinn im Bürgertum der Nationen selbst ist wacher und reger geworden, benutzt die durch Krieg und Politik geschaffenen Chancen und wird von den Regierungen wohlgefällig geschützt und nach außen vertreten. Neben diesen moderneren Zügen aber, die vorzugsweise bei den beiden dem Ozean zugekehrten Großmächten und Nationalstaaten England und Frankreich sich zeigen, lebten auch die traditionellen Charakterzüge der bisherigen Interessenpolitik der Mittleren und Kleineren in Europa weiter. Auf dem klassischen Boden für Gründung »neuer Fürstentümer« im Stile Machiavellis, in Italien, sproßte es von dynastischen Neubildungen, die der Ehrgeiz der spanischen Königin Elisabeth Farnese für ihre Söhne betrieb. Die Wirkung ihrer Politik war es wohl, daß der Österreich zugefallene Teil des früher spanischen Italiens sich verkleinerte und das italienische Staatensystem dadurch einen etwas nationaleren Charakter bekam. Aber die Motive, die die stolze und tatenlustige Fürstin trieben, atmeten noch ganz den politischen Geist der Renaissance und des Barock.

Ein ganz anderer Typus von »neuem Fürstentum« erstand währenddem im Osten Europas durch das Werk Peters des Großen und Friedrich Wilhelms I. Manches hatten gerade diese beiden

Fürsten in Denken und Tun gemeinsam, aber wie tiefe Verschiedenheiten zeigten ihre Schöpfungen wieder unter sich. Die russische Staatskunst arbeitete sich eben erst aus dem Gröbsten heraus und litt nach Peters Tode unter der halbbarbarischen Rückständigkeit des Volkstums und der Unstetigkeit der dynastisch-höfischen Verhältnisse. In Preußen dagegen bildete sich, zunächst noch unbemerkt, ein neuer, überaus fruchtbarer Boden für die Gedankenwelt der Staatsräson.

Wieder suchen wir nach einem Spiegel zeitgenössischer Betrachtung dieser bunten und unausgeglichenen Welt, der uns mit der Änderung der bewegenden politischen Kräfte zugleich die Änderung des in ihr lebenden politischen Geistes anzeige. Die Jahrzehnte zwischen dem Spanischen und dem Österreichischen Erbfolgekriege, die eines höheren geschichtlichen Schwunges entbehrten, haben auch keinen Kopf ersten Ranges zur Erfassung ihrer Staatsräson und Staatsinteressen gefunden. Zu Beginn dieses Zeitraums nahm der Hallenser Professor Nikolaus Hieronymus Gundling in einem »Kollegium über den jetzigen Zustand von Europa«, das er 1712 las, die Tradition auf, die Pufendorf mit seiner »Einleitung zu der Historie der vornehmsten Reiche und Staaten« begründet hatte, und führte seine Hörer in die Interessen und Staatskräfte der europäischen Mächte ein. Er tat es in der frischen und kecken Weise, die Thomasius in Halle eingebürgert hatte, mit dem Selbstgefühl der sich regenden Aufklärung. »Ein *bon sens* ersetzet alles, was man desiderieret[1]«, bemerkte er zu dem Vorwurfe, daß er über Gazetten vortrüge. Aus dem Abriß seines Kollegheftes, den er mit etwas marktschreierischer Gebärde veröffentlichte, ersieht man jedenfalls, daß seit Pufendorf der Sinn für den Zusammenhang der politischen und wirtschaftlichen Interessen sehr lebendig emporgewachsen war, daß man diese ohne jene gar nicht mehr glaubte behandeln zu können. Colbert, urteilte er, hat Frankreich noch mehr als die beiden Kardinäle genutzt. Der Spanische Erbfolgekrieg und das Eingreifen der beiden Seemächte in die Machtkämpfe des Kontinents eröffneten ihm neue Horizonte und lehrten ihn, »daß ohne Erkenntnis der holländischen und englischen Kommerzien und Manufakturen niemand die Welt noch die ganze Konnexion von Europa verstehen könne.«

---

[1] Kollegium über die Friedenstraktate, das er 1714 las.

Viertes Kapitel

Er war kein übler Lehrer für die künftigen Staatsdiener Friedrichs des Großen, die zu seinen Füßen saßen. Aber über eine etwas äußerliche Betrachtungsweise, die rein mechanisch und statistisch alle berechenbaren Ressourcen der Macht aufsuchte, scheint er nicht hinausgekommen zu sein.

Zwei Jahrzehnte nach ihm trat ein namhafter Publizist mit einem reicheren und ergiebigeren Bilde der europäischen Staatsinteressen auf. Es ist Jean Rousset (1686–1762), ein französischer Refugié, der in Holland lebte, seit 1724 den von Courtilz gegründeten *Mercure historique et politique* redigierte, eine große Betriebsamkeit in der Herausgabe zeitgeschichtlicher Sammelwerke[1], Monographien und Broschüren entwickelte und für uns interessant wird durch sein großes Werk *Les intérêts présens et les prétentions des puissances de l'Europe*. Es erschien zuerst 1733 in zwei Teilen, in dritter Auflage 1741 in drei starken Bänden[2].

Die Hauptmasse des Inhalts können wir beiseite lassen, denn sie umfaßt die »Prätentionen« der einzelnen Staaten auf andere Gebiete und die historischen Rechtstitel dafür, – ein ungeheures barockes Archiv voll wunderlicher und veralteter Dinge. Und doch, was war veraltet, wenn man sich an die Merowingerurkunden erinnert, die die Reunionskammern Ludwigs XIV. ausgruben. Es war Sitte, daß jeder Staat einen solchen Schatz alter Ansprüche in seinen Archiven hütete, um sie bei guter Konjunktur geltend zu machen. Nichts zu vergessen, was man einmal gebrauchen konnte, war die Losung, auch noch in dieser Zeit, wo das freie Recht der Konvenienz sich in das zähflüssige und niemals unbestrittene Recht der Privilegien, Erbverträge usw. zu ergießen begann. Charakteristisch für das ganze ausgehende *ancien régime* ist ja eben, daß beide Rechte nebeneinander benutzt wurden, und daß man, wenn irgend möglich, die Konvenienz nach außen hin bemäntelte durch zweckmäßig gedeutete urkundliche Ansprüche.

Für uns kommen hier nur die Abschnitte über die *intérêts* in Betracht, die Rousset in bewußter Nachahmung des Rohanschen

---

[1] Bekannt ist vor allem sein *Recueil historique d'actes, négociations et traités depuis la paix d'Utrecht etc.* Näheres über R. bei Droysen, Gesch. der preuß. Politik IV, 4, S. 11 ff. Vgl. auch Koser, Preuß. Staatsschriften aus der Regierungszeit König Friedrichs II. 1, XLV.

[2] Der Text der uns interessierenden Abschnitte der 3. Auflage gibt, von wenigen Zusätzen abgesehen, den der 1. Auflage wieder.

und Courtilzschen Vorbildes schrieb. Er war auch in älterer politischer Literatur, in Machiavelli, Boccalini, Paolo Sarpi, Amelot de la Houssaye u. a. nicht unerfahren und beherrschte virtuos die Geschichte seiner Zeit[1]. Als Routinier, der von seiner Feder lebte und seine Korrespondenzen an die Höfe, die sie haben wollten, verkaufte, redete er wohl gern nach dem Munde und hütete sich auch in seinen *Intérêts*, Dinge zu sagen, die bei den einzelnen Höfen Anstoß erregen konnten. Da derjenige, der die Interessen verschiedener Höfe nacheinander behandelte, den Spottvogel spielen konnte, der die verschiedensten Vogelstimmen nachahmte, und da alle Höfe sich jetzt gegenseitig einen unbefangenen Staatsegoismus zubilligten, so war das nicht so schwer. Auch ließ es Rousset an guten Ratschlägen für die verschiedensten Höfe nicht fehlen, mochten sie zuweilen auch etwas untunlich und unwirklich ausfallen. Den Kronen von Schweden und Dänemark gab er z. B. den Rat, als Mitglieder des Reiches sich der protestantischen Sache auf den Reichstagen kräftig anzunehmen, da sie dann ebenso einflußreich im Reiche werden könnten wie Preußen und Hannover-England. Er verkannte, daß es die Macht war, die diesen Einfluß begründete, und daß bloße Geschäftigkeit ohne Macht nichts bedeutete.

Aber sein Ratschlag zeigt, daß er auch eigene Gesinnungen und Ideale hatte. Oft bekannte er seinen protestantischen Standpunkt, aber nicht mit calvinistischem Pathos, sondern abgeschliffen durch die neue Gedankenwelt der Toleranz, die ihn in Holland umgab und die jetzt einen sowohl naturrechtlichen wie utilitarischen Charakter trug. »Gibt es etwas, was untrennbarer von der natürlichen Freiheit des Menschen und gemäßer dem Natur- und Völkerrecht ist, als Gott dienen zu können nach dem Diktamen seines Gewissens?[2]« Ja, er nahm sogar, als man ihn wegen solcher Äußerungen angriff, das zukunftsreiche Wort von »Rechten und Freiheiten der Menschen« in den Mund[3]. Er sprach das allgemeine Urteil des aufgeklärten Jahrhunderts aus, wenn er den katho-

---

[1] Wie denn überhaupt die holländischen Zeitungsschreiber und Publizisten als die am besten von der Welt informierten galten. Vgl. über Roussets vorzügliche Informationen Paul-Dubois, *Frédéric le Grand d'après sa correspondence politique* S. 185.
[2] 1, 98.
[3] *Advertissement* zu Bd. XI seines Recueil.

lischen Höfen Südeuropas immer wieder die politische Rückständigkeit ihrer Intoleranz vorhielt. »Unsagbare Vorteile hat ein Staat von Toleranz und Gewissensfreiheit«; man habe ja nur auf das glückliche Großbritannien und die ebenso gesegneten Niederlande zu sehen mit ihren Reichtümern und wimmelnden Bevölkerungen, die in vollkommenster Einigkeit miteinander lebten. Das wäre ein Entschluß, würdig eines großen katholischen Fürsten, diese Toleranz in seinen Staaten einzuführen, wobei der Katholizismus als dominierende Religion bleiben könnte. Man braucht nur zu wollen, denn *Regis ad exemplum totus componitur orbis*[1].

Das klang auch reichlich absolutistisch. Er ging noch weiter, nannte die Könige geborene Priester ihrer Völker und, wie es Bodin, Bossuet und Fénélon schon getan hatten, Abbilder der Gottheit auf Erden[2] und zeigte mit dieser Kombination von straff betontem Staatskirchentum und Toleranz jene Stufe der Entwicklung im Verhältnis von Staat und Religion, die dann im Staate Friedrichs des Großen klassisch repräsentiert wurde. Und doch gingen seine eigenen politischen Ideale durchaus nicht auf den Absolutismus. Er freute sich der aristokratischen Verfassungsänderung, die 1719 in Schweden eingetreten war[3]. Denn im despotischen Regime sei das *sic volo sic jubeo*, das *bon plaisir* des Fürsten die einzige Regel, in der gemischten Verfassung dagegen, und wo die Monarchie durch Aristokratie und Demokratie gestützt würde, sei das Wohl des Staates und der größte Vorteil der Untertanen, die Bewahrung der öffentlichen Ruhe und die Verbreitung des Handels das Ziel aller Maßregeln. Er wünschte den Parlamenten in Frankreich größere Rechte, erklärte auch die englische Revolution von 1688 für durchaus rechtmäßig, da eine gegenseitige Verpflichtung zwischen den Fürsten und Völkern bestehe, deren Übertretung die Bande zwischen ihnen löse[4]. Dabei gab er dann doch wieder zu, daß, um Schweden aus dem von Karl XII. hinterlassenen Ruin emporzuführen, eine starke despotische Hand eigentlich fähiger gewesen sein würde als ein aristokratisches Regime, das mehr milde und maßvoll als kräftig regiere. Das alles deutet auf eine gewisse Verwaschenheit seiner Staatsideale, auf den latenten Zug zu einem Relativismus, der nicht etwa mit einfühlen-

---

[1] 1, 705.
[2] 1, 9; vgl. oben S. 73 u. Madsack, Der Antimachiavell, S. 77.
[3] 1, 720,   [4] 1, 650.

dem Verständnis, wie es der moderne Historismus tut, den Stärken und Schwächen jeder besonderen Staatsform gerecht zu werden versucht, sondern das Gegebene hinnimmt, ohne es besonders stark mit den eigenen Idealen zu imprägnieren. Noch fehlte ihm jede propagandistische Leidenschaft für freiere Regierungsformen. Gleichmütig und sachlich würdigte er ebenso die dynastischen Machtinteressen absolutistischer Fürsten, wie die modern merkantilen Interessen der freier regierten Seemächte. Einen bezeichnenden propagandistischen Eifer entwickelte er nur für die Ideen der Toleranz und der Handelsfreiheit. »Der Handel will nicht geniert sein«, bemerkte er zu den Zollbelästigungen der Rheinschiffahrt. »Je mehr Freiheit man ihm bewilligt, um so mehr blüht er und um so mehr findet auch der Souverän seinen Profit«, denn mäßige Gebühren würden exakt bezahlt, während man die übermäßigen durch Betrug zu umgehen suche[1]. Wenn doch, seufzte er, das Deutsche Reich dem englischen und holländischen Handel nicht so viel Hindernisse bereiten wollte, wenn doch Dänemark die Holländer nicht schikanieren wollte[2]. Holland wolle ja doch keine Eroberungen machen. »Die Republikaner suchen keine Querelen mit ihren Nachbarn.«

Friedliche Ausbeutung Europas durch den Handel der mit Freiheit und Reichtum gesegneten Seemächte, das war das Grundinteresse seines Adoptivvaterlandes, das er naiv verriet und das, soweit man von einem Grundgedanken seiner europäischen Betrachtungen sprechen kann, ihr Leitstern war. Die handeltreibenden Nationen sollten nach seiner Meinung überhaupt sich vertragen lernen und kleinere Reibungsflächen ausschalten. Dabei wußte er aber sehr gut, daß auch der Handel von den großen Machtverhältnissen beherrscht wird, und machte sich keine Illusionen darüber, daß die Allianz Hollands mit England eine *societas leonina* war und daß England den holländischen Handel möglichst an sich zu reißen suche. »Jetzt verkehren«, klagte er[3], »in den spanischen und portugiesischen Häfen und in der Levante hundert englische Schiffe auf höchstens zehn holländische, früher sah man dort hundert holländische gegen zwanzig englische Schiffe.« Und so erwog er sogar die Möglichkeit eines völligen Systemwechsels und gab Frankreich zu verstehen, daß es gegen sein wahres Interesse sündige, wenn es den holländischen Schiffs-

[1] 2, 25.   [2] 1, 112, 734.   [3] 1, 532.

verkehr in seinen Häfen hemme, denn dadurch treibe es Holland auf englische Seite. Wiederum England fürchte gerade eine französisch-holländische Allianz und tue alles, um sie zu verhindern. Jedenfalls würde Frankreich den größten Fehler begehen, wenn es seine Flotte verfallen ließe. Man darf wohl vermuten, daß solche Gedanken der alten, nicht erloschenen Liebe für sein Vaterland entsprangen. Ein Frankreich, das die Hugenotten zurückrief und damit den nach seiner Meinung schwersten Fehler Ludwigs XIV. wieder gut machte, würde auch ihn wohl wieder in den eifrigsten Vertreter seiner Interessen verwandelt haben. Freilich war seine gesamteuropäische Denkweise dabei noch sehr lebendig. Er forderte, wie wir schon sahen, daß Frankreich endgültig auf die Hoffnung verzichte, die südlichen Niederlande zu gewinnen, — denn Europa will es nicht, das *droit de convenance* ist dagegen. Sollte sich nicht auch, fügte er klug hinzu, Frankreich das eine sagen, daß die südlichen Niederlande im Besitze Österreichs, der weit entlegenen Macht, diese durch die Ausgaben, die sie dafür machen müsse, vielleicht mehr schwächen als stärken?

So wiegten sich seine Betrachtungen elastisch hin und her, um das europäische Gleichgewicht, das ihm das A und O des europäischen Zustandes blieb, bald auf diese, bald auf jene Weise auszurechnen. Den Spaniern riet er zur englischen Allianz, dem Könige von Sardinien zur französischen Allianz. Alles in allem witterte er wohl mit richtigem Instinkte, trotz allen Respektes vor den inneren Hilfsquellen Frankreichs, in England die stärkeren Zukunftsmöglichkeiten. »Es gibt Staaten, denen es unmöglich ist, ihre Ausdehnung zu fixieren. Sie können nicht verzichten, um die erste Gelegenheit zu benutzen, Eroberungen zu machen; das ist der Zustand, in dem sich die britannische Nation befindet. Isoliert von allen Seiten, hat sie sozusagen nichts zu fürchten von ihren Nachbarn und kann ihnen furchtbar sein und ihren Nutzen finden in der Eroberung einiger ihrer Provinzen. Beweis: Gibraltar und Port Mahon.« Die anderen Mächte würden zwar weitere europäische Eroberungen Englands nicht zulassen, aber durch Gibraltar wird es zum Herrn des Mittelmeeres[1].

Er maßte sich nicht an, den ruhelosen Machttrieb der Staaten durch Mittel im Geiste des Abbé St. Pierre zu kurieren. Nicht einmal die rein dynastischen Ambitionen wagte er zu kritisieren.

---
[1] 1, 652.

Wer war damals unruhiger und friedstörender als Spanien unter der Reitgerte seiner tollkühnen Königin. Bald haderte es mit Frankreich wegen dynastischer Zukunftsrivalitäten, bald rannte es gegen Österreichs italienische Länder an, bald wagte es mit dem mächtigen England anzubinden, Gibraltar anzugreifen und den englischen Schmuggelhandel in Südamerika scharf anzufassen. Es ist fast belustigend, Roussets Urteil über dies Problem der spanischen Politik zu hören. Er nannte es einen frivolen Prätext, die Engländer zu hindern, Kontrebande zu treiben, denn Spanien belästige den englischen Handel auch auf freier See. Spanien möge also verständig sein, die Engländer nicht mehr schikanieren, sondern sich um die englische Allianz bemühen und dadurch Österreich isolieren. Das einzige Ziel Spaniens müsse doch sein, alles, was der Utrechter Friede ihm entrissen habe, wiederzugewinnen, und wie könne es das gegen Englands Willen? »Sehr solide Räsons treiben das spanische Ministerium, die Nation in einer fortwährenden Bewegung zu erhalten, Projekte auf Projekte, Unternehmungen auf Unternehmungen folgen zu lassen. Man muß den König zerstreuen, die Großen beschäftigen, man muß Zeit gewinnen, um ein Ereignis zu verhindern und dadurch vielleicht ein anderes kommen zu sehen, das volle Handlungsfreiheit gibt[1].« Man konnte nicht treffender und zugleich in charakterloserer Auffassung den Charakter dieser berechnend-abenteuerlichen Politik wiedergeben. Denn nur zu nahe liegt die Vermutung, daß er Spaniens Ehrgeiz sich ganz gern in Europa austoben sah, um es dafür ungestört über der See durch die Handelsmächte ausbeuten zu lassen.

Das Korrektiv für den Wirrwarr, den die Renaissancepolitik der Elisabeth Farnese in Europa anrichtete, sah Rousset eben in den spezifischen Heil- und Kraftmitteln seiner Zeit, in den versöhnenden und einlullenden Wirkungen eines friedlichen Handelsverkehrs, in den auch den nationalen Völkerhaß überwindenden Wirkungen einer klugen Kabinettspolitik, — »Aufgabe der Politik«, sagte er vorzüglich, »ist es, zwischen den Höfen die Antipathie zu korrigieren, die zwischen den Völkern sich findet«[2] — und schließlich auch in den Wirkungen jener europäischen Kongreßpolitik, die Europa immer wieder geschickt ins Gleichgewicht zu setzen hatte. Er war traurig, als er Ende der dreißiger Jahre

---
[1] 1, 627 u. 631.   [2] 1, 633.

ein »neues System« aufkommen sah, »welches dasjenige absolut umstürzte, das den Ruhm gehabt hatte, den Frieden in Europa mehr als einmal wiederherzustellen und es darin zu erhalten.« Das sei die neue schlechtere Manier, »von Hof zu Hof und ohne Kongreß und Vermittler zu verhandeln«[1].

Daß auch diese Art von Interessenpolitik, die Europa in die Interessensphäre geschmeidiger und aufgeklärter Handelsrepubliken zu verwandeln strebte, den zeitlosen Kern des Machiavellismus in sich barg, hätte er wohl nur sehr ungern zugegeben. Denn er hielt auf Anstand und Sitte, auf eine »gesunde Politik, die zur Basis hat das Recht, die Gerechtigkeit und das öffentliche Wohl«, und erklärte, ganz und gar nicht der Meinung derer zu sein, die es für unmöglich hielten, daß man gleichzeitig ein großer Politiker und ein honnetter Mensch sei[2]. Tiefer bewegten ihn diese Fragen nicht, und sein Cant wurde beruhigt durch jene Harmonie von weiser Toleranz und materieller Wohlfahrt, die die Völker ja trotz aller Kabinettskriege glücklich machen konnte, wenn sie nur den Lehren der Seemächte folgten.

*

Alles, was sein politisches Denken charakteristisch macht, entsprang den Erfahrungen und Interessen der Seemächte, dem Dualismus und den Wechselwirkungen protestantisch-germanischer Handels- und Seepolitik und katholisch-romanischer Staatenwelt, die in sich selbst an einem problematischen Dualismus wirtschaftlicher und rein machtpolitischer Interessen litt. Aber die seemächtliche Politik war viel zu eng mit ganz Europa verflochten, um nicht auch die mittlere und östliche Staatenwelt sorgsam und kritisch zu studieren. Der Polnische Erbfolgekrieg von 1733 bis 1735, der dem Kaiser den Verlust Süditaliens einbrachte, entschied über östliche und westliche Machtverhältnisse zugleich. Da sah man nun, bemerkte Rousset richtig, daß die Macht eines Staates mit noch so viel Ländern und Untertanen doch schwach basiert ist, wenn die Finanzen ihnen nicht proportioniert sind. Da lernte man, daß man das Gleichgewicht der Macht in Europa nicht nach

---

[1] Droysen, Preuß. Politik IV, 4, S. 13 nach dem *Mercure hist. et pol.* 1737 I. S. 6 f.

[2] Intérêts 1, IV f.

der Zahl und Ausdehnung der Königreiche und Provinzen, sondern nach der Gleichheit der Kräfte, unter denen die Finanzen besondere Aufmerksamkeit verdienen, zu berechnen habe[1]. Er sah Österreich in die Defensive zurückgeworfen und das mit Spanien verbündete Frankreich im Besitz von politischen Trümpfen, die es in Versuchung führen konnten, den europäischen Frieden einmal wieder zu stören. Die pragmatische Sanktion war jetzt zwar auch durch Frankreich anerkannt. Aber Rousset durchschaute die Brüchigkeit des ganzen Sanktionswerkes. Er sagte voraus, daß Frankreich, das doch auch Ansprüche auf einzelne Länder des Kaisers habe, seine Alliierten im Deutschen Reiche suchen und finden werde, voran in den durch die pragmatische Sanktion geschädigten Kurfürsten von Bayern und Sachsen, — aber es kenne auch die Mittel, um Preußen zu gewinnen, wenn es wolle. Also würden, schloß er, die Länder, die durch die pragmatische Sanktion garantiert seien, der Gegenstand des furchtbarsten Krieges werden, der jemals Europa zerrissen habe[2]. Es sind genau dieselben Gedanken, die der Kronprinz Friedrich 1738 in seinen *Considérations* über die Lage Europas aussprach oder verhüllt andeutete.

Und Rousset hatte auch ein gewisses Vorgefühl für die expansiven Kräfte, die in dem Staate dieses jungen Fürsten lebten. Der König von Preußen hat, bemerkte er leicht überschätzend, heute ein Heer von mehr als 90000 Mann. Es gibt keinen Fürsten in Europa, der mehr »Prätentionen« aus Erbverträgen und dergleichen aufzuweisen hat. Das Gros der deutschen Reichsfürsten, besonders der katholischen, sähe Preußen gern geschwächt, weil seine Macht täglich furchtbarer werde. Daß Preußen wachsen wolle, war ihm klar, aber die Richtung, in der es geschehen sollte, hat er nun doch nicht erraten. Er kalkulierte, daß der erste Stoß nach Osten gegen Polen gehen müsse, um Westpreußen als arrondierendes Mittelglied zu gewinnen. Aber noch höhere Möglichkeiten der Macht glaubte er, wenn er sich in die Lage Preußens versetzte, zu erblicken. Der Berliner Hof müsse heute mehr als je den Wert einer Marine fühlen, und nichts wäre leichter als sie in Memel oder selbst in Pommern zu gründen. Preußen bedürfe ihrer deswegen, weil die Manufakturen unter der jetzigen Regie-

---

[1] 1, 6 f.   [2] 1, 534 u. 733.

rung nicht so ermutigt würden wie unter der früheren, und es nun die ausländischen Waren teuer auf fremden Schiffen importieren müsse. Und im Besitze einer Marine könne Preußen auch um das *Dominium maris* mit Rußland, Schweden und Dänemark ringen[1].

Es war ein lehrreicher Irrtum über das, was das Lebensinteresse Preußens forderte. So hatte wohl der Große Kurfürst es geträumt, aus Brandenburg eine große baltische Küsten- und Handelsmacht zu entwickeln, und diesen Ehrgeiz schöpfte er aus dem bewunderten Vorbilde Hollands. Die europäischen Machtverhältnisse aber hatten seinem noch viel zu schwachen Staate den Weg dahin versperrt, und Friedrich Wilhelm I. stellte sich mit festem Fuße auf den Boden einer militärischen Binnenmacht. Alle weitere Arbeit des Staates ging in kluger Beschränkung der Ziele darauf, dies Fundament, das allein Sicherheit versprach, zu verstärken. In dies Geheimnis der preußischen Staatsräson drang Rousset nicht ein. Er sah mit holländischen Augen. Das Individuellste der fremden Staaten zu erkennen, zumal eines solchen, dessen Eigenart noch ganz in der Knospe steckte, war seine Kunst noch nicht imstande.

Wir können seine Bemerkungen über die übrigen deutschen Reichsstände und über die kleineren Mächte des Nordens und Ostens übergehen, denn die Grundzüge seiner Urteilsweise, die wir kennenlernten, wiederholen sich bei ihnen. Während Courtilz 1685 Rußlands damalige europäische Interessen in zweiundzwanzig Zeilen hatte abmachen können, tritt aus Roussets Schilderung das Schauspiel einer plötzlich aufgestiegenen Großmacht eindrucksvoll vor Augen. Die nun hervortretenden Staatsinteressen Rußlands waren noch elementar und einfach und deshalb leicht zu erkennen: Andrängen und Ellbogengebrauch sowohl gegen die baltischen Mächte Schweden und Polen wie gegen die Türken. Daß es ferner ein Hauptinteresse Rußlands jetzt war, den polnischen Königsthron mit seinen Kreaturen zu besetzen, war aus der Geschichte des Polnischen Erbfolgekrieges leicht abzulesen. Rousset beachtete auch die Fäden, die sich zwischen Rußland und Preußen schon angesponnen hatten, und es macht seinem Scharfblick Ehre, daß er auch die ersten kleinen Anzeichen eines englisch-russischen Gegensatzes, die in den letzten Jahren des Nordischen

---
[1] 1, 812 ff.; vgl. auch 2, 242 f.

Krieges hervorgetreten waren, bemerkte[1]. Und ebensowenig entgingen ihm, dem Kenner der Seemacht und des Seehandels, die ersten Versuche Peters des Großen zur Begründung einer Flotte. Er riet den Russen ebenso eifrig, sie wieder aufzunehmen, wie er Preußen dazu ermunterte. Vielleicht tat er es nur in strenger Durchführung der Theorie, jedem Staate die ihm eigenen Interessen nachzuweisen und um die politischen Rezepte, über die sein Heilmittelschatz verfügte, an den Mann zu bringen. Vielleicht aber bewegte ihn auch ein Hintergedanke, dessen Spuren wir schon bemerkten, — vielleicht wünschte er, der übermächtigen und für Holland nicht bequemen Seegeltung Englands ein Gleichgewicht zu bereiten durch die Entwicklung der kleineren baltischen Marinen.

Die Tage der europäischen Türkei sah er schon gezählt. Durch die Erhebung Rußlands zur polizierten Militärmacht war die Weltlage der Türkei in der Tat, wie er richtig hervorhob, von Grund aus verändert. Er schrieb seine Gedanken darüber, ohne schon durch die üblen Erfahrungen des russischen und österreichischen Angriffskrieges gegen die Pforte in den Jahren 1735 bis 1739 darüber belehrt zu sein, daß der türkischen Macht immer noch eine starke Defensivkraft innewohnte. »Es bedarf gegen diese Nation«, meinte er etwas zu leichtherzig, »die keine Disziplin und Regel in ihren Kämpfen beobachtet, nur eines glücklichen Augenblicks, um sie wie eine Herde Hammel vor sich herzutreiben.« Richtig aber prophezeite er, daß es den Türken schwerlich noch einmal gelingen werde, Ungarn zurückzuerobern[2].

Es war eine Übergangszeit im europäischen Staatenleben, die Rousset zu schildern hatte, zwar keineswegs tot, sondern bewegt durch die steigende Bedeutung der wirtschaftlichen Interessen und durch die Ansätze zu neuen gesamteuropäischen Machtmethoden, aber zugleich durchkreuzt durch üppige und wilde Ambitionen höfischer Art und ohne wahrhaft große Impulse und Ideen. Und der Betrachter teilte das Schicksal der landläufigen politischen Publizistik im absolutistischen 18. Jahrhundert. Sie konnte wohl Sachkunde und Urteilsfähigkeit, aber keine große belebende Leidenschaft entwickeln, wie sie das Werden neuer Staatsgedanken begleitet. Die Welt, in der er lebte, war zu fertig, zu abgeschliffen

---

[1] 1, 722; vgl. im übrigen 1, 510 ff. u. 904 ff. (über Polen).
[2] 1, 522 ff.

und des Weiterbestehens ihrer höfisch-absolutistischen Gewalten zu sicher. Er konnte nur in sehr begrenztem Umfange daran denken, auf sie einzuwirken, sondern in der Hauptsache nur versuchen, ihr etwas Instruktives und Brauchbares zu bieten und zu diesem Zwecke soviel von ihren Geheimnissen zu erhaschen wie möglich. So konnte er sie wohl schildern, wie sie war, aber ohne die lebendige Anschaulichkeit und Tiefe, die auch das reine Erkenntnisbedürfnis zu geben vermag. Ein etwas schemenhafter Zug ist deshalb seiner Schilderung eigen.

Aus den Kreisen der politisch Handelnden selbst mußte die Persönlichkeit kommen, um die Probleme der Staatsräson und die Lehre von den Staatsinteressen wieder mit stärkerem Lebensblute zu erfüllen.

FÜNFTES KAPITEL

Friedrich der Große

Jede Epoche und jede besondere geistig-sittliche Denkweise hatte bisher mit ihren Waffen und von den ihr eigentümlichen Lebenszielen aus mit dem Dämon der Staatsräson zu ringen versucht. Machiavelli hatte ihn rundweg anerkannt, aber zum Werkzeug für die Regeneration seines Vaterlandes zu benutzen versucht, Boccalini ihn mit einem Gemisch von Abscheu und Neugierde als böses und schauerlich anziehendes Urphänomen des Staatslebens zu begreifen vermocht. Campanella hatte ihn dann noch tiefer hassen können als Boccalini und ihn doch mit zynischer Entschlossenheit gleich Machiavelli zum Werkzeug für noch höhere, schlechthin utopische Ziele zu verwenden unternommen. Alles das fiel in die Zeiten eines noch unfertigen und rohen Absolutismus, die insbesondere um die Wende des 16. und 17. Jahrhunderts durch den Konflikt zwischen dem fortwirkenden Heidentume der Renaissance und der wiederaufsteigenden Lebenskraft der Kirche tief bewegt waren. Gleichzeitig und auch weiterhin immer wieder reagierte man vom Boden der christlichen und kirchlichen Ethik aus gegen den heidnischen Naturalismus der Staatsräson und suchte sie zu entgiften für die Zwecke einer anständigen Politik, ohne deren wirkliche, zwangsläufig in den Bahnen Machiavellis fortschreitende, nur in den Mitteln sich allmählich zivilisierende Praxis wesentlich zu beeinflussen. Dann kamen nach Beendigung der Glaubenskriege Zeiten einer gewissen Stabilisierung und Fixierung des Problems, wie sie etwa Pufendorfs starre Sachlichkeit vornahm. Die innere Konsolidierung des Absolutismus schritt fort, seine innere staatsbildende und wirtschaftlich erziehende Arbeit setzte kräftiger und heilsamer ein. So daß trotz aller Klagen über die böse Staatsräson der Gebrauch ihrer unsauberen Mittel den Fürsten in ihren auswärtigen Kämpfen nicht mehr so verdacht wurde und als leidige Selbstverständlichkeit galt. Die innere Leidenschaft in der Behandlung des Problems ließ nach. Denn der Realismus des späteren 17. Jahrhunderts, der das dogmatische Denken langsam auflockerte, brachte dabei noch keine neuen, stärker und tiefer bewegenden Lebensideale hervor, die sich mit der Staatsräson auseinanderzusetzen hatten.

Das wurde anders seit Beginn des 18. Jahrhunderts. Der Deismus und das gesteigerte Vertrauen auf die menschliche Vernunft schufen das Ideal eines von Aberglauben und rohem Despotismus befreiten, zu irdischem Glück und Wohlstand bestimmten Daseins, und zwar innerhalb der alten Verfassungsformen der Staaten, eben unter Leitung der Monarchen, wo sie sich durchgesetzt hatten, selber. Der Monarch hieß weiter wie bisher »lebendes Abbild der Gottheit auf Erden«[1], aber nicht mehr allein in einem religiösmystischen, sondern auch schon in einem deistisch gereinigten Sinne. Das neue Schlagwort der »Humanität« kam auf, um die neuen Gesinnungen und Ziele zu bezeichnen. Verglichen mit der aus tief bewegtem und geläutertem Innenleben später emporsteigenden Humanitätsidee des deutschen Idealismus war dieser ältere Humanitätsbegriff, der die Grundgedanken des alten stoischen und des christlichen Naturrechts weiter bildete[2], wesentlich einfacher, planer, genereller und inhaltsärmer. Denn er ging vorzugsweise auf das praktische Ziel, sich selbst und seine Mitmenschen glücklich zu machen und der Gesellschaft zu nützen durch Entwicklung der natürlichsten menschlichen Tugenden der Selbstbeherrschung und Nächstenliebe, durch Aufhellung des Geistes und Verscheuchung dumpfer Vorurteile. Es war recht eigentlich die Stimmung einer wirtschaftlich reicher werdenden Gesellschaft, die das Stadium der Bürger- und Religionskriege überwunden zu haben glaubte und, sei es wie in England im parlamentarisch regierten Rechtsstaate, sei es wie auf dem Kontinente unter dem Zepter mächtiger Monarchen, den Segen staatlichen Rechts- und Friedensschutzes empfand. Ein Jahrhundert zuvor hatten die politischen Denker noch zuweilen die Schrecken einer

---

[1] Vgl. oben S. 312 und Friedrichs d. Gr. *Réfutation du prince de Machiavel*, Oeuvres 8, 164. Im *Examen de l'essai sur les préjugés* von 1770 (Oeuvres 9, 151) hat Friedrich dann allerdings ausdrücklich diese alte Formel preisgegeben.

[2] Vgl. Troeltsch, Das stoisch-christl. Naturrecht und das moderne profane Naturrecht, Histor. Zeitschr. 106, 263 ff.

Pöbelherrschaft sich ausgemalt. Man dachte jetzt nicht mehr an solche Möglichkeiten, denn der *miles perpetuus* stand aufmarschiert da, als das folgenreichste Ergebnis der Staatsräson des 17. Jahrhunderts. Auf diesen Voraussetzungen einer eisenfesten staatlichen Ordnung und eines durch sie geförderten materiellen Aufstiegs beruhte ganz wesentlich der charakteristische Optimismus der Aufklärung, der Glaube an ein in der Vergangenheit der modernen Völker nicht erreichtes Maß von Vernunft und Gesittung und an die Perfektibilität des Menschen, die Meinung, daß, wie Friedrich der Große sich einmal ausdrückte[1], »in unseren Zeiten die Unwissenheit mehr Fehler begehen läßt als die Bosheit.«

Und doch konnte aller unleugbare Fortschritt des Staats- und Kulturlebens die Machtkämpfe der Staaten untereinander nicht aus der Welt schaffen. Sie gingen weiter, zwar an der Oberfläche und in ihren Methoden etwas berührt und gefärbt, wie wir schon sahen, durch die Aufklärungsideen, aber im Kerne noch genau so hart und unerbittlich wie in den verachteten Jahrhunderten der Barbarei. Es ist bezeichnend, wie diese erste Epoche der Aufklärungsbewegung sich gemeinhin zu dieser Tatsache verhielt. Sie war ja noch gar nicht revolutionär gestimmt, respektierte vielmehr die bestehenden Gewalten des Staatslebens und erhoffte aus ihrer Hand die Reformen, die man wünschte. Sie hatte auch vom 17. Jahrhundert her noch ein ganzes Quantum nüchternen Wirklichkeitssinnes in sich. So beklagte man nun wohl die Exzesse des Eroberungsgeistes, aber nahm trotzdem auch weiter Krieg und Machtkampf als etwas Natürliches und Unabänderliches, das jetzt nur weise gemäßigt werden konnte und sollte durch die Gleichgewichts- und Konvenienzpolitik der großen Mächte. Der Abbé St. Pierre, der im Jahre des Utrechter Friedens sein Projekt eines ewigen europäischen Friedens veröffentlichte, erregte wohl

---

[1] *Essai sur les formes de gouvernement etc. Oeuvres* 9, 210. Daß Friedrich in seinen späteren Jahren meist sehr viel skeptischer über die menschliche Natur dachte und insbesondere den Aberglauben für unausrottbar erklärte, ist bekannt. Und doch brach dazwischen auch wieder der Optimismus der Aufklärung durch. Vgl. z. B. den Brief an Voltaire vom 18. Nov. 1777 (Briefwechsel herausg. von Koser u. H. Droysen, 3, 419): *Il paraît que l'Europe est à présent en train de s'éclairer sur tous les objets qui influent le plus au bien de l'humanité.*

durch seinen radikalen Pazifismus eine modische Sensation, aber blieb ein vereinzelter Utopist.

Dennoch aber konnte die damalige Aufklärung, obwohl sie auch auf dem Gebiete des Seelenlebens eine gewisse weise Gleichgewichts- und Konvenienzpolitik liebte, einzelne starke und ursprüngliche Naturen in tiefere Wallung bringen, wenn sie über das Wesen der Machtpolitik nachdachten. Hier war doch eine Sphäre, die noch ganz getrennt von den übrigen Lebensgebieten in Dunkel gehüllt dalag, während jene schon von der Sonne der Aufklärung beschienen waren. Sollte es nicht möglich sein, auch diese Sphären des Lebens zu erobern, zu reinigen, zu entbarbarisieren und mit Vernunft zu durchdringen? Von Grund aus es zu tun, hieß sie freilich überhaupt leugnen und aufheben und den Wegen des Abbé St. Pierre folgen, der hierin die logische Konsequenz des Aufklärungsideals durchaus richtig zog. Aber eben dies Ideal, wenn man es wirklich mit Ernst und Leidenschaft in sich aufnahm, ließ sich nicht beruhigen mit den herkömmlichen Tröstungen, sondern verlangte nach einer weitgehenden Invasion der Vernunft in dies dunkle Gebiet und nach einer gründlichen Auseinandersetzung mit der unschönen Wirklichkeit. Neben dem Politiker verlangte jetzt also auch der Philosoph Gehör für diese Fragen. Wie aber, wenn er beides in einer Person und beides mit Leidenschaft und Sachkenntnis war? Dann entwickelte sich das interessanteste Schauspiel der Zeit in dieser Auseinandersetzung zwischen Ideal und Wirklichkeitssinn. Dann wurden die Aufklärungsgedanken in ihrem Kampfe gegen den Dämon der Staatsräson auf die Kraftprobe gestellt. Dann mußte es sich zeigen, was sie leisten konnten, um auch dieses Haupt- und Kernstück des Staatslebens, soweit es die Wirklichkeit erlaubte, für das Reich der Vernunft zu erobern.

Friedrichs des Großen Lebenswerk kann in mancherlei universalgeschichtlich bedeutende Zusammenhänge gestellt werden. Einer der wichtigsten für die europäische Geistesgeschichte ist der, in den wir ihn hier zu stellen versuchen. Wenn irgendein Mann des 18. Jahrhunderts den Beruf und die Kraft hatte, das Problem für seine Zeit zu lösen und der Staatsräson das Ziel und Maß der allgemeinen menschlichen Vernunft zu geben, so war er es. Man kann sagen, daß sein ganzes Leben dieser Aufgabe gewidmet war. Mit einem ebenso philosophischen wie politischen Heroismus nahm er sie von Anbeginn an auf sich und setzte alle divergenten Kräfte seines wahrlich nicht einfachen und eindeutigen Geistes und alle Erkenntnismittel seiner Zeit an sie. Die Lösung, die er fand und die ihn beruhigte, hat er wohl in der Hauptsache verhältnismäßig rasch und früh errungen, aber nicht zur bequemen Konvention für sich verflachen lassen, sondern immer neu und intensiv erwogen und so zuletzt auch noch etwas vertiefen können. So daß sie schließlich, wie noch zu zeigen sein wird, zu neuen Stufen historischer und politischer Erkenntnis überzuleiten vermochte. Er selber aber blieb dabei in den Schranken seiner Zeit und ihrer Denkweise befangen. Die Waffen der Aufklärungsphilosophie erwiesen sich als noch nicht geeignet, das Problem so zu lösen, daß Ideal und Wirklichkeit miteinander harmonierten. Am wenigsten vermochte er das in der Zeit, in der er sich am leidenschaftlichsten mit der Frage beschäftigte, in seiner geistig-politischen Sturm- und Drangzeit am Vorabend seiner Regierung. Um so lehrreicher ist gerade sie für die Problematik seiner Zeit und seiner Persönlichkeit.

*

Friedrich war stolz darauf, ein Mensch gewesen zu sein, bevor er König wurde[1] — und Mensch sein hieß für ihn auch Philosoph sein. Aber der künftige Herrscher in ihm war früher entwickelt als der Philosoph[2] und ging von vornherein die Bahnen, die die Staatsräson eines militärisch starken, aber territorial völlig unfertigen, ja unmöglichen Staatswesens forderte. Aus dem Jahre 1731 datiert sein erster starker politischer Jugendtraum, der Abrundungen aller Art für das zerstückelte Staatsgebiet durch Westpreußen, Schwedisch-Pommern usw. in Aussicht nahm[3]. Die Jahre der schweren Erkrankung seines Vaters, 1734 und 1735, die ihn dem Throne schon ganz nahe brachten, regten seinen Herrscherdrang geradezu leidenschaftlich auf. Er empfahl sich damals in

---

[1] *Réfutation, Oeuvres* 8, 278.

[2] Das darf man sagen, obwohl die ersten Regungen eines philosophischen Interesses schon frühe — bereits 1728 nannte er sich *Frédéric le philosophe* — sich zeigen. Vgl. v. Sommerfeld, Die philosoph. Jugendentwicklung des Kronprinzen Friedrich, Forschungen zur brand. u. preuß. Geschichte 31, 69 ff.

[3] Koser, Geschichte Friedrichs des Großen, 4. u. 5. Aufl., 1, 159.

geheimen Gesprächen dem französischen Gesandten als zweiten Gustav Adolf oder Karl XII. für den künftigen Gebrauch der französischen Politik[1]. Daß sein Vater genas, enttäuschte seine Erwartungen und bewirkte einen schweren inneren Rückschlag[2]. Erst von jetzt ab scheint er sich ernsteren philosophischen und wissenschaftlichen Studien hingegeben zu haben, aber gleichzeitig steigerte sich auch seine Anteilnahme an den brennenden politischen Machtfragen des Tages. Sein bewußtes Doppelleben als Politiker und Philosoph begann und spiegelte sich mit sprühender Jugendkraft in seinem eifrigen Briefwechsel mit Grumbkow, der ihm die Fühlung mit der preußischen Politik und mit den Traditionen der europäischen Macht- und Gleichgewichtspolitik vermittelte, und in den beiden Schriften, die nun wie These und Antithese eines mächtigen Problems auf uns zu wirken haben, den *Considérations sur l'état présent du corps politique de l'Europe*, die um die Wende der Jahre 1737/38 entstanden sind[3], und der *Réfutation du prince de Machiavel*, die 1739 geschrieben ist und, von Voltaire zum Antimachiavell umgeformt, 1740 der Welt bekannt wurde[4].

Das ist also die grundlegende Tatsache seiner Jugendentwicklung, daß seine politischen Interessen sich schon vor der Ausbildung seiner philosophischen Gedankenwelt formten. Der künftige Herrscher und Staatsmann hatte den Primat vor dem Philosophen.

[1] Lavisse, *Le Grand Frédéric avant l'avènement* S. 327 f.
[2] Volz, Die Krisis in der Jugend Friedrichs d. Gr., Histor. Zeitschr. 118.
[3] Meine Untersuchung über Entstehung und Zwecke dieser Schrift in Histor. Zeitschr. 117. Rohmers Untersuchung (Vom Werdegange Friedrichs d. Gr., 1924) hat, wo sie abweicht von meinen Ergebnissen, nichts für mich Überzeugendes.
[4] Der Titel *Réfutation du prince de Machiavel* ist von Preuß gewählt worden (mit Anlehnung an die von Friedrich [an Voltaire 6. Nov. 1739] selbst gebrauchte Bezeichnung), als er diese rein friderizianische Form der Schrift zuerst vollständig in den *Oeuvres* 8 herausgab. Vgl. v. Sommerfeld, Die äußere Entstehungsgeschichte des Antimachiavell Friedrichs d. Gr., Forsch. zur brand. u. preuß. Gesch. 29, 460. Er weist nach, daß auch der Text der »*Réfutation*« noch nicht den allerersten Entwurf Friedrichs von 1739 darstellt und daß die Änderungen in den von Voltaire bearbeiteten Ausgaben des »Antimachiavell« zum Teil auf eine weitere, an Voltaire geschickte Redaktion Friedrichs selber zurückgehen. — Wir bezeichnen hier die Schrift der Kürze halber mit ihrem historisch gewordenen Titel »Antimachiavell«, aber benutzen selbstverständlich den Text der *Réfutation*. Madsack, Der Antimachiavell (1920), S. 62 ff. hat die wichtige Untersuchung Sommerfelds übersehen.

Die genauere Erkenntnis dieses Primates aber bedarf jetzt einer Zusammenschau von Jugend- und Altersgedanken. Sie verhalten sich zueinander wie der erste Fruchtansatz zur reifen Frucht.

Und da ist zu sagen: der Fürst, der in ihm über den Philosophen dominierte, war von vornherein nicht der Fürst im herkömmlichen und gewöhnlichen, man möchte fast sagen im natürlich-organischen Sinne. Wohl waren die persönlichsten Antriebe eines großen Herrschers, Ehrgeiz großen Stiles, leidenschaftliche Liebe zum Ruhme und Freude an der Macht so elementar lebendig und anfangs fast unbändig in ihm, daß unser Urteil befremden könnte. Individuell betrachtet, war er allerdings der geborene Fürst. Aber das fürstliche Individuum in ihm absorbierte merkwürdig früh und rasch das fürstliche Milieu in ihm. Zum natürlichen und organischen Fürstentume gehörte das starke, alle Poren erfüllende Bewußtsein des auserlesenen Geblütes, das wiederum auf ganz Unbewußtem beruht, auf mächtigen, elementaren Instinkten des Geblüts, der Familie und Sippe, die durch Jahrhunderte gepflegt eine schlechthin naturhafte Tradition des Denkens und Empfindens schaffen. Die Dynastie war das Erste und Bodenständige in der Entwicklung zum modernen Staate, und ihre eigenartig sich von reiner Staatlichkeit absondernde Empfindungsweise blieb, schließlich zu seinem und unserem Unheil, bis in den letzten Hohenzollernherrscher hinein lebendig. Dieser familienhafte Fürsteninstinkt, der nicht nur die eigene Dynastie, sondern auch alles übrige fürstliche Geblüt der christlichen Welt als seine gottbegnadete, hochemporgehobene soziale Sphäre mit solidarischem Interesse umfaßt, hat Friedrich gefehlt. Jedenfalls ist er früh erstorben. Er hätte ihn vielleicht entwickelt, wenn ihm eine geistig und gemütlich ebenbürtige Fürstin zur Seite getreten wäre. Aber schon die in fürstlicher Lebensführung bisher ganz neue und einzige Art, wie er seine Ehe behandelte, die ungeliebte Gattin zu einem abgesonderten königlichen Scheindasein, sich selber aber zu einem fast asketisch berührenden Junggesellendasein bestimmte, deutet auf eine ursprüngliche Schwäche seiner Geblüts- und Familieninstinkte, auf eine ursprüngliche Stärke rein individuellen Wollens.

Sein Antimachiavell bestätigt diesen Eindruck. Er ist ganz frei von spezifisch dynastischer Empfindung, von solidarischer Achtung fürstlichen Geblüts. Er beruht geradezu auf dem Grundgedanken, daß das rein dynastische Interesse ohne die Grundlage eines wirklichen Volks- und Staatsganzen nichts wert sei, daß Machiavellis Ratschläge schon deswegen nichts taugten, weil sie auf die *principini* seiner Zeit, diese Hermaphroditen zwischen Souverän und Privatmann, berechnet waren. Aber auch die kleineren fürstlichen Standesgenossen seines Vaterlandes, die sich einer besseren Geblütsweihe erfreuen konnten als die *Principini* Machiavellis, kamen in seiner Achtung nicht besser weg[1]. Es ist kaum erforderlich, an die zahlreichen späteren Äußerungen der Geringschätzung des bloßen Geburtsstolzes und der schneidenden Kritik an seinen fürstlichen Standesgenossen zu erinnern. Lehrreicher noch als diese Worte, die die philosophische Theorie oder die persönliche Spottlust ihm auf die Zunge legte[2], ist die Art, wie er die dynastischen Fragen der Staatskunst in den beiden politischen Testamenten von 1752 und 1768 behandelte. Hier spricht sich die Fürstlichkeit unter sich über das Wesen ihres Standes aus, hüllenloser, überlegter und straffer als irgendwärts. Man lese den Abschnitt über die »Prinzen von Geblüt« in dem ersten Testamente[3]: »Das ist eine Art Amphibien, die weder Souverän noch Privatmann ist und zuweilen recht schwer zu regieren ist. Die Größe ihrer Extraktion gibt ihnen einen gewissen Stolz, den sie Adel nennen, der ihnen das Gehorchen unerträglich und jede Unterwerfung verhaßt macht.« Man muß sie mit allen äußeren Ehren überschütten, aber von den Geschäften fernhalten und sie zur Führung von Truppen nur verwenden, wenn man ihres Talentes und ihrer Zuverlässigkeit sicher ist. Ähnlich hatte auch schon Richelieu gedacht[4]. Aber Richelieu hatte es leichter, so zu denken, als ein geborener Fürst. Gerade das ist das Merkwürdige, daß Friedrichs Direktiven ganz frei von jeder familienhaften Empfindung waren. Er wandte sie mit furchtbarer Schroffheit in den Wochen nach der

---

[1] *Réfutation, Oeuvres* 8, 208 f.

[2] Vgl. etwa die Instruktion für Major v. Borcke 1751 für die Erziehung des Prinzen Friedrich Wilhelm, *Oeuvres* 9, 39, und das Spottgedicht auf die Fürsten seiner Zeit von 1770, *Oeuvres* 13, 41 ff. sowie die bei Zeller, Friedrich d. Gr. als Philosoph S. 240 f. angeführten Stellen.

[3] Die politischen Testamente Friedrichs d. Gr., Ausgabe von 1920, S. 33.

[4] W. Mommsen, Richelieu als Staatsmann, Histor. Zeitschr. 127, 223. Man kann daran erinnern, daß auch Spinoza im Polit. Traktate Kap. 6 § 14 und Kap. 7 § 23 Maßregeln empfiehlt, um einen Teil der Prinzen königlichen Geblüts politisch unschädlich zu machen.

Schlacht bei Kolin gegen seinen unglücklichen Bruder, den Prinzen August Wilhelm, an[1].

Und dann weiter die Anweisungen über Prinzenerziehung in beiden Testamenten[2]. Er legte einen enormen Wert auf die Frage, in welchem Geiste die Monarchen erzogen würden, denn er sah die Schicksale der Reiche davon abhängen[3]. Eben deswegen aber forderte er den radikalen Bruch mit der bisherigen Erziehungsmethode, die den jungen Fürsten einhüllte in eine Wolke von höfischen und bigotten Vorurteilen, und die, so dürfen wir hinzusetzen, jenen dynastisch-sippenhaften Instinkt aufs stärkste nährte. Der Fürst soll erzogen werden »wie ein Privatmann« — aber dies Wort allein würde ganz irre führen, denn nicht auf eine demokratische Nivellierung des künftigen Herrschers war es dabei abgesehen, sondern auf eine streng rationale Erziehung zum Staatshaupte, zu einem auf eigenen Füßen stehenden, unbefangen und kritisch in die Welt schauenden Führer, der so unabhängig von den Ressourcen der fürstlichen Majestät ist, daß er »sein Glück durch sich selbst machen kann.« Das ist also der Sinn der Dynastie in seinen Augen: Sie produziert das Menschenmaterial, aus dem die für die Leitung des Staates notwendige Zentralperson entnommen wird, um dann eine eigene Reinkultur für diesen Beruf zu erfahren. Dabei soll er lernen, die eigenen Brüder und Vettern lediglich nach ihrer Brauchbarkeit für den Staat zu behandeln. Nach außen soll wohl das alte historische Dekorum der Gesamtdynastie erhalten werden, aber in ihrer internen Struktur wird sie ihrer gemütlich-traditionellen Zusammenhänge beraubt und in eine Nutzanstalt für den Staat verwandelt. Alles irrationale, Natürlich-Organische an ihr, was dafür nicht zweckmäßig ist, wird nach Möglichkeit zurückgedrängt. Ein lebendiges Gewächs der Geschichte wird rationalisiert, — genau so rationalisiert, wie im Staatssysteme Friedrichs des Großen das vielfach so irrationale und eigenwüchsige Produkt des heimischen Landadels rationalisiert wurde zur Pflanzschule des Offizierskorps, dessen das damalige Heer in dieser und keiner anderen Qualität bedurfte, — wie weiter auch Bürgerstand und Bauernstand rational ausgerichtet und ausgenutzt wurden für die finanziellen und militärischen

---

[1] Koser, Geschichte Friedrichs d. Gr.⁵ 2, 513.
[2] Polit. Testamente. S. 102 ff. u. 231 ff.
[3] A. a. O. S. 69 u. 223 über Frankreich.

Staats- und Machtzwecke. Rationalisierung der aus dem Mittelalter her entwickelten sozialen Kräfte für die Zwecke des Staates, das war die Summe seiner inneren Politik. So wurden sie zwar konserviert, doch zugleich von den Bahnen eines eigengesetzlichen Wachstums merklich abgedrängt.

Alle diese Rationalisierungen mußten erfolgen, um aus dem preußischen Staate einen wirklichen Großstaat zu machen und ihn hinauszuheben über den Typus der bloß dynastisch regierten deutschen Territorialstaaten. Aber eine eigenartige innere Antinomie wurde dadurch in das Wesen Friedrichs und seines Staates nun hineingetragen. Denn welcher große Staat war und blieb mehr das Werk und zugleich das ererbte Patrimonium einer Dynastie als der preußische? Alle Rationalisierungen konnten diesen Ursprungscharakter nicht ganz verwischen. Sie ließen ihn sogar nur um so deutlicher hervortreten, weil man diesem künstlich und bewußt ausgestalteten Staatsgebilde, das von allen auf naturhafterer Grundlage erwachsenen Großstaaten so merkwürdig abstach, sofort seine heterogene Herkunft ansah. Eben der Wille, anders zu sein und mehr zu werden, als seine Abstammung und Geburt eigentlich erlaubten, trieb den angeborenen Charakter eines dynastischen Staates hier zu seiner schärfsten Ausprägung. »So mußt du sein, dir kannst du nicht entfliehen.« Friedrichs bewußt undynastische Staatsauffassung bietet eines der merkwürdigsten Beispiele der Hegelschen Entwicklungsdialektik, der *coincidentia oppositorum* in der Geschichte, des Umschlags einer historischen Idee in ihr Gegenteil aus innerstem Drängen und Wachsen heraus und zugleich mit innerster Kontinuität zwischen den Gegensätzen.

Auch sich selber hat Friedrich rationalisiert, hat gewissen leichtsinnig-genußliebenden Trieben seiner Natur, die er für den Herrscherberuf als ungeeignet und störend empfand, Einhalt geboten, um sich in den »ersten Diener des Staates« zu verwandeln. Dieser Selbsterziehungs- und Umbildungsprozeß war seit der Mitte der dreißiger Jahre bei ihm im vollen Gange. Schon im Antimachiavell fiel das Wort, daß der Fürst der erste Diener seiner Völker sei und daß er seine Untertanen nicht nur als seinesgleichen, sondern in gewisser Beziehung als seine Herren betrachten müsse[1]. Dieses Wort war ja kein isoliertes, kein bloß

---

[1] *Réfutation* (*Oeuvres* 8, 168 u. 298).

persönliches Bekenntnis. Es war die reife Frucht der bisherigen Gedankenbewegung über das Problem der Staatsräson. Der Fürst ist Diener der Staatsräson, der Staatsinteressen, so lehrten schon die Italiener und Rohan. Andere Denker des 17. Jahrhunderts aber konnten diesem Gedanken einer Dienerschaft des Fürsten eine antiabsolutistische Spitze geben, indem sie an die Stelle des ihm gebietenden Herrschers nicht mehr die Staatsräson oder die *salus publica*, sondern schlecht und recht das Volk setzten. An sie knüpfte Friedrich an und prägte sein Wort vielleicht in Erinnerung an ähnliche Worte, die er bei Fénélon oder Bayle gelesen hatte[1]. Aber es floß auch, was nicht immer erkannt wird, aus einem tiefen persönlichen Lebensgrunde in Friedrich. Das Gefühl der Abhängigkeit von einer höheren Macht darf man vielleicht als eine innerste und persönlichste Regung seines Wesens ansehen. Es war da von Bedeutung, daß er in einer geistigen Luft aufwuchs, in der noch die Gedanken des Calvinismus nachwirken konnten. Als junger Mensch ergriff er eifrig die Lehre von der Prädestination, und als er sich dann bald zum weltlichen Philosophen umwandelte, verteidigte er gegen Voltaire die Abhängigkeit des Menschen von der Gottheit und die Unfreiheit des menschlichen Willens. Sein Determinismus konnte dann allerdings naturalistisch erstarren zu dem Glauben an ein unverständliches Fatum, das die Menschen wie Marionetten bewegt[2]. Aber der Lebenszusammenhang seines Berufes wirkte dieser Erstarrung entgegen. An diesem allertiefsten Punkte seines Lebens konnten sich dann Philosophie, Ethik und Politik die Hand reichen. Denn wer könnte ihr seelisches Ineinanderwirken verkennen, wenn man ihn, zum Politiker heranreifend, die Abhängigkeit von der Pflicht seines Berufs und damit auch die Zwangsgewalt der Staatsräson so stark empfinden sieht. Es war »geprägte Form, die lebend sich entwickelt«, und seine Laufbahn wurde nun, wie Ranke einmal sagt[3], nicht seine Wahl, sondern sein Geschick.

---

[1] Madsack, Der Antimachiavell, S. 79. Fénélon sagt im *Télémaque*, der König sei ein Sklave des Volkes. Bayle in einem von Friedrich auch sonst benutzten Artikel erwähnt die Meinung des Althusius und anderer, daß die Fürsten seien *des valets, des commis ou des procureurs du peuple*.

[2] Paul-Dubois, *Frédéric le Grand d'après sa correspondance politique* 1903, S. 295 f.

[3] Werke 27/28, 480.

So kam in ihm der Geist der reinen und strengen Staatsräson zur Herrschaft. — ganz gewiß nicht mit jener abstrakten und unpersönlichen Sachlichkeit, die den Träger der Staatsräson zum bloßen vertauschbaren Organ einer Aufgabe machen könnte, sondern durchdrungen und verschmolzen mit dem Lebenswillen einer stolzen Persönlichkeit, die eben in dieser Aufgabe die gewiesene Lebensform für sich selber und die Möglichkeit zur Entfaltung der allerpersönlichsten Werte erblickte. »Von zwei Prinzipien«, schrieb er in dem furchtbaren Jahre 1761 an William Pitt[1], »lasse ich mich leiten. Das eine ist die Ehre, das andere das Interesse des Staats, den der Himmel mir zur Leitung anvertraut hat. Mit diesen Maximen, mein Herr, weicht man niemals seinen Feinden.« In diesem Prinzip der »Ehre« steckte nun gewiß auch alle jene persönliche Pleonexie, die sich mit dem Handeln nach Staatsräson unvermeidlich verbindet. Wer könnte sie in den großen Entschlüssen von Friedrichs Leben je verkennen. Aber ebenso gehörte es auch wesentlich mit zu seiner »Ehre«, alle dynastischen und persönlichen Interessen der Staatsräson unterzuordnen. Nichts ist bezeichnender für die Rationalisierung seines Königtums wie seiner selbst, als die berühmte Weisung, die er am 10. Januar 1757 seinem Minister Grafen Finckenstein für die Fälle einer ihn treffenden Katastrophe gab: »Wenn ich das Verhängnis hätte, daß ich vom Feinde gefangen würde, so verbiete ich, daß man die geringste Rücksicht auf meine Person nimmt oder dem, was ich aus meiner Haft schreiben könnte, die geringste Beachtung beimißt. Geschähe mir solches Unglück, so will ich für den Staat mich opfern, und man muß dann meinem Bruder gehorchen, der ebenso wie meine sämtlichen Minister und Generale mit dem Kopfe mir dafür verantwortlich sein soll, daß man weder eine Provinz noch ein Lösegeld für mich anbieten, sondern den Krieg fortsetzen und seine Vorteile verfolgen wird, ganz, als wäre ich nie auf der Welt gewesen[2].«

Rohan, ebenfalls einst in den Abhängigkeitsgefühlen des Calvinismus aufgewachsen, hatte gesagt, daß die Fürsten den Völkern, das Interesse aber den Fürsten kommandiere. Nun hatte sich dies Staatsinteresse seit seiner Zeit nicht nur verschärft, sondern auch erweitert und vertieft. Verschärft, indem es sich genauer und

---

[1] Polit. Korresp. 20, 508.
[2] *Oeuvres* 25, 320.

bewußter absonderte vom dynastischen Interesse, mit dem es ursprünglich in Wesensgemeinschaft gestanden hatte, — indem es ferner sogar die persönliche Lebensführung der Menschen in allen sozialen Schichten, vom Monarchen abwärts bis zum Bauern in seinen Dienst zwang, sie vielfach dabei von ihrer natürlichen Entwicklung abzog und absichtsvoll und zweckmäßig umstellte. Erweitert und vertieft hatte es sich dadurch, daß es das Humanitätsideal der Aufklärung in seinen Kreis aufnahm und nun das Wort vom »allgemeinen Wohl«, das den Inhalt des Staatsinteresses bilden sollte, mit größerer Wärme und in beziehungsreicherem Sinne aussprach. Das Ideal des modernen Staates, der nicht nur Machtstaat, sondern auch Kulturstaat sein will, stieg damit auf, und die dürftige Beschränkung der Staatsräson auf die bloßen Aufgaben der unmittelbaren Sicherung der Macht, in der sich die Theoretiker des 17. Jahrhunderts noch vielfach bewegt hatten, wurde überwunden. Friedrich hat es bitter ernst und heilig genommen mit der Aufgabe, seinen Untertanen das höchste, mit den Anforderungen seines Staates vereinbare Maß von irdischem Glück, materieller Wohlfahrt, Erweckung der Vernunft und sittlicher Tüchtigkeit zu verschaffen, aus einer tiefen und ursprünglichen Empfindung heraus, die man nicht überhören darf über den schneidenden Tönen seiner Menschenverachtung. Denn eisige Kälte und innere Wärme strömten immer zugleich und gegeneinander in ihm[1]. »Mitleid zu haben mit den Schwächen der Menschen und Humanität zu haben für alle, so muß man als vernünftiger Mensch handeln[2].« Dieser humanitäre Staatsgedanke ist in ihm von Anfang bis zu Ende lebendig geblieben. Man nahm wohl oft an, daß seit dem Siebenjährigen Kriege seine Empfindung härter und spröder geworden sei, weil seine Regierungspraxis seitdem einen schärferen fiskalischen Zug annahm. Man war überrascht, als das Politische Testament von 1768 bekannt wurde und

---

[1] Das hat Lavisse, *Le Grand Frédéric avant l'avènement* gröblich verkannt, wenn er S. 169 urteilte: *Non, il n'était pas bon.* Gerechter und vielfach auch feiner beurteilte ihn Paul-Dubois, aber auch er reißt mit der zwar ätzenden, aber auch schematischen Methode der französischen Psychologie die verschiedenen Seiten seines Wesens, die elementare Grundnatur und die ihn bewegenden Ideen der Zeit zu stark auseinander.

[2] *Dissertation sur les raisons d'établir ou d'abroger les lois* (1750), Oeuvres 9, 33; vgl. seinen Brief an Voltaire vom 8. Januar 1739. Koser u. H. Droysen, Briefwechsel usw. 1, 232.

es sich nun zeigte, daß die humanitären und philanthropischen Gesichtspunkte in diesem späten Dokumente häufiger zum Ausdruck kommen als in dem früheren Testamente von 1752[1]. Er wollte damit nicht etwa durch verbrämende Phrase die härtere Praxis, die er jetzt übte, verdecken, denn auch diese sprach er scharf genug zugleich aus. Es war ihm vielmehr ein Bedürfnis, den Leitstern der Humanität auch dann nicht aus dem Auge zu verlieren, wenn die strenge Notwendigkeit, die Existenz eines ungesicherten, stets bedrohten Staates durch harte Mittel zu sichern, sein Steuerruder leitete.

So war im Handeln stets sein Weg ganz klar und ohne Problematik. Der Imperativ der Staatsnotwendigkeit, wie er ihn verstand, siegte jedesmal und überall, wo es zu wählen galt, über die Forderung der Humanität, auch über die Ideale seiner Aufklärungsphilosophie überhaupt. Aber weil auch diese ihn innerlich und lebendig erfüllten, war sein Denken voller Problematik. Die höchste Aufgabe, die er dem Herrscher und dem Staate stellte, umfaßte ja nicht nur das, was bisher das engere Ziel der Staatsräson gewesen war, die Sicherung und Stärkung seiner physischen Macht, sondern auch jenes Humanitätsideal der Beglückung und Aufklärung des Volkes. Zwei Staatsgedanken also lebten in ihm nebeneinander, der humanitäre und der Machtstaatsgedanke, der von der Aufklärung neu geschaffene oder wenigstens mit neuem Inhalt gefüllte und der aus dem Leben, der Geschichte, der Erfahrung stammende und durch tägliche Erfahrung und Notwendigkeit sich stets neu bestätigende. Der Primat des zweiten über den ersten ist gar nicht zu übersehen. Eher übersieht man, daß dieser Primat nie zu einer Vernichtung des humanitären Staatsgedankens geführt hat. So mußte es zu einer sehr eigenartigen und problematischen Auseinandersetzung zwischen den beiden Staatsgedanken in seinem Geiste kommen. Er selber freilich war, wie nun zu zeigen sein wird, anfangs der irrigen Meinung, die beiden heterogenen Gedanken nicht nur zur Eintracht miteinander, sondern zu völliger Einheit miteinander verschmolzen zu haben.

Er konnte das zunächst deswegen glauben, weil er ja selber ein Stück Aufklärungsphilosophie auch in den Machtstaatsgedanken

---

[1] Hintze, Friedrich d. Gr. nach dem Siebenjährigen Kriege und das Polit. Testament von 1768, Forschungen zur brand. u. preuß. Geschichte 32, 43. Vgl. auch H. v. Caemmerer im Hohenzollern-Jahrbuch 1911, S. 89.

hineingetragen hatte. Denn das hatte er getan durch die Konzeption des Fürsten als ersten Dieners des Staates, durch die Herabdrückung der bloß dynastischen Elemente seines Denkens und Handelns, durch die Betonung der allgemein menschlichen Qualitäten und Aufgaben seiner Stellung. Diese Tat hatte freilich ihre zwei Seiten. Sie schlug wohl eine Brücke zwischen dem alten Machtstaate und dem alles ins allgemein Menschliche ziehenden Aufklärungsideale. Aber sie schärfte zugleich die Waffen des Machtstaates, indem sie sie reinigte vom Roste schlechter fürstlicher Tradition, von unzweckmäßigen persönlich-dynastischen Motiven. indem sie ferner zwar dem Inhaber der Macht neue, reinere Pflichten für das Staatsganze auferlegte, aber eben dadurch auch seinen guten Glauben an die innere Berechtigung zum Gebrauche seiner Machtmittel, zur Ziehung des Schwertes, zur Handhabung aller großen und kleinen Staatskünste steigerte. Und das ist in Friedrichs des Großen Machtpolitik im höchsten Grade der Fall gewesen. Seine Auffassung von den Interessen der Staaten wird es uns bestätigen[1].

Und ferner war es auch auf dem Gebiete der inneren Politik nicht so schwer, zu einer beruhigenden Konkordanz von Staatsräson und Aufklärungsideal zu gelangen. Die Sicherheit des Staates gegen auswärtige Feinde war die erste elementare Voraussetzung für alle humanitäre Politik im Innern. Alle Opfer und Lasten, die er seinen Untertanen zumutete, alle Verzichte auf Durchführung philanthropischer Reformen, die er sich als Monarch auferlegte, alle Hemmungen des humanitären Staatsgedankens im Innern ließen sich ohne weiteres vor seinem Gewissen rechtfertigen durch das oberste Gesetz dieses Staates, ein ungewöhnlich starkes und straff organisiertes Heer zu halten[2]. Ferner aber war Friedrich in der Lage, seine innere Politik nach viel sittlicheren Prinzipien führen zu können als die Fürsten der Renaissance. Diese

---
[1] Über das rationalistische Element in der Politik Friedrichs vgl. auch Küntzel, Zum Gedächtnis Friedrichs d. Gr., Marine-Rundschau 1912, 206 ff. und seine Darstellung Friedrichs in »Meister der Politik«, herausgegeben von Marcks und v. Müller.
[2] Vor seinen Zeitgenossen konnte er dieses Grundmotiv wohl verhüllen und die Aufrechterhaltung der »barbarischen« Agrarverfassung mit der Rücksicht auf die Verträge zwischen Grundherren und Bauern und dem Interesse der einmal auf sie eingestellten Landwirtschaft rechtfertigen. *Essai sur les formes de gouvernement 1777, Oeuvres 9*, 205 f.

hatten nicht nur vor dem äußeren, sondern auch vor dem inneren Feinde auf der Hut zu sein, und so hatte Machiavelli seinem Fürsten die unredlichen Künste der Täuschung und des Truges auch in der Behandlung seiner Untertanen anraten zu müssen geglaubt. Jetzt aber herrschten tiefe Ruhe, Ordnung und Zucht in den Militärmonarchien. Weil es völlig überflüssig war, erschien es auch als häßlich, im Innern des Staates noch jene machiavellistischen Mittel anzuwenden. Und Friedrich wußte auch, daß es nicht klug sei, seinen Untertanen ein böses Beispiel zu geben[1]. Er forderte völlige Reinlichkeit, Aufrichtigkeit, Ehrlichkeit in den Beziehungen zwischen Fürst, Staat und Volk und hat in der Hauptsache danach handeln können[2]. Seine Behandlung der Rechtspflege atmet wenigstens in ihren persönlichen Intentionen nicht bloß utilitarischen, sondern auch ethischen Geist, und seine Toleranzpolitik erst recht. Es steckt schon, wie man richtig beobachtet hat, etwas von amerikanisch-französischen Menschenrechten in beiden[3]. Im innerlich schwächeren, von inneren Spaltungen bedrohten Staate der Renaissance und Gegenreformation war Intoleranz Staatsräson gewesen. Im gefestigten Militärstaate des 18. Jahrhunderts war diese Maxime veraltet. Das Staatsinteresse hatte es nicht mehr nötig, die Glaubenseinheit der Untertanen als Klammer des Untertanengehorsams zu benutzen. Es konnte sich jetzt gewissermaßen entlasten, sich zurückziehen von diesem Gebiete und es seiner eigenen freien Bewegung überlassen. Überhaupt, indem der Staat mächtiger wurde, konnte er auch sittlicher und liberaler werden, freilich nur auf dem Gebiete, das seine Macht jetzt ganz beherrschte, innerhalb der eigenen Grenzen. Dort aber, wo seine Macht noch ungefestigt und bedroht war von unberechenbaren Gegnerschaften, in der Sphäre der auswärtigen Interessen, mußten auch für Friedrich härtere und rohere Gesetze gelten.

Schon das Instrument dieser Interessen, das Heerwesen, stand unter diesem Zwange. Das friderizianische Heer ist durch vielfach barbarische Mittel aufgebracht und für den Kampf tauglich ge-

---

[1] *Histoire de mon temps* von 1746, Publik. aus den K. preuß. Staatsarchiven 4, 299; Redaktion von 1775, *Oeuvres* 2, 22 f.; vergl. auch Madsack, Der Antimachiavell S. 82 Anm.

[2] *La dissimulation devient réprouvable, quand le fort s'en sert envers le faible, le prince envers le sujet.* Polit. Testament von 1768, S. 219.

[3] Hintze a. a. O. S. 54.

macht worden. Und soweit man sieht, hat Friedrich diese Barbarei seines Militarismus niemals zum Problem seines Nachdenkens gemacht, niemals versucht, ethischere und humanere Prinzipien in seine Grundlagen einzuführen. Human und ethisch konnte er wohl im Einzelfalle gegen seine Soldaten sein, konnte auch versuchen, durch Verordnungen ihre Mißhandlung einzuschränken. Die Struktur des Heeres selbst aber blieb davon unberührt. In diesen dunklen Grund staatlicher Macht leuchtete er mit dem Lichte seiner Humanität nicht hinein. Hier war er selber in der dunklen Naivität des Handelnden befangen. Die barbarischen Elemente seines Heerwesens, vor allem die Anwerbung des Abschaums der Menschheit auf den ausländischen Werbeplätzen, waren auch so genau und untrennbar mit seinem ganzen scharf auskalkulierten Systeme der Bevölkerungs-, Finanz- und Wirtschaftspolitik verbunden, daß ihm alles ins Wanken zu geraten gedroht hätte, wenn er auch nur einen Stein aus dem Fundamente herausgezogen hätte.

Flüssiger und beweglicher aber war und erschien ihm das Gebiet der auswärtigen Politik. Hier ging es nicht um eine starre Institution, über die der Blick des Aufklärers hinwegsehen konnte, sondern um ein Sich-Entschließen und Handeln von Tag zu Tag, um ein zwar stets von außen bedingtes, stets aber auch von innen her zu bestimmendes Handeln, kurz um die Sphäre, in der Notwendigkeit und Freiheit sich in jedem Augenblicke miteinander auszugleichen hatten. Hier meldeten sich die sittliche Forderung und der Anspruch der Aufklärungsphilosophie auf kritische Beurteilung der wirklichen Welt gebieterisch an. Und Friedrich hat ernst und zeitweise leidenschaftlich nach einer Antwort auf die dunklen Fragen gerungen, die ihm sein Beruf hier aufdrängte.

Als politischer Praktiker des Machtinteresses begann er, wie wir sahen, aber die philosophische Besinnung folgte gleich auf dem Fuße. In merkwürdigster Weise erscheinen beide Denkweisen ineinandergeschoben in den *Considérations* von 1738. Er wollte, um die bedrohten jülich-bergischen Erbansprüche seines Hauses zu sichern, durch eine anonyme Flugschrift einwirken auf die Mächte, deren Haltung jetzt für Preußen wichtig war, auf Bayern, auf die Seemächte vor allem; ja selbst auf das von ihm in der Schrift angegriffene Frankreich sollte sie zuletzt, als er auf ihre Veröffentlichung verzichtet hatte, vielleicht von hinten herum durch versteckte Winke Eindruck machen. Ein eigener verborgener

Ehrgeiz verriet sich durch die Anspielungen auf die künftige, nach dem Tode Kaiser Karls VI. sicher kommende große Gelegenheit zu großen Unternehmungen. Von vornherein aber bettete er seine sehr absichtsvollen und klug berechneten Ausführungen in eine Philosophie ein, die zunächst noch nicht ethisch werten, sondern kausal verstehen wollte. Das Wichtige für unser Gesamtthema ist dabei, daß Friedrich die Anregungen, die er aus Montesquieus 1734 erschienenen *Considérations sur les causes de la grandeur des Romains et de leur décadence* erhalten hatte[1], mit den Traditionen der Interessenlehre verband. Es kommt hier nicht so sehr viel darauf an, ob und welche der von uns behandelten Schriften über sie er gekannt hat[2], denn ihre Grundgedanken waren Gemeingut der diplomatischen Kanzleien Europas. Jedenfalls fühlen wir uns in ihre wohlbekannte Luft versetzt, wenn wir gleich im Eingange von den »wahren Interessen der Königreiche«, von den »dauernden Prinzipien« der Höfe hören, die man unter der Hülle der diplomatischen Verstellung erforschen müsse. Und der ganze, hier aufs Kausale gerichtete Optimismus der Aufklärungsphilosophie erhob sich nun zu dem grandiosen Anspruche, daß der »transzendierende Geist« eines geschichtlichen Politikers mit Hilfe dieser Erkenntnis das Uhrwerk der politischen Geschichte erklären, die lückenlose Kette der Ursachen und Wirkungen von den entferntesten Jahrhunderten an herstellen und die Zukunft voraussehen könne. »Es ist Sache der Klugheit, alles zu kennen, um alles zu beurteilen und allem vorbeugen zu können[3].«

Eigenartige, jugendlich übertreibende, aber inhaltsreiche Worte! Denn plötzlich erwacht hier, von Montesquieus Kausalitätsenergie befruchtet[4], das Verständnis für den immensen historischen Erkenntniswert der Lehre von den Interessen der Staaten, für die

---

[1] Nachgewiesen von M. Posner, Die Montesquieunoten Friedrichs II., Histor. Zeitschr. 47, 253 ff. Vgl. auch Koser, Geschichte Friedrichs d. Gr., 5. Aufl., I, 148 und Küntzel in der Festgabe für F. v. Bezold (1921), S. 234 ff.

[2] S. darüber unten.

[3] *Oeuvres* 8, 3 f. Damit antizipierte er die Parole des Positivismus: *Savoir pour prévoir et prévoir pour pourvoir.*

[4] Vgl. Montesquieu, *De la grandeur des Romains etc.*, c. 18: *Ce n'est pas la fortune qui domine le monde... il y a des causes générales, soit morales, soit physiques, qui agissent dans chaque monarchie... En un mot, l'allure principale entraîne avec elle tous les accidents particuliers.*

Bedeutung dieser durchgehenden Adern des historischen Gesteins, — zugleich aber auch die Einsicht in einen viel engeren und genaueren Zusammenhang zwischen Universalgeschichte und Tagespolitik, als er bis dahin zum Bewußtsein gekommen war. In der Hand Friedrichs mußte ja die kühn erhoffte Einsicht in die Gesetze der Welt- und Staatengeschichte vor allem ein Mittel zum Zwecke seiner Politik sein. Und mächtig und anspruchsvoll trat damit auch eine Grundneigung seines politischen Denkens und Wollens an das Licht, nämlich die, das Kommende vorauszusehen, den voraussichtlichen Gang der Dinge im großen zu berechnen und das so Konstruierte mit dem ganzen Inhalte seiner Erfahrung zu einem Systeme zu verschmelzen, in dessen geschlossenen Rahmen dann sein Handeln in hohem Grade gebannt blieb. Die Unsicherheit und Fragwürdigkeit solcher Zukunftsberechnungen hat er später, in natürlichem Gegenschlage seines skeptisch biegsamen Geistes, oft genug drastisch bekannt und die innere Versuchung, auf solche Berechnungen gestützt, große Pläne von langer Hand her ins Werk zu setzen, wenigstens auf dem gar zu flüssigen Gebiete der auswärtigen Politik behutsam gebändigt[1]. Aber den Hang, die Zukunft durch Geisteskraft zu erraten und zu leiten, — das heißt also wiederum, irrationale Dinge zu rationalisieren — offenbaren die berühmten *Rêveries politiques* und *Projets chimériques* seiner Politischen Testamente. Denn auch die Politik, so heißt es hier[2], hat ihre Metaphysik, und dem Politiker mag es ebenso gestattet sein, wie dem Philosophen, sich auf ihrem Felde zu tummeln und Ziele zu erkennen, die in tiefstes Geheimnis gehüllt die kommenden Generationen leiten könnten.

So also strömte hier wiederum der Geist der Zeitphilosophie in das alte Bett staatlich-historischer Mächte und Tendenzen. Ein neuer Sinn für Empirie und Kausalität war zwar schon im 17. Jahrhundert hervorgetreten und hatte, wie wir beobachteten, die Interessenlehre Rohans merklich befruchtet. Die Fortschritte der Naturwissenschaft in der mechanischen Erklärung des Naturzusammen-

---

[1] Das hat Volz, Die auswärtige Politik Friedrichs d. Gr., Deutsche Rundschau, Sept. 1921, richtig beobachtet, aber die natürliche Neigung Friedrichs, die hier von ihm in Zügel gehalten wurde, nicht bemerkt.
[2] S. 59; vgl. auch daselbst S. 36: *Un politique ne doit jamais dire: Je n'ai pas cru que telle ou telle chose arrivât; son métier est de tout prévoir et d'être préparé à tout.*

hangs hatten die Neigung befördert, auch in der Geschichte mechanisch wirkende Gesetze aufzusuchen. Die Aufklärung, von Stolz und Selbstbewußtsein erfüllt und alles ins Universale deutend, brachte nun einen freudigen, großer Erkenntnisgewinne sicheren Schwung in diese Bemühungen hinein. Und alle Erkenntnis sollte sofort, wie das im Wesen der stark utilitarischen Aufklärungsphilosophie lag, dem Leben und der Praxis dienen. Man höre etwa noch die Worte des jungen Friedrich in den *Considérations*, mit denen er eine Untersuchung über die neuen großen Erfolge der französischen Politik unterbrach[1]:

»Es gibt kein besseres Mittel, um sich eine richtige und exakte Idee von den Dingen, die in der Welt geschehen, zu machen, als durch Vergleichung darüber zu urteilen, Beispiele in der Geschichte auszuwählen, sie in Parallele mit den heute geschehenden Dingen zu setzen und ihre Beziehungen und Ähnlichkeiten zu bemerken. Nichts ist würdiger der menschlichen Vernunft, instruktiver und geeigneter, unser Licht zu vermehren.« Denn der menschliche Geist sei derselbe in allen Ländern und allen Jahrhunderten, nur daß das Maß der immer wiederkehrenden gleichen Leidenschaften in den verschiedenen Epochen verschieden stark sein könne. Aber im allgemeinen kehrten in der Geschichte der Staaten die gleichen Ursachen und die gleichen Wirkungen notwendig immer wieder.

So lehrte auch Montesquieu[2], so hatte auch schon Machiavelli gedacht, aber gleichsam wie ein erster, schwer arbeitender Pionier. Jetzt aber erging man sich leicht und beschwingt auf diesen Wegen. Und so warf nun Friedrich im Anschluß an diesen Gedankengang keck und sicher das Urteil hin: »Die Politik der großen Monarchien ist immer dieselbe gewesen. Ihr fundamentales Prinzip war es beständig, alles anzugreifen, um sich unaufhörlich zu vergrößern, und ihre Weisheit hat darin bestanden, den Kunststücken ihrer Feinde zuvorzukommen und das feinste Spiel zu spielen.«

Das dauernde Prinzip der Fürsten, sich zu vergrößern, sei in der Ausführung zwar unzähligen Variationen je nach der Lage der Staaten, der Macht der Nachbarn und den Konjunkturen unterworfen, aber das Prinzip selbst sei unveränderlich, und die Fürsten

---

[1] A. a. O. S. 18 f.
[2] *De la grandeur des Romains* c. 1: *Comme les hommes ont eu dans tous les temps les mêmes passions, les occasions qui produisent les grands changements sont différentes, mais les causes sont toujours les mêmes.*

gingen niemals von ihm ab. »Es handelt sich um ihren angeblichen Ruhm; mit einem Worte, sie m ü s s e n sich vergrößern[1].«
So genau traf hier der alles rasch erklärende Universalismus der Aufklärung mit dem herben Naturalismus Machiavellis zusammen; denn beide schöpften dabei aus Wirklichkeit und Erfahrung. Aber die Aufklärung war nicht nur rasch im Erklären, sondern auch rasch im Urteilen und Verurteilen. Das kleine Wörtchen von dem angeblichen Ruhme (*prétendue gloire*), eingesprengt in einen rücksichtslos naturalistischen Gedankengang, berührt schon wie ein Ton aus einem anderen, ganz anderen Register. Denn was sagte das Humanitätsdepartement der Aufklärung zu dieser rohen Feststellung ihres Kausalitätsdepartements? Hier zeigte sich nun die völlige Unbehilflichkeit und Machtlosigkeit des einen gegenüber dem anderen. Denn es wirkt beinahe komisch, wenn Friedrich am Schlusse der *Considérations*[2], aus dem Staatskleide des Politikers in den Mantel des Philosophen hinüberschlüpfend, die von ihm festgestellten, auf ehernem Kausalgesetz und eherner Konstanz der Dinge beruhenden Dauerprinzipien des Staatenlebens als »falsche Prinzipien« moralisch brandmarkt. Nun ermahnte er die Fürsten, von ihren Irrwegen, auf denen ihnen die Untertanen zu Instrumenten ihrer unordentlichen Leidenschaften würden, zurückzukehren zu dem wahren Wege des fürstlichen Berufs, für das Glück ihrer Untertanen zu leben. »Ihre hohe Stellung ist nur das Werk der Völker«, die sich denjenigen unter ihnen auswählten, den sie für den Geeignetsten hielten, sie väterlich zu regieren. Nur einen Schritt weiter, und er wäre von dieser grundsätzlichen Anerkennung der Volkssouveränität schon zu Rousseaus revolutionären Ideen gelangt. Aber die letzten Konsequenzen der Ideen können in der Geschichte oft erst dann gezogen werden, wenn das Leben auf der ganzen Linie dafür reif ist. Schon die Lebensmacht des eigenen Interesses, nicht bewußt empfunden, sondern selbstverständlich ihn durchdringend, hielt ihn ab, jenen Schritt zu tun. Er konnte nicht wohl den Ast absägen, der ihn selber trug. Aber inkonsequent und eigentlich ungeschützt gegen rechts wie links, gegen den Naturalismus Machiavellis. wie gegen den ethischen und naturrechtlichen Radikalismus Rousseaus, stand nun sein Verdikt über die Machtpolitik der Fürsten da. Niemals wieder, soweit wir sehen, sind der huma-

---
[1] A.a.O. S.15.   [2] S.25f.

nitäre Staatsgedanke und der Machtstaatsgedanke Friedrichs innerhalb desselben Gedankenraumes so naiv unvermittelt aufeinandergestoßen.

Und er fühlte denn auch etwas den Widerspruch. Eingedenk der preußischen Interessen an der Sicherung der jülich-bergischen Erbschaft, die ihm die Feder in die Hand gedrückt hatten, schloß er die Schrift mit den Worten: »Es ist ein Schimpf und eine Schande, seine Staaten zu verlieren, und es ist eine Ungerechtigkeit und eine verbrecherische Raubgier, die zu erobern, auf die man kein legitimes Recht hat.« Machtpolitik also nur nach *droit légitime*, nicht nach *droit de bienséance* hielt er für erlaubt und geboten, das war das Kompromiß, mit dem er sich aus seinem Dilemma zog. Und es ist denkwürdig, nach welchen Bürgschaften für die Einhaltung dieser Schranke er suchte. Selbst regieren solle der Fürst, selbst auch wachen über den Machenschaften seiner Nachbarn, klug und weise ihnen vorbeugen und durch gute Allianzen das Treiben der unruhigen und begehrlichen Geister in Zaum halten. In der blinden Überlassung der Geschäfte an die Minister sah er eine Hauptursache für die Exzesse der Machtpolitik[1]. Und erforderte nicht überhaupt die innerste Natur seines ganzen groß gedachten Unternehmens, den Machtstaatsgedanken durch die humanitäre Idee zu veredeln und zu reformieren, die gespannte Konzentration und schärfste Aufmerksamkeit eines einheitlichen Willens? Denn ganz neue Wege waren hier zu gehen, die der Routine eines gewöhnlichen Ministers noch nicht bekannt waren. Und beidem wollte er damals mit glühender Seele zugleich dienen, dem friedlichen Glücke seiner Völker und der Macht und dem Ruhme seines Staates. Nur er allein durfte sich zutrauen, den schmalen Gratweg zu finden, der beides ermöglichte.

Der Entschluß zum *gouverner par lui-même*[2] wurde damals gefaßt und dann mit eiserner Konsequenz bis zum Lebensende durchgeführt. Von dem Augenblicke an, wo er selbst regierte, wurde dieser Entschluß befestigt und gehärtet durch die besonderen Verhältnisse seines Staates, dessen dürftige Naturausstattung nur durch eine ganz überlegte Ökonomie gesund und stark

---

[1] Über die zu vermutende aktuelle Veranlassung zu diesen Schlußausführungen vgl. meinen Aufsatz über die *Considérations*, Hist. Zeitschr. 117, 56 Anm. 2.

[2] Vgl. darüber auch *Réfutation*, Oeuvres 8, 272 f.

erhalten werden konnte. Sonst pflegen derartige Entschlüsse aus dem Zwange realer Verhältnisse hervorzugehen und hinterdrein erst zu einer ideellen Weihe zu gelangen. Als aber der junge Kronprinz, unwillig über die schlaffen Minister seines Vaters, selbst das Steuerruder packen wollte, geschah es zugleich auch in einer großen idealen Konzeption. Er gedachte Idee und Interesse in herrlicher Weise zu vereinigen. Aus den bitteren Erfahrungen einer skrupellos machiavellistischen Staatskunst, die Preußen seit 1735 von seiten der Großmächte zu kosten hatte, und aus den seit eben dieser Zeit ergriffenen humanitären Idealen, aus Idee und Interesse zugleich erwuchs sein Antimachiavell im Jahre 1739. Denn der Widerspruch zwischen Idee und Interesse, der ihm den inneren Zusammenhang seiner *Considérations* gesprengt hatte, ließ ihn nicht ruhen. Jetzt sollte er nun gründlich aus der Welt geschafft, der böse Machiavell endgültig aus ihr und — aus seiner eigenen Seele verwiesen werden. Denn wer könnte verkennen, daß er hier ein geheimes Zwiegespräch mit sich selbst und den in ihm brennenden Trieben veranstaltete.

Er wollte sich fest machen gegen sich selbst. Er dachte unzweifelhaft an sich, wenn er im *Avant-propos* seiner Schrift von jungen, ehrgeizigen, in Herz und Urteilskraft noch nicht gefestigten Menschen sprach, in deren Händen das gefährliche Buch Machiavells das größte Unheil anstiften könne. Er wollte ferner, weil er die Kritik spürte, die das moderne, von der Aufklärung ergriffene Publikum an der Praxis der Höfe übte[1], den fürstlichen Beruf überhaupt verteidigen und zeigen, daß ein aufgeklärter und sittlicher Fürst auch ein praktischer Fürst bleiben könne und daß sein »wahres Interesse« mit der Tugend harmoniere[2]. Während er in den *Considérations* eine große Dosis machiavellistischer Politik mit einer kleinen Dosis moralischer Gegenmittel gemischt hatte, mischte er im Antimachiavell eine große Dosis moralischer Grundsätze mit einigen wichtigen Vorbehalten des nüchternen Realpolitikers. Eben deswegen, weil er in Machiavell ein dämonisches Zerrbild dessen zu erblicken glaubte, was er selber schon praktisch

---

[1] Vgl. *Réfutation* S. 282 und P. Wittichen, Machiavelli und Antimachiavelli, Preuß. Jahrbücher 119, 489; eine der wenigen brauchbaren Bemerkungen in dem sonst recht oberflächlichen und schiefen Aufsatze.
[2] Brief an Voltaire, 16. Mai 1739, Koser u. G. Droysen, Briefwechsel Friedrichs d. Gr. mit Voltaire 1, 271.

übte, konnte ein heiliger Zorn in ihm entbrennen, mußte er sich gedrängt fühlen, die stärksten Waffen der Ethik, die seine Zeit ihm bot, gegen ihn zu schwingen.

Die unhistorische Methode dieser Auseinandersetzung mit dem größten politischen Denker der Renaissance ist oft genug hervorgehoben worden. Noch immer fühlte man sich mit allen Erzeugnissen der Vergangenheit gleichsam auf einer Ebene und befragte sie nach dem, was sie zeitlos lehren wollten, nicht nach dem, was sie zeitgeschichtlich bedeuteten. Friedrich kannte auch nur den *Principe* Machiavellis und auch diesen nur in einer französischen Übersetzung von 1696[1]. Ob ihn die *Discorsi* zu einer günstigeren Beurteilung Machiavellis veranlaßt haben würden, ist freilich zweifelhaft, denn auch sie enthielten viel des Giftes, das er verabscheute, und würden durch den Kontrast ihres republikanischen Patriotismus seine Entrüstung über die Charakterlosigkeit Machiavellis im *Principe* vielleicht erst recht erregt haben[2].

Das Unhistorische in Friedrichs Methode muß aber noch genauer begrenzt werden. Friedrich kannte den Unterschied der Zeiten und politischen Verhältnisse, in denen Machiavelli lebte, sehr wohl, denn er glaubte an den Fortschritt der Kultur und Gesittung, der seitdem gemacht sei, und sah das Jahrhundert Machiavellis im Zustande einer seitdem glücklich überwundenen Barbarei. Er machte sich klar, daß Machiavelli nur für die kleinen Fürsten, die *principini* Italiens, geschrieben hatte, daß es damals noch keinen *miles perpetuus* mit straffer Zucht, sondern fast nur eine Soldateska zusammengelaufener Banditen gab, daß also auch die Warnungen Machiavellis vor der Unzuverlässigkeit der Hilfstruppen durch die Zeit überholt seien, — ebenso wie auch seine

---

[1] Vgl. *Oeuvres* 8, XIV und v. Sommerfeld, Die äußere Entstehungsgeschichte des Antimachiavell Friedrichs d. Gr., Forsch. zur brand. u. preuß. Gesch. 29, 459.

[2] Wenige Jahre vorher hatte der Leipziger Professor Johann Friedrich Christ, wesentlich gestützt auf die *Discorsi*, es unternommen, das Bild Machiavellis von dem Vorwurfe der Unsittlichkeit zu reinigen und nachzuweisen, daß er ein gemäßigter Monarchomach, ein Vorkämpfer politischer Freiheit gewesen sei. (De N. Machiavello libri tres. 1731.) Auch diese mit Talent und Verständnis für die geistige Größe Machiavellis, wenngleich mit noch unzulänglichen Mitteln unternommene Ehrenrettung blieb ihm anscheinend unbekannt und wäre ihm wohl schon durch ihre gelehrte lateinische Form ungenießbar gewesen.

Warnungen vor der Aufsässigkeit der Untertanen für die tiefe Ruhe der jetzigen Völker nicht mehr gelten könnten. Die ganze Welt Machiavellis, mußte er gestehen, ist heute kaum wiederzuerkennen[1]. Das war nun aber eine eigentümliche Schwäche der damaligen Geschichtsauffassung, daß sie zwar die Veränderungen der äußeren Welt, mit intensivem Interesse sogar, schon studierte, aber die Veränderungen der inneren Welt, der innersten Denkweise der Menschen nur obenhin und in allgemeinen Begriffen sich klarmachte. Und selbst auch die einfache Erwägung, ob nicht schon die völlig anderen äußeren Verhältnisse jener Zeit auch ein anderes Handeln der Menschen erzwangen, wurde meist außer acht gelassen. Denn der moralische Mensch im Sinne der Aufklärung galt nun einmal als eine absolute, von Rechts wegen zu allen Zeiten mögliche Größe. Aus diesen Quellen flossen die Mißverständnisse Friedrichs, die wir uns an einigen Beispielen veranschaulichen müssen.

Friedrich urteilte von den gebändigten Verhältnissen eines Staates aus, der schon anfing, Rechtsstaat im modernen Sinne zu werden. Machiavellis Staat dagegen steckte noch mitten in grober Gewaltsamkeit von unten und oben und hatte genug zu tun, um überhaupt eine allgemein respektierte und nicht nur aus bloßer Furcht respektierte Macht sich zu schaffen. Cesar Borgias Vorgehen gegen seinen dem Volke verhaßt gewordenen Vertreter in der Romagna, Ramiro d'Orco, wie es Machiavelli erzählt, war ein Fall dafür. Er ließ eine grausige Exekution an ihm vollziehen, die das Volk zugleich befriedigte und bestürzte. Ein Rechtszustand wurde also hergestellt und die Untertanen wurden für ihn gewonnen durch brutale, rechtswidrige Mittel. Friedrich aber meinte dazu: Welches Recht hatte der Erzmörder Borgia dazu, diesen Unhold zu bestrafen, der doch nur sein Abbild in Miniatur war[2]? Daß auch in diesem Falle eine schauerliche Staatsräson waltete und aus dem Dunkel zum Lichte strebte, sträubte er sich anzuerkennen.

Vor allem aber war ihm die besondere Denkweise Machiavellis und seiner Zeit unverständlich. Das 18. Jahrhundert war zu abstrakt geworden, um die konkretere Begriffssprache des 16. Jahrhunderts richtig zu verstehen. Es bedurfte erst einer Synthese

---

[1] *Oeuvres* 8, 175, 206, 215, 222, 243.
[2] S. 192

allgemeinbegrifflichen Denkens mit der Kunst der Nachempfindung fremden Lebens, wie sie der Historismus des 19. Jahrhunderts schuf, um sie wenigstens annähernd richtig zu verstehen. Das 18. Jahrhundert nun bildete Allgemeinbegriffe und Gesamtideale, wie Menschlichkeit, Tugend, Gerechtigkeit, Allgemeinwohl, Geist der Nationen. Es verstand sie auch ohne konkreten Inhalt und begeisterte sich für sie. Die Ethik der Zeit Machiavellis dagegen hielt sich auch da, wo sie dieselben Worte gebrauchte, mehr an ihren konkreten Inhalt und ihre Anwendung im Einzelfalle. Sie hatte begrenztere, aber auch anschaulichere Objekte vor Augen und hatte noch wenig Ausdrucksvermögen für die höheren Allgemeinheiten. Ein Satz wie der Friedrichs, den er dem Machiavelli entgegenhielt: »Man unterwirft heute alles der Gerechtigkeit, und man verabscheut die Kraft und kriegerische Fähigkeit der Eroberer, wenn sie dem menschlichen Geschlechte Unglück bringt[1]«, wäre in der Renaissance nicht nur inhaltlich, sondern auch denkmethodisch kaum möglich gewesen. Auch wo Machiavelli ans Allgemeine dachte — und das tat er freilich schon in hohem Grade, — drückte er es doch gern durch lebendige, faßbare Beispiele aus. Der Geist der bildenden Kunst seiner Tage durchwehte auch sein Denken, und wiederum beruhen Größe, Schönheit und Reiz dieser Kunst auf der besonderen Mentalität ihrer Zeit. Aber so kam es auch, daß die Begriffssprache Machiavellis — unbehilflich, wenn man sie mit abstrakter Logik mißt, prachtvoll, wenn sie individuell empfunden wird, — von Friedrich nicht mehr verstanden wurde. Machiavelli wußte im *Principe*, um seine höchsten, auf völlige Regeneration seines gesunkenen Vaterlandes gerichteten Ziele anzudeuten, kein besseres Mittel, als die erhabenen Beispiele eines Moses, Cyrus, Theseus und Romulus anzurufen. Der junge Friedrich sah darin nur *mauvaise foi*[2].

Auch die generellen Begriffe und Ideale, die Machiavellis Sprachgebrauch schon kannte, hatten in der Regel noch konkrete Wurzelerde an sich. Aus der sinnlichen, widerspruchsvoll und schmutzig gemischten Wirklichkeit rang sich bei ihm das Höhere, ganz noch von ihr durchwachsen, empor. Natur und Geist hielten sich in ihm noch so eng umfangen, daß auch das Geistige bei ihm als eine Naturkraft erschien. Das galt, wie wir früher sahen, vor

---

[1] S. 170. [2] S. 185.

allem von seinem *virtù*-Begriffe. Wie völlig anders, gewiß reiner, aber auch leerer, war die *vertu* der Aufklärung, der Friedrich huldigte, beschaffen. Sie war in erster Linie ein Ideal, ein Gebot, ein Sein-Sollen. Machiavellis *virtù* war ein Sein, eine Kraft. Die *vertu* war als Ideal ewig und zeitlos; Machiavellis *virtù* war ein Erdenwesen, das er in dunkler Sehnsucht wohl auch als etwas Unvergängliches an der Menschheit ahnte und glaubte. Aber er ließ sie von Volk zu Volk wandern, hier verschwinden und dort aufleuchten Die Tugend geht zugrunde, sagte er, wenn die Gelegenheit, sie zu betätigen, fehlt. Dieser Verbrecher, bemerkte Friedrich dazu, spricht von Tugend und meint doch nur das Talent des Schurken, der eine günstige Stunde braucht, um es auszuüben[1].

Es ist ganz eigen und merkwürdig, daß die streng induktive und empirische Methode Machiavellis, die sich durch alle Illusionen »dessen, was sein sollte«, nicht blenden lassen wollte, auf Friedrich, der doch auch schon als Jüngling die Anlage seines dereinstigen nüchternen Wirklichkeitssinnes in sich trug, so wenig Eindruck machte. Er machte sie ihm sogar zum Vorwurfe. Warum beginnt er damit, fragte er[2], die Unterschiede der monarchischen Staaten zu beschreiben, statt zur Quelle der Dinge aufzusteigen und den Ursprung der fürstlichen Macht und die Gründe zu untersuchen, die freie Menschen zur Unterwerfung unter einen Herrn veranlassen konnten. Im Handeln war Friedrich schon damals Empiriker und Realist, aber im Denken unterlag er dem abstrakten Universalismus der Aufklärung, und aus diesem Zwiespalt ist er nie ganz herausgekommen. Und da dieser abstrakte Universalismus sowohl das kausale wie das ethische Denken der Aufklärung beherrschte, so hatte er auch noch kein Ohr für die mächtige Regung des modernen Kausalbedürfnisses, die in dem nackten Empirismus Machiavellis hervorbrach. So kam es, daß dieser ihm kümmerlich und subaltern erschien. Im Schwunge der Aufklärung zu den höchsten Prinzipien sich erhebend, faßte er den Menschen auf, wie er sein sollte nach dem Humanitätsideal, forderte vom Fürsten, daß er auch den wahren Ruhm nur als eine »Unze Rauch« ansehen solle, und entrüstete sich über die Bestie im Menschen, die bei Machiavelli eng verwachsen mit seiner *virtù* auftrat. Ihn verletzte schon das Wort Machiavellis: »Wer glaubt, daß bei

---

[1] S. 188. [2] S. 167.

großen Herren neue Wohltaten die alten Beleidigungen vergessen machen, der täuscht sich[1].«

Alles das mußte gesagt werden, um verständlich zu machen, daß der gewaltige politische Wahrheitskern im *Principe* Machiavellis, die Entdeckung der Zwangsläufigkeit im politischen Handeln, — nichts anderes ist ja, kurz zusammengedrängt, der Sinn der Staatsräson, — einem Fürsten verborgen blieb, in dem eben diese Staatsräson ihre großartigste Verkörperung finden sollte. Er sah es wohl schon ganz gut, daß Machiavelli eine solche Zwangsgewalt nachzuweisen bemüht war, die als ein großes, generelles, alles erklärendes Prinzip der politischen Welt gelten konnte. »Das Interesse bewirkt alles bei Machiavelli, wie die Wirbelwinde alles bedeuten bei Des Cartes[2]«, es sei sein einziger Gott, sein Dämon. Aber dies Interesse erschien bei Machiavelli in einer zu fremdartigen und zu unsauberen Hülle, um von ihm erkannt zu werden. Die Fremdartigkeit der Begriffssprache und die Roheit der Zeit, die es umhüllten, haben wir gewürdigt. Aber es kam noch zweierlei hinzu, um es ihm in der von Machiavelli gebotenen Form unschmackhaft zu machen. Einmal, daß das Interesse des Fürsten und das des Staates bei Machiavelli noch ungetrennt erschienen. Das war nicht wohl anders möglich, weil der moderne Staat in Italien sich aus dem *stato*, dem Machtapparat des Fürsten heraus entwickelte und weil das spezifisch dynastische Interesse hier ganz besonders zugespitzt und egoistisch erschien, wo es sich um keine alten, geweihten, sondern um neue, usurpatorisch aufsteigende Dynastien handelte. Und zweitens war es nur das Interesse kleiner, und nicht großer Fürsten und Staaten, was im *Principe* des Machiavelli sich auszudrücken und die Herrschaft über alle sittlichen Werte zu beanspruchen schien. Friedrich aber war von Anfang an ein Verächter der kleinen fürstlichen Staaten[3], weil er undynastisch und rein staatlich dachte. Was er von kleinen Staaten in Deutschland vor Augen sah, konnte ihn in dieser Mißachtung nur bestärken. Zum mindesten hielt er es für eine Grundregel aller Politik, daß große und kleine Staaten nach sehr verschiedenen Staatsregeln behandelt werden müßten. Zeitlebens interessierte

---

[1] S. 194. Er verwechselte dabei noch, irregeführt durch die Übersetzung, die *personaggi grandi* mit *grands hommes*.

[2] S. 168; vgl. auch S. 181, 232, 241.

[3] Vgl. S. 209, 222, 235 f.

er sich eigentlich nur für die Verhältnisse und Lebensbedingungen der großen Staaten.

Damit aber war zugleich auch innerlich eine Brücke in ihm zu Machiavelli, — nicht zu dem zeitgeschichtlich beengten Lehrer der *principini*, sondern zu dem zeitlosen Lehrer des staatlichen Machtgedankens geschlagen. Und eine weitere unsichtbare Brücke auch zwischen dem humanitären und dem Machtstaatsgedanken Friedrichs. Nur ein großer Staat konnte das Glück der Menschheit im großen Stile befördern. Und nur große Fürsten können heute noch, so heißt es schon im Antimachiavell, Krieg führen[1]! Das begründete er zwar zunächst nur aus materiellen und technischen Ursachen. Aber die einmal anerkannte Tatsache drängte ihn weiter und wieder auf das Gebiet machtpolitischer Erwägungen zurück, das er in den *Considérations* schon virtuos behandelt hatte. Und wenn er es auch im Antimachiavell so eng wie möglich einzuzäunen versuchte, so dachte er doch keineswegs daran, den Spuren des Abbé St. Pierre zu folgen und es ganz aus der Welt zu schaffen.

Man hat fast den Eindruck, daß es im Verlaufe der Arbeit an seiner Schrift ihn wieder stärker in seinen Bann zog. Das Wort *intérêt*, anfangs vorwiegend verächtlich für den kleinen Egoismus der *principini* Machiavellis gebraucht, wird in den späteren Kapiteln nicht selten wieder im guten Sinne für die wahrhaft staatlichen und allgemeinen Interessen angewandt[2]. Man erinnert sich dabei, daß Friedrichs Ethik überhaupt, damals wie später, die Tugend aus dem Interesse, aus der richtig gelenkten und wohlverstandenen Selbstliebe ableitete[3]. Sein eigenes sittliches Handeln ist über diese dürftige Begründung hinausgewachsen, aber seine sensualistische Theorie schuf unverkennbar eine neue Brücke zum Machiavellismus hinüber. Sodann taucht schon zu Beginn der Schrift auch der große und schwere Begriff der »Notwendigkeit«, selbst einer »unholden Notwendigkeit« im politischen Handeln. der einst Machiavellis Lehren hervorgetrieben hatte, auf, um dann

---

[1] S. 210.

[2] Vgl. mit den oben S. 348 zitierten Stellen S. 266, 274, 275, 291, 297.

[3] Zeller, Friedrich d. Gr. als Philosoph, S. 70 ff. »*Le principe primitif de la vertu est l'intérêt*«, an Voltaire, 25. Dez. 1737, Koser u. H. Droysen, Briefwechsel Friedrichs d. Gr. mit Voltaire I, 120.

wieder in den späteren Teilen häufiger benutzt zu werden[1]. Er unterschied den Eroberer »aus Notwendigkeit« und den Eroberer aus Temperament und billigte jenem, wenn er seine Talente gebrauche, um »die Billigkeit aufrechtzuerhalten«, auch wahren Ruhm zu. Er verglich ihn mit Chirurgen, die durch ihre »barbarischen« Operationen die Menschen vor einer drohenden Gefahr retten. Kurz, er suchte und verlangte »gerechte Gründe« für Krieg und Machtpolitik.

Das war die alte Lehre vom *bellum justum* und das Kompromiß zwischen Ethik und Staatsräson, mit dem er sich schon in den *Considérations* beruhigt hatte. Sein eigenes zukünftiges Handeln stand ihm vor Augen, wenn er von dem Ruhme des Fürsten sprach, der »mit Festigkeit, Klugheit und kriegerischen Tugenden die Rechte behauptet, die man ihm aus Ungerechtigkeit und Usurpation bestreiten will[2].« Denn, so argumentierte er mit einem durch kein Aufklärungsideal gedämpften Wirklichkeitssinne: Es gibt keine Tribunale über Königen, die über ihre Differenzen, ihr Recht und das Gewicht ihrer Gründe entscheiden könnten. Und nicht nur für streitige Rechtsansprüche und, wie es selbstverständlich war, zur Verteidigung des eigenen Landes hielt er das Schwert zu ziehen für erlaubt und gerecht. Das Interesse des europäischen Gleichgewichts konnte nach seiner Meinung sogar offensive Kriege rechtfertigen, »Kriege der Vorsicht, wenn die übermäßige Größe der stärksten Mächte Europas überzuströmen und das Universum zu verschlingen droht«. Er erkannte ausdrücklich die Maxime an, daß *praevenire* besser sei als *praeveniri*. »Die großen Männer haben sich immer gut dabei gestanden, wenn sie von ihrer Macht Gebrauch machten, bevor ihre Feinde in die Lage kamen, ihnen die Hände zu binden und ihre Macht zu zerstören[3].«

Und wie stand es mit dem Zentralproblem der machiavellistischen Politik, der Lehre, daß Verträge nur so lange zu halten seien, als der Nutzen des Staates es fordere? Friedrich erklärte

---

[1] S. 172, 249, 295, 297.   [2] S. 218.
[3] S. 296 u. 139. Daß die schärfere Fassung der Lehre vom Präventivkrieg in der Voltaireschen Redaktion des Antimachiavell nicht etwa von Voltaire herrührt (wie Heydemann, Histor. Vierteljahrschr. 1922, 70 noch annimmt), sondern von Friedrich selbst geprägt ist, ging schon aus v. Sommerfelds Ausführungen in Forsch. zur brand. u. preuß. Gesch. 29, 468 mit hoher Wahrscheinlichkeit hervor.

das zwar grundsätzlich für eine schlechte und schurkische Politik, »denn man dupiert nur einmal und verliert dadurch das Vertrauen aller Fürsten«. Und doch mußte er, gedrängt durch ein dunkles und starkes Vorgefühl kommender Dinge, hinzufügen, daß es unholde Zwangslagen (*nécessités fâcheuses*) gebe, in denen ein Fürst Verträge und Bündnisse brechen müsse. Allerdings müsse auch das mit guter Manier geschehen; er müsse seine Alliierten rechtzeitig benachrichtigen und dürfe es nur tun, »wenn das Heil seiner Völker und eine sehr große Notwendigkeit ihn dazu verpflichten[1].« Das war der erste, selbst bei dem jungen Friedrich auffallend naive und unbehilfliche Versuch, dies Problem zu lösen, das ihn sein ganzes Leben hindurch beschäftigen sollte. Alle die verschiedenen Antworten darauf, die er jetzt und später gab, waren Pendelschwingungen zwischen dem Machiavellismus und dem Antimachiavellismus seines Geistes, zwischen dem Ideale der Aufklärung und der Realität des Machtstaates. Auch den Dualismus, der innerhalb des Staatslebens selber jetzt bestand, indem sein Inneres dem sittlich gebundenen Rechtsstaate schon zustrebte, sein Äußeres aber an die Naturgesetze des Kampfes ums Dasein gebunden blieb, drückte der Verfasser des Antimachiavell mit einer genuinen Naivität einmal aus. Indem er von der Auswahl der Staatsdiener sprach, buchte er ohne Widerspruch die Praxis kluger Fürsten, die anständigen Naturen für die innere Verwaltung, die lebhafteren und feurigeren aber für die Verhandlungen der Diplomatie zu verwenden, denn hier, wo es Intrigue und **oft auch Korruption** zu üben gälte, käme es auf Geschicklichkeit und Geist offenbar mehr an als auf Rechtschaffenheit[2]. Ähnliche Maximen hat er wohl auch später in seinen politischen Testamenten bekannt[3], dort aber erscheinen sie als nüchterne Erfahrungsregel wie in einem starren Aggregatzustande, im Antimachiavell dagegen wie ein flottierendes Element inmitten eigentlich ganz anders gerichteter Gedankengänge.

Der Grundgedanke der Schrift aber, die Durchführbarkeit der

---

[1] S. 248 f.; vgl. S. 208, 282, 292, 297. Schon 1735 hatte er an Grumbkow geschrieben: *Conserver son honneur et, s'il le faut, ne tromper qu'une fois de ses jours, et cela dans une occasion des plus pressantes, c'est la fin et le grand art de la politique.* Koser, Briefwechsel Friedrichs d. Gr. mit Grumbkow und Maupertuis S. 124; vgl. auch S. 121.
[2] S. 274. [3] Polit. Testamente S. 54 ff. u. 216 ff.

sittlichen Forderung für das ganze Gebiet des Staatslebens nachzuweisen, wurde so durchbrochen. Sein Programm, klug wie die Schlange und ohne Falsch wie die Taube zu handeln[1], wagte er selbst theoretisch nicht lückenlos durchzuführen.

Letzten Endes drohte seine Differenz mit Machiavelli sich dadurch aus einer prinzipiellen in eine graduelle abzuschwächen, so daß das Maß von Trug und List, das in der Renaissance geblüht hatte, durch den zivilisierteren und sittlich empfindlicheren Geist des 18. Jahrhunderts nur stark vermindert, aber nicht ganz beseitigt wurde. Diese innere Gefahr seines Standpunktes, durch die der Tiger des Machiavellismus in eine gefällige Hauskatze umgewandelt werden konnte, hat Friedrich sich damals anscheinend nicht klargemacht.

Immerhin bot Machiavelli auch eine Reihe von moralisch einwandfreien Regeln der Staatskunst, die ihm durchaus einleuchteten. Seine Ratschläge an den Fürsten, selbst zu regieren, sein eigener Feldherr zu sein, den Konjunkturen sich anzupassen, Schmeichler zu verachten, die geheimen Absichten der anderen Fürsten zu ergründen und dergleichen trafen mit seinen eigenen Intentionen zusammen und haben sein politisches Denken damals auch sicherlich befruchtet[2].

So zeigt denn insgesamt der Antimachiavell, verbunden mit den *Considérations*, das durch seine Symbolik bewegende Schauspiel zweier Ströme von ganz verschiedener Farbe, die das zwingende Schicksal und die eigene innere Tendenz in dasselbe Bett zusammendrängt, wo sie nun nach und nach sich ausgleichen müssen.

*

Friedrich sollte es bald erleben, daß der handelnde Mensch über die Grenzen hinausgeführt wird, die der denkende Mensch sich errichtet. Wollte man seinen Aufbruch zur Eroberung Schlesiens, zum »*Rendez-vous* des Ruhmes«, die Gebietsansprüche, die er an

---

[1] Vgl. S. 346: Die Welt ist eine Spielpartie, wo ehrliche und betrügerische Spieler nebeneinander sitzen. Ein Fürst muß die Tricks der Betrüger kennen, nicht um sie selbst zu üben, sondern um nicht von ihnen dupiert zu werden. Ähnlich S. 294.
[2] Vgl. Zeller, Friedrich d. Gr. als Philosoph, S. 94 f. und Madsack, Der Antimachiavell, S. 99 ff.

Maria Theresia stellte, die Haltung, die er dann gegenüber seinen Verbündeten beim Abschlusse der Kleinschnellendorfer Konvention und der beiden Frieden von Breslau und Dresden einnahm, ganz genau mit den Maßstäben messen, die er selber am Schlusse der *Considérations* und im Antimachiavell aufgestellt hatte, so würde mehr als ein Bedenken erhoben werden können. Wohl war er von seinem guten Rechte auf den größeren Teil Schlesiens vollkommen überzeugt. Aber war es wirklich diese Rechtsüberzeugung, war es nicht vielmehr die Erkenntnis, daß, wie er sich selber ausdrückte, gerade diese Erwerbung auch »dem Hause Brandenburg am besten konvenierte[1]«, die seinen Entschluß in der Tiefe erzeugte? Man muß es einmal aussprechen, daß Friedrich, wenn er hier wie überhaupt auf alle »Rechte« seines Hauses, die aus Erbverträgen, Privilegien usw. flossen, kräftig pochte, Stücke jener dynastisch-territorialen Welt benutzte, der er sich innerlich doch entfremdet hatte und über die sein eigener Staatsgedanke hinausgewachsen war[2]. Er beruhigte sich selber moralisch durch diese Berufung auf die »Rechte« und bemäntelte, dem Zuge der Zeit folgend, das, was ihn in Wahrheit trieb und was er selber als das *droit de bienséance* bezeichnete. Die verwickelte Rechtsfrage hat er denn auch, als er losbrach, nicht peinlich studiert. Das ist, erklärte er am 7. November 1740, Sache der Minister: es ist Zeit, daran insgeheim zu arbeiten, denn die Befehle für die Truppen sind gegeben. Das war die Kommandosprache der Staatsräson. Sie ging fortan durch seine gesamte politische Korrespondenz. Besäße man nur sie, so würde man wenig wissen von der anderen Welt seines Geistes und von den Brechungen und Widersprüchen seines inneren Wollens. Hatte er einmal Platz genommen am

---

[1] Polit. Korrespondenz I, 90. In der ersten, nur in Bruchstücken erhaltenen Redaktion der *Histoire de mon temps* von 1743 hieß es: *L'ambition, l'intérêt, le désir de faire parler de moi l'emportèrent, et la guerre fut résolue.* H. Droysen, Beitr. zu einer Bibliographie der prosaischen Schriften Friedrichs d. Gr. 2, 30. Vgl. auch Koser, Gesch. Friedrichs d. Gr., 5. Aufl., 1, 253. In der *Histoire de la guerre de sept ans* (*Oeuvres* 4, 25) heißt es später: *Quand les souverains veulent en venir à une rupture, ce n'est pas la matière du manifeste qui les arrête; ils prennent leur parti, ils font la guerre et ils laissent à quelque juris consulte le soin de les justifier.* Vgl. auch *Oeuvres* 9, 81 f.

[2] Angedeutet ist das schon von Fechner, Friedrichs d. Gr. Theorie der auswärtigen Politik, Programm des Breslauer Johannisgymnasiums 1876, S. 11 ff.

sausenden Webstuhle der Politik, so leitete nichts anderes als das
Interesse der Macht seines Staates und der heroische Ehrgeiz, es
zu wahren, seine Hand. Und doch, eben aus dem Wirbelwinde
des ersten schlesischen Krieges wieder zu Atem gekommen, schrieb
er aus dem Lager von Kuttenberg am 18. Juni 1742 seinen Freunden: »Heile alle Leiden des Krieges, aber ich sage unumwunden,
du wirst nichts getan haben, wenn du nicht zwei Ungeheuer dieser
Welt bannen kannst, den Ehrgeiz und das Interesse[1].«

Ein tiefes Gefühl brach hier, wie so oft bei ihm, durch die
Phraseologie der Aufklärung hindurch. Als Funktionär der preußischen Staatsinteressen fühlte er sich unfrei und vielleicht innerlich sogar empört durch den Dämon, der ihn trieb. Denn dieser
Dämon war ja selber zwiespältig und bedeutete nicht nur etwas
ganz Objektives und Sachliches, nicht nur die Lebensnotwendigkeit
seines Staates, sondern auch etwas Subjektives und Persönliches,
Ehrgeiz, Ruhmbegierde und Freude an der Macht, eben das, was
er als Philosoph und denkender Mensch verurteilen mußte und
an Machiavelli so stürmisch verurteilt hatte. Nun mußte er innewerden, daß der Handelnde gewissenlos wird. Es blieb dabei, daß
das »Interesse« eine aus sauberen und unsauberen Bestandteilen
gemischte Lebensmacht war und daß alle Versuche, es zu säubern,
zwar nicht erfolglos sind, aber auch nie zum vollen Erfolge führen
können. Ein Erdenrest von menschlich-egoistischen Motiven steckt
in allem, auch dem sachlichsten staatlichen Handeln.

Friedrich hat diese Erfahrung, dem Denken seiner Zeit und
seiner Persönlichkeit gemäß, freilich anders ausdrücken müssen.
Er hat sie, ehrlich gegen sich selbst und »geborener Feind der
Lüge[2]«, nicht anders auszudrücken vermocht als dadurch, daß er
sich dem Augenblicke überließ und, genau wie schon in der Kronprinzenzeit in den *Considérations* und dem Antimachiavell, nacheinander heute von diesem, morgen von jenem Standorte seiner
nun einmal divergierenden Gedankenwelt das eigene Handeln
überschaute. So geschah es in den Geständnissen von 1742 und
1743, in einem Briefe an Jordan vom 15. Juni 1742 und in dem

---

[1] An Jordan, *Oeuvres* 17, 229; ebenso an Voltaire, 18. Juni 1742;
Koser u. Droysen, Briefwechsel Friedrichs d. Gr. mit Voltaire 2, 130. Viele
ähnliche Äußerungen bei Fechner a. a. O., S. 20 ff. Vgl. auch Paul-Dubois,
Frédéric le Grand d'après sa correspondance politique S. 134.

[2] *Réfutation*, Oeuvres 8, 277.

ein Jahr später niedergeschriebenen *Avant-propos* zur ersten Redaktion der *Histoire de mon temps*[1]. Das erste Geständnis war für die Zeitgenossen bestimmt, um zu rechtfertigen, daß er durch den Breslauer Separatfrieden den französischen Verbündeten im Stiche ließ. Das zweite war für die Nachwelt bestimmt und sprach darum freier von unwillkürlicher Tendenz und unmittelbarer seine innere Zwiespältigkeit aus. Das erste führte die Linie des Antimachiavell weiter, aber reifer und praktischer. Meine Zwangslage, so heißt es hier etwa, wo ich fürchten mußte, beim ersten Mißerfolge durch den Mächtigsten meiner Verbündeten im Stiche gelassen zu werden und durch Fortsetzung des Krieges meine Eroberungen zu verlieren und mein Volk ins Unglück zu stürzen, rechtfertigt mich. Und zum ersten Male schied er nun scharf begrifflich zwischen der Ethik des Privatmannes und der Pflicht des Herrschers, seinen persönlichen Vorteil dem Wohle der Gesellschaft unterzuordnen —»er muß sich selber opfern«. Dazwischen freilich verriet er durch das Gleichnis des Spielers, der sich mit einem großen Spielgewinne rasch vom Spiele zurückzieht, daß sein eigenes Handeln tatsächlich auch noch von anderen naturhafteren Motiven durchsetzt war.

Aber ist es möglich, die Motive der staatsethischen Opfergesinnung und der gewöhnlichen Spielerklugheit in seinem Handeln reinlich zu sondern? Sie flossen zusammen zu jener dunklen Zwangsgewalt des politischen Handelns, die aus dem elementaren Triebe der Selbstbehauptung, der stärksten Wurzel der Staatsräson, ihre Hauptnahrung erhält. Hammer oder Amboß sein, war hier die Losung. Düpiere ich nicht, so werde ich düpiert von meinem Verbündeten, der mir an physischer Macht überlegen ist und kein Bedenken tragen würde, mich zu mißbrauchen, — das war die stärkste der Überlegungen, die ihn zum Abschluß der Kleinschnellendorfer Konvention und des Breslauer Separatfriedens drängte. Ob sein damaliges Handeln, mit dem Maßstabe der reinen Nützlichkeit gemessen, politisch zweckmäßig war und nicht vielleicht in mancher Hinsicht zweischneidig wirkte, braucht hier, wo es sich um das Wesen und nicht um die unmittelbaren Erfolge seiner Staatsräson handelt, nicht untersucht zu werden. Aber der Entschluß Friedrichs, inmitten einer machiavellistisch handelnden

---

[1] *Oeuvres* 17, 226 bzw. Küntzel, Polit. Testamente der Hohenzollern 2, 85.

Welt auch selber machiavellistisch zu handeln, sprang unter dem Hammerschlage dieser Welt wie Minerva aus dem Haupte des Zeus blitzartig und fertig hervor. *Soyons donc fourbes*, erklärte er seinem Minister Podewils[1], mit innerster Verachtung dieser Welt, die ihn so zwang zu handeln, aber mit herber Entschlossenheit.

Und so wollte er damals auch von der Nachwelt angesehen sein. »Ich hoffe«, schrieb er im *Avant-propos* zur *Histoire de mon temps* von 1743, »daß die Nachwelt, für die ich schreibe, den Philosophen in mir vom Fürsten und den anständigen Menschen vom Politiker unterscheiden wird. Ich muß gestehen, es ist sehr schwer, Anständigkeit und Reinheit zu bewahren, wenn man in den großen politischen Wirbelwind Europas gerissen ist. Man sieht sich unaufhörlich in Gefahr, von seinen Alliierten verraten, von seinen Freunden verlassen, von Eifersucht und Neid unterdrückt zu werden, und man sieht sich schließlich gezwungen, zwischen dem schrecklichen Entschlusse zu wählen, seine Völker oder sein Wort zu opfern.

Vom kleinsten bis zum größten Staate kann man rechnen, daß der Grundsatz, sich zu vergrößern, das Fundamentalgesetz der Regierung ist. Diese Leidenschaft ist jedem Ministerium so tief eingewurzelt, wie der universale Despotismus dem Vatikane.

Die Leidenschaften der Fürsten haben keinen anderen Zügel als die Grenze ihrer Macht. Das sind die konstanten Gesetze der europäischen Politik, denen jeder Politiker sich beugt. Würde ein Fürst seine Interessen weniger sorgfältig wahren als seine Nachbarn, so würden diese sich nur stärken, und er würde zwar tugendhafter, aber auch schwächer übrigbleiben... Verträge sind, um die Wahrheit zu sagen, nur Eide des Betrugs und der Treulosigkeit[2].«

Damit kehrte er zurück zu der naturalistischen Erkenntnis der *Considérations*, gab den schon damals nicht ganz konsequenten Versuch des Antimachiavell, die Machtpolitik dem Aufklärungs-

---

[1] *S'il y a à gagner à être honnête homme, nous le serons, et s'il faut duper, soyons donc fourbes*, 12. Mai 1741. Polit. Korresp. 1, 245. Ähnliche Worte aus dieser Zeit: *Trompez les trompeurs* (das. 255) und *Dupons les plutôt que d'être dupe*. Vgl. Koser in den Sitzungsberichten der Berliner Akademie 1908, S. 66.

[2] Vgl. dazu auch den Erlaß an Podewils im Haag vom 28. Febr. 1745, Polit. Korresp. 4, 67 ff. und Koser in der Histor. Zeitschr. 43, 97 ff.

ideale zu unterwerfen, preis und konstatierte schlecht und recht den unausgleichbaren Dualismus beider Welten, den autonomen Charakter der Machtpolitik. Mit grandioser Ehrlichkeit bekannte er sich derselben Dinge schuldig, die er im Antimachiavell mit ebenso ehrlicher Empörung verurteilt hatte. Die Aufklärungssonne hatte, wie er sich nun eingestehen mußte, die Nacht der Barbarei in der Politik noch nicht zu überwinden vermocht. Er sagte nun auch nicht mit strahlender Glaubenszuversicht, daß sie es über kurz oder lang vermögen werde. Als Wünschender, nicht als Glaubender und mit einem Untertone von Resignation bemerkte er: »Man muß hoffen, daß eine aufgeklärtere Zeit einmal kommen wird, wo der *bonne foi* der Ruhm zuteil werden wird, der ihr gebührt.« Die tatsächlichen historischen Anzeichen, mit denen er diese zur Pflicht gemachte Hoffnung stützte, beschränkten sich auf die ganz richtige, aber nicht allzu gewichtige Beobachtung, daß so rohe und sinnfällige Mittel der Machtpolitik, wie sie früher üblich waren, heute die errötende Indignation der zivilisierten Zeitgenossen erregen würden.

Derselbe jugendliche Radikalismus durchwehte die Schriften der Kronprinzenzeit und den *Avant-propos* von 1743. Hinzu trat in diesem das nachzitternde Erlebnis des ersten, an erregenden Wechselfällen und Entschlüssen schon reichen Krieges. Durch diese Vibration kam es zu der extremen Rücksichtslosigkeit des Geständnisses. Gerade durch sie verriet er nun auch, daß er aus der sittlichen Welt keineswegs ganz auszutreten gedachte. Ihre Gesetze galten für ihn weiter, nur nicht auf diesem einen Gebiete, das ihm durch einen unüberbrückbaren Riß von ihr getrennt erschien. Weil er auch weiter sittlich empfand und handeln wollte, konnten auch die Grundempfindungen des Antimachiavell von Zeit zu Zeit in ihm wieder aufblitzen[1]. Aber trotz der abgewogenen Art, mit der er später noch wiederholt die Frage der Vertragstreue behandelte, veränderte sich seine Grundeinstellung gegenüber dem Phänomen der Machtpolitik nicht mehr. Sie war und blieb ihm fortan etwas unveränderlich Elementares und Naturhaftes, was praktisch nichts anderes übrig ließ, als mit den Wölfen zu heulen. Er brach in seinem politischen Testamente von 1752 auch ausdrücklich mit der Grundthese des Antimachiavell[2]. »Machiavelli sagt, daß eine des-

---

[1] Vgl. dazu *Oeuvres* 15, 138 (1760) und 24, 322 (Brief an die Kurfürstin von Sachsen vom 29. Mai 1779). [2] S. 59.

interessierte Macht, die sich inmitten ehrgeiziger Mächte befinden würde, sicher schließlich zugrunde gehen würde. Ich bin darüber betrübt, aber ich bin zu dem Geständnis verpflichtet, daß Machiavelli recht hat.« Und sechzehn Jahre später, nach dem Abschlusse seiner großen Macht- und Existenzkämpfe, lehrte er seinen Nachfolger: »Prägen Sie es Ihrem Geiste gut ein, daß es keinen großen Fürsten gibt, der nicht die Idee in seinem Kopfe hege, seine Herrschaft auszudehnen[1].«

Den Worten von 1752 folgte nun allerdings der weitere Satz: »Die Fürsten müssen notwendig Ehrgeiz haben, aber dieser Ehrgeiz muß weise, gemäßigt und durch die Vernunft aufgeklärt sein.« Man mag vielleicht eine gewisse ethische Tendenz aus ihm wieder heraushören; in der Hauptsache aber war es mehr auf eine Rationalisierung als auf eine Ethisierung der Machtpolitik dabei abgesehen. Nicht die Vernunft des 18. Jahrhunderts, der er als Philosoph huldigte, sondern die »Göttin Vernunft«, die schon Richelieu zur Meisterin der Politik erhoben hatte[2] und die nichts anderes als das Prinzip der höchsten Zweckmäßigkeit bedeutete, lag ihm hier im Sinne. Friedrich hatte den Ersten Schlesischen Krieg mit dem Ehrgeize unternommen, es mit den Meistern der Kabinettspolitik aufzunehmen und das feinste Spiel unter allen zu spielen. Das zeigt sich zumal in den vielfach verschlungenen Fäden, die ihn dazu führten, die Konvention von Kleinschnellendorf 1742 mit den Österreichern abzuschließen und das Haus Österreich damit aus schwerer Gefahr zu befreien. Aber eben diese Konvention und die beiden Separatfrieden von Breslau und Dresden hatten auch seinen politischen Kredit als zuverlässiger Alliierter geschwächt. Eben das trat ein, was Friedrich selber im Antimachiavell schon als Wirkung des Vertragsbruchs vorausgesagt hatte. Friedrich zog die Lehre daraus, daß man mit dem Mittel des Vertragsbruches äußerst vorsichtig und sparsam umgehen müsse. Während er in den beiden *Avant-propos* zur *Histoire de mon temps* von 1743 und 1746, in dem ersten schroffer, in dem zweiten etwas gedämpfter, sich damit begnügte, den Vertragsbruch überhaupt als unentbehrliches Mittel der Staatskunst zu recht-

---

[1] A. a. O. S. 200. Vgl. auch sein Wort an die Kurfürstin von Sachsen vom 2. Dez. 1763: *La jurisprudence des souverains est ordinairement le droit du plus fort. Oeuvres* 24, 56.

[2] Vgl. oben S. 198.

fertigen, strebte er in allen späteren Erörterungen der Frage, in den politischen Testamenten von 1752 und 1768 und im *Avant-propos* zur dritten Redaktion der *Histoire* von 1775 dahin, dies gefährliche Mittel sorgfältig zu umgrenzen und es auf bestimmte Notfälle zu beschränken. Wie etwa ein Arzt ein anfangs von ihm unbedenklich angewandtes Heilmittel, stutzig gemacht durch seine zweischneidigen Wirkungen, später nur noch unter bestimmten Voraussetzungen und Kautelen anwenden will.

»Man darf«, so bemerkte er 1752[1], »Verträge nur aus wichtigen Motiven brechen. Sie können dazu gedrängt sein, wenn Sie fürchten, daß Ihre Verbündeten ihren Separatfrieden schließen und wenn Sie Mittel und Zeit haben, ihnen zuvorzukommen; wenn Geldmangel Sie hindert, den Krieg fortzusetzen, und schließlich wenn wichtige Vorteile es erfordern. Derartige Coups darf man nur einmal, höchstens zweimal im Leben machen; das sind nicht etwa Aushilfen, zu denen man alle Tage greifen dürfte.«

»Das ist eine große Frage«, heißt es 1768[2], »wann man sich erlauben darf, einen sogenannten großen Staatsstreich zu tun — ich mildere den Ausdruck, ich meine, wann man die anderen düpieren darf. Diejenigen, die das als legitim ansehen, berufen sich darauf, daß man seine Engagements doch nur mit Schurken und Schelmen schließt und daß es also erlaubt ist, ihnen mit gleicher Münze zu zahlen. Andere dagegen meinen, daß die Schurken sich selbst diskreditieren und daß man es selbst dem Kardinal Mazarin als schweren politischen Fehler vorwarf, Schelm im Kleinen wie im Großen zu sein. Nach meiner Meinung muß man sich so wenig wie möglich von der Rechtschaffenheit entfernen. Wenn man sieht, daß ein anderer Fürst nicht auf rechtem Wege geht, darf man ihm unzweifelhaft mit Gleichem dienen, und wenn es Fälle gibt, wo es entschuldbar ist, seine Verpflichtungen zu versäumen, so sind es die, wo das Heil oder das größere Wohl des Staates es fordert.«

Und schließlich 1775[3]: »Das Interesse des Staates muß den Herrschern als Regel dienen. Die Fälle, Allianzen zu brechen, sind folgende: 1. Wenn der Verbündete seine Verpflichtungen versäumt oder wenn er 2. daran denkt, Sie zu betrügen und Ihnen nichts übrig bleibt, als ihm zuvorzukommen; 3. wenn eine *force*

---

[1] S. 76. [2] S. 212.
[3] *Oeuvres* 2, XXV. Vgl. dazu Meusel, Friedrich d. Gr. als historisch-politischer Schriftsteller, Preuß. Jahrbücher 120, 505.

majeure Sie drängt und zwingt, Ihre Verträge zu brechen, und schließlich 4. Mangel an Mitteln, den Krieg fortzusetzen, — denn fatalerweise hat dies unglückselige Geld auf alles Einfluß; die Fürsten sind die Sklaven ihrer Mittel, das Interesse des Staates ist ihr Gesetz, und dies Gesetz ist unverletzlich.«

Wir können von den leisen, aber nicht unwichtigen Varianten und Verfeinerungen dieser Kasuistik hier zunächst noch absehen. Man hat gemeint[1], daß Friedrich damit schließlich gewissermaßen zum Standpunkt des Antimachiavell zurückgekehrt sei, daß der Weisheit letzter Schluß bei ihm gewesen sei, die Geltung der sittlichen Verpflichtungen im Prinzip anzuerkennen, aber Ausnahmen zu statuieren, die in dem Notrecht begründet sind. Gewiß taucht in diesen drei späteren Äußerungen, im Gegensatz zu dem fast ganz naturalistisch gehaltenen *Avant-propos* von 1743, die sittliche Forderung wieder auf, grundsätzlich und in der Regel Vertragstreue zu üben, aber in anderer Umgebung, aus anderen Wurzeln. Im Antimachiavell erwuchs sie aus breitem sittlichem Wurzelboden, und selbst der sie einschränkende Vorbehalt des Notrechts, den der politisch versierte Thronfolger vorsichtigerweise machte, erhielt noch ein wunderliches, sehr unpraktisches sittliches Gewand für seine Blöße. Die drei Äußerungen von 1752, 1768 und 1775 aber erwuchsen aus staatsutilitarischem Boden. Die sittliche Forderung der Vertragstreue wird deswegen als Grundregel anerkannt, weil sie weise und zweckmäßig ist, weil es die Staatsräson selber so will. Nur eines wird man zugeben können. Im *Avant-propos* von 1743 hatten der Philosoph in ihm und der Politiker in ihm sich achselzuckend voneinander getrennt und besondere Wege eingeschlagen. Jetzt konnte der Politiker dem Philosophen wieder die Hand geben und ihm versichern, daß sein eigenes wohlverstandenes Bedürfnis ihn wieder in seine Nähe führe, in der er gern verweilen wolle, die er aber sofort verlassen müsse, wenn *Force majeure* oder ein größerer Nutzen des Staates ihn wieder in die Gefilde Machiavellis abrufen sollte.

Vergleicht man die drei Entwicklungsstufen seiner Lehren von Vertragstreue und Vertragsbruch noch einmal miteinander, so sieht man wohl, daß etwas von dem dialektischen Gesetze Hegels

---

[1] Hintze, Friedrich d. Gr. nach dem siebenjährigen Kriege u. d. polit. Testament von 1768, Forschungen zur brand. u. preuß. Geschichte 32, 26; vgl. auch Meusel a. a. O. 512.

in ihnen waltet. Jede der früheren Stufen wird in der folgenden
»aufgehoben«, das heißt, sie wird nicht nur überwunden, sondern
wirkt auch weiter, und die dritte Stufe kehrt zwar keineswegs
schlechthin zur ersten zurück, aber nähert sich, von den Triebkräften der zweiten Stufe selber getrieben, ihr wieder. Aber das
angenehme Gefühl, auf ihr nun ein harmonisches »Für sich« der
Idee erreicht zu haben, will nicht aufkommen, denn der alte Konflikt zwischen Sittlichkeit und Machtpolitik erscheint auch hier nur
äußerlich und utilitarisch, nicht innerlich gelöst.

Es gibt aber noch eine andere Entwicklungsreihe in den verschiedenen von uns vorgeführten Äußerungen Friedrichs, die wir
bisher beiseite ließen, aber nun heranziehen müssen in der Hoffnung, dadurch in eine innerlichere Sphäre des Problems zu gelangen. Auch in ihr setzten sich Aufklärung und Macht, Ideelles
und Elementares auseinander und scheinen sich so nahe zu berühren, daß man hier in der Regel den harmonischen Vereinigungspunkt in der Gedankenwelt Friedrichs zu finden meint,
sogar einen solchen, der auf allen Stufen der Entwicklung Friedrichs vorhanden zu sein scheint. Überall versuchte er nämlich den
Vertragsbruch doch noch tiefer zu begründen als mit dem bloßen
naturalistischen Motive, daß man mit den Wölfen heulen müsse.
Im Antimachiavell hatte er neben dem unbestimmt dunklen, aber
mächtigen Begriffe einer »sehr großen Notwendigkeit«, die den
Vertragsbruch eines Fürsten rechtfertige, auch die Rücksicht auf
das »Heil seiner Völker«, die ihn dazu verpflichte, betont. 1742,
nach vollbrachter Tat, hatte er gerufen: »Sollte ich mein Volk ins
Unglück stürzen?« Der Grundsatz, den er nun aufstellte, daß der
Herrscher sich und seine Privatethik »opfern müsse« um des Volkes
willen, wurde sogar in den sonst ganz naturalistischen *Avant-propos* von 1743 verwoben und ruhig und gründlich erörtert im
zweiten *Avant-propos* von 1746. Ein Privatmann, heißt es hier,
muß sein Wort unter allen Umständen halten, »denn die Ehre
steht über dem Interesse. Ein Fürst aber, der sich verpflichtet,
verpflichtet sich nicht allein, sonst wäre er in der Lage des Privatmannes. Er setzt vielmehr große Staaten und große Provinzen
tausend Unglücksfällen aus. Es ist also besser, daß er seinen Vertrag breche, als daß das Volk untergehe[1]. « Das versuchte er noch

---

[1] *Histoire* von 1746, Publikationen aus den K. preuß. Staatsarchiven
4, 155.

anschaulich zu machen durch ein schon im Antimachiavell[1] gebrauchtes Bild: Würde nicht auch der Chirurg lächerlich skrupulös handeln, wenn er zögern wollte, den brandigen Arm eines Menschen abzuschneiden? In dem sorgfältig umgestalteten und seiner Altersstimmung angepaßten *Avant-propos* zur *Histoire de mon temps* von 1775 ließ er zwar dies krasse Bild fallen, aber wiederholte die Frage: »Ist es besser, daß das Volk untergehe, oder daß der Fürst seinen Vertrag breche?« Der Fürst müsse »seine Person dem Heile seiner Untertanen opfern[2].«

Merkwürdigerweise hat man bisher nicht die spezifisch aufklärerische und humanitäre Farbe dieser Formulierungen und die kritischen Fragen, die sich daraus ergeben, beachtet. Der von der Aufklärung gesetzte und von ihr ganz individualistisch empfundene Zweck des Staates, das menschliche Glück seiner Untertanen zu fördern, muß ja hier dazu herhalten, einen schweren Bruch der Individualethik zu rechtfertigen. Die zu beweisende These und der zum Beweise benutzte Grund entstammten also heterogenen Sphären. Konnte die Beweisführung nicht daran innerlich zerbrechen? Mit andern Worten, war es wirklich im ganzen Umfange möglich, das Haupt- und Kernstück reiner, unbedingter Machtpolitik und Staatsräson, den Vertragsbruch als unentbehrliches Mittel zur Sicherung des menschlichen Glückes der Untertanen nachzuweisen? Und selbst auch nur in der Beschränkung auf jene seltenen Notfälle, die Friedrich nach und nach herauszuarbeiten bemüht war?

In vielen Fällen war dies gewiß möglich. Ein durch Vertragsbruch ermöglichter Separatfriede wie der von Breslau und Dresden ersparte den eigenen Untertanen weitere Kriegsopfer und unübersehbare Leiden, — wobei es aber in diesen wie in ähnlichen Fällen immer zweifelhaft blieb, ob gerade das humanitäre Motiv den Ausschlag gab für den Entschluß zum Vertragsbruch. Weiter konnte sich Friedrich darauf berufen und hat sich auch wiederholt darauf berufen[3], daß die Machtpolitik, indem sie den territorialen Bestand des Staates sicherte, auch die physischen Mittel zur Beglückung der Untertanen sicherte. »Wenn der Fürst Provinzen

---

[1] *Oeuvres* 8, 172.
[2] *Oeuvres* 2, XXVI f.
[3] *Essai sur les formes de gouvernement, Oeuvres* 9, 200; *Lettres sur l'amour de la patrie* (1779), *Oeuvres* 9, 221.

verliert, ist er nicht mehr wie bisher imstande, seinen Untertanen zu helfen.« Das war von ihm, der mit knappen Mitteln eine hausväterliche Wohlfahrtspolitik im Innern zu treiben suchte, auch ganz persönlich empfunden. Ja, selbst zur Erwerbung neuer, für die physische Leistungsfähigkeit des Staatsganzen unentbehrlicher Provinzen ließen sich humanitäre Motive geltend machen. Aber waltete dabei auch immer jene pressende Notwendigkeit, die eine *conditio sine qua non* des Vertragsbruches bleiben sollte? Konnten, wenn das humanitäre Motiv den Vorrang behaupten sollte, die bedrohten oder die beanspruchten Provinzen unter einem anderen Zepter nicht ebenso glücklich und friedlich leben? Dem reinen Aufklärer mußte es gleich sein, welchem Staate diese oder jene Provinz zugehörte, wofern er nur überhaupt für das Wohl seiner Untertanen sorgte. Friedrich hat es im Antimachiavell denn auch durchaus zugegeben, daß wenigstens die Erwerbung neuer Provinzen durch humanitäre Zwecke nicht begründet werden dürfe. »Die neuen Eroberungen eines Herrschers machen die Staaten, die er schon besaß, weder opulenter noch reicher, seine Völker profitieren nicht davon[1].« Man hätte ihn fragen können, ob nicht auch seine alten Stammprovinzen und sein Schlesien unter sächsischem und österreichischem Zepter ebensowohl florieren könnten. Als großer Herrscher hätte er die Frage mit der Wucht der geschichtlichen Wahrheit verneinen dürfen. Als Denker, der nur über die Denkmittel seiner Zeit verfügte, wäre er in Verlegenheit gekommen. Fichte, der in seinen politischen Anfängen ganz der Aufklärung angehörte, hat im Jahre 1793 spöttisch gefragt, ob dem deutschen Künstler und Landmann so viel daran liege, daß der lothringische und elsässische Künstler und Landmann seine Stadt und sein Dorf in den geographischen Lehrbüchern hinfüro in dem Kapitel vom Deutschen Reiche finde. Kurz, die individualistische und im tiefsten Wesen unpolitische Ethik der Aufklärung war unbrauchbar für den Zweck, für den sie Friedrich zu benutzen versuchte, wenn er die Staatsräson des Vertragsbruches und damit auch die Machtpolitik überhaupt mit dem Wohl und Glück der

---

[1] *Oeuvres* 8, 171. Dieser aufklärerische Gedanke, daß territoriale Rechtsansprüche allein einen moralisch berechtigten Kriegsgrund nicht bilden könnten, weil es für das Glück des Untertanen an sich noch nichts ausmache, ob er diesem oder jenem Herrscher angehöre, war in der Tat damals verbreitet. Vgl. de Lavie, *Des corps politiques* 1766, Bd. 2, 136.

Untertanen begründete. Wenigstens konnte man sie nur durch Inkonsequenzen dafür brauchbar machen. Ihre eigentliche volle Konsequenz führte zum Pazifismus St. Pierres.

Da ist es denn denkwürdig, daß Friedrich selber in seinen späteren Äußerungen über den Vertragsbruch neben der fortwirkenden Ausdrucksweise der Aufklärung, die vom Glücke des Volkes und der Untertanen als höchstem Werte sprach, noch einen anderen, besseren und prägnanteren Ausdruck für das, was er so mächtig empfand, gefunden hat. Der Staat schlechthin trat nämlich jetzt häufig an die Stelle, wo er bisher von Völkern und Untertanen gesprochen hatte. »Das Heil und das größere Wohl des Staates« fordert, so heißt es im Testament von 1768, unter Umständen den Vertragsbruch. Noch schärfer klingt der *Avantpropos* von 1775. »Das Interesse des Staates«, so beginnt hier der Passus über den Vertragsbruch, »muß den Herrschern als Regel dienen... Dies Gesetz ist unverletzlich.« Damit war die einzig mögliche Begründung gefunden, die das Notrecht des Vertragsbruchs und die Machtpolitik rechtfertigen konnte. Der Staat als individuelles Lebewesen konnte das Recht in Anspruch nehmen, zu seiner Selbstbehauptung im Notfalle Mittel anzuwenden, die die für das einzelne Individuum geltende Ethik verurteilte. Der Staat war auch etwas anderes als das, was die Aufklärung unter Volk und Untertanen verstand. Noch stand er damals, anders als im 19. Jahrhundert, neben und über dem Volke, war aber auch nicht mehr der bloße Machtapparat einer Dynastie, sondern eine große, lebendige Einheit, die, wenn auch geschaffen durch dynastische Mittel, über sie hinausgewachsen war. Wir müssen wieder an die charakteristische Tatsache erinnern, daß Friedrich das dynastische Element aus der Idee des Herrscherberufes in hohem Grade ausgemerzt hat. Von vornherein fühlte er sich instinktiv als Organ einer höheren Größe. Im Antimachiavell nannte er sich noch den »ersten Diener (*domestique*) seiner Völker[1]«, später trat daneben das Wort vom »ersten Diener des Staates[2]«.

---

[1] In Voltaires zweiter Ausgabe des Antimachiavell umgeändert in *magistrat*. Vgl. Heydemann, Friedrichs d. Gr. Antimachiavell, Histor. Vierteljahrschr. 1922, S. 66. Es wäre möglich (vgl. oben S. 326, Anm. 4) daß Voltaire diese Änderung nicht eigenmächtig, sondern auf Grund eines friderizianischen Manuskriptes vornahm.

[2] Zuerst 1747 *premier serviteur et premier magistrat de l'Etat (Oeuvres* 1, 123); 1752 *premier serviteur de l'Etat* (Polit. Testamente S. 38); 1757

Die erste Fassung mag auf den ersten Blick moderner und nationaler berühren als die zweite, war es aber, wie wir nun erkannt haben, nicht. Denn dies Volk war nur Population, noch kein wirkliches Volk, war noch kein individuell-historisch, sondern ein rein humanitär und rationalistisch empfundener Begriff. Gerade der Übergang vom »Volke« zum »Staate« in Friedrichs Denk- und Ausdrucksweise hat eine Pfeilrichtung zum modernen Denken wie zum modernen Nationalstaate hin. Zum modernen Denken, weil es zur Anerkennung einer jener großen, nicht mehr rationalistisch, sondern historisch zu begreifenden Lebenseinheiten führte, die zu verstehen eine Hauptfähigkeit des modernen Geistes ist. Zum modernen Staate, weil Friedrichs Staat erst die feste Form schuf, innerhalb deren eine bloße Population zu einem wirklichen Volke mit eigenem Lebenswillen zusammenwachsen konnte.

Das Humanitätsideal der Aufklärung war erwachsen als Ideal des vernünftigen Einzelindividuums, das die in ihm lebende Vernunft als allgemein gültig ansah, die ganze Welt mit ihr universal umfaßte und darüber die historisch-politische Zwischengewalt der Staatspersönlichkeit nicht vollkommen verstehen, sie nur praktisch gelten und wirken lassen konnte. Daher der einstige schroffe Dualismus zwischen dem Philosophen und dem Fürsten in Friedrich. Aber Leben und Erfahrung lehrten ihn mehr und mehr, den Staat als überragende und zwingende Lebensmacht erkennen, als ein sowohl den Fürsten leitendes, als auch das Glück der Untertanen, des Volkes mit bedingendes und umschließendes Gesamtwesen. Leben und Erfahrung mehr als rationales Denken führten ihn so an die Schwelle des 19. Jahrhunderts. Aus dem innersten Wesen der Staatsräson selbst, aus dem Gefühle für das Notwendige entsprang seine Erkenntnis[1].

---

premier ministre (du peuple) (Oeuvres 27,3, 279); 1766 premier magistrat de la nation (Oeuvres 24, 109); 1777 premier serviteur de l'Etat (Oeuvres 9, 197 u. 208). — Vgl. Zeller, Friedrich d. Gr. als Philosoph, S. 241 f.

[1] Vgl. das schöne Wort von Ranke (Werke 29, 154): »Seine Meinungen selbst, so tief sie in ihm wurzeln, sind doch nicht das reine Ergebnis seines Nachdenkens, sie werden zugleich von seiner allenthalben gefährdeten Lage, von dem Bedürfnis der u n m i t t e l b a r n o t w e n d i g e n Tätigkeit heraus gefordert.« — Zu stark modernisierte ihn Dock, Der Souveränitätsbegriff von Bodin bis zu Friedrich d. Gr. (1897), wenn er S. 142 schrieb: »Friedrich d. Gr. war der erste, der den Gedanken der Staatspersönlichkeit und demgemäß der Staatssouveränität zu erfassen

Der Übergang vom »Volke« zum »Staate« bedeutete also den Übergang von einer humanitären und moralischen Ideologie der Machtpolitik zu jener historisch-politischen Ideologie der Machtpolitik, die dann vor allem im Deutschland des 19. Jahrhunderts ausgebildet wurde. Aber jene humanitäre Ideologie blieb daneben, wie wir beobachteten, in Friedrich bis zum Lebensende lebendig. Ihre inneren Mängel und Diskrepanzen haben wir genügend kennengelernt. Aber ihre geschichtliche Kraft und Bedeutung darf man darüber niemals vergessen. Es gelang ihr zwar bei weitem nicht, den Staat ganz zu versittlichen, wohl aber, ihm einen sehr viel sittlicheren Inhalt zu geben als bisher. Der Sieg Machiavells über Antimachiavell im politischen Denken und Handeln des Königs, den wir darzustellen hatten, war nur die eine Seite des geschichtlichen Herganges. Auf der anderen Seite siegte auch Antimachiavell über Machiavell. Denn Preußen wurde kein reiner Machtstaat, sondern wurde durch Friedrich auch in die Bahn des Rechts- und Kulturstaates geführt. Es beherbergte fortan Machiavell und Antimachiavell zugleich in sich.

In der Wärme, die er dann im Alter dem Begriffe des »Vaterlandes« zu geben vermochte[1], zeigt sich, wie er auch selber gemütlich hineinwuchs in das, was sein Wille geschaffen hatte. Das Marmorbild, das seine Staatsräson geformt hatte, begann lebendig zu werden.

Aber schwere Probleme erwuchsen dem preußischen Staate und später der deutschen Nation durch den ihm von Friedrich eingepflanzten Dualismus von Machiavell und Antimachiavell. Und wenn wir vorhin die Berufung auf das Interesse des »Staates« die einzig mögliche Begründung für das Notrecht des Vertragsbruches nannten, so müssen wir hinzufügen, daß auch sie nicht zu einer vollen, den menschlichen Geist endgültig befriedigenden Harmonie, sondern in Konflikte und Abgründe hineinführte, in die wir schon oft genug hineingeschaut haben, deren letzte uns

wußte.« Vgl. dagegen Heller, Hegel und der nationale Machtstaatsgedanke in Deutschland (1921), S. 165, der richtig darauf hinweist, daß selten ein Monarch so nachdrücklich im Denken wie im Handeln die Lehre von der Herrschersouveränität vertreten habe. Das Eigene bei Friedrich ist aber, daß er zwar die Persönlichkeit des Staates schon lebendig empfindet, aber trotzdem er sich selbst nur als Organ des Staates ansieht, dennoch an der Herrschersouveränität festhält.

[1] *Lettres sur l'amour de la patrie* (1779), *Oeuvres* 9, 213 ff.

mögliche Würdigung aber erst am Abschluß unserer geschichtlichen Betrachtung erfolgen kann.

*

Mehr als einmal klangen in den Worten und Gedanken Friedrichs auch die bekannten Traditionen und Gedankengänge der älteren Interessenlehre an. Der Grundgedanke, mit dem die Rohansche Schrift begann, wurde wieder lebendig in den wiederholten Bekenntnissen Friedrichs vom zwingenden Imperativ des Staatsinteresses. Schon im Antimachiavell heißt es: »Die großen Fürsten haben sich immer selbst vergessen... um besser ihre wahren Interessen zu umfassen.« »Man muß blind dem Interesse des Staates folgen«, lehrt das Testament von 1768[1]. An beiden Stellen verknüpfte er diesen Satz mit der ebenfalls schon längst vertretenen Lehre, daß in der Politik keine besondere Vorliebe oder Abneigung gegenüber einzelnen Nationen, sondern lediglich das Interesse sprechen dürfe. Auch die Traditionen der Gleichgewichtspolitik vertrat er theoretisch mit voller Schärfe, in den *Considérations* von 1738 und im Antimachiavell, wie später im Testamente von 1752[2]. Wenn irgendein Staat, so war Preußen darauf angewiesen, sie hochzuhalten, übermäßigem Drucke seitens einer der Großmächte sich entgegenzustemmen und Nutzen zu ziehen aus den Schwebezuständen ihrer Rivalitäten. Durch den Gegensatz der Großen untereinander konnten die kleineren Mächte vom Typus Preußens emporkommen. Friedrich machte sich aber mit großer Nüchternheit auch die Abhängigkeiten und Schranken klar, in die das europäische Gleichgewichtssystem gerade auch die kleinen Mächte bannen konnte. »Wenn ein kriegerischer Fürst«, bemerkte er 1752, »den Schild erhebt zu einer Zeit, wo Frankreich und England den Krieg vermeiden wollen und sich darüber verständigen, so ist anzunehmen, daß sie den kriegführenden Parteien ihre Vermittlung anbieten und aufzwingen werden. Diese einmal

---

[1] *Oeuvres* 8, 294; Polit. Testamente S. 210.

[2] *Oeuvres* 8, 24, 294; Polit. Testamente S. 47 f. Einen Abriß der Geschichte des europäischen Gleichgewichts gab er in der *Lettre d'un Suisse à un Génois* von 1759/60 (*Oeuvres* 15, 144 f.): *C'est à cette sage politique que nous devons la durée de divers gouvernements européens; cette digue s'est constamment opposée aux débordements de l'ambition.* Vgl. auch *Oeuvres* 10, 208 (*Apologie des rois* 1749) und Fechner, Friedrichs d. Gr. Theorie der auswärtigen Politik S. 14 f.

in Europa eingeführte Politik verhindert die großen Eroberungen und macht die Kriege unfruchtbar, falls sie nicht mit großer Überlegenheit und andauerndem Glücke geführt werden.« Damit charakterisierte er zugleich prägnant die immer bewegte, aber immer zugleich in bestimmten Schranken bleibende Machtpolitik des *ancien régime* überhaupt, die nun freilich nicht nur durch den Mechanismus des Gleichgewichtssystems, sondern auch durch die sehr begrenzten militärischen Möglichkeiten des Zeitalters in solchen Schranken gehalten wurde. Erst der Nationalstaat der Französischen Revolution schuf die Kraft der Nationalheere, die diese Schranken überflutete.

Das konnte Friedrich nicht ahnen. Aber am Leitfaden der Staatsräson war er doch, wie wir sahen, in die Nähe der historisch-politischen Denkweise des 19. Jahrhunderts gelangt. Eben an diesem Leitfaden war seit dem 17. Jahrhundert die Lehre von den individuellen Interessen der Staaten ausgebildet worden, die ebenfalls eine Vorstufe zum modernen Historismus darstellt. Es geschah noch nicht mit jenem spezifischen Sinne für das Individuelle, für das aus eigenster Lebenswurzel Hervorgehende, den erst der Historismus ausgebildet hat, sondern auf Grund eines rein empirischen Verständnisses für die Mannigfaltigkeit der menschlichen Lebensverhältnisse. Und die Aufklärung konnte dann schon einen universalen Rahmen darumlegen, indem sie in der Mannigfaltigkeit der Dinge die Schöpferkraft der Natur verehrte. »Alles variiert im Universum«, schrieb Friedrich im Antimachiavell[1], »die Fruchtbarkeit der Natur gefällt sich darin, sich durch Schöpfungen zu offenbaren, die innerhalb derselben Art doch ganz verschieden voneinander sind«; das sehe man nicht nur bei Pflanzen, Tieren, Landschaften usw., sondern diese Operation der Natur erstrecke sich bis auf das Temperament der Reiche und Monarchien. Deshalb aber könne es auch keine allgemeinen Regeln der Politik geben.

Eben deswegen hat auch er die Lehre von den Interessen, oder um mit ihm zu sprechen, von den Temperamenten der einzelnen Staaten gepflegt, — in erster Linie für die praktischen Zwecke der Politik. Aber auch die Aufgabe, sie nutzbar zu machen für die Geschichtschreibung, hat er mit hellem Geiste schon ergriffen.

---

[1] *Oeuvres* 8, 215.

Viermal insgesamt[1] hat er so seine Blicke schweifen lassen über das europäische Staatenleben und eine Galerie der Staaten und ihrer Interessen gemalt, in den *Considérations* von 1738, in der *Histoire de mon temps* und in den politischen Testamenten von 1752 und 1768.

Wer die früheren Vertreter der Interessenlehre kennt, bemerkt in diesen vier Darstellungen eine feste Tradition und Technik. Kenntnis der »Interessen der Fürsten« verlangte er im Testamente von 1768 als Hauptlehrgegenstand für einen jungen Fürsten[2]; man spürt sofort den durch die Literatur festgewordenen technischen Ausdruck. Das nützliche Handbuch Roussets, das es zu drei Auflagen brachte, wird dem jungen Kronprinzen schwerlich unbekannt geblieben sein[3]. Eine Stelle im politischen Testamente von 1752 klingt sogar an Rohan an durch den in Friedrichs Munde auffallenden Ausdruck, daß das »christliche Europa« eine Republik von Souveränen bilde. Doch wird hier Voltaire der Vermittler des Begriffs für ihn gewesen sein[4]. Eine inhaltliche Abhängigkeit von seinen Vorgängern kommt nicht in Frage, da es ein Vorzug der Interessenlehre war, jedesmal neu geschrieben werden zu müssen. Friedrich brachte sie nur vielleicht auf den höchsten Grad von Vollendung, dessen sie im *Ancien régime*

---

[1] Genau genommen sogar fünfmal, da das Eingangskapitel der *Hist. de mon temps* in der Redaktion von 1775 wesentlich, aber nicht zum Vorteil der uns hier beschäftigenden Probleme umgearbeitet worden ist. Wir benutzen hier also das Eingangskapitel der Redaktion von 1746, so kurzweg genannt, obwohl Friedrich noch im Februar 1747 gerade an diesem Kapitel arbeitete; vgl. Koser, Briefwechsel Friedrichs d. Gr. mit Grumbkow und Maupertuis, S. 216 und Posner in Miszellaneen z. Gesch. Friedrichs d. Gr. S. 228 ff.

[2] S. 235. Vgl. auch den ganz an die Literatur der Interessenlehre erinnernden Eingang des Abschnittes S. 196.

[3] Rousset war seit 1732 Mitglied der Königl. Gesellschaft der Wissenschaften in Berlin und lieferte zeitweise politische Korrespondenzen nach Berlin. Droysen, Gesch. der preuß. Politik IV, 4, S. 13 f.

[4] S. 47: *Il faut regarder l'Europe chrétienne comme une république de souverains divisée en deux puissants partis. La France et l'Angleterre, depuis un demi siècle, ont donné le branle aux autres.* Vgl. damit Rohans Eingangsworte (oben S. 200: Es gibt zwei Mächte in der Christenheit, die gleichsam die beiden Pole sind, von welchen die Kriegs- und Friedenseinflüsse auf die anderen Staaten hinabsteigen), aber auch Voltaires *Siècle de Louis XIV.*, c. 2 Eingang und Friedrichs Brief an Voltaire vom 13. Okt. 1742 (Briefwechsel 2, 152).

fähig war. Denn ein superiorer Geist war hier durch sein eigenstes Interesse, durch den Zwang einer ungewöhnlich schweren politischen Aufgabe angespornt, das Schärfste und Treffendste zu sagen, die »wahren Interessen« seiner Rivalen so empirisch und nüchtern wie möglich zu ergründen und so anschaulich und drastisch wie möglich wiederzugeben.

Um die »wahren Interessen« der Staaten herauszufinden, mußte man unterscheiden und abermals unterscheiden, und nicht nur nach einem einzigen Kriterium, was sofort zum Doktrinarismus geführt haben würde, sondern nach allen den Kriterien, die die fließende Natur der Dinge verlangte und die nun freilich dadurch auch einen fließenden und logisch unvollkommenen Charakter annehmen mußten. Friedrich verfügte nicht über die dialektischen und intuitiven Hilfsmittel des modernen Historismus. Er stand, wie wir bemerkten, im Banne jener mechanischen Lehren, daß die menschlichen Dinge sich im Grunde wiederholen, weil die menschliche Natur die gleiche bleibe. Deswegen konnten ihm auch die Interessen der einzelnen Staaten nicht als etwas Singuläres und individuell Lebendiges erscheinen, sondern nur als kaleidoskopartige Permutationen derselben Atome. Auch die Distinktionen, die er an ihnen vornahm, gingen mehr auf das Generelle als das Individuelle. Aber er übertraf die früheren Versuche der Interessenlehre, zwischen wesentlichen und unwesentlichen, dauernden und momentanen Interessen der Staaten zu unterscheiden, durch die Mannigfaltigkeit seiner Gesichtspunkte.

Eine der wichtigsten Unterscheidungen, die er zu machen liebte und die wir in anderem Zusammenhange schon berührten, war die zwischen der Interessenpolitik der großen und der kleinen Fürsten. Eigentlich beruhte schon die Hauptthese des Antimachiavell auf dieser Unterscheidung. Die Staatskunst des Machiavelli, so wurde hier ausgeführt, ist ja nur die der kleinen *principini* Italiens. Ein unausgesprochenes Ergebnis seiner Betrachtungen war, daß die wahre große Staatskunst vor allem in den großen und mächtigen Staaten blühen könne. Das klingt schon an moderne Vertreter des Machtgedankens von der Art Treitschkes an, die das höchste Ethos des Staates nur im mächtigen Staate lebendig sehen. Zweifellos nimmt auch die Staatskunst und Interessenpolitik kleiner und schwacher, zur Macht erst emporstrebender Staaten leicht einen kleinlichen und selbst häßlichen Charakter an. Schon Richelieu hatte bemerkt, daß die kleinen Mächte im Halten der Verträge und Abmachungen unzuverlässiger seien als die großen, die auf ihre Reputation sehen müßten[1]. Als Friedrich im *Avant-propos* von 1743 nicht mehr moralisierend, sondern naturalistisch das Problem der Machtpolitik behandelte, bemerkte er mit Recht, daß die Politik der schwachen Staaten, dem Wesen nach ebenso skrupellos wie die der großen, sich durch ihre größere Timidität von ihr unterscheide, und an dem Kurstaate Sachsen fand er, genau wie später Treitschke, das klassische Beispiel für die Minderwertigkeit kleinstaatlicher Politik. Sachsen zeigt, so urteilte er in der *Histoire* von 1746, »Ostentation ohne wirkliche Macht, Herrschsucht und doch im Grunde innere Unselbständigkeit (*véritable dépendence*), und die Politik der kleinen Fürsten Italiens, wie sie Machiavelli malt, tritt hier an die Stelle des gleichmäßigen, männlichen und nervigen Systems, dem die großen Staatsmänner in den mächtigen Monarchien folgen[2].« Ähnlich bemerkte er im Testamente von 1752[3]: »Die Politik der kleinen Fürsten ist ein Gewebe von Schurkerei; die Politik der großen Fürsten hat mehr Weisheit, Dissimulation und Ruhmliebe.« Wohl liegt in der großen Macht an sich etwas Erzieherisches. Verantwortungsgefühle für ein großes Ganzes können sich regen, und wie der wirtschaftliche Großbetrieb eine natürliche Tendenz zu rationelleren Methoden entwickelt, so auch der politische Großbetrieb. Auch ist der Inhaber größerer Machtmittel eher in der Lage, großzügig zu handeln und auf kleine Kniffe und Unredlichkeiten zu verzichten. Das alles hatte Friedrich in der Praxis erfahren und richtig beobachtet. Aber war damit der Unterschied großstaatlicher und kleinstaatlicher Machtpolitik schon erschöpfend charakterisiert? Konnte hier überhaupt eine Grenze mit scharfer Ausschließlichkeit gezogen werden und gab es nicht Tatsachen, die ihn in ein wesentlich anderes Licht wieder rücken konnten? Diesen fließenden und relativen Charakter der historischen Erscheinungen ganz zu erfassen, war Friedrich, wie wir bemerkten, noch nicht imstande. Wohl aber vermochte er, wenn er einmal auf einen anderen Aussichtspunkt trat, auch den Unterschied großstaatlicher und kleinstaatlicher Politik von einer ganz anderen Seite aus zu sehen. So heißt es in seinen Brandenburgischen Denkwürdig-

---

[1] *Testament politique,* Teil 2, Kap. 6.
[2] S. 185   [3] S. 75.

keiten[1]: »Alle beide, Ludwig XIV. und der Große Kurfürst, schlossen Verträge und brachen sie, der eine aus Ambition, der andere aus Notwendigkeit. Die mächtigen Fürsten entziehen sich der Sklaverei ihres Wortes durch einen freien und unabhängigen Willen. Die Fürsten, die wenig Machtmittel haben, brechen ihre Verpflichtungen, weil sie oft gezwungen sind, den Konjunkturen nachzugeben.« Je geringer also die Macht, um so stärker kann der Zwang der Staatsräson zur Benutzung unschöner Mittel treiben. Damit wurde die häßlichere Politik der Kleinstaaten nicht mehr moralisch verurteilt, sondern vielmehr kausal erklärt und gerechtfertigt. Größere und freiere Macht aber kann nicht nur zu ihrem edleren Gebrauche führen, sondern auch zu ihrem Mißbrauche verführen. Alles das zeigt wieder den faltenreichen und labilen Charakter der machtpolitischen Probleme. Und alles Generelle, was sich über sie sagen läßt, kann im Einzelfalle modifiziert werden durch die singuläre Lage der Dinge, vor allem durch das Singulärste, die Persönlichkeit.

Generell und singulär zugleich war ein Zug in der Staatskunst Friedrichs, der in diesen Zusammenhang noch gehört. Ganz singulär, auf seiner Persönlichkeit beruhend, war die Reputation, die Friedrich dem preußischen Staate verschaffte. Koser nennt es eines der stolzesten Worte seines Lebens: »Die Reputation ist ein Ding ohne Vergleichswert und gilt mehr als die Macht.« Aber zugleich gehörte sie zu den typischen Behelfen und Ersatzmitteln schwächerer, ihrer eigenen Macht nicht ganz sicherer Staaten. Wir sahen früher, wie eifrig man in den unfertigen Machtverhältnissen des 17. Jahrhunderts das Thema der Reputation erörterte. Und da Friedrich es tief empfand, daß seinem Staate die physische Basis einer wirklichen Großmacht fehle, so prägte er seinem Nachfolger ein, daß ein Fürst sich nicht genug Mühe geben könne, Reputation zu erwerben und zu behaupten[2].

Fassen wir weitere lehrreiche Unterscheidungen in der Interessenpolitik, die Friedrich machte, ins Auge. In den beiden größten miteinander rivalisierenden Mächten Europas, in Frankreich und England, hatte er zwei wesentlich verschiedene Typen machtpoli-

---

[1] *Oeuvres* I, 95; ähnlich in den Randnoten zu Montesquieu bei Posner, Histor. Zeitschr. 47, 247 (Note 9).
[2] Polit. Testament von 1768, S. 220; vgl. Koser, Geschichte Friedrichs d. Gr., 5. Aufl., 3, 537.

tischer Methoden und Ziele vor sich. Frankreich hatte, wie er rein kausal und völlig wertfrei urteilte[1], das durch die Natur selbst ihm gesteckte, aus der Landkarte ersichtliche Ziel, seine Macht auf das stärkste Fundament zu setzen durch Gewinnung der Rheingrenze bis zur Mündung und sich wie ein Sapeur langsam dahin vorzuschieben. Er war, nebenher gesagt, im stillen ohne Zweifel überzeugt, daß es dies Ziel auch einmal erreichen werde, und man darf diese Überzeugung bei der Beurteilung seiner Politik im großen nicht vergessen. England dagegen, meinte er, strebe nicht nach Eroberungen, sondern nach Reichtum durch Beherrschung des Handels. Beiden Mächten seien aber diese Ziele noch nicht die letzten und eigentlichen. Es sei, bemerkte er ganz frei von banaler Konvention, auch nicht etwa einfach ein Nationalhaß, der sie trenne[2], sondern der Wettbewerb um das allgemeine Schiedsrichteramt in Europa und der gegenseitige Handelsneid. »Die Franzosen wollen ihre Feinde besiegen, um ihnen ihre übermütigen Gesetze aufzulegen; die Engländer wollen Sklaven kaufen und Europa durch das Lockmittel der Korruption und des Reichtums unterjochen.« Nach diesen Kriterien glaubte er sogar auch das übrige Europa gliedern zu können. Diejenigen Fürsten, die die Vergrößerungslust triebe, sah er zu Frankreich sich neigen; diejenigen, die den Reichtum dem Ruhme vorzögen, zu England[3].

Zwischendurch aber machte er noch eine andere Unterscheidung. Er schied zwischen dem, was das Interesse und dem, was die Eitelkeit der Franzosen erstrebe. Ihr Interesse fordere die Rheingrenze, ihre Eitelkeit das europäische Schiedsrichteramt. Und diese Scheidung bewegte ihn tiefer. Denn er stellte auch im Testamente von 1752 die Kriege, die man aus Eitelkeit führe, denen scharf entgegen, die man aus Interesse führe, und schalt diejenigen Narren, die der Eitelkeit folgten[4]. Das ist die große und fruchtbare Unterscheidung zwischen Prestige- und Interessenpolitik, die später Bismarck seinem Volke eingeprägt hat und Ranke oft genug anklingen läßt. Aber man sieht schon aus den ineinandergeschobenen und in sich nicht ausgeglichenen Betrachtungen Friedrichs von

---

[1] *Histoire* von 1746, S. 206 f.; vgl. auch *Considérations* von 1738. Oeuvres 8, 15 f.
[2] In der Redaktion der *Histoire* von 1775 (Oeuvres 2, 46) hat er dann freilich das Haßmotiv wieder aufgenommen.
[3] *Histoire* S. 210.   [4] S. 50.

1746, wie die Dinge vor seinem eigenen Auge ineinander übergingen, wie die eben gezogenen Grenzlinien wieder zu fließen begannen. Aus der bloßen Sicherung der Macht und Existenz, dem »Interesse« im engeren Sinne, erwächst, wenn es auf dem Wege ist, sich zu befriedigen, sofort die Wucherpflanze der reinen Freude an der Macht, der so oft mit Eitelkeit verwachsenen Herrschsucht, die nur durch die maßhaltende Weisheit des Handelnden und die objektiven Schranken der Umwelt niedergehalten werden kann. Aber wie tief steckt schon oft der Keim zu dieser Wucherpflanze in dem ersten und von der Vernunft anerkannten Motive der Existenzsicherung. Das galt von Frankreichs, nach Friedrichs Meinung »natürlichem« Drange zur Rheingrenze. Das galt auch von ihm selber, als er 1740 aufbrach zum »*Rendez-vous* des Ruhmes«.

Der Handelnde konnte schließlich eine gar zu subtile Untersuchung darüber, ob er nur einen Akt gesunder Interessenpolitik oder nicht auch etwas vermischt mit ungesunder Prestigepolitik begehe, ablehnen und dem geschichtlichen Urteile der Nachwelt überlassen. Wichtiger für das im Augenblick zu leistende war es für ihn, feste Kriterien für eine andere Unterscheidung zu besitzen. Es war das Ziel und der Ehrgeiz der Interessenlehre, die »festen und dauernden Interessen« der Staaten — ein Lieblingsausdruck Friedrichs — von den vorübergehenden und momentanen zu sondern und so Formeln der Statik, mit denen man bauen könne, zu liefern. Friedrich dachte von Anfang an bewußt und tief darüber nach, in welchem Grade man sich auf sie verlassen dürfe. In den *Considérations* wollte er, wie wir uns erinnern, das Gesamtspiel der »ständigen Interessen der Höfe« studieren wie ein Uhrwerk und das Kommende danach berechnen. In der *Histoire de mon temps*[1] drang er dann methodisch in das Problem ein. Ich weiß wohl, so führte er etwa aus, daß das Interessenspiel der Mächte, wie ich es hier konstruiere, seine Ausnahmen hat. Aber das ist die Eigentümlichkeit der Systeme. Manches paßt in sie hinein, manches »ajustiert« man ihnen. Schlechte Politik, Vorurteile, falsche Berechnungen, Korruption der Minister können eine Zeitlang sich von den ständigen und dauernden Interessen des Staates entfernen, aber diese Abirrungen können nicht von Dauer sein. Man kann wohl verschiedene Flüssigkeiten in einem

---

[1] S. 48.

Glase auf einen Moment durcheinander schütteln, aber Öl und Wasser werden sich bald prompt wieder voneinander scheiden[1].

Er hatte die Neigung des geistvollen Staatsmannes zum Epigramm und bildhaften Ausdruck, wo dann das einmal geprägte Bild leicht eine übermäßig überredende und suggestive Kraft bekommt. Unbekannt bis vor kurzem blieb ein anderes, meisterhaftes, für deutsche Empfindung freilich schmerzliches Bild, durch das er ein festes und dauerndes Interessenverhältnis seiner Zeit, nämlich die komplizenhafte Gemeinschaft Frankreichs und Preußens zu malen versuchte. Im Testamente von 1752 heißt es: »Schlesien und Lothringen sind zwei Schwestern, von denen Preußen die ältere und Frankreich die jüngere geheiratet hat. Diese Verbindung zwingt sie, derselben Politik zu folgen. Preußen könnte nicht mit ruhigem Auge ansehen, daß man Frankreich das Elsaß oder Lothringen wegnimmt, und Preußen kann für Frankreich wirksam einspringen, weil es sofort den Krieg in das Herz der österreichischen Erblande trägt. Frankreich kann aus ähnlichem Grunde nicht dulden, daß Österreich Schlesien wieder nimmt, weil das einen Verbündeten Frankreichs, der ihm nützlich ist im Norden und im Reiche und durch seine Diversionen ihm Lothringen oder Elsaß bei unvermuteter großer Gefahr sicher retten würde, zu sehr schwächen würde.«

So kam es, daß er die »ewige« Feindschaft zwischen den Häusern Österreich und Bourbon unter die Zahl seiner politischen Axiome aufnahm. Sie ist ewig, sagte er[2], weil die schönsten Eroberungen der Bourbonen in Ländern bestehen, die der österreichischen Monarchie abgenommen sind. Hier hätte ihn freilich schon eines seiner eigenen konsequent angewandten Axiome und Grundinteressen zu einer vorsichtigen Einschränkung veranlassen können. Er schätzte nur diejenigen Landerwerbungen, die den Staat arrondierten; Außenschläge suchte er abzustoßen und als Tauschobjekt für arrondierendes Gebiet zu benutzen. Gleich schon 1741, als Ostfrieslands Anheimfall bevorstand, schaute er danach aus, es mit Mecklenburg auszutauschen[3], und ähnliche Ideen gehen

---

[1] Andere Stellen, an denen Friedrich die Lehre vom Siege der »wahren Interessen« über die »vorübergehenden Illusionen« ausspricht: Erlaß an Podewils im Haag vom 28. Febr. 1745, Polit. Korresp. 4, 67 ff. und Brief an d'Alembert, 7. Okt. 1779, Oeuvres 25, 130.

[2] *Histoire* von 1746, S. 208, vgl. Polit. Testament 1752, S. 44.

[3] Polit. Korrespondenz I, 357.

durch sein ganzes Leben. »Ein Dorf an der Grenze«, so lautet sein berühmtes Schlagwort aus dem *Exposé du gouvernement prussien* von 1776[1], »ist mehr wert als ein Fürstentum 60 Meilen davon.« Friedrich wußte, daß die ganze politisch aufgeklärte Welt so dachte. Hätte er nicht auch der österreichischen Macht, der das Arrondierungsproblem ebensoviel zu schaffen machte als ihm, zutrauen können, daß sie den Raub derjenigen Provinzen, die weitab von den Erblanden lagen, würde verschmerzen lernen? War es anzunehmen, daß der Verlust von Elsaß und Lothringen Österreich und Frankreich ewig entzweien würde? 1756 war es sogar so weit, daß Österreich auf die südlichen Niederlande verzichten wollte, um Schlesien zurückzugewinnen[2].

Gewichtiger war ein zweites Argument, das Friedrich für die »Ewigkeit« des französisch-österreichischen Gegensatzes anführte. Frankreich dürfte Österreich überhaupt nicht hochkommen lassen und müßte die »germanischen Freiheiten« des Deutschen Reiches, das heißt seine politische Zersplitterung, unter allen Umständen

---

[1] *Oeuvres* 8, 188; Polit. Testamente S. 242. Über die Entstehungszeit vgl. Hintze, Forschungen 32, 6. Eine andere Fassung des Wortes im Polit. Testament von 1768 S. 215.

[2] Koser (Zur preuß. u. deutschen Geschichte S. 404 f.) führt die Anfänge des Arrondierungsgedankens in der österreichischen Politik mit Recht schon auf 1714 zurück, wo sie sich zuerst sträubte, Belgien aus der spanischen Erbschaft zu nehmen. Zeitgenossen vermuteten schon damals einen geplanten Austausch der Niederlande gegen Bayern. (Vgl. Nic. Hieron. Gundlings Collegium über die Friedenstraktate, 1714, S. 21.) Auch der Austausch von Lothringen gegen Toskana 1735 steht unter der Herrschaft des Arrondierungsgedankens. Während des österreichischen Erbfolgekrieges wurde in Wien die Möglichkeit einmal erwogen, Kurbayern durch die österreichischen Niederlande zu befriedigen und sich dafür durch bayerisches Gebiet zu arrondieren. Ranke, Werke 27/28, S. 457 u. 29, S. 53. »Ein Fuß breit Land in Bayern sei mehr wert als ganze Bezirke in anderen Gegenden«, habe man damals in Wien gemeint. Die dem Arrondierungsprinzip zugrunde liegende Einsicht, daß weit entlegene Erwerbungen unzweckmäßig seien, konnte natürlich auch schon früher erfaßt und ausgesprochen werden. Vgl. Clapmars *Conclusiones de jure publico* (Elzevierausgabe 1644) These 100: *Operam et oleum perdunt, qui remotissimis regionibus occupandis animum intendunt. Pulchra est Venetorum oratio apud Guicciardinum l. 3, civitatem Pisanam esse quidem opportunam Venetis, sed quod nisi per alienam ditionem et portus eo appellere queant, difficulter et non sine magnis impensis contra Florentinorum molestias conservari posse.*

stützen und konservieren. Aber konnte nicht auch dieses rationale Grundinteresse vorübergehend einmal von Frankreich vernachlässigt werden? Es ist eigen und tragisch, daß Friedrich, der theoretisch genau wußte, daß auch Öl und Wasser auf einen Moment durcheinander geschüttelt werden können, der als Kronprinz sogar schon einmal praktisch ein Zusammengehen Frankreichs mit Österreich erlebt hatte, in der schwersten Krisis seines Lebens, am Vorabend des Siebenjährigen Krieges, diese Möglichkeit vergaß. Im Vertrauen auf den Zwang der Interessen, die Frankreich mit ihm verbanden und von Österreich trennten, wagte er es im Januar 1756, die Westminsterkonvention mit England zu schließen. Er wollte damit nicht etwa in das gegnerische Lager übergehen, sondern sich nur durch England gegen Rußland sichern und hielt seine Allianz mit Frankreich für so fest, daß er ihr diese Belastung glaubte zumuten zu können. Aber da versagte nun die Formel seiner politischen Statik. Der Hof von Versailles, höchst erzürnt über das, was sich Friedrich herausgenommen hatte, lieh sein Ohr den Werbungen Österreichs, ließ sich bestechen durch das Angebot belgischen Gebietes und willigte zwar nicht in die gewünschte gänzliche Zerstörung Preußens — darin folgte es in der Tat noch seinem von Friedrich in Rechnung gestellten Grundinteresse, — wohl aber in eine empfindliche Schwächung seiner Macht. Die Leidenschaften siegten über das Interesse, die Fundamente von Friedrichs Werk erbebten, sein Existenzkampf begann.

Durch schärfste systematische Berechnung der Interessen der großen Mächte hatte Friedrich am Beginne seiner Laufbahn 1740 den Punkt gefunden, von dem aus er sich in ihre Reihen hatte emporschwingen können. Jetzt mußte der starke Geist, der die Kette der Kausalitäten einst bis in die Zukunft hinein hatte berechnen wollen, die Schranken seiner Kunst erfahren. Es war ein Schiffbruch des politischen Rationalismus, der, von Machiavelli begründet, in der Luft der Aufklärung seiner selbst zu sicher geworden war. Sobald die Lehre von den Interessen der Staaten zur Doktrin wurde, führte sie in die Gefahr, das Rationale in der Politik zu überschätzen, das Irrationale zu unterschätzen. Das war ja ihre eigentümliche Aufgabe und Schwierigkeit, hin und her pendeln zu müssen zwischen der Erwägung des einen und des anderen. In ihrer Doppelpoligkeit lag selbst schon die Tragik, daß sie, die versuchen mußte, den höchsten Grad von Exaktheit zu erreichen, eben dadurch unexakt werden konnte[1].

Jede auf rationale Prinzipien gegründete Betrachtungsweise gerät einmal in die Gefahr, irreal zu werden und zu künsteln. Das mahnt uns daran, auch die Prinzipien unserer eigenen Betrachtungsweise nicht zu überspannen. Indem wir die Auswirkungen bestimmter Ideen hier untersuchen, dürfen wir nicht vergessen, daß auch der individuelle Charakter, das besondere Temperament des Handelnden in ihnen hervorbricht und sich ausprägt. Jene ganz eigene Verschmelzung von Imagination und Reflexion in Friedrichs Wesen, jener Hang, immer zugleich zu spekulieren und zu kalkulieren[2], jenes spielerhafte Vertrauen auf den Erfolg des kühn gewagten Einsatzes muß man sich auch vor Augen halten, um sein Schicksal zu begreifen. Intellekt, Phantasie und Lebenswille zusammen schufen in ihm denselben heroischen Optimismus, den Machiavelli einst im Kampfe der *virtù* mit dem Schicksale dargestellt hatte. Eine solche Kraft kann dann wohl zerbrechen am Schicksale, aber nicht an sich selbst irre werden. Als Friedrich in den dunklen Wochen nach der Schlacht bei Kolin sich den Schiffbruch seiner Staatskunst eingestehen mußte, tat er es nicht, um zu bedauern, daß er falsch gesteuert habe, sondern als handelnder Held, der mit seinem Menschenwitz scheitert am unberechenbaren Schicksal. »Wie konnte ich ahnen, daß Frankreich 150000 Mann ins Reich schicken würde? ... Die Politiker können nicht in der Zukunft lesen; das, was man vulgär den Zufall nennt und was die Philosophen als die Ursachen zweiter Ordnung bezeichnen, entgeht ihrem Kalkül. Wir haben Prinzipien, um unser Urteil zu lenken, und diese bestehen in dem Interesse der Fürsten und in dem, was die Allianzen, in denen sie stehen, von ihnen verlangen ... Niemals haben die Bande des Bluts die Politik der Könige beeinflußt. Wie war es vorauszusehen, daß die Tränen der Dauphine, die Verleumdungen der Königin von Polen und die

---

[1] Ein welthistorisches Seitenstück zu Friedrichs folgenreichem Irrtum, ebenfalls eine Überspannung der Interessenlehre und durch die gleichen tragischen Folgen gestraft, war die Meinung des die deutsche Politik um 1900 beherrschenden Herrn v. Holstein, daß England und Rußland, Walfisch und Bär, niemals zusammenkommen und ein Bündnis untereinander schließen könnten.

[2] Vgl. Paul-Dubois, *Frédéric le Grand d'après sa correspondence politique* 1903, S. 43, 59, 66.

Lügen des Wiener Hofes Frankreich in einen Krieg ziehen würden, der seinen politischen Interessen diametral entgegengesetzt ist? Seit undenklicher Zeit war Frankreich in Krieg mit Österreich, ihre Interessen sind diametral entgegengesetzt. Die Politik Frankreichs war zu jeder Zeit, einen mächtigen Alliierten im Norden zu haben, dessen Diversionen ihm nützlich sein könnten. Schweden, das ihm einst diente, hat seine Macht und seinen Einfluß auf dem Kontinent verloren. Es blieb ihm also nur Preußen. Wer konnte sich vorstellen, daß ein unerklärlicher Umschwung des Geistes und die Intrigen einiger Klatschweiber es seinen Interessen und dem einzigen Systeme, das ihm anstand, abwendig machte?[1]«

Friedrich hatte, nachdem er einmal den folgenreichen Irrtum von 1756 begangen hatte, auch nicht eigentlich umzulernen, sondern nur das, was er längst wußte, sich wieder eindringlicher zu sagen und die Unsicherheit in der Berechnung des Interessenspiels sich wieder einzuprägen. Man glaubt die Wirkung der gemachten Erfahrung zu spüren, wenn man im Testamente von 1768 liest[2]:

»Eine oft trügerische Konjekturalkunst dient als Grundlage für die meisten großen politischen Entwürfe. Man geht von dem sichersten Punkte aus, den man kennt, kombiniert ihn, so gut man kann, mit unvollkommen bekannten Dingen und zieht möglichst richtige Folgerungen daraus. Um mich darüber klarer auszudrücken, will ich ein Beispiel geben. Rußland will sich den König von Dänemark gewinnen, verspricht ihm Holstein-Gottorp, das dem russischen Großfürsten gehört, und hofft, ihn dadurch auf ewig zu gewinnen. Aber der König von Dänemark ist leichtsinnig. Wie kann man all die Dinge voraussehen, die durch diesen jungen Kopf gehen? Die Günstlinge, Maitressen und Minister, die seines Geistes Herr werden und ihm von seiten einer anderen Macht Vorteile anbieten, die ihm größer als die von Rußland gebotenen erscheinen, werden sie ihn nicht dazu bringen, umzuschwenken? Eine gleiche Unsicherheit, obwohl in jedesmal anderer Form, herrscht in allen Operationen der auswärtigen Politik, so daß bei den großen Allianzen oft das Gegenteil von dem herausspringt, was geplant war.«

Warum schmiedet man aber, fragte er, bei solcher Unsicherheit überhaupt noch politische Projekte? Seine Antwort ist denk-

---

[1] *Apologie de ma conduite politique* (Juli 1757), Oeuvres 27, 3, 283 f.
[2] S. 192.

würdig. Man tue es um der Vorteile willen, die man sich bei einer Allianz von dem Verbündeten ausmache, wo denn auch dieser seinen eigenen Vorteil schon nicht vergäße. »Diese Projekte einer gegenseitigen Ambition sind das einzige Band der Nationen. Jede Macht würde isoliert bleiben ohne die Vorteile, die sie in ihrer Verbindung mit einer anderen Macht erspäht.«

Die isolierten Machtstaaten, allein noch miteinander verknüpft durch ihre ineinandergreifenden Ambitionen, dahin hatte es die Entwicklung des europäischen Staatenlebens seit Ausgang des Mittelalters gebracht. Und niemals war die Isolierung des Machtstaates so weit getrieben, wie in diesem letzten Jahrhundert des *ancien régime*. Die religiös-kirchlichen Ideen, in denen das mittelalterliche Europa sich als Einheit gefühlt hatte, in denen dann das kirchlich gespaltene Europa das Panier für zwei große Lager gefunden hatte, waren längst verblaßt. Die gesamteuropäischen Ideen, mit denen Wilhelm von Oranien gewirkt hatte, waren durch die Sonderegoismen der einzelnen Staaten, die in ihnen von vornherein mit enthalten waren, rasch ausgehöhlt worden zu jener Konvenienzpolitik der Roussetschen Zeit, die unversehens aus europäischer Konvenienz hinüberglitt zur Sonderkonvenienz des Einzelstaates. Gerade Friedrichs Eingreifen in die europäische Politik seit 1740 hatte diesen Prozeß beschleunigt und die Ideologie eines europäischen Gesamtinteresses vollends um ihren Kredit gebracht.

Anderseits hatten auch die neuen Gemeinsamkeiten, die das 19. Jahrhundert brachte, noch nirgends eingesetzt. Es gab noch keine solche Interessenverknüpfung, wie sie die moderne kapitalistische Wirtschaft brachte. Das Wesen des herrschenden Merkantilismus war es eben, daß jeder Staat sich nach Möglichkeit unabhängig von fremder Einfuhr machte und sich in sich zusammenzufassen versuchte. Und noch fehlten ferner ganz die großen Gegensätze, die die Französische Revolution hervorrief, die zwar Europa neu spalteten, aber seine gleichdenkenden Teile auch wieder neu verbanden. Die innerpolitischen Probleme, die Kämpfe um innere Freiheit, die Europa später in ein konservatives und ein liberales Lager teilten, spielten noch keine Rolle in den Beziehungen der Staaten zueinander. Niemals in der Tat, weder vorher noch nachher, gab es in der großen europäischen Politik so wenig universaleuropäische Ideen und Interessen wie damals.

Friedrich hatte Recht: die isolierten Staaten wurden nur noch durch die Ausstrahlungen ihrer Staatsräson miteinander verknüpft.

Nur das eine bewirkte die rationale Lebensstimmung der Aufklärung vielleicht noch, daß sie eine kühlere, gelassenere, duldsamere Temperatur in den Interessenkämpfen der Staaten schuf. Die Stärke der Ambitionen und die Schärfe der sachlichen Gegensätze zwischen den Staaten wurden dadurch zwar in keiner Weise gemildert. Aber man billigte dem Gegner, wie der Kaufmann dem Konkurrenten, das Recht auf klugen und selbst skrupellosen Egoismus innerlich zu, und wenn man auch mit lauten und oft brünstigen Klagen über unlauteren Wettbewerb nicht sparte, so nahm man sie doch nicht sehr tragisch. Der politische Haß zwischen den Regierungen ging nicht bis auf die Knochen, er wurde noch durch keine Völkerleidenschaften geschürt. Diese Abkühlung der politischen Leidenschaften hatte schon mit dem Ende der Religionskriege, als der nüchterne Realismus des 17. Jahrhunderts stärker einsetzte, begonnen, aber war nun auf den höchsten Grad gediehen. Und damit stand denn auch die Staatsräson, verstanden als reiner, unbedingter, von überflüssigen Leidenschaften befreiter Egoismus des Staatsinteresses, auf der Höhe ihrer geschichtlichen Entfaltung, — insofern wenigstens, als sie konkurrenzlos, unbehindert durch andere Lebensmächte, die politische Lage beherrschte. Und sie kulminierte insbesondere in Friedrich, der sie auch in sich gereinigt und geläutert hatte durch die Zurückdrängung aller sie trübenden dynastischen und persönlichen Motive.

Diese politische Isolierung der Staaten voneinander stand in schneidendem Gegensatz zu dem großen Prozesse der geistigen Verschmelzung Europas durch die Aufklärungsbewegung. Das gespaltene Doppelleben des Philosophen und des Staatsmannes, das Friedrich in sich selber führte, war zugleich auch das Doppelleben Europas. Die inneren Wirkungen, die der Aufklärungsgeist trotzdem auch auf den Geist der Politik hatte, kamen gerade auch zunächst noch ganz der Vervollkommnung der Staatsräson zustatten und gipfelten in den Ideen des aufgeklärten Despotismus, die von Friedrichs Vorbilde her ihren Siegeszug durch Europa antraten. Ihre Verwirklichung aber war und blieb dabei Sache des isolierten Staates und schuf keine neuen Solidaritäten unter den Staaten.

Der Universalismus der Aufklärung nährte also den Partikularismus des Staates.

Es ist in dieser Hinsicht lehrreich, wie Friedrich die innerpolitischen Verfassungsfragen im Rahmen seiner Betrachtungen über die Interessen der Staaten behandelte. Im Antimachiavell hatte er noch ein gewisses platonisches Interesse für den »besten Staat«, für eine ideale Staatsform gezeigt und, angeregt durch Voltaire, in England ein »Modell der Weisheit« gefunden, weil dort das Parlament der Schiedsrichter zwischen Volk und König sei und der König wohl alle Macht habe, Gutes zu tun, aber keine Macht, Schlimmes zu tun[1]. In allen späteren Betrachtungen interessierten ihn die inneren Verfassungszustände der Länder lediglich nach ihrer Einwirkung auf ihre Machtstellung und Machtpolitik. Und eigentlich berührte er sie nur da etwas ausführlicher, wo sie negativ und schwächend auf die Machtstellung wirkten. In dem großen Eingangskapitel der *Histoire de mon temps* findet man die meisten verfassungsgeschichtlichen Angaben bei Staaten wie Holland, Schweiz, Schweden, Deutsches Reich, Polen, die wenig oder keine Machtpolitik trieben. Das absolutistische Regime seiner großen Rivalen schien ihm keiner besonderen Schilderung zu bedürfen, es verstand sich von selbst[2]. Um so interessierter behandelte er ihre Regenten und Staatsmänner, denn — »die Staaten sind nur das, was die Menschen, die sie regieren, aus ihnen machen[3]«. Daneben behandelte er in den Bildern, die er von den absolutistischen Monarchien entwarf, wohl noch ihre militärischen und finanziellen Kräfte und allenfalls noch den Volkscharakter ihrer Nationen. Aber für die innere Struktur etwa des französischen und österreichischen Staatsorganismus zeigte er kein Interesse. Das waren für ihn Detailfragen der Verwaltungskunst, die er selber in seinem eigenen Staate mit höchster Exaktheit und Gewissenhaftigkeit behandelte, die ihm aber für die auswärtige Politik nur durch ihre Ergebnisse, nicht durch ihr besonderes Sein und Werden wichtig zu sein schienen. Mochte jede dieser absolu-

---

[1] *Oeuvres* 8, 255; vgl. auch 243 und Madsack, Der Antimachiavell S. 93.

[2] Einige Einzelzüge aus ihm wurden nur in die Schlußbetrachtungen des Kapitels (S. 204 f.) verwoben.

[3] Polit. Testament von 1752, S. 69; vgl. auch S. 73: *Les royaumes dépendent des hommes qui les gouvernent.*

tistischen Regierungen mit ihren Untertanen fertig werden, so gut sie konnte, er wollte nur wissen, was für Kerle diesen Staat leiteten, was sie vorhatten und wieviel Geld und Truppen hinter ihnen waren. So innerlich fremd und gleichgültig standen in seiner Empfindung — und nicht nur in ihr — die großen Machtstaaten nebeneinander. Die isolierten Staaten mit den isolierten Führerpersönlichkeiten an der Spitze, — sie wurden in der Tat durch kein anderes inneres Band als das des gegenseitigen Nutzens oder Schadens damals miteinander verbunden.

Keine Rede kann deshalb auch davon sein, daß er etwa die inneren Kämpfe, Siege oder Niederlagen des Absolutismus im Auslande mit einer innerlichen prinzipiellen Sympathie und Zustimmung zu ihrer Sache verfolgte. Lediglich ihr Ergebnis für die Funktionen der Machtpolitik interessierte ihn. In Schweden würde wohl, so meinte er 1752[1], ein ehrgeiziger König den Despotismus wieder aufrichten können, — allein schon die Ausdrucksweise zeigt den Mangel an innerlicher Solidarität mit der Sache seiner Schwester Luise Ulrike. Er wünschte ihr damals nur deshalb Erfolg, weil ein absolutistisch regiertes Schweden ein wirksames und nützliches Gegengewicht gegen Rußland im Norden bilden konnte[2]. Im Grunde traute er auch nur den absolutistischen Staaten eine wirkliche, ernst zu nehmende Machtpolitik zu, und hatte damit für die kontinentalen Staaten seiner Zeit auch recht. Staaten, in denen, wie im damaligen Schweden, monarchische und republikanische Elemente sich mischten, waren in seinen Augen hybrid, denn »die Passionen der monarchischen Staaten sind den Prinzipien der Freiheit entgegengesetzt«, und beide nebeneinander bringen den Staat nur in Unordnung[3]. Die reinen Republiken dagegen waren für ihn staatliche Lebewesen *sui generis*, denen er sogar eine zwar nicht politische, aber philosophische Sympathie schenkte. Sie mußten nach seiner, von Montesquieu befruchteten und, wie wir wissen, schon auf eine lange Tradition zurückblickenden Ansicht friedlich sein und bleiben, um ihre Freiheit zu bewahren, wie ihm

---

[1] Polit. Testamente S. 73.
[2] Später warnte er seine Schwester sogar vor absolutistischen Experimenten: *Je connaissais la nation suédoise et je savais qu'une nation libre ne se laisse pas aisément ravir la liberté*, 9. März 1764. Oeuvres 27, 379. Vgl. auch Koser, Geschichte Friedrichs d. Gr.⁵ 2, 436; 3, 384, 505.
[3] *Histoire de mon temps* 1746, S. 178.

das Schicksal der römischen Republik zeigte[1]. Für das musterhaft friedliche und glückliche Stilleben der Schweizer Kantone fand er geradezu warme Worte der Anerkennung[2]. Der humanitäre Philosoph in ihm konnte eben jederzeit, wo ihn das leidige Handwerk der Staatsräson nicht störte, den Mund wieder öffnen. Wie er letzten Endes auch in einer freischwebenden Stimmung über seinem eigenen politischen Handwerke sich fühlte, zeigt die leise Ironie, die in dem Worte von den »Passionen der monarchischen Staaten« klang. »Man sieht ihn«, sagt Ranke[3], »immer auf einer gewissen Höhe über das Tun und Treiben der Nationen und der Staaten. Das entspricht seiner skeptischen Gesinnung überhaupt.«

Nur eine der großen Mächte fiel aus dem Rahmen seiner absolutistischen Mitspieler, an die ihn sein Schicksal kettete, heraus — England. Was er als junger Philosoph über Englands Musterverfassung gesagt hatte, hat er später freilich, wo er England nur noch mit den Augen des Politikers ansah, nicht wiederholt, im Gegenteile das ihm Fremdartige am englischen Staatsleben, die Unruhe und scheinbare Unstetigkeit, die durch das Nebeneinander höfischer und parlamentarischer Einrichtungen und Tendenzen entstand, wiederholt recht kritisch beurteilt[4]. Aber er war auch, wenn er rein politisch Englands Kräfte abwog, imstande, sich frei zu machen von allen monarchischen Vorurteilen und sich

---

[1] Später hat er im *Examen de l'essai sur les préjugés* von 1770 (*Oeuvres* 9, 143) allerdings auch auf die kriegerische Politik nicht nur der antiken, sondern auch moderner Republiken wie Venedig, Holland usw. hingewiesen, ohne nun aber zu bemerken, daß die volle Entfaltung der absolutistischen Militärmonarchien der aktiven Machtpolitik der aristokratischen Republiken Europas ein Ende bereitet hatte. — Auch in die besondere Staatsräson der Republiken konnte er sich hineindenken. Er billigte ihnen im Innern, in ihrer Justizpflege, Mittel zu, auf die der absolutistische Machtstaat schon verzichten konnte. Falls z. B. in Genf eine Verschwörung gegen den Bestand der Republik entdeckt würde und die Komplizen festzustellen seien, *dans ce cas je crois que le bien public voudrait qu'on donnât la question au delinquent.* An Voltaire, 11. Okt. 1777 (Briefwechsel 3, 416). In Preußen hatte er die Tortur bekanntlich schon am 3. Juni 1740 und für den damals noch vorbehaltenen Fall des Hochverrats auch 1755 abgeschafft. Koser, Gesch. Friedrichs d. Gr.⁵ 1, 197.

[2] *Histoire de mon temps* 1746, S. 187.

[3] Werke 24, 125.

[4] *Dissertation sur les raisons d'établir ou d'abroger les lois* 1750, *Oeuvres* 9, 21; dazu die Äußerungen in den polit. Testamenten S. 72, 204, 225.

in die eigentümliche englische Staatsräson selbst hineinzudenken. Er war der Meinung, daß die welfischen Könige es nicht versuchen sollten, der freiheitsliebenden englischen Nation ein absolutistisches Regiment aufzudrängen. »Der König (Georg II.) erfuhr durch den üblen Erfolg, den die gefährliche Kraftprobe seiner Autorität hatte, wie sehr er sich hüten müsse, sie zu mißbrauchen[1].«

Aber so hoch er auch Englands Bedeutung für die europäische Politik stets einschätzte, so hat er doch ein volles, adäquates Verständnis für sie deswegen nicht ganz gewinnen können, weil England über den kontinentalen Horizont seiner eigenen Interessen hinausragte in die überseeische Sphäre, die ihm nie ganz vertraut wurde. »Die Dinge des Meeres entgehen ihm«, hat schon Lavisse nicht unrichtig von dem jungen Friedrich gesagt[2]. Es ist ein lehrreicher Fall dafür, daß bloße Kenntnis von Tatsachen auch auf dem Gebiete staatlicher Interessen noch nicht genügt, um sie wirklich lebendig zu erfassen, daß alles Wissen irgendwie erlebt werden muß, um volles Wissen zu werden. Denn von dem damals schon die Welt umspannenden Handel der Engländer, von dem gewaltigen Reichtum, den er ihnen brachte, und von dem durch und durch merkantilen Charakter ihrer Politik wußte er natürlich genug. Auch sah er immer England und Frankreich als die beiden eigentlichen Großmächte ersten Ranges an, deren Rivalität die wichtigste Springfeder der europäischen Politik war. Und doch, als er 1746 Englands und Frankreichs Gewichte im ganzen gegeneinander abwog, zögerte er nicht, Frankreich für die stärkere Macht zu erklären[3]. Denn Frankreich vereinige in sich fast alle Teile der Macht in der höchsten Vollendung; es sei allen überlegen in der Zahl waffenfähiger Männer und verfüge durch eine weise Finanzverwaltung, durch seinen Handel und den Reichtum seiner Bürger über immense Hilfsquellen. England sei wohl »vielleicht nicht minder« reich und sei stark zur See, aber deswegen schwach zu Lande«, weil es für seine Landkriege auf bezahlte Hilfstruppen von zweifelhaftem Werte angewiesen sei. Friedrich beurteilte also die Stärke einer Macht vor allem und in erster

---

[1] *Histoire de mon temps* von 1746, S. 172; etwas gedämpfter, aber im wesentlichen ähnlich auch in der Redaktion von 1775. *Oeuvres* 2, 14 und im Polit. Testament von 1752, S. 72.
[2] *Le Grand Frédéric avant l'avènement* S. 197.
[3] *Histoire de mon temps*, S. 206.

Linie nach ihrer Fähigkeit zu kontinentaler Kriegführung. Die ungeheure Bedeutung des großen überseeischen Ringens zwischen England und Frankreich um die Zukunft Nordamerikas und Ostindiens entging ihm, und damit entgingen ihm auch die Zukunftsmöglichkeiten der englischen Macht. Man kann auch nicht sagen, daß ihn die Erfahrungen des Siebenjährigen Krieges, der jenen weltgeschichtlichen überseeischen Gegensatz zur ersten großen Entscheidung brachte, zu einem wesentlich tieferen Verständnis der englischen Groß- und Weltmachtstellung geführt hätten. Der Zorn über den ungetreuen englischen Bundesgenossen trug wohl etwas dazu bei, sein Urteil über ihn ungünstig und etwas abschätzig zu färben. Aber in erster Linie wurde es wieder bestimmt durch seinen rein kontinentalen Maßstab. Was wird denn, fragte er 1768[1], England von seinen vielen Kolonien schließlich haben? Diese haben ja alle — es spielten damals schon die Irrungen der nordamerikanischen Kolonien mit dem Mutterlande — die natürliche Tendenz, sich loszureißen und Freistaaten zu werden. Kolonien machen außerordentliche Kosten und entvölkern durch die Auswanderung das Mutterland. Nur solche Besitzungen sind vorteilhaft, die den Staat arrondieren.

Er sah England wie Frankreich eigentlich mit preußischen Augen an. In Frankreichs fast vollkommener Machtstruktur fand er das Ideal dessen, was er für sein zerstückeltes, mit Menschen und Mitteln dürftig ausgestattetes Preußen ersehnte, vielleicht einmal erreichen konnte, aber noch entbehrte. Englands koloniale Größe zu beneiden und zu ersehnen, hatte er keinerlei Veranlassung. Und die ungeheure Schuldenlast, die sich England durch seine letzten Kriege aufgebürdet hatte, fühlte er als sparsamer preußischer Hausvater fast mit Schrecken nach und machte sich auf eine Katastrophe gefaßt, die bei der damals schon sehr engen Verbindung der europäischen Kapitalien mit dem englischen Handel vielleicht den Handel ganz Europas würde erschüttern können. England erschien ihm jetzt als Gebäude, das mit einem Male einstürzen konnte. Er meinte, daß die schöne Zeit seiner Größe dem Ende zugehe, — aber er war sich auch der Unsicherheit solcher Prognosen bewußt. Die bedeutende Ahnung regte sich in ihm, daß die politische Lebenskraft einer Nation nicht nach ihren momentanen wirtschaftlichen Aspekten oder der Mangelhaftigkeit der sie ge-

---
[1] Polit. Testamente S. 226 f.

rade Regierenden abgeschätzt werden dürfe. Und so gab er schließlich zu, daß die tüchtige englische Volksart, die »Kraft der Macht« und einige große Männer die Maschine doch noch in Gang erhalten könnten. Ein um so bemerkenswerteres Urteil, als er es seiner Antipathie gegen den treulosen Verbündeten abgewann.

Mit ähnlicher Sorgfalt versuchte er 1768 die Zukunft der französischen Großmacht abzuwägen. Wohl neigte er auch hier dazu, beeinflußt von seinen engen preußischen Verhältnissen, die Bedeutung der Staatsschulden für die Leistungsfähigkeit einer großen Nation etwas zu überschätzen. Aber durch seine Staatsschulden ist ja Frankreich in seine große Revolution gerissen worden. Einen derartigen Umsturz zu ahnen, war Friedrichs politische Phantasie freilich nicht imstande. Er konnte, wenn er vom höchsten Standpunkte aus die Weltgeschichte überblickte, zukünftige Revolutionen für möglich halten, die Europa ebenso in Barbarei zurückwerfen würden, wie einst das alte Hellas[1]. Aber diese makroskopischen Gedanken, die er als Philosoph hegte, übertrug er nicht auf die Welt, die er als Herrscher zu beobachten hatte. Hier rechnete er nicht mit dem Wandel der grundlegenden staatlichen Institutionen, hier kannte er keine geschichtliche Entwicklung zu neuen Formen, zu anderen Formen, als seine Zeit sie ihm als scheinbar feste und endgültige zeigte. Er rechnete vielmehr mit den Menschen, mit dem Auf und Ab starker und schwacher Persönlichkeiten, auch mit den verhängnisvollen Einwirkungen einer unvernünftigen und bigotten Erziehung auf den Geist der künftigen französischen Herrscher, aber letzten Endes auch hier wieder in großem Instinkte mit der ursprünglichen Kraft der französischen Nation, die trotz ihrer Sittenverderbnis und ihres Leichtsinns durch ein paar große Männer an ihrer Spitze, einen neuen Richelieu im Konseil, einen neuen Turenne im Heere, immer wieder werde emporgerissen werden können. Es ist, als ob er über die Revolution hinweg, deren Kommen er nicht verstehen konnte, die ihr folgenden Zeiten Napoleons ahnte, die ihm kongenialer gewesen wären. Die politische und militärische Macht, getragen von starker Volkskraft und verwirklicht durch große Menschen, das waren Grundfaktoren seiner Interessenlehre. Blicken wir auf die Abschätzungen der Staatsindividualitäten durch die älteren

---

[1] An die Kurfürstin Marie Antonie von Sachsen, 22. Okt. 1777, *Oeuvres* 24, 306.

Vertreter der Interessenlehre zurück, so gewahren wir, wie sich das Verständnis vertieft hat, wie hinter dem auch von Friedrich sorgfältig belauschten Spiele ihrer Interessen auch die einfachen und großen Grundkräfte, aus denen sie erwachsen, jetzt bewußter und markiger empfunden werden.

Die Grundkraft einer einheitlichen und begabten Nation, die den westlichen Großmächten ihren Vorsprung gab, fehlte bei Österreich. Es ist bezeichnend, daß Friedrich in der Schilderung der österreichischen Macht, die er 1746 entwarf, nichts von der Volksart zu sagen hatte, sondern lediglich die führenden Menschen und den finanziellen und militärischen Apparat, über den sie verfügten, beurteilte. Er dachte zu absolutistisch, um den Mangel eines einheitlichen Volksfundamentes bei Österreich als wesentlich zu empfinden. Starke Herrscher und Regierungen konnten nach seiner Überzeugung, die im großen und ganzen die der politischen Welt überhaupt noch war, auch diesen Mangel ausgleichen; wie denn der politische Wert territorialen Besitzes in erster Linie nicht nach seiner nationalen, sondern nach seiner geographisch arrondierenden Qualität beurteilt wurde. Wohl aber empfand Friedrich sehr lebhaft, daß der dynastische Machtapparat Österreichs mehr war als bloßer Apparat, daß ein lebendiger politischer Gesamtgeist mit unerschütterlichen Traditionen und Interessen hier waltete. Daß er ihn mit Sympathie auffaßte, kann man von ihm nicht wohl erwarten. Aber »nützlich für die großen Männer, die davon Gebrauch zu machen verstehen«, hielt er es, die österreichische und überhaupt die Machtpolitik der verschiedenen Höfe auf eine »*expression de moeurs*«, auf ein festes geistiges Kontinuum zurückzuführen[1]. Der Vergleich, den er nun schon als Kronprinz zwischen den österreichischen und den französischen Machtmethoden anstellte, fiel ungünstig genug für jene aus. Das herrschsüchtige und hochmütige Österreich verfahre plump und gewaltsam zufahrend, Frankreich dagegen »humaner und listiger«. Das unverrückbare Ziel der österreichischen Politik erblickte er damals in der Aufrichtung der kaiserlichen Erbmonarchie über das Reich. Das war agitatorische Übertreibung, an die er wohl selber damals gerne glaubte, aber die doch nur Nachklang vergangener Zeiten und der leidenschaftlichen Anklagen des Hippolytus a Lapide gegen das Haus Habsburg war. Indessen, was vermochte Öster-

---
[1] *Considérations* von 1738; Oeuvres 8, 13 f.

reich ohne große Männer von dem Zuschnitt eines Prinzen Eugen? Daß Österreich keinen Prinzen Eugen mehr hatte, war für ihn beim Antritt seiner Regierung und Beginn seiner großen Unternehmungen geradezu einer der stärksten Aktivposten seiner politischen Rechnung. Die drastische, von einem inneren Behagen erfüllte Schilderung des inneren Verfalles der österreichischen Macht in der *Histoire* von 1746 läßt das deutlich erkennen. Aber er lernte um, als seine Gegnerin Maria Theresia sich vor seinen Augen zur großen Herrscherin entwickelte. Schon 1752 schlug er merklich andere Töne über Österreich an, das nach dem Aachener Frieden von 1748 Heer und Finanzen energisch zu reformieren begonnen hatte. Aber noch hielt er damals fest an seinem konventionell gefärbten Urteile über Geist und Ziele der österreichischen Machtpolitik, leitete die konstante Praxis ihrer Herrschsucht im Reiche von den Zeiten Ferdinands I. ab, erkannte ihre zähe Festigkeit in Glück und Unglück an, aber schalt sie auch herrisch gegen ihre Alliierten, undankbar für geleistete Dienste, rachsüchtig gegen den, der sie zuletzt kränkte, und starr in Verhandlungen[1].

Da haben denn nun die gewaltigen Erfahrungen des Siebenjährigen Krieges und die größere Ruhe und Reife des Alters dieses Bild von Österreichs politischer Individualität in seinem Geiste wesentlich umgestaltet. Alles Traditionelle und Konventionelle im Urteile fiel, als er 1768 die Feder wieder ergriff, jetzt hinweg. Die Farben verschwanden, die die ältere protestantische und reichsständische Opposition und er selber bisher[2] zur Schilderung des habsburgischen Imperialismus verwandt hatten. Ein neues Österreich war seitdem erstanden durch Maria Theresia, Kaunitz und den jungen König Josef, das eine wesentlich modernisierte Machtpolitik betrieb. Das Meisterstück der neuen österreichischen Politik war die Allianz von Versailles vom 1. Mai 1756, die alle Vorstellungen von politischer Tradition und von den »Dauerprinzipien« der europäischen Staaten umwarf. Rationalere Methoden und rationalere Ziele, gerichtet auf Arrondierung der Hausmacht und Abstoßung der mehr lästigen als nütz-

---

[1] Polit. Testamente S. 66 f.
[2] Vgl. dazu Koser in den Sitzungsberichten der Berliner Akademie 1908, S. 75 und der Hist. Zeitschr. 96, 222 f. und Küntzel, Die drei großen Hohenzollern S. 151.

lichen Außenschläge tauchten deutlicher auf. Wer könnte verkennen, daß Österreich, wie in seiner inneren Reformarbeit, so auch im Wesen seiner Machtpolitik den Spuren seines großen Gegners damit folgte? Friedrich quittierte diese Gesamtleistung 1768 mit höchst respektvollen Worten. Von Maria Theresia sagte er das Beste, was er von einem Herrscher zu sagen hatte: *Elle fait tout par elle-même.* Ihr Konseil sei durch Weisheit und systematisches Handeln denen aller anderen Könige überlegen[1]. Er sah jetzt das Interesse Österreichs genau auf dieselben Werte gerichtet, die auch ihm für sein Preußen am Herzen lagen. Man kann es, führte er aus, noch nicht sicher wissen, auf was sie zielen, denn die gewaltige Schuldenlast von 180 Millionen Talern, in die es durch den Krieg geraten ist, nötigte es, vorläufig die Maske der Friedlichkeit anzunehmen. Aber vielleicht werden Bayern, vielleicht Venedig, vielleicht auch die Wiedereroberung Schlesiens einmal von dem jungen Kaiser erstrebt werden, — durchweg Arrondierungsobjekte, die dann auch tatsächlich den Ehrgeiz der Wiener Hofburg früher oder später, mehr oder minder stark, gereizt haben. Höchstes Mißtrauen, höchste Wachsamkeit gegen Wien gehörte also auch in Zukunft für ihn zu Preußens Staatsräson[2]. Seit Ende der 70er Jahre, als die imperialistische Politik Josefs II. sich entfaltete, konnte deshalb auch seine Sorge von einer Verwandlung Deutschlands in eine österreichische Erbmonarchie wieder aufleben[3]. Aber wie merkwürdig angeähnelt hatten sich die beiden deutschen Rivalen. Österreich erschien ihm und war auch im wesentlichen verjüngt zum rationalen Machtstaate des aufgeklärten Despotismus. Friedrich hatte Schule gemacht. Gerade die Machtkämpfe der europäischen Staaten untereinander haben es von jeher zustande gebracht, ihre Strukturen gegeneinander auszugleichen, ihre Interessen nach derselben Richtung zu lenken, veraltete und rückständige Formen und Ziele abzustoßen und so sich immer wieder zu regenerieren.

---

[1] Vgl. dazu auch *Histoire de la guerre de 7 ans. Oeuvres* 4, 7. Bezeichnend ist, daß er in dieser für die Nachwelt bestimmten Charakteristik Maria Theresias leidenschaftlicher urteilt (*cette femme superbe dévorée d'ambition*), als in den streng sachlich gehaltenen Worten des Testaments.

[2] Polit. Testamente S. 199 f. u. 222 f.

[3] *Considérations sur l'état politique de l'Europe* (1782). Polit. Testamente S. 250. Vgl. Fechner, Friedrichs d. Gr. Theorie der auswärtigen Politik, S. 17 u. 23.

Einen ähnlichen allmählichen Aufstieg von primitiverer zu rationalerer Machtpolitik hatte Friedrich im Laufe seines politischen Lebens an seinem zweiten großen Nachbarn in Osteuropa, an Rußland, zu erleben. Zunächst freilich war die Entstehung der russischen Großmacht für ihn ein klassisches Paradigma für seinen Glauben an die Macht der starken Herrscherpersönlichkeit im Staatsleben. Er bewunderte die Leistung Peters des Großen, »aus einem Volke von Wilden Menschen, Soldaten, Minister zu machen, ja sogar Philosophen aus ihnen machen zu wollen«[1]. Aber unter Peters Nachfolgern kam der halbbarbarische Zug in den Methoden und Zielen der auswärtigen Politik wieder zum Durchbruch. Unheimlich war die Unberechenbarkeit dieser Politik, die in so hohem Grade von persönlichen Fürstenlaunen, Hofintrigen und plötzlichen gewaltsamen Wechseln des regierenden Personals abhing. Es ist bekannt, wie besorgt und gespannt Friedrich immer nach dem östlichen Himmel ausschauen mußte, wie oft sich hier für ihn dunkle Wolken zusammenballten und Blitze entluden, solange seine Feindin Elisabeth lebte und Bestuschew, der böse Dämon für Friedrichs Politik, unter ihr schaltete. Hier wirkte sich mehr eine triebhafte Herrschsucht und dumpfe Leidenschaft, als jene auf konstanten Bedürfnissen beruhende systematische Interessenpolitik aus, die Friedrich liebte und auch bei seinen Gegnern sich wünschen mußte, um sie berechnen zu können. Selbst seine Gesamturteile über Rußland hatten etwas Tastendes und Unsicheres. Dasselbe Kapitel der *Histoire* von 1746 gab zwei eigentlich widersprechende Auffassungen wieder[2]. Denn das eine Mal erklärte er Rußland »in gewisser Hinsicht für den Schiedsrichter des Nordens«, der die Hand in allen europäischen Fragen hätte. Aber der Zug von innerer Eigengesetzlichkeit, den er damit der russischen Macht zuschrieb, verschwand in dem zweiten Urteile, durch das Rußland gewissermaßen in eine tiefere Schulklasse zurückversetzt wurde, — in die Gesellschaft der Türkei. Diese beiden Mächte, hieß es nun, gehören halb zu Europa, halb zu Asien. »Das sind Maschinen der europäischen Politik, die Frankreich und England im Bedarfsfalle spielen lassen.«

Elisabeth schloß noch im Sommer 1746 jene Allianz mit Österreich, deren Druck Friedrich fortan schwer zu empfinden hatte.

---

[1] *Histoire* von 1746, S. 179.   [2] S. 181 u. 209.

Das Wachsen der inneren Unruhe verriet sich in seinen Urteilen von 1752[1]. Eigentlich lag ja, wie er sich sagen durfte, ein organischer Gegensatz russischer und preußischer Lebensinteressen gar nicht vor. Rußland könne also nur »ein akzidenteller Feind« für Preußen sein, und wenn der schlimme, von England und Österreich bestochene Bestuschew einmal gestürzt sei, würden die Dinge in ihre natürliche Lage zurückkehren. Einfluß zu üben im Norden und besonders auf Polen, gut zu stehen mit Österreich, um gegen einen Angriff der Türken stark zu bleiben, dies und nicht mehr galt ihm als Quintessenz des wirklichen russischen Interesses. Aber die künftige Haltung Rußlands war und blieb für ihn unberechenbar bei dem sinnlich-dumpfen Charakter der Zarin, der Bestechlichkeit des Ministers und der Unsicherheit der Thronfolge. Er erquickte sich durch das Traumbild seiner politischen Phantasie, daß Rußland durch Thronstreit und Bürgerkrieg einmal auseinanderfallen könne; dann werde Preußen und der ganze Norden aufatmen.

Furchtbare Jahre folgten, in denen er gerade durch Rußland an den Rand des Abgrundes gestoßen wurde, aber durch den jähen Glückswechsel nach dem Tode Elisabeths wieder zum Lichte emporsteigen durfte. Mit Katharina konnte er sich nach dem Hubertusburger Frieden sogar noch näher verständigen und 1764 verbünden. Nach der französischen Allianz der ersten 1½ Jahrzehnte, der englischen Allianz des Siebenjährigen Krieges wurde nun bis zum Beginn der achtziger Jahre die russische Allianz der feste Punkt seiner europäischen Stellung. Und es spiegelte sich nun nicht nur die subjektive Wandlung seines Verhältnisses zu Rußland, sondern auch eine tatsächliche Weiterentwicklung der russischen Machtpolitik in dem Bilde wieder, das Friedrich 1768 von ihr zu entwerfen hatte[2]. Ein festes, rationelles, übersehbares System russischer Interessen trat jetzt vor sein Auge, zunächst, zum Glück für Europa, noch nicht auf weitere Eroberungen gerichtet, sondern auf Schaffung von Klientelverhältnissen in den nordischen Staaten, auf politische Beherrschung der Könige von Schweden, Dänemark und Polen. Friedrich wußte schon damals, vor Beginn der Verhandlungen, die zur ersten polnischen Teilung führten, daß er durch seine russische Allianz zugleich das Opfer

---

[1] Polit. Testamente S. 42 u. 74.
[2] Polit. Testamente S. 196 ff. u. 221 ff.

brachte, Polen an Rußlands Einfluß ausliefern zu müssen. Und er wußte auch ganz genau, daß Rußland mit seinen ungeheuren Möglichkeiten für eine große Volksvermehrung eine wachsende Macht sei und wachsenden Druck ausüben werde. Der tiefe Gegensatz zwischen Österreich und Preußen verhinderte die Aufrichtung einer wirksamen Schranke gegen den russischen Ehrgeiz. »Rußland profitiert von unseren Fehlern«, und Europa läßt in seiner Verblendung — so meinte er mit einer inneren Aufwallung gegen den ihn selber doch beherrschenden Zwang der Dinge — ein Volk in die Höhe kommen, das eines Tages ihm furchtbar werden wird. Es ist bezeichnend für die ganz nüchterne und sachliche, von Antipathien freie und weit in die Zukunft schauende Interessenpolitik Friedrichs, daß er, der jetzige Alliierte Katharinas, die Möglichkeit einer künftigen österreichisch-preußischen Allianz, die Rußland eindämmen sollte, erwog[1]. Wieder ersehnte er einen Zusammenbruch der russischen Macht von innen, eine Teilung des ungeheuren Reiches.

Die älteren Vertreter der Interessenlehre hatten das Ensemble, das sich aus den Wechselbeziehungen der großen Einzelmächte ergab, meist mehr geahnt oder vorausgesetzt, als klar zum Ausdruck gebracht. Friedrichs Geist, überall auf System und rationalen Zusammenhang der Dinge gerichtet, ging auch hier einen Schritt weiter. Das *corps politique de l'Europe* war schon der feste Rahmenbegriff für seine politischen Betrachtungen von 1738. Er verglich es mit dem menschlichen Körper, der seine Lebensgesetze und seine Krankheiten hat. Seine Gesundheit beruhe auf dem Gleichgewichte der großen Mächte, seine schwere Erkrankung demonstrierte er mit ganz methodischer Diagnostik an den Störungen dieses Gleichgewichts, die er wahrzunehmen glaubte. Aber etwas Mechanisches und Maschinenhaftes haftete auch dieser Auffassung vom europäischen Gesamtkörper noch an, und er kam auch später nicht darüber hinaus. Damit verband er dann die weitere Aufgabe, die auch schon von älteren Vertretern der Interessenlehre wie Valckenier versucht war, natürliche Gruppen der wesensverwandten Mächte Europas zu erkennen. Da ihn hierbei

---

[1] Vgl. auch Koser, Geschichte Friedrichs d. Gr. 3, 310 über das, wie Friedrich sich ausdrückte, »deutsch-patriotische System«, das vielleicht in 20 Jahren Österreich und Preußen gegen Rußland zusammenführen werde.

nur ein praktisches Bedürfnis leitete, so legte er auch, als er zuerst in der *Histoire* von 1746[1] die Staaten Europas klassifizierte, lediglich den Maßstab der tatsächlichen Macht, des größeren oder kleineren Maßes politischer Unabhängigkeit an. In die erste Klasse setzte er England und Frankreich. In der zweiten Klasse brachte er, für den modernen historischen Blick etwas befremdend, Spanien, Holland, Österreich und Preußen unter. Er beurteilte sie eben rein machttechnisch. Ihr gemeinsames Merkmal sah er darin, daß sie alle vier einen gewissen Spielraum eigener Machtbewegung wohl hatten, letzten Endes aber irgendwie abhängig waren von einer der beiden großen Vormächte Europas. Zur dritten Klasse rechnete er Sardinien, Dänemark, Portugal, Polen und Schweden. Ihnen gemeinsam sei, daß ihre Machtmittel sich nur mit Hilfe fremder Subsidien in Bewegung setzen könnten, ihre Machtpolitik also völlig subordiniert bliebe. Die Machtbewegungen der nächsten Jahrzehnte verschoben und klärten dieses Bild ganz wesentlich. Die Leistung Österreichs und Rußlands mußte registriert werden. Sie kamen nun, als er 1768[2] eine neue Klassifikation vornahm, in die erste Klasse gleich hinter Frankreich und England. Die übrigen Staaten aber wurden jetzt etwas fließender und nicht nur nach ihrer Macht, sondern auch nach ihrer Zugehörigkeit zu den Allianzsystemen der eigentlichen Großmächte gruppiert. So ergab sich das Bild, daß England jetzt isoliert dastand, Frankreich durch den bourbonischen Familienpakt mit Spanien »vereint«, zugleich aber auch »alliiert«, wie er sich mit feiner Nuance ausdrückte, mit Österreich war, während im Norden ein russischer Allianzblock konstatiert wurde, der Preußen, Schweden, Dänemark und Polen umfaßte. Alle übrigen Staaten verglich er mit den Nebengottheiten der Heiden. So rein und nüchtern praktisch war dies Bild gezeichnet, daß er auch jetzt noch, nach der gewaltigen Machtprobe des Siebenjährigen Krieges, darauf verzichtete, den eigenen Staat, sei es auch nur auf den untersten Platz der ersten Klasse, zu versetzen. Ein tiefes Gefühl für die Unfertigkeit und Unsicherheit der von ihm errungenen Machtstellung hielt ihn davon ab. »Er kannte«, sagte Hintze mit Recht, »die Gefahren, die in der Scheingröße eines Staates liegen[3].« Er war der ebenbürtigen Kraftleistung seiner Nachfolger nicht sicher.

---

[1] S. 208. [2] Polit. Testamente S. 209.
[3] Forschungen 32, 21.

Das waren die Bilder der großen Mächte, die seine zur Unterweisung des Thronfolgers bestimmte Interessenlehre entwerfen konnte[1]. Sie waren, wie es nicht anders sein konnte, durchtränkt mit dem eigenen Interesse und begrenzt durch den Horizont seiner eigenen Zeit, der wohl große, ja selbst gewaltige äußere Revolutionen in den Machtverhältnissen der Zukunft ahnen ließ, aber keine innerliche Umgestaltung ihrer Grundlagen. Sein Geist war wie ein helles Licht in einem dunklen Raume, das genau und scharf die umliegenden Dinge beleuchtete, darüber hinaus aber nicht trug. Wenigstens erfaßte er nur diejenigen von den kommenden Dingen, die denen seiner Zeit homogen waren und eine Beziehung zu den sie bewegenden Interessen hatten. So hat er, wie wir bemerkten, zwar nicht die französische Revolution, wohl aber die Erscheinung Napoleons in gewisser Weise vorausgesehen. Er hat auch noch keine Vorstellung von dem Streben politisch zerteilter Völker nach national-politischer Einheit gehabt. Wohl aber hat er die Unhaltbarkeit der alten Reichsverfassung und des mit ihr verwobenen Zustandes der Viel- und Kleinstaaterei in Deutschland aufs stärkste empfunden. Wenn Österreich, um sich zu arrondieren, Flandern an Frankreich gäbe und dafür Bayern gewänne, würde dieser *esprit de partage*, meinte er 1768, sich nicht auch anderen mächtigen Fürsten mitteilen? Alles würde sich dann arrondieren wollen, der Starke auf Kosten des Schwachen. Wehe dann den Abteien und Reichsstädten[2]. Das war die Voraussage des Ereignisses von 1803 und zugleich die Reminiszenz an eigene Projekte der Säkularisierung, die er 1742/43 schon einmal verfolgt hatte.

Konstitutionelles Königtum und moderne Demokratie waren

---

[1] Zur Ergänzung kann Ferd. Wagner, Die europäischen Mächte in der Beurteilung Friedrichs d. Gr. 1746—1757 in Mitteil. d. Instituts f. österreich. Geschichtsforschung 20 (auf Grund der Polit. Korrespondenz) herangezogen werden. — Kurz hingewiesen sei auch auf einen unmittelbaren Schüler Friedrichs, den Baron Bielfeld und sein Handbuch der Staatskunst, die *Institutions politiques* (3 Bde., 1760—72). Über seine eudämonistisch verflachte Interessenlehre habe ich in der Zeitschr. f. öff. Recht VI, 4, 473 ff., gehandelt.

[2] Polit. Testamente S. 228. Auch daß Frankreich einmal sein Kirchengut für den Staat konfiszieren werde, um dessen Schulden zu decken, hat er vorausgesehen. An Voltaire, 24. März 1767; Briefwechsel, herausg. von Koser u. H. Droysen 3, 152; vgl. auch S. 157 u. 408.

ebenfalls Zukunftsformen, für die seine politische Denkweise keinen Ansatz in sich hatte. Dafür aber ist es sein geschichtlicher Ruhm, gewisse Grundbedingungen der Monarchie erkannt zu haben, die sie lebensfähig erhalten konnten nicht nur in seiner, sondern auch in der kommenden Zeit. Die Epoche der rationaleren Machtpolitik und Staatsverwaltung, in der er lebte, erforderte auch einen rationaleren Monarchentypus, erforderte jenen von uns dargestellten Bruch mit der dynastischen Konvention des Königtums, Verscheuchung der höfischen und theokratischen Nebel, die es umgaben, und Leben allein im hellen Lichte der Staatsräson. Er legte den Finger, hier wieder wirklich ahnungsvoll, genau auf die verhängnisvollste Wunde, die das monarchische Wesen in Europa damals hatte, wenn er gerade das französische Königtum seiner Zeit scharf kritisierte wegen des dumpfen und trüben Geistes, in dem es seinen Nachwuchs erzog. Was soll man, fragte er, von derart stupide erzogenen Fürsten erwarten und augurieren[1]?

Indem aber dem heutigen Leser das Schicksal Ludwigs XVI. hierbei vor Augen tritt, wird er auch wieder erinnert an ein immanentes Problem der Staatsräson, an jene Schranken des politischen Rationalismus, die wir schon einmal bei Friedrich gewahr wurden. Es gibt eine merkwürdige Aufzeichnung aus Goethes Nachlaß: Grundzüge zu einer Fortsetzung von Dichtung und Wahrheit, 1810 von ihm diktiert[2]. Darin heißt es von den Fürsten seiner Zeit:

»Vorgang der Großen, zum Sanskulottismus führend. Friedrich sondert sich vom Hofe. In seinem Schlafzimmer steht ein Prachtbette. Er schläft in einem Feldbette daneben. Verachtung der Pasquille, die er wieder anschlagen läßt. Josef wirft die äußeren Formen weg. Auf der Reise, statt in den Prachtbetten zu schlafen, bettet er sich nebenan, auf der Erde auf eine Matratze. Bestellt als Kurier auf einem Klepper die Pferde für den Kaiser. Maxime, der Regent sei nur der erste Staatsdiener. Die Königin von Frankreich entzieht sich der Etikette. Diese Sinnesart geht immer weiter, bis der König von Frankreich sich selbst für einen Mißbrauch hält.«

Das war die schwere Frage: Verlor das Königtum, wenn es sich völlig rationalisierte, sich zum Organ der reinen Staatsräson erzog,

---

[1] Polit. Testament von 1768, S. 223.
[2] Goethejahrbuch 1908. S. 11 f.; Weimarer Goetheausgabe Bd. 53, 384.

rein menschlich aber damit auf das Niveau der übrigen Staatsdiener herabstieg, nicht damit ein wesentliches und unentbehrliches Stück seines inneren dunklen Lebensgrundes? Hatte nicht Goethe recht, wenn er der vermenschlichten und zugleich versachlichten Monarchie die innere Widerstandskraft gegen den egalitären und revolutionären Geist der Zeit absprach? Rationalismus und Romantik werden diese Frage ganz verschieden beantworten. Das historische Denken aber muß das Nein der einen und das Ja der anderen Antwort miteinander verbinden und damit eine jener tiefen Zwiespältigkeiten im geschichtlichen Leben hier anerkennen, die sich durch Erkenntnis nicht ganz auflösen lassen. Die unmittelbare Betrachtung der geschichtlichen Hergänge wird dem Goetheschen Urteile zunächst für Frankreich mehr Gültigkeit zuschreiben als für Deutschland, wo der monarchische Rationalismus Friedrichs die innere Autorität der Monarchie nicht unterhöhlt, sondern eher neu befestigt hat. Das hing mit anderen singulären Verhältnissen in Deutschland zusammen, wie wiederum auch die Entnervung der Monarchie in Frankreich nicht allein und nicht einmal in erster Linie aus der von Goethe charakterisierten Ursachenreihe zu erklären ist. Sahen wir doch eben in der Kritik, die Friedrich an ihr übte, eine ganz andere entgegengesetzte Ursache ihres Verfalles wirksam. Durch die unglückliche und unorganische Mischung alter und neuer Elemente in seinem Regimente ging das Königtum Ludwigs XVI. zugrunde. Und was innerhalb der einen historischen Mischung als Gift, kann innerhalb der anderen historischen Mischung als Heilmittel wirken. Das gilt insbesondere von allen den Ideen, die in dem Wesen der Staatsräson lagen und sich geschichtlich nach und nach entfalteten. Keine Idee, keine Tendenz der Geschichte wirkt absolut rein und ungemischt, keine verträgt aber deshalb auch einen absoluten Maßstab zur Beurteilung ihres Wertes oder Unwertes, ihres Segens oder Unsegens. Jede Erscheinung der Geschichte ist Symbiose, singuläre Symbiose der sich zusammenfindenden Lebensmächte. Aber auch diese Betrachtungsweise, die zum reinen Relativismus und zur Auffassung der Geschichte als eines biologischen und vegetativen Prozesses führen kann, darf nicht zu weit getrieben werden. Denn in der moralischen Kraft der Persönlichkeit, in dem ihr jeweils eigenen Maße von innerer Spontaneität und Eigengesetzlichkeit liegt auch die verbindende Kraft für die Elemente, die jeweils zu einer

Symbiose zusammenwachsen. Sie war es, die in Friedrich dem
Großen wirkte und seinem von aller Mystik befreiten Königtume
ein schöpferisches Leben gab, das selbst durch den Zusammenbruch
des friderizianischen Staates nicht zerstört wurde.

Nicht deshalb ist er 1806 zusammengebrochen, weil das Königtum Friedrichs sich und ihn übermäßig rationalisiert hatte. Vielmehr lag es wiederum an der singulären Konstellation der Elemente, aus denen er aufgebaut war. Singulär, unnachahmlich und unwiederholbar war das Kunstwerk der friderizianischen Staatsräson, aus dem spröden Material einer ständisch und korporativ gegliederten Gesellschaft und einer wenig entwickelten und von der Natur ärmlich ausgestatteten Volkswirtschaft einen leistungsfähigen Macht- und Großstaat aufzubauen. Er konnte nun nur so lange leistungsfähig bleiben, als die europäische Umwelt und die inneren Lebensbedingungen und Machtquellen der übrigen Großmächte sich nicht änderten. Sobald dies durch die französische Revolution geschah, wurde er rückständig und unterlag in der Konkurrenz. Nur ebenso singuläre und zugleich ebenso von dem Geiste der reinsten Staatsräson erfüllte Persönlichkeiten wie er hätten die Staatsräson des friderizianischen Ständestaates hinüberentwickeln können zur Staatsräson des reformierten Nationalstaats, um seine Leistungsfähigkeit auf der Höhe zu erhalten. Das war die schlechthin unvermeidliche Tragik seiner Staatsräson, daß sie auf die singuläre Konzentration in der leitenden Persönlichkeit, auf das *gouverner par lui-même* angewiesen war. Indem sie dadurch zur schärfsten Wirksamkeit zugespitzt wurde, verlor sie an Bürgschaften der Dauer. Friedrich selber hat das nagend empfunden. »Wenn das Schicksal des Staates solide sein soll, darf sein Glück nicht von den guten oder schlechten Eigenschaften eines einzigen Menschen abhängen«, schrieb er im Testamente von 1752[1]. Dieses Schicksal aber zu zwingen, vermochte keine Persönlichkeit und keine Staatsräson.

Dennoch liegt in Goethes Worten noch eine tiefe Wahrheit verborgen, die das Werk Friedrichs berührt. Goethe fühlte eine Heterogenität zwischen den Zielen des aufgeklärten Despotismus und dem Wesen der alten Monarchie. Diese Heterogenität steigerte sich bei Friedrich zu jenem Zwiespalte zwischen Aufklärungsideal und historischer Wirklichkeit, humanitären und Macht-

---

[1] S. 66; vgl. auch die *Mémoires de Brandebourg. Oeuvres* 1, 238 f.

staatsgedanken, den wir beleuchtet haben. Um sich harmonischer zu entfalten, hätte Friedrich einer anderen Epoche und eines anderen Staates als des damaligen Preußens bedurft. Als Bürger in seine Zeit hineingeboren, hätte er wie Rousseau zum Revolutionär werden können. In der Verzweiflung und Empörung seines siebenjährigen Existenzkampfes rief er einmal aus: »Der einzige Gesichtspunkt, unter dem ein Bürger die Handlungen der Politiker beurteilen darf, ist der nach ihrer Bedeutung für das Wohl der Menschheit, das in öffentlicher Sicherheit, Freiheit und Frieden besteht. Wenn ich von diesem Grundsatze ausgehe, berühren mich alle die Worte von Macht, Größe und Gewalt nicht mehr«[1]. Als Fürst in seine Zeit und in das damalige Preußen hineingeboren, konnte er nichts anderes als Diener der Staatsräson werden, um mit deren Mitteln den Versuch zu machen, seinem Humanitätsideale näherzukommen. Dabei wiederholte sich nun notwendig das Schauspiel, das wir bei Campanella sahen, nur mit unvergleichlich größerer historischer Wirkung. Die Staatsräson mit ihrem Appell an die elementaren Triebe der Macht und Größe im Menschen siegte in ihm über die trotzdem immer fortlebende Verachtung von Macht und Größe, und »in Anbetracht der Verderbnis des Jahrhunderts[2]« entschloß sich Friedrich, den getadelten Spuren Machiavellis zu folgen. Das humanitäre Ideal fand nur im Innern des Staates einen, freilich auch hier durch die Zeit und durch die Zustände seines Landes überaus beengten Spielraum. Denn die Welt der alten ständisch-korporativen Gesellschaft, auf die er angewiesen war, paßte weder ganz für die Bedürfnisse der Machtpolitik noch für die Ziele seiner Humanitätspolitik. Mit ungeheurer Kraft bog er sie zu einer für seine Zwecke möglichst passenden Welt zusammen, aber unter diesen Zwecken hatte naturgemäß die Sicherung der Macht wieder den Vorrang vor der Humanität. Sein eigentlicher Wunsch, die Ziele der Humanität mit aufzunehmen in die Staatsräson, konnte nur unvollkommen erfüllt werden. Das Ideale wich dem Elementaren im Handeln des Königs, aber behauptete sich in seinem Denken. Zwar konnte

---

[1] *Lettre d'un Suisse à un Génois,* 1759/60 geschrieben, *Oeuvres* 15, 143. Die echte Empfindung, die sich hier ausspricht und im Einklang steht mit ungezählten Äußerungen, wird man trotz der Tendenz, auf das Publikum zu wirken, nicht verkennen.
[2] Worte aus der *Histoire de mon temps,* Redaktion von 1746, S. 213.

er noch nicht mit Faust den Wunsch haben, auf freiem Grund mit freiem Volk zu stehen. Dazu war er innerlich noch zu fest gebunden an die Schranken seiner Zeit und seiner Staatsräson. Aber die Elemente, die diesen Wunsch einmal erzeugen konnten, lagen in ihm schon geschichtlich bereit.

DRITTES BUCH

Machiavellismus, Idealismus und Historismus im neueren Deutschland

ERSTES KAPITEL

Hegel

Ein tiefer Gegensatz durchzieht, wie wir schon oft im einzelnen beobachten konnten, das politische Denken der abendländischen Menschheit seit der Renaissance: der Konflikt zwischen den Kerngedanken des das allgemeine Denken beherrschenden Naturrechts und den unabweisbaren Tatsachen des historisch-politischen Lebens. Das Naturrecht, von der Stoa geschaffen, vom Christentum aufgenommen und sich angepaßt, von der Aufklärung dann wieder säkularisiert, ging aus von der Voraussetzung, daß Vernunftgesetze und Naturgesetze letzten Endes harmonierten und aus einer zusammenhaltenden göttlichen Einheit des Weltalls flössen[1]. Und die menschliche Vernunft, von Gott eingehaucht, sei imstande, diese Einheit und Harmonie im ganzen zu erfassen und den Inhalt derjenigen Gesetze zu bestimmen, die für das menschliche Leben maßgebend sein müßten. Diese Normen seien zwar, vor die Aufgabe gestellt, das niedere Triebleben zu beherrschen und zu veredeln, zu manchen Konzessionen und Kompromissen mit der Wirklichkeit genötigt, blieben aber in ihrer eigentlichen idealen Form davon unberührt, ewig, unveränderlich und gleichartig als höchste Leitsterne über dem Leben stehen. Bewußter Träger und Interpret dieser die Seele der Natur bildenden göttlichen Vernunft aber sei der einzelne Mensch, und die Vervollkommnung des einzelnen Menschen sei Zweck und Ziel der von Vernunft- und Naturrecht gegebenen Satzungen. Dabei wurde dann der Vernunftgehalt von Natur, Geschichte und Weltall, auf den gestützt man diesen Satzungen den Charakter absoluter Gültigkeit gab, in naiver Weise ausschließlich nach den Bedürfnissen des einzelnen Menschen abgeschätzt, und diese wurden in die Welt damit hineinprojiziert

---

[1] Daß sich dies mit einer dualistischen Ethik des Christentums vertragen mußte, ist hier nicht weiter zu begründen, sondern nur im Hinblick auf spätere Feststellungen (s. Schlußkapitel) anzumerken.

und verabsolutiert. Weltvernunft war im Grunde, ohne daß man sich das klarmachte, Individualvernunft und Mittel zur Vervollkommnung des Individuums. Und diese Individualvernunft war, wie man weiter annahm, identisch in allen Menschen; eben darauf konnte man den Glauben an die Allgemeingültigkeit ihrer Aussprüche begründen und etwas ganz Festes und Gewisses zu besitzen meinen. So wurde denn auch der Vernunftgehalt der überindividuellen menschlichen Verbände an diesem Maßstabe gemessen, nicht etwa aus ihrer eigenen Natur heraus entwickelt und abgelesen. Staaten, Korporationen usw. haben danach also letzten Endes den Zweck, den Menschen, das heißt das Individuum besser oder glücklicher zu machen und seine niederen Triebe in Schranken zu halten, als Zuchtrute der Bösen, wie Luther vom Staate meinte, zu dienen. Zu diesem Zwecke taten sich die Menschen zu Staaten zusammen, und in dieser Vorstellung wurzelte die Lehre vom Ursprung des Staates in einem Vertrage der Menschen miteinander. Das politische Denken aber hat die Aufgabe, den besten Staat zu ermitteln. Da auch hierbei Konzessionen an die Wirklichkeit unvermeidlich sind, so können auch die wirklich vorhandenen, nichts weniger als idealen Zustände des staatlichen Lebens in großem Umfange als von Gott gewollt oder zugelassen, als Strafe oder Zuchtmittel von christlicher Gesinnung ertragen werden.

Aber die unabweisbaren Tatsachen des geschichtlichen Lebens bedeuteten mehr als nur eine Hemmung und Abschwächung des Vernunftideals durch die Unvollkommenheiten der menschlichen Natur, waren auch nicht durchweg immer leicht in gottgewollte Straf- und Zuchtmittel umzudeuten. Das Eigenwesen des Staates widerstrebte von Grund aus einer Auffassung, die in ihm nur eine Veranstaltung der Menschen zum Zwecke ihres eigenen Wohls sah. Gewiß wurde das »allgemeine Wohl« Ziel und Aufgabe jedes Staates, der über die rohesten Entwicklungsstufen staatlicher Macht hinausgelangt war. Aber dies »allgemeine Wohl« umfaßte nicht nur das Wohl der einzelnen, zum Volke vereinigten Individuen, sondern auch das Wohl der Gesamtheit, die mehr bedeutete, als nur die Summe der Individuen, die eine geistige Kollektivpersönlichkeit darstellte. Und nicht nur die Volksgesamtheit, sondern auch der Staat, der sie leitete, war eine solche Kollektivpersönlichkeit, sogar eine viel aktivere als das bloße Volk, weil sie organisiert war und ihren Willen in jedem Augenblicke geltend machen konnte. Das Gesetz dieses Willens war die Staatsräson; das war die große Entdeckung, die durch Machiavelli und die Schule der *ragione di stato* gemacht wurde. Aber diese Entdeckung sprengte tatsächlich, ohne daß man es gewahr wurde, den Rahmen der herrschenden natur- und vernunftrechtlichen Denkweise. Denn diese konnte nach ihrem individualistischen Grundcharakter unter dem »allgemeinen Wohle«, dem der Staat zu dienen habe, nur das Wohl der vereinigten Individuen verstehen. Wir konnten dies insbesondere bei Hobbes und Spinoza feststellen. Dabei erkannte und wußte man natürlich stets, daß der wirkliche Staat durchaus nicht immer dem allgemeinen Wohle, sondern recht oft in erster Linie dem Wohle der Herrschenden diente. Die Theorie der Staatsräson des 17. Jahrhunderts unterschied demnach, wie wir sahen, zwischen der guten Staatsräson, die dem allgemeinen Nutzen und dem damit harmonierenden Nutzen der Regierenden diene, und der schlechten Staatsräson, die ausschließlich dem Nutzen der Regierenden diene. Und Conring in seiner Staatenkunde, die er 1661 als Kolleg las *(Examen rerum publicarum potiorum totius orbis, Opera* IV), stellte danach an jeden Staat, dessen Verfassung und Zustände er behandelte, die Frage, ob und in welchem Grade er dem Nutzen der Gesamtheit oder dem Nutzen der Herrschenden sich widme. Der eine wie der andere Nutzen war dabei im Sinne des Naturrechts individualistisch gedacht. Das über das bloß individuelle Wohl sowohl der vereinigten Individuen wie der herrschenden Individuen hinausragende Wohl und Lebensinteresse der Staatspersönlichkeit selbst konnte, wenn man der naturrechtlichen Denkweise treu blieb, wohl praktisch zur Geltung gebracht, aber nicht konsequent durchgeführt werden[1].

Eben das ist das Merkwürdige und Lehrreiche an der Geschichte der Idee der Staatsräson und der Lehre von den Interessen der Staaten, daß sie vom 16. bis 18. Jahrhundert wie ein Fremdkörper eindrang und sich einsprengte in eine vorherrschende, ihr widerstrebende Denkweise. Was man von Staatsräson und Staatsinteressen sagte, entsprang dem quellfrischen Leben, den praktischen Bedürfnissen des Staates und der Staatsmänner. Was man vom Staate im allgemeinen aber sagte, entsprang in der Regel den Traditionen des Naturrechts. Hier der individuelle,

---
[1] Vgl. Zehrfeld, H. Conrings Staatenkunde 1926, S. 35 u. 101.

der wirkliche Staat, dort der beste Staat. Praktischer Empirismus und naturrechtlicher Rationalismus also lebten nebeneinander, oft wie Öl und Wasser geschieden, oft unorganisch und wirr durcheinander geschüttelt in den Köpfen der Menschen, die über den Staat nachdachten. Und wie in einem Wetteifer nach demselben Ziele war bald die eine, bald die andere Denkweise im Vorsprung. Der Empirismus begann mit einer grandiosen Kraftanstrengung mit Machiavelli seinen Lauf; in ihm beschränkte sich das naturrechtlich-rationalistische Element auf gewisse überlieferte Rahmenvorstellungen, und der rationale Zug seines Geistes diente ganz seinem genialen Lebens- und Wirklichkeitssinne. Die Gegenreformation aber brachte das christliche Naturrecht wieder zu Ehren und schuf die mit Botero anhebende Kompromißlehre von der *ragione di stato*, die am besten Staate prinzipiell festhielt, aber achselzuckend und bedauernd auch den wirklichen Staat betrachtete. Die neue Welle von Empirismus, die zu Beginn des 17. Jahrhunderts zu beobachten war und in Frankreich mit dem kräftigen Aufstiege der Richelieuschen Machtpolitik zusammentraf, brachte dann die Lehre von den Interessen der Staaten hervor, die, weil sie rein praktischen Zwecken diente, von rationalistisch-naturrechtlichen Elementen frei blieb, was nicht etwa besagte, daß auch die Menschen, die diese Lehre pflegten, sich innerlich von vernunft- und naturrechtlicher Denkweise schon freimachten. Diese nahm sogar, seitdem sie sich im 17. Jahrhundert zu säkularisieren und zur Aufklärung umzugestalten begonnen hatte, einen ganz neuen Aufschwung und wurde im Laufe des 18. Jahrhunderts durch den neugestärkten Glauben an die im Individuum sich manifestierende Weltvernunft immer mutiger, den Staat zu meistern nach ihrem Bilde. Immer aber blieb daneben, und namentlich auch im späteren 17. Jahrhundert, der politische Empirismus mächtig, und so konnte Pufendorf nebeneinander generalisierende und individualisierende, rationalistische und empirische Staatsbetrachtung rein und darum stilvoll zeigen. Die Stileinheit seiner Staatsbetrachtung, die durch den Dualismus seiner Methoden nicht gestört wurde, lag darin begründet, daß er den Staat tatsächlich mehr von oben, von dem Standpunkte der Regenten, als von unten, von den Bedürfnissen und Zwecken der Individuen her ansah. Denn er stand unter dem Eindrucke des siegenden Absolutismus.

Das große Ereignis des 18. Jahrhunderts war es dann, daß unter der Decke des herrschenden Absolutismus der Mittelstand geistig und sozial erstarkte und für sein nun allmählich auch politisch sich färbendes Standesinteresse den Schatz des Vernunft- und Naturrechts auszubeuten begann. Jetzt erst kam der individualistische Kern der naturrechtlichen Staatsauffassung zu seiner vollen Entfaltung. Rein von unten, von den angeborenen Rechten der Menschheit aus, nicht von oben her begann man den Staat anzusehen und ihn noch bestimmter als in früheren Zeiten als eine zweckmäßige Veranstaltung zum Glücke der Individuen zu behandeln. Das Thema der Staatsräson verschwand darüber aus der gewöhnlichen theoretischen Diskussion, aber blieb in der Praxis und Tradition der Staatsmänner lebendig. Ebenso wurde auch die Lehre von den besonderen Staatsinteressen wegen der praktischen Bedürfnisse der absolutistischen Machtpolitik, die sich im 18. Jahrhundert zu ihrer klassischen Höhe steigerte, weiter gepflegt. Aber die alte Spannung zwischen den beiden grundverschiedenen Prinzipien des Empirismus und Rationalismus wurde dabei ungeheuer und trat uns in der Zwiespältigkeit Friedrichs des Großen, in dem Dualismus seines humanitären und seines Machtstaatsgedankens, fast erschütternd entgegen[1]. Die Dinge trieben einer akuten Krisis zu. Die Idee des von unten, von den Individuen her angeschauten Staates begann sich loszureißen von dem wirklichen, von oben her geleiteten Staate und die Kompromisse zu vergessen, durch die sie sich früher mit diesem vertragen hatte.

So kam es zur Französischen Revolution. Sie hat den Staat in der Tat von unten her, von den Zwecken der Individuen aus, aufzubauen versucht, indem die alte, verhaßt gewordene Staatsräson der Kabinette ihren Platz der Vernunft des menschlichen Geschlechtes räumen sollte. Sie hat bahnbrechend den Rechten der Individuen gegenüber dem Staate dadurch den Platz erkämpft,

---

[1] Der Versuch mancher Geschichtschreiber des 18. Jahrhunderts, die Lehre vom europäischen Gleichgewicht auszunutzen, um den Egoismus der Staatsräson zu versöhnen mit den Forderungen des Rechts und der Moral, war zu äußerlich-pragmatisch, um höhere geistesgeschichtliche Bedeutung zu gewinnen. Vgl. darüber v. Caemmerer, Rankes Große Mächte und die Geschichtschreibung des 18. Jahrhunderts in »Studien und Versuche zur neueren Geschichte«, Max-Lenz-Festschrift 1910, S. 283.

an den der Staatsräsongedanke des 17. Jahrhunderts so gut wie gar nicht gedacht hatte. Aber die Idee der Staatsräson selber triumphierte über ihre Verächter, indem sie sie in ihren Dienst zwang und zu denselben harten, ja noch viel schrecklicheren Verfahrungsweisen nötigte, als man der unmoralischen Kabinettspolitik des 18. Jahrhunderts vorwerfen konnte. Die Ereignisse vom 10. August und die Septembermorde von 1792 wurden das Seitenstück zur Bartholomäusnacht von 1572. Beide Male tobte sich die menschliche Bestie, geleitet von einer schrankenlos und unbedingt sich durchsetzenden Staatsräson aus. Denn einem unmöglichen und für Frankreich hochgefährlichen Zwitterzustande wurde ein Ende gemacht, als man das geschwächte Königtum vernichtete, das gerade deshalb gefährlich für Frankreich geworden war, weil es auf den Sieg des Landesfeindes seine Hoffnung setzen mußte. Aber es war zugleich auch das erste entsetzliche Beispiel dafür, daß die Machtpolitik und Staatsräson des modernen demokratischen Volksstaates noch viel dämonischere Gewalten auslösen konnte als der Staat der alten aristokratischen Gesellschaft.

Vermochte der Geist der französischen Revolution aber unter diesen Umständen das Problem zu lösen, den ungeschlichteten Zwiespalt zwischen Empirismus und Rationalismus, Vernunftstaat und wirklichem Staate zu überwinden? Nie und nimmer. Er schritt weiter, vom Rausche der Macht getrieben, von einer Handlung brutaler Staatsräson zur anderen und umkleidete sie mit rhetorischen Floskeln aus dem mißbrauchten Gedankenschatze des Vernunftstaates. Konnte Frankreichs und Napoleons großer Gegner England das Problem besser lösen? Auch hier fehlten die inneren Voraussetzungen dafür. Man hatte hier gar keine Veranlassung, über den Konflikt von Vernunftstaat und wirklichem Staate tiefer nachzudenken, weil der wirkliche Staat, den man besaß, dem Engländer als höchst vernünftig galt, so daß man mit gutem Gewissen auch seine realen Machtinteressen robust und skrupellos wahrnahm und zu ihrer ideellen Rechtfertigung ähnlich wie die Franzosen humanitäre, aus Naturrecht, Christentum und Aufklärung stammende Floskeln verwertete. Der wirkliche, kraftvoll atmende, von Kampf zu Kampf schreitende und aufsteigende Staat war es in Frankreich und England, der das Denken und Empfinden so ganz beherrschte, daß man entweder überhaupt nicht darüber nachsann, was denn die Ideale der Vernunft dazu eigentlich sagten, oder, wenn man in der Opposition gegen die Regierenden war, die alte, nie verstummende Klage über den unheimlichen Eroberungsgeist erneuerte.

Wohl aber konnte in Deutschland jetzt der Trieb erwachen, den wirklichen Staat und die Ideale der Vernunft tiefer miteinander auszugleichen. Nicht ein siegender und aufsteigender, sondern ein unterliegender und zusammenbrechender Staat konnte den schmerzhaften Ansporn dazu geben. Das Heilige Römische Reich mit seiner bequemen Libertät für alle Reichsstände, mit seiner Ehrwürdigkeit und Behaglichkeit, die es ausströmte, brach durch seine Machtlosigkeit zusammen. Dem geistigen Deutschen blieb in dieser schmerzlichen Lage nur zweierlei übrig: Entweder das Schicksal des deutschen Geistes von dem des deutschen Staates endgültig zu trennen, in des Herzens heilig stille Räume zu flüchten zum Aufbau einer rein geistigen Welt, oder diese geistige Welt in ein sinnvolles und harmonisches Verhältnis zur wirklichen Welt zu setzen und damit denn schließlich auch nach einem Einheitsbande zwischen wirklichem Staate und Vernunftideal zu suchen. Wenn das gelang, dann mußte ein völlig neues, bisher ganz ungeahntes Verhältnis zwischen Wirklichkeit und Vernunft eintreten. Sie wurden dann nicht mehr nur durch Fiktionen und Kompromisse zu einer scheinbaren Einheit legiert, wie im stoischen, christlichen und weltlichen Naturrechte, das den Zwiespalt zwischen den absoluten Normen der Vernunft und den tatsächlichen Gesetzen und Hergängen des geschichtlichen Lebens niemals gedanklich zu überwinden vermocht hatte. Sondern sie schmolzen wesenhaft zusammen, sie wurden identisch. Dann wurde erreicht, was schon Spinozas Pantheismus versucht, aber mit den mechanischen und ungeschichtlichen Denkmitteln seiner Zeit nicht hatte zustande bringen können. Es wurde die Vernunft, die in der geschichtlichen Wirklichkeit selber steckt, erfaßt und als ihr Kern, als ihr innerstes Lebensgesetz verstanden. Nicht mehr das bloße Individuum, sondern die Geschichte wurde der Träger und Interpret der Vernunft. Die Einheit der Gottnatur offenbarte sich nun in der geschichtlichen Welt. Dann traten aber auch Staatsräson und Machtpolitik in ein ganz neues Licht.

Das war die große und epochemachende Leistung Hegels. Der wirkliche Staat, so lautete seine endgültige Lehre, ist auch der vernünftige Staat. »Was vernünftig ist, das ist wirklich; und was wirklich ist, das ist vernünftig[1].« Um das sagen zu können, mußte er freilich den Begriff der Vernunft umdeuten und flüssig machen, ihre Normen des stabilen Charakters entkleiden, den sie bisher gehabt hatten und sie selbst in fließendes, aber sich andauernd steigerndes Leben, in den Entwicklungsprozeß der geschichtlichen Menschheit verwandeln. Dann konnte der neue Vernunftbegriff auch an den Widersprüchen und scheinbar ungelösten Gegensätzen dieses geschichtlichen Lebens nicht mehr scheitern, denn er nahm durch seine Dialektik, die zum ersten Male ganz tief in das eigentliche Werden der geschichtlichen Dinge hineinschaute, diese Gegensätze als notwendige Vehikel des Fortschritts und der Steigerung in sich auf, — und sanktionierte damit nun in einem Grade, den man früher nie für möglich gehalten haben würde, auch den gesamten Kausalzusammenhang der Geschichte mit all seinen düsteren und grauenhaften Abgründen. Alles, alles dient der fortschreitenden Selbstverwirklichung der göttlichen Vernunft, und ihre List ist es, auch das Elementare, ja selbst das Böse für sich arbeiten zu lassen. Und wer vor der Konsequenz, damit auch das relative Recht der Bosheit anerkennen zu müssen, zurückschreckte, den verwies er auf die erhabene Ansicht des Lebens, die er sich selbst auf der Höhe seines Systems errang, die esoterisch und exoterisch zugleich zu sein vermochte, weil sie die Notwendigkeit alles exoterisch Unschönen für das esoterisch Schöne nachzuweisen sich getraute. »Darauf kommt es dann an, in dem Schein des Zeitlichen und Vorübergehenden die Substanz, die immanent, und das Ewige, das gegenwärtig ist, zu erkennen. Denn das Vernünftige, was synonym ist mit der Idee, indem es in seiner Wirklichkeit zugleich in die äußere Existenz tritt, tritt in einem unendlichen Reichtum von Formen, Erscheinungen und Gestalten hervor und umzieht seinen Kern mit einer bunten Rinde, in welcher das Bewußtsein zunächst haust, welche der Begriff erst durchdringt, um den inneren Puls zu finden und ihn ebenso in den äußeren Gestaltungen noch schlagend zu fühlen[2].«

Von all den bunten und mannigfachen Gebilden der äußeren Rinde der Geschichte aber reichte nach Hegels Meinung keines näher an ihren Kern heran als der Staat. In ihm erkannte sein scharfer Wirklichkeitssinn den mächtigsten und wirksamsten, alles

---

[1] Philosophie des Rechts, 1821, S. XIX.
[2] A.a.O. S.XX.

durchdringenden Faktor der Menschheitsgeschichte. Was sein Empirismus erkannte, mußte sein Idealismus sanktionieren. Dann mußte aber auch die Seele des Staates, die Staatsräson und der Kern der Lehren Machiavellis sanktioniert werden. Und so geschah nun das Neue und Ungeheure, daß der Machiavellismus eingegliedert wurde in den Zusammenhang einer idealistischen, alle sittlichen Werte zugleich umfassenden und stützenden Weltanschauung, während er früher sein Dasein immer nur neben dem sittlichen Kosmos, den man sich aufbaute, geführt hatte. Es war fast wie die Legitimierung eines Bastards, was hier geschah.

So kam Machiavelli seit Beginn des 19. Jahrhunderts in Deutschland wieder zu Ehren. Eine spezifisch deutsche Einstellung zum Problem des Machiavellismus begann sich zu entwickeln — das darf freilich nicht auf Hegels Lehre und Einfluß allein zurückgeführt werden. Hegel selbst, der in allen gedanklichen Hervorbringungen nur die notwendige, durch die geschichtliche Lage und Entwicklungsstufe bedingte Manifestation eines bestimmten Volksgeistes erblickte und alle einzelnen Volksgeister wieder dirigiert sah durch den Weltgeist, würde jedes bloß persönliche Kompliment für sich spöttisch abgelehnt und an den großen Weltbaumeister, der aus ihm spräche, verwiesen haben. Voran und in erster Linie muß die geschichtliche Lage Deutschlands gewürdigt werden. Deutschland war bisher immer mehr Objekt als Subjekt der großen europäischen Machtpolitik gewesen. Deshalb konnte sich hier keine so feste und sichere alteingefahrene Tradition der Machtpolitik entwickeln wie in Frankreich und England. Machtpolitik war deshalb für den denkenden Deutschen nicht etwas, was sich von selbst verstand, sondern gewissermaßen ein fremder Importartikel, über dessen Nützlichkeit oder Schädlichkeit man diskutieren konnte. Schon die deutschen Vertreter der Staatsräsonlehre im 17. Jahrhundert hatten die Empfindung, eine Pflanze vor sich zu haben, die nicht auf deutschem Boden gewachsen war. Auch Friedrichs des Großen Theorie der Machtpolitik hat nicht den Charakter einer organischen, von der ganzen Geschichte des Volkes getragenen Selbstverständlichkeit, sondern einer bewußten Bemühung um eine eigens zu lernende große Kunst. Kamen nun Zeiten des Zusammenbruchs, wie seit den Revolutionskriegen und unter Napoleon, so konnte man im leidenden Deutschland, gerade weil es waffenlos war und leiden mußte, nach den Waffen der

Macht und damit auch des Machiavellismus mit einer gewissen Bewunderung und Sehnsucht ausblicken. Es waren vorerst nur ganz wenige, die dies taten. Aber unter diesen wenigen, die das Bedürfnis der staatlichen Machtrüstung für Deutschland empfanden, war Hegel vielleicht der erste und jedenfalls der geistesmächtigste. Er tat es schon zu Beginn des neuen Jahrhunderts und noch vor der Aufrichtung seines endgültigen Systems. Und da auch dieses nur der schließliche Ausbau gewisser Urbestandteile seines Denkens war, so regt sich gleich die Vermutung, daß auch die Sanktionierung des Machiavellismus, die er vornahm, mit diesen Grundrichtungen seines Geistes zusammenhängt, daß Persönlichkeit und geschichtliche Lage zugleich in ihr sich auswirkten. Da gerade die Jugendentwicklung Hegels in neuerer Zeit wiederholt und meisterhaft dargestellt worden ist, so beschränken wir uns hier darauf, diejenigen Fäden seines Geistes aufzusuchen, die zur Anerkennung des Machiavellismus hinführen konnten[1].

Hegels Jugendentwicklung ist ein tief ergreifendes Drama, der alte und ewig neue Hergang, wie ein starker und origineller Geist, anfangs noch abhängig von den Gedankenmassen seiner Zeit und mühsam und widerspruchsvoll sein eignes dunkles Bedürfnis ihnen entgegensetzend, Schritt für Schritt ihrer Herr wird, sie umschmilzt, seinem Bedürfnis ein- und unterordnet und so allmählich die Kraft gewinnt, ein ganz neues Gedankengebäude aufzurichten. Es ist die Geschichte, wie der Genius sich selbst entdeckt und fähig wird, seine eigene Sprache zu sprechen, seine innersten ihm eingeborenen Bedürfnisse souverän zu befriedigen.

Was waren die Gedanken, die er vorfand, was setzte er ihnen entgegen und was machte er schließlich daraus?

Er fand vor einen Individualismus, der nach den Bedürfnissen und mit den Maßstäben des vernünftigen, nach geistiger Freiheit strebenden Individuums das geschichtliche Leben und den Staat beurteilte und von ihm in erster Linie Respekt vor den heiligen Rechten des Individuums verlangte. Dieser Forderung, die in der Erklärung der Menschen- und Bürgerrechte von 1789 ihren Ausdruck fand, schloß sich auch Hegel ursprünglich an und begrüßte als junger Tübinger Stiftler die Französische Revolution. Aber

---

[1] Ich gedenke mit Dank auch der Untersuchung Hellers: Hegel und der nationale Machtstaatsgedanke in Deutschland, 1921, aber kann mich ihr nur zum Teil anschließen.

schon sehr früh regte sich in ihm ein dunkles Bedürfnis nach etwas ganz anderem, nach Überwindung des bloßen Gegensatzes zwischen Staat und Individuum, nach einer ungebrochenen Einheit des Lebens, die sie beide umschloß. Da konnte nun wieder einmal die antike Welt ihre unerschöpfliche Kraft auf den des Vorbildes bedürftigen jugendlichen Geist ausüben. In der griechischen Polis fand er jene Einheit verwirklicht. Mit tiefster Sympathie entwarf er 1796 das Bild des griechischen Menschen der Blütezeit, dem die Idee seines Vaterlandes und Staates Endzweck der Welt war, dem vor dieser Idee die eigne Individualität verschwand, weil er die Idee selbst durch seine Tätigkeit realisierte und so die höhere Lebenseinheit herstellte, — das Absolute, das, wie er sich schon damals ausdrückte[1], »die Vernunft nie aufgeben konnte, zu finden«. Als sie es dann im entartenden antiken Staate nicht mehr fand, fand sie es in der christlichen Religion. Aber das war nach seiner damaligen Meinung ein Symptom des Verfalls, des Verlustes der Lebenseinheit. Das Christentum konnte nur angenommen werden von einer »verdorbenen Menschheit«, die ihr Vaterland und ihren freien Staat verloren hatte und nun in ihrem Elend die Lehre von der Verdorbenheit der menschlichen Natur als Trost ergriff. »Sie brachte zu Ehren, was Schande ist, sie heiligte und verewigte jene Unfähigkeit, indem sie selbst das, an die Möglichkeit einer Kraft glauben zu können, zur Sünde machte.«

So wurde in ihm ein Grundgefühl Machiavellis wieder lebendig. Das Christentum, hatte dieser gesagt, indem es die Menschen auf das Jenseits verweist, macht sie dadurch für das Diesseits untüchtig und schlaff. Er wünschte deshalb die naturhafte *virtù* des antiken Menschen in ihrer Pracht und ihrer vor allem im Staate sich beweisenden Kraft zurück. Auch die geschichtliche Lage, die so verwandte Stimmungen in den durch drei Jahrhunderte getrennten Denkern hervorrief, glich sich. Beide Male traf eine politische Zusammenbruchsepoche mit einer geistigen Erneuerungsepoche zusammen. Hegel sah schon damals und in den folgenden Jahren, die den Zusammenbruch des alten Reiches brachten, mit steigender Schärfe, daß die alte Welt aus den Fugen ging. Auf ihrem Trümmerfelde forschte sein zu höchster Leistung reif werdender Geist nach den Kräften, die ein neues und stärkeres Gebäude schaffen und den zerbrochenen Zusammenhang zwischen Einzeldasein und

---

[1] Hegels theologische Jugendschriften; herausg. von Nohl, S. 224.

allgemeinen Lebensmächten wiederherstellen konnten. Denn das war das Grundgefühl in dem jungen Hegel, aus dem eigentlich alles Folgende emporwuchs, daß er diesen unentbehrlichen Zusammenhang des individuellen Lebens mit dem allgemeinen Leben des Volkes zerstört sah durch eine Entwicklung, die jetzt durch die Katastrophen der Revolutionskriege ihren notwendigen Abschluß erhielt. Diese Katastrophen trieben die Mehrzahl der geistigen Menschen Deutschlands erst recht in sich selbst und den Ausbau ihrer Individualität zurück. Der enorme Geistesreichtum, den Deutschland im ersten Jahrzehnte des neuen Jahrhunderts aufhäufte, ist unter dem dunklen Drucke seines schweren politischen Schicksals geschaffen worden. Das Unglück war es, was uns damals auf den Gipfel unseres geistigen Daseins trieb. Das gilt auch von Hegel selbst, der ganz bewußt und hellsichtig mit seiner Zeit lebte. Aber was ihn neben dieser scharfen Bewußtheit auszeichnete vor den meisten Zeitgenossen, war das sehr frühe und sichere Gefühl dafür, daß diese Situation unnatürlich und unhaltbar war, daß das wirkliche Leben und das Leben des Geistes nicht in so krampfhafter Trennung voneinander lange bleiben könnten, ohne einen neuen Zusammenbruch und damit auch einen solchen des Geistes zu gewärtigen. »Der Stand des Menschen, den die Zeit in eine innere Welt vertrieben hat, kann entweder, wenn er sich in dieser erhalten will, nur ein immerwährender Tod, oder, wenn die Natur ihn zum Leben treibt, nur ein Bestreben sein, das Negative der bestehenden Welt aufzuheben, um sich in ihr finden und genießen, um leben zu können... Das Gefühl des Widerspruchs der Natur mit dem bestehenden Leben ist das Bedürfnis, daß er behoben werde, und dies wird er, wenn das bestehende Leben seine Macht und alle seine Würde verloren hat, wenn es reines Negatives geworden ist. Alle Erscheinungen dieser Zeit zeigen, daß die Befriedigung im alten Leben sich nicht mehr findet.«

Es sind Worte von größtem Gewichte und geschichtlicher Tragweite. Die ganze zusammengepreßte, vom Leben abgedrängte, aber zu mächtigen Rückstößen gegen das Leben sich schon vorbereitende Geisteskraft Deutschlands spiegelt sich in ihnen. Sie sind dem dunklen und gedankenschweren Fragment »Freiheit und Schicksal« entnommen, das die Einleitung bilden sollte für seine Schrift über die Verfassung Deutschlands. Diese, im Winter 1801/

1802 niedergeschrieben, aber erst 1893 vollständig an das Licht gekommen[1], gibt uns nun auch die ersten entscheidenden Äußerungen Hegels über das Problem des Machiavellismus.

Fassen wir noch einmal zusammen, was ihn zu ihm hinführte: Das Ungenügen am reinen Ausbau der Individualität, die immer stärker werdende Einsicht in die Abhängigkeit des Individuums von den Schicksalsmächten des allgemeinen Lebens, die aber nicht in passiver Ergebung, sondern in dem aktiven Ideale der antiken *virtù*, im Leben in und für einen Staat, der der Hingabe des ganzen Lebens wert war, ausklang. Dazu das erschütternde Schauspiel des Waltens großer Schicksalsmächte in der französischen Revolution und dem Zusammenbruche des Reichs, das dem Schwaben mehr bedeutete als jedem andern Deutschen, weil es ihm den »Staat« repräsentierte, der doch kein wirklicher Staat mehr war. »Deutschland ist kein Staat mehr«, lauten die Einleitungsworte der Schrift. Denn nur durch Macht wird ein Staat wirklich ein Staat (S. 25). »Daß eine Menge einen Staat bilde, dazu ist notwendig, daß sie eine gemeinsame Wehr- und Staatsgewalt bilde« (S. 27). Nicht in der Ruhe des Friedens, sondern in der Bewegung des Krieges zeigt sich die Kraft des Zusammenhanges aller mit dem Ganzen (S. 12). In dem Kriege mit der Französischen Republik hat Deutschland an sich die Erfahrung gemacht, wie es kein Staat mehr ist. Und der Friede, zu dem er geführt hat, wird zeigen, daß außer denen, die unter die Herrschaft des Eroberers gekommen sind, noch viele Staaten dasjenige verlieren werden, was ihr höchstes Gut ist: eigene Staaten zu sein.

Das war die neue oder vielmehr wiedergewonnene Erkenntnis, daß in allererster Linie Macht, das heißt Fähigkeit zur Selbstbehauptung gegen andere Staaten, zum Wesen des Staates gehörte. Alle praktische Staatsräson und alles theoretische Nachdenken über sie im 16. und 17. Jahrhundert waren von ihr geleitet, während die daneben laufende naturrechtliche Staatsbetrachtung meist unberührt von ihr blieb. Aber nun konnte sich ein Hegel nimmermehr begnügen mit der bloß empirischen und realistischen Anerkennung des Machtstaates, sondern mußte die neue Erkenntnis einbauen in ein einheitliches und vernünftiges Weltbild. Um das tun zu können, mußte Hegel sich einen ganz neuen und eigenen

---

[1] Wir zitieren hier nach der von Heller besorgten Ausgabe in Reclams Bibliothek.

Weg bahnen, der ihn anfangs durch düsteres und felsiges Gebiet führte. Er mußte gleichsam hinderndes Gestein zur Seite wälzen, dessen Anblick noch heute das gewaltige Ringen und Suchen erkennen läßt[1].

Hegel konnte ja seine neuen Gedanken, die ihn von dem herrschenden Individualismus wegführten, nicht ohne Rückschläge und Reaktionen, wo sich die leidenschaftliche Subjektivität in ihm aufs äußerste aufbäumte, anfangs bilden. Man versteht das, wenn man wahrnimmt, daß die neuen Leitsterne, denen er zu folgen begann, zuerst nur ein kaltes, wenig tröstliches Licht ihm zu spenden vermochten. Im Verkehr mit Hölderlin ergab er sich zu Ende der neunziger Jahre einem Begriffe von Schicksal, das allmächtig und starr das menschliche Leben beherrschte. Die Abhängigkeit der Individuen und Völker von einer unbekannten, übermenschlichen Schicksalsgewalt wurde dabei unerträglich, selbst für die eiserne Denkweise eines Hegel unerträglich. Die Lebenseinheit zwischen Ich, Volk, Staat und Weltall, nach der er suchte, war auf diesem Wege nicht zu gewinnen. Dieser harte und ungefüge Block mußte behauen werden. So begann denn sein Schicksalsbegriff sich allmählich zu wandeln, der menschlichen und geschichtlichen Sphäre näherzurücken, ihre innersten eigentümlichen Kräfte in sich aufzunehmen und sich dadurch mit Geist und Vernunft zu füllen, — bis schließlich einmal, auf der Höhe seines Systems, aus dem Schicksal der Weltgeist wurde, dessen alleinigen Inhalt die Vernunft selbst bildet und der zu seiner Selbstoffenbarung den Sternenreigen der Volksgeister aufführt, die Weltgeschichte hervorruft, bildet und leitet.

Als Hegel 1801/02 seine Gedanken über die Verfassung Deutschlands niederschrieb, war diese Stufe seines Weltbildes noch nicht erreicht, hatte sein Schicksalsbegriff wohl schon einen geschichtlich-lebensvollen Inhalt gewonnen und vor allem den Staat als wesentlichen Träger von Schicksalsmacht in sich aufgenommen, aber hatte sich noch nicht zur alles versöhnenden Weltvernunft gesteigert und erwärmt. Wohl aber war der entscheidende Gedanke schon ergriffen, der in dem späteren Systeme Hegels eine so große Bedeutung erhalten sollte und den man als seine eigentliche Zauberformel ansehen kann, um mit allen Widersprüchen und Uneben-

---

[1] Wir folgen hier der tiefen Darstellung Rosenzweigs: Hegel und der Staat, 2 Bände, 1920.

heiten des Weltbildes fertig zu werden, um die Irrationalität und Unsauberkeit der geschichtlichen Wirklichkeit gleichzeitig im vollen Umfange anzuerkennen und mit gelassenem Welt- und Allgefühl zu ertragen als bloße Vordergrunderscheinung, als Dissonanz, die sich auflöste in Harmonie, wenn man auf den höchsten Gipfel der Betrachtung stieg. Dann mußte freilich das bunte und reiche Getriebe der Geschichte umgedeutet werden zu einem bloßen Spiele von Marionetten, die von einer höheren Hand gelenkt wurden. Die Freiheit und das Eigenrecht, das allen geschichtlichen Kräften, sich auszutoben, gelassen wurde, wurde dadurch zu einer Scheinfreiheit, zu einem Scheinrechte. Lassen wir ihn selber in seiner Verfassungsschrift sprechen.

»Der ursprüngliche, nie gebändigte Charakter der deutschen Nation bestimmte die eiserne Notwendigkeit ihres Schicksals. Innerhalb der von diesem Schicksal gegebenen Sphäre treiben Politik, Religion, Not, Tugend, Gewalt, Vernunft, List und alle Mächte, welche das menschliche Geschlecht bewegen, auf dem weiten Schlachtfelde, das ihnen erlaubt ist, ihr gewaltiges, scheinbar ordnungsloses Spiel. Jede beträgt sich als eine absolut freie und selbständige Macht, bewußtlos, daß sie alle Werkzeuge in der Hand höherer Mächte, des uranfänglichen Schicksals und der alles besiegenden Zeit sind, die jener Freiheit und Selbständigkeit lachen.«

Diese Marionettentheorie ist der Schlüssel zum Verständnis des Hegelschen Machtstaatsgedankens. Sein Sinn für die Macht überhaupt entbehrte gewiß nicht einer elementaren Wurzel in seiner eigenen Natur. Er hatte selber, wie man richtig beobachtet hat[1], die Anlagen zu einem Machtmenschen in sich. Aber noch stärker als sein eigenes Bedürfnis nach Macht war sein kontemplativer Trieb, sie, wie alle übrigen Phänomene des Lebens, zu bloßen Erscheinungen und Ausflüssen einer unsichtbaren höheren Wesensgewalt umzudeuten, deren Wirken dann wieder nur als Macht im höchsten Sinne empfunden wurde. Weil und nur weil es eine solche höchste allumfassende Macht gab, konnte auch allen erscheinenden und sichtbaren Mächten des geschichtlichen Lebens ein freier, ein freilich nur anscheinend freier Spielraum gewährt werden, denn jede empfing ihr Mandat und ihre Kraft dazu aus der Hand der höchsten Macht. Dann galt es aber auch, das eigentüm-

---

[1] Heller a. a. O. S. 61.

liche Mandat und die eigentümliche individuelle Kraft einer jeden von ihnen zu verstehen, sie aus ihrer eigenen Dynamik heraus zu begreifen und nicht Maßstäbe irgendeiner anderen Lebenssphäre an sie anzulegen. Um die höchste Wahrheit zu erkennen, mußte zunächst die in den einzelnen Dingen selbst liegende Wahrheit anerkannt werden. Damit wurde nach Hegels Wort nun auch »die Wahrheit, die in der Macht liegt«, entdeckt und die Politik befreit von den Satzungen der gewöhnlichen Moral und von den idealen Ansprüchen der Individuen.

Wir lassen ihn wieder selbst sprechen. Er behandelte die Tatsache, daß Schweden, das im Dreißigjährigen Kriege ausgezogen war, um die deutsche Staats- und Gewissensfreiheit zu retten, dabei zu einer erobernden Macht in Deutschland wurde. »So töricht sind die Menschen, über idealischen Gesichten der uneigennützigen Rechnung von Gewissens- und politischer Freiheit und in der inneren Hitze der Begeisterung die Wahrheit, die in der Macht liegt, zu übersehen und so ein Menschenwerk der Gerechtigkeit und ersonnene Träume gegen die höhere Gerechtigkeit der Natur und der Wahrheit sicher zu glauben, welche aber der Not sich bedient, um die Menschen unter ihre Gewalt aller Überzeugung und Theorie und inneren Hitze zum Trotz zu zwingen.« Es war also eine »Gerechtigkeit, daß eine fremde Macht, die ein schwacher Staat an seinen inneren Angelegenheiten teilnehmen läßt, zu Besitz in demselben gelange«.

»Es sind die Menschenfreunde und Moralisten, welche die Politik als ein Bestreben und eine Kunst verschreien, den eigenen Nutzen auf Kosten des Rechts zu suchen, als ein System und Werk der Ungerechtigkeit, und das kannegießernde unparteiische Publikum, das heißt eine interesse- und vaterlandslose Menge, deren Ideal von Tugend die Ruhe der Bierschenke ist, klagt die Politik einer Unsicherheit in Treue und einer rechtlosen Unstetigkeit an oder ist wenigstens anteilnehmend und deswegen mißtrauisch gegen die Rechtsform, in welcher die Interessen ihres Staates erscheinen. Wenn diese Interessen ihre eigenen sind, so wird sie auch die Rechtsform behaupten; aber jene sind die wahre innere treibende Kraft, nicht diese.« Das Recht, um das es sich in den Beziehungen der Staaten untereinander handelt, ist nichts anderes als »der durch Verträge festgesetzte und zugestandene Nutzen des einen Staates«, und »es hängt nur von den Umständen, von den

Kombinationen der Macht, das heißt dem Urteil der Politik ab, ob das in Gefahr kommende Interesse und Recht mit der ganzen Gewalt der Macht verteidigt werden soll, wogegen dann der andere Teil freilich auch ein Recht anführen kann, weil auch er gerade das entgegengesetzte Interesse, das in Kollision kommt, und damit auch ein Recht hat, und der Krieg, oder was es ist, hat nunmehr zu entscheiden, nicht welches Recht der von beiden Teilen behaupteten das wahre Recht ist, — denn beide Teile haben ein wahres Recht —, sondern welches Recht dem andern weichen soll« (S. 110 f.).

Es ist die alte Lehre von den Interessen der Staaten, die hier wieder proklamiert wird. Hegel kannte die Geschichte und politische Literatur der letzten Jahrhunderte und berief sich auf sie. »Es ist ein durchaus anerkannter und bekannter Grundsatz, daß dieses besondere Interesse (des Staates) die wichtigste Rücksicht ist« (S. 118). Neu und umwälzend aber war dabei eines. Während die frühere schärfere Lehre von der Staatsräson einen Konflikt der Politik mit dem Rechte und der Moral zugegeben und nur den Primat und Sieg der Politik in diesem Konflikte behauptet hatte, war Hegel so kühn, die Tatsache eines Konfliktes überhaupt zu leugnen, denn »jene wichtigste Rücksicht kann nicht als mit den Rechten und Pflichten oder der Moralität in Widerspruch stehend betrachtet werden«; »der Staat hat keine höhere Pflicht, als sich selbst zu erhalten« (S. 129). Das bedeutete, daß Hegel mit dem Dualismus der Maßstäbe und der Weltanschauung brach und überging zu einer monistischen, letzten Endes pantheistischen Ethik und Weltbetrachtung. Der Gegensatz war hier jetzt nicht mehr moralisch und unmoralisch, sondern niedere und höhere Moralität und Pflicht, und die Pflicht der staatlichen Selbstbehauptung wurde als höchste Pflicht des Staates erklärt, sein selbstisches Interesse und Nutzen wurde ethisch sanktioniert. Denn in allen Interessenkämpfen und Machtsiegen offenbarte sich eine »höhere Gerechtigkeit der Natur und der Wahrheit«. Es waren noch nicht alle Weihen ausgesprochen, die die spätere Hegelsche Geschichtsphilosophie dem empirischen Geschichtsverlaufe durch den Weltgeist spenden ließ, und der Thron des Weltgeistes war gleichsam noch unbesetzt und in die dunkle Wolke des Schicksalsbegriffes gehüllt, aber er war schon errichtet, und es wurde schon zur Ehrfurcht vor ihm aufgefordert.

Vor solchen Thron geladen, wurde nun auch Machiavelli von dem »Siegel der Verwerfung«, das die allgemeine Meinung ihm aufdrückte, befreit und mit den höchsten Ehren und Lobsprüchen überhäuft. Sein Buch vom Fürsten sei »die höchst große und wahre Konzeption eines echten politischen Kopfs vom größten und edelsten Sinn«. Er hat, so heißt es in Hegels Jugendschrift, in einem Zustande der Zerrüttung und Blindheit »mit kalter Besonnenheit die notwendige Idee der Rettung Italiens durch Verbindung desselben in einen Staat« gefaßt. Diese »Idee eines Staates, den ein Volk ausmachen soll«, werde heute durch ein blindes Freiheitsgeschrei übertäubt, und alles eigene Elend und alle Erfahrung, die man an der französischen Freiheitsraserei gemacht habe, würden vielleicht nicht hinreichen, um diese Idee zum Glauben der Völker zu machen. Aber die »Notwendigkeit« dieser Idee würde dadurch in keiner Weise aufgehoben. Mit ihr rechtfertigte Hegel auch die als abscheulich geltenden Mittel Machiavellis und übergoß die Trivialitäten der gewöhnlichen Moral mit Hohn. »Hier kann von keiner Wahl der Mittel die Rede sein. Ein Zustand, worin Gift, Meuchelmord gewöhnliche Waffen geworden sind, verträgt keine sanften Gegenversuche. Der Verwesung nahes Leben kann nur durch das gewaltsamste Verfahren reorganisiert werden.«

Die Anerkennung des Zweckes wie der Mittel Machiavellis bedeutete nun freilich nicht, wie diese Worte schon andeuten, daß Hegel im Buche vom Fürsten ein für alle Zeiten gültiges Kompendium sah. Er lehnte das ausdrücklich ab. Zeitlos gültig erschien ihm nur der Kern der Lehre, daß die Idee eines Staates, den ein Volk bilden müsse, durch alle dafür notwendigen Mittel verwirklicht werden müsse. Zeitgeschichtlich, vergänglich, nicht allgemein nachahmlich, nur aus der besonderen Lage des damaligen Italiens verständlich erschienen ihm die besonderen Mittel Machiavellis. Und auch sie versuchte er noch durch eine etwas gewaltsame juristische Konstruktion zu rechtfertigen. Machiavelli habe nämlich von der Idee aus, daß Italien ein Staat sein sollte, so handeln müssen, als ob Italien schon ein Staat gewesen wäre. Dann aber waren die inneren Gegner dieses Staates nichts anderes als Verbrecher, und wenn der Staat sie auf die sicherste Art vernichtete, so handelte er als strafender Richter. »Was vom Privatmann gegen den Privatmann oder von einem Staate gegen den andern oder gegen einen Privatmann getan, abscheulich wäre, ist nunmehr gerechte Strafe.« Also trug Hegel doch noch eine sittliche Scheu vor den Konsequenzen eines schrankenlosen Machiavellismus. Im Kampfe der Staaten miteinander, so gab auch er damit zu, waren nicht alle Mittel erlaubt. Hier ragte also noch ein Stück der alten dualistischen Ethik in seine neue monistisch-pantheistische Gedankenwelt hinein, — ein erstes Anzeichen dafür, daß durch diese allein nicht alle Probleme der politischen Ethik zu lösen waren. Hätte Hegel nicht diese Inkonsequenz begangen, so hätte er in einer rücksichtslos naturalistischen Machtlehre, in einer Staatsräson, die nur die Zweckmäßigkeit und Nützlichkeit, aber keinerlei sittliche Empfindung als Schranke kannte, enden müssen. Davor aber schreckte seine idealistische Grundgesinnung zurück.

*

Hegels geistesmächtige Schrift, ein ebenbürtiges Seitenstück zu Machiavellis Buche vom Fürsten, blieb den Zeitgenossen unbekannt. Sein Wunsch nach einem Theseus zur Rettung und staatlichen Einigung Deutschlands, den er dem gleichartigen Wunsche Machiavellis nachbildete, wurde nur halb erfüllt. Denn die großen Theseusnaturen, die in der preußischen Reform- und Erhebungszeit auftraten, konnten Deutschland wohl retten, aber noch nicht staatlich einigen. Hegel hatte ja auch selber skeptisch gemeint, daß der Freiheitsrausch seiner Zeitgenossen das Bedürfnis nach nationaler Staatenbildung übertäuben werde. Auch diese Meinung wurde wieder halb bestätigt, halb widerlegt durch die Entwicklung des politischen Geistes in Deutschland. Auf lange Zeit hinaus erwies sich die liberale Idee noch stärker als die nationalstaatliche Idee, äußerten die Freiheitswünsche der Deutschen gegenüber dem absolutistischen Polizeistaate sich dringender als die Einheitswünsche. Aber auch diese erwachten im Zeitalter der Befreiungskriege und wurden von Jahrzehnt zu Jahrzehnt lebendiger und wirksamer. Mit ihnen verknüpften sich nun aber allmählich mehr und mehr auch die neuen machtpolitischen Ideen, die Hegel als erster in Deutschland ausgesprochen hatte. Seit der Mitte des 19. Jahrhunderts, nach dem Scheitern der auf die Macht der Volksmeinung gesetzten Einheitshoffnungen, begann die Erkenntnis durchzudringen, daß es die Macht des Staates sein müsse, die den Weg zur Einheit zu bahnen habe, — die Macht des Staates, gelenkt von seinem eigenen Interesse, der Staatsräson. Erfahrung und Denken im Bunde brachten diese Erkenntnis hervor. Die Erfahrung umschloß alle geschichtlichen Erlebnisse des deutschen Volkes im 19. Jahrhundert. Das Denken aber der die Einheitsbewegung führenden Männer wurde in hohem, mit Sicherheit gar nicht auszumessenden Grade befruchtet durch die Hegelsche Philosophie, die in ihrer endgültigen Gestalt auch die machtpolitischen Lehren seiner Jugendschrift umfaßte, ja, sie jetzt eigentlich erst auf den höchsten Thron, der für sie möglich war, erhob und dadurch zur höchsten Wirksamkeit steigerte.

Es ist für den Zusammenhang unserer Studien nicht erforderlich, der stufenweisen Entwicklung des Hegelschen Machtstaatsgedankens im einzelnen und in allen Verknüpfungen mit seinem Gesamtsysteme nachzugehen. Diese Aufgabe ist, in großen Umrissen wenigstens, wenn auch nicht ohne Übertreibungen und Verzeichnungen, von Heller gelöst worden, und Rosenzweigs tiefes Buch, das die gesamte Staatsphilosophie Hegels darstellt, wird ihr ebenfalls gerecht. Für unsere Zwecke genügt es, einmal an die endgültigen Formulierungen, die Hegel der Idee der Staatsräson gab, zu erinnern und dann sie einzureihen in den geschichtlichen Zusammenhang der von uns behandelten Probleme.

Der Idee der Staatsräson in ihrer Auswirkung gegen andere Staaten gab Hegel in der Rechtsphilosophie von 1821 folgende Fassung (§§ 336 und 337): »Indem die Staaten in ihrem Verhältnisse der Selbständigkeit als **besondere** Willen gegeneinander sind und das Gelten der Traktate selbst hierauf beruht, der **besondere Wille** des Ganzen aber **nach seinem Inhalt** sein **Wohl** überhaupt ist, so ist dieses das höchste Gesetz in seinem Verhalten zu andern, um so mehr, als die Idee des Staates eben dies ist, daß in ihr der Gegensatz von dem Rechte als abstrakter Freiheit und vom erfüllenden besonderen Inhalt, dem Wohl, aufgehoben sei und die erste Anerkennung der Staaten auf sie als **konkrete Ganze** geht. Das substantielle Wohl des Staates ist sein Wohl als eines **besondern** Staates in seinem bestimmten Interesse und Zustande und den eben so eigentümlichen äußern Umständen nebst dem besondern Traktatenverhältnisse; die Regierung ist somit eine **besondere Weisheit**, nicht die allgemeine Vorsehung — so wie der Zweck im Verhältnisse zu andern

Staaten und das Prinzip für die Gerechtigkeit der Kriege und Traktate nicht ein allgemeiner (philanthropischer) Gedanke, sondern das wirklich gekränkte oder bedrohte Wohl in **seiner bestimmten Besonderheit** ist.«

Er knüpfte daran eine Betrachtung über das Verhältnis von Politik und Moral. Das Wohl des Staates, bemerkte er, hat eine ganz andere Berechtigung als das Wohl des einzelnen, »und die sittliche Substanz, der Staat, hat ihr Dasein d. i. ihr Recht unmittelbar in einer nicht abstrakten, sondern in konkreter Existenz, und nur diese konkrete Existenz, nicht einer der vielen für moralische Gebote gehaltenen allgemeinen Gedanken, kann Prinzip ihres Handelns und Benehmens sein. Die Ansicht von dem vermeintlichen Unrechte, das die Politik immer in diesem vermeintlichen Gegensatze haben soll, beruht noch viel mehr auf der Seichtigkeit der Vorstellungen von Moralität, von der Natur des Staates und dessen Verhältnisse zum moralischen Gesichtspunkte«.

Diese Sätze lassen den Ausgangspunkt des Hegelschen Machtstaatsgedankens, das Ungenügen am bloßen Ausbau der eigenen Individualität und den Sinn für die überindividuelle, aber die Individuen in ihren Dienst zwingende Schicksalsmacht des Staates, kurz den Primat des Staates über das Individuum noch erkennen. Aber wie es so recht der Hegelschen Dialektik entsprach, ging nun hier aus der Überwindung des gewöhnlichen Individualismus ein neuer und höherer Individualismus hervor, höher deswegen, weil er auch die Individualität der überindividuellen Wesenheit des Staates erkannte und die Rechte, die man für das einzelne Individuum reklamieren konnte, auf diesen übertrug. Hegel begriff jetzt auf der Höhe seiner Philosophie den Staat durchaus als »individuelle Totalität«, die ganz konkret nach ihrem besonderen und eigentümlichen Lebensgesetze sich entfaltete und alle Hindernisse ihrer Entfaltung und damit auch die allgemeinen Moralgebote rücksichtslos beiseite schieben durfte und mußte. Damit handelte dieser, wie seine Worte zeigen, nicht unmoralisch, sondern im Sinne einer höheren, über der allgemeinen und gewöhnlichen Moralität stehenden Sittlichkeit. Worin diese bestehe, lehrte er in seiner Geschichtsphilosophie. »Die Sittlichkeit des Staates ist nicht die moralische, die reflektierte, wobei die eigene Überzeugung waltet; diese ist mehr der modernen Welt zugänglich, während die wahre und antike darin wurzelt, daß jeder in seiner

Pflicht steht[1].« So sprach sich auch sein antikisierendes Jugendideal von der Hingabe des Bürgers an den Staat hier wieder aus und half die Lehre stützen, daß der Staat sich nach seinem eigenen und eigensten Interesse und nicht nach allgemeinen Moralgeboten zu bewegen habe.

Aber die stärkste Stütze dieser Lehre war jetzt und wurde immer mehr, nicht sowohl für Hegel, als für seine Zeitgenossen und Nachfahren in Deutschland, der neue Sinn für die Individualität der überindividuellen Mächte, der deutsche Historismus. Damit erweitert sich unser Horizont über Hegels Gedankenwelt hinaus auf die allgemeine Bewegung des deutschen Geistes im Übergange vom 18. zum 19. Jahrhundert. Das Entscheidende war, daß man jetzt überall, im klassischen wie im romantischen Lager, brach mit den alten Traditionen des stoischen, christlichen und von der Aufklärung wieder säkularisierten Naturrechts, das zwar von der Vernunft des Individuums, wie wir früher bemerkten, ausging, aber diese Vernunft als eine in allen Individuen identische ansah, demnach auch ihren Aussprüchen und Geboten eine allgemeine Geltung zusprach. Daher das Ideal des besten Staates, daher die Forderung, daß dieser beste Staat auch dem allgemeinen Moralgesetze schlechthin unterworfen sei. In Deutschland aber machte man sich nun los von der Allgemeingültigkeit und Gleichheit der Vernunft und ihrer Ideale und Gebote und begann, die individuelle Mannigfaltigkeit aller Lebensmächte, und daß in jeder von ihnen eine besondere individuelle Vernunft walte, zu begreifen[2]. In prägnantester Weise hat Schleiermacher in seinen Monologen von 1800 diesen Umschwung, den er an sich selbst erlebte, ausgesprochen. »Lange genügte es auch mir, nur die Vernunft gefunden zu haben; und die Gleichheit des Einen Daseins als das Einzige und Höchste verehrend, glaubte ich, es gebe nur Ein Rechtes für jeden Fall, es müsse das Handeln in allen dasselbe sein.« Nun aber habe ihn der »Gedanke der Eigentümlichkeit des Einzelwesens« ergriffen, nun dränge es ihn, ein höheres Sittliches zu suchen, nun wolle ihm nicht mehr genügen, daß die Mensch-

---

[1] Hegel, Vorlesungen über die Philosophie der Weltgeschichte, herausgegeben von G. Lasson, 1, 94.

[2] Vgl. hierzu vor allem Ernst Troeltsch, Der Historismus und seine Probleme 1922; dazu mein Aufsatz »Ernst Troeltsch und das Problem des Historismus« in »Schaffender Spiegel, Studien zur deutschen Geschichtschreibung und Geschichtsauffassung«, Stuttgart 1948, S. 211 ff.

heit nur da sein sollte als eine gleichförmige Masse, die zwar äußerlich zerstückelt erschiene, doch so, daß alles innerlich dasselbe sei. »So ist mir aufgegangen, was seitdem am meisten mich erhebt; so ist mir klar geworden, daß jeder Mensch auf eigene Art die Menschheit darstellen soll, in eigener Mischung ihrer Elemente, damit auf jede Weise sie sich offenbare und alles wirklich werde in der Fülle des Raumes und der Zeit, was irgend Verschiedenes aus ihrem Schoße hervorgehen kann.«

Schleiermacher sprach hier zunächst nur von der Individualität der Einzelwesen und der höheren Sittlichkeit des Individuellen in ihnen, noch nicht vom Staate als »individueller Totalität« und einer in ihm lebenden höheren Sittlichkeit. Aber auch er schlug schon damals, wie eine andere berühmte Stelle seiner Monologe zeigt, sein Auge auf zu einem neuen, höheren Begriffe des Staates, der, unendlich erhaben über bloßes Maschinenwerk, alle inneren Kräfte der Menschen für sich fordere, aber auch steigere und erweitere zur höchsten Entwicklung menschlichen Daseins[1]. Aus dem sich vertiefenden Individualismus des Einzelwesens entsprang so von jetzt an allenthalben in Deutschland, hier auf diesem, dort auf jenem Wege, ein neues lebendigeres Staatsbild und noch mehr, ein neues Weltbild, das die ganze Welt erfüllt sah von Individualität, in jeder Individualität, persönlichen oder überpersönlichen, ein besonderes, eigentümliches Lebensgesetz wirksam sah und so Natur und Geschichte insgesamt als einen »Abyssus von Individualität«, wie Friedrich Schlegel sagte, auffassen lernte. Denn alles Individuelle ging aus dem einheitlichen Mutterschoße der Gottnatur hervor. Individualität allenthalben und Identität von Natur und Geist und durch diese Identität ein unsichtbares, aber starkes Band geschlungen um die sonst auseinanderfließende Fülle des Individuellen, — das waren die neuen, mächtigen Gedanken, die in dieser oder jener Form jetzt in Deutschland hervorbrachen. Es war vielleicht die größte Revolution des Denkens, die das Abendland jetzt erlebte. Denn der bisher herrschende Glaube an eine faßbare Einheit und Gleichheit und demnach an eine Allgemeingültigkeit der Vernunft und ihrer Aussprüche wurde erschüttert und abgelöst durch die Erkenntnis, daß die Vernunft sich in unendlich mannigfaltigen Formen offenbare, individuelle, nicht generelle Lebensgebote gebe

---

[1] Vgl. Günther Holstein, Die Staatsphilosophie Schleiermachers, 1922.

und ihre letzliche Einheit nur in einem unsichtbaren metaphysischen Weltgrunde habe. Alles in der Geschichte sah nun anders aus als bisher, nicht mehr flächenhaft einfach und übersehbar, sondern perspektivisch mit unausmeßbaren Hintergründen, nicht mehr wie man bisher vermeint hatte, mit ewiger Wiederkehr des Gleichen, sondern mit ewiger Neugeburt des Eigenartig-Unvergleichlichen. Dies reichere und tiefere Weltbild, das der entstehende deutsche Historismus schuf, erforderte ein biegsameres Denken und eine kompliziertere, phantasievollere, zu mystischem Dunkel neigende Begriffssprache. Cicero, Thomas von Aquino und Friedrich der Große hätten sich, wenn sie einander lasen, verstehen können, weil sie alle drei die leicht verständliche Begriffssprache des Naturrechts sprachen. Bei Herder, Goethe, Hegel und den Romantikern würden sie kopfschüttelnd Worte und Dinge gefunden haben, die ihnen unbegreiflich und abenteuerlich gedünkt hätten.

Dieser neue Sinn für das Individuelle glich einem Feuer, das nicht sofort, aber nach und nach alle Lebensgebiete ergreifen konnte und zuerst vielfach nur die leichtesten und brennbarsten Stoffe gleichsam, das eigene persönliche Leben, die Welt der Kunst und Dichtung voran, dann aber auch die schwereren Stoffe, den Staat vor allem, ergriff. Und Hegel war der erste, der von dem Kultus der eigenen Individualität entschlossen, ja einseitig radikal überging zum Kultus der überindividuellen Wesenheit des Staates. Jetzt erst, auf dem Hintergrunde dieses allgemeinen Drängens nach individualisierender Betrachtung des Lebens, verstehen wir ganz seine Tat, den Begriff der Vernunft umzudeuten aus einer stabilen Macht in den fließenden Entwicklungsprozeß der geschichtlichen Menschheit. Denn das hieß ihn umdeuten in die Fülle der sich entfaltenden Individualitäten. In jeder von ihnen nahm die eine göttliche Vernunft nun eine besondere und konkrete Form an, und als die höchsten und wirksamsten dieser Formen galten ihm die Staaten. Mit der Erkenntnis des individuellen Charakters der Staaten aber war auch die Erkenntnis ihrer Lebensader, der Staatsräson und des Staatsinteresses sofort verbunden, und ihre alles niederzwingende Kraft, ihr allem übergeordnetes Recht wurde, wie wir sahen, unumwunden anerkannt. Der individuelle Staat mit seinen besonderen Macht- und Lebenstrieben, der in den Jahrhunderten zuvor nur ein zwar kräftiges, aber unheiliges Leben hatte führen können, empfing jetzt alle Weihen, die der neue Kultus der Individualität erteilen konnte. Der alte Dualismus zwischen dem individuellen, dem wirklichen und dem besten, dem vernünftigen Staate hörte auf. Der wirkliche Staat war der vernünftige Staat.

So teilte also Hegel auch durchaus den neuen Sinn für das Individuelle in der Geschichte und wurde dadurch zu einem der wirksamsten Wegbahner des deutschen Historismus. Der bleibende Wert und das, was von innerer Lebendigkeit in seiner Geschichtsphilosophie steckt, beruht ganz wesentlich auf diesem Sinne für die großen geschichtlichen Individualitäten. Aber er wurde ihm nie zur Hauptsache, er ergab sich ihm niemals mit jener tiefen Freude und Herzlichkeit, wie die Romantiker und die Begründer der historischen Schule Deutschlands. Er war und blieb ihm immer nur Mittel zum Zwecke, Schlüssel zum eigentlichen Heiligtum seines Weltbildes, in dem nun der ganze individuelle Reichtum der geschichtlichen Welt zusammengedrängt und gepreßt wurde zu der einen und einzigen Gottheit der Weltvernunft, des Weltgeistes. Diese Weltvernunft wurde wohl, wie wir bemerkten, verstanden als das fließende und sich steigernde Leben der Menschheit, aber zugleich auch und in noch höherem Grade verstanden und gewürdigt als einheitlicher und überlegener Leiter und Lenker dieses ganzen bunten Spieles, als Direktor der Marionetten der Geschichte. Alles Individuelle dient der Realisierung der einen und einzigen Vernunft, deren List es eben ist, Böses wie Gutes, Elementares wie Geistiges für sich arbeiten zu lassen. Von den beiden großen Hauptideen der Zeit, der Identitätsidee und der Individualitätsidee, war die Identitätsidee, das Streben nach innerster Einheit und Vergöttlichung von Natur und Geist, die weitaus mächtigere in Hegel. Aber zugleich wirkte auch in diesem Bedürfnisse, alles Empirische einer einzigen rationalen Idee unterzuordnen und aus ihr hervorgehen zu lassen, die ganze säkulare Tradition der Stoa, des Christentums und der Aufklärung nach. Auch das Individuelle in der Geschichte wurde dadurch wieder rationalisiert und damit nun freilich, trotzdem er es breit anerkannte, seines eigensten und ursprünglichsten Wesenshauches beraubt. Es war die merkwürdigste und intensivste Synthese alter und neuer, absolutierender und historisierender Ideen. Sie waren wie in einem Gefängnis zusammengesperrt.

In diesem Gefängnis steckte auch, wie wir sahen, die Idee der Staatsräson. Sie hatte ihre Zelle für sich, in der sie sich ungehindert und frei bewegen und arbeiten konnte. Es war sogar eine der allergrößten Zellen dieses Gefängnisses. Denn der Staat, geleitet von der Staatsräson, vollbrachte nach Hegel die allerwichtigsten Leistungen für die Realisierung der Weltvernunft. Er mußte schon deswegen den Staat so hoch stellen, weil er seiner bedurfte zum Belege seiner Gesamtkonzeption, daß der Weltgeist sich fortschreitend in und durch die Geschichte realisiere. Er brauchte nun innerhalb der Geschichte eine Macht wie den Staat, der in besonderem und einleuchtendem Grade Träger vernünftiger Zwecke und zugleich ein das ganze Leben der Menschen beherrschender Träger war. »Allen Wert, den der Mensch hat, alle geistige Wirklichkeit hat er allein durch den Staat[1].« Er brauchte auch den Staat als Vereinigungsband der beiden großen Ideen seiner Zeit, der Individualitätsidee und der Identitätsidee, des individuellen Wollens und des allgemeinen Wollens. Der Staat schaffe die »Einheit des allgemeinen und subjektiven Willens«, und in dieser Vereinigung des Willens der Allgemeinheit und des subjektiven Willens der Individuen sah er das Wesen des Staates, seine sittliche Lebendigkeit[2]. Für seine universale, überall aufs Ganze gehende, alles einzelne ihm rücksichtslos unterordnende Geschichtsphilosophie brauchte er eben schon innerhalb der empirischen Welt ein »Allgemeines«, eine die Individuen beherrschende Macht. Daher seine Staatsvergötterung.

Und da alles, was von individualisierender und historisierender Denkweise in ihm steckte, sich in allererster Linie auf den Staat konzentrierte, so konnte er auch das innere Wesen der Staatsräson, ihre Abgründe und inneren Spannungen zwischen elementaren und geistigen Motiven, ihren Gebrauch zum Guten und ihren Mißbrauch zum Bösen aufs hellste erfassen. »In das Verhältnis der Staaten gegeneinander, weil sie darin als besondere sind, fällt das höchst bewegte Spiel der innern Besonderheit der Leidenschaften, Interessen, Zwecke, der Talente und Tugenden, der Gewalt, des Unrechts und der Laster, wie der äußeren Zufälligkeit, in den größten Dimensionen der Erscheinung, — ein Spiel, worin das sittliche Ganze selbst, die Selbständigkeit des

---

[1] Philosophie der Weltgeschichte, Ausgabe von Lasson 1, 90.
[2] A. a. O. S. 90 f.

Staates, der Zufälligkeit ausgesetzt wird[1]«, einer Zufälligkeit aber, die durch das Wirken und die Leitung des Geistes der Welt wieder völlig ausgeglichen und zum guten Endergebnis geführt wird. Vom Standpunkte des Weltgeistes aus sah er mit makroskopischer Ironie auf dieses ganze Treiben der Macht hernieder. Man lese etwa in seiner Geschichtsphilosophie[2] die köstliche Stelle über die Römer: »Das ist eine Eigentümlichkeit der Römer, daß sie, die das große Recht der Weltgeschichte haben, auch das kleine Recht der Manifeste, Traktate bei kleinen Verletzungen für sich in Anspruch nehmen und dasselbe gleichsam advokatenmäßig verteidigen. Bei politischen Verwicklungen der Art kann aber jeder dem anderen etwas übelnehmen, wenn er will, wenn er für nützlich hält, es übelzunehmen.« Damit verspottete und tolerierte er in einem Atem das alte Spiel der Macht, ihre Interessen zu verkleiden mit den Masken der Moral und des Rechts.

Auch Machiavelli empfing in der Geschichtsphilosophie ähnliche Lobsprüche wie in der Jugendschrift von 1801/02[3]. Damals war er gelobt und waren seine Mittel gebilligt worden, weil er die notwendige Idee der Rettung und staatlichen Einigung des italienischen Volkes vertreten habe. Jetzt wurde schon das viel begrenztere, rein staatliche Ziel, den Kirchenstaat zu säubern von dem Unkraut unabhängiger Dynasten, als ein »Recht im sittlichen Sinne« erklärt. »In dem hohen Sinne der Notwendigkeit einer Staatsbildung hat Machiavelli die Grundsätze aufgestellt, nach welchen in jenen Umständen die Staaten gebildet werden mußten. Die einzelnen Herren und Herrschaften mußten durchaus unterdrückt werden, und wenn wir mit unserem Begriffe von Freiheit die Mittel, die er uns als die einzigen und vollkommen berechtigten zu erkennen gibt, nicht vereinigen können, weil zu ihnen die rücksichtsloseste Gewalttätigkeit, alle Arten von Betrug, Mord usw. gehören, so müssen wir doch gestehen, daß die Dynasten, die niederzuwerfen waren, nur so angegriffen werden konnten, da ihnen unbeugsame Gewissenlosigkeit und eine vollkommene Verworfenheit durchaus zu eigen waren.« Auch jetzt also unterschied Hegel Kern und Schale in den Lehren Machiavellis und erteilte seinen unsauberen Mitteln nur eine zeitgeschichtliche, nicht eine absolute Sanktion.

---

[1] Philosophie des Rechts § 340.
[2] Ausgabe von Lasson S. 700 f.   [3] A. a. O. S. 863 f.

In unserer Geschichte der Idee der Staatsräson ragen Machiavelli, Friedrich der Große und Hegel als die drei markantesten Gipfel hervor. Hegel hat selber ein deutliches Gefühl dieses Zusammenhanges gehabt[1]. Zwar gebrauchte er das Schlagwort der Staatsräson nicht, wie wir es hier tun müssen, allgemein für den Inbegriff der Maximen staatlichen Handelns nach innen und außen, sondern sah in ihr einen von der naturrechtlichen Aufklärung erst gebildeten Begriff, das »Prinzip des allgemeinen Besten«, das sich im Innern des Staates despotisch über die Privatrechte hinwegsetzen und allgemeine Staatszwecke durchführen durfte. Aber gerade von dieser Seite erschien ihm Friedrich der Große als eine »welthistorische Person. Er kann als der Regent genannt werden, mit dem die neue Epoche in die Wirklichkeit tritt, worin das wirkliche Staatsinteresse seine Allgemeinheit und seine höchste Berechtigung erhält«. »Er muß besonders deshalb hervorgehoben werden, weil er den allgemeinen Zweck des Staates denkend gefaßt hat und weil er der erste unter den Regenten war, der das Allgemeine im Staate festhielt, immer das Beste seines Staates als das letzte Prinzip im Auge hatte und das Besondere, wenn es dem Staatszwecke entgegen war, nicht weiter gelten ließ. Er hat den Gedanken auf den Thron erhoben und ihn gegen die Besonderheit geltend gemacht.« So sah er also mit gutem Rechte in Friedrich den Wegbahner seines eigenen Staatsgedankens, den Eröffner der Epoche, in der dieser nach seiner Erwartung triumphieren sollte.

Aber welchem letzten Zwecke diente nun Hegels Staatsräson und Machtstaatsgedanke? Der fortschreitenden Realisierung, so hörten wir bisher, der Weltvernunft. Aber da diese Weltvernunft, weil sie den ganzen geistigen Inhalt der Weltgeschichte umfassen soll, nicht auf einen einfachen Ausdruck zu bringen ist, so versteht man, daß verschiedene Auffassungen über das, was Hegel als höchste Werte der Weltgeschichte ansah, möglich sind. Derjenige Forscher, der bisher am eingehendsten den Hegelschen Machtstaatsgedanken untersuchte, kam zu der Meinung, daß für ihn »nationale Macht höchstes Ziel« war und daß sein Weltgeist nichts anderes sei als »der Ausdruck für die sittliche Berechtigung der nationalistischen Weltmacht[2]«. Darin kann man nur eine arge

---
[1] A.a.O. S. 918f.
[2] Heller a.a.O. S. 130.

Vergröberung der Hegelschen Machtstaatslehre sehen, die das Mittel zum Zwecke zum Selbstzwecke macht. Wohl gab Hegel der Staatsräson und dem Machtstaate freiesten Spielraum und sah in der äußeren Macht eines Volkes das Korrelat seiner inneren Tüchtigkeit[1]. Aber das Höchste, was er von ihrer Entfaltung erwartete, war nicht die nationale Macht an sich, sondern die nationale Kultur, die aus ihr, nicht unmittelbar bezweckt, aber organisch emporblühend, hervorgehen sollte. »Das Höchste, was ein Staat erreichen kann, ist, daß in ihm Kunst und Wissenschaft ausgebildet sind, eine Höhe erreichen, die dem Geiste des Volkes entsprechend ist. Das ist der höchste Zweck des Staates, den er aber nicht als ein Werk hervorzubringen suchen muß; sondern er muß sich aus sich selbst erzeugen[2].«

Das grobe Machtziel ist auch mit Hegels berühmtem Satze, daß die Weltgeschichte der Fortschritt im Bewußtsein der Freiheit sei, unvereinbar. Freiheit war ihm mehr als bloße staatliche Machtentfaltung, war ihm Einheit des Geistes und seines Innersten mit seiner Welt. »Dies ist seine höchste Befreiung, weil das Denken sein Innerstes ist[3].« Letzten Endes gipfelte seine Geschichtsphilosophie in einer erhabenen Kontemplation als höchstem Werte, den der menschliche Geist erreichen kann[4]. Wer die Welt und die in ihr sich offenbarende Vernunft vollkommen begreift, der ist frei. Begreifen aber muß man vor allem die *coincidentia oppositorum,* die scheinbaren Gegensätze von Natur und Geist, die wahrhafte Einheit und Vernünftigkeit alles Seins und Werdens. »Wenn der Gedanke für sich frei ist, so kann er die Seite

---

[1] G. Lasson in der Einleitung zu Hegels Philosophie der Weltgeschichte S. 79.

[2] Philosophie der Weltgeschichte, Ausgabe von Lasson, S. 628; vgl. auch S. 871. Mit der Hegelschen Dialektik ist es dann durchaus vereinbar, ja mit ihr notwendig verknüpft, daß die Kultur nun wieder dem Staate dient, ja daß, wie es in der Rechtsphilosophie, Vorrede S. 11 heißt, die Philosophie »vornehmlich oder allein im Staatsdienst steht« — und daß ferner ohne Staat auch Kultur nicht möglich ist. Vgl. Gerhardt Giese, Hegels Staatsidee und der Begriff der Staatserziehung, 1926, S. 105: »Für Hegel sind Kunst und Wissenschaft nicht vom Staat unterschieden, sie sind selbst Momente des geistigen Wesens Staat, sie sind in gewisser Weise selbst Staat.«

[3] A. a. O. S. 160.

[4] Auch Dilthey (Ges. Schriften 4, 249) sieht als das »Letzte« bei Hegel die »Rückkehr des Geistes in seine absolute Innerlichkeit« an.

der Erscheinung frei entlassen«, er kann es »ertragen, daß das Natürliche unmittelbar das Geistige in sich eingebildet hat[1]«. Das heißt, er kann, der Einheit von Geist und Natur gewiß, das Schauspiel dieser empirischen Welt mit all ihren entsetzlichen Abgründen ertragen und allen in ihr wirkenden Gewalten Freiheit zugestehen. Diese der »Erscheinung« gelassene Freiheit war ja doch nur die Scheinfreiheit der Marionetten. Die wahre Freiheit lag erst in der beinahe mystischen Vereinigung des betrachtenden und denkenden Geistes mit dem Weltgeiste.

So nahm Hegel eine geniale Verbindung von rücksichtslosem Realismus in der Anerkennung der Wirklichkeit und transzendierender Betrachtung alles Lebens von höchstem metaphysischen Punkte aus vor. Dadurch schien ihm das Merkwürdige zu gelingen, alle Behauptungen eines an der Güte der Welt verzweifelnden Pessimismus gleichzeitig zuzugeben und zu widerlegen durch einen transzendentalen Optimismus, der heroisch gelassen und überlegen auf diese Welt herabsah. Der Schmutz der Wirklichkeit, der den Philosophen umgab, beschmutzte ihn nicht. Er ballte ihn vielmehr mit spielender Hand zusammen und formte aus ihm die Bausteine seines Palastes. Zu diesen Bausteinen gehörte auch die Staatsräson.

Hegels System, gewaltsam und tiefsinnig, grandios und abstrus zugleich, wie es aufgebaut und durchgeführt war, konnte als Gesamtlehre nicht lange sich behaupten. Aber von ungeheurer Wirkung war sein Gedanke von der List der Vernunft, die Gutes aus Bösem hervorgehen läßt. Alle Lebens- und Geschichtserfahrung bestätigte tatsächlich einen unheimlichen Zusammenhang zwischen Böse und Gut. Hegels verhängnisvolle Wirkung auf das machtpolitische Denken in Deutschland aber bestand darin, daß das Unheimliche dieses Zusammenhanges vergessen werden, daß auch auf die Natur- und Nachtseite der Staatsräson ein beschönigendes Licht fallen konnte. Die Lehre von der List der Vernunft war nichts anderes als die logische Konsequenz der Identitätsphilosophie, die dieses Mittels bedurfte, um die Einheit und Vernünftigkeit des gesamten Weltzusammenhanges dartun zu können. »Die Philosophie verklärt das Wirkliche, das unrecht scheint, zu dem Vernünftigen[2].« Aber diese Art von Theodizee und der ungemeine Optimismus, mit dem die Identitätsphilosophie die

---

[1] Philosophie der Weltgeschichte S. 578.
[2] Philosophie der Weltgeschichte, Ausgabe von G. Lasson, S. 55.

Wirklichkeit ansehen lehrte, barg nun auch die schwere Gefahr in sich, das moralische Gefühl abzustumpfen und die Exzesse der Machtpolitik auf die leichte Achsel zu nehmen.

Und dieselbe Gefahr war auch in der neuen Individualitätslehre verborgen. Sie konnte schon die Sittlichkeit des Einzelwesens in Versuchung führen, wenn das Recht der Individualität, sich auszuleben, schrankenlos galt und als höhere Sittlichkeit gegenüber der allgemeinen Moral ausgespielt wurde. Sie konnte, angewandt auf die überindividuelle Individualität des Staates, auch alle Exzesse seiner Machtpolitik als unvermeidliche und organische Ausflüsse seines Wesens legitimieren. »Ein Staat«, bemerkte Hegel in seiner Rechtsphilosophie (§ 334), »kann seine Unendlichkeit und Ehre in jede seiner Einzelheiten legen und ist um so mehr zu dieser Reizbarkeit geneigt, je mehr eine kräftige Individualität durch lange innere Ruhe dazu getrieben wird, sich einen Stoff der Tätigkeit nach außen zu suchen und zu schaffen.« Hegel stand auch, wie man weiß, aufs stärkste unter dem Eindrucke Napoleons und lehnte jedes Moralisieren gegenüber den großen Eroberernaturen der Weltgeschichte ab. Wohl brach er dadurch Bahn für eine freiere und großherzigere Auffassung weltgeschichtlicher Persönlichkeiten, aber auch für eine laxere Behandlung des Problems der politischen Ethik. Er bemühte sich nicht, die großartigen Vollmachten, die er der Interessenpolitik der Staaten gegeneinander gab, irgendwie einzuschränken, es sei denn durch jene Vorbehalte gegen die Unsauberkeiten Machiavellis, die er nur für seine zeitgeschichtliche Lage, aber nicht für allgemein und dauernd erlaubt erklärte. Dies war nur ein schwacher Damm gegen Ausschreitungen eines modernen Machiavellismus, der sich in Zukunft auch mit einer besonderen, neuen zeitgeschichtlichen Situation rechtfertigen konnte, wenn er aus ihr neue furchtbare und im Kerne vielleicht ebenso unsittliche Mittel entnahm.

Identitäts- und Individualitätsgedanke, die beiden höchsten und fruchtbarsten Ideen des damaligen deutschen Geistes, zeigten so die innere tragische Zweischneidigkeit aller großen historischen Ideen und Kräfte.

ZWEITES KAPITEL

Fichte

Endlich also fand Machiavelli jetzt in Deutschland die Menschen, die ihn verstanden oder doch aus seinen geschichtlich-individuellen Voraussetzungen aus zu verstehen begannen. Schon vor Hegel hat Herder 1795 in den Briefen zu Beförderung der Humanität (5. Sammlung Nr. 58 und 59) seinen großen Sinn für das historisch Individuelle auch an Machiavelli bewährt und eine gerechtere Würdigung des viel Verkannten dadurch angebahnt, daß er auf die Macht der damals herrschenden Meinungen über das Verhältnis von Politik und Moral, deren bedeutendster und klügster Repräsentant Machiavelli eben gewesen sei, hinwies. Auch das national-italienische Befreiungsziel Machiavellis hob er scharf hervor und bahnte so insgesamt der späteren Auffassung Rankes den Weg. Aber die historisierende Rechtfertigung der Persönlichkeit, die er vornahm, steigerte sich nicht zu einer Rechtfertigung seiner Lehre. Er lobte Machiavelli, aber verwünschte den Machiavellismus, mit dem sein Humanitätsideal nichts zu schaffen hatte. O wäre, rief er aus, diese Politik der Staatsräson, deren Meister Machiavelli war, »für unser Menschengeschlecht endlich begraben!« Er wollte mit seinem Lobe Machiavellis und seines Nachfolgers Naudé, den er ebenfalls wieder entdeckte, eben nur zeigen, daß man bei einem »ruhigen« Blicke in »einen dunklen Abgrund der Zeiten« auch Wertvolles in ihm finden könne und anerkennen müsse, und gerade auch dann, wenn man selber in einer besseren Zeit lebe. Nach so ungeheuren Fortschritten der Zeit würde, wie er meinte, auch ein Machiavell heute anders denken. »O hätten wir von Machiavell das Bild eines Fürsten für unsere Tage!¹« Die

---

[1] Fester, Machiavelli S. 4 und Elkan, Die Entdeckung Machiavellis in Deutschland im 19. Jahrhundert, Histor. Zeitschr. 119, 430 ff., die auf Herders Machiavellauffassung hinweisen, haben diese Seite seines Urteils nicht genügend beachtet, Elkan sie sogar falsch gedeutet, wenn er meint, daß Herder ein Gefühl dafür hatte, daß die Politik Grundsätze

neue, spezifisch deutsche Einstellung zum Problem des Machiavellismus, die wir bei Hegel zuerst fanden, hatte Herder also noch nicht.

Wohl aber hatte sie Fichte, der zweite der großen Identitätsphilosophen, der sich mit dem Problem eingehend beschäftigt hat. Unter dem verhüllenden Titel »Über Machiavelli als Schriftsteller und Stellen aus seinen Schriften« hat er in dem deutschen Unglücksjahre 1807, in Königsberg weilend, in der dort erscheinenden Zeitschrift *Vesta* seinen Landsleuten eine politische Predigt gehalten, die mit der ganzen ihm eigenen Wucht und Unbedingtheit die Kerngedanken machiavellistischer Staatsräson und Machtpolitik einprägte[1]. In zwei Sätzen faßte er sie zusammen:

»1. Der Nachbar, es sei denn, daß er dich als seinen natürlichen Alliierten gegen eine andere euch beiden furchtbare Macht betrachten müsse, ist stets bereit, bei der ersten Gelegenheit, da er es mit Sicherheit können wird, sich auf deine Kosten zu vergrößern. Er muß es tun, wenn er klug ist, und kann es nicht lassen, und wenn er dein Bruder wäre.

2. Es ist gar nicht hinreichend, daß du dein eigentliches Territorium verteidigest, sondern auf alles, was auf deine Lage Einfluß haben kann, behalte unverrückt die Augen offen, dulde durchaus

---

anwenden muß, die denen des *Principe* entsprechen. Sein Aufsatz aber behandelt in sehr dankenswerter Weise auch die kleineren Geister wie Luden u. a., die sich an der Rehabilitation Machiavellis damals beteiligt haben. Wie die Romantiker sich zum Problem der Machtpolitik stellten und insbesondere Adam Müllers Lehre eine Vorstufe zu Ranke bedeutet, glaube ich in »Weltbürgertum und Nationalstaat« genügend gezeigt zu haben. Denkwürdig ist, daß auch Goethe noch in seinem letzten Lebensjahre, aus alter Fühlung mit der Kabinettspolitik des *ancien régime* heraus, den Zwangscharakter der Staatsräson anerkannt hat. »Ich stelle mich«, sagte er am 1. Januar 1832, »höher als die gewöhnlichen platten moralischen Politiker: ich spreche es geradezu aus, kein König hält Wort, kann es nicht halten, muß stets den gebieterischen Umständen nachgeben; die Polen wären doch untergegangen, mußten nach ihrer ganzen verwirrten Sinnesweise untergehen; sollte Preußen mit leeren Händen dabei ausgehen, während Rußland und Österreich zugriffen? Für uns arme Philister ist die entgegengesetzte Handlungsweise Pflicht, nicht für die Mächtigen der Erde.« Goethes Unterhaltungen mit dem Kanzler F. v. Müller, 3. Aufl., S. 191. Vgl. auch E. Marcks, Goethe und Bismarck (Männer und Zeiten, Bd. 2).

[1] Abgedruckt in Nachgelassene Werke 3, 401 ff. Kritische Ausgabe von Hans Schulz, 1918.

nicht, daß irgendetwas innerhalb dieser Grenzen deines Einflusses zu deinem Nachteile verändert werde, und säume keinen Augenblick, wenn du darin etwas zu deinem Vorteile verändern kannst; denn sei versichert, daß der andere dasselbe tun wird, sobald er kann; versäumst du es nun an deinem Teile, so bleibst du hinter ihm zurück. Wer nicht zunimmt, der nimmt, wenn andere zunehmen, ab.«

Fichte suchte Machiavelli auch zeitgeschichtlich und psychologisch zu verstehen. Er faßte ihn als einen Mann auf, der aus demselben Holze geschnitzt war, wie er selber, aber der in einer dunklen und heidnischen Zeit, in einer bloß sinnlichen Welt gelebt habe. So erkannte er ihn an als »Geist wirklich übersinnlichen Ursprungs, nur daß er seinen Urquell nicht vor das Auge zu bringen vermag«. Noch weiteres Schönes und Tiefes sagte er über Machiavellis prometheische Gesinnung und modernes Heidentum. Aber nicht historisierender Geschmack und Freude am Individuellen zogen ihn zu Machiavelli, sondern er suchte, wie er es nach seiner ganzen Philosophie nicht anders konnte, eine absolute und zeitlos gültige Wahrheit bei ihm, die als Heilmittel für seine eigene kranke Zeit dienen sollte. Denn keiner der großen deutschen Identitätsphilosophen hat seine kühnen Versuche, Geist und Natur, Vernunft und Wirklichkeit in eine Einheit zu verschmelzen, so unmittelbar und leidenschaftlich in den Dienst der Wirklichkeit, der ethischen und geistigen Durchdringung seiner eigenen Zeit und Zeitgenossen gestellt wie Fichte. Nicht in kontemplativer Mystik, wie bei Hegel und Schelling, sondern in Tun und Handeln, in einer willensmäßigen Umgestaltung des ganzen Lebens nach dem Ideale der Vernunft, in einem praktischen Siege der autonomen Sittlichkeit über alle sinnlichen Antriebe, in der Aufrichtung eines Reiches, »wie es noch nie in der Welt erschienen ist«, gipfelte seine Lehre. Und in den Dienst dieser erhabenen, über alle Machtkämpfe der Staaten und alle Staatsräson weit hinausführenden Aufgabe stellte Fichte nun auch jene aus Machiavelli abgezogenen Lehren der nackten Staatsräson, — einer der denkwürdigsten und seelisch bewegendsten Vorgänge aus der Geschichte der Idee der Staatsräson. Gelingt es, den inneren Widerspruch zwischen Endziel und Mitteln, der sich hier auftut, einigermaßen zu erklären, so wird damit auch neues Licht fallen auf das Bündnis von Idealismus und Machiavellismus, das in Deutschland geschlossen wurde.

Wir haben an anderer Stelle, in »Weltbürgertum und Nationalstaat«, eine solche Erklärung zu geben versucht, dürfen an ihr, obwohl sie unter den Aspekten der Vorkriegszeit stand, auch heute in einer verwandelten Zeit festhalten und haben sie hier nur von den Gesichtspunkten der jetzigen Untersuchung aus zu ergänzen. Fichte hat das Bündnis von Idealismus und Machiavellismus nicht dauernd, wie Hegel, sondern nur vorübergehend geschlossen und schließen können. In die Grundgedanken der Hegelschen Philosophie paßte der Machiavellismus und die Staatsräson des Machtstaates organisch notwendig hinein. Sein objektiver Idealismus, der von der Gotterfülltheit der ganzen Welt ausging, vermochte sie mühelos in den Weltprozeß einzuordnen, und dieser federte gleichsam elastisch in ihr. Für den subjektiven Idealismus Fichtes, der die Welt der freien sittlichen Persönlichkeit unterordnete und von deren Tat alles erwartete, hätte der Machiavellismus eigentlich unverdaulich bleiben müssen, wenn nicht ungeheure Zeiterlebnisse und Zeiterfordernisse ihn mit Gewalt vorübergehend umgestimmt hätten und wenn nicht auch in seiner Philosophie seit dem Beginn des Jahrhunderts unter dem Einflusse der Romantik und der übrigen zeitgenössischen Denker gewisse Umwandlungen in der Richtung zum objektiven Idealismus erfolgt wären. Das Zeiterlebnis, das auf ihn wirkte, war der Anblick des preußischen Zusammenbruchs als Folge, so sah er es an, einer schlaffen, furchtsamen und kriegsscheuen Politik und ihres Zusammenstoßes mit der eisernen Logik der Macht. Daß die Staaten untereinander im Naturzustande und nach dem Rechte des Stärkeren lebten, wußte er wohl schon längst, aber hatte es früher nur als Unvernunft gewertet. Jetzt, angesichts der betrübenden und die Freiheit Europas vernichtenden Erfolge Napoleons, ging ihm das Geheimnis dieser Erfolge, nämlich die rationale Zweckmäßigkeit und Konsequenz einer überlegenen Machtpolitik auf. Damit aber auch die Einsicht, daß eine solche Machtpolitik nur mit ihren eigenen Waffen geschlagen werden könne. An seinem Ideale von Vernunftstaat, der auf Menschenrecht, Freiheit und ursprünglicher Gleichheit aller beruhen sollte, wurde er dadurch nicht einen Augenblick irre. Das sind, wie er erklärte, »die ewigen und unerschütterlichen Grundfesten aller gesellschaftlichen Ordnung, gegen welche durchaus kein Staat verstoßen darf«. Aber er setzte, von der Übermacht frischester

Erfahrung gezwungen, hinzu, daß man damit allein einen Staat weder errichten noch verwalten könne. Elementarste Empfindungen stiegen in ihm jetzt empor, nationaler Stolz, Freiheitsdrang und Auflehnung gegen die Knechtschaft Napoleons. Waffen zu zeigen, um ihn zu bekämpfen, war der eigentliche Zweck seines Machiavellaufsatzes, wie er denn deshalb auch auf die kriegswissenschaftlichen Rezepte Machiavellis zurückgriff und die Angst vor einer überlegenen Artillerie als »wunderbare Beschränkungen des modernen Denkens und Mutes« verhöhnte. Voran aber sollten die Deutschen jetzt die Staatsräson Machiavellis lernen, um ihre Freiheit dermaleinst wiederzugewinnen.

Das große Problem, das dem deutschen Denker gestellt war, den wirklichen Staat mit dem besten Staate in Einklang zu bringen, löste er also kurz entschlossen dadurch, daß er wirklichen Staat und besten Staat in der Glut der Vaterlandsliebe zusammenpreßte und dem besten Staate, dem werdenden »Reiche« der Vernunft das Recht gab, in seinem Verhältnis zu anderen Staaten die rücksichtslosen egoistischen Kampfesmethoden des wirklichen Staates anzuwenden — ähnlich, wie Campanella sich das Recht zusprach, seinen Sonnenstaat mit den Mitteln der Staatsräson zu verwirklichen. Es war mehr eine jähe Willenslösung, als eine gedankliche Lösung des Problems. Doch versuchte er auch, eine gedankliche Lösung »aus dem Standpunkte der Vernunft« zu geben, die merkwürdig anklang an die Lehre Friedrichs des Großen im *Avant-propos* zur *Histoire de mon temps* und möglicherweise von ihr beeinflußt war. Denn er unterschied genau wie dieser zwischen dem allgemeinen Moralgesetze, das für alles Privatleben ausnahmslos gelte, und der sittlichen Pflicht des Fürsten, für das Wohl seines Volkes zu leben und dafür auch über die Gebote der persönlichen Moral hinauszugehen. Fichte meinte, daß der Fürst dadurch in »eine höhere sittliche Ordnung« erhoben werde, und berührte sich darin schon mit Hegels Lehre von der höheren Sittlichkeit des Staates.

Und das war nun nicht das einzige bei Fichte, was an die Hegelsche Lösung des Problems jetzt anklang. Voran war es der neue, in Deutschland sich ausbreitende Sinn für das Individuelle, dem auch Fichte, ohne sich je ganz von ihm ergreifen zu lassen[1],

---

[1] Über die Schranken seines Sinnes für das Individuelle vgl. Wallner, Fichte als polit. Denker, 1926, S. 182.

nachgab. So kam es, daß nun fortan aus dem Felsenboden seines Rationalismus zuweilen plötzlich und fast unvermittelt individualisierende Erkenntnisse wie Wunderblumen hervorbrachen. Der Sinn für das Individuelle erschloß ihm schon, wie wir sahen, das Verständnis der Persönlichkeit Machiavellis, ohne welches er vielleicht auch den Zugang zum Verständnis des Machiavellismus nicht gefunden haben würde. Mit dem Sinne für das Individuelle aber erwuchs in ihm auch ein neues Verhältnis zur geschichtlichen Welt. Überaus lehrreich ist es, seine Jugendschrift von 1793, den »Beitrag zur Berichtigung der Urteile des Publikums über die Französische Revolution«, mit den Vorlesungen über die »Grundzüge des gegenwärtigen Zeitalters« zu vergleichen, die er 1804/5 in Berlin hielt. 1793 erschien ihm die geschichtliche Welt als ein in sich ungegliederter, oder doch nur kaum und embryonisch gegliederter niederer Stoff. Ihr Verlauf interessierte ihn nicht; der Philosoph habe an ihm nur zu zeigen, daß alle Wege versucht seien und keiner zum Ziele führte. Vernunft und geschichtliche Wirklichkeit standen einander unvermittelt und feindlich gegenüber. Die irrationellen Erscheinungen der Geschichte stieß er hinweg, schalt sie und konstatierte, daß die Vernunft notwendig danach streben müsse, sie zu überwinden. In den »Grundzügen« von 1804/05 dagegen wurde der geschichtliche Verlauf und die irrationelle Erscheinung in ihr als dienendes Glied im Plane der Vorsehung, als notwendige Stufe zum endgültigen Vernunftreiche gewertet. Aus dieser teleologischen Auffassung, die seine rationalistische Grundrichtung mit dem neuen individualisierenden Sinne verband, entsprang nun ähnlich wie bei Hegel eine ganze Reihe echt historischer Erkenntnisse, und insbesondere wurde in den »Grundzügen« auch schon die Machtpolitik der europäischen Staatengesellschaft, die Spannung zwischen dem natürlichen Streben der mächtigsten Staaten nach Universalmonarchie und dem ebenso natürlichen Streben der minder mächtigen Staaten nach Gleichgewicht einsichtig und fast sympathisch behandelt. »Das ist der natürliche und notwendige Gang, man mag es gestehen oder auch man mag es sogar wissen, oder nicht[1].« Wohl blickte er auch dabei vom wirklichen Staate immer zum besten Staate hinauf und sah in dem Zwecke bloßer Selbsterhaltung für den

---

[1] Werke 7, 203.

modernen, von der ganzen Volkskraft getragenen Staat nur einen »engherzigen und nur durch die Schuld der Zeiten ihm aufgedrungenen Zweck«. Denn endlich einmal werde es doch zum ewigen Frieden kommen müssen, und dann würde der Staat die ihm zum Eigentum gewordene Volkskraft für würdigere Zwecke brauchen. Aber als Mittel zum Zweck der Kultur wurde schon in den »Grundzügen« die Machtpolitik unbedingt anerkannt. »Der kultivierteste Staat in der europäischen Völkerrepublik ist in jedem Zeitalter ohne Ausnahme der strebendste ... und dieses Streben wird um so ersprießlicher für die Kultur, je weniger ein solcher Staat durch den Zufall begünstigt war und je mehr er eben deswegen der weisen Kunst der inneren Verstärkung und Kraftanstrengung bedurfte und fortwährend bedarf[1].«

Wie sehr erinnern nun alle diese Gedanken wieder an die Hegelsche Lehre von der List der Vernunft, die die Triebe und Leidenschaften der sinnlichen Welt bewußtlos für ihre eigenen höheren Zwecke arbeiten läßt. Fichte hat sich auch unmittelbar zu dieser Lehre bekannt mit den Worten, daß der Staat, solange das Zeitalter der Vernunftkunst noch nicht angebrochen sei, den Zweck der Vernunft »immerfort ohne sein eigenes Wissen oder besonnenes Wollen befördert — getrieben durch das Naturgesetz der Entwicklung unserer Gattung und indes er einen ganz anderen Zweck im Gesichte hat[2]«. Anders als durch diese Lehre, die Fichte und Hegel ganz unabhängig voneinander vertraten, konnte man zu der ersehnten Identität von Vernunft und Wirklichkeit nicht gelangen. Fichte hat diese Identität zwar wesentlich anders verstanden als Hegel und hat die Vernunft niemals so von vornherein aufgehen lassen im geschichtlichen Weltprozesse, wie dieser, sondern ihr einen absoluten, von allen Zeitinhalten losgelösten Rang und Inhalt gegeben. Für Hegel war die Identität von Vernunft und Wirklichkeit eine Tatsache, für Fichte war sie eine Aufgabe. Für Hegel lag das Vernunftreich schon in der Geschichte, für Fichte erst nach der Geschichte, wenn diese ihren den Weg ihm bahnenden Gang vollendet haben würde. Das ist der tiefere Grund dafür, daß Fichte die Anerkennung des Machiavellismus nicht dauernd festzuhalten vermochte. In den Reden an die deutsche Nation hat er sie, wie wir in unserem früheren Buche zeigten,

---

[1] Werke 7, 210f.   [2] Das. 7, 161.

fallen lassen und ist zu einer prinzipiellen Verwerfung der Machtpolitik zurückgekehrt. In der Rechtslehre von 1812 hat er dann wieder den Völkerbund zwar als Ziel der Entwicklung, aber eine kräftige, bis auf den letzten Blutstropfen gerüstete Realpolitik der Staaten als Mittel, als notwendige Stufe zum Ziel erklärt[1]. Jedoch in dem endgültigen Vernunftreiche, das er kommen sah und vorbereiten wollte, hatte sie keinen Platz mehr. Um so denkwürdiger ist es, daß das nationale Zeiterlebnis ihn wiederholt zu ihr hinführen konnte. Die ganze, so furchtbar gepreßte und oft verzweifelte Lage des deutschen Volkes inmitten Europas gehörte immer dazu, um den deutschen Idealismus, der mit der Verkündigung des kategorischen Imperativs begonnen hatte, zum Bündnis mit Machiavelli zu bewegen.

Die Nationalisierung der Staaten, die neue Idee des Nationalstaates, die den Deutschen damals schier mit Gewalt durch die Not aufgezwungen wurde, gab eben auch der alten Pleonexie des Staates einen neuen Sinn und Inhalt. Sie adelte und versittlichte sie, wie wir uns früher ausdrückten[2]. Aber diese Versittlichung konnte, wie wir jetzt hinzufügen müssen, dermaleinst zu neuer Unsittlichkeit führen, wenn die nationale Idee über ihre Ufer trat und zum modernen Nationalismus entartete.

---

[1] N. Wallner, Fichte als polit. Denker, S. 236 f. u. 276.
[2] Weltbürgertum und Nationalstaat, 7. Aufl., S. 105.

DRITTES KAPITEL

Ranke

Von den beiden großen Ideen des neuen deutschen Geistes, die wir wahrnahmen, der Identitätsidee und der Individualitätsidee, erwies sich diese auf die Dauer als die mächtigere und fruchtbarere. Die Identitätssysteme, die Geist und Natur, Vernunft und Wirklichkeit zur innersten, sei es schon wirklichen, sei es erst zu verwirklichenden Einheit und Harmonie verschmelzen wollten, stürzten zusammen, weil die tragende Konstruktion sich als zu schwach erwies gegenüber den unabweisbaren Tatsachen der Erfahrung und Geschichte. Alle diese Tatsachen aber, die der empirische Forschungstrieb des 19. Jahrhunderts zu ungeahnter Fülle und Bedeutung steigerte, bestätigten immer und immer wieder die neue Entdeckung, daß die geschichtliche Welt ein Abyssus von Individualität sei. Dadurch unterschied sich nun der historische Empirismus des 19. Jahrhunderts wesentlich von allen empirischen Anläufen der früheren Jahrhunderte, daß er immer bewußter die Tatsachen als Ausdruck bestimmter geistiger Wesenheiten anzusehen sich gewöhnte, daß er das geistige Band, das sie zusammenhielt, nicht bloß in dem allgemeinen Kausalzusammenhange und einigen wenigen allgemeinen Vernunftgesetzen erblickte, sondern in individuell verschiedenen Lebensgesetzen und Lebenstendenzen, deren Fülle unermeßlich war. War einmal der Blick geschärft für das Vorhandensein solcher Lebenstendenzen in den sichtbarsten Erscheinungen des geschichtlichen Vordergrundes, so spürte oder ahnte man gleichsam hinter dem sichtbaren Sternenhimmel neue unbekannte Welten von Sternen, die alle wieder ihren eigenen Bahnen folgten.

Was aber hielt nun diese Unzahl geistiger Welten und Weltkörper wieder unter sich zusammen? Dies neue Individualitätsprinzip, weiter und weiter greifend, von einer Entdeckung zur anderen schreitend, überall Eigenrecht und Eigenbewegung aufspürend, drohte letzten Endes in einen Relativismus auszulaufen, der nichts Festes und Absolutes in der Geschichte mehr kennt, sondern tolerant und nachgiebig jeder geistigen Wesenheit, jeder individuellen Lebenstendenz ihren Spielraum zubilligt, alles versteht, alles verzeiht, aber so auch alles in einer »Anarchie der Überzeugungen«, wie der alte Dilthey sich ausdrückte, beläßt. Das war die Gefahr des späten, noch nicht des frühen Historismus in Deutschland. Denn dieser stand noch unter den Einwirkungen sowohl der deutschen Identitätsphilosophie, wie des zwar überwundenen, aber trotzdem innerlich nachwirkenden Naturrechts, die beide noch, wenn auch auf verschiedene Weise, das tiefmenschliche Bedürfnis nach absoluten Werten, nach zusammenhaltenden Klammern des sonst auseinanderfließenden Lebens befriedigt hatten. Und nicht zu vergessen, sondern sogar in allererste Linie zu stellen, ist hier auch der Einfluß des Christentums, das, in den ersten Jahrzehnten des 19. Jahrhunderts im protestantischen wie katholischen Lager mit neuem warmen Lebensinhalt sich füllend, großen und wichtigen Kreisen in Deutschland wieder einen festen Halt gab. Der Flut des historisierenden Denkens, das sich jetzt in Deutschland ausbreitete, setzte es einen Damm entgegen, der wohl selbst an vielen Stellen unterspült wurde von der historisch-kritischen Forschung, aber auch immer wieder aufgerichtet wurde durch unvertilgbare seelische Bedürfnisse.

Das zeigt in ergreifender Weise Leopold Ranke, der genialste Verwirklicher aller Möglichkeiten, die der Historismus und das Individualitätsprinzip dem Denken boten. »Fasse«, sagte er im Politischen Gespräch von 1836, »auch diese Wesenheiten in ihrer vollen Bedeutung ins Auge! So viel gesonderte, irdisch-geistige Gemeinschaften, von Genius und moralischer Energie hervorgerufen, in unaufhaltsamer Entwicklung begriffen, mitten in den Verwirrungen der Welt durch innern Trieb nach dem Ideal fortschreitend, eine jede auf ihre Weise. Schaue sie an, diese Gestirne, in ihren Bahnen, ihrer Wechselwirkung, ihrem Systeme!« So sah er die Weltgeschichte und ihren Gang als höchste, alles umschließende geistige Wesenheit und Individualität an, so vor allem dann die Staaten als »Individualitäten, eine der andern analog, — aber wesentlich unabhängig voneinander ... originale Schöpfungen des Menschengeistes, — man darf sagen, Gedanken Gottes[1]«. Da

---
[1] Sämtl. Werke 49/50, S. 329 u. 339.

leuchtet schon der religiöse Untergrund seines zugleich enthusiastischen und kritischen Historismus auf. In der Geschichte stand ihm Gott selbst da »wie eine heilige Hieroglyphe, an seinem Äußersten aufgefaßt und bewahrt[1]«, und Gottesdienst war es ihm, diese heilige Hieroglyphe zu seinem Teile zu enthüllen durch seine historische Forschung. Aber wohlgemerkt, war das Gott nur »an seinem Äußersten aufgefaßt«, in seiner Offenbarung durch die Geschichte, nicht in seinem unerforschlichen Wesen selber. Gott und Gottes Gedanken, göttliche Vernunft waren nach seiner Meinung wohl in der Geschichte, — so weit konnte er sich mit den Identitätssystemen berühren und, wie diese es schon begonnen hatten, nur realistischer und minder gewaltsam, auch Massen von irrationalen Bestandteilen des Geschichtsverlaufs mit Sinn und Bedeutung erfüllen. Aber Gott war für ihn auch über und jenseits der Geschichte als der alte persönliche Gott des Christentums, zu dem er noch als Greis beten konnte: »Allgewaltiger, Einer und Dreifaltiger, du hast mich aus dem Nichts gerufen. Hier liege ich vor deines Thrones Stufen![2]« Auf Panentheismus, nicht auf Pantheismus lief es bei ihm hinaus. Er hat wohl zuweilen pantheistische Töne angeschlagen und damit die pantheistischen Verlockungen, die der Blick in die Individualitätenfülle der geschichtlichen Welt wecken mußte, leise in sich anklingen lassen. Aber in einer wunderbaren Vereinigung von religiöser Ehrfurcht und kritischer Behutsamkeit, von metaphysischen und empirischen Motiven trug er Scheu davor, den Spuren Hegels zu folgen, Gott ganz und gar in die Geschichte hineinzuziehen und die Menschheit zum werdenden Gotte zu erheben. Hätte er es getan, so würde er nimmermehr die großartige Unbefangenheit gegenüber den geschichtlichen Erscheinungen gewonnen haben, auf denen die Dauerhaftigkeit und Solidität seiner Forschungsergebnisse und überhaupt seine wissenschaftliche Größe so wesentlich beruht. Er konnte die Dinge viel reiner auf sich wirken lassen, viel besser zeigen, »wie es eigentlich gewesen«, wenn er die Distanz zwischen Gott und der empirischen Geschichte nicht aus dem Auge verlor. Sein Glaube an den persönlichen Gott kam seiner Wissenschaftlichkeit zustatten. Freilich mußte dann dieser Glaube sich auch von den Versuchungen theistischer Geschichtsdeutung, überall die Hand Gottes in den Ge-

---

[1] Sämtl. Werke 53/54, 90.
[2] Sämtl. Werke 53/54, 655.

schicken zu erblicken, freihalten. »Zuweilen die Hand Gottes über ihnen«, war sein bescheidenes Bekenntnis[1]. Auch wo er sie einmal unmittelbar wahrzunehmen glaubte, ließ er keinen Zweifel darüber, daß es sich dabei um ein Glauben und Ahnen, nicht um ein Wissen und wissenschaftliches Deuten handle. So hielt sein Gottesbegriff eine überaus feine und zarte Linie ein. Er war stark, positiv und innig umfassend genug, um auch die empirische Geschichte zu überglänzen und ihren Erforscher mit priesterlicher Empfindung zu erfüllen, aber zugleich auch vorsichtig abgestimmt auf die Bedürfnisse einer ganz freien und durch kein Dogma oder Theorie gebundenen Forschung. Die freie Bewegung der individuellen geschichtlichen Kräfte, »so gut und so bös, so edelgeistig und tierisch, so gebildet und so roh, so sehr auf das Ewige gerichtet und dem Augenblick unterworfen«, wie ihr Träger nun einmal war, kam zu ihrem vollen Rechte, aber löste sich nicht auf zur Anarchie der Werte, weil ein großer absoluter, alles beherrschender und tragender Wert in sie hineinragte. So blieb Ranke vor dem Relativismus, zu dem das Individualitätsprinzip verleiten konnte, geschützt. Aber daraus folgt, daß nun ein logisch nicht auszugleichender Dualismus in seiner Geschichtsbetrachtung und seinen Wertmaßstäben hervortreten konnte. Es durfte wohl alles, was in der Geschichte geschah, frei und voraussetzungslos verstanden werden als Werk individueller Kräfte und Umstände, aber es durfte nicht alles gebilligt und verziehen werden, weil eine absolute Instanz im Hintergrunde da war, die ihrer nicht spotten ließ. Gut mußte gut und böse böse bleiben. Aber diese moralischen Urteile, die Ranke, wie man weiß, zwar zurückhaltend, aber durchaus nicht undeutlich fällte, standen nun zuweilen unvermittelt, wie Sätze aus einer anderen höheren Ordnung der Dinge, innerhalb des von ihm mit hinreißender und zwingender Gewalt geschilderten Flusses der Dinge, in dem sich jede Individualität, mochte sie gut oder böse sein, ihr Recht und ihre Existenz erkämpfte.

Das sind die Voraussetzungen, die Rankes Stellung zu Machiavelli, zum Problem des Machiavellismus und zur Idee der Staatsräson bestimmten. Gleich zu Beginn seiner Forscherlaufbahn, in dem epochemachenden Buche »Zur Kritik neuerer Geschichtschreiber«, 1824, hatte er sich mit Machiavelli und dem Machiavel-

---

[1] Werke 33/34, VIII.

lismus auseinanderzusetzen. Es ist eine der geistreichsten und fruchtbarsten Würdigungen Machiavellis, die je geschrieben sind, und bahnbrechend für alle Nachfolger. Er hat sie fünfzig Jahre später erweitert durch Zusätze, die gerade auf seine prinzipielle Stellung zum Machiavellismus Licht werfen, während die erste Ausgabe rein historisierend verfahren war und das moralische Urteil nur leise angedeutet hatte[1]. Aber eben durch die schärfere Herausarbeitung des moralischen Standpunkts kam nun eine merkwürdige Duplizität in die Auffassung hinein, die man nur versteht, wenn man wahrnimmt, wie Ranke hier in einen Konflikt zwischen seinem historischen Genius und seinem moralischen Gewissen geriet. Sein historischer Genius vermochte den Fall Machiavelli und seine Ratschläge mit der höchsten Kunst der historischen Individualisierung aufzufassen. Man sieht in seiner Darlegung die Schrift vom Fürsten mit organischer Notwendigkeit förmlich herauswachsen aus dem individuellen Geiste Machiavellis und der besonderen Lage, in der und für die er schrieb. »Die Umstände lagen so, und die Menschen erschienen dem Autor so geartet, daß nur die bösen Wege zum Ziele führen könnten.« Es wird vollkommen und historisch durchaus zutreffend begreiflich gemacht, wie »ein Autor von höchstem Verdienst und der keineswegs ein böser Mensch war«, sich gegen Gut und Böse gleichgültig verhalten konnte, — weil er nämlich in dem verzweifelten Zustande seines Vaterlandes »kühn genug war, ihm Gift zu verschreiben«. Unvollständig blieb seine Auffassung aber dadurch, daß er den Gehalt und die Bedeutung der Schrift lediglich auf den individuellen Menschen und den individuellen Moment, dem sie entsprang, beschränkte. Er glaubte also die Auffassung ablehnen zu können, die die Lehren Machiavellis als allgemeine betrachtete, »während sie bloß«, wie er meinte, »Anweisungen für einen bestimmten Zweck sind«. Das waren sie wohl ihrer Entstehung und unmittelbaren Absicht, aber nicht ihrem inneren sachlichen Ge-

---

[1] Nur einmal (Zur Kritik neuerer Geschichtschreiber 1824, S. 199) spricht er in ihr von dem »Entsetzlichen« der Lehre Machiavellis. Vgl. dagegen den charakteristischen Schluß der ersten Ausgabe: »Um gewisse Grundsätze gesetzlichen Bürgern recht verhaßt zu machen, nennt man sie noch heute mit seinem Namen. U n s l a ß t e n d l i c h g e r e c h t s e i n. Er suchte die Heilung Italiens; doch der Zustand desselben schien ihm so verzweifelt, daß er kühn genug war, ihm Gift zu verschreiben.«

halte nach. Dieser wuchs, wie wir zeigten, weit hinaus über den momentanen Zweck und stellte die Leser, mochten sie in historischer oder unhistorischer Gesinnung an das Buch treten, vor das universale Problem der Staatsräson und insbesondere der Zwangsläufigkeit, der Notwendigkeit im staatlichen Handeln. Es war durchaus nicht so falsch, wenn auch die historisch ungeschulten Leser früherer Jahrhunderte den Lehren Machiavellis einen solchen allgemeinen Sinn und Gehalt zuschrieben.

Ranke schauderte eben zurück vor den zeitlos und allgemein wirksamen Konsequenzen der Rezepte Machiavellis. »Es ist schrecklich, zu denken, daß die Grundsätze, die er für die Erwerbung und Behauptung einer usurpatorischen Gewalt für notwendig erachtet, auch auf ein ruhiges und gesetzmäßiges Fürstentum Anwendung finden könnten.« Er berief sich auf König Friedrichs II. Antimachiavell, um zu zeigen, daß ein befestigtes Erbfürstentum wohl daran denken könne, »die Ideen zu handhaben, auf welchen die allgemeine Weltordnung beruht«; er übersah, daß gerade Friedrich II. zum Machiavellismus sich recht zwiespältig verhielt. Das Entscheidende also ist, daß Ranke, als er seine Jugendschrift wieder vornahm, sich gedrängt fühlte, der ursprünglich rein historisierenden Erklärung Machiavellis das Bekenntnis hinzuzufügen, daß er dabei festhalten wolle, »an den ewigen Gesetzen der moralischen Weltordnung« und »fern davon sei, Machiavelli zu folgen oder auch nur zu entschuldigen«. Hätte er ihn nicht eigentlich, wenn diese ewigen Gesetze in ihrer vollen Strenge gelten sollten, anklagen müssen? Aber eben das vermied er, weil es ihn in offenen Konflikt mit seiner historisierenden Erkenntnis gebracht haben würde. So wurde denn dieser Konflikt, der doch nun einmal da war, durch die elastische Kunst seiner Sprachmittel verhüllt. Denn sein Bedürfnis war unwillkürlich und übermächtig, in dem reißenden Flusse des geschichtlichen Lebens die ewigen Leitsterne nicht zu verlieren. »Obwohl es«, heißt es in demselben Aufsatze, »bedeutende Geister in Abrede gestellt haben, so muß man doch, alles überlegt, daran festhalten, daß das Gerechte, ebenso wie das Schöne, Wahre und Gute, ein Ideal des menschlichen Lebens bildet.« Dies Bekenntnis, daß es neben dem Wandelbaren auch ein Unwandelbares im Menschenleben gebe, hat er noch wiederholt abgelegt. »Der Historiker«, heißt es im Eingang der Berchtesgadener Vorträge, »hat ein

Augenmerk erstens darauf zu richten, wie die Menschen in einer bestimmten Periode gedacht und gelebt haben; dann findet er, daß, abgesehen von gewissen unwandelbaren ewigen Hauptideen, zum Beispiel der moralischen, jede Epoche ihre besondere Tendenz und ihr eigenes Ideal hat.« In der Französischen Geschichte sagt er bei Gelegenheit der Ermordung Franz Guises 1563[1]: »Vor der religiösen Idee traten die Prinzipien der Moral zurück, welche aller Gesittung und der menschlichen Gesellschaft zugrunde liegen.« Was aber sollte der Historiker dazu sagen, wenn das Wandelbare mit dem Unwandelbaren, die Politik mit der Moral in Konflikt geriet? Mit überraschender Schärfe hat Ranke einmal in einem Briefe an König Max von Bayern vom 26. November 1859[2] den reinen moralischen Standpunkt vertreten. »Für einen höchst gefährlichen Grundsatz halte ich, daß jemand um einer welthistorischen Aufgabe willen berechtigt sein will, Unrecht gegen Dritte zu tun. Das ist doch eben nur so viel als: »Der Zweck heiligt die Mittel; in *majorem dei gloriam* ist alles erlaubt.« Aber er wußte doch nur zu gut, daß dieser gefährliche Grundsatz in der Weltgeschichte wieder und wieder angewandt worden war und daß in dem Fundamente so mancher großen und wertvollen Leistung die Sünde mit eingebaut war. Die großen machiavellistisch handelnden Realpolitiker der neueren Jahrhunderte sind unter allen historischen Charaktertypen gerade diejenigen, die Rankes Kunst und Reproduktionskraft oft zu ihren höchsten und intensivsten, jedenfalls zu ihren eindrucksvollsten Leistungen angefeuert haben. Er schilderte sie, um an die über König Heinrich VIII. gebrauchten Worte zu erinnern, mit einer Mischung von Bewunderung und Abscheu. Aber die Bewunderung überglänzt in der Regel den Abscheu, und der sinnende Leser atmet die Luft einer schicksalhaften Unvermeidlichkeit. »Das Verfahren Franz' I.«, heißt es zum Beispiel, »war in hohem Grade gehässig; das allerchristlichste Königtum, wie es ursprünglich gedacht worden, konnte dabei nicht bestehen. Aber für die Bildung

---

[1] Werke 8, 186; dazu die von M. Ritter, Entwicklung d. Geschichtswissenschaft S. 366 angeführten Stellen.

[2] Werke 53/54, S. 405. Vgl. auch die Schlußworte der Berchtesgadener Vorträge (Epochen S. 233): »Während von Machiavell der Fürst zur Ruchlosigkeit aufgefordert wird, ist mein Streben vielmehr, Ew. Majestät in Ihren Tugenden zu befördern.«

des Staates, womit seitdem die Jahrhunderte sich beschäftigten, war das... von unleugbarem Vorteil... Zur Entwicklung der neuen Staatsbildung nach Innen und nach Außen war dieses Sichlosreißen von dem Begriffe der allgemeinen Christenheit ein unentbehrlicher Schritt[1].«

Beweggründe verächtlicher Art, heißt es einmal im Wallenstein, wirken nicht selten zu einem großen Zweck. Aus dieser Einsicht hatte Hegel seine Lehre von der List der Vernunft emporwachsen lassen und mit ihr dann seinen transzendentalen Optimismus begründet, der den sündigen Ursprung der großen Kulturgebilde gelassen ertragen konnte. An diesem Punkte aber trennten sich Hegels und Rankes Wege wieder entscheidend. »Der Lehre«, bemerkte Ranke[2], »wonach der Weltgeist die Dinge gleichsam durch Betrug hervorbringt und sich der menschlichen Leidenschaften bedient, um seine Zwecke zu erreichen, liegt eine höchst unwürdige Vorstellung von Gott und der Menschheit zugrunde.« Dies Urteil beweist, wie stark die Empfindung für die »ewigen Gesetze der moralischen Weltordnung« in Rankes Seele wurzelte. Würde er sich ausschließlich seiner historisierenden Einsicht und Erfahrung überlassen haben, so hätte ihm der von Hegel gefundene Ausweg, den unentbehrlichen Schmutz der Geschichte mit ihrem idealen Endzwecke in Einklang zu bringen, verführerisch werden können. Denn diese Einsicht führte ihn immer wieder mit einer magnetischen Anziehungskraft auf die Tatsachen hin, aus denen Hegel seine Lehre gewonnen hatte. So zeigt sich denn hier ganz besonders deutlich der Dualismus der Maßstäbe des Wandelbaren und Unwandelbaren in Rankes geschichtlichem Denken.

Er hätte, wenn er diesen Dualismus sich zum vollen Bewußtsein gebracht und ganz durchdacht hätte, wie später Jacob Burckhardt zu einem tragischen Pessimismus gelangen können. Die Maxime, die er dem Könige von Bayern lehrte, die Tatsachen der Geschichte, die er als Historiker erkannte und lehrte, sie klafften auseinander, und ihr unausgleichbarer Zwiespalt mußte mit Weh erfüllen. Und doch war Rankes geschichtliche Gesamtauffassung von einem Optimismus, der viel heller, milder und gewinnender über die Geschichte leuchtete als der Hegels. Worauf beruhte er und warum leuchtete er heller und überzeugender als der Hegels?

---

[1] Werke 8, 84 f.
[2] Epochen S. 7.

Dieser hatte ihn gewonnen auf dem Wege rationaler Abstraktionen, die kühner und kühner sich aufgipfelnd, die realen sowohl wie geistigen Erscheinungen der Welt aus einer einzigen höchsten Idee abzuleiten sich unterfingen. Das individuelle Leben aber wurde darüber zum Schattenspiele. Ranke dagegen vollzog den entscheidenden Akt in der Entwicklung des deutschen geschichtlichen Denkens. Er brach mit allen Methoden des Rationalisierens und Abstrahierens, des Ableitens der Dinge aus begrifflich erfaßbaren Ideen und schmolz dafür, was die Romantik, Schelling und Wilhelm von Humboldt schon vorbereitet hatten, Ding und Idee zusammen zur Einheit des »Lebendigen«. »Das Real-Geistige«, heißt es im Politischen Gespräche (S. 325), »welches in ungeahnter Originalität dir plötzlich vor Augen steht, läßt sich von keinem höheren Prinzip ableiten[1].« Das individuelle Leben in der Geschichte, unableitbar aus allgemeinen Ideen, aber erfüllt von besonderen Ideen, die es gestalten, Idee und Leib, Geist und Körper dabei wesenhaft eins, und das alles umwittert von dem Hauche ursprünglicher göttlicher Schöpferkraft, — das war diejenige Synthese des Individualitäts- und Identitätsgedankens, die Ranke geben konnte. Auch seine Geschichtsphilosophie war also eine Art von Identitätsphilosophie und unterirdisch genährt von dem Drange des deutschen Geistes nach Anschauung der Gottnatur. Nur die Identität von Gottnatur und Gott leugnete er, wie wir sahen. Aber die Gottnatur der geschichtlichen Welt, Abglanz Gottes und ungespalten eins in sich, schaute er mit Glauben und Glücksgefühl an. Sie konnte nicht schlecht, ja auch nicht einmal problematisch zwischen schlecht und gut schwankend sein. Am Abend seines Lebens, zur Zeit der sozialen Unruhe und der Attentate von 1878, schrieb er in sein Tagebuch: »Wir haben noch immer erlebt, daß der Verkehrtheit, der Immoralität und Gewaltsamkeit auch ein Ziel gesetzt ist. Ormuzd und Ahriman kämpfen immer. Ahriman arbeitet immer an der Erschütterung der Welt, aber sie gelingt ihm nicht. So denkt ein alter Mann[2].« Ein konsequenter Dualismus würde den Ausgang des Kampfes zwischen Ormuzd und Ahriman als ungewiß ansehen. Aber

---

[1] »Die radikalste Formulierung des Historismus, die ich kenne«, wie Rothacker (Savigny, Grimm, Ranke, Histor. Zeitschr. 128, 437), der auf die große geistesgeschichtliche Bedeutung dieses Wortes aufmerksam macht, sagt.   [2] Werke 53/54, 627.

Rankes Dualismus war eben, wie wir schon einmal bemerkten, nicht konsequent. Das Identitätsbedürfnis hielt ihn in Schranken, wie dieses wiederum in Schranken gehalten wurde durch die dualistische Unterscheidung der real-geistigen Gottnatur und der rein geistigen Gottheit.

So also erklärt sich die optimistische, um nicht zu sagen sonnige Auffassung des Machtproblems und der Abgründe der Staatsräson, die durch alle seine geschichtlichen Darstellungen geht. In den Machtkämpfen sah er, darin wieder doch sehr nahe mit Hegel sich berührend, die Hebelkraft, die immer neues individuelles und wertvolles Leben in der Geschichte schuf. »Darin könnte man«, heißt es in der Weltgeschichte[1], »den idealen Kern der Geschichte des menschlichen Geschlechtes überhaupt sehen, daß in den Kämpfen, die sich in den gegenseitigen Interessen der Staaten und Völker vollziehen, doch immer höhere Potenzen emporkommen, die das Allgemeine demgemäß umgestalten und ihm wieder einen anderen Charakter verleihen.« Soll man auch an die berühmten, oft behandelten Schlußgedanken des Aufsatzes über die Großen Mächte erinnern? »Nicht ein solches zufälliges Durcheinanderstürmen, Übereinanderherfallen, Nacheinanderfolgen der Staaten und Völker bietet die Weltgeschichte dar, wie es beim ersten Blicke wohl aussieht... Es sind Kräfte, und zwar geistige, Leben hervorbringende, schöpferische Kräfte, selber Leben, es sind moralische Energien, die wir in ihrer Entwicklung erblicken.« Um das sagen zu können, mußte Ranke freilich hier wie bei den unzähligen anderen Gelegenheiten, wo er die »moralische Energie« als Kraftquelle der Machtpolitik feierte, den Begriff des Moralischen in einem viel weiteren Sinne auffassen, als in dem gewöhnlichen des vom Gewissen diktierten unwandelbaren Sittengesetzes, den er doch selbst, wie wir sahen, an anderer Stelle wieder anwandte. In der Tat hat Ranke in einer wichtigen Tagebuchaufzeichnung aus seinen mittleren Jahren auch unmittelbar es ausgesprochen, daß »das Gewissen nicht allein moralisch ist«, daß das Moralische hinüberwachse, so deuten wir die Stelle, in das Geistige. Er hat vielleicht sogar eine Identität des Moralischen und Geistigen im letzten Grunde angenommen[2], — wieder einer der Punkte, an dem er sich mit Hegel und seiner Lehre von einer höheren, von der

---

[1] Bd. 3, Einleitung.
[2] S. W. 53/54, 571. Ich vermute, daß in dem Satze der Aufzeichnung

gewöhnlichen Moralität zu unterscheidenden Sittlichkeit berühren würde. Aber während Hegel hier begrifflich dachte und verfuhr, lebte Ranke, wenn er die Grenzen des Moralischen erweiterte, ganz in der Anschauung des »Lebendigen«, des einheitlich »Real-Geistigen«, Unableitbaren und Schöpferischen, das er als Quelle alles geschichtlichen Lebens verehrte. Von ihr erfüllt, konnte Ranke im Politischen Gespräche den optimistischen, über dunkle Rätsel des Geschichtsverlaufes hinweggehenden Satz wagen: »Du wirst mir wenig wichtige Kriege nennen können, von denen sich nicht nachweisen ließe, daß die wahre moralische Energie den Sieg behauptete.«

Staat, Macht, moralische Energie, geistiges Leben, — sie erscheinen, wie er sie ineinander wirken und selbst ineinander übergehen läßt, wie die verschieden gelagerten, aber miteinander korrespondierenden Becken eines einheitlichen Seensystems, durch das im Grunde derselbe Lebensstrom hindurchgeht. »Zwischen Staat und Macht«, bemerkt er einmal[1], »ist vielleicht an sich kein Unterschied; denn die Idee des Staates entspringt aus dem Gedanken einer Selbständigkeit, welche ohne entsprechende Macht nicht behauptet werden kann.« In der politischen Macht aber sah Ranke, und darauf beruht der intimste Reiz seiner politischen Geschichtschreibung, vorwiegend immer etwas Geistiges[2]. Nicht nur, weil sie hervorgebracht wird durch moralische Energie, sondern auch weil sie nur bestehen kann durch geistige, nicht allein durch physische Mittel. Ranke hat auch schon gewußt, was die modernen Soziologen erst durch eine mühsame Analyse sich klarzumachen lieben, daß die Autorität, die zum Wesen der wirklichen Macht gehört und die Menschen zur Folgsamkeit zwingt, auf moralischen Gesinnungen derselben beruht. »Darin besteht auch das Geheimnis der Macht; sie wird erst dann zum Gebrauch ihrer gesamten Hilfsquellen gelangen, wenn alle Kräfte dem Gebote freiwillig Folge leisten[3].«

Durch diese moralisch-geistigen Potenzen, die im Staatsegois-

---

»Hier entspringt die Idealität des Moralischen und Geistigen« zu lesen ist »Identität«, weil der logische Zusammenhang dies eigentlich erwarten läßt.

[1] Preußische Geschichte, Werke 27/28, 4.

[2] »In der Macht an sich erscheint ein geistiges Wesen, ein ursprünglicher Genius, der sein eigenes Leben hat« usw. Epochen S. XI.

[3] Reformationsgeschichte, Werke 1, 311.

mus sich auswirkten, erhielt nun auch die Staatsräson die Würde einer moralischen Größe. Ranke sah mit innerer Billigung in ihr die mächtigste Springfeder der neueren Geschichte: »Vielleicht von allen Ideen, welche zur Entwicklung des neueren Europa beigetragen haben, die wirksamste ist die Idee einer vollkommen selbständigen, von keiner fremden Rücksicht gefesselten, nur auf sich selbst angewiesenen Staatsgewalt... Es versteht sich aber, daß man doch so lange noch weit vom Ziele entfernt war, als der Staat durch politische Rücksichten, die ihm nicht aus ihm selbst kamen, in seiner Bewegung, seinen Bündnissen, seiner ganzen politisch-militärischen Tätigkeit gehindert wurde[1].« Wieder und wieder und mit der ihm eigenen Mannigfaltigkeit und Biegsamkeit der Sprachmittel, die keine Ermüdung aufkommen läßt, sondern immer von neuem an die Quellen des Lebens heranführt, brachte er in seinen Darstellungen die innere Notwendigkeit dieses Hergangs und die felsensprengende Kraft des Staatsinteresses und staatlichen Machtbedürfnisses zur Anschauung. Die zahlreichen Fälle des Vertragsbruchs aus Staatsräson, die er in seinen Werken darzustellen hatte, behandelte er mit einer elastischen Dialektik, die zwar das moralische Urteil der Welt darüber und auch die tiefere Frage nach der persönlichen sittlichen Verantwortung des Handelnden deutlich zum Ausdruck brachte[2], aber die zwingende oder doch erklärende Gewalt der Umstände und Machttriebe in der Regel dominieren ließ. »Denn auf Worte und Versprechungen, wie gut sie auch lauten, viel zu geben, ist in den Stürmen der Weltgeschichte unmöglich; die großen Gewalten treiben sich durch ihren eigenen Impuls so weit fort, bis sie Widerstand finden[3].« Das ist das Lied von der »Macht, die, einmal begründet, immerfort wachsen muß, weil sie die ihr entgegenstehende Feindseligkeit nicht ermessen kann[4]«.

Warum aber erklingt dies alte Lied, das schon Machiavelli und Boccalini sangen, in Rankes Munde als ein neues Lied? Worin

---

[1] Reformationsgeschichte, S. W. 4, 27.

[2] Vgl. namentlich das über Friedrichs d. Gr. Konflikt zwischen Politik und Moral Gesagte, Werke 27/28, 480: »Nicht immer wird die Beistimmung der Zeitgenossen oder Späterlebenden gewonnen, das Urteil der Welt überzeugt werden können; wenigstens vor sich selber muß der Held gerechtfertigt sein.«

[3] Preußische Geschichte, Werke 27/28, 478.

[4] Weltgeschichte[4] 1, 178.

besteht der Fortschritt, den die Lehre von der Staatsräson und den Interessen der Staaten durch ihn machte? Das ergibt sich schon aus allem, was wir in den letzten beiden Kapiteln über die geistige Revolution, die durch die Entdeckung des Individualitätsprinzips sich vollzog, sagten. Die prägnante Kritik, die der junge Ranke an der Mentalität Machiavellis übte, mag es noch einmal veranschaulichen. »Statt jenes Lebens, das aus einer ursprünglichen Richtung, einer innern Bewegung hervorgeht, will er Klugheit, Umsichschauen, Ergreifen der Gelegenheit und dennoch Tapferkeit[1].« Das galt ja nicht nur von Machiavelli, sondern von der vorwaltenden Denkweise der früheren Jahrhunderte überhaupt. Das vom Naturrecht beeinflußte Denken ging, so sagten wir früher, von den Bedürfnissen des einzelnen Menschen aus, die dann in die Welt und in das Leben hineinprojiziert wurden. Das bewußt, vernünftig und zweckmäßig handelnde Individuum stand so im Mittelpunkte alles Lebens. Über das, was vernünftig war, konnte man dabei streiten, und so galt denn der Machiavellismus als eine praktische Verhaltensweise der bewußt und zweckmäßig handelnden Staatsmenschen, die man entweder billigen oder tadeln konnte, je nachdem man das allgemeine Moralgesetz ausnahmslos oder mit Ausnahmen gelten ließ. Der neue Historismus aber ging nicht mehr vom isolierten Individuum, sondern von der umfassenden Anschauung eines Lebens aus, das sich wohl in immer neuen individuellen Bildungen und so auch im einzelnen Individuum offenbarte, aber alle niederen Individualitäten immer auch wieder zusammenschmolz zu höheren geistigen Wesenheiten und so zuletzt sich selbst, den allgemeinen Lebensstrom der Geschichte, als höchste umfassende Individualität darstellte. Staatsräson war dann nichts anderes als die individuelle Idee des Staates, die das Individuum des einzelnen Staatsmannes beherrscht. »Praktisch lebt die Idee in den wahren Staatsmännern: sie ist die Regel ihres Verhaltens. In ihrem Denken, in ihrem Geiste konzentriert sich das geistige Dasein des Staates[2].« Das »Allgemeine« aber, von dem bei Ranke oft die Rede ist, bedeutet nicht etwa im alten naturrechtlichen und rationalistischen Sinne irgendwelche abstrakten Ideen und Prinzipien, sondern etwas ganz Konkretes und Lebendiges, nämlich die jeweils höheren und mächtigeren Indivi-

---

[1] Werke 33/34, S. *157; Ausgabe von 1824, S. 190.
[2] Reflexionen, Werke 49/50, 246.

dualitäten der Geschichte gegenüber den niederen[1]. So konnte Ranke in der Vorrede zum Hardenberg sagen, daß die allgemeine Bewegung das eigentlich Lebendige in der Geschichte sei und daß wahre Bedeutung der Staatsmann nur insofern habe, als er sie an seiner Stelle fördere und vielleicht leite. Die Staatsinteressen waren dann nichts anderes als Kräfte dieses allgemeinen Lebens, eng verwoben in dieses und ausstrahlend in dem Handeln des einzelnen Staatsmanns, der nur dadurch wahrhaft wirken kann, daß er sie erkennt und ihnen folgt: *Fert unda nec regitur.* Jetzt erst, durch die Aufdeckung dieses universalen Lebenszusammenhanges, konnten die Lehre von der *ragione di stato* und das Wort Rohans, daß die Fürsten den Völkern, das Interesse aber den Fürsten kommandiere, ihren tieferen geschichtsphilosophischen Sinn erhalten. Der allgemeine Lebensstrom der Geschichte erscheint so erst in seiner ganzen Mächtigkeit, jede einzelne Welle in ihm aber auch zugleich in ihrer individuellen Deutlichkeit und zugleich Unvermeidlichkeit; »nicht freie Wahl, sondern die Notwendigkeit der Dinge« herrschte in der Bewegung der Staaten[2].

Daraus floß dann das heuristisch so überaus fruchtbare Prinzip Rankes, im Handeln der Staatsmänner immer und überall zuerst nach denjenigen Motiven zu fragen, die aus dem Zwange der allgemeinen Konstellation stammen, und die triviale und doch so unausrottbare und sehr menschliche Manier, sich an persönliche Fehler und Schwächen zu hängen, beiseite zu schieben. »Verehrter Freund«, schrieb ihm Edwin v. Manteuffel einmal, »Sie glauben nicht an Übereilungen bedeutender Männer[3].« »Ich weiß nicht«, heißt es im Hardenberg bei der Beurteilung der preußischen Politik von 1805, »ob man mit Recht so viel von gemachten Fehlern, versäumten Gelegenheiten, eingetretenen Vernachlässigungen reden darf, wie es geschieht. Alles entwickelt[4] sich über die Köpfe

---

[1] Das zeigt schon eine genaue Analyse der »Großen Mächte«. Dazu Werke 7, 104: »Das Allgemeine, das nicht etwa aus dem Besonderen und Mannigfaltigen hervorgeht, sondern wieder etwas Besonderes ist, das die Elemente unter sich begreift.«
[2] Preuß. Geschichte, Werke 29, 224.
[3] Dove, Ausgewählte Schriftchen, S. 266.
[4] So in der 2. Ausgabe (Werke 47, 145), während in der 1. Ausgabe (Denkwürdigkeiten Hardenbergs 1, 539) »entwickelte« steht. Die Änderung entspringt vielleicht der zunehmenden Neigung Rankes, das Generelle des Einzelfalles zu betonen.

der Beteiligten hin mit einer Notwendigkeit, welche etwas Unvermeidliches, wie ein Fatum, in sich trägt[1].«

Gab Ranke dieser Neigung nicht vielleicht hier und da zu stark nach? Drohte die höhere Individualität des »Allgemeinen« nicht, die konkrete Individualität des einzelnen handelnden Menschen etwas zu verflüchtigen? Konnte nicht auch ein neuer ungewollter Rationalismus sich daraus entwickeln, indem die Staatsräson als vernünftige Erkenntnis des von der allgemeinen Konstellation der Macht vorgeschriebenen Handelns auch da als wirksam angenommen wurde, wo andere Motive ideeller oder naturhafter Art, vielleicht ganz elementare Leidenschaften im Spiele waren? Alles Handeln nach Staatsräson wurzelt ja, wie wir im Eingang ausführten, im elementaren Machttriebe, und dieser Wurzelsaft dringt bis in die edelsten und höchsten Blüten staatsmännischen Handelns. Ranke hat das wohl gewußt, oft mit anklingen lassen und hat doch eine im Alter zunehmende Neigung gehabt, das elementare Motiv zurückzuschieben zugunsten der sachlich-rationalen, aus der »allgemeinen Bewegung« stammenden Motive[2]. Seine optimistische Grundstimmung gegenüber den Machtkämpfen der Geschichte verhüllte ihm so etwas ihre Nachtseite. Wo diese einmal ganz nackt und schrecklich hervortrat, fand auch er die Töne ursprünglicher moralischer Empfindung, und die Tatsache, daß es auch eine Machtpolitik ohne jeden sachlich-rationalen Faden geben könne, erkannte er an. »Jene Eroberungssucht, die nur Ländererwerb will, sei es, daß sie an der Tätigkeit des Krieges unmittelbares Wohlgefallen hat oder daß man sie haben kann,

---

[1] Vgl. auch Englische Geschichte, Werke 17, 279: »Allein das ist der Irrtum der Menschen, bei großen Erschütterungen und Agitationen zu viel von persönlichen Absichten zu erwarten oder zu fürchten. Die Bewegung folgt ihrer eigenen großen Strömung, welche selbst die mit sich fortreißt, die sie zu leiten scheinen.«

[2] Das zeigen namentlich seine verschiedenen Äußerungen über Napoleon. Im Consalvi (Werke 40, 42 f. u. ö.) werden die elementaren, auch die häßlichen Züge in der Politik Napoleons neben und mit den aus dem »Zug der Dinge« stammenden Motiven verknüpft. Im Hardenberg überwiegen schon die letzteren; in der für den eigenen Hausbedarf verfaßten Replik gegen M. Dunckers Auffassung von der »Eroberungsbestie« (Forsch. zur brand. u. preuß. Geschichte 5) werden sie allein betont. Zu Rankes Urteil über Napoleon vgl. auch die Mitteilungen Wiedemanns, Deutsche Revue 17, 2, S. 100. Daselbst S. 105 auch eine kurze und zutreffende Charakteristik von Rankes Stellung zum Problem Politik und Moral.

ohne sein Haus darum verlassen zu müssen, ist gleich unersättlich wie Wollust und Goldgier; sie scheint mit diesen Leidenschaften auf einer und derselben Grundlage des Gemüts zu beruhen[1].«
Aber das sagte er freilich von den Osmanen, die außerhalb der historischen Welt lebten, der seine verstehende Liebe vor allem galt. Für die abendländische Staatenwelt gab er wohl auch zu, daß gewisse Unterschiede im Grundcharakter der Politik der verschiedenen Völker beständen, etwa der, »daß den Franzosen der Glanz der äußeren Macht, den Engländern die gesetzliche Gestaltung ihrer inneren Verhältnisse am meisten am Herzen gelegen hat[2]«. Aber er sah zugleich immer moderierende und regulierende Kräfte am Werke, die nicht nur den rohen Eroberungstrieb, sondern auch den ausschließlichen Interessenegoismus der einzelnen Staaten in Schranken hielten. Er konnte, obwohl er einen moralischen Fortschritt der Menschheit im allgemeinen leugnete, doch an einen innerhalb des letzten Jahrhunderts europäischer Geschichte erzielten Fortschritt der politischen Moral glauben. »Auch darin«, sagt er bei der Beurteilung der Klein-Schnellendorfer Abmachung Friedrichs des Großen[3], »hat die spätere Zeit einen großen Fortschritt gemacht, daß sie die alte Zweizüngigkeit der Politiker aus den Geschäften zu verbannen bemüht ist. Damals war diese Art des politischen Verkehrs noch an der Tagesordnung und gewissermaßen gebilligt.« Ranke wird sich freilich nicht verhehlt haben, daß dieser Fortschritt nicht bis in den Kern des politischen Handelns ging, sondern mehr eine neue bessere Konvention darstellte. Einen Zug zum Konventionellen im guten Sinne hatte überhaupt das ganze Restaurationszeitalter, dessen befriedigte und beruhigte Gesamtstimmung durch die Geschichtsauffassung Rankes leuchtet. Wie so ganz aus dieser heraus sind die optimistischen Worte der »Großen Mächte« geflossen: »Es ist wahr, die Weltbewegungen zerstören wieder das System des Rechts; aber nachdem sie vorübergegangen, setzt sich dies von neuem zusammen, und alle Bemühungen zielen nur dahin, es wieder zu vollenden.« In letzter Instanz wirkten dahinter wieder die religiösen Werte, die Rankes Geschichtsauffassung trugen. »Die religiöse Wahrheit muß ... den Staat in fortwährender Erinnerung an den Ursprung und das

---
[1] Die Osmanen und die spanische Monarchie, Werke 35/36, 55.
[2] Englische Geschichte, Werke 14, VII.
[3] Preußische Geschichte, Werke 27/28, 479; vgl. auch Werke 29, 214.

Ziel des irdischen Lebens, an das Recht seiner Nachbarn und die Verwandtschaft aller Nationen erhalten; er würde sonst in Gefahr sein, in Gewaltherrschaft auszuarten, in einseitigem Fremdenhaß zu erstarren[1].« So gewann Ranke den tiefen Glauben an die Macht eines europäischen Gemeingefühls, das die Machtkämpfe der Staaten vor der Ausartung zu radikalen Vernichtungskriegen schützte. Damals bestand ein solches Gemeingefühl, aber besteht es heute noch?

Diese Verbindung universal-europäischer und staatsegoistischer Gesichtspunkte, die für ihn selbst so charakteristisch ist, schrieb er generalisierend auch den großen Staatsmännern der neueren Geschichte überhaupt zu. »Es ist wahr, Gustav Adolf blieb immer König von Schweden und verlor die Interessen seines Landes nie aus den Augen, aber zugleich hielt er doch die allgemeinen, aus dem Konflikt der Weltlage entspringenden Gesichtspunkte fest; ohne die Verbindung des einen mit dem andern geschieht nun einmal nichts auf Erden; sie sind in dem Bewußtsein eines Königs und Kriegsfürsten kaum zu trennen[2].«

Gewahren wir nun auch hierin schließlich wieder den eminenten Fortschritt, der über die Interessenlehre des 17. und 18. Jahrhunderts hinaus gemacht wurde. Diese hatte nicht nur die handelnden Menschen, sondern auch die sie leitenden Interessen der Staaten isoliert und darum etwas unlebendig und mechanisch betrachtet. Das europäische Gesamtleben, mit dem sie in Wechselwirkung verwoben waren, trat dabei dem Betrachter nur selten ins volle Bewußtsein, — während der Handelnde es sehr wohl, wie Rankes Worte andeuten, naiv und unmittelbar besitzen konnte. Etwas besser vermochte schon die Geschichtschreibung des 18. Jahrhunderts, vom Gleichgewichtsinteresse ausgehend, dies europäische Gesamtleben wiederzugeben[3]. Aber erst Rankes »Große Mächte«, in denen die mit Rohans Schrift begonnene literarische Entwicklung der »Interessen der Fürsten« gipfelt, verwandeln die Inter-

---

[1] Reformationsgeschichte, Werke 1, 4.
[2] Preußische Geschichte, Werke 25, 207.
[3] Die ursprüngliche Absicht dieses Buches, die Bedeutung der Interessenlehre für die Geschichtschreibung, die wir bei Pufendorf und Friedrich dem Großen zeigten, stufenweise bis zu Ranke zu verfolgen, mußte zurücktreten vor der noch wichtigeren Aufgabe, die Wandlungen in der Idee der Staatsräson überhaupt nachzuweisen. Aber diese Lücke unserer Darstellung ist tatsächlich auch schon von anderer Seite ausgefüllt durch

essen in Lebensfunktionen der zu greifbarer, sprühender Persönlichkeit gesteigerten Staatsindividualitäten, verweben sie mit allen übrigen sich regenden Tendenzen, lassen sie wieder zu neuen, größeren Zusammenhängen sich vereinigen und bauen so über der Welt der einzelnen Staaten eine höhere abendländische Gesamtwelt aus, aus der dann noch Durchblicke auf unermeßliche weitere Höhen möglich werden. So daß dann letzten Endes in der Tat nicht mehr dieses und jenes noch so konkrete Einzelinteresse, sondern die »allgemeine Bewegung« als das »eigentlich Lebendige in der Geschichte« erscheint.

Aus solcher allgemeinen Bewegung der Weltvernunft heraus hatte Hegel Machiavellismus, Staatsräson und Machtpolitik anerkennen und sanktionieren können. Wieder sehen wir hier die Bahnen der beiden großen, innerlich voneinander so unabhängigen Denker sich berühren. Denn die allgemeine Bewegung des geschichtlichen Lebens ist es auch bei Ranke, die die Entfaltungen der Staatsräson hervorruft und rechtfertigt. Aber die pantheistische Konsequenz, zu der Hegel diese Lehre führte, war ihm unerträglich. Ehrfurcht vor dem Unerforschlichen und das Sittengesetz in seiner Brust hielten ihn ab, den letzten Schritt zu tun, die Weltgeschichte und ihren höchsten Träger, den Staat, zum Gotte zu machen und die Staatsräson schlechthin über die Moral zu stellen. Es ist klar, daß dieser verhüllte und schwebende Dualismus nicht die letzte mögliche Lösung des Problems bedeuten konnte.

H. v. Caemmerers vortreffliche Studie »Rankes Große Mächte und die Geschichtschreibung des 18. Jahrhunderts« (Studien und Versuche zur neueren Geschichte, Max-Lenz-Festschrift 1910). Hier wird die Entwicklungslinie in der realistischen Auffassung des durch das Gleichgewichtsinteresse zusammengehaltenen Staatensystems von Pufendorf über Bolingbroke, Schmauß, Achenwall, Ancillon, Heeren bis zu Gentz, dem politischen Lehrer Rankes, und zugleich auch das spezifisch Neue bei Ranke gezeigt. — Interessant ist, daß auch der erste historische Lehrer Rankes in Leipzig, Ernst Karl Wieland, den »Versuch einer Geschichte des deutschen Staatsinteresses« (3 Bde., 1791—94) geschrieben hat. Aber an Ranke sind die Vorträge dieses eingefleischten Rationalisten fast ohne alle Wirkung vorübergegangen (S. W. 53/54, 28). Und man versteht das, wenn man die im Sinne eines harmlosen und als Maschine behandelten Wohlfahrtsstaates verwässerte Interessenlehre Wielands sich ansieht. Vgl. auch Joachimsen in der neuen Gesamtausgabe der Werke Rankes 1, LXXXV.

VIERTES KAPITEL

Treitschke

Wir nähern uns dem Punkte, wo unsere Untersuchungen eingreifen in die geschichtliche Deutung des Schicksals, das Deutschland durch den Weltkrieg erfahren hat. Man warf uns vor, daß wir dem Kultus der Macht und der Staatsräson in unerlaubtem Grade gefrönt hätten, und entnahm daraus das Recht, uns nicht als ein in Ehren geschlagenes Volk, sondern als einen Verbrecher zu behandeln. Diese Anklage war zwar offensichtlich die Maske eigener Machtpolitik und Staatsräson, aber berief sich auf Tatsachen, die wir selber hier schon in der Analyse Hegels, Fichtes und Rankes zu beleuchten begannen. Wie kam es eigentlich, daß die Gedanken Machiavellis, die auf romanischem Boden entsprangen und in der romanischen Staatenwelt sich zuerst entfalteten, seit Beginn des 19. Jahrhunderts gerade auf deutschem Boden eine neue Prägung erfuhren? Das, was wir zur Erklärung dafür schon beibrachten, muß jetzt aufgenommen und vervollständigt werden, um dadurch das Verständnis für den Mann zu gewinnen, der dem Auslande fast als der Hauptverführer Deutschlands zum Machtkultus erscheint – Heinrich v. Treitschke.

Das ursprüngliche deutsche Denken über den Staat neigte ganz und gar nicht dazu, ein besonderes Recht der Staatsräson und des Machiavellismus anzuerkennen. Luther verlangte, daß christliche Menschen einen christlichen Staat aufbauen sollten[1]; ein Machiavelli wäre im Deutschland des 16. Jahrhunderts undenkbar gewesen. Die Invasion der als fremdartig empfundenen Lehre von der Staatsräson im Laufe des 17. Jahrhunderts erfolgte vorwiegend unter den aufrüttelnden Erfahrungen des Dreißigjährigen Krieges und ging auch mehr auf die innere Machtbefestigung als

---

[1] Dieser eine Satz hätte verschiedene Rezensenten meines Buches vor der verkehrten Frage bewahren sollen, warum ich Luther in ihm nicht behandelt habe. Vgl. auch meinen Aufsatz »Luther über christl. Gemeinwesen u. christl. Staat«, Hist. Zeitschr. 121.

auf die äußere Machtausbreitung des sich aufraffenden deutschen Fürstentums. Die machtpolitische Praxis aber der großen Begründer des brandenburgisch-preußischen Staates war, von dem mehr nach innen gewandten Wirken Friedrich Wilhelms I. abgesehen, nichts anderes als eine Nachahmung dessen, was Richelieu und Ludwig XIV. vorgemacht hatten. Friedrich der Große hat nicht nur als Philosoph, sondern auch als Machtpolitiker von Frankreichs Künsten zu lernen verstanden. Aus Macht- und Hilflosigkeit zur Macht und Unabhängigkeit emporzustreben, das war der innerste reale Impuls für die Rezeption machiavellistischer Gedanken und Methoden in Deutschland. Dies Motiv sahen wir auch unmittelbar wirksam bei Hegel und Fichte. Aber der Blick auf Kant, auf Fichtes sonstige Lehren und auf das Staatsideal des Freiherrn vom Stein zeigt, daß das eigentlich bodenständige deutsche Denken über den Staat durchaus unmachiavellistisch geblieben war[1]. Stein verlangte, analog zu Luther, daß sittliche Menschen einen sittlichen Staat aufbauen sollten. Zweierlei mußte eintreten, um das deutsche Denken nun doch in andere Bahnen zu lenken. Einmal mußte die wachsende Sehnsucht nach nationaler Einheit und Unabhängigkeit das Bedürfnis nach Macht schärfer einprägen. Und es mußte ferner die geistige Revolution, die in Deutschland um die Wende des 18. und 19. Jahrhunderts erfolgte, ihre weiteren Wirkungen entfalten. Die eigenen Wege, die der deutsche Geist jetzt zu gehen begann, konnten nun aber auch, wenn sie mit einseitiger Energie verfolgt wurden, einen inneren Riß zwischen Deutschland und dem übrigen Abendlande schaffen.

Identitäts- und Individualitätsidee hießen die neuen Fermente. Die Identitätsidee milderte den Anblick der elementaren Nachtseite des geschichtlichen Lebens, die Individualitätsidee führte zu einer neuen individualisierenden Ethik und Geschichtsbetrachtung, die auch dem Staate als großer Individualität das Recht der inneren Selbstbestimmung, der freien Bewegung nach eigenem Gesetze, nach Staatsräson zubilligte. Beide Ideen, insbesondere aber die Individualitätsidee, strahlten auch in das Denken der übrigen Völker aus und trafen hier auch auf analoge Bedürfnisse. Vor allem waren es die Nationen, die sich jetzt allenthalben ihrer Individualität bewußt zu werden begannen und nun, jede auf ihre

---

[1] Vgl. O. Hintze, Der deutsche Staatsgedanke, Ztschr. für Politik 13. 128 ff.

Weise, in die große Auseinandersetzung zwischen universalen und nationalen, generellen und individuellen Lebensidealen, zwischen Weltbürgertum und Nationalstaat eintraten. Dieser Hergang ist für Deutschland in unserem früheren Buche geschildert worden. Vergleicht man ihn mit dem der übrigen Völker, so sieht man sofort, daß, soweit es sich um die Gedankenbewegung handelt, das deutsche Denken radikaler und bewußter vorging, als das westeuropäische Denken. Im Denken, nicht im Handeln, differenzierten wir uns. Alle großen Nationen und Staaten der Erde handelten wie bisher, so jetzt, getrieben durch die neuen nationalen Impulse, erst recht nach Staatsegoismus, alle haben sie rücksichtslos vorhandene Besitzrechte anderer Staaten und Völker, die ihnen im Wege waren, vergewaltigt. Aber während in allen übrigen Völkern der Dualismus ethischer Normen und politischen Handelns, der seit den Tagen Machiavellis die Welt durchzog, im großen und ganzen erhalten blieb, die politische Praxis also immer wieder bemäntelt werden konnte durch gleichzeitig bekannte moralische Ideologien, wurde es das spezifisch deutsche Bedürfnis, diesen Dualismus zu überwinden und den Konflikt zwischen Politik und Moral durch irgendwelche höheren Synthesen zu lösen. Dies Bedürfnis wurde um so stärker, je reichere sittliche Aufgaben man dem modernen Staate stellte, je eifriger sich überhaupt das Individuum mit dem Staate beschäftigte. Mochten die Identitätssysteme Fichtes, Schellings und Hegels auch zerfallen, das Identitätsbedürfnis selbst, das tiefe Verlangen nach innerer Einheit und Harmonie aller Lebensgesetze und Lebensvorgänge blieb trotzdem im deutschen Geiste mächtig erhalten. Seine grüblerische Neigung, in Abgründe zu starren, ließ ihn dabei gerade bei solchen Punkten des Lebens hartnäckig verweilen, wo diese Harmonie am schwersten herzustellen war, wo die Prinzipien am stärksten auseinanderklafften. Und gerade das Prinzipielle an allen Dingen reizte von jeher das deutsche Denken. Wenn es nun nicht zusammenzubiegen war, dann konnte wohl, in natürlichem Gegenschlage gegen die als unlösbar empfundene Aufgabe, auch die deutsche Derbheit und Grobheit sich Luft machen, die Dinge beim rechten Namen nennen, mit oder ohne Zynismus die Zwiespältigkeit anerkennen und sich für dasjenige Prinzip entscheiden, das der blut- und kraftvollen Wirklichkeit am nächsten stand, — wie Faust sich aus Verzweiflung am Geistigen, das er im Grunde sucht und nicht finden kann, in die wilde Sinnlichkeit stürzen will. Schon Friedrich der Große war darin so echt deutsch gewesen, daß er, der Machiavell und Antimachiavell zugleich in seiner Seele trug, jeweilig ehrlich, offenherzig und überzeugt den einen oder andern bekannte, mit einer Unvorsichtigkeit dabei, die dem romanischen und angelsächsischen Geiste in der Regel fern war. Denn gerade die unvorsichtigen Wahrheiten reizen den Deutschen, während der westliche Europäer aus einer unbewußten Zweckmäßigkeit heraus oft die Konvention vor der nackten, aber gefährlichen Wahrheit bevorzugt, — vielleicht in neuerer Zeit noch stärker als früher, wo Machiavelli und Naudé auch die Nacktheit des politischen Menschen zu entblößen sich nicht gescheut hatten. Auch in England hat einst Francis Bacon den Machiavell offen zu loben gewagt, weil er »ohne Heuchelei sage, was die Menschen zu tun pflegten, nicht, was sie tun müßten[1]«. Aber auch er schon hat den gefährlichen Geist der Staatsräson nicht über sich ganz Herr werden lassen wollen, hat eine moralische und juristische Rechtfertigung der rein naturhaften Triebe des Staates versucht. Und nach ihm hat der englische Geist, umgeschmolzen durch die religiöse Bewegung des 17. Jahrhunderts, erst recht dazu geneigt, das Schwert der nackten Machtpolitik, das England immer führte, umzudeuten in das Schwert des Richters, sei es eines von Gott, sei es eines von Recht und Moral dazu berufenen Richters. Das war nun freilich, wie man oft schon bemerkt hat, der allerwirksamste Machiavellismus, den der machtpolitische Wille eines Volkes treiben konnte, sich selbst seiner nicht bewußt zu werden und nicht nur vor andern, sondern auch vor sich selbst ganz als Menschlichkeit, Redlichkeit und Religion zu erscheinen.

Die unbewußte Zweckmäßigkeit im politischen Handeln, der politische Instinkt, fehlt dem Deutschen in der Regel. Bismarck war eine mächtige, aber seltene Ausnahme. Auch er hat wohl,

---

[1] *De augmentis scientiarum* 1. VII, c. 2. Bacons Stellung zur Staatsräson hat jetzt, von mir angeregt, W. Richter, Bacons Staatsdenken in Zeitschr. f. öff. Recht VII, 3, untersucht. Der von mir in der 1. Auflage gegebene Hinweis auf Thomas Morus als ersten Vertreter des englischen »Cants« muß jetzt wegfallen, weil die Beweisführung H. Onckens dafür (Sitzungsberichte d. Heidelberger Akad. 1922 und Einleitung zu Bd. 1 der »Klassiker der Politik«) zweifelhaft geworden ist. Vgl. jetzt: Oswald Bendemann, Studien zur Staats- und Sozialauffassung des Thomas Morus, Diss. Berlin 1928.

namentlich in den Jahren, wo er die Fesseln des universalistischen Denkens seiner christlich-germanischen Freunde abstreifte, der deutschen Neigung nachgegeben, die Dinge beim rechten Namen zu nennen und die Staatsnotwendigkeit der Machtpolitik ungescheut, äußerlich derb, aber ohne inneren Zynismus, aus tiefem Verantwortungsgefühl für das Staatsganze heraus zu bekennen. Seine instinktive Sicherheit trug ihn dann über die Probleme und Abgründe hinweg, denen unsere Aufmerksamkeit hier gilt. Ohne sich Skrupel zu machen über den Konflikt von Politik und Moral, empfand er sein Wirken nach Staatsräson immer zugleich als eine hochsittliche Pflicht. So gilt von allem seinem Handeln, auch dem kühnsten und rücksichtslosesten, was Ranke von Friedrichs des Großen Konflikten zwischen Politik und Moral gesagt hat: »Wenigstens vor sich selber muß der Held gerechtfertigt sein.«

Aber unter den deutschen Zeitgenossen war die Neigung, das machtpolitische Problem weltanschaulich zu durchleuchten, im Wachsen seit den Tagen Hegels. Welchen Einfluß Hegel selbst darauf geübt hat, haben wir schon angedeutet und ist in Hellers Untersuchung, wenn auch übertreibend, ausführlicher dargestellt worden. Stiller und langsamer, aber auf die Dauer mehr und mehr durchdringend, wirkten das Vorbild der Rankeschen Geschichtschreibung und die historische Schule, die er begründete, darauf hin, Machtpolitik als organische Lebensfunktion der Staaten zu verstehen, ohne damit aber unterschiedslos auch alle ihre Exzesse zu rechtfertigen. Zugleich war das Ansehen des Staates überhaupt auf der ganzen Linie, bei allen Parteien im Steigen, als die Kämpfe um seine Umbildung zum modernen Verfassungsstaate einsetzten. Man dachte dabei wohl vielfach, dem älteren und ursprünglichen deutschen Staatsgedanken gemäß, mehr an die innerpolitischen, kulturellen und sittlichen als an die machtpolitischen Aufgaben, mehr an Ethos als an Kratos des Staates. Aber auch für dieses gab es einen mächtigen Lehrer in dem nationalen Einheitsbedürfnis. »Die Bahn der Macht«, rief Dahlmann am 22. Januar 1849 im Frankfurter Parlamente, »ist die einzige, die den gärenden Freiheitstrieb befriedigen und sättigen wird, — denn es ist nicht bloß die Freiheit, die der Deutsche meint, es ist zur größeren Hälfte die Macht, die ihm bisher versagte, nach der es ihn gelüstet.«

Aus Machtlosigkeit und weil diese eine große Nation viel empfindlicher trifft als eine kleine, durch die Eifersucht der Großen geschützte Nation, ersehnte man den Machtstaat. Das Scheitern der Macht- und Einheitshoffnungen des Jahres 1848 richtete die Denkenden erst recht auf dieses Ziel. 1853 veröffentlichte A. L. v. Rochau seine »Grundsätze der Realpolitik, angewendet auf die staatlichen Zustände Deutschlands«, die das neue Schlagwort der Realpolitik in Umlauf brachten und in den Worten gipfelten: »Herrschen heißt Macht üben, und Macht üben kann nur der, welcher Macht besitzt. Dieser unmittelbare Zusammenhang von Macht und Herrschaft bildet die Grundwahrheit aller Politik und den Schlüssel der ganzen Geschichte« (S. 2). 1858 schrieb Karl Bollmann seine höchst charakteristische, sehr offenherzige »Verteidigung des Machiavellismus« mit dem Motto »Das Vaterland über alles« und dem antiker Staatsräson entnommenen Zitate: *Adhuc nemo exstitit, cujus virtutes nullo vitiorum confinio laederentur.* Rochaus Schrift schlug, wie Treitschke aus eigener Erfahrung bezeugt[1], wie ein Blitzstrahl in manche jugendlichen Köpfe damals ein. Sein Satz: »Weder ein Prinzip noch eine Idee, noch ein Vertrag wird die zersplitterten deutschen Kräfte einigen, sondern nur eine überlegene Kraft, welche die übrigen verschlingt«, — gab Treitschkes Jünglingsverstande die einleuchtende Lehre, daß nur preußische Bataillone Deutschland einigen könnten. Die Bollmannsche Schrift zeigte Treitschke im Literarischen Centralblatte zwar mit ablehnendem Spott an[2], — aber er selber stand ihren Grundgedanken gar nicht so fern, wie seine vertrauten Briefe zeigen[3]. Daß Machiavelli als glühender Patriot die Macht in den Dienst einer großen Idee stellte, das war es, was ihn damals innerlichst bewegte und ihn »mit vielen verwerflichen und entsetzlichen Meinungen des großen Florentiners versöhnte«. Auch jenen grob naturalistisch klingenden Satz Rochaus ergänzte sich Treitschke dadurch, daß er in Rochau den Idealisten durchspürte, der nur der von der Idee getragenen Macht den Sieg weissage. Die Welt der Macht und die Welt der Ideen zu vereinigen unter dem Primate der Ideen, das war und blieb der höhere Sinn des Treitschkeschen Patriotismus. Und da in Treitschke die ganze machtpolitische Gedankenbewegung im Deutschland des späteren 19. Jahrhunderts sich konzentriert, so erhebt sich die Aufgabe, sein machtpolitisches

---
[1] Aufsätze 4, 193.
[2] Aufsätze 4, 500.   [3] Briefe 1, 352 (1856).

Programm und die Fortbildung, die die Idee der Staatsräson durch ihn etwa erfahren hat, zu untersuchen, — vor allem dabei zu fragen, ob und wie weit es ihm gelungen ist, die Welt der Macht mit der Welt der Ideen in Einklang zu bringen.

Gehen wir aus von dem Bilde, das sich das feindliche Ausland von seiner Machtlehre gemacht hat. Die Kampfschrift der Oxforder Professoren von 1914 *Why we are at war* enthielt ein eigenes Kapitel über die neue deutsche, von Treitschke verkündete Theorie des Staates: »Der Krieg, in den jetzt England gegen Deutschland eingetreten ist, ist von Grund aus ein Krieg zwischen zwei verschiedenen Prinzipien, — dem der *raison d'état* und dem der Herrschaft des Gesetzes.« Die von Treitschke erneuerte Lehre Machiavellis, daß der Staat Macht sei, und seine weitere Lehre, daß es die höchste sittliche Pflicht des Staates sei, für seine Macht zu sorgen, führe einmal dazu, den endgültigen Charakter internationaler Verpflichtungen aufzuheben und führe weiter zu einem Preise des kriegerischen Ruhmes. Die Macht solle nach Treitschke zwar dem höheren Zweck der Kultur dienen, aber das laufe bei ihm und seinen Anhängern hinaus auf eine Kolportierung der als höchste Kultur geltenden deutschen Kultur in der Welt. Internationale Verträge lasse er nur so lange bindend sein, als sie der Konvenienz des Staates entsprächen. In dem Kriege sehe er das einzige Heilmittel für kranke Nationen, die in selbstischen Individualismus zu versinken drohen. Diese ganze Philosophie erscheine als Paganismus oder vielmehr Barbarismus mit einem moralischen Furnier.

Es war naiv genug von den Engländern, ihre eigene Politik, die sie in den Krieg führte, als ein Möbel ohne Furnier, als das massive Holz reiner Vertragstreue und Rechtlichkeit zu preisen. Die neue deutsche Theorie sage: »Unser Interesse ist unser Recht«, die alte, sehr alte englische Theorie sei: »Das Recht ist unser Interesse.« Die Worte bestätigen, daß das durchschnittliche englische Denken es nicht vermag, die Problematik der Machtpolitik zu ergründen, weil es sie aus praktischem Instinkte nicht ergründen will[1]. Vermochte der geschärfte Blick des Feindes aber vielleicht

---

[1] Offenherzige Engländer aber hat es auch vor dem Kriege gegeben. Admiral Sir John Fisher erklärte bei Gelegenheit der Haager Konferenz von 1899, »daß er nur den einzigen Grundsatz kenne, might is right«. Gr. Politik der europ. Kabinette 1871—1914, Bd. 15, 230.

gewisse Schwächen der Treitschkeschen Lehren wahrzunehmen? Das englische Bild trägt den Charakter der Karikatur, aber auch aus solcher kann man zuweilen lernen. Versuchen wir zu ermitteln, was die Karikatur ermöglichen konnte.

Treitschke dachte, so darf man fast sagen, in Imperativen. Wie oft hat man den Eindruck bei ihm, daß seine Sätze Dekreten gleichen, die eine durch ihre innere Evidenz sich beweisende Tatsache behaupten. Dadurch erhielten seine Beweisführungen etwas Stoßweises und Eruptives, ja Ungeduldiges. Die Beweise für das, was er wollte, jene Dekrete über die Dinge, die er gab, sprangen ihm immer fertig gerüstet wie Minerva aus dem Haupte des Zeus. Aus der lebendigsten, reichsten und kraftvollsten Anschauung der Dinge entsprangen ihm seine Dekrete, und ein sittlich hoher und reiner Wille gab den Bildern, die sein Künstlerauge sah, jene Festigkeit und bezwingende Evidenz, die sie zu Beweisen machte.

Was Wunder, wenn diese Verbindung von edelster sittlicher Kraft und farbigster Sinnlichkeit und Lebendigkeit in allen Gedanken einen überwältigenden Eindruck machte. Er wurde durch mehr als ein Menschenalter zum Führer der Nation, das heißt derjenigen Schichten der Nation, die den nationalen Staat als Geber von Macht und Freiheit errichten und erhalten wollten, — aber er wurde dabei auch zum Verführer derer, die mehr das Wollen als das Denken schätzten und nun in seinen begeisternd überzeugenden Sätzen und Dekreten Ersatz für alles eigene Denkbemühen fanden. Sein heiliger schwerer Ernst stand in Gefahr, aus allen seinen Idealen, mochte er noch so sehr ihre historische Wandelbarkeit beteuern, etwas Starres, Unbewegtes, Absolutes zu machen. Die Wendung von 1866 wurde entscheidend für die Fixierung seiner bis dahin noch in Fluß begriffenen staatlichen Gedanken. Die tiefe Dankbarkeit für diejenigen Potenzen, die damals seine Sehnsucht nach dem nationalen Staate erfüllten, verdichtete sich zu sehr[1]. Wohl war der Machtstaat und die Machtpolitik der preußisch-konservativen Militärmonarchie schlechthin unentbehrlich gewesen für die Aufrichtung des deutschen Nationalstaates, aber das neue Gemeinwesen erforderte bald, um den sozialen und wirtschaftlichen Umwälzungen gewachsen zu bleiben, eine innere Umformung und Weiterbildung seiner Institutionen,

---
[1] Vgl. für das Folgende auch meine Anzeige der Briefe Treitschkes Bd. 3 in Histor. Zeitschr. 123, 315 ff.

die der durch Treitschkes Einfluß mit starr werdende Glaube an den Segen der preußischen Militärmonarchie gehindert hat. Der Glaube an diesen Segen wurde zugleich, ins Allgemeine erweitert, zum starren Glauben an den Segen der Macht im Staatsleben überhaupt. Daß Macht zum Wesen des Staates gehört, haben auch wir von Anfang an betont, und unsere ganze Untersuchung will nichts anderes, als diese Tatsache tiefer ergründen. Aber sie will dabei eben auch die innere Problematik, die Schranken und Gefahren des staatlichen Machtgedankens aufdecken. Zum Wesen des Staates gehört immer und ewig die Macht, aber sie macht nicht allein sein Wesen aus, sondern Recht, Sittlichkeit und Religion nehmen auch noch integrierend an diesem Wesen mit teil, verlangen es wenigstens, sobald der Staat die erste elementare Voraussetzung, mächtig zu werden, erreicht hat. Sie und alle weiteren hinzuwachsenden geistigen Mächte des Volkslebens verlangen es, in das Wesen des Staates mit aufgenommen zu werden, auch wenn sie dabei zugleich ihre eigene Autonomie, die zu ihrem eigenen Wesen gehört, nie aufgeben können und wollen. Gerade die steigende Schätzung des Staates im Laufe des 19. Jahrhunderts rührte daher, daß man ihm reichere kulturelle und sittliche Aufgaben stellte. So darf man sagen, daß Macht wohl der ursprünglichste, unentbehrlichste und dauerhafteste Wesensfaktor des Staates ist, aber nicht der einzige ist und bleibt. Und die Staatsräson, der unsichtbare Steuermann und Bildner des Staates, der alles für ihn wesentliche zu verwirklichen sucht, erschöpft sich, wenn sie zu ihren höheren Stufen sich entwickelt, nicht in der Gewinnung dieses ersten Grundbedürfnisses der Macht, sondern muß auch die Bedürfnisse jener anderen Lebensmächte zu befriedigen bemüht sein, — gerade auch, um die Macht selber tiefer, dauerhafter und geistiger zu begründen. Treitschke aber verkündete immer wieder, daß das Wesen des Staates schlechthin die Macht sei[1], verengerte es damit und verführte die Unzähligen, die in den Kämpfen des Lebens nach einfachen, lapidaren Leitsätzen verlangen, zu einer Überschätzung und Verehrung der bloßen Macht und damit zu einer Vergröberung der staatlichen Grundprobleme, — wie sie etwa Treitschkes Epigone Dietrich Schäfer, starr an einer

---

[1] Am schärfsten wohl in Bundesstaat und Einheitsstaat, Aufsätze 2, 152: »daß das Wesen des Staates zum ersten Macht, zum zweiten Macht und zum dritten nochmals Macht ist.«

einseitig erfaßten Wahrheit hängend, in seinem Buche Staat und Welt von 1922 noch heute zeigt.

Und doch geriet Treitschke mit sich selber in Widerspruch, wenn er das Wesen des Staates ausschließlich auf Macht beschränkte. Denn zum Wesen eines menschlichen Lebensgebildes gehört nicht nur die Substanz, die ihm zugrunde liegt, sondern auch der Zweck, dem diese dient. Treitschke aber war nun weit davon entfernt, die Macht des Staates als Selbstzweck anzusehen. Eben das warf er dem Machiavelli vor: »Das Entsetzliche seiner Lehre liegt nicht in der Unsittlichkeit der empfohlenen Mittel, sondern in der Inhaltlosigkeit dieses Staates, der nur besteht, um zu bestehen. Von allen den sittlichen Zwecken der Herrschaft, welche der schwer erkämpften Macht erst die Rechtfertigung geben, wird kaum gesprochen[1].« »Der Staat«, heißt es in der Politik, »ist nicht physische Macht als Selbstzweck, er ist Macht, um die höheren Güter der Menschen zu schützen und zu befördern.« Inhaltslos und unsittlich zugleich erschien ihm die reine Machtlehre.

Wir müssen noch weiter ausgreifen, um zum Verständnis seiner eigenen Lehre von der Macht zu kommen. Wir müssen sowohl seine eigenen innersten Motive, als auch die geistig-politische Gedankenwelt des neueren Deutschland, mit der er zusammenhing, ins Auge fassen.

Vergleicht man die Rolle, die der staatliche Machtwille und die Staatsräson in der Geschichtschreibung Rankes und Treitschkes spielen, so ist man erstaunt über den ganz verschiedenen Geist, in dem gerade die auswärtigen Machtkämpfe der Staaten von beiden behandelt werden. Treitschke bekannte sich wohl auch zu Rankes, wie er dabei betonte, an Goethe erinnernde wissenschaft-

---

[1] Aufsätze 4, 428; vgl. Politik 1, 91 u. 2, 544 und Zehn Jahre deutscher Kämpfe, Auswahl S. 178. Treitschkes Auffassung Machiavellis wandelte sich also seit seiner Jugend, vgl. oben S. 465. Er will später nicht mehr glauben, was er 1856 glaubte, daß der *Principe* zu dem vaterländischen Zwecke, Italien von den Fremden zu befreien, geschrieben worden sei. — Daß ihm der von seinem Oxforder Interpreten untergelegte Gedanke, den Zweck der staatlichen Macht in der Propagierung der deutschen Kultur über die Welt zu sehen, ferngelegen hat, bedarf keines Beweises. Seine Aufsätze über außerdeutsche Geschichte zeigen den tiefsten Respekt vor dem Eigenleben der fremden Kulturen, und selbst vom Kriege sagt er (Politik 1, 73): »Er führt die Völker nicht nur feindlich zusammen, durch ihn lernen sie auch einander in ihrer Eigenart kennen und achten.«

liche Grundanschauung, »die alles historische Werden aus dem Zusammenwirken der allgemeinen Weltverhältnisse und der freien persönlichen Kräfte erklärte[1]«. Aber bei Ranke lag der Ton dabei auf den allgemeinen Weltverhältnissen, bei Treitschke auf den freien persönlichen Kräften. Ranke verstieg sich zu dem Satze, daß der Staatsmann wahre Bedeutung nur habe, insofern er die allgemeine Bewegung, das eigentlich Lebendige in der Geschichte, an seiner Stelle fördere. Das lief darauf hinaus, daß er nur in dem Grade, in dem er die wahre, wohlverstandene Staatsräson seines Staates erkenne und fördere, Bedeutung habe, denn die allgemeine Bewegung ruft eben die Entfaltungen und das Wechselspiel der Staatsräson hervor, innerhalb dessen der Staatsmann zu wirken hat. Infolgedessen beherrscht das Wechselspiel dieser Staatsinteressen den Vordergrund der Rankeschen Geschichtschreibung. Der mächtige Strom der »allgemeinen Bewegung«, den sein tiefes Auge dabei immer vor sich sah, umfaßte wohl noch mehr als das Spiel dieser Interessen und nahm auch alles, was von allgemein-geistigen wie von ganz persönlichen Kräften sich mit ihm verschmolz, mit auf. Sie tragen bei zu dem, was ihn vor allem anzog, zur Lebensentfaltung der großen Staatspersönlichkeiten und zu der daraus entspringenden, über ihnen schwebenden »Mär der Weltgeschichte«. So war seine Geschichtschreibung, wie wir bemerkten, eigentlich nichts anderes als eine ungemeine geistige Vertiefung der Lehre von der Staatsräson und von den Interessen der Staaten.

Von Treitschkes Geschichtschreibung dagegen möchte man sagen, daß sie dem Heldenepos, der ältesten und unmittelbar menschlichsten Form großer historischer Überlieferung, neue große, ebenfalls ungemein vergeistigte Möglichkeiten schuf. Männer machen die Geschichte, war sein Wort. Trotz alles seines Wissens um die überindividuellen geistigen Wesenheiten der Geschichte, das er als Schüler des deutschen Historismus gewann, sind es nicht sie, die in seinem Geschichtsbilde dominieren, sondern die einzelnen Menschen, die das Bild dieser Wesenheiten wohl in sich tragen und von ihm geleitet werden, aber in allererster Linie nach ihrem eigenen verantwortlichen Tun befragt werden. Überall leuchten bei ihm die kräftigen Konturen der Menschen von Fleisch und Blut hindurch, die Geschichte erscheint als ihr persönlichstes Wol-

---

[1] Deutsche Geschichte 4, 466.

len. Die Konturen der allgemeinen Bewegung, der überindividuellen Ideen und Tendenzen fehlen dahinter zwar nicht, aber treten bei weitem nicht so beherrschend hervor wie bei Ranke. Nicht der Anblick des *fert unda nec regitur* ergreift uns, sondern der Anblick der in den Wellen kämpfenden Schwimmer. Die »allgemeine Bewegung« Rankes löst sich damit auf in die Einzelgefechte der kämpfenden Helden, und die Schilderung der Machtkämpfe wird immer zugleich zu einem Sittengericht über die handelnden Persönlichkeiten. Greifen wir etwa die Zusammenfassung einer weltpolitischen Situation, der europäischen Krisis von 1830 heraus[1]: »Sprache des ruhigen Verstandes... blinder Haß... prahlerischer Hochmut des Selbstherrschers... freche Begehrlichkeit der Revolution« stoßen hier aufeinander. Das überpersönliche Schauspiel, der Zusammenhang dieser persönlichen Kräfte und Leidenschaften mit dem Walten großer sachlicher Notwendigkeiten, mit dem leitenden Genius der Staatsräson hüben und drüben, verschwindet darüber nicht, aber er verblaßt, er fesselt nicht die Aufmerksamkeit. Wer auswärtige Politik verstehen lernen will, wird bei Ranke ungleich mehr finden als bei Treitschke.

Die Staatsräson selbst spielt also nicht die erste Rolle in Treitschkes Geschichtsbild, aber wenn er als Denker den Staat betrachtet, drückt er »freudig« Machiavelli die Hand und lobt ihn, daß er »mit der ganzen ungeheueren Konsequenz seines Denkens zuerst in die Mitte aller Politik den großen Gedanken gestellt hat: der Staat ist Macht«[2]. Merkwürdiges Resultat: die Macht, auf die er das Wesen des Staates mit vollkräftigem Bewußtsein, aber in unbewußtem Widerspruch mit seiner eigentlich reicheren Anschauung dieses Wesens zusammendrängt, bleibt bei ihm unentwickelt, kommt nicht zu ihrer vollen spezifischen Entfaltung im Walten der Staatsräson. Er hat also das, was er an Machiavelli groß und bewunderungswert fand, nicht in sich ganz aufgenommen; es trägt nicht die volle Frucht, die man erwarten könnte.

In solchen Fällen, wo man mit bloßer Entwicklung und Vergleichung der Begriffe auf einen unerklärlichen Widerspruch zu geraten droht, trägt der Blick auf den weltanschaulichen Hintergrund über den toten Punkt hinweg.

Wenn Ranke die große Machtpolitik so interessiert und liebe-

---

[1] Deutsche Geschichte 4, 56.
[2] Politik 1, 91.

voll behandelte und dadurch feiner und tiefer verstand als Treitschke, so beruhte das nicht etwa auf einer besonderen Freude an der Macht oder gar einem eigenen politischen Machtwillen, der ihm sogar, wie seine praktischen Versuche in der Politik beweisen, abging. Seine weltanschauliche Grundrichtung vielmehr führte ihn vor das überwältigende Schauspiel der Staatengestirne und ihrer Bahnen, der Entfaltung großer individueller geistigrealer Lebewesen aus universalem göttlichen Weltgrunde heraus. Erinnern wir uns hier wieder an die von Dilthey gemachte Unterscheidung der großen Hauptrichtungen des Idealismus, des objektiven Idealismus, der von der Gotterfülltheit der ganzen Welt ausgeht, und des subjektiven Idealismus, der die Welt der freien Persönlichkeit unterordnet und den Geist als unabhängig behandelt. Hegels objektiver Idealismus, zum konsequenten Identitätssystem gesteigert, vermochte ohne weiteres, Staatsräson und Machtpolitik als Werkzeuge des Demiurg einzufügen in den ganzen gotterfüllten Weltprozeß. Rankes objektiver Idealismus, Identitätsbedürfnisse und dualistische Bedürfnisse miteinander verbindend, vermochte wenigstens in der uns zugänglichen Seite des göttlichen Weltprozesses die Staatsräson als mächtigste Triebfeder zur Entfaltung des geistig-realen Lebens der Menschheit anzuerkennen. Fichte war der Philosoph des subjektiven Idealismus. Aus dem sittlichen Willen heraus, die Welt zu gestalten gemäß dem Geiste, das deutsche Volk von seinen Ketten zu befreien, konnte er auch die harte Staatsräson als Werkzeug für die Befreiung des Geistes ergreifen. Wie sich Ranke zu Hegel, so verhielt sich Treitschke in gewisser Beziehung zu Fichte. Er setzte dessen subjektiven Idealismus fort, aber nicht rein und unbedingt, sondern verschmolzen mit Elementen des objektiven Idealismus, die auch Fichte schließlich nicht ganz fern geblieben waren. Dem modernen Historiker widerstrebt es vielleicht von Natur, einen konsequenten philosophischen Standpunkt einzunehmen. Mag man ihn deshalb eklektisch schelten, aber sein Amt ist es nun einmal, den Reichtum, ja selbst den Widerspruch der Motive, die aus der denkenden Betrachtung menschlicher Dinge sich ihm aufdrängen, getreu wiederzugeben und unter der Dominante seines eigenen Wesens zu vereinigen.

Verfolgen wir zunächst diese Dominante des subjektiven Idealismus in Treitschke. Nicht Universalgeschichte wie für Ranke, sondern Nationalgeschichte entsprach seinem Wollen und Können, weil das Ringen der Nationen um einen ihnen gemäßen Staat, der ihre idealen Güter zusammenfaßte und schützte, Kerngedanke seiner Geschichtschreibung und Politik war. Dahinter aber lag noch der Kerngedanke seiner Persönlichkeit, die in Nation und Staat das unentbehrliche, von der Natur gewiesene Mittel zur Entwicklung der freien sittlichen Persönlichkeit sah. »Nur ein Volk voll starken Sinnes für die persönliche Freiheit kann die politische Freiheit erringen und erhalten; und wieder nur unter dem Schutze der politischen Freiheit ist das Gedeihen der echten persönlichen Freiheit möglich[1].« In dieser Dominante des persönlichen Freiheitsbedürfnisses wirkte der idealistische Individualismus der klassischen Zeit aufs mächtigste nach. Sie erklärt es, daß er über aller Erweckung deutschen Nationalstolzes, die er betrieb, niemals den freien Weltbürgersinn verlieren wollte. Er beklagte, wie man weiß, in seinem späteren Leben, daß er zu sehr zurückgedrängt werde durch die ausschließliche Pflege des nationalen Gedankens[2]. Er wollte freies, der ganzen Welt sich öffnendes Individuum bleiben auch inmitten aller nationalen und staatlichen Bindungen[3].

Aber daß diese Bindungen unentbehrlich seien für das Leben der freien Persönlichkeit, sagte ihm nicht nur das Drängen seines Volkes zum nationalen Staate, das die Seele des Knaben und Jünglings mächtig packte, sondern auch die neue historisch-idealistische Denkweise, die er vorfand und in sich einsog. Sein Bekenntnis zu den »tiefsinnigen« Grundgedanken der historischen Rechtsschule zieht sich durch alle seine Schriften, und die Lehre, daß »alles Lebendige individuell ist[4]«, konnte schon sein Künstler-

---

[1] Die Freiheit, Aufsätze 3, 19.
[2] Politik 1, 31; vgl. Briefe 3, 373 u. 513; Politik 1, 273.
[3] Schon der erste namhafte Versuch, Treitschkes Wesen und Staatslehre wissenschaftlich zu erfassen, Bailleu's Aufsatz über ihn in der Deutschen Rundschau vom Okt. 1896, S. 109 sagt mit Recht: »So hoch Tr. den Staat stellte, höher noch stand ihm allezeit das Heiligtum der Persönlichkeit, die sittliche Freiheit.« Viel Gutes enthält auch die jüngste Arbeit über ihn von Herzfeld, Staat und Persönlichkeit bei H. v. Treitschke, Preuß. Jahrbücher, Dezember 1923. Wertvolle Beobachtungen gibt ferner O. Westphal, Der Staatsbegriff H. v. Treitschkes in der mir gewidmeten Festschrift »Deutscher Staat und deutsche Parteien« 1922.
[4] Politik 1, 4.

blut, sein aufgeschlossener Sinn für den Gestalten- und Farbenreichtum der Welt, mit Freuden in sich aufnehmen. Die Staaten sind individuell, aber der Staat selbst ist uranfänglich und mit dem Wesen des Menschen selbst gegeben. Auf dieser Erkenntnis, die er erst im 19. Jahrhundert wieder gefunden sah und die er schon von Aristoteles, dem Meister aller politischen Theorie, ausgesprochen fand, ruhte er nun gleichsam wieder aus. Denn da regte sich wieder sein starkes Bedürfnis nach dem Absoluten, das auch ihn wie Ranke, nur in schrofferer, willensmäßiger Form, vor den Gefahren des Historismus, vor dem Zerfließen der Wahrheit in lauter relativ Wahres schützte. Wohl sei, wie er meinte, der Historiker im ganzen darauf beschränkt, nur relative Wahrheiten zu finden, aber glücklicherweise ständen doch auch einige absolute Wahrheiten für ihn fest, zum Beispiel die, daß der Staat Macht sei[1]. Auch gebe es absolut wahre sittliche Ideen, die schon verwirklicht seien. Da sieht man deutlich, wie eng seine Machtlehre mit seinem ethischen Bedürfnis nach absolutem Ankergrunde im Wogenmeere der Geschichte zusammenhing.

Aber war denn, wird man fragen, mit der Erkenntnis, daß das Wesen des Staates zeitlos und absolut Macht sei, auch eine sittliche Wahrheit von absolutem Werte gefunden? Es war zunächst nur die Erkenntnis einer grob elementaren Tatsache, die zur Naturseite des menschlichen Lebens gehörte. Der Staat strebt nach Macht, wie der Mensch nach Nahrung, ja sogar noch unersättlicher als dieser und nur gezügelt durch die Staatsräson, die wohl in die ethische Sphäre hineinwachsen kann, aber durchaus nicht immer hineinwächst. Von dieser dualistischen Erkenntnis gingen wir aus. Der Staat erschien uns als Amphibium. So weit darf und muß man gehen im Zugeständnis an den naturalistischen Empirismus des späteren 19. Jahrhunderts, an alle die Tatsachen der Natur- und Nachtseite des menschlichen Lebens, der mechanischen und biologischen Kausalzusammenhänge, die der moderne Positivismus zwar einseitig, aber heuristisch fruchtbar zu betonen pflegt. Hier stellt sich aber nun heraus, daß Treitschke, geistesgeschichtlich gesehen, so recht in der Zeiten Mitte zwischen dem früheren und dem späteren 19. Jahrhundert steht. Hüben lag der frohe Glaube an die Identität von Geist und Natur, an die Einheit, Schönheit und

---

[1] A. a. O. 1, 11.

Tiefe der Gottnatur, drüben die harte Erkenntnis, daß der Mensch aus Gemeinem gemacht und die Gewohnheit seine Amme ist, — eine Erkenntnis, die wohl auch den großen Idealisten des frühen 19. Jahrhunderts oft genug sich bitter entrang und doch immer wieder überstrahlt wurde durch den Glauben an den Adel der Menschheit, an die Vernunft in der Geschichte. In Treitschke aber kämpften die beiden Ansichten des Lebens unmittelbar miteinander, hart auf hart. Und nicht zum wenigsten deshalb erscheint seine Geschichtschreibung so oft wie von konträren Winden durchweht und in jähem Wechsel von mildem Sonnenlicht und stürmischer Bewölkung. Er fand, daß Hegels Geschichtsphilosophie, befangen in glücklichem Optimismus, keine Antwort auf die schwere Gewissensfrage habe: Warum der einzelne Mensch bei dem ewigen Fortschreiten seines Geschlechts so schwach und sündhaft bleibt wie er immer war[1]. Er hielt auch Rankes Geschichtsauffassung für zu optimistisch, weil sie zu wenig die tierischen Leidenschaften, die dämonischen Mächte des Menschenlebens beachte[2]. Die christliche Lehre von der radikalen Sündhaftigkeit der menschlichen Natur erschien ihm als nur zu wahr. Also schon seine starke sittliche, von altchristlicher Tradition genährte Empfindung für das Böse im Menschen führte ihn heraus aus der reinen Identitätsstimmung und ihren pantheistischen Anwandlungen, führte ihn heran an den herben Wirklichkeitssinn des späteren 19. Jahrhunderts, zu dem er sich oft genug bekannte und den man auch gewinnen konnte, ohne gleich in nüchternen Positivismus oder gar Materialismus zu verfallen. So lehnte er denn nicht nur die Hegelsche Vergottung des ganzen Geschichtsprozesses, sondern auch seine Staatsvergötterung ab[3]. Man darf, erklärte er, nicht wie er im Staate die verwirklichte sittliche Idee sehen, der Staat sei eine hohe Naturnotwendigkeit, seine Natur sei grob, derb, ganz der äußeren Ordnung des Menschenlebens angehörig. Der Staat sei zunächst Macht, um sich zu behaupten, und das schreckliche βία βίᾳ βιάζεται durchdringe die ganze Geschichte der Staaten[4]

Aber nun ist das Entscheidende, daß er diese elementare Dyna-

---

[1] Deutsche Geschichte 3, 719.
[2] Deutsche Geschichte 4, 467; Politik 1, 144; Zehn Jahre deutscher Kämpfe, Auswahl S. 98.
[3] Politik 1, 32 u. 62; vgl. auch Westphal a. a. O. 162.
[4] Politik 1, 20, 32, 35.

mik der staatlichen Machtkämpfe, statt sie in ihrer Naturhaftigkeit konsequent zu belassen, doch wieder mit einem ethischen Lichte übergoß und dadurch sanktionierte. Hier begannen die Anleihen bei dem objektiven Idealismus und sogar der Hegelschen Identitätsphilosophie, die er machte. Sie kamen ganz klar zum Ausdruck in seiner denkwürdigen Auseinandersetzung mit Schmoller von 1874 über den Sozialismus. Schmoller erklärte, die wirtschaftliche Klassenbildung entspränge aus Unrecht und Gewalt; diese »gleichsam tragische Schuld« vererbe sich von Geschlecht zu Geschlecht und finde erst nach Jahrtausenden in dem langsam erwachenden Rechtsgefühle der höheren Klassen eine niemals genügende Sühne. Was er vom wirtschaftlichen Klassenkampfe sagte, gilt selbstverständlich auch vom staatlichen Machtkampfe. Auch er geht mit Unrecht und Gewalt vor sich, auch in ihm vererbt sich eine tragische Schuld von Geschlecht zu Geschlecht, nur daß sie noch weniger gesühnt werden kann als der Klassenkampf, weil kein Prätor über den Staaten richtet. Das ist die Grundanschauung, von der wir ausgingen. Treitschke aber verwarf die Schmollersche »Lehre vom sozialen Apfelbiß und Sündenfall« aufs schärfste. Von Gewalt ja, aber nicht von Unrecht sei hier zu sprechen. »Die Kraft ringt mit der Kraft, wo der Kleine dem Großen im Wege steht, da wird er gebändigt. An diesen notwendigen Kämpfen haftet nicht mehr Unrecht, nicht mehr tragische Schuld als an jeder Tat unseres sündhaften Geschlechts. Daß der Starke den Schwachen bezwingt, ist die Vernunft jenes frühen Lebensalters der Menschheit[1].« »Wo immer uns in helleren Jahrhunderten ein Daseinskampf der Völker entgegentritt... überall waltet über einer Fülle des Werdens, schmerzlichen kämpfereichen Werdens ruhevoll dasselbe sittliche Gesetz: Das Gemeine soll dem Edlen dienen, das Veraltete dem Jugendlichen und erwirbt das Recht, fortzudauern allein durch diesen Dienst.« Es sind Hegelsche Klänge, die wir hier mit einem Male hören. Elementare Vorgänge werden zu »Vernunft« hinaufgehoben und als Wirkung »sittlicher Gesetze« sanktioniert. Treitschke sprach es in diesem Zusammenhange geradezu aus, daß ohne den Gedanken, »daß das Vernünftige ist« alles Philosophieren zur Spielerei werde und sprach ein andermal mit Ehrfurcht von Hegels »tiefsinnigem Satz von der Wirklichkeit

---

[1] Zehn Jahre deutscher Kämpfe, Auswahl S. 99 ff.

des Vernünftigen¹«. Wir sagen heute, daß das Vernünftige wohl sein soll, aber nicht schlechthin ist. Die Kluft zwischen Sein und Sollen erscheint uns größer, die tragische Schuld der Machtkämpfe deshalb schwerer als dem älteren deutschen Idealismus, der die Offenbarung Gottes in der Geschichte nicht groß, gewaltig und umfassend genug sich vorstellen konnte und auch die Abgründe des Lebens von ihr beglänzt sah. Hegels Lehre von der List der Vernunft wirkt gerade hier deutlich wieder nach. Aber die sittliche Rechtfertigung des Sieges der Starken über die Schwachen konnte nun auch von solchen, die den tiefen sittlichen Ernst und zugleich die geistige Weite Treitschkes nicht mehr hatten, leicht gemißbraucht und mit darwinistischem Naturalismus versetzt und vergröbert werden, — erst recht als die Nietzschesche Lehre vom Übermenschen hinzukam.

Treitschke selber hat die Konsequenzen seiner Grundgedanken für das Problem des Verhältnisses von Politik und Moral wohl furchtlos und scharf, aber mit hohem Verantwortungsgefühl gezogen². Subjektiven und objektiven Idealismus werden wir auch hier wieder ineinander gewoben finden. Im Sinne des subjektiven Idealismus verwarf er den überspannten Staatsbegriff der Antike und Hegels und erst recht, wie wir schon sahen, die reine, für inhaltslos von ihm gehaltene Machtlehre Machiavellis. Die Sittlichkeit geht nicht auf im Staate, der Staat ist nicht allmächtig, die christliche Welt hat das Recht des Gewissens anerkannt, der Staat als große Anstalt zur Erziehung des Menschengeschlechts steht u n t e r dem Sittengesetze. Nun aber beginnt der objektive Idealismus einzugreifen und die Identitäts- und Individualitätsgedanken des deutschen Geistes zur Geltung zu bringen. Es gibt wohl, lehrt er, unzählige Konflikte zwischen Politik und positivem Rechte, denn dieses kann unvernünftig sein oder werden. Aber es sei ein Denkfehler, von Kollisionen zwischen Moral und Politik schlechthin zu sprechen. Nur Konflikte der sittlichen Pflichten gebe es in der Politik, wie sie auch jeder einzelne Mensch durchzumachen habe. Es komme also darauf an, das für den Staat unbedingt gültige Sittengesetz zu ermitteln. Zur vollen Sittlichkeit im christlichen Sinne gehöre auch die Betonung der persönlichen Freiheit. Letzten Endes komme es in der Beurteilung der dabei

---

¹ Deutsche Geschichte 4, 484.
² Politik 1, 87 ff.: vgl. auch Deutsche Geschichte 3, 718.

sich ergebenden Kollisionen der Pflichten immer darauf an, ob jemand sein eigenstes Wesen erkannt und ausgebildet habe zum höchsten Maße der ihm erreichbaren Vollkommenheit. Da nun das Wesen des Staates Macht sei, so sei auch für seine Macht zu sorgen die höchste sittliche Pflicht des Staates. »Sich selbst zu behaupten, das ist für ihn absolut sittlich.«

So wurde hier das sittliche Recht auf individuelle Vervollkommnung ohne weiteres vom einzelnen auf den Staat übertragen. Das war, wie später noch ausführlicher zu sagen sein wird, an sich berechtigt. Aber Treitschke übersah dabei eines. In den überindividuellen Kollektivpersönlichkeiten von der Art des Staates ist das sittliche Handeln viel dunkler, komplizierter und problematischer als in der Einzelpersönlichkeit[1]. Die sittliche Verantwortung konzentriert sich nicht in einer Einzelseele, sondern muß von der Gesamtheit mitgetragen werden, obgleich die Gesamtheit nur durch das Organ des einzelnen Staatsmanns handeln kann. Dies Dilemma ergibt eine wesentlich andere Struktur im moralischen Handeln des einzelnen und des Staates. Erfahrungsgemäß schwächt sich die rein moralische Empfindung ab, sowie es für kollektive Dinge und Zwecke zu handeln gilt. Man trägt hier in zweifelhaften Fällen die sittliche Verantwortung leichter, weil man der Meinung ist, daß »die Sache« es so fordere zu handeln, wie der einzelne für sich nicht handeln würde und dürfte. Das beginnt schon, wenn der Kaufmann im Dienste seines Geschäftes die Geschäftsräson über das persönliche sittliche Bedürfnis stellt. Alles Handeln für überindividuelle Zwecke hat so die Tendenz zur Sachlichkeit, aber damit auch die furchtbare Tendenz zur herzlosen Kälte. Wir sagen das nicht aus Sentimentalität, sondern um den tragischen Charakter des geschichtlichen Lebens zu beleuchten. Den hat ja nun auch Treitschke, wie man von ihm gar nicht anders erwarten kann, anerkannt und von der tragischen Schuld gesprochen, ohne die es in allem Handeln nicht abgehe. Aber er hat durch die Verwischung des Unterschiedes persönlichen und kollektiven Handelns die dunklen Schatten zu sehr gemildert, die gerade auf dem Handeln der überpersönlichen Wesenheiten liegen. Denn unter dem Mantel der »Sachlichkeit« können auch allerlei persönliche Leidenschaften und Triebe dessen, der berufen ist, für sie zu

---

[1] Darauf hingewiesen zu haben ist das Verdienst von Ernst Troeltsch, Privatmoral und Staatsmoral in »Deutsche Zukunft« 1916.

handeln, unbemerkt einströmen und sich austoben, und gerade das machtpolitische Handeln steht, wie wir im Eingang erörterten, unter dieser Versuchung. Hier zeigt sich nun auch, wie verhängnisvoll es für Treitschke selbst wurde, das Wesen des Staates einseitig auf Macht beschränkt zu haben. Ein umfassenderer Wesensbegriff des Staates würde ihn vor der Übertreibung behütet haben, daß die Sorge für seine Macht »absolut sittlich« sei und als s i t t l i c h e Aufgabe allen seinen anderen Verpflichtungen vorangehe. Die Sorge für die Macht gehört vielmehr der elementaren und naturhaften Seite des Lebens und des Staates im Kerne an. Der Staat als solcher handelt von Haus aus nicht sittlich, sondern elementar, aus schlechthin unabweisbarer Naturnotwendigkeit heraus, wenn er nach Macht strebt. Dies Streben k a n n sittlich werden, wenn die Macht der Rettung sittlicher Güter dient, aber es wird auch dann niemals ganz seinen naturhaften Grundcharakter los.

Was war nun diese besondere öffentliche Moral, die Treitschke lehrte, anderes als eine Nachwirkung der Hegelschen Lehre von der höheren Sittlichkeit des Staates und letzten Endes des Hegelschen Bedürfnisses nach Identität von Geist und Natur. Alle Schwächen der Treitschkeschen Machtlehre, die wir hier nicht in alle Einzelheiten zu verfolgen brauchen, bestehen darin, daß er naturhafte Dinge und Vorgänge voreilig in sittliche umdeutete und mit dem Prädikate sittlich zu verschwenderisch umging. Es war kraß und gefährlich zu sagen: »Die Gerechtigkeit des Krieges beruht einfach auf dem Bewußtsein einer sittlichen Notwendigkeit[1].« Man kann, wie wir, von der naturhaften Notwendigkeit und Unvermeidlichkeit des Krieges überzeugt sein, und es doch für eine sittliche Pflicht halten, diese Notwendigkeit einzuschränken und zu vermindern, soviel die Gebrechlichkeit der menschlichen Natur es nur irgend ermöglicht. Dasselbe gilt von den Konflikten der Staatsräson mit dem Sittengebote.

Dies hohe und strenge Verantwortungsgefühl hat Treitschke trotz seiner gefährlichen Theorie dennoch besessen, weil er ein tiefsittlicher Mensch war. Obgleich er nie wünschen wollte, daß die Kriege überhaupt aufhörten, wünschte er doch aus »unabweisbaren sittlichen und wirtschaftlichen Gründen« eine Verminderung und Verkürzung der Kriege. Frivole Kriege verurteilte er ebenso

---

[1] Politik 2, 553.

wie frivole Vertragsbrüche oder gar eine völlige Skrupellosigkeit in der Politik. »Ein Staat, der grundsätzlich Treu und Glauben verachten wollte, würde beständig von Feinden bedroht sein und also seinen Zweck, physische Macht zu sein, gar nicht erreichen können[1].« Die moralisierende Behandlung der politischen Machtkämpfe, die er unwillkürlich bevorzugte, beweist vollends, daß er die Macht nicht um der Macht, sondern um der sittlichen Zwecke willen, denen sie dienen sollte, schätzte, daß diese Lehre, die er immer wieder aussprach, in den Grund seines Wesens hinabreichte. Die überspannte Ethisierung der staatlichen Machtpolitik, die er dabei vornahm, entsprang einem jener Willensentschlüsse, zu denen gerade der subjektive Idealismus, wie wir an Fichtes Beispiel schon sahen, neigt. Bei Fichte war der Willensentschluß, der ihn zu Machiavelli führte, jäh und vorübergehend, aus der großen Not des Vaterlandes geboren. Bei Treitschke wurde er dauernd und konstitutiv. Das bewirkte die ganze Entwicklung des Jahrhunderts, in dem er aufwuchs. Ein von dem tiefen Glauben an die göttliche Vernunft in der Geschichte erfülltes Geschlecht war vor die Aufgabe gestellt, die lang verschleppte Not des Vaterlandes dauernd zu heilen, den nationalen Machtstaat aufzurichten. Dieser Glaube ließ auch auf die Macht im Staate ein Licht fallen, das sie übermäßig verklärte. Aber wenn das ein Irrtum war, so war es ein Ehrfurcht erweckender Irrtum. Vor denjenigen Epigonen dieses Irrtums freilich, die seine idealistischen Grundlagen durch einen groben Naturalismus und Biologismus ersetzten, will die Ehrfurcht nicht aufkommen.

---

[1] Politik 2, 544; Verurteilung der Eroberungspolitik u. a. Aufsätze 1 83; 3, 473 ff.

FÜNFTES KAPITEL

Rückblick und Gegenwart

Das Schlagwort der Staatsräson wurde im 19. Jahrhundert und wird auch heute nur noch selten in den Mund genommen[1]. Man gibt ihm vielfach auch nur einen geschichtlich begrenzten Sinn und bezeichnet damit den besonderen machtpolitischen Geist des 17. Jahrhunderts. Am wenigsten macht diejenige Wissenschaft, die den zentralen Begriff der Staatsräson am nötigsten hätte, die allgemeine Staatslehre, von ihm Gebrauch. Trotzdem lebte in anderer Terminologie die unsterbliche Sache selbst praktisch wie theoretisch weiter. Machtproblem, Machtpolitik, Machtstaatsgedanke sind die heute dafür bevorzugten Ausdrücke, die man sich auch gefallen lassen kann, obgleich das innerste Wesen der Sache, die zugleich naturhafte und rationale, vom Natürlichen zum Geistigen sich hin entwickelnde Lebensader des Staates, dadurch nicht so deutlich bezeichnet wird. Mit dem Vorbehalte, dieses Wesens stets bewußt zu bleiben, gebrauchten auch wir das Schlagwort vom Machtstaatsgedanken.

Wir haben seine bedeutendsten Vertreter im Deutschland des 19. Jahrhunderts charakterisiert und verzichten, dem Plane des Buches gemäß, darauf, die Auswirkung des Gedankens bei den Geistern zweiten Ranges und in der öffentlichen Meinung darzustellen, so wünschenswert eine solche Darstellung auch wäre. Aber ein eigenes Buch wäre dafür und erst recht für die ent-

---

[1] Auch bei Bismarck, dem Meister moderner Staatsräson, begegnet es selten, dann aber in seinem vollen Sinne. Als KaiserWilhelm 1877 durch unvorsichtige politische Äußerungen zu Gontaut-Biron Bismarcks Unzufriedenheit erregte und sich damit wehrte, daß kein Monarch sich den mündlichen Verkehr mit Fremden einschränken lassen könne, schrieb Bismarck an den Rand: »Doch, durch die Staatsräson.« Große Politik der europ. Kabinette I, 321 f. Harry v. Arnims Politik erklärte er sich »weniger aus Staatsräson«, als aus persönlichen Intrigen gegen sich, daselbst 3, 407. Um so häufiger spricht Bismarck von den »Interessen« der Staaten als Springfedern der Politik.

sprechende Gedankenbewegung des Auslandes im 19. Jahrhundert erforderlich[1]. Nicht nur die verhängnisvolle alldeutsche Bewegung und die entsprechenden Chauvinismen der Nachbarvölker wären hier zu schildern, sondern auch der merkwürdige und penetrante Einfluß Nietzsches, für den zwar der Staat das kalte Ungeheuer blieb, der aber der Macht und dem Machtmenschen sein Hohes Lied gesungen hat. Alles das hängt wieder mit allen modernen Lebenswandlungen und Geistesströmungen und voran mit dem universalen Problem des modernen Nationalismus zusammen, durch dessen umfassende Untersuchung allein erst die Trias Treitschke-Nietzsche-Bernhardi aus der gehässig-agitatorischen Beleuchtung in das Licht historischer Wahrheit rücken würde. Vom Machiavellismus zum Nationalismus, könnte man das Thema dieser ganzen sinistren Entwicklung nennen, deren ältere Hauptetappen aufzuhellen unsere Absicht war. Der Kataklysmus des Weltkrieges mit seinen Folgen zwingt das historische Denken auf neue Wege. Wagen wir wenigstens einiges von dem, was durch die Vergleichung des Einst und Jetzt an neuer Einsicht gewonnen werden kann, noch anzudeuten.

Die in den letzten Kapiteln behandelten deutschen Lehren, die die Staatsräson einbauten in ein idealistisch gesehenes Weltbild und ihre furchtbare Konsequenz, den Machiavellismus, den Bruch von Recht und Sittengebot, wohl zu mildern, aber nicht radikal abzulehnen wagten, waren zugleich Waffen, die der deutsche Geist sich schmiedete, um den nationalen Staat aufzurichten und entsprangen einer, alles in allem gesehen, optimistischen Weltstimmung, jenem von uns charakterisierten Identitätsbedürfnis, das auch die Kraft, die stets das Böse will und stets das Gute schafft, an ihrem Orte wirken ließ. Die Lehre von der List der Vernunft beruhigte über die Abgründe des geschichtlichen Lebens.

Bis in den Vorabend und die ersten Zeiten des Weltkrieges hinein haben wir historisch Denkenden in den Nachwirkungen dieser Stimmung gelebt, obwohl schon starke Schatten auf sie zu fallen begonnen hatten. Die Gesamtheit der Lebensverhältnisse, Staat und Gesellschaft, Wirtschaft, Technik und Geist wandelten sich seit der zweiten Hälfte des 19. Jahrhunderts von Grund aus und gerieten in eine immer raschere Entwicklung, die das, was

---

[1] Grell und unbefriedigend behandelt dies Thema G. Büscher, Die Vergiftung des Geistes als Ursache des Krieges und der Revolution, 1922.

man Zivilisation nennt, wohl immer höher und höher trieb, aber abschüssig zu werden drohte für das, was man Kultur nennt, ja, auch schon unmittelbar für Staat und Gesellschaft, — trotz aller äußerlich glänzenden Fortschritte ihrer Lebensentfaltung. Und die Staatsräson, verstanden als Macht- und Lebenswille der Staaten, geriet dadurch in eine völlig neue Umgebung, in der sie, die zeitlose Begleiterin und Führerin alles staatlichen Lebens, auch ganz neue ungeahnte Wirkungen entfalten konnte.

Blicken wir dafür zurück auf ihre bisherigen Wirkungen. Immer waren sie aufbauend und auflösend zugleich gewesen. Aufgebaut hatte sie nicht nur die Macht, sondern auch den rationalen Großbetrieb des modernen Staates. Mitgebaut hatte sie am modernen Geiste, hatte das Freidenkertum, den Utilitarismus und die Rationalisierung des modernen Menschen gefördert. Aber schon hierbei ging ihre aufbauende in die auflösende Wirkung über, indem sie die absoluten Schranken der Sittlichkeit zermürbte und den Menschen innerlich auskältete. Dieser dämonischen Wirkung mußten immer andere ideale Mächte das Gegengewicht halten, früher die kirchlich-religiöse Idee, später das humanitäre Aufklärungsideal, dann der moderne Individualismus mit seinen neuen ethischen Inhalten und die neuen Staatsideale seit Ausgang des 18. Jahrhunderts, die dem Staate neue, inhaltsreichere Aufgaben wiesen und ihn Respekt vor den nichtstaatlichen Kulturwerten lehrten. Das alte Spiel der rationalen Interessenpolitik und Machtausdehnung ging dabei immer weiter, aber wurde dabei in Schranken gehalten durch die realen Verhältnisse der früheren Jahrhunderte.

Immer hing sie ja ab von den Mitteln der Macht, die der gesellschaftliche, wirtschaftliche und technische Zustand lieferte. Wir unterscheiden darin drei Epochen, deren erste, die des werdenden Absolutismus, etwa bis zur Mitte des 17. Jahrhunderts ging, deren zweite, die des reifen Absolutismus, bis zur französischen Revolution reichte und deren dritte, die der werdenden modernen Nationalstaaten, mit dem Ende Bismarcks abschließt. Von Epoche zu Epoche steigerten und vermehrten sich dabei die Mittel der Macht. Aber allen drei Epochen gemeinsam ist die vorwiegend agrarische Grundlage, ergänzt durch den städtischen Gewerbebetrieb, der in der dritten Epoche sich zum modernen Industrialismus und Kapitalismus zu steigern beginnt.

Der feudal-grundherrschaftlich organisierte Agrarstaat war die vielfach prekäre Basis des werdenden Absolutismus. Die Staaten waren nach außen noch relativ schwach, im Innern noch nicht gesichert vor dem Geiste der feudal-ständischen Autonomie, vor der Gefahr, daß innere Oppositionsparteien sich mit dem Landesfeinde verbanden. Rohan, der dies getan hatte, gab hinterher den Rat, nicht zu viele Städte zu befestigen, weil sie sonst übermütig und unzuverlässig würden, und Kriege nach außen zu führen, um den Ehrgeiz der Großen abzulenken. Diese Kriege, mit kleinen, für die Dauer des Krieges mühsam aufgebrachten Söldnerheeren geführt, vermochten es selten, zu raschen und durchgreifenden Erfolgen zu führen und damit die politische Luft zu reinigen. Die Folge war, daß der Krieg sozusagen im Frieden weiterging, daß Krieg und Frieden sich nicht scharf voneinander differenzierten, sondern ineinander verschlungen waren. Daher die merkwürdige Erscheinung im 16. und 17. Jahrhundert, daß man statt eines endgültigen Friedens oft nur einen mehrjährigen Waffenstillstand schloß, daß man mitten im Frieden doch fortfuhr, mit den oppositionellen Elementen im Nachbarlande heimlich weiter zu konspirieren, daß Feindseligkeiten ohne Kriegserklärung erfolgten und lange ohne Abbruch der diplomatischen Beziehungen ertragen werden konnten, daß gesandtschaftliche Vertretungen in Friedenszeiten gegen den Staat, zu dem sie entsandt waren, wühlten, nach erfolgter Kriegserklärung aber zuweilen weiter im Lande blieben und so im Kriege dem Frieden, im Frieden dem Kriege dienten. Weil man zu wenig Stärke hatte, um allein durch die großen Entscheidungen des Kriegs sein Ziel zu erreichen, griff man eben zu allen möglichen kleinen Mitteln. So schwelte der Krieg im Frieden heimlich weiter, während der offene Krieg, weil er sich jahrelang ergebnislos hinziehen konnte, wiederum mancherlei friedlichen Verkehr nebenher zuließ[1]. Das alles gewöhnte die Menschen an den Krieg und machte den Krieg für sie erträglich, so furchtbar auch auf seinen Schauplätzen selbst seine Furie die örtlichen Bevölkerungen treffen konnte. Die durchschnittliche Sekurität war geringer, deshalb aber die Gewöhnung an die Gefahr größer, die Empfindlichkeit auch gegen allgemeine Beeinträch-

---

[1] Klassische Beispiele für dies alles geben die Beziehungen zwischen England und Spanien unter Elisabeth und Philipp II. vor dem Ausbruch ihres Weltkampfes, zwischen Holland und Spanien während des großen Krieges.

tigungen des Friedenszustandes geringer. Man klagte selbstverständlich über eigenmächtige Durchmärsche und Einlagerungen auf neutralem Gebiete, aber sie kamen häufig genug vor, ohne gesühnt zu werden, — zumal auf dem Boden des Deutschen Reiches, dessen Schwäche die Nachbarmächte mißbrauchten. Dies Durcheinander von Krieg und Frieden, die Folge der geringeren Machtmittel der Staaten, erklärt die geringere Heiligkeit völkerrechtlicher Verpflichtungen, damit aber auch die größere Skrupellosigkeit, die gröberen und handgreiflichen Sünden der Staatsräson und des Machiavellismus, der eben in diesem Zeitalter sich entfaltete. Aber wie es für den Beginn dieses Zeitalters charakteristisch war, daß Machiavelli auftrat, so ist es für das Ende dieses Zeitalters charakteristisch, daß Hugo Grotius auftrat und das Recht des Krieges und Friedens genauer zu sondern, das Völkerrecht heiliger einzuprägen begann.

Immer lebten dabei zugleich, wie wir gerade bei ihm bemerkten, die Traditionen einer christlich-abendländischen Solidarität weiter und blieben auch im Unterbewußtsein der Staatsmänner deswegen lebendig, weil die realen Machtmittel nirgends ausreichten, das Gleichgewicht der Mächte zu zerstören durch Aufrichtung einer Universalmonarchie.

Sie blieben sogar auch weiter in der Tiefe lebendig, als die Machtmittel der Staaten ganz beträchtlich wuchsen im Zeitalter des reifen Absolutismus. Das geschah durch die Begründung der stehenden Heere, die wiederum mit der Niederwerfung der feudal-ständischen Widerstände, der merkantilistischen Wirtschaftspolitik und den damit neugewonnenen Besteuerungsmöglichkeiten eng zusammenhing. Kriegs- und Friedenszustand treten damit zuerst im Innern der Staaten schärfer auseinander. Dieses wird strenger poliziert, und die durchschnittliche Sekurität der Bevölkerungen steigt damit. Die Arbeitsteilung zwischen den Berufsheeren und dem Soldatenberuf auf der einen, den friedlichen Untertanen auf der anderen Seite wird strenger, auch als die freie Werbung zum Heere ergänzt zu werden begann durch die zwangsweise Aushebung aus den unteren Bevölkerungsschichten, — denn die Ausgehobenen wurden zu Berufssoldaten umgewandelt. Auch in den Beziehungen der Staaten untereinander treten jene Mischerscheinungen zwischen Krieg und Frieden zurück; die Rechte der Neutralen werden besser, wenn auch noch keineswegs durchgängig respektiert. Wichtig ist vor allem, daß die machtpolitischen Abstände zwischen den einzelnen Staaten zunehmen und die größeren und größten Staaten relativ immer mächtiger emporwachsen. Die italienische Staatenwelt gleicht jetzt einer Gruppe kleiner erloschener Vulkane, die keine kräftige Staatsräson mehr treiben können. Eine neue Gruppe kleiner aktiver Vulkane tat sich zwar zu Beginn dieses Zeitraums, als der *miles perpetuus* aufkam, in den sogenannten armierten Reichsständen Deutschlands auf, trat aber seit Beginn des 18. Jahrhunderts wieder zurück, als der tätigste und zukunftsreichste unter ihnen, der brandenburgisch-preußische Staat, zur Großmacht zu werden begann. Der machtpolitische Großbetrieb beherrscht die Lage mehr und mehr. Damit verschieben sich auch die Mittel der Staatskunst. Die Staatsräson wird nicht etwa im Kerne sittlicher und skrupulöser, aber die kleineren und roheren Rezepte des Machiavellismus werden seltener gebraucht, weil man bessere und stärkere Machtmittel hat. Wir erinnern an Richelieus Beobachtung, daß die großen Staaten Verträge besser hielten als die kleinen, weil sie auf ihre Reputation sehen müßten, — man muß hinzufügen, weil es der Mächtigere auch leichter hatte, Vertragstreue zu üben. Wäre Friedrich der Große der mächtigste Fürst Europas gewesen, so würde auch er wahrscheinlich eine strengere Lehre und Praxis der Vertragstreue ausgebildet haben. Das Ende des Zeitraums ergab einen geradezu künstlich ausbalancierten Zustand von Arbeitsteilung und Trennung zwischen Krieg und Frieden, Heerwesen und Volksleben, Machtpolitik und friedlich-bürgerlicher Zivilisation. Sie schienen nebeneinander herzugehen, ohne sich wesentlich zu berühren und zu stören. Der Bürger sollte kaum merken, wenn der Landesherr Krieg führte; den scharf disziplinierten Heeren wurde das Requirieren untersagt. Man führte in der Regel nicht Vernichtungs-, sondern Ermattungskriege. Die Strategie suchte die blutige Schlacht nach Möglichkeit durch das unblutige Manöver zu ersetzen. Wenn in dem früheren Zeiträume der Krieg ebenso in den Frieden übergriff wie umgekehrt, so blieben jetzt Krieg und Frieden zwar als solche schärfer voneinander getrennt, aber der Krieg wurde durch Staats- und Kriegskunst gezügelt und erhielt dadurch etwas von der Farbe des Friedens. Und die Rationalisten lobten diesen für das bürgerliche Leben bequemen, die Barbarei früherer Jahrhunderte überwindenden Zustand. Der Dualismus in Friedrichs des

Großen politischem Denken spiegelt auch getreulich dies künstlich geschiedene Nebeneinander des Reiches der regulierten Staatsräson und des Reiches der allgemeinen menschlichen Vernunft. Aber diese Triumphe der Staats- und Kriegskunst machten eigentlich nur aus der Not eine Tugend. Die Machtpolitik legte sich wesentlich deswegen ihre künstlichen und konventionellen Schranken auf, weil die Mittel der Staaten immer noch ihre sehr bestimmten Grenzen hatten und zu haushälterischem Verfahren nötigten.

Das sollte sich zeigen, als die Pforten aufsprangen, die durch ihren Verschluß bisher die Völker vom Anteil an der Machtpolitik ferngehalten hatten. Die soziale Umwälzung der Revolutionszeit schuf ganz neue machtpolitische Möglichkeiten. Die ständische Gliederung der Gesellschaft, die der reife Absolutismus zwar politisch gebändigt, aber sozial hatte bestehen lassen, hatte eben durch ihre Weiterexistenz die weitere Entfaltung der Staatsmacht nach innen und außen in Schranken gehalten. Man konnte mit ihr nicht die Massenheere der allgemeinen Wehrpflicht und Konskription aufstellen, die jetzt aus dem Gebärschoß der französischen Revolution hervorgingen. Damit konnte sich nun die Machtpolitik Napoleons I. Ziele stecken, die für einen Ludwig XIV. und Friedrich den Großen unerreichbar gewesen wären, und sein eigener grenzenloser Machtwille vollstreckte zugleich den Machtwillen einer zum höchsten Selbstbewußtsein gelangten Nation. Man versteht es, daß ein Zeitgenosse die ganze Entwicklung seit 1789 auf die Formel brachte, daß Machiavelli in ihr eine furchtbare Auferstehung gefeiert habe[1]. Krieg und Frieden waren zur Zeit Napoleons I. wieder, wie in dem ersten Zeitraume, nur noch in größeren Dimensionen durcheinandergeschüttelt, — jetzt aber, weil die reicheren Mittel der Macht den Exzeß erlaubten.

Aber sie wurden wieder auseinandergezogen durch die Restauration des alten Staatensystems. Die Staatsräson waltete fortan wieder maßvoller und behutsamer, weil die Regierenden die dämonischen Mächte der Tiefe zu fürchten hatten, die man entfesselt gesehen hatte. Das Interesse der konservativen Solidarität verband sich, wie das in unserem früheren Buche geschildert wurde,

---

[1] Mazères, *De Machiavel et de l'influence de sa doctrine sur les opinions, les mœurs et la politique de la France pendant la Révolution*, 1816.

zum Teil eng mit einer christlich-universalistischen und ethischen Ideologie, die den reinen Machttrieb bewußt hemmte. Der inneren, übertrieben ängstlichen Reaktionspolitik entsprach nun im ganzen eine äußere europäische Friedenspolitik, die große Weltkonflikte zu vermeiden verstand, weil man genug beschäftigt war durch die Auseinandersetzung mit den neuen nationalen, liberalen und demokratischen Tendenzen. Aber die neuen Machttriebe, die in diesen lagen, und die neuen Machtquellen, die sie eröffneten, blieben lebendig und führten zu den großen Umgestaltungen Europas im Zeitalter Bismarcks. In Bismarck vollzog sich die großartigste und erfolgreichste Synthese der alten Staatsräson der Kabinette und der neuen popularen Gewalten. Er benutzte sie für das Machtbedürfnis des preußischen Staates, befriedigte sie durch die Aufrichtung des konstitutionellen Nationalstaates und hielt sie und seine eigene Machtpolitik zugleich dann doch in festen, wohlerwogenen, genau durchgeführten Schranken. Mit machiavellistischer Rücksichtslosigkeit und schärfster Berechnung und Ausbeutung der Machtmittel schuf er den deutschen Staat, aber dieselbe Berechnung ließ ihn auch die Grenzen der Macht, zu der Deutschland fähig war, erkennen. Es besteht dabei ein innerer Zusammenhang zwischen seiner Niederhaltung der parlamentarisch-demokratischen Tendenzen und seiner vorsichtigen, maßvollen, immer die Erhaltung des europäischen Friedens erstrebenden Machtpolitik seit 1871. Er war tief überzeugt davon, daß die Abhängigkeit von Parlamenten es der Staatskunst erschwere, richtige Wege zu gehen und Abenteuer zu vermeiden[1]. Für abenteuerlich aber hielt er eine Machtpolitik Deutschlands, die über die Erhaltung der 1871 gewonnenen Machtstellung hinausginge. Auf der andern Seite konnte er auch wieder in der parlamentarischen Kontrolle der Kabinette einen heilsamen Ansporn erblicken, die Machtpolitik des Staates auf die Wahrung seiner eigensten wohlverstandenen Interessen zu beschränken[2]. Wohl verwickelte ihn die Nie-

---

[1] Aus den zahlreichen Zeugnissen der Publikation »Die große Politik der europ. Kabinette« hier nur das eine von 1887 (5, 195): »Die auswärtige Politik eines großen Reiches kann nicht in den Dienst einer parlamentarischen Mehrheit gestellt werden, ohne in falsche Wege gedrängt zu werden.«

[2] »In den heutigen parlamentarischen Zuständen aller Länder macht die Rücksicht auf die öffentliche Verantwortlichkeit auch in den kontinentalen Staaten die Machthaber vorsichtiger, als sie frü-

derhaltung des Liberalismus und Sozialismus, die er nicht in letzter Linie aus Gründen der auswärtigen Politik betrieb, in die tragische und zweischneidige Notwendigkeit, aufstrebende Entwicklungskräfte gewaltsam zu hemmen. Aber er hatte auch ein feinstes und genialstes Gefühl dafür, daß die Machtpolitik der modernen monarchischen Staaten auf einem ganz anderen, ungleich gefährlicheren Boden sich bewege als in früheren Jahrhunderten, daß unterirdische Gewalten darauf lauerten, loszubrechen, wenn die Staatskunst einmal falsche Wege ging. Heute, sagte er dem Zaren in der historischen Unterredung vom 18. November 1887, ist es das Interesse der großen Monarchien, mehr als in jeder anderen historischen Epoche, Krieg zu vermeiden[1]. Das war nicht nur ein taktischer Appell an den russischen Autokraten, sondern auch sein organischer Grundsatz. Er nahm damit den gesunden Kern der Metternichschen Politik der Restaurationszeit wieder auf, ohne in deren doktrinäre Engigkeit und Furchtsamkeit zu verfallen. Ohne ihn wäre die alte europäische Welt vielleicht schon ein paar Jahrzehnte früher zusammengebrochen[2].

Krieg und Frieden waren also in dem Jahrhundert zwischen 1815 und 1914 wieder schärfer voneinander differenziert. Der Krieg, wenn er ausbrach, erweiterte sich niemals zum allgemeinen europäischen Weltbrande, wurde aber mehr und mehr mit den gewaltigeren Mitteln ausgefochten, die die Nationalisierung der Staaten und die allgemeine Wehrpflicht boten. So waren es in der Regel keine langatmigen Ermattungskriege, sondern rasche, kurze, intensive Niederwerfungskriege. Der Krieg wurde in sich intensiver als früher, aber auch der Friede wurde in sich intensiver und kompletter. Niemals waren die Grenzen der Staaten liberaler gegeneinander geöffnet, der internationale Verkehr bequemer, die Sekurität des Weltreisenden größer als in dem letzten halben Jahrhundert vor dem Weltkriege. Ein immer feiner und dichter werdendes Netz von internationalen Abmachungen kam dem

---

her waren, und beschränkt die Möglichkeit, die Kräfte des Landes je nach der Stimmung seiner Regierung auch für andere Interessen als die der eigenen Nation einzusetzen.« Erlaß an Hatzfeldt, 9. Dez. 1885, a. a. O. 4, 142.

[1] A. a. O. 5, 323.

[2] Dafür hatte schon Jacob Burckhardt ein gewisses Gefühl, wie seine Briefe an Preen zeigen; vgl. S. 225 u. 259.

Ausbau des Völkerrechts zugute und stärkte damit überhaupt die Idee des Völkerrechts, die durch die letzten Jahrhunderte gewissermaßen als Gegenstück und Konkurrentin der Idee der Staatsräson gegangen war. So konnte sich innerhalb dieses Zeitraums und angesichts aller übrigen wirtschaftlichen und technischen Errungenschaften ein ähnlicher zivilisatorischer Optimismus, eine Hoffnung auf immer weiteres *improvement* entwickeln wie am Schlusse des *ancien régime*, wo der Krieg seinen furiosen Charakter verloren zu haben schien. Dieser zivilisatorische Optimismus war ganz anderer, viel banalerer Art als jener idealistische Optimismus, der aus dem Identitätsbedürfnis des deutschen Geistes entsprungen war und auch nach dem Zerfall der Identitätsphilosophie das deutsche historische Denken vorwiegend beherrschte. Jedenfalls konnten beide Optimismen zusammenwirkend ein gewisses Vertrauen auf die gesunde und ruhige Weiterentwicklung der abendländischen Menschheit erzeugen. Dieses Vertrauen aber beruhte wieder, ohne daß man sich das immer klarmachte, auf der Voraussetzung, daß die Machtpolitik, die Staatsräson der großen Staaten, zwar gewiß nicht immer friedliche Wege gehen werde, aber wenn sie sich zum Kriege entschlösse, wie bisher so auch ferner vernünftige Schranken einhalten, sich selber zügeln und die Lebensbedingungen der abendländischen Kultur und Zivilisation respektieren werde.

Auf diese vertrauensvolle Stimmung waren indes, wie wir andeuteten, schon seit geraumer Zeit dunkle Schatten gefallen. Die ganze Problematik der modernen Gesamtkultur muß hier in Erinnerung gebracht werden. Wir haben sie hier nicht im einzelnen zu entwickeln, sondern nur an ihre Hauptpunkte zu erinnern. Brachte die wirtschaftliche Revolution, die aus den Agrarstaaten die großkapitalistischen Industriestaaten mit ihren Massen von Proletariat machte, auf die Dauer nicht mehr Unheil als Heil über die Menschheit? Stand der Mensch durch die zunehmende Rationalisierung und Technisierung des Lebens nicht in Gefahr, seiner eigentlichen Menschlichkeit beraubt und zur seelenlosen Maschine zu werden? Trocknete der Utilitarismus, den der moderne Großbetrieb erzeugte, nicht die Quellen echter und lebendiger Geisteskultur aus? Wurde diese nicht auch durch die nivellierende Demokratie und das ganze Schwergewicht des mechanisierten Massendaseins bedroht? Das waren Fragen und Zweifel, die schon sehr früh im Lager der konservativen Reaktion auftauchten, aber auch von einem so unabhängigen historischen Denker wie Jacob Burckhardt aufgenommen und vertieft wurden. Hätten alle diese befangenen wie unbefangenen Kritiker der modernen Entwicklung nur ein Mittel angeben können, um den unaufhaltsamen und elementaren Hergang aufzuhalten. Sie hatten ohne Frage recht darin, daß der mäßig industrialisierte Agrarstaat mit aristokratischer Struktur der Gesellschaft günstigere Bedingungen für die Lebendigerhaltung geistiger Kultur geboten hatte als der großkapitalistische und demokratisierte Industriestaat. Aber man hätte die Zunahme der Bevölkerung verhindern müssen, um den Agrarstaat und die alte gute Zeit erhalten zu können. Alles fruchtbar sein wollende Denken mußte vielmehr der Frage gelten, wie man einem elementar und unabänderlich über uns verhängten Schicksale begegnen könne mit den Waffen der Vernunft, wie man das Naturhafte wandeln könne durch das Geistige, — ungewiß, ob es gelingen würde, und dennoch unverzagt. Es war der alte Kampf von Freiheit und Notwendigkeit, von *virtù* und *fortuna,* den die abendländische Menschheit jetzt in den gewaltigsten Dimensionen wieder auszukämpfen hatte. Das Naturhafte als gegeben anerkennen, seines tragenden und nährenden dunklen Grundes bewußt bleiben, aber es hinaufentwickeln zu den Formen, die der menschliche Geist aus seiner eigenen autonomen Tiefe heraus fordert, immer gewärtig dabei zu bleiben, daß das Naturhafte wieder durchschlägt und das Werk der Kultur zerstört, immer aber auch wieder neue Offenbarungen des Geistes dabei erleben, — das und nichts anderes war auch das Ergebnis des Problems der Staatsräson, das wir durch die Jahrhunderte verfolgten. Wie stand es nun mit der Staatsräson inmitten der neuen Umgebung der modernsten Lebensgewalten, in die sie geraten war? Wie wirkte die Umgestaltung der Lebensverhältnisse auf sie?

Diejenige Staatsräson, die im 19. Jahrhundert im großen und ganzen vorgewaltet und die in Bismarck ihren höchsten und besten Ausdruck gefunden, hatte, wie wir sahen, es verstanden, Krieg und Frieden wieder schärfer voneinander zu differenzieren, lange Ruhepausen tiefen Friedens zwischen die kriegerischen Explosionen einzuschieben und dadurch Raum für die freieste Entfaltung aller geschichtlichen Kräfte des 19. Jahrhunderts zu lassen. Aus dieser Entfaltung wuchsen ihr selbst jene enorm gesteigerten

Machtmittel zu, mit deren Hilfe sie die Kriege, die zu führen waren, zu raschen Entscheidungen bringen konnte. Und zwar waren es drei mächtige helfende Gewalten, die, aus dem Schoße des Jahrhunderts entweder entsprungen oder doch von ihm wesentlich umgestaltet und gesteigert, der Machtpolitik der großen Staaten jetzt dienten. Militarismus, Nationalismus und Kapitalismus heißen diese drei Gewaltigen. Sie haben die großen Staaten zuerst auf eine Höhe der Macht und Leistungsfähigkeit geführt wie nie zuvor, aber haben dadurch schließlich Versuchungen erweckt, die für die mit bescheideneren Machtmitteln arbeitende Staatsräson früherer Zeiten noch nicht bestanden hatten. Eben die Begrenztheit der Machtmittel hatte der europäischen Menschheit und letzten Endes den Staaten selbst zum Heile gereicht und die Hypertrophie der Macht immer wieder zurückgedrängt. Jetzt wurde ihre anscheinende Unbegrenztheit zum Verhängnis. Führen wir uns das summarisch vor Augen.

Der Militarismus, die älteste der drei Gewalten, wuchs durch die Einführung der allgemeinen Wehrpflicht tief in das Volksleben hinein und gewann dadurch unermeßliche physische und moralische Kräfte. Die allgemeine Wehrpflicht bot die Möglichkeit zu immer weiterer Ausdehnung, bis schließlich, wie es im Weltkriege geschehen ist, das Äußerste aus der Nation herausgepumpt wurde. Je stärker aber die Anspannung, um so stärker auch der Rückschlag vor allem für die Geschlagenen und physisch Ausgesogenen. Eine Niederlage im Kriege bedeutete jetzt für eine Großmacht etwas anderes als früher. Die Friedensschlüsse des 18. und selbst, von dem Intermezzo Napoleons I. abgesehen, des 19. Jahrhunderts tragen noch alle, vom heutigen Standpunkte aus gesehen, den Charakter von Verständigungsfrieden. Man schloß Frieden, wenn ein bestimmtes Maß von Kraftanstrengung, über das man nicht hinausgehen konnte und wollte, erreicht war. Man verlor Provinzen, aber der Großmachtcharakter blieb den Staaten mit größerem Gebiete und Volkszahl erhalten. Jetzt aber ging es um Sein und Nichtsein der Großmachtstellung.

Die Idee der allgemeinen Wehrpflicht war ursprünglich, als sie in Preußen 1814 durch Boyen dauernd organisiert wurde, eine defensive Idee, ein Schutzmittel des Schwächeren gegen übermächtige, von der Natur mehr begünstigte Großmächte. Durch ihre Erfolge führte sie zu allgemeiner Rezeption auf dem Kontinente, rief den allgemeinen Rüstungswetteifer hervor und steigerte sich zu einem offensiven Mittel der Politik.

Diese Steigerung ist nun aber nicht verständlich ohne die Verknüpfung mit anderen Entwicklungsreihen. Krieg mit allgemeiner Wehrpflicht hieß Volkskrieg, Nationalkrieg. Die Instinkte und Leidenschaften der ganzen Völker flossen nun mit hinein in Krieg und Politik. Der Staat wurde durch die allgemeine Wehrpflicht und die übrigen liberalen Errungenschaften zum Nationalstaate und konnte und mußte sich nun als solcher weitere und inhaltsreichere Ziele stecken als der von den Herrschern und Kabinetten geleitete Großmachtstaat der früheren Jahrhunderte. Einheit von Volkstum und Staat wurde das Strebeziel des nationalen, zu dem was man Nationalismus nennt, sich steigernden Ideals. Dies bedeutete, daß die Reibungsflächen der europäischen Politik sich unheimlich vermehrten. Wie sehr hatten sich diejenigen geirrt, die von einem Anteil der Völker am Staatsleben oder, wie Kant sich ausgedrückt hatte, von der Republikanisierung der Staaten eine Verminderung der Kriege erhofften[1]. Früher hatte ein besiegter Staat nur den Verlust von Provinzen zu verschmerzen, ein Minus an berechenbaren Machtmitteln. Fortan hatte man verlorene Brüder und Volksgenossen zu beklagen, und dieser Verlust war unberechenbar. Und die Orientfrage, die bis zur Mitte des 19. Jahrhunderts lediglich eine Machtfrage und ein politisches Rechenexempel zwischen den Großmächten gewesen war und deswegen auch immer wieder leidlich beruhigt werden konnte, erhielt ihre volle Virulenz und Gefährlichkeit für Europa erst durch die nicht mehr zu bändigenden nationalen Aspirationen der ihrer selbst bewußt werdenden Balkanvölker.

Diese irredentistischen Leidenschaften der Nationen haben es

---

[1] Schon Spinoza glaubte das. *Tractatus theologicopoliticus* c. 18 und *Tract. politicus* c. 7 § 5. Und selbst der Pazifismus der Nachkriegszeit hält an dieser Illusion fest. Der Norweger Lange, *Hist. de l'Internationalisme* I, 1919, S. 483 meint, *que dans la démocratie il y a une garantie de paix, parce qu'il existe entre les peuples une solidarité des intérêts, qui n'a jamais uni et ne peut jamais unir les dynasties et les oligarchies.* Vgl. dagegen Burckhardts Briefe an Preen, S. 117 (1878): »Seitdem die Politik auf innere Gärungen der Völker gegründet ist, hat alle Sicherheit ein Ende« und S. 218 (1887): »Was jetzt die sog. Völker tun, d. h. die wütend gewordenen Minoritäten mit ihren Zeitungen, ist so schlimm, wie die ärgsten Kriege der alten Kabinettspolitik.«

wesentlich mit bewirkt, daß die allgemeine Wehrpflicht aus einer ursprünglich defensiven zu einer offensiven, den Weltfrieden bedrohenden Waffe geworden ist. Man muß sich ja klarmachen, daß die allgemeine Durchführung der allgemeinen Wehrpflicht von Hause aus nicht nur kriegerische, sondern auch friedliche Möglichkeiten in sich barg. Es war keine bloße Phrase, wenn die deutsche Regierung bei jeder Heeresvermehrung zwischen 1871 und 1914 nicht nur deren friedliche Absicht, sondern auch deren friedliche Wirkung betonte und sich darauf berief, daß eine starke Rüstung die beste Friedensgarantie sei. Ein Grundgesetz der Machtpolitik ist es, daß jedes schwache, zur Selbstbehauptung durch eigene Kraft nicht fähige Staatswesen, mag nun seine Schwäche auf Unfertigkeit der Entwicklung, ungenügender physischer Basis oder innerer Zerrüttung beruhen, in Gefahr steht, zum leidenden Objekte, zum Jagdgrunde, zum Depressionsgebiete der großen Politik zu werden, in das die Winde der Macht von den benachbarten Gebieten hineinströmen und Sturm erregen können. Alles, was locker und schwach ist, reizt die Begierde des stärkeren Nachbarn, und nicht nur die rohe Eroberungsbegierde, sondern auch die gereinigte Staatsräson, die nüchterne Erwägung der eigenen Sicherheit und Zukunft, das Gleichgewichtsbedürfnis kann die stärkeren Nachbarn zwingen, mit den Geschicken des kranken Mannes, der unter ihnen lebt, sich zu beschäftigen und an der Aufteilung der Erbschaft zu partizipieren. Dadurch nun, daß Deutschland und Italien im 19. Jahrhundert sich aufrafften und aus Objekten zu Subjekten der großen Politik wurden, war Europa in dem Zeitraum zwischen 1871 und 1914 staatlich so konsolidiert und befriedet, wie noch kaum je in der neueren Geschichte. Wenn überall in der Welt Starke neben Starken wohnten und kein schwacher, fauler Fleck dazwischen übrigbliebe, so wäre das in der Tat eine hohe Bürgschaft für den Weltfrieden. Aber freilich wird der Standard einer überall gleichmäßigen Machtentwicklung nun einmal nicht gleichzeitig erreicht, und wenn er erreicht zu sein scheint, sorgt das flutende Leben dafür, ihn wieder zu verschieben. Während West- und Mitteleuropa nach jahrhundertelangen Kämpfen endlich befriedet erschienen und auch die schwächeren Staaten in ihm durch das Gleichgewicht der rivalisierenden Großmächte geschützt waren, entstand durch das Kontagium der nationalen Geister zu dem alten Krankheitsherde des Balkans der neue große Krankheitsherd Österreich-Ungarns. Erst durch diese Komplikation ist es geschehen, daß der militaristische Rüstungswetteifer der Großmächte so gefährlich für den Weltfrieden wurde. Erst dadurch konnten auch die übrigen, teils schon vernarbten, teils langsam vernarbenden Krankheitsherde Europas — Polen, Südtirol, Elsaß-Lothringen, Belgien — wieder in Mitleidenschaft geraten und sich wieder entzünden.

Der moderne, militärischen Berufsgeist mit allgemeiner Wehrpflicht verbindende Militarismus ist also nicht durch sich allein, sondern erst durch den hinzutretenden modernen Nationalismus und die neuen Depressionsgebiete, die er schuf, zur wirklichen Kriegsgefahr für ganz Europa geworden. Nun aber kam noch ein drittes großes Moment hinzu, um sie zu steigern und um zugleich ganz neue Mittel und Aufgaben für den Wettkampf der Großmächte und Völker zu schaffen. Es ist der moderne Kapitalismus. Militarismus und Nationalismus allein waren wohl imstande, einen allgemeinen europäischen Krieg vom Typus etwa der napoleonischen Kriege, nur mit gewaltigeren Kräften geführt, zu entzünden. Aber der bisherige Charakter des europäischen Staatensystems wäre dabei, selbst wenn die österreichisch-ungarische Monarchie darüber in Stücke gegangen wäre, wohl erhalten geblieben. Deutschland und Rußland hätten sich vermutlich als Großmächte behaupten können, und Europa wäre — das starke Herz der Welt geblieben. Nun aber hat es der moderne Kapitalismus bewirkt, daß Europa und seine Großmächte zuerst wohl ein ungeheures, nie erlebtes Maß von materieller Leistungsfähigkeit in sich entwickelten, dann strotzend von Kräften und Säften in den Kampf miteinander eintraten und sie alle, alle einsetzten und ausgaben bis zum völligen Zusammenbruch des europäischen Gesamtorganismus. Militarismus, Nationalismus, Kapitalismus — man kann keinen dieser drei vereinzelt anklagen, uns ins Unheil geführt zu haben. Nur durch ihr schicksalhaftes, ganz von selbst sich verstehendes Zusammentreffen sind die europäischen Großmächte zuerst auf die Höhe ihrer Macht und dann in einen Abgrund geführt worden, der auch den europäischen Siegern unter ihnen noch verhängnisvoll werden kann.

Der Kapitalismus hat zunächst durch die Ausbreitung der Großindustrie und Anstachelung des Erfindungsgeistes der Machtpolitik die neuen gewaltigen technischen Kriegsmittel zur Verfügung gestellt. Durch sie ist es möglich geworden, in Offensive und Defensive Leistungen zu erzielen wie nie zuvor. Früher konnte ein einzelner Schlachttag das Schicksal eines Krieges entscheiden, und in wenigen Schlachten brannten sich die vorhandenen Kräfte aus. Diesmal waren die Schlachten nicht zu zählen, und auch der wiederholt Geschlagene konnte durch die technische Wirkung des Stellungskampfes immer wieder hoffen, in die Höhe zu kommen. Aber eben diese Hoffnung war ein trügerisches Irrlicht für den an Gesamtmitteln Schwächeren und verführte ihn dazu, nach und nach sein ganzes Hab und Gut hineinzustecken in das gewagte Unternehmen bis zum schließlichen Bankerott. Früher waren die Kriegsmittel beschränkter, und das hielt, wie immer wieder zu sagen ist, auch die Politik in Schranken; der größere Reichtum an Kriegsmitteln aber wurde zum Fluche. Auch in der Vergrößerung der lebenden Kriegsmittel, der allgemeinen Wehrpflicht, steckte wieder eine Wirkung des Kapitalismus. Denn nur die Groß- und Exportindustrie hatte es zuwege bringen können, so gewaltige Menschenmassen auf dem Boden des alten Europa hervorzubringen. Europa hatte sich vollgesogen wie ein Schwamm von Reichtümern und Menschen und kam dadurch in die verderbliche Versuchung, sie alle, wenn die eisernen Würfel gefallen waren, einzusetzen bis zum Weißbluten.

Der Kapitalismus hatte ferner auch einen großen Teil der neuen Ziele, für die man kämpfte, hervorgebracht. Zu den nationalistischen, innerhalb des alten Europas gelegenen, kamen die imperialistischen, außerhalb Europas gelegenen, die auf der Expansion des heimischen Kapitalismus, letzten Endes des übervölkerten Europas beruhten. Und diese Übervölkerung schuf eine derart empfindliche soziale Struktur, daß der militärische Zusammenbruch zu einem sozialen Zusammenbruche und damit zum Ende der alten Monarchie führen mußte.

Der Krieg insgesamt, dieses letzte und stärkste Mittel der Staatsräson, war also nicht mehr das, was sie bisher in ihre Rechnung eingestellt hatte, war eine dämonische Gewalt geworden, die aller zügelnden Staatsräson spottete und den Reiter in den Abgrund riß. Die Macht war über ihre Ufer getreten. Die Leidenschaften und Ambitionen der Völker, vereint mit den neuen verführerischen Kriegsmitteln, schufen die verderbenschwangere Atmosphäre, in der die reine, besonnene Staatskunst nicht mehr

Rückblick und Gegenwart 497

gedeihen konnte. Die Kämpfe zwischen Reichsleitung und Heeresleitung, zwischen Bethmann Hollweg, Kühlmann und Ludendorff während des Krieges sind symbolisch für die Schwäche der Position, die im modernen Kriege der leitende Staatsmann, auch wenn er aus härterem Holze geschnitzt wäre, als es Bethmann war, unter allen Umständen zu empfinden hat. Auch der leitende Staatsmann von größter Kraft steht unter Gewalten, die er wohl schüren und steigern, aber nicht mehr lenken kann. Ich fragte im Jahre 1923 einen namhaften englischen Historiker, der die französische Gewaltpolitik nach dem Kriege verurteilte, ob nicht Lloyd George einen groben Fehler gegen die alte klassische Gleichgewichtspolitik Englands begangen habe, als er Deutschland so völlig machtlos werden ließ. Er erwiderte: »Aber Lloyd George k o n n t e bei der damaligen Stimmung des englischen Volkes gar nicht anders handeln, als er gehandelt hat.« Die trübe Volksnotwendigkeit siegte über die klare Staatsnotwendigkeit. Rückblickend wird uns jetzt die ganze Größe der Bismarckschen Leistung in den achtziger Jahren klar, wo er in schwierigster Lage den erfolgreichen Kampf der gereinigten Staatsräson gegen die verschiedenen Nationalismen der Welt führte und die Katastrophe aufhielt, der Europa entgegenging.

Die Schwäche der Machtmittel aller Staaten verursachte es im ersten Zeitalter der neueren Geschichte, daß Krieg und Frieden durcheinanderflossen. Die Stärke der Machtmittel, die Frankreich durch den Frieden von Versailles in die Hand bekam, verursachte es wieder, wie zur Zeit Napoleons und vorübergehend auch schon Ludwigs XIV., daß der Krieg im Frieden weiterging und ein grauenhafter Zustand der Durcheinanderwirbelung von Krieg und Frieden geschaffen wurde. Dahinter stand die vermeinte Staatsräson Frankreichs, die sich bewußt war, ihren Sieg nicht durch eigene Kraft allein errungen zu haben, das Sechzig-Millionen-Volk fürchtete, das es zum Nachbarn hat und die zwanzig Millionen zuviel durch eine Reihe von Rammstößen gegen unser Volks- und Staatsgefüge beseitigen wollte. Die überhitzte Angst um die eigene zukünftige Sicherheit verband sich mit dem ruhelosen Prestigebedürfnisse einer ehrgeizigen Nation, aber drohte nun auch neue schwere Weltkrisen heraufzubeschwören, die für Frankreich selbst unheilvoll werden konnten. Ob die Gegenströmung ruhigerer und maßvollerer Tendenzen, die mit den Parlamentswahlen vom

Fünftes Kapitel

11. Mai 1924 einsetzte, von Dauer sein wird, ist heute noch nicht zu übersehen. Aber an diesem frischen Beispiele sieht man wieder einmal die dämonischen Gewalten, die in der Staatsräson sich auswirken können. Sie können wirken neben und mit der feinsten utilitarischen Technik der Staatskunst. Gerade Frankreich hat neben der bewußtesten Pflege diplomatischer Kunst die schlimmsten Exzesse der Staatsräson, die Bartholomäusnacht, die Reunionen, die Septembermorde, die Übergriffe Napoleons I. in das Völkerleben aufzuweisen. Und wie nun die modernen Gewalten des Militarismus, Nationalismus und Kapitalismus auch hinter der Staatsräson des Poincaréschen Frankreichs stehen und sie zur Siedehitze bringen, liegt klar vor Augen.

So steht denn die Idee der Staatsräson heute, wie so manche andere Idee der abendländischen Kultur, in einer ganz schweren Krisis. Der naturhafte Untergrund von elementaren Leidenschaften, den sie hat und der durch ihr utilitarisches Mittelstück, wie wir im Eingange ausführten, allein nicht gebändigt werden kann, schlägt heute wieder furchtbarer als je durch, und die zivilisatorischen Errungenschaften der Moderne geben ihm mehr Auftrieb als Hemmung. Alle die Bereicherungen, die der moderne Staat erfahren hat durch das sukzessive Einströmen der liberalen, demokratischen, nationalen und sozialen Mächte und Ideen, die wir früher als reine Bereicherung und Steigerung anzusehen geneigt waren, haben ihre Kehrseite entwickelt und die Staatsräson mit Gewalten zusammengebracht, deren sie nicht mehr völlig Herr wird. Sie ist nicht mehr, wie Ranke es anschaute, das gestaltende Prinzip, die Leiterin und Ordnerin des Staatslebens, die auch da, wo sie kämpft und ihre Gegner niederringt, neues Leben weckt oder doch zuläßt. Ihre zerstörenden Wirkungen drohen vielmehr über alles, was früher, selbst unter Napoleon I. erlebt wurde, weit hinauszugehen. Die mitleidlose Staatsräson der antiken Freistaaten scheint wieder aufzuleben, die die bloße Existenz eines einmal gefährlich gewesenen Gegners nicht ertragen konnte und in seiner völligen Vernichtung ihre höchste Aufgabe sah. Darüber ging dann freilich das Wesen des antiken Freistaats selber zugrunde. So droht nun auch das Wesen des modernen europäischen Staatenlebens, das immer bisher sich wiederherstellende Gleichgewicht freier, selbständiger, als große Familie zugleich sich fühlender Staaten, zugrunde zu gehen. Damit wäre dann auch die historische Rolle des alten Europa ausgespielt und die abendländische Kultur in der Tat dem Untergange geweiht.

Das sind die schlimmsten der Möglichkeiten, die die Hypertrophie der modernen Staatsräson heraufbeschworen hat. Daß sie notwendig und unbedingt einmal Wirklichkeit werden, wäre vermessen zu prophezeien. Aber auch den unbedingten Optimismus Rankes, das Vertrauen, das er in den »Großen Mächten« auf den Genius aussprach, der »Europa noch immer vor der Herrschaft jeder einseitigen und gewaltsamen Richtung beschützt« habe, können wir heute nicht mehr aufbringen. Die geschichtliche Welt liegt dunkler und in dem Charakter ihres ferneren Verlaufes ungewisser und gefährlicher vor uns, als er und die Generationen, die an den Sieg der Vernunft in der Geschichte glaubten, sie sahen. Denn ihre Natur- und Nachtseite hat sich für unser Denken und unsere Erfahrung als mächtiger herausgestellt. Aber der Geist darf nicht ablassen, sich gegen sie zu behaupten. So ist denn das Letzte, was wir noch zu tun haben, die alte Frage nach den Schranken der Staatsräson wieder aufzunehmen und das wünschenswerte Verhältnis von Politik und Moral so darzustellen, wie es das Zusammenwirken von geschichtlicher Forschung und Zeiterlebnis ergibt. Wir überschreiten damit die Grenzen der reinen kontemplativen Historie, aber erst, nachdem wir versucht haben, ihr rein und unbedingt zu dienen.

*

Während des Weltkrieges hat, wie es nicht anders sein konnte, das alte Problem das deutsche Denken tief bewegt und zu neuer Prüfung veranlaßt. Ernstes und Bedeutendes ist darüber damals vor allem von Ernst Troeltsch und Alfred Vierkandt[1] gesagt wor-

---

[1] Troeltsch, Privatmoral und Staatsmoral in »Deutsche Zukunft« 1916; Vierkandt, Machtverhältnis und Machtmoral 1916. Sodann das von starkem sittlichen und religiösen Empfinden getragene Buch von Otto Baumgarten, Politik u. Moral 1916 und H. Scholz, Politik und Moral 1915, der eine u. E. zu künstliche und spitzfindige Auffassung vorträgt. Mehr in der Richtung der von uns vertretenen Gedanken liegt Erich Franz, Politik und Moral 1917 und der frühere Aufsatz von F. Paulsen, Politik und Moral 1899 (in den Gesammelten Vorträgen und Aufsätzen, Bd. 2). Die bedeutendste der älteren deutschen Untersuchungen über das Thema, die Kanzlerrede Gustav Rümelins (»Reden und Aufsätze« und »Kanzlerreden«), der auch Treitschke (Politik 1, 95) Lob spendet, leidet

den, und die Anregungen dieser Denker stecken auch in unseren Untersuchungen. Jedoch die Atmosphäre des Weltkrieges erlaubte es noch nicht, mit voller innerer Freiheit zu der machtpolitischen Tradition in Deutschland und zu der idealistischen Sanktionierung der Macht, die wir von Hegel bis Treitschke verfolgt haben, Stellung zu nehmen[1]. Aber auch der von dieser Hemmung freie, entgegengesetzte Versuch eines christlichen Pazifismus, das Problem zu lösen, den Friedrich Wilhelm Foerster in seiner Politischen Ethik 1918 unternahm, mußte scheitern. Eine Diskussion mit ihm ist eigentlich unmöglich, denn er spricht nicht die geistige Sprache, die der deutsche Historismus geschaffen hat, sondern die des alten christlich-mittelalterlichen Naturrechts. Da er vom Apfel historisierender Erkenntnis nicht gegessen hat, so hat er den Sündenfall, in den er uns alle, Ernst Troeltsch und den Verfasser dieses Buches mit eingeschlossen, verstrickt sieht, nicht mitgemacht und predigt mit hoher sittlicher Wärme, aber auch mit zelotischer Überhebung die Lehre, daß der Staat, weil er ganz auf moralische Kräfte angewiesen sei, dem Sittengesetze ausnahmslos, auch wenn er dadurch im Augenblicke Schaden erleide, zu folgen habe. Aber der Staat ist nun einmal leider nicht ganz auf moralische Kräfte angewiesen, er steht sogar, wie wir zeigten, unter noch naturhafteren Lebensgesetzen als der einzelne Mensch. Und kein verantwortlicher Staatsmann, der nach Foersters Rat es darauf ankommen lassen soll, den Staat der Gegenwart auf einen »Passionsweg« zu schicken, wird den apokalyptischen Trost für genügend erachten, daß sein Opfer, »wenn die Zeit erfüllt ist, nach ewigen Gesetzen« seine Frucht bringen werde (S. 255).

Dennoch wird die Sprache des reinen christlichen Idealismus, der keine Kompromisse zwischen Geist und Natur kennt, immer mit Ernst und Achtung und dem Schmerze, daß die Welt durch sie nicht zu ändern ist, gehört werden müssen. Auch die radikale Unbedingtheit hat in dieser Frage ein inneres Recht, weil sie das Gewissen schärft und die Mängel des bloßen Relativismus in das

---

noch mehr als die während des Weltkriegs entstandene Literatur an den Nachwirkungen Hegels, d. h. an der Neigung, naturhafte Vorgänge vorschnell zu sanktionieren und zu versittlichen.

[1] Auch von meinem eigenen damaligen Versuche (Kultur, Machtpolitik und Militarismus in »Deutschland und der Weltkrieg« und »Preußen und Deutschland im 19. und 20. Jahrh.«) muß ich das heute sagen.

Licht setzt. Mangelhaft freilich bleibt auch sie, und die bleibenden, unabweisbaren Erkenntnisse des Historismus könnten nur mit einem Opfer, das der Wahrheit der Dinge gebracht wird, ihr preisgegeben werden. Unabweisbar ist und bleibt die Zwangsgewalt der Staatsräson, die schon der Empirismus früherer Jahrhunderte erkannte und der Historismus bestätigte. Da es aber darüber zum Bruche mit der von den westlichen Völkern festgehaltenen naturrechtlichen Denkweise und zur geistigen Isolierung Deutschlands gekommen ist, so ist es ein tiefes Bedürfnis und eine Pflicht, in jene Selbstprüfung des Historismus einzutreten, der auch unser Buch dienen will, die voran mit gewaltiger Geisteskraft der Mann und Freund begonnen hat, dessen Andenken dies Buch gewidmet ist. Sein Werk über die Probleme des Historismus und seine kurz vor dem Tode 1922 gehaltene Rede über Naturrecht und Humanität in der Weltpolitik haben den Weg gebahnt, um zu einer geistigen Verständigung zwischen dem deutsch-historischen Denken und dem der westlichen Völker zu gelangen, — dermaleinst, denn eine Arbeit von Generationen erst kann, wie er sich klarmachte, den Abgrund überbrücken.

Erinnern wir uns daran, wie die Trennung entstand. Der unorganische Dualismus zweier Denkweisen, der naturrechtlichen und der politisch-empirischen, der bis zum Ende des 18. Jahrhunderts im ganzen Abendlande bestand, wurde in Deutschland überwunden durch eine großartige organische Einheit des Denkens. Identitäts- und Individualitätsidee zusammen schufen den neuen Idealismus und Historismus, der Himmel und Hölle, Wirklichkeit und Ideal im geschichtlichen Leben gleichzeitig, als notwendig zueinander gehörend, zusammenfaßte. Die Existenz des Himmels machte auch die Existenz der Hölle in der Welt erträglich. Aber diese Einheit geriet wieder in Auflösung, als die monistische Identitätsidee sich aufzulösen begann, während die historische Individualitätsidee sich auch weiter als unentbehrlicher Schlüssel zum Verständnis der geistig-natürlichen Erscheinungen bewährte. Sie dürfen und können wir nicht aufgeben, wohl aber können wir uns von den bedenklichen Nachwirkungen der Identitätsidee entschlossen abkehren und dadurch zu einem neuen Dualismus gelangen, der nun aber nicht wie im Westen ein bloßes unorganisches Nebeneinander zweier Denkweisen, sondern eine einheitliche, prinzipiell eben dualistische Denkweise sein muß. Wir verlieren nichts dabei, gewinnen aber die Möglichkeit einer theoretischen und praktischen Verständigung mit dem Westen. Wir stoßen nur ausgebrannte Schlacken unserer eigenen geistigen Entwicklung ab und behalten das lebendige Feuer. Das soll nun gezeigt werden.

Der tiefe Mangel der westlich-naturrechtlichen Denkweise war, daß sie, angewandt auf das wirkliche Staatenleben, bloßer Buchstabe blieb, die Staatsmänner nicht durchdrang, die moderne Hypertrophie der Staatsräson nicht gehindert hat und so nur entweder ratlose Klagen und doktrinäre Postulate oder innere Verlogenheit und Cant zur Folge hatte. Der tiefe Mangel des deutschhistorischen Denkens wurde die beschönigende Idealisierung der Machtpolitik durch die Lehre, daß sie einer höheren Sittlichkeit entspräche. Dadurch wurde, trotz aller sittlichen und idealistischen Vorbehalte, die man machte, Raum gegeben für die Entstehung einer grob naturalistischen und biologischen Gewaltethik.

Nur dadurch, daß man sich entschließt, Machtpolitik und Staatsräson in ihrer wirklichen Problematik und Zwiespältigkeit zu sehen, wird man zu einer nicht nur wahreren, sondern auch besseren, sittlicher wirkenden Lehre gelangen. Innerhalb des Handelns nach Staatsräson sind unendlich viel Stufen allmählicher Mischung elementarer und sittlicher Vorgänge möglich. Die Lehre aber von einer besonderen Staatsmoral, die selbst Troeltsch 1916 noch tiefsinnig nannte, ist irreführend. Denn sie betrifft nur den Einzelfall eines viel allgemeineren Vorkommens, nämlich des Konfliktes von individueller und genereller Sittlichkeit. Es war die große Entdeckung der Generation Schleiermachers im Gegensatze noch zu der Kants, das Individuelle im sittlichen Handeln gefunden und gerechtfertigt zu haben. In jedem Menschen, in jedem Momente seines Handelns tritt das allgemeine reine und strenge Ideal der Sittlichkeit einer ganz individuellen, aus naturhaften und geistigen Bestandteilen gemischten Welt entgegen. Konflikte aller Art ergeben sich daraus, die nicht immer eindeutig und klar zu schlichten sind. Die Rettung und Erhaltung der eigenen Individualität ist ganz gewiß dann auch ein sittliches Recht und eine sittliche Forderung, wenn sie der Rettung des geistigen Elements in ihr dient. Erfolgt sie aber dabei auf Kosten des allgemeinen Moralgebots, wie das doch oft geschieht, so ist das tragische Schuld. Sie ist menschlich frei und groß, ohne Pharisäertum, aber mit strenger Wahrung des allgemeinen Moralgebots zu beurteilen. Denn die individuelle Ethik, die sich gegenüber der generellen behaupten will, ist, was man nicht übersehen sollte, niemals reine Ethik wie jene, sondern immer wesenshaft verschmolzen mit egoistischen und naturhaften Bestandteilen, mit Machtbedürfnis. Jedes Individuum braucht, um sich zu behaupten, ein Minimum von Macht. Diese soll, so ist die Forderung der individuellen Ethik, der geistigen und sittlichen Vervollkommnung des Individuums dienen, aber der Diener bleibt selten reiner Diener, will mitregieren und färbt so alles Handeln nach individuellen Normen mit seiner irdisch-naturhaften Farbe. Wir haben insbesondere an der Staatsräson, dem individuellen Lebensgesetze der Staaten, gezeigt, wie dieser dunkle Naturgrund bis in die höchsten und sittlichsten Entfaltungen staatsmännischen Handelns reicht. Man kann es aber auch an allem persönlichen Handeln nach individuellen Normen zeigen.

Die Erkenntnis des Individuellen in der Ethik hat das sittliche Leben reicher, aber auch gefährlich reich gemacht. Eine komplizierte Ethik bietet mehr Versuchungen als die alte, einfache Ethik bis zum kategorischen Imperativ Kants hin. In dieser, der generellen Ethik, dem allgemein verbindlichen Moralgesetze, spricht das Göttliche im Menschen rein und unvermischt zu ihm. In der individuellen Ethik hört er es mit den dunklen Untertönen der Natur verbunden. Jene ist die heiligere und strengere, diese die lebendigere. Denn Leben ist nichts anderes als die rätselhafte Gemeinschaft von Geist und Natur, die ursächlich miteinander verbunden sind und doch wesenshaft auseinanderklaffen. Das ist das dualistische Ergebnis, zu dem das moderne Denken nach einem Jahrhundert schwerster und reichster Erfahrung gelangt ist, nachdem es sowohl den idealistischen wie den naturalistischen Monismus, sowohl die Identitätsphilosophie wie den Positivismus sich vergebens hat abmühen sehen, das Weltbild zu erklären. Eine Erklärung kann auch der Dualismus nicht geben, wohl aber die Tatsachen nackter und richtiger zeigen, als es irgendein Monismus vermag. Ehrfurcht vor dem Unerforschlichen und das Sittengesetz in der Brust, die Rankes Leitsterne waren, müssen auch die Leitsterne des modernen Denkens bleiben, aber der verhüllte Dualismus, mit dem er sich behalf und die Nachtseite des Lebens verdeckte, muß seiner Hülle entledigt werden.

Von einer besonderen Staatsmoral zu sprechen, bringt in Versuchung, den Spuren Hegels zu folgen und die Staatsmoral als die höhere zu verkünden. Der Staatsmann, der im Konflikte von Politik und Moral glaubt, die Individualität des Staates retten zu müssen auf Kosten der Moral, handelt nicht nach einer besonderen Staatsmoral, sondern aus jener umfassenderen individuellen Ethik heraus. Daß dabei gerade das Handeln für kollektive Individualitäten größere Versuchungen mit sich bringt, als das Handeln für die eigene Individualität, zeigten wir früher gegen Treitschke. Von der persönlichen Art, wie der Staatsmann dabei den Konflikt zwischen Sittengebot und Staatsinteresse in sich austrägt, hängt es ab, ob man seine Entscheidung für das Staatsinteresse eine sittliche Tat nennen darf oder nicht, ob der Held, wie Ranke sagte, vor sich selber gerechtfertigt ist. Aber tragisch schuldvoll bleibt sein Handeln dabei dennoch.

Blicken wir nun zurück auf die Gesamtgeschichte unseres Problems, so zeigt sich ein merkwürdiger Rhythmus, eine innere Dialektik in seiner Entwicklung. Machiavelli brachte die schrankenlose Staatsräson zur Geltung aus einer im Kerne naiv monistischen Weltanschauung heraus. Das Bedürfnis, Schranken für die dämonische Naturkraft der Staatsräson zu finden, führte zu einem unvollkommenen und unorganischen Dualismus praktisch-empirischer und christlich-naturrechtlicher Prinzipien. Und die christliche Ethik, die am schärfsten der unbeschränkten Staatsräson entgegentrat, war ihrerseits auch schon von Hause aus dualistisch. Die monistische und pantheistische Identitätsphilosophie Hegels überwand die Unvollkommenheiten des bisherigen Dualismus und brachte den Kern der Lehren Machiavellis von neuem zu Ehren. Unter den Nachwirkungen der Identitätsphilosophie blieb in Deutschland die eigentümliche Sanktionierung des Machtgedankens lebendig. Indem wir uns der Einseitigkeit und der Gefahren dieser Sanktionierung heute bewußt werden, kommen wir unwillkürlich — *fert unda nec regitur* — eben zu einem neuen Dualismus, der aber vollkommener und organischer sich zu sein bemüht als der frühere. Vom monistischen Denken her übernimmt er das, was unabweisbar richtig an ihm ist, die untrennbare kausale Einheit von Geist und Natur, aber hält fest an der ebenso unabweisbaren wesenshaften Verschiedenheit von Geist und Natur. Das unbekannte X, das diese Einheit und diesen Gegensatz zugleich erklärt, lassen wir ungelöst, weil es unlösbar ist. Spätere Geschlechter mögen vielleicht wieder zu einer neuen Identitätsphilosophie zu gelangen suchen[1], und so mag sich die Pendelschwingung zwischen dualistischer und monistischer Weltansicht immer wiederholen. Das eine jedenfalls ist sicher, daß der Monismus, mag er naiv oder reflektiert, idealistisch oder naturalistisch sein, der Nährboden einer unbeschränkten Staatsräson zwar nicht werden muß, aber werden kann, während ihre Schranken nur auf irgendwelchem dualistischen Wege, mag er nun bewußt oder unbewußt verfolgt werden, gesucht werden können.

Weitere Folgerungen sind nun rasch zu ziehen. Staatsräson, Machtpolitik, Machiavellismus und Krieg werden wohl niemals aus der Welt zu schaffen sein, weil sie mit der Naturseite des staatlichen Lebens untrennbar zusammengehören. Es ist auch anzuerkennen, was die deutsche historische Schule immer gelehrt hat, daß Machtpolitik und Krieg nicht nur zerstörend, sondern auch schöpferisch wirken können und daß aus Bösem Gutes, aus Elementarem Geistiges allenthalben emporwächst. Aber jede Idealisierung dieser Tatsache ist zu vermeiden. Nicht eine List der Vernunft, sondern eine Ohnmacht der Vernunft zeigt sich in ihr. Sie ist unfähig, durch eigene Kraft zu siegen. Sie bringt wohl reines Feuer vom Altar, aber was sie entzündet, ist nicht reine Flamme.

Ich schwanke nicht, indem ich mich verdamme, hat Goethe dazu gesagt, der über aller Offenbarung der Gottnatur doch niemals ihre dunklen, dämonischen Tiefen vergessen hat. Er wußte es: »Der Handelnde ist immer gewissenlos.«

Mit der falschen Idealisierung der Machtpolitik muß auch die falsche Vergötterung des Staates, die seit Hegel, trotz Treitschkes Widerspruch gegen sie, im deutschen Denken nachwirkt, aufhören. Was nicht bedeutet, daß man den Staat aus dem hohen Range der Lebenswerte, den er zu beanspruchen hat, verstößt. Für ihn, der alle Heiligtümer der Nation umfaßt und schützt, zu leben und zu sterben, an seiner Vergeistigung zu arbeiten, das eigene persönliche Dasein mit ihm zu verweben und es dadurch innerlich zu steigern, diese hohen Forderungen, die seit der Zeit der deutschen Erhebung

---

[1] Ansätze dazu werden auf Grund der neuen naturwissenschaftlichen Entdeckungen schon heute gemacht. Vgl. die interessanten Aufsätze Kurt Riezlers, Über das Wunder gültiger Naturgesetze, Dioskuren II und Die Krise d. physikal. Weltbegriffs u. das Naturbild der Geschichte, Deutsche Vierteljahrsschr. f. Literaturwissensch. u. Geistesgesch. 6, I.

den deutschen Geist geleitet haben, gelten heute, wo der deutsche Staat von fremden und eigenen Händen geschändet am Boden liegt, erst recht. Der Staat soll sittlich werden und nach der Harmonie mit dem allgemeinen Sittengesetze streben, auch wenn man weiß, daß er sie nie ganz erreichen kann, daß er immer wieder sündigen muß, weil die harte naturhafte Notwendigkeit ihn dazu zwingt.

Der moderne Staatsmann muß sein zwiespältiges Verantwortungsgefühl gegenüber Staat und Sittengesetz um so stärker anspannen, je furchtbarer und gefährlicher gerade die moderne Zivilisation, wie wir sahen, für das Handeln nach Staatsräson geworden ist. Utilitarische und ethische Motive müssen zusammenwirken, um der Übermacht der drei Gewaltigen im staatlichen Handeln entgegenzuwirken und dem Staatsmanne jene Freiheit und Unabhängigkeit des Handelns nach gereinigter und wahrhaft weiser Staatsräson zurückzugeben, die ein Bismarck besessen hat, die in der altbefestigten Monarchie leichter zu erringen war als in den von Massenleidenschaften bewegten Demokratien der Gegenwart. Die alte Monarchie, nachdem sie einmal gestürzt ist, ist nicht oder doch nur mit unübersehbarer Gefährdung der staatlichen Zukunft wiederherzustellen. Am 9. November 1918 sprang der Funke der deutschen Staatsräson zwangsläufig von der Monarchie auf die Republik hinüber[1]. Nun fordert es aber gerade auch die wohlverstandene Staatsräson der demokratischen Republik, der auf plebiszitärer Grundlage beruhenden Staatsgewalt so viel Unabhängigkeit und Selbständigkeit zu geben, als mit dieser Grundlage nur irgend vereinbar ist. Die Errichtung einer starken plebiszitären Präsidentschaft bietet für das Regieren nach gereinig-

---

[1] Dieser Kommandogewalt der deutschen Staatsräson hat sich auch damals Hindenburg mit großem Entschlusse gebeugt, als er sich dem Regimente der Volksbeauftragten unterwarf. Die Vorgänge während und nach der Revolution konnten überhaupt als hohe Schule für das Studium der Staatsräson dienen. Tragikomisch war ihre Wirkung, als Kurt Eisner in das gerade leerstehende Gehäuse der bajuwarischen Staatsidee kroch. Bayern ist neben Preußen der einzige Einzelstaat Deutschlands, in dem gewissermaßen noch das vulkanische Leben einer besonderen Staatsräson ist. Wie dann dieselben sozialistischen Parteigenossen, wenn sie preußische Minister wurden, in preußischer, und wenn sie Reichsminister wurden, in reichischer Staatsräson zu denken anfingen, war ebenfalls höchst instruktiv.

ter Staatsräson mehr Bürgschaften als der Parlamentarismus. Dieser treibt zwar, wie der »Vorwärts« beim Sturze Stresemanns am 23. November 1923 sich ausdrückte, die Parteien »durch die Regierungsmühle« und »erschwert ihnen das Demagogenhandwerk bei den nächsten Wahlen«, das heißt, er erfüllt ihre Führer vorübergehend, solange sie regieren, mit Staatsräson, aber es hält nicht vor, und die eingesogene Luft der Staatsräson entweicht unter der Angst vor der Wählerschaft nur zu rasch wieder.

Und es gilt ferner, auch aus wohlverstandener Staatsräson, die Schranken der Staatsräson und des Staatsegoismus bewußter anzuerkennen. Erst dadurch, daß sie sich einschränkt, reinigt und das Naturhafte in sich zurückdrängt, kommt die Staatsräson zu ihrer besten und dauerhaftesten Wirkung. Wohl ihr, wenn die objektiven Machtverhältnisse der Welt ihr schon Schranken auferlegen. Ein Zuwenig an Machtmitteln ist für das Leben der Staaten untereinander, wie wir sahen, ebenso gefährlich wie ein Zuviel an Machtmitteln, zumal wenn dieses sich an einer Stelle aufhäuft und keine oder ungenügende Gegengewichte da sind, um jenen Gleichgewichtszustand herzustellen, der die Kräfte gleichzeitig in gesunder Spannung und in gesunden Schranken hält. Der mächtige Staat müßte in seinem eigenen Interesse wünschen, daß mächtige Staaten neben ihm wohnen, damit jeder durch jeden in Schranken gehalten, aber zugleich gezwungen würde, sich mächtig zu erhalten. Insgesamt gilt es auch vom Leben der Macht, daß das Maß in den Dingen das Beste ist.

Und zumal gilt es auch für den Fall, daß der verantwortlich handelnde Staatsmann um der Rettung des Vaterlandes willen glaubt, zu den Waffen Machiavellis greifen zu müssen. Ein solcher Entschluß ist in den überbildeten und undurchsichtigen Verhältnissen der modernen Zivilisation noch viel zweischneidiger, als er früher war. Der Einmarsch in Belgien hat uns mehr geschadet als genützt. Der hemmungslose Staatsegoismus, den Frankreich bisher übte, droht die Katastrophe, die über das Abendland kam, unheilbar zu machen. Nur in der familienhaften Gemeinschaft der Staaten kann auch der Einzelstaat dauernd gedeihen, und so muß er seine eigene Machtpolitik auf der Erkenntnis aufbauen, daß auch die Gegner ein inneres Lebensrecht haben und daß die wahren, wohlverstandenen Interessen die Staaten nicht nur trennen, sondern auch verbinden. Jenes europäische Gemeingefühl, das die

Voraussetzung für Rankes Würdigung der europäischen Machtkämpfe und die schöne und segensreiche Nachwirkung der mittelalterlichen Idee des *Corpus Christianum* war, muß wieder gewonnen werden. Es bedarf, wie Troeltsch in seiner Rede von 1922 sich ausdrückte, »einer Rückkehr zu universalgeschichtlichem Denken und Lebensgefühl«. Ob jemals der echte Völkerbund Wirklichkeit werden wird, kann man, wenn man die Bilanz von Naturgewalten und Vernunftgewalten im geschichtlichen Leben zieht, bezweifeln. Er erfordert Opfer an Souveränität von den einzelnen Mitgliedern, die nur tragbar sind, wenn alle Mitglieder von gleicher genossenschaftlicher Gesinnung und von gleicher gereinigter Staatsräson erfüllt bleiben. Wo ist aber die Bürgschaft dafür, das heißt, wer soll darüber wachen? Nimmt sich der Mächtigste dieser Aufgabe an, so gerät der Völkerbund sofort in Gefahr, zum Vehikel seiner Macht und seiner Interessen zu entarten. Dennoch bleibt in dem furchtbaren Dilemma, in dem die Welt heute steht, andernfalls einem schrankenlosen Machiavellismus zum Opfer zu fallen, nichts anderes übrig, als ehrlich auf den echten Völkerbund hinzustreben und wenigstens den Versuch zu machen, auf diesem Wege die Welt zu retten. Vielleicht kann es dabei dahin kommen, daß nicht ein echter Völkerbund, sondern die Welthegemonie der angelsächsischen Mächte, in deren Händen sich latent schon jetzt die stärkste physische Macht auf Erden konzentriert, der Ära der freien Völkerkämpfe, der »internationalen Anarchie«, wie der Pazifist sich ausdrückt, ein Ende bereitet[1]. Solche *pax anglosaxonica* wäre keineswegs ideal, aber immer noch erträglicher für das Eigenleben der Nationen als die Geißel der französischen Kontinentalhegemonie.

Aber würde, dies ist die letzte zu stellende Frage, mit dem Erlöschen der Machtkämpfe nicht auch die innere Lebendigkeit und plastische Kraft der Staaten, der Heroismus und Opfergeist der Menschen erlöschen? Würden die Staaten dann nicht zu ausgebrannten Vulkanen oder, wie Spengler sich nicht übel ausdrückt, zu Fellachenstaaten herabsinken? Hängen nicht Geist und Natur so untrennbar zusammen, daß alle Kultur eines gewissen Nährbodens von Barbarei, alles Rationale des Irrationalen bedarf? Ist denn die volle Rationalisierung des Völker- und Staatenlebens überhaupt ein Glück? Würde der Völkerfriede nicht mehr

---

[1] Vgl. meinen Aufsatz »Weltgeschichtliche Parallelen unserer Lage« in »Nach der Revolution« 1919.

der Triumph einer äußerlichen Zivilisation, als einer echten, aus der menschlichen Gesamtnatur sich nährenden Kultur sein? Diese Gedanken, die schon bei Hegel anklangen, die dann in Treitschkes Würdigung des Krieges eine Rolle spielten und in gröberer oder feinerer Form von den Anhängern des reinen Machtgedankens bis zu Spengler herab vertreten werden, können historisch nicht schlechthin widerlegt werden. Einer der feinsten lebenden Denker des Auslandes, dessen Staatsphilosophie von Machiavellis und Hegels Geiste zugleich genährt ist, Benedetto Croce, hat nach dem Kriege gesagt: »Aus welchem andern Grunde ist denn jemals ein Krieg unternommen worden, als um ein volleres, würdigeres, höheres, machtvolleres Leben zu führen? Wir alle, Sieger und Besiegte, führen sicherlich ein geistig höheres Leben als das vor dem Kriege[1].« Wir, die Besiegten, spüren in der Tat, aber mit innerer Erschütterung, das Richtige an dieser Feststellung. Aber wir spüren auch stärker, als der auf der Sonnenseite des Lebens jetzt stehende Sieger die furchtbare Antinomie zwischen den Idealen der sittlichen Vernunft und den tatsächlichen Hergängen und Kausalzusammenhängen der Geschichte. Weil uns das Wasser höher an den Hals steigt als ihm, sehen wir vielleicht auch schärfer die Gefahr des besonderen geschichtlichen Moments, in dem wir stehen, daß nämlich der Unsegen von Krieg und Machtpolitik den Segen, den sie entwickeln können, zu überwuchern droht. Durch das, was zu ihren Gunsten gesagt werden kann, wird das Ideal des Völkerbundes nicht entwurzelt, denn es liegt im Wesen der Vernunft, daß sie über die Natur hinaus zu gelangen strebt und ein solches Ideal aufstellt. Das brennende Bedürfnis der Zeit bestärkt sie darin und fordert von neuem und stürmisch jene Schranken der Staatsräson, um die sich Jahrhunderte vergebens bemüht haben. Mag diese Forderung auch nur unvollkommen zu erfüllen sein, — auch schon die Annäherung an ein unerreichbares Ideal kann als Gewinn gebucht werden. Die Naturgewalten des geschichtlichen Lebens sorgen schon genügend dafür, daß der Friede auf Erden so bald nicht kommen wird, und es liegt keine Veranlassung vor, sie noch durch eine Doktrin, die Machtkampf und Krieg verherrlicht, zu verstärken und dadurch die Staatsmänner erst recht in den Machiavellismus hineinzutreiben. Jenen

---

[1] Randbemerkungen eines Philosophen zum Weltkriege, übersetzt von J. Schlosser, 1921, S. 289.

dunklen ursächlichen Zusammenhang zwischen Geist und Natur im Staatenleben, den auch wir immer betonten, sollte man immer nur anerkennen, aber nicht verherrlichen, als gegebenes Schicksal tragen, aber auch den Kampf mit dem Schicksal aufnehmen, so zweischneidig auch alles geschichtliche Handeln und jede uns leitende Idee ist. Der moderne Geist sieht und empfindet vielleicht schärfer und schmerzhafter als frühere Zeiten die Brechungen, Widersprüche und unlösbaren Probleme des Lebens, weil ihm der tröstende Glaube an die Eindeutigkeit und Absolutheit der menschlichen Ideale verloren gegangen ist durch die relativierenden Wirkungen des Historismus und die skeptisch stimmenden Erfahrungen des modernen Geschichtsverlaufes. Den Glauben aber, daß es ein Absolutes gibt, wiederzugewinnen, ist theoretisches wie praktisches Bedürfnis, denn die reine Kontemplation würde ohne solchen Glauben in ein bloßes Spiel mit den Dingen zerfließen und das praktische Handeln rettungslos allen Naturgewalten des geschichtlichen Lebens ausgeliefert sein. Aber das Absolute offenbart sich dem modernen Menschen innerhalb des Horizontes, den er beherrscht, nur an zwei Punkten unverhüllt, im reinen Sittengesetz einerseits, in den höchsten Leistungen der Kunst anderseits. Wohl spürt er es auch sonst allenthalben wirksam in seiner Welt, aber er kann es nicht herauswickeln aus dem Schleier des Zeitlich-Vergänglichen, in den es gehüllt ist. Wir sehen in der Geschichte nicht Gott, sondern ahnen ihn nur in der Wolke, die ihn umgibt. Nur zu viele Dinge aber gibt es, in denen Gott und Teufel zusammengewachsen sind. Zu ihnen gehört voran, wie Boccalini zuerst gesehen hat, die Staatsräson. Rätselhaft, führerisch und verführerisch schaut sie, seitdem sie den Menschen zu Beginn der neueren Geschichte wieder zum Bewußtsein gekommen ist, ins Leben. Die Kontemplation kann nicht müde werden, in ihr Sphinxantlitz zu blicken, und kommt ihr doch nie ganz auf den Grund. Dem handelnden Staatsmanne aber darf sie nur zurufen, daß er Staat und Gott zugleich im Herzen tragen müsse, um den Dämon, den er doch nicht ganz abschütteln kann, nicht übermächtig werden zu lassen.

PERSONEN- UND SACHREGISTER

(Die in Klammern stehenden schräggedruckten Zahlen bedeuten Jahreszahlen, die übrigen Zahlen sind Seitenzahlen.)

PERSONENREGISTER

(A hinter einer Seitenzahl bedeutet eine Anmerkung auf der betreffenden Seite.)

Alençon, Herzog Franz von *(1554—1584)*, 59, 62
Alexander der Große *(356—323 v. Chr.)*, 123, 126
Alexander VI., Papst *(1430—1503)*, 45
Ammirato, Scipione *(1531—1601)*, 76 f., 140, 142, 144, 154, 204 A;
»Discorsi sopra Cornelio Tacito«, 77, 142 f., 204 A.
Ancre, Marschall de, Concino Concini *(† 1617)*, 235
Andreae, Johann Valentin *(1587—1654)*, 107 A;
»Fama fraternitatis des löblichen Ordens der Rosenkreuzer« 107 A.
Archimedes *(um 285—212 v. Chr.)*, 237
Aristides *(Mitte des 6. Jhs. bis um 467 v. Chr.)*, 73
Aristoteles *(384—322 v. Chr.)*, 29 f., 93, 108, 141, 145, 173, 228 A, 260, 474;
»Politik« 29, 141, 228 A.
Arnim, Harry von *(1824—1881)*, 8, 481 A
August Wilhelm, Prinz von Preußen *(1722—1758)*, 329.
Augutinus, Aurelius *(354—430)*, 31, 120
Augustus, Römischer Kaiser *(63 v. Chr. bis 14 n. Chr.)*, 71.

Bacon, Francis *(1561—1626)*, 463.
Bagni, Kardinal *(17. Jahrhundert)*, 232 f.
Balzac, Jean Louis Guez de *(1597—1654)*, 87, 223 A);
»Le Prince«, 223.
Bayle, Pierre *(1647—1706)*, 289, 331.
Bentham, Jeremias *(1748—1832)*, 252.
Bernhard von Weimar *(1604—1639)*, 191;
Bernhardi, Friedrich von *(1849—1930)*, 482.
Besold, Christoph *(1577—1638)*, 84 A, 107 A, 110 A, 153 A, 155, 169 A, 204 A, 228 A;
»Discursus de arcanis rerum publicarum«, 155 A;
»Politicorum libri duo«, 153 A, 155 A, 169 A, 204 A, 228 A.
Bestuschew, Alexeï Petrowitsch *(1693—1766)*, 391 f.
Bethmann Hollweg, Theobald von *(1856—1921)*, 497.
Biron, Charles de Gontaut, Herzog von *(1562—1602)*, 235.
Bismarck, Otto, Fürst von *(1815—1898)*, 7 f, 23, 136, 256 A, 373, 435 A, 463, 481 A, 483, 488 f., 491, 497, 506.
Boccalini, Trajano *(1556—1613)*, 30 A, 76, 82—107, 110 A, 112,

114, 117, 123, 140, 146, 171 A,
173, 188, 199, 204 A, 311;
»La bilancia politica«, 84, 86,
88 ff., 92 ff., 98 f., 101, 188 A;
»Kommentar über Tacitus' Agricola«, 90, 92, 97;
»Pietra del paragone politico«,
83 f.;
»Ragguagli di Parnaso«, 83 f.,
86, 87 f., 90, 92—99, 101,
107 A, 204 A.
Bodin, Jean *(1530—1596)*, 66—75,
81, 101, 152, 179, 227 A, 228 A,
236, 265, 312, 365 A;
»De jure feciali«, 74;
»De Republica«, 227 A.
Böcler, Johann Heinrich *(1611—1672)*, 155.
Bonaventura, Federico *(1555—1602)*, 141—147, 157 A, 199;
»Della ragion di stato«, 141.
Borgia, Cesare *(1475 oder 1476—1507)*, 45, 48, 345.
Bornitz, Jakob *(um 1560—1625)*,
155.
Borromäus, Karl, Kardinal *(1538—1584)*, 77.
Bossuet, Jacques, Bénigne *(1627—1704)*, 312.
Botero, Giovanni *(1540—1617)*,
55 A, 76—82, 87, 92, 107, 115,
119, 121 A, 139 f., 149, 154, 173,
188, 204 A, 228 A, 406;
»Della ragion di stato«, 78 ff.,
188 A, 196 f., 204 A, 228 A;
»Le relazioni universali«, 81 f.:
»Della Riputatione del Principe«, 204 A.
Boyen, Leopold Hermann Ludwig
von *(1771—1848)*, 492.
Bruno, Giordano *(1548—1600)*,
106, 241.
Burckhardt, Jacob *(1818—1897)*,
15, 449, 489 A, 491, 493 A.

Caesar, Gajus Julius *(100—44 v.
Chr.)*, 73, 227.

Calvin, Johann *(1510—1564)*, 58,
98.
Campanella, Thomas *(1568-1639)*,
103 A, 106—138, 140, 155, 164,
173, 188, 204, 228 A, 232 f., 237,
241, 307, 321;
»Aforismi politici«, 121 f., 125;
»Atheismus triumphatus«, 115,
117 f.;
»Avvertimento«, 128, 130;
»Discorso politico«, 119, 135 ff.;
»Discorsi politici ai principi
d'Italia«, 110, 122 f., 127 f.;
»De Monarchia Christianorum«,
130 A;
»Monarchia hispanica«, 103 A,
110 f., 114, 124—129, 131,
228 A.;
»Monarchia Mexiae«, 130 A f.;
»Le Monarchie delle nationi«,
116, 128, 131 ff., 136 f., 188 A;
»Sonnenstaat«, 109 f., 113, 120 f.,
124 f., 126, 128.
Canonhiero, Pietro Andrea *(17.
Jahrhundert)*, 141, 143, 148 f.;
»Dell'introduzione alla politica,
alla ragion di stato«, 141.
Carlos, Don *(1545—1568)*, 97.
Cato, Marcus Porcius Censorius
(234—149 v. Chr.), 95.
Charron, Pierre *(1541-1603)*, 234;
»De la sagesse«, 234.
Chemnitz, Bogislav Philipp von
(Pseudonym Hippolithus a Lapide) *(1605—1678)*, 155, 159 f.,
166, 268, 388;
»Dissertatio de ratione status
in imperio Romano-Germanico«, 155, 159.
Chiaramonti, Scipione *(1565-1652)*,
55 A, 140 A, 141 f., 147 ff., 228 A;
»Della ragione di stato«, 55 A,
141, 228 A.
Christ, Johann Friedrich *(1700—1756)*, 57, 60 A, 344 A;
»De Nicolao Machiavello libri
tres«, 57, 60 A, 344.

Personenregister

Cicero, Marcus Tullius *(106—43 v. Chr.)*, 29, 30 A, 426;
»De officiis«, 29.
Clapmarius, Arnold *(1574—1611)*, 155 f., 158 ff., 166, 228 A, 234 f., 376 A;
»De arcanis rerum publicarum libri VI«, 155;
»Conclusiones de jure publico«, 157 f., 376.
Colbert, Jean-Baptiste *(1619—1683)*, 169, 297, 308 f.
Coligny, Gaspard, de *(1517-1572)*, 61, 65, 222.
Comenius, Johann Amos *(1592—1670)*, 170, 241.
Condé, Henri II., Prinz *(1588—1646)*, 215.
Conring, Hermann *(1606—1681)*, 153, 155, 165 f., 405;
»Examen rerum publicarum potiorum totius orbis«, 405;
»Machiavelli Princeps cum animadversionibus politicis Hermanni Conringii«, 165;
Courtilz de Sandras, Gatien des *1644—1712)*, 288—301, 310 f.;
»Mercure historique et politique«, 288;
»Nouveaux intérêts des Princes de l'Europe«, 288—301.
Croce, Benedetto *(1866—1952)*, 141 A, 144 A, 509.
Cromwell, Oliver *(1599—1658)*, 23, 254, 264.
Crucé Émeric *(1590—1648)*, 241;
»Nouveau Cynée«, 241.

Dahlmann, Friedrich Christoph *(1785—1860)*, 464.
Dilthey, Wilhelm *(1833—1911)*, 164 A, 431 A, 443, 472.
Droysen, Johann Gustav *(1808—1884)*, 284, 285 A, 286 A, 307 A, 310 A, 316 A, 323 A, 333 A, 343 A, 349 A, 353 A, 354 A, 369 A, 395 A.

Duplessis-Mornay, Philippe de *(1549—1623)*, 64.

Efferen, Wilhelm Ferdinand von *(17. Jahrhundert)*, 154 A, 155;
»Manuale politicum de ratione status seu idolo principum« 154 A.
Elisabeth I., Königin von England *(1533—1603)*, 190, 209 f., 217, 235, 484 A.
Elisabeth, russische Zarin *(1709—1762)*, 391 f.
Elisabeth Farnese, Königin von Spanien *(1672—1766)*, 308, 315.
Essex, Robert Devereux, Earl of *(1567—1601)*, 235.
Eugen von Savoyen, Prinz *(1663-1736)*, 299, 389.
Euripides *(um 480—407 v. Chr.)*, 29.

Farnese, Octavio, Herzog von Parma *(1520—1586)*, 56.
Farnese, Pier Luigi *(1503—1547)*, 56.
Fénelon, François de Salignac de la Mothe *(1651-1715)*, 312, 331.
Ferdinand I., Deutscher Kaiser *(1503—1564)*, 302, 389.
Ferdinand II., Deutscher Kaiser *(1578—1637)*, 109 A, 130, 137, 153.
Fichte, Johann Gottlieb *(1762—1814)*, 363, 435—441, 460 ff., 472, 480;
»Beitrag zur Berichtigung der Urteile des Publikums über die französische Revolution«, 439;
»Grundzüge des gegenwärtigen Zeitalters«, 439 f.;
»Über Machiavelli als Schriftsteller und Stellen aus seinen Schriften«, 435 ff.
Finck, von Finckenstein, Karl Wilhelm, Graf von *(1714—1800)*, 332.

Fleury, André Hercule de, Kardinal *(1653—1743)*, 307 f.
Förster, Friedrich Wilhelm *(1869 geb.)*, 500;
»Politische Ethik«, 500.
Forstner, Christoph von *(1598—1667)*, 129 A, 155, 233.
Frachetta, Girolamo *(1558—1620)*, 140 f., 148, 204 A, 228 A;
»Discorsi di stato e di guerra«, 140, 204 A;
»Il Principe«, 140, 204 A, 228 A;
»Ragione di stato«, 141;
»Seminario de'governi e stati«, 141, 148.
Franz I., König von Frankreich *(1494—1547)*, 74, 137, 149, 206, 229, 448.
Franz II., König von Frankreich *(1544—1560)*, 59.
Freytag, Gustav *(1816-1895)*, 171.
Friedrich II., Deutscher Kaiser *(1194—1250)*, 31.
Friedrich der Große, König von Preußen *(1712-1786)*, 23, 25, 48, 135, 232, 305, 310 ff., 317, 322 A, 323, 324—400, 407, 411, 430, 438, 447, 453 A, 457, 458 A, 461, 463 f., 486 f.;
»Apologie de ma conduite politique«, Œuvres 27, 379;
»Apologie des Rois«, Œuvres 10, 367;
»Briefwechsel«, hg. v. Koser & Droysen, 323, 333, 343, 349, 354, 369, 384, 395;
»Considérations sur l'état présent du corps politique de l'Europe«, Œuvres 8, 317, 326, 337 ff., 340 f., 343, 349 f., 352 ff., 356, 367, 369, 373 f., 388;
»Dissertation sur les raisons d'établir ou d'abroger les lois«, Œuvres 9, 333, 384;
»Examen de l'essai sur les préjugés«, Œuvres 9, 322, 384;
»Essai sur les formes de gouvernement«, Œuvres 9, 323, 335, 362;
»Histoire de mon temps«, Œuvres 2, 336, 353, 356—62, 364, 369, 351, 373 f., 375, 382 ff., 391, 394, 399;
»Histoire de la guerre de 7 ans«, Œuvres 4, 390;
»Instruktion für Major von Borcke für die Erziehung des Prinzen Friedrich Wilhelm«, Œuvres 9, 328;
»Lettre d'un Suisse à un Génois«, Œuvres 15, 399;
»Lettres sur l'amour de la patrie«, Œuvres 9, 362, 366;
»Mémoires de Brandenbourg«, Œuvres 1, 371 f., 398;
»Politische Korrespondenz«, 332, 353, 356, 375, 378;
»Politische Testamente«, Ausgabe von 1920, 328 f., 333 f., 336, 339, 351, 355, 357, 359 f., 364, 367, 369, 371 ff., 375 f., 379, 382 ff., 389 f., 392 ff., 398;
»Réfutation du prince de Machiavel« (Antimachiavell), Œuvres 8, 322, 325 ff., 330 f., 336, 342—358, 360, 362, 364, 366 ff., 370, 382;
»Spottgedicht auf die Fürsten seiner Zeit«, Œuvres 13, 328.
Friedrich III., Kurfürst von Brandenburg (als Friedrich I. König in Preußen, *1657—1713)*, 277, 279 A.
Friedrich Wilhelm, Großer Kurfürst *(1620—1688)*, 153, 169, 264, 267 ff., 281 f., 285 A, 286, 300, 318, 372.
Friedrich Wilhelm I., König von Preußen *(1688—1740)*, 169, 308, 318, 325 f., 461.

Gabor, Bethlen, Fürst von Siebenbürgen *(1580—1629)*, 188.
Galilei, Galileo *(1564—1642)*, 106, 113.

Personenregister

Garmers Johann *(1628 — 1700)*, 92 A, 141.
Gentillet, Innozenz *(um 1540 bis 1595)*, 59—66, 87, 148;
»Discours sur les moyens de bien gouverner«, 59—66.
Georg II., König von England *(1683—1760)*, 385.
Gerson, Johannes *(1363-1429)*, 32.
Goethe, Johann Wolfgang von *(1749—1832)*, 120, 264, 396 ff., 426, 435 A, 505.
Gregor XV., Papst *(1554—1623)*, 113.
Grimmelshausen, Hans Jakob Christoffel von *(vor 1620-1676)*, 155.
Grotius, Hugo *(1583—1645)*, 197, 245—49, 251, 255, 284, 485;
»Epistola de studio politico«, 197;
»De jure belli ac pacis«, 246 ff.
Grumbkow, Friedrich Wilhelm v. *(1678—1739)*, 326, 351 A, 369 A.
Guicciardini, Francesco *(1483—1540)*, 54, 90, 188, 210 A, 376 A;
»Ricordi politici«, 188 A.
Guise, François de Lorraine, Herzog von *(1519—1563)*, 448.
Gundling, Nikolaus Hieronymus *(1671—1729)*, 309, 376 A;
»Kollegium über die Friedenstraktate«, 309;
»Kollegium über den jetzigen Zustand von Europa«, 309.
Gustav II., Adolf, König von Schweden *(1594—1632)*, 81, 130, 137, 194 A, 212, 277, 300, 326, 458.

Hannibal *(246—182 v. Chr.)*, 210.
Hegel, Georg Wilhelm Friedrich *(1770—1831)*, 17, 25, 39 f., 105, 120, 258, 263, 330, 366 A, 409—433, 434 f., 437 ff., 444, 449, 451 f., 459 ff., 464, 472, 475 ff., 479, 500, 504 f., 509;
»Freiheit und Schicksal«, 414;
»Philosophie des Rechts«, 410, 422 f., 428 f., 433;
»Vorlesungen über die Philosophie der Weltgeschichte«, 423 f., 428 f., 431 f.
Heinrich II., König von Frankreich *(1519—1559)*, 59 f.
Heinrich III., König von Frankreich *(1551—1589)*, 59, 184, 210 A, 211.
Heinrich IV., König von Frankreich *(1553—1610)*, 76, 101, 150, 180, 183 f., 188, 205, 209 ff., 214 f., 217 f., 222, 225 f., 235.
Heinrich VIII., König von England *(1491—1547)*, 190, 448.
Heller, Hermann *(1891—1933)*, 366 A, 412 A, 415 A, 417 A, 422, 430, 464.
Herder, Johann Gottfried von *(1744—1803)*, 24, 120, 426, 434 f;
»Briefe zu Beförderung der Humanität«, 24.
Hintze, Otto *(1861—1940)*, 334 A, 336 A, 360 A, 376 A, 394, 461 A.
Hobbes, Thomas *(1588-1679)*, 161, 163, 245, 249-255, 256 f., 259 ff., 405;
»De cive«, 249, 251 ff.;
»Leviathan«, 250—254.
Hölderlin, Friedrich *(1770—1843)*, 416.
Hotmann, Franz *(1524—1590)*, 64.
Houssaye, Amelot de la, Abraham Nicolaus *(1634—1706)*, 311.
Humboldt, Wilhelm von *(1767—1835)*, 450.

Jacob I., König von England *(1566—1625)*, 190, 216.
Jacob II., König von England *(1633—1701)*, 297.
Jeanne d'Arc *(1412—1431)*, 236.
Jena, Gottfried von *(1620—1703)*, 153;
»Fragmenta de ratione status diu desiderata«, 153.

Personenregister

Joseph II., Deutscher Kaiser *(1741 —1790),* 389 f., 396.
Joseph, Pater, François Le Clerc du Tremblay *(1577—1638),* 129 A, 181 ff., 224.
Kant, Immanuel *(1724—1804),* 493, 502 f.
Karl IV., Deutscher Kaiser *(1316— 1378),* 31.
Karl V., Deutscher Kaiser *(1500— 1558),* 23, 54 A, 56, 77, 97 ff., 123, 137, 159, 229, 275, 279 A, 299, 302.
Karl VI., Deutscher Kaiser *(1685— 1740),* 338.
Karl VII., König von Frankreich *(1403—1461),* 236.
Karl VIII., König von Frankreich *(1470—1498),* 73, 135, 177, 206, 229.
Karl IX., König von Frankreich *(1550—1574),* 59, 61, 222.
Karl I., König von England *(1600 —1649),* 180.
Karl X, Gustav, König von Schweden *(1622—1660),* 278, 281 f.
Karl XII., König von Schweden *(1682—1718),* 326.
Karl Ludwig von der Pfalz, Kurfürst *(1617—1680),* 271.
Katharina von Medici, Königin von Frankreich *(1519—1589),* 59 f., 64.
Katharina II., russische Zarin *(1729—1796),* 392 f.
Kaunitz, Wenzel Anton, Graf von *(1711—1794),* 389.
Koser, Reinhold *(1852—1914),* 266 A, 310 A, 323 A, 325 A, 329 A, 333 A, 338 A, 343 A, 349 A, 353 A, 354 A, 356 A, 369 A, 372, 376 A, 383 A, 384 A, 389 A, 393 A, 395 A.
Kessler, Johann Elias (17. Jahrh.), 161—169;
»Detectus ac a fuco politico repurgatus candor et imperium indefinitum vastum et immensum Rationis Status boni principis«, 161 ff.
Kühlmann, Richard von *(1873— 1948),* 497.

Lamormaini, Wilhelm *(1570— 1648),* 154.
Lassalle, Ferdinand *(1825—1864),* 136.
Lavisse, Ernest *(1842—1922),* 214 A, 326 A, 333 A, 385.
Leibniz, Gottfried Wilhelm *(1646 —1716),* 264, 292.
Leo X., Papst *(1475—1521),* 77.
Leopold I., Deutscher Kaiser *(1640 —1705),* 290 f., 293 f., 296, 298 f.
Lesdiguières, François de Bonne, duc de *(1543—1626),* 183, 228.
Liechtenstein, Gundacker von *(1580—1658),* 154.
Lionne, Hugo von *(1611—1671),* 165.
Lipsius, Justus *(1547—1606),* 30, 234.
Livius, Titus *(etwa 59 v. Chr. bis 17 n. Chr.),* 30, 36, 44, 91.
Lloyd George, David, Earl of Dvyfor *(1863—1945),* 497.
Ludendorff, Erich *(1865—1937),* 497.
Ludwig XI., König von Frankreich *(1423—1483),* 31.
Ludwig XII., König von Frankreich *(1462—1515),* 74, 206.
Ludwig XIII., König von Frankreich *(1601—1643),* 180, 183, 214 A, 215, 223, 238.
Ludwig XIV., König von Frankreich *(1638—1715),* 114, 134, 169, 245, 271 A, 288 ff., 292 ff., 310, 314, 372, 461, 487, 497.
Ludwig XVI., König von Frankreich *(1754—1793),* 396 f.
Ludwig von Orléans, Graf von Valois *(1372—1407),* 33.
Luise Ulrike, Königin von Schweden *(1720—1782),* 383.

Luther, Martin *(1483—1546)*, 58, 97 f., 101, 116, 119 A, 162, 238, 404, 460 f.
Luynes, Charles d'Albert, Herzog von *(1578—1621)*, 183.
Machiavelli, Niccolò *(1469—1527)*, 25, 30, 34—54, 57, 59—67, 70, 72, 75, 77—82, 84 ff., 90 f., 94, 97, 99, 102, 105 f., 114 f., 118—122, 124 ff., 128, 135 f., 139 ff., 147 f., 151 f., 157, 162, 164 ff., 171, 173, 176 ff., 188, 191, 196, 199, 203 A, 206, 211 f., 228 A, 229 f., 233 ff., 249, 254 f., 257, 290, 307 f., 311, 321, 328, 336, 340 f., 343—350, 352, 354 f., 357 f., 360, 366, 370 f., 377 f., 399, 405 f., 411, 413, 420 f., 429 f., 433 f., 435 A, 436, 438 f., 441, 445, 447, 448 A, 453 f., 460, 462 f., 465 f., 469, 471, 477, 480, 485, 504, 509;
»Discorsi sopra la prima deca di Tito Livio«, 36, 38 f., 41 ff., 49 ff., 63 f., 157 A, 344;
»Lettere«, 37;
»Il principe«, 34, 38 f., 42, 45—51, 53 f., 57, 63, 121, 165, 171, 177, 188 A, 203 A f., 228 A, 257, 344, 346, 348, 420 f., 435 A, 446 ff., 469 A.
Mansfeld, Peter Ernst II., Graf von *(1580—1626)*, 190.
Manteuffel, Edwin, Freiherr von *(1809—1885)*, 455.
Maria I., Tudor, Königin von England *(1516—1558)*, 209.
Maria von Medici, Königin von Frankreich *(1573—1642)*, 180, 211, 215.
Maria Theresia, Deutsche Kaiserin *(1717—1780)*, 353, 389 f.
Mariana, Juan de *(1536—1624)*, 119.
Max II., Joseph, König von Bayern *(1811—1864)*, 448 f.
Max Emanuel, Kurfürst von Bayern *(1661—1726)*, 290, 298.
Maximilian I., Deutscher Kaiser *(1459—1519)*, 71.
Mazarin, Jules, Herzog von Nevers, Kardinal *(1602—1661)*, 232, 309, 359.
Medici, Lorenzo I. de *(1449—1492)*, 145.
Menzel, Adolf *(1857—1938)*, 255, 259 A, 260, 261 A.
Metternich, Clemens Wenzel Lothar, Fürst von *(1773—1859)*, 489.
Michelangelo, Buonarroti *(1475—1564)*, 90.
Mohl, Robert von *(1799—1875)*, 57.
Montaigne, Michel de *(1533-1592)*, 234, 236, 241.
Montesquieu, Charles-Louis de Secondat, Baron de la Brède *(1689—1755)*, 72, 119 A, 338, 340, 372 A, 383.

Napoleon I., Bonaparte, Kaiser der Franzosen *(1769—1821)*, 23, 387, 395, 408, 411, 433, 437 f., 456 A, 487, 492, 497 f.
Naudé, Gabriel *(1600—1653)*, 197 A, 232—242, 434, 463;
»Bibliographia politica«, 30 A, 197 A, 233;
»Considérations politiques sur les coups d'état«, 232 ff.;
»Epistolae«, 233.
Nietzsche, Friedrich Wilhelm *(1844—1900)*, 477, 482.

Oldenbarneveldt, Jan van *(1547—1619)*, 117, 189.
Oranien, Moritz von, Statthalter der Niederlande *(1567—1625)*, 189, 212.
Orléans, Gaston von *(1608—1660)*, 135.

Palazzo, Antonio *(um 1600)*, 140 A, 141, 149.;

»Discorso del governo e della ragion vera di stato«, 141.
Paruta, Paolo *(1540—1598)*, 76 f., 140, 210.
Paul III., Papst *(1468—1549)*, 56.
Paul V., Papst *(1552—1621)*, 83, 210 A, 211.
Perikles *(um 500—429 v. Chr.)*, 145.
Peter I., russischer Zar *(1672—1725)*, 308 f., 319.
Philipp II., König von Spanien *(1527—1598)*, 77, 97, 100, 107, 125, 128, 202, 209, 484 A.
Philipp IV., König von Frankreich *(1268—1315)*, 31.
Philipp von Leiden († *1380*), 32; »De cura republicae et sorte principantis«, 32.
Pitt, William, Earl of Chatham *(1708—1778)*, 332.
Plato *(427—347 v. Chr.)*, 31, 68 A, 93, 141.
Plutarch *(um 46 bis um 125)*, 70, 141.
Podewils, Heinrich, Graf von *(1695—1760)*, 356, 375 A.
Poincaré, Raymond *(1860—1934)*, 498.
Polybios *(um 200 bis nach 120 v. Chr.)*, 38.
Pontanus, Giovanni *(1426—1503)*, 32 A, 45.
Pufendorf, Esajas *(1628—1689)*, 270.
Pufendorf, Samuel, Freiherr von (Pseudonym: Severinus de Monzambano) *(1632—1694)*, 155 A, 245, 246 A, 264-286, 288, 309, 321, 406, 458 A, 459 A;
»Politische Betrachtungen der geistlichen Monarchie des Stuhls zu Rom«, 275;
»Einleitung zu der Historie der vornehmsten Reiche und Staaten«, 272 ff., 279;
»Jus naturae et gentium«, 271.

»De rebus suecicis ab expeditione Gustavi Adolphi in Germaniam ad abdicationem usque Christianae«, 277 f.;
»De rebus a Carolo Gustavo Sueciae rege gestis«, 277 f., 281 f.;
»De rebus gestis Friderici Wilhelmi Magni electoris Brandenburgici«, 277, 279, 282, 285 f.;
»De rebus gestis Friderici III.«, 277, 279 A.;
»De republica irregulari«, 269 A;
»Severinus de Monzambano: De statu imperii Germanici«, 266—271, 274 ff.

Ranke, Leopold von *(1795—1886)*, 181 A, 195 A, 205 A, 207 A, 210 A, 214 A, 215, 216 A, 296, 331, 365 A, 373, 376 A, 384, 407 A, 434, 435 A, 443—459, 460, 464, 469 ff., 474 f., 503 f., 508;
»Denkwürdigkeiten Hardenbergs«, 455 f.;
»Epochen der Weltgeschichte«, 448, 449 A, 452;
»Politisches Gespräch«, 443, 450, 452;
»Englische Geschichte«, 181 A, 456 f.;
»Französische Geschichte«, 205 A, 214 ff., 448;
»Preußische Geschichte«, 452 f., 455, 457 f.;
»Reflexionen«, 454;
»Reformationsgeschichte«, 452 f., 458;
»Zur Kritik neuerer Geschichtsschreiber«, 210 A, 445 ff.;
»Die großen Mächte«, 451, 455 A, 457 ff.;
»Die Osmanen und die spanische Monarchie«, 157;
»Berchtesgadener Vorträge«, 447 f.;
»Weltgeschichte«, 451, 453.

Personenregister

Reinking, Dietrich *(1590—1664)*, 155.
Riccio, David *(um 1533—1566)*, 235.
Richelieu, Armand-Jean du Plessis, Herzog von, Kardinal *(1585-1642)*, 8, 23, 25 A, 111, 129, 134 ff., 173, 178, 181 ff., 192—198, 203 ff., 213 ff., 217, 221 ff., 226, 228 ff., 234 A, 238, 264, 286, 309, 328, 358, 371, 387, 406, 461, 486;
»Politisches Testament«, 197, 203, 205, 286.
Rist, Johann *(1607—1667)*, 155.
Rochau, August Ludwig von *(1810—1873)*, 465.
Rohan, Herzog Heinrich II., von *1579—1638)*, 192 f., 193—231, 272 A, 274, 283, 286, 288, 291 f., 299, 310, 331 f., 367, 369, 455, 458, 484;
»Le Parfait Capitaine«, 194, 227 ff.;
»Discours politiques«, 216, 218 ff.;
»Discours sur l'affaire de la Ligue«, 210 A;
»Discours sur l'affaire de la Succession de Clèves et Julliers«, 210 A, 220;
»Discours sur l'élection du Conte Palatin au Royaume de Bohème«, 210 A, 219 f.;
»Discours sur la guerre de Savoye«, 210 A, 220;
»Discours sur les mouvements survenus en Italie«, 210 A;
»Discours sur le différend survenu entre le pape Paul V. et la République de Venise«, 210, 219 f.;
»Discours sur la mort de Henri le Grand«, 218;
»Discours de la Trefve des Paisbas avec le Roy d'Espagne«, 210 A;
»Discours sur l'Estat de la France«, 221;
»De l'Interest des Princes et Estats de la Chrestienté«, 193 ff., 198 ff., 217, 223, 227, 229;
»Mémoires«, 194 f., 214 A, 216 ff.
Rohan, Benjamin de, Seigneur de Soubise *(1583—1642)*, 216.
Rousseau, Jean Jacques *(1712—1778)*, 341.
Rousset, Jean (de Missy) *(1686—1762)*, 304 f., 307 A, 310—320, 369, 380, 399;
»Les intérêts présens et les prétentions des puissances de l'Europe«, 304, 310, 320;
»Mercure historique et politique«, 305, 310, 316 A;
»Recueil historique d'actes, négotiations et traités depuis la paix d'Utrecht«, 305 A, 307, 311.

Saint-Pierre, Charles Irenée Castel, Abbé de *(1658—1743)*, 307, 314, 323 f., 349, 364.
Sarpi, Paolo *(1552-1623)*, 83, 96 f., 112, 238, 311.
Schäfer, Dietrich *(1845-1929)*, 468.
Schelling, Friedrich Wilhelm Josef von *(1775—1854)*, 450, 462.
Schlegel, Friedrich von *(1772—1829)*, 425.
Schleiermacher, Friedrich Ernst Daniel *(1768—1834)*, 424 f., 502.
Schlosser, Friedrich Christoph *(1776—1861)*, 15.
Schmoller, Gustav von *(1838—1917)*, 476.
Scioppius, Kaspar *(1576—1649)*, 111 A, 113, 114 A, 116, 118 A, 164 ff., 233;
»Paedia politices«, 164 f.
Seckendorff, Veit Ludwig von *(1626—1692)*, 156.
Seneca, Lucius Annäus, der Jün-

gere *(etwa 4 v. Chr. bis 65 n. Chr.)*, 73, 160.
Settala, Ludovico *(1552—1633)*, 85 A, 140 A, 141, 145-149, 157 A, 159.
Shakespeare, William *(1564-1616)*, 48, 143.
Sixtus IV., Papst *(1414—1484)*, 45.
Sleidan, Johannes *(1507—1556)*, 279 f.
Sobieski, Johann, König v. Polen *(1629—1696)*, 290.
Solon *(um 640—559 v. Chr.)*, 93.
Spanheim, Ezechiel *(1629—1710)*, 286.
Spengler Oswald *(1880—1936)*, 509.
Spinoza, Benedictus *(1632—1677)*, 95 A, 228 A, 245, 255, 263, 264, 328 A, 405, 409, 493 A;
»Tractatus politicus«, 255 ff., 328, 493;
»Tractatus theologicopoliticus«, 95, 228, 255, 258, 498.
Spontone, Ciro *(1552—1610)*, 140, 146;
»Dodici libri del governo di stato«, 114.
Sprenger, Johann Theodor *(17. Jahrhundert)*, 161, 169 A.
Srbik, Heinrich, Ritter von *(1878-1951)*, 153.
Stein, Karl Freiherr vom und zum *(1757—1831)*, 461.
Stresemann, Gustav *(1878—1929)*, 509.
Sully, Maximilien de Béthune, Baron von Rosny, Herzog von *(1560—1641)*, 217, 241, 307.

Tacitus, Publius Cornelius *(um 55—120)* 29 f., 77, 86, 90 ff., 140, 142, 157;
»Annalen«, 29.
Themistokles *(um 527 — 459 v. Chr.)*, 70, 73.
Theramenes *(† 404 v. Chr.)*, 70.

Thomas von Aquino *(1225 oder 1226—1274)*, 142, 164, 426.
Thomasius, Christian *(1655-1728)*, 246 A, 275 A, 309.
Thukydides *(um 460 bis nach 403 v. Chr.)*, 29, 141.
Tiberius, Claudius, Nero, Römischer Kaiser *(42 v. Chr. — 37 n. Chr.)*, 89, 91, 142.
Tocqueville, Alexis de *(1805 — 1859)*, 294.
Treitschke, Heinrich von *(1834—1896)*, 163 A, 193, 271 A, 370 f., 460, 465—480, 482, 499 A, 500, 504 f., 509;
»Aufsätze«, 465 ff., 473;
»Briefe«, 465, 473;
»Deutsche Geschichte«, 470 f., 475, 477;
»Zehn Jahre deutscher Kämpfe«, 469, 475 f.;
»Politik«, 469, 471, 473, 475 f., 479, 499;
»Pufendorf, historische und politische Aufsätze«, 271.
Troeltsch, Ernst *(1865—1923)*, 10 A, 24 A, 57, 224, 322 A, 424 A, 478 A, 499 ff., 508;
»Der Historismus und seine Probleme«, 10 A, 24 A, 424, 501;
»Rede über Naturrecht und Humanität in der Weltpolitik«, 501;
»Privatmoral und Staatsmoral«, 478, 499.
Turenne, Henri de Latour d'Auvergne, Vicomte de, Marschall von Frankreich *(1611—1675)*, 387.

Urban VIII., Papst *(1568—1644)*, 81, 111, 130, 181 A, 191, 207, 232.

Valckenier, Peter *(1641—1712)*, 272 A, 287 A, 393;
»Das verwirrte Europa«, 272 A.
Vico, Giovanni, Battista *(1668—1744)*, 120.

Vierkandt, Alfred *(1867—1953),*
5 A, 10 A, 12 A, 499.
Villari, Pasquale *(1827-1917),* 57.
Voltaire, François Marie Arouet *(1694—1778),* 323 A, 326, 331, 333 A, 343 A, 349 A, 350 A, 354 A, 364 A, 369, 382, 384 A, 395 A.
Voss, Heinrich *(17. Jahrhundert),* 153.
Wallenstein, Albrecht Eusebius Wenzel von, Herzog von Friedland *(1583—1634),* 153 f., 213 A.
Walpole, Sir Robert *(1676—1745),* 308.

Weber, Max *(1864—1920),* 224.
Wilhelm I. von Oranien, Statthalter der Niederlande *(1533-1584),* 211 f., 291, 305, 380.
Wit, Johann de *(1625—1672),* 261.
Xenophon *(um 430 bis um 354 v. Chr.),* 30, 51 A.
Zinano, Gabriel *(17. Jahrhundert),* 141, 147, 149;
»Della ragione degli stati«, 141.
Zuccoli, Ludovico *(1568—1630),* 92 A, 144 ff., 157 A, 141;
»Dissertatio de ratione status«, 141.

SACHREGISTER

Absolutismus 51, 64 f., 67, 87, 106, 136, 151 f., 154 f., 159, 226, 241, 253, 265, 293, 301, 321, 382, 406 f., 483 ff.
Antike 29 f., 33 f., 36, 169, 175, 196, 413, 477.
Antimachiavellismus 59, 115, 137, 351.
Aristokratie 72, 94, 96, 145 ff., 159 f., 167, 220, 256.
Athen 70, 252.
Aufklärung 40, 106, 117, 156, 170, 241, 306, 309, 323 ff., 333 ff., 337 f., 340 f., 343, 351, 354, 356 f., 361 ff., 365, 368, 377, 381 f., 398, 403, 406, 408, 424, 427, 430, 483.
Ausnahmegesetzgebung 16.

Bartholomäusnacht 60 f., 65, 154, 222, 235, 408, 498.
Bayern 390, 395.
Belgien 302, 304, 314, 495, 507.
Brandenburg 276, 278, 299 f., 318, 353.
390, 395, 397, 409, 411. 414 f.,

Bürgerkrieg 60 f., 66 f., 69, 76, 100, 149, 180, 202, 209, 221, 227 ff., 253.
Calvinismus 92, 224, 240, 331 f.,
Christenheit 111, 124, 130, 133, 137, 187, 189, 192, 200, 209, 219, 283, 449.
Christentum 31, 34, 36, 57, 62, 109, 147, 283, 321, 403, 408, 413, 427, 443 f.
Corpus Christianum 32, 200, 283, 508.
Dänemark 208, 275, 299 f., 311, 313, 318, 393 f.
Deismus 322.
Demokratie 38, 72, 94, 256, 395, 490, 506.
Despotismus, aufgeklärter, 251, 381, 390, 398.
Determinismus 257, 331.
Deutschland 77, 97, 107, 116, 123, 137, 152 ff., 156, 158, 160, 169, 171, 186, 188 f., 202, 208, 212, 233, 245, 248, 267 ff., 274 f., 276 f., 317, 348, 376, 382, 385,
Bundesstaat 266 f., 269.

418, 421, 424 f., 438, 460 ff., 466, 488, 494 f., 497, 500 f., 504.
Diplomatie 176, 231.
Droit de bienséance 305, 307, 342, 353.
Dualismus 7 f., 9 f., 19, 21, 46, 166, 200, 261, 316, 351, 357, 365 f., 406 f., 419, 445, 449 ff., 459, 462, 486, 491, 501, 503 f.
Dynastie 327 ff., 348, 364.
Elsaß 375 f., 495.
Empirismus 45, 197, 246, 256, 260, 406, 408, 411, 442, 474, 501.
England 68, 97, 180, 190, 202, 209 f., 213, 216 f., 275, 294, 296 ff., 303, 307 f., 311 ff., 319, 367, 372 f., 377, 382, 384 ff., 392, 394, 408, 411, 463, 466, 497.
Entelechie 11, 12.
Erbfolgekrieg, mantuanischer 130, 137, 193, 213.
—, österreichischer 309.
—, polnischer 303, 316.
—, spanischer 298 f., 302 f., 307, 309.
Ethik 3 f., 29 ff., 37 f., 46, 58, 139, 248, 259, 262, 281, 321, 346, 349, 355, 361 f., 363 f., 419, 421, 433, 461, 502 ff.
Europa 21, 92 f., 122 f., 127 f., 133, 179, 183 ff., 188, 190 f., 200, 205, 219, 231, 269, 271 f., 298 f., 301 ff., 309, 313 ff., 319, 356, 368 f., 373, 380 f., 386 f., 393 f., 437, 453, 458 f., 493 ff., 497, 499.
europäische Gesinnung 301, 305, 314, 380.
—, Gesamtinteressen 305 f., 308.
—, Politik 212, 217, 223, 488.
europäisches Gemeingefühl 458, 507.
—, Gleichgewicht 21, 100, 181 A, 273, 314, 350, 367, 407 A, 494.
—, Staatensystem 189, 221, 303 f.
Flandern 99, 186, 395.
Florenz 34 f., 38, 76 f., 79, 95, 103, 187, 211.

Fortschritt 40, 85, 323, 344, 410, 431, 434, 454, 457 f., 483.
Fortuna 42 f., 47, 49, 491.
Frankreich 59 ff., 64, 67, 76 f., 81, 92, 97, 99 ff., 111, 114, 116, 122 f., 129 ff., 133 ff., 145, 152, 179 ff., 184, 190 ff., 195 ff., 200 ff., 205 f., 208 f., 211 ff., 215 ff., 221 ff., 227 ff., 232 f., 236, 240 f., 270, 275 f., 283, 289 ff., 297 ff., 303 f., 307 ff., 312 ff., 317, 337, 367, 372, 385 ff., 394 ff., 406, 408, 411, 497 f., 507.
Franzosen 35, 60, 99, 101, 125, 131, 133 f., 275, 457.
Freiheit 2, 68, 79, 93 ff., 99, 101, 104, 157, 163, 190, 208 f., 212, 221, 225, 247, 251, 262 f., 269, 337, 417, 422, 429, 431 f., 437 f., 464, 467, 473, 491.
Frieden 71, 77, 167, 186, 200 f., 206, 208 f., 263, 484 ff., 489, 491 f., 497, 509.
Friede von Breslau 353, 355, 358.
—, von Dresden 353, 358, 362.
—, Hubertusburger 392.
—, von Montpellier 181, 183.
—, von Nimwegen 299.
—, Westfälischer 270, 300.
—, von Utrecht 315.
—, von Versailles 497.
Fürst 33, 41, 45 ff., 60, 62 ff., 68, 73 f., 77, 79 ff., 84 ff., 94, 96, 103 f., 107, 116, 140, 148, 152 f., 158 ff., 163 ff., 169, 171, 176, 178, 184, 197, 199, 235 f., 271, 282.
Fürstenspiegel 45 f., 156.

Gegenreformation 53, 78, 85, 91, 94, 104 ff., 113, 115, 138 f., 166, 221, 230, 406.
Gemeinwohl 6, 51, 88, 93, 150 f.
Generalreform 51, 107.
Generalstaaten 190, 212.
Genua 132, 186.
Geschichtsbetrachtung Rankes 445, 449, 451, 457, 459.

Sachregister

Geschichtsschreibung bei Boccalini 90 f.
—, moderne politische 90 f.
—, bei Pufendorf 265, 273 ff., 284 ff.
—, bei Sleidan 279 f.
—, bei Treitschke 470 f., 473 ff.
Geschichtsschreibung, Verhältnis zur Interessenlehre 25, 277.
Gesetze 2, 32, 39, 52, 61, 68 ff., 72 ff., 85, 93, 95, 98, 142, 144 f., 149 f., 152, 158, 160, 220, 251, 259, 261, 281, 403.
Gleichgewicht, europäisches 21, 100, 181 A, 273, 314, 350, 367, 407 A, 494.
Gleichgewichtspolitik 77, 100 f., 104, 122 f., 323 f., 326, 367.
Graubünden 186, 188, 193 f., 224.
Großmacht 77, 179, 204, 210, 298, 304 f., 308, 385 ff., 391, 486, 492 ff.
Großstaat 23, 164, 398.

Habsburg 20, 79, 129, 159, 182 A, 185, 207 f., 213, 276, 388.
Handelsfreiheit 313.
Heere, Begründung stehender 98, 485.
Historiker 2, 4, 9 ff., 13, 116, 192, 278, 281 f., 447 f., 472, 474.
Historismus 22 f., 25, 105, 132, 173, 231, 257, 313, 346, 368, 370, 424, 426 f., 443 f., 454, 470, 474, 500 f., 510.
Holland s. Niederlande.
Holländer 93, 190, 208, 235 (s. auch Niederländer).
Hugenotten 59, 61 ff., 81, 116, 121 ff., 137, 179 ff., 193, 213 ff., 221 ff., 225 f., 229, 231 ff., 238.
Humanität 322, 333 ff., 337, 342 f., 347, 349, 362 f., 365 f., 399, 434, 483, 501.

Idealismus 39 f., 107, 136, 264, 411, 436 f., 441, 472, 476 f., 480, 500.
Ideengeschichte 24.

Identitätsidee 427 f., 433, 442, 450, 461 f., 474, 477, 482, 501.
Identitätsphilosophie 432 f., 435 f., 443 f., 450, 472, 476, 490, 503 ff.
Ideologie 24, 31, 283.
Imperialismus 213, 389, 492 ff.
Index librorum prohibitorum 54.
Individualismus 149, 197, 241, 255, 412, 416, 423, 425 ff., 466, 473, 483.
Individualität 11, 22, 389, 413 ff., 423 ff., 427 f., 433, 442 ff., 450, 454 f., 456, 461, 477, 501 f., 504.
Individuum 39, 42, 110, 118, 168, 253, 262, 404, 406 f., 409, 412 f., 415 f., 418, 423 f., 428, 454, 462, 503.
Industrialismus 483, 495 f.
Inquisition 83.
Interessenlehre 23, 25, 88 ff., 100, 124 ff., 173 ff., 183 ff., 199, 220 ff., 224 ff., 230 f., 245, 265, 271 ff., 273 ff., 277, 280, 282, 284 ff., 294, 296, 298, 301, 306, 309, 311 ff., 338, 367 ff., 377, 387 f., 393, 395, 405 ff., 418 f., 458 f.
Interessenpolitik 80 f., 104, 122 ff., 180, 209 f., 229, 245, 247, 257, 271, 290 f., 293 f., 308, 316, 370, 391, 393, 433, 483.
Intoleranz 117, 168, 336.
Islam 102.
Italien 34 f., 48, 64, 76 f., 85, 92, 94, 97 ff., 103, 106, 108, 112, 128 ff., 132 ff., 139 f., 146, 150, 152, 154 f., 177, 179, 186 f., 199, 202, 206 ff., 210, 212 ff., 227 ff., 240, 286, 293, 304, 308, 420, 494.
Italiener 59, 77, 99, 105, 107 f., 123, 125 f., 131, 134, 139, 147 f., 150, 157, 164, 186.

Janitscharen 102, 125.
Jugoslawien 20.

Kaisertum 131, 133, 160, 202, 275.
Kapitalismus 35, 224, 483, 492, 498.

Karthago 252.
Katholiken 62, 149, 191, 202, 214, 219, 224.
Katholizismus 111, 209.
Kausalität 2 f., 6, 10, 13, 39, 43, 242, 339, 341, 377, 410, 474, 509.
Ketzerei 98 f., 110, 113, 149, 164.
Kirche 79 f., 106, 109, 116, 139, 156, 167, 179, 216, 253, 321.
Kirchenstaat 34, 64, 83 f., 95, 120.
Königtum, französisches 62, 64, 217, 223, 396.
Kontinuität der historischen Entwicklung 9, 330.
Konvenienz 304 ff., 310, 466.
Konvention von Kleinschnellendorf 352, 355, 358.
Konzil, Tridentiner 106.
Kratos und Ethos 5, 7, 13, 464.
Kreislauftheorie 38 f., 175, 196
Krieg 17, 62, 65, 71, 102 f., 123, 148, 171, 189, 200 f., 206 f., 211, 227 f., 248 f., 251 f., 323, 350, 419, 423, 452, 456, 466, 469 A, 479, 484 ff., 489 ff., 496 f., 505, 509.
—, Dreißigjähriger 90, 150, 152, 169, 191, 270, 299, 460.
—, Nordischer 299.
—, Erster Schlesischer 354, 358.
—, Siebenjähriger 386, 389, 392, 394.
—, gerechter 248.
— und Frieden 484 ff., 489, 497.
Kultur 14, 21, 23, 29, 46, 91, 93, 96, 103 f., 198.
Kulturstaat 126 f., 277, 333, 366, 440, 466, 469 A, 483, 490 f., 498, 509.

La Rochelle 137, 193, 213, 223, 238.
Lepanto, Seeschlacht von 103, 123.
Leviathan 250 f., 253 f.
Libertät 159, 201, 208, 212, 301, 409.
Liga in Frankreich 64, 187.

Machiavellismus 34, 43 f., 51, 53 f., 56 ff., 61 f., 64 ff., 75, 114 ff., 118 f., 128, 136 f., 139 f., 147 f., 151, 157, 164, 170, 233 ff., 251, 316, 343, 349 ff., 411 f., 415, 421, 433 ff., 439 f., 445 ff., 454, 459 f., 463, 465, 482, 485 f., 505, 508 f.
Machtinteresse 12, 22, 116, 120, 191, 226, 306, 323 f., 380.
Machtmittel 16 f., 106 f., 131, 168, 203, 207, 486, 488, 492, 497, 507.
Machtmensch 30, 417, 482.
Machtpolitik 17 f., 29, 31, 48, 77, 147, 168, 202, 204, 206, 210, 273, 290, 294, 357 f., 364, 366, 368, 382 ff., 388 ff., 392, 394, 396, 406 ff., 411 f., 433, 435, 437, 451, 456, 460, 463, 466 f., 472, 480 f., 486 ff., 492, 494 f., 502, 505 ff., 509.
—, Auffassung bei Bismarck 464.
—, — bei Fichte 439 ff.
—, — bei Friedrich dem Großen 342, 362 ff., 371 ff.
—, — bei Hobbes 252.
—, — bei Ranke 471 f.
—, — bei Treitschke 465 ff.
Machtstaat 75, 121, 127, 260, 263, 333 ff., 342, 380, 383 f., 390, 398, 437, 465, 467, 480.
—, Auffassung bei Campanella 127.
—, — bei Friedrich dem Großen 349.
—, — bei Hegel 415 ff., 422 f., 430 f.
Machttrieb 5 ff., 11 f., 17, 20, 49, 453, 456, 488.
Mailand 34 f., 56, 76 f., 79, 99, 101, 180, 185 f., 302.
Mantua 187, 212 f.
Merkantilismus 297, 308, 380.
Militarismus 127, 337, 492 ff., 498.
Mittelalter 20, 31 ff., 47, 132, 151.
Modena 187.
Monarchie 35, 38, 50, 65, 68, 71, 87, 93, 106 f., 135, 144 f., 158 ff., 169, 180, 202, 220, 225, 254, 256, 266, 270, 382 ff., 396 ff., 489, 496, 506.
Monismus 9, 43, 261.

Sachregister 525

Monarchomachen 60, 64.
Moral 3, 16, 31, 38, 41, 44, 47 f.,
  58, 63, 80, 120, 142, 147, 161,
  167, 241, 419 f., 423 f., 429, 433,
  438, 448, 451 f., 454, 457, 459,
  463, 477, 479, 502 ff.
Mordbefugnis der Fürsten 32, 60,
  153 f.
Moskau 103.

Nachtwächterstaat 253.
Nation 13, 65, 132 f., 467, 473, 505.
Nationalismus 441, 482, 492 f., 495,
  497 f.
Nationalstaat 365, 368, 398, 441,
  462, 467, 473, 482 f., 488, 493.
Natur und Geist 6, 9 f., 13 f., 261,
  427, 431 f., 436, 442, 479, 500,
  503 f., 508, 510.
Naturalismus 37, 44, 139, 477,
  480.
Naturgesetz 73, 107, 251, 256, 403.
Naturrecht 22, 32, 58, 139, 162,
  165, 167, 246 ff., 251, 254, 256,
  260 ff., 306, 322, 403, 405 ff.,
  409, 424, 426, 443, 454, 500 ff.
Navarra 214.
Neapel 34 f., 45, 64, 76, 79, 99,
  110, 128, 130 f., 134, 185 f.
Necessità 43 f., 46 f., 49, 120, 122,
  160, 168.
Niederlande 92, 100 f., 111 ff., 117,
  145, 180, 188 ff., 190, 202, 208 ff.,
  290 f., 294, 296 ff., 311 ff., 318 f.,
  382, 394.
Niederländer 59, 124 A, 125, 221.
Nordamerika 386.
Notwendigkeit 2, 39, 44, 46, 68,
  70, 97, 105, 143, 159, 161, 163,
  178, 235, 239 f., 349 ff., 361, 363,
  372, 410, 429, 447, 455 f., 479,
  489, 491.

Objektivität 186, 201, 279 f.
Orientfrage 493.
Österreich 20, 122 f., 137, 180, 184,
  189, 212, 296 ff., 302, 308, 314 f.,
  317, 375 ff., 379, 388 ff., 495.

Ostindien 386.
Ostrazismus 146.

Panentheismus 444.
Pantheismus 261 f., 409, 444, 459.
Papsttum 32, 110, 114, 120, 124,
  128, 191 f., 207, 275.
Parma 56, 187
Pax Anglosaxonica 508.
Pazifismus 241, 247, 307, 323 f.,
  364, 500.
Pentarchie, italienische 177.
Pessimismus 18, 39, 249 f., 432,
  449.
Piacenza 56.
Pisa 211.
Pleonexie 5 f., 332, 441.
Polarität 10 f., 13 f.
Polen 103, 299, 317 f., 382, 392 ff.
Politik, Auffassung bei Campanella 120 f.
—, — bei Conring 165.
—, — bei Gentillet 62 ff.
—, — bei Hegel 418, 423.
—, — bei Kessler 163.
—, — bei Machiavell 52.
—, — bei Rousset 315.
Politik, auswärtige 201, 273 f.,
  382, 391, 471, 489, 494.
Politik, europäische 212, 217, 223.
—, französische 183, 195, 209, 213,
  299.
—, humanitäre 335.
—, machiavellistische 56, 343, 350.
—, spanische 84, 315.
—, venezianische 207.
Politik und Moral, Konflikt zwischen — 30, 48, 137, 257, 419,
  448, 453 A, 462, 464, 504.
—, Verhältnis von — 23, 46, 423 f.,
  434, 456 A, 477, 499.
Politiker 23, 98, 102, 116, 127,
  142, 165.
Politiker, Partei der — in Frankreich 62, 66 f., 116 f., 179 f., 183.
politischer Empirismus 197.
— Idealismus 40, 107.
— Individualismus 197.

Sachregister

Polytheismus 30.
Portugal 394.
Positivismus 13, 18, 474 f., 503.
Priesterfürstentum 120 f., 128, 130.
Priesterkönigtum, päpstliches 133.
Primogeniturprinzip 169.
Privatrecht 32.
Privatwohl 51, 168, 170.
Preußen 169, 299, 309, 311, 317 ff., 337, 367, 375, 377, 379, 384, 386, 390, 392 ff., 399, 435 A, 488.
Protestanten 62, 130, 137, 188, 191, 202, 205, 208 f., 211, 214, 218 ff., 276.
Protestantismus 99, 113, 209, 227.

Rationalismus 44, 123 f., 127, 253, 291 f., 306, 377, 396 f., 406 ff., 439, 456.
Realpolitik 210, 465.
Recht 3 f., 16 f., 33, 47, 62, 73, 151 f., 156 f., 161, 163, 165, 170, 235, 246 f., 251, 260, 262, 282 f., 418 f., 466, 468.
—, göttliches 73, 142, 150 f., 154, 160, 166.
—, gutes altes 33, 152.
—, natürliches 32, 73, 150 f., 154, 162 f., 166.
—, positives 2 f., 32, 51, 55 A, 62 f., 66, 150 ff., 234, 306, 477.
—, römisches 152.
— und Sitte 4, 7, 66, 234.
Rechtsideen 3, 66, 151, 247.
Rechtsstaat 66, 71, 75, 322, 345, 351, 366.
Relationen, venezianische 82, 103, 177 f., 203, 286.
Relativismus 50, 97, 166 f., 257, 287 f., 291, 312, 397, 443, 445, 500.
Religion 21, 30, 39, 41, 47, 93, 114 ff., 125, 136 f., 139, 150 f., 157, 161 f., 165, 167, 170, 191, 202, 208 f., 212, 216, 219, 258, 468.
—, Auffassung bei Boccalini 97 ff.

Religion, Auffassung bei Campanella 115 ff., 119, 122, 136.
—, — bei Canonhiero 149.
—, — bei Courtilz 292.
—, — bei Kessler 168.
—, — bei Machiavell 41 f., 47, 139, 148, 162.
—, — bei Naudé 238 f.
—, — bei Rohan 203, 223 f.
—, — bei Settala 148.
Religionsfrieden, Augsburger 116.
Religionskriege 59 ff., 117.
Renaissance 35 f., 38, 40, 52 f., 82, 84 f., 87, 91 f., 94, 96, 100 f., 103, 106, 120, 138, 176, 187, 196, 204, 207, 241, 346.
Republik 37 f., 50 f., 53, 86 f., 93 ff., 101, 145, 158, 254, 383 f., 506.
Reputation 203 f., 371, 486.
Republica Christiana 192.
Revolution 16, 19, 141, 253.
—, Französische 111, 380, 395, 398, 407, 412, 414, 487.
Rheingrenze 20, 295, 372 f.
Rom 37, 76 f., 83 f., 97, 100, 103, 111, 130, 132, 135, 137, 190, 207.
Rosenkreuzer 107 A.
Rußland 299, 318 f., 377, 379, 382, 391 ff., 435 A, 495.

Sacco di Roma 52, 235.
Sardinien 394.
Savoyen 77, 107 f, 186.
Schlesien 352 f., 363, 375 f., 390.
Schweden 130, 159, 208, 270, 275 f., 278, 281, 299 f., 311 f., 318, 379, 382 f., 393 f., 418.
Schweiz 186, 202, 208 f, 304, 382, 384.
Sitte und Recht 14 ff., 18 f.
Sittengesetz 16, 46, 451, 459, 500, 506, 510.
Sittlichkeit 13 f., 151, 161, 361, 433, 436, 438, 452, 468, 477, 479, 483, 502.
Skandinavien 189.
Skeptizismus 42, 104, 276.

Sachregister

Sonnenstaat 109 ff., 113 f., 120 f, 124 ff., 438.
Souveränität 67 ff, 73, 75, 179, 223, 265 ff., 508.
Spanien 76 ff., 83 ff., 97, 99 ff., 108, 110 f., 113 f., 121 ff., 129 ff., 145, 150, 179 f., 184 ff., 193, 200, 202 ff., 206, 211 ff., 216 f., 219 ff., 228, 230, 292, 294, 297 f., 302 f., 307, 315, 317, 394.
Spanier 35, 99 f., 122, 125 f., 132, 137, 190, 213, 275.
Sparta 79.
Staat, Auffassung bei Bodin 67, 69 ff.
—, — bei Botero 78 ff.
—, — bei Campanella 109 f.
—, — im Discours von *1624* 183 ff.
—, — bei Hobbes 249 ff.
—, — bei Friedrich dem Großen 330 ff.
—, — bei Hegel 410 ff., 422 ff., 428 ff.
—, — bei Machiavell 39 ff., 47 ff., 72.
—, — bei Pufendorf 264 ff.
—, — bei Ranke 452 ff.
—, — bei Spinoza 255 ff.
—, — bei Treitschke 466 ff.
Staat, absolutistischer 65, 106.
—, bester 22, 165, 173 f., 256 f., 262 f., 382, 406, 424, 427, 438 f.
—, idealer 22, 69, 166.
—, individueller 2, 22, 173, 405 f.
—, moderner 46, 66 f., 104, 140, 151 f., 173, 225, 229 f., 333, 365, 483, 498.
— der Antike 29.
— im Mittelalter 31.
— der Renaissance 103.
—. Verhältnis von Religion und — 149.
Staatenwelt, europäische 21, 257, 287, 301, 303.
Staatsethik 30, 259, 262.
Staatsform 50, 71 f., 144 ff., 157, 159, 173, 254, 262, 268.

Staatsgedanke, humanitärer 333 f., 335, 342, 398 f.
Staatsgewalt 16, 18, 32, 67, 259, 453.
Staatsinteresse 7, 17 f., 20, 23, 48, 67, 76, 80 f., 88, 90, 92, 96, 98 ff., 117, 149, 160, 173 f., 178, 217 ff., 222 ff., 228, 230, 245, 268, 274, 282, 331 ff., 359 f., 405, 407, 426, 430, 455, 470, 504.
Staatskunst 19 f., 22 f., 25, 32, 35, 45, 53, 55 A, 58, 81 f., 85, 107, 134, 139, 142, 150, 159, 161 f., 172, 174, 179, 188, 192, 197, 201, 203, 207, 209 f., 224, 227 f., 231, 233 f., 246, 277, 290 ff., 295, 328, 343, 350, 358, 370, 372, 378, 486 f., 488 f., 496.
Staatsmoral 502 ff.
Staatsmann 1 ff., 5 ff., 18, 22, 42, 46, 59, 71, 75, 80, 84, 89, 137, 139, 157 f., 162, 176, 192, 198 f., 201, 221, 223, 232, 234, 237 ff., 245, 255, 272, 274, 407, 454 f., 458, 470, 478, 497, 500, 504, 506 f., 510.
Staatsnotwendigkeit 2, 6 ff., 12, 19, 32, 44, 48 ff., 68, 161, 334, 497.
Staatsnutzen 8, 29, 48, 160, 169.
Staatsstreich 233, 235 f.
Staatswohl 3 f., 7 f., 68, 168, 170, 262, 423.
Stadtstaat 30, 51, 104, 146.
Ständestaat 151 f., 160, 398.
Stoa 403, 427.

Technik 9, 13.
Technisierung des Lebens 18, 490.
Teleologie 3, 6.
Terra firma 187.
Tendenzhistorie 10, 15.
Territorialstaat 152, 156, 172.
Toleranz 98, 117, 167 f., 180, 311 ff., 316.
Toleranzpolitik 291, 336.
Türkei 101 ff., 123, 192, 207, 290, 296, 299, 305, 318 f., 391 f.

Türken 74, 81, 101 ff., 109, 122 f., 125, 130, 137, 149, 188, 223.
Tyrannenmord, Lehre vom 33.

Ungarn 102, 123, 319.
Universalmonarchie 126, 133, 200, 205, 217, 291 f., 295, 298 f., 301, 304, 439, 485.
Urbino 187.
Ursache und Wirkung 2, 11.
Utilitarismus 50, 52, 240, 247, 255, 490.

Veltlin 132, 180 ff., 188, 191, 193 f., 224,
Venedig 20, 34, 56, 76 ff., 83, 85 f., 95, 103, 133, 147, 177, 186 ff., 304, 390.
Venezianer 100, 187, 235.
Vernunft 1, 8, 10, 44, 56, 62, 104, 108, 124, 166, 178, 198, 237, 247, 249, 256, 259, 261 ff., 324, 340, 358 f., 403 f., 407, 409, 413, 416, 424 ff., 431, 436, 438 ff., 444, 475 f., 480, 486, 491, 499, 505, 509.
—, List der — 410, 427, 432, 440, 449, 477, 482, 505.
Vernunftrecht 260 ff., 403, 405, 407.
Vernunftreich 439 ff.
Vernunftstaat 408 f., 437.

Versittlichung 13 ff., 366, 441.
Verträge 74, 251, 258 f., 350 f.
Vertragsbruch 47, 74, 151, 358 ff., 361 ff., 366, 453, 480.
Vertragspflicht 74, 257.
Vertragstreue 74, 147, 168, 251, 357 ff., 360 f., 466, 486.
virtù 37 ff., 41 ff, 47, 49 ff., 72, 84, 89, 176 f., 196, 229, 254 f., 347, 413, 415, 491.
Völkerbund 17 f., 128, 307, 441, 508.
Völkerrecht 17 f., 74, 164, 197, 246 ff, 251, 305, 485, 490.
Volkssouveränität 341.
Volkswohl 68, 70.
Wehrpflicht, allgemeine 487, 489, 492 ff., 495 f.
Weltbürgertum 170, 462.
Weltgeist 40, 411, 416, 419, 427 ff., 432, 449.
Weltherrschaft 110, 114, 124, 129.
Weltvernunft 283, 404, 406, 416, 427 f., 430 f., 459.
Westminsterkonvention 377.
Wirtschaft, kapitalistische 380.
Wirtschaftspolitik, merkantilistische 485.

Zivilisation 18, 483, 486, 490, 506 f., 509.
Zürich 188.